碚城揽胜

北碚图书馆藏民国史料丛刊

重庆市北碚图书馆 编

SWUP
西南大学出版社
国家一级出版社 全国百佳图书出版单位

图书在版编目（CIP）数据

碚城揽胜 / 重庆市北碚图书馆编；郭道惠主编．—
重庆：西南大学出版社，2023.4
（北碚图书馆藏民国史料丛刊）
ISBN 978-7-5697-1754-9

Ⅰ．①碚… Ⅱ．①重… ②郭… Ⅲ．①北碚区－概况
Ⅳ．① K927.193

中国国家版本馆 CIP 数据核字 (2023) 第 057213 号

碚城揽胜

BEICHENG LANSHENG

重庆市北碚图书馆　编
郭道惠　主编
梁夏夏　王珑　副主编

选题策划： 张昊越　段小佳
责任编辑： 吴　欢
责任校对： 张　琳
装帧设计： 观止堂_未　氓
出版发行： 西南大学出版社（原西南师范大学出版社）
地址：重庆市北碚区天生路2号
电话：023-68254353
邮编：400715
印　　刷： 安徽新华印刷股份有限公司
幅面尺寸： 170 mm × 240 mm
印　　张： 25
字　　数： 440千字
版　　次： 2023年4月　第1版
印　　次： 2023年4月　第1次
书　　号： ISBN 978-7-5697-1754-9
定　　价： 288.00元

《碚城揽胜》编委会

主　任：彭　伟　　胡一珊

副主任：罗静秋

主　编：郭道惠

副主编：梁夏夏　　王　珑

编　委：喻赛蓝　　赵　俊　　邓玉兰　　胡　涛　　郑雪情

顾　问：徐　立

序

徐立

细读《碚城揽胜》所收民国时期之《北碚概况》及《北碚浏览指南》两种文献，作为一个生于斯长于斯的北碚人，一种亲切感油然而生，仿佛细品一盏缙云甜茶，入口平淡，回味却异常甘甜。我在这里生活了六十多年，您要我准确地解释“北碚”的词义，恐怕有些为难。这种尴尬我相信大多数人都会有。《北碚浏览指南》是这样说的“峡中有场曰北碚，俗读碚如‘倍’”。陆游《入蜀记》有“荆门十二碚”，皆高崖绝壑。王十朋诗又有“荆门岩岫十二碚”之句。碚一作“背”，有古脑碚、胭脂碚、媳妇碚等名，明月峡又有虾蟆碚之称。则地以碚为名，不止北碚一处也。“碚”之音读如“倍”，古今无异。碚之义，《巴船纪程》则谓“岩石随水曲折曰‘碚’。北碚石梁突出江心，水随石转，曲折迂回，正如其形”。前人已将此讲得透彻明白，读罢心中了然。

北碚是一个新兴的小城，如果按卢作孚先生 1927 年春接任峡防局局长算起，至今不到一百年。20 世纪二三十年代，中国正处于积贫积弱时期，内忧外患，军阀割据，战事频仍，大环境恶劣，小气候闭塞。时代酝酿着大变革，思想发生着剧烈的冲撞。卢先生以全新之思想、科学之理念、坚韧之毅力，全身心投入北碚的建设中。他团结同仁，发动民众，仅用了十余年的时间，就将一个匪患遍地、满目疮痍、民不聊生的穷乡僻壤，嘉陵江边一个简陋的水码头，改造成了全国乡村建设的模范区，一座科学文化繁荣的文旅之城。我看过《北碚志》中当年的城建规划图，整个设计起点高、理念前卫。街道整齐，商铺林立，有街心花园、喷泉、剧院、图书馆、电影院、大会堂、澡堂、公厕、下水道等公共设施，完全是按当时世界先进城市的模式设计，很难想象这是在中国偏远的西部山区。正是因为卢先生的超前意识，北碚才能在抗战最艰苦的岁月里，成为众多科学文化人士的容身之地。弹丸之城居然有三千多名科学家，各种中央科研机构数十个，高校、中专二十多所，这在今天看来也是不可思议的。老舍的《四世同堂》、梁实秋的《雅舍小品》都诞生于此。科学研究、文化体育、新闻出版、识字扫盲、街头讲演、电影话剧、水利农场、良种栽培、土地改良、交通运输、社会治安等一系列关系国计民生的大事，开展得轰轰烈烈，有条不紊，既有近期目标又有长远规划。这是何等的气魄与胆识，何等的忘我奋斗精神。北碚，通过前人的不懈努力，使自己在历史的长河中留下了浓墨重彩的一笔。今天我住的这条街就叫卢作孚路，足见后人对卢作孚的缅怀之情。品味《碚城揽胜》，我们看到了约八十年前的北碚生机勃勃的面貌。星移斗转，今天的碚城在当年的基础上又发生了天翻地覆的变化，山更青水更碧，新老城区比翼双飞，随处可见的公园、花园，遗留下来的历史文化旧址，“百馆之城”的创新打造，等等，让北碚这个重庆的都市变得更为炫目。在青山绿水中众多的人文景观，使我们在享受自然美景的同时更能感受到碚城深厚的文化底蕴，陶冶热爱家乡的情操。

《碚城揽胜》是一本集知识性、趣味性于一体的历史读物，除了有助于我们了解碚城的过去，对我们今天建设家乡也大有裨益。致谢北碚图书馆一群默默奉献的图书馆人，不辞辛劳，从浩瀚的书海里爬梳整理，才有这本小书呈现给读者。他们的工作是平凡的，也是隐形的，却是值得尊敬的。书小不等于单薄，文短也不是词贫。借用《北碚概况》中对北碚志书介绍的一句话“本书为科学化之志书，在我国今日尚为创举”。此话虽是八十年前说的，但现在看来仍不过时。

前言

北碚图书馆坐落在绿荫簇拥的青山绿水间。红楼雄踞，览大江东去，看沧海桑田；书城静谧，藏千年文明，阅世间风云。自卢作孚先生创立迄今，九十有四载，历经艰辛，数代努力，终成今日之规模。2021年，在北碚区委、区政府高度重视下，在北碚区文旅委悉心指导下，“北碚图书馆资源化利用及馆藏数字化建设项目”得以实施，历时一年民国文献终于家底清，状况明。整理过程中，我们发现有这样一批人为了北碚建设事业呕心沥血，倾其所有，留下这些弥足珍贵的文献史料，记录了那段艰苦奋斗的岁月。

北碚图书馆藏有民国文献178012册，涵盖图书、期刊、报纸、手稿等。其中，民国时期北碚地方文献大多为非正式出版物，有鲜明的地方性、较强的资料性，翔实地记录了北碚地域的政治、经济、文教、史地、医疗等人文与自然状况，是研究地方建设发展的主要文献源，具有重要的史料价值、社会价值和文献价值。我们系统整理这批文献，命名为“北碚图书馆藏民国史料丛刊”，在丛刊第一部之《碚城揽胜》中，挑选了介绍北碚文化旅游的《北碚概况》《北碚游览指南》《三峡游览指南》等，旨在将北碚深厚的人文历史、优美的自然风光展示给民众。今后将陆续出版政治、经济、医疗等民国时期专题文献。

我们在整理文献的同时越发敬佩先贤，在战火纷飞的民国，他们不畏险阻，艰苦奋斗，无私忘我，精心积累，将这批珍贵的地方文献保存延续下来，是留给我们最宝贵的财富。我们保护它，研究它，利用它，是历史的传承，是前辈的寄托，更是对时代的承诺。

借用《北碚概况》中葛向荣所写《我们的生活》：我们不问享受，不计待遇，不顾责怨，不避危难，只从创造中求快乐，从贡献上求伟大，从成绩上得安慰，想塑制成功一个地方建设的理想模型，影响周围社会“奉献给国家”，把我们的全部生命力献给理想的北碚，使早日完成现代化的理想，俾有所贡献国家于万一。

重庆市北碚图书馆

凡例

一、《碚城揽胜》，内容包括《北碚概况》《北碚游览指南》《嘉陵江三峡游览指南》《三峡游览指南》《北泉一览》《端午节朝贺北碚》《重庆风光》（节选）。所选文献涉及民国时期北碚风土人情、历史文化、旅游风景、游览线路等，符合现在文旅融合的导向。其中多数民国文献都是第一次与读者见面。通过本书，读者可以了解到民国时期北碚也是一个风景优美，富有人文气息的旅游城市，抗战时期汇集大量科研机构、历史文化名人，均在此留下了佳作。

二、本书所辑档案文献，不论其原文有无分段、标点，为方便读者阅读，在点校过程中，依点校者的理解，对原书进行了分段，并对原书标点进行了调整。

三、所有文稿中，年份的使用尊重原文。如原文为公元纪年者，采用公元纪年并用阿拉伯数字表示（如 1939 年 5 月 3 日）；原文为民国纪年者，采用民国纪年并用汉字表示（如民国二十八年五月三日）。

四、原档案文献中的数字使用缺乏规范，有用阿拉伯数字“1，2，3，4，5”者，也有用汉字数字“一、二、三、四、五”者，还有用汉字“壹、贰、叁、肆、伍”者，既不符合现有出版标准，也不方便读者阅读。本书将具有统计意义之数据改为阿拉伯数字。

五、原档案文献中有许多繁体字、异体字，本书在点校时统一更改为规范汉字。

六、因种种原因，原档案文献中的错字、漏字、洐字较多，本书在点校过程中，对洐字、错字、漏字直接修改，残缺、脱落、污损而致无法辨认的字用“□”代替；对个别语句逻辑混乱之处做修改。

七、原档案文献中的如左或如右，一律按现代排版要求，直接改为如上或如下。原档案文献中标题层级设置缺乏规范，不利于阅读，点校时根据前后文意做订正。

八、原档案文献中的图均经高清扫描后重新排版，尽量无损高清展示。

目次

序

前言

凡例

北碚概况 / 001

北碚游览指南 / 045

嘉陵江三峡游览指南 / 103

三峡游览指南 / 147

北泉一览 / 233

端午节朝贺北碚 / 241

重庆风光 / 271

北碚概况

《北碚概况》，北碚管理局编，此为1948年5月版，经修订后，有1948年10月版和1949年10月版，铅印本。该书从政治、经济、文化三个方面对北碚进行了统计介绍，对了解和研究北碚民国时期历史具有参考价值。

北碚概況目次

政治方面

一，沿革 二，地勢 三，人口 四，財政
五，自治 六，保健 七，保安 八，社會 九，兵役

經濟方面

一，地政 二，農業 三，水利 四，工鑛
五，交通 六，合作 七，市政 八，金融
九，兵役

附：

一，將來的北碚 二，工作人員的生活
三，我們的生活

文化方面

一，科學事業 二，教育事業 三，新聞事業
四，遊覽事業 五，北碚誌書

北碚概况目次

政治方面 / 004
一、沿革 / 004
二、地势 / 004
三、人口 / 004
四、财政 / 004
五、自治 / 005
六、保健 / 007
七、保安 / 008
八、社会 / 008
九、兵役 / 010

经济方面 / 012
一、地政 / 012
二、农业 / 013
三、水利 / 016
四、工矿 / 017
五、交通 / 018
六、合作 / 018
七、市政 / 019
八、金融 / 020

文化方面 / 022
一、科学事业 / 022
二、教育事业 / 023
三、新闻事业 / 033
四、游览事业 / 034
五、北碚志书 / 039

附录 / 040
一、将来的北碚 / 040
二、工作人员的生活 / 041
三、我们的生活 / 042

政治方面

一、沿革

北碚管理局，原为治安机关次第改组而成，初为峡防营，次为峡防司令，民十二年冬改组为江巴璧合特组峡防团务局，辖区约 40 余乡镇，迄民国廿五年春川省府特划峡中之五乡镇为乡村建设实验区，三十一年春，省府呈准行政院改组为北碚管理局，照一等县设置，组织和工作与一般县政府相同。

二、地势

北碚面积共 239134 亩，呈不规则的四方形，东连江北，南界巴县，西邻璧山，北接合川，海拔最高为 970 公尺，缙云山在其西，鸡公山在其南，西山坪在其北，嘉陵江自西北向东南流，穿过本境，境内山多田少，黄桷镇属滨江之上下两坝，一属蚕种制造场，一系相辉文法学院校址。

三、人口

北碚管理局辖 8 乡镇，编为 124 保，1415 甲，共有居民 19309 户，合计 96668 人，加流动人口（矿工及学生）25000 人，总共为 121668 人。

四、财政

北碚山多田少，地瘦民贫，田赋旧粮额仅 170 余两，较之邻县合川，田赋仅占其百分之一，公学产收租占其二百分之一。

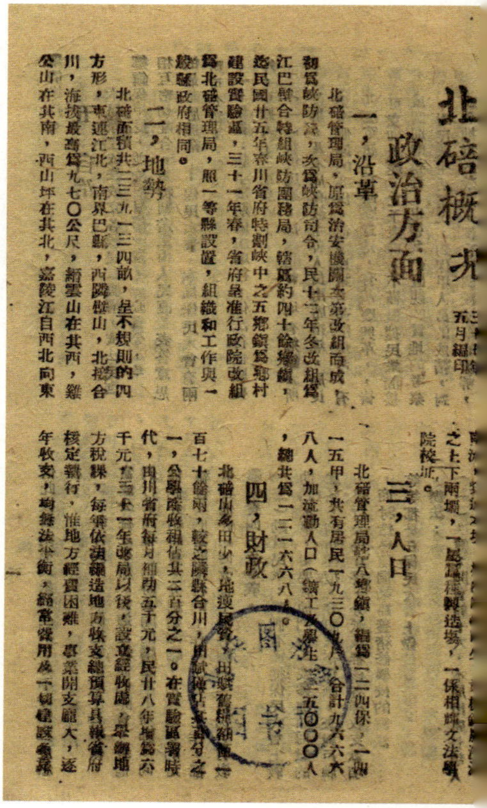

北碚概況

五月編印

政治方面

一，沿革

北碚管理局，原為治安機關次第改組而成，初為峽防營，次為峽防司令，民十二年冬改組為江巴璧合特組峽防團務局，轄區約四十餘鄉鎮，迄民國廿五年春川省府特劃峽中之五鄉鎮為鄉村建設實驗區，三十一年春，省府呈准行政院改組為北碚管理局，照一等縣設置，組織和工作與一般縣政府相同。

二，地勢

北碚面積共二三九一三四畝，呈不規則的四方形，東連江北，南界巴縣，西鄰璧山，北接合川，海拔最高為九七〇公尺，縉雲山在其西，雞公山在其南，西山坪在其北，嘉陵江自西北向東

……之上下兩壩，一屬蠶種製造場，一係相輝文法學院校址。

三，人口

北碚管理局轄八鄉鎮，編為一二四保，一四一五甲，共有居民一九三〇九戶，合計九六六六八人，加流動人口（礦工及學生）二五〇〇〇人，總共為一二一六六八人。

四，財政

北碚山多田少，地瘦民貧，田賦舊糧額僅一百七十餘兩，較之鄰縣合川，田賦僅占其百分之一，公學產收租佔其二百分之一。在實驗區署時代，由川省府每月補助五千元，民廿八年增為六千元，三十一年改局以後，設立經收處，舉辦地方稅課，每年依法編造地方收支總預算，具報省府核定執行，惟地方經費困難，事業開支龐大，逐年收支，均無法平衡，經常費用及一切建設

在实验区署时代，由川省府每月补助 5000 元，民廿八年增为 6000 元，三十一年改局以后，设立经收处，举办地方税课，每年依法编造地方收支总预算具报省府核定执行。惟地方经费困难，事业开支庞大，逐年收支，均无法平衡，经常费用及一切建设□靠举债维持。

五、自治

本局除了依法成立各级民意机构，依法民选乡镇保甲长，并均能目标一致，一心为公，均能相互密切配合。更特别着重由人民直接表答意思的最基层机构——保民大会，本局保民大会有两点可介绍：

（一）意义

除了按期依法举行，依法行使职权外，更扩大了三重意义。

1. 亲近民众：每次开会，均有乡镇公所干事，及本局高级主干人员出席指导，局长更至僻远的各保，巡视民众有什么疾苦，有什么冤屈，有什么意见，有什么兴革，皆可立即上达，立予处理，不仅根据民众间接或个别的报告，也凭我们直观的实地的考察。对民众生活情况，对保甲人员的成绩，对政令推行的效果，都有一个较明确的了解，因此上下沟通，无有隔膜的毛病。各主干人借此机会察看民众的生活，好不好的程度怎样。

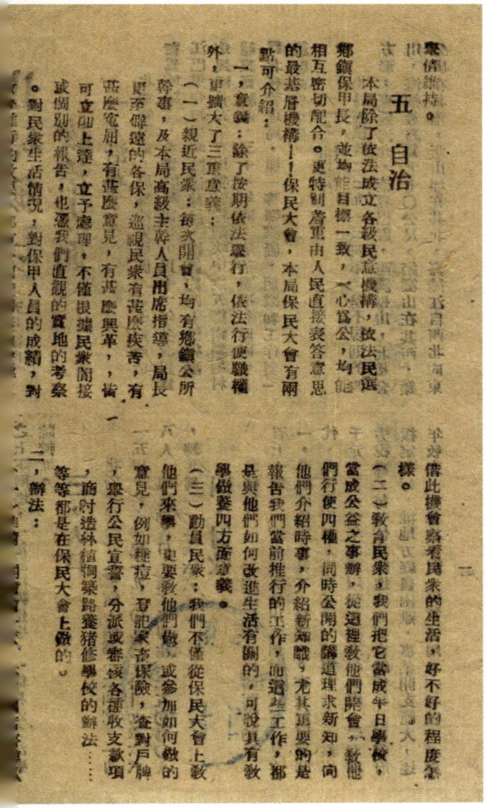
衆借維持。

五　自治

本局除了依法成立各級民意機構，依法民選鄉鎮保甲長，並均能目標一致，一心爲公，均能相互密切配合。更特別着重由人民直接表答意思的最基層機構——保民大會，本局保民大會有兩點可介紹：

一，意義：除了按期依法舉行，依法行使職權外，更擴大了三重意義：

（一）親近民衆：每次開會，均有鄉鎮公所幹事，及本局高級主幹人員出席指導，局長更至僻遠的各保，巡視民衆有甚麼疾苦，有甚麼寃屈，有甚麼意見，有甚麼興革，皆可立即上達，立予處理，不僅根據民衆間接或個別的報告，也憑我們直觀的實地的考察。對民衆生活情況，對保甲人員的成績，對

借此機會察看民衆的生活，好不好的程度怎樣。

（二）教育民衆：我們把它當成半日學校，當成公益之事辦，從這裡教他們開會，教他們行使四權，同時公開的講道理求新知，向他們介紹時事，介紹新知識，尤其重要的是報告我們當前推行的工作，而這些工作，都是與他們如何改進生活有關的，可說具有教學做養四方面意義。

（三）動員民衆：我們不僅從保民大會上教他們來學，更要教他們做，或參加如何做的意見，例如種痘，登記家畜保險，查對戶牌，舉行公民宣誓，分派或審核各種收支款項，商討造林植桐築路養豬修學校的辦法……等等都是在保民大會上做的。

二，辦法：

2. 教育民众：我们把它当成半日学校，当成公益之事办，从这里教他们开会，教他们行使四权，同时公开的讲道理求新知，向他们介绍时事，介绍新知识，尤其重要的是报告我们当前推行的工作，而这些工作，都是与他们如何改进生活有关的，可说具有教、学、做、养四方面意义。

3. 动员民众：我们不仅从保民大会上教他们来学，更要教他们做，或参加如何做的意见，例如种痘，登记家畜保险，查对户牌，举行公民宣誓，分派或审核各种收支款项，商讨造林植桐筑路养猪修学校的办法……都是在保民大会上做的。

（二）办法

1. 准备：开会前十天，本局出席督导人员必先开准备会议，编配每人督导的时间和地点，审核应付印的报告材料，□□本月份应注意的中心工作和检讨事项，再把各方面的报告材料编印出来，分发到各乡镇各保去，由乡镇指导干事到各保开一准备会议，分配那个保干人员报告那段，并向他们讲解报告词意。有的报告加以讲习或演习，训练报告方法，分配司仪，纪录，布置，及通知召集等人员。同时在报告中用讨论式的内容和启发民众发言宜多，每段报告后均留出时间征求民众有何意见，并由督导人员察看民众的反应作成纪录。

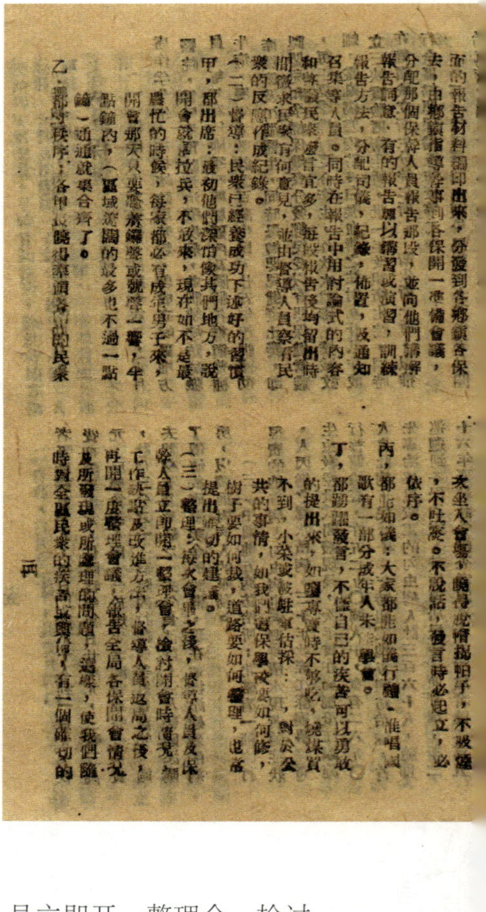

2. 督导：民众已经养成功下述好的习惯。

甲、都出席：最初他们深怕像其他地方，说开会就是拉兵，不敢来，现在如不是最农忙的时候，每家都必有成年男子来，开会那天只要听着锣声或号声一响，半点钟内（区域辽阔的最多也不过一点钟），通通就集合齐了。

乙、都守秩序：各甲长晓得率领各甲的民众，各坐各的坐位，一甲坐第一排，二甲坐第二排，每甲甲长坐先头，一户二户挨次坐入会场，晓得脱帽揭帕子，不吸烟，不吐痰。不说话，发言时必起立，必依序。

丙、都能如仪：大家都能如仪行礼，惟唱国歌有一部分成年人未能学会。

丁、都踊跃发言，不仅自己的疾苦可以勇敢的提出来，如盐专卖时不够吃，烧煤买不到，小菜或被驻军占采……对于公共的事情，如我们这保学校要如何修，树子要如何栽，道路要如何整理，也常提出确切的建议。

3. 整理：每次会毕之后，督导人员及保干人员立即开一整理会，检讨开会时情况，工作缺点及改进方法，督导人员返局之后，再开一度整理会议，报告全局各保开会情况及所发现或所处理的问题，这样，使我们随时对全区民众的疾苦或兴□有一个确切的认识和解决，而□我们工作推进的助力。

六、保健

（一）保健工作之推行

自民十六年正月卢作孚先生主持峡防局时起，即成立峡区地方医院，为民众预防和治疗疾病，并训练峡防局职员，每年春秋两季到所属区内及邻县各乡镇普种牛痘，历年人数计逾百万生民，廿五年起训练助产稳婆及江湖医生，同时举办婴儿健康比赛，即制婴儿和孕妇保健表分发乡民授以育婴保健常识。每年夏季推行夏令卫生，作饮水消毒，扑灭蚊蝇，霍乱伤寒疫苗及白喉血清之注射。廿八年成立三峡实验区卫生所，卅一年改组卫生院，同时在乡镇成立卫生分院 2 所，卫生所 1 所，以推行全区妇婴保健及防疫等工作。

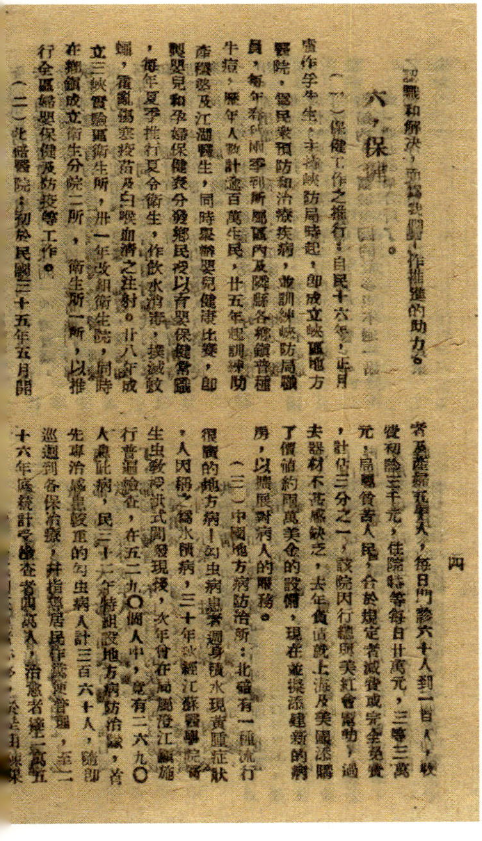
認識和解決，而為我們工作推進的助力。
六，保健
（一）保健工作之推行：自民十六年正月
盧作孚先生主持峽防局時起，即成立峽區地方
醫院，爲民衆預防和治療疾病，並訓練峽防局職
員，每年春秋兩季到所屬區內及隣縣各鄉鎮普種
牛痘，歷年人數計逾百萬生民，廿五年起訓練助
產穩婆及江湖醫生，同時舉辦嬰兒健康比賽，即
製嬰兒和孕婦保健表分發鄉民授以育嬰保健常識
，每年夏季推行夏令衛生，作飲水消毒，撲滅蚊
蠅，霍亂傷寒疫苗及白喉血清之注射。廿八年成
立三峽實驗區衛生所，卅一年改組衛生院，同時
在鄉鎮成立衛生分院二所，衛生所一所，以推
行全區婦嬰保健及防疫等工作。
（二）北碚醫院：初於民國三十五年五月開
四
者及產婦五十人，每日門診六十人到一百人，收
費初診三千元，住院特等每日廿萬元，三等三萬
元，局屬貧苦人民，合於規定者減費或完全免費
，計佔三分之一，該院因行總與美紅會幫助，過
去器材不甚感缺乏，去年負債就上海及美國添購
了價值約兩萬美金的設備，現在並擬添建新的病
房，以擴展對病人的服務。
（三）中國地方病防治所：北碚有一種流行
很廣的地方病—勾虫病患者週身積水現黃腫症狀
，人因稱之爲水腫病，三十年秋經江蘇醫學院寄
生虫教授洪式閭發現後，次年曾在局屬澄江鎮施
行普遍檢查，在五二九〇個人中，竟有二六九〇
人患此病，民三十二年特組設地方病防治隊，首
先專治感患較重的勾虫病人計三百六十人，隨即
巡迴到各保治療，並指導居民作糞便管理，至三
十六年底統計受檢查者四萬人，治愈者達二萬五

（二）北碚医院

初于民国三十五年五月开始工作，于三十六年八月正式成立。现有医师职员 30 人，有各种新式医疗设备，能同时收治病患者及产妇 50 人，每日门诊 60 人到 100 人。收费初诊 3000 元，住院特等每日 20 万元，三等 3 万元。局属贫苦人民，合于规定者减费或完全免费，计占三分之一。该院因行总与美红会帮助，过去器材不甚感缺乏，去年负债就上海及美国添购了价值约 2 万美金的设备，现在并拟添建新的病房，以扩展对病人的服务。

（三）中国地方病防治所

北碚有一种流行很广的地方病——勾虫病。患者周身积水现黄肿症状，人因称之为水积病。三十年秋经江苏医学院寄生虫教授洪式闾发现后，次年曾在局属澄江镇施行普遍检查，在 5290 个人中，竟有 2690 人患此病。民三十二年特组设地方病防治队，首先专治感患较重的钩虫病人计 360 人，随即巡回到各保治疗，并指导居民作粪便管理。至三十六年底统计受检查者 4 万人，治愈者达 25000 人，益以地方虐疾痢疾患者亦多，于是由陈果夫先生、胡定安院长等筹组中国西部地方病防治所，由洪教授任所长，由陈志潜先生设法聘王惠英教授任副所长。今后任务以研究改进民众健康工作为主，并由陈先生设法在国外募得器材两批备用。

七、保安

北碚地跨江北、巴县、璧山三县境界，嘉陵江横贯其间，华蓥山居其左，东西山脉横其右，廿年前盗匪啸聚峡中，沿江据险行劫，河运梗阻，商旅裹足，区内民众不堪其扰。迄民十六年卢作孚氏接长峡防局后，消极方面，不仅次第肃清匪类，减轻人民痛苦，并积极从事乡村建设，增进人民幸福。当时治匪的口号是："要匪不得安宁，老百姓才得安宁，要周围得安宁，本地才得安宁。"在峡防局时代设有三个常备中队，负附近 40 余乡镇治安责任，遇有匪警，不分昼夜，不分区域，不计远近，均派队出击，并协助周围各地剿匪，先后曾出击匪 100 余次。经数年清剿，人民始得安居乐业。平时官兵生活，除维持地方治安秩序外，并以兵工开辟北碚公园，北泉公园道路，装置重庆至合川间电话，帮助科学院开垦西山坪农场，每年冬季疏浚渝合间险滩，便利航行，并作纺织染缝纫等工业。今之大明纺织染厂，即昔日兵工织布之三峡厂递嬗而来也。廿五年改为保安警察队，于保安之外，协同参加地方建设工作，卅一年改为北碚警察所，平时执行警察职务，有警仍担任清剿工作，现全区计有政警 149 名。

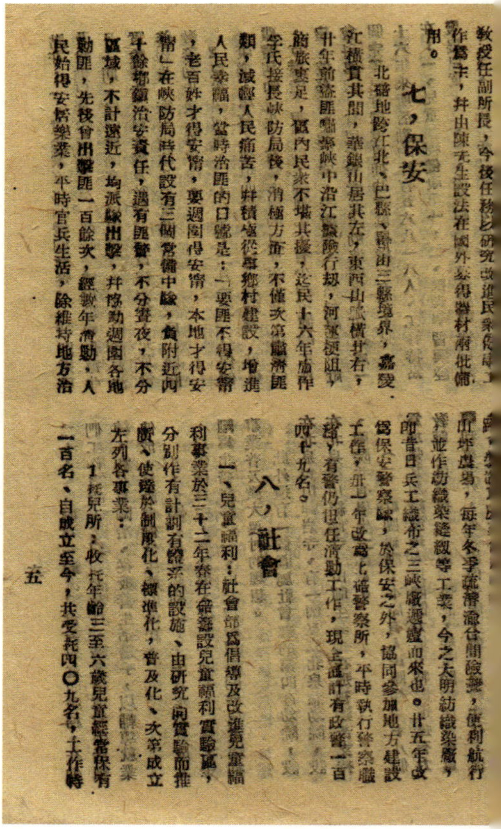
教授任副所長，今後任務以研究改進民衆健康工作爲主，并由陳先生設法在國外募得器材兩批備用。

七，保安

北碚地跨江北、巴縣、璧山三縣境界，嘉陵江橫貫其間，華鎣山居其左，東西山脈橫其右，廿年前盜匪嘯聚峽中沿江據險行刼，河運梗阻，商旅裹足，區內民衆不堪其擾，迄民十六年盧作孚氏接長峽防局後，消極方面，不僅次第肅清匪類，減輕人民痛苦，并積極從事鄉村建設，增進人民幸福，當時治匪的口號是：「要匪不得安甯，老百姓才得安甯，要週圍得安甯，本地才得安甯」在峽防局時代設有三個常備中隊，負附近四十餘鄉鎮治安責任，遇有匪警，不分晝夜，不分區域，不計遠近，均派隊出擊，并協助週圍各地勦匪，先後曾出擊匪一百餘次，經數年清勦，人民始得安居樂業，平時官兵生活，除維持地方治

……西山坪農場，每年冬季疏濬渝合間險灘，便利航行，并作紡織染縫紉等工業，今之大明紡織染廠，即昔日兵工織布之三峽廠遞嬗而來也。廿五年改爲保安警察隊，於保安之外，協同參加地方建設工作，卅一年改爲北碚警察所，平時執行警察職務，有警仍担任清勦工作，現全區計有政警一百四十九名。

八，社會

一、兒童福利：社會部爲倡導及改進兒童福利事業於三十二年春在碚籌設兒童福利實驗區，分別作有計劃有體系的設施，由研究向實驗而推廣，使達於制度化、標準化、普及化，次第成立左列各事業：

1 托兒所：收托年齡三至六歲兒童經常保有一百名，自成立至今，共受托四〇九名，工作特

五

八、社会

（一）儿童福利

社会部为倡导及改进儿童福利事业，于三十二年春在碚筹设儿童福利实验区，分别作有计划有体系的设施，由研究向实验而推广，使达于制度化、标准化、普及化，次第成立左列各事业：

1. 托儿所：收托年龄 3 至 6 岁儿童经常保有 100 名，自成立至今，共受托 409 名，工作特点在：（1）实验家庭化的机关教养；（2）特别指导

及增进儿童的营养；（3）准时完成实验报告每半月一期，已完成的有托儿保育标准，及保育方法实验报告教材大纲及教材教法实验报告，儿童营养报告，卫生设施及儿童健康报告，家庭化机关教养初步报告等数种。

2. 儿童福利所：三十三年十二月成立，分保健、康乐、学艺、指导四股，有儿童诊疗室，可免费医病和接生。有极廉价的儿童沐浴室、理发室、豆浆室、贩卖部、缝纫部，有小巧齐备的工作室、游艺室、图书室、美术室、自然科学室、社会科学室，有儿童会堂及运动游戏场，期造成一个完美儿童环境以补助家庭学校教育之不足。三十六年来所活动的计有56818人，工作特点在：（1）儿童福利健康第一；（2）根据学习兴趣发展儿童才能；（3）提倡双手万能启发创造精神。

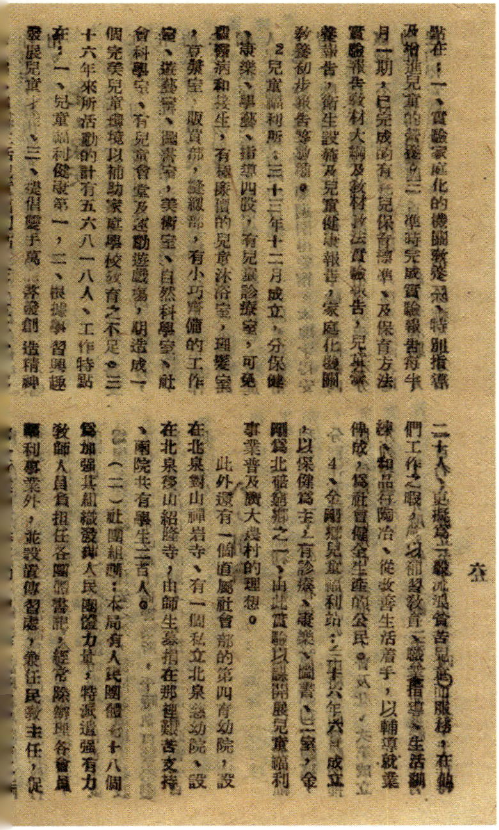

點在：一、實驗家庭化的機關教養□□，特別指導及增進兒童的營養；三、準時完成實驗報告每半月一期，已完成的有托兒保育標準，及保育方法實驗報告教材大綱及教材教法實驗報告，兒童營養報告，衛生設施及兒童健康報告，家庭化機關教養初步報告等數種。

2兒童福利所：三十三年十二月成立，分保健、康樂、學藝、指導四股，有兒童診療室，可免費醫病和接生，有極廉價的兒童沐浴室，理髮室，豆漿室，販賣部，縫紉部，有小巧齊備的工作室，遊藝室，圖書室，美術室，自然科學室，社會科學室，有兒童會堂及運動遊戲場，期造成一個完美兒童環境以補助家庭學校教育之不足。三十六年來所活動的計有五六八一八人，工作特點在：一、兒童福利健康第一，二、根據學習興趣發展兒童才能，三、提倡雙手萬能啟發創造精神

二十人，更擬為一般流浪貧苦兒童而服務，在他們工作之暇，以補習教育，職業指導，生活訓練，和品行陶冶，從改善生活着手，以輔導就業俾成，為社會健全生產的公民。

4、金剛鄉兒童福利站：三十六年六月成立，以保健為主，有診療，康樂，圖書，三室，金剛為北碚窮鄉之一，由此實驗以謀開展兒童福利事業普及廣大農村的理想。

此外還有一個直屬社會部的第四育幼院，設在北泉對山禪岩寺，有一個私立北泉慈幼院，設在北泉後山紹隆寺，由師生募捐在那裡艱苦支持，兩院共有學生二百人。

（二）社團組織：本局有人民團體七十八個為加強其組織發揮人民團體力量，特派遣強有力教師人員負担任各團體書記，經常除辦理各會員福利事業外，並設置傳習處，兼任民教主任，促

3. 自谋生活儿童福利站：三十五年一月成立，现在是以卖报擦皮鞋的儿童为对象，有名额20人，更拟为一般流浪贫苦儿童而服务，在他们工作之暇，加以补习教育、职业指导、生活训练和品行陶冶，从改善生活着手，以辅导就业俾成，为社会健全生产的公民。

4. 金刚乡儿童福利站：三十六年六月成立，以保健为主，有诊疗、康乐、图书三室，金刚为北碚穷乡之一，由此实验以谋开展儿童福利事业普及广大农村的理想。

此外还有一个直属社会部的第四育幼院，设在北泉对山禅岩寺。有一个私立北泉慈幼院，设在北泉后山绍隆寺，由师生募捐在那里艰苦支持。两院共有学生200人。

（二）社团组织

本局有人民团体78个，为加强其组织发挥人民团体力量，特派遣强有力教师人员负担任各团体书记，经常除办理各会员福利事业外，并设置传习处，兼任民教主任，促成各行业的合作运动，以合作方式提高生产工作效率，发展运销业务，以协助地方经济建设，训练会员行使四权，领导办理各团体自治协助地事方项以政治建设。

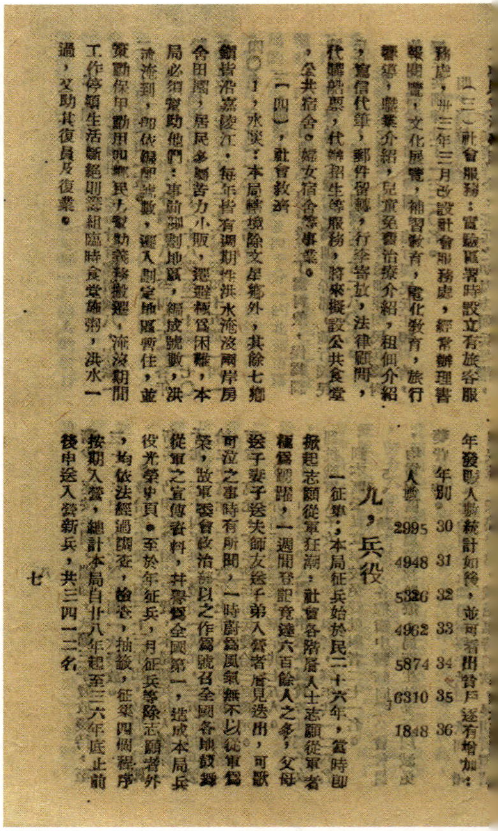

（三）社會服務：實驗區署時設立有旅客服務處，卅三年三月改設社會服務處，經常辦理書報閱覽，文化展覽，補習教育，電化教育，旅行嚮導，職業介紹，兒童免費治療介紹，租佃介紹，寫信代筆，郵件留轉，行李寄放，法律顧問，代購船票，代辦招生等服務，將來擬設公共食堂，公共宿舍，婦女宿舍等事業。

（四），社會救濟

（一），水災：本局轄境除文星鄉外，其餘七鄉鎮皆沿嘉陵江，每年皆有週期性洪水淹沒兩岸房舍田園，居民多屬苦力小販，遷避極爲困難，本局必須幫助他們：事前測劃地區，編成號數，洪流淹到，即依編配號數，遷入劃定地區暫住，並策動保甲動用四鄉民力幫助義務搬遷，淹沒期間工作停頓生活斷絕則籌組臨時食堂施粥，洪水一過，又助其復員及復業。

年發賑人數統計如後，並可看出貧戶逐有增加：

年別	30	31	32	33	34	35	36
人數	2995	4948	5326	4962	5874	6310	1848

九，兵役

一征集：本局征兵始於民二十六年，當時即掀起志願從軍狂潮；社會各階層人士志願從軍者極爲踴躍，一週間登記竟達六百餘人之多，父母送子妻子送夫師友送子弟入營者層見迭出，可歌可泣之事時有所聞，一時蔚爲風氣無不以從軍爲榮，故軍委會政治部以之作爲號召全國各地鼓舞從軍之宣傳資料，并譽爲全國第一，造成本局兵役光榮史頁。至於年征兵，月征兵等除志願者外，均依法經過調查，檢查，抽籤，征集四個程序按期入營，總計本局自廿八年起至三六年底止前後申送入營新兵，共三四一二名。

七

（三）社会服务

实验区署时设立有旅客服务处，卅三年三月改设社会服务处，经常办理书报阅览、文化展览、补习教育、电化教育、旅行向导、职业介绍、儿童免费治疗介绍、租佃介绍、写信代笔、邮件留转、行李寄放、法律顾问、代购船票、代办招生等服务。将来拟设公共食堂、公共宿舍、妇女宿舍等事业。

（四）社会救济

1. 水灾：本局辖境除文星乡外，其余七乡镇皆沿嘉陵江，每年皆有周期性洪水淹没两岸房舍田园，居民多属苦力小贩，迁避极为困难，本局必须帮助他们：事前测划地区，编成号数，洪流淹到，即依编配号数，迁入划定地区暂住，并策动保甲动用四乡民力帮助义务搬迁。淹没期间工作停顿生活断绝则筹组临时食堂布粥，洪水一过，又助其复员及复业。

2. 冬赈：每年冬季值旧习农历年关，贫民苦力难觅工作维生，即由地方筹募钱米发赈，历年发赈人数统计如后，并可看出贫户逐有增加：

年别	30	31	32	33	34	35	36
人数	2995	4948	5326	4962	5874	6310	1848

九、兵役

（一）征集

本局征兵始于民二十六年，当时即掀起志愿从军狂潮，社会各阶层人士志愿从军者极为踊跃，一周间登记竟达600余人之多。父母送子、妻子送夫、师友送子弟入营者层见迭出，可歌可泣之事时有所闻，一时蔚为风气，无不以从军为荣。故军委会政治部以之作为号召全国各地鼓舞从军之宣传资料，并誉为全国第一，造成本司兵役光荣史页。至于年征兵、月征兵等除志愿者外，均依法经过调查、检查、抽签、征集四个程序按期入营。

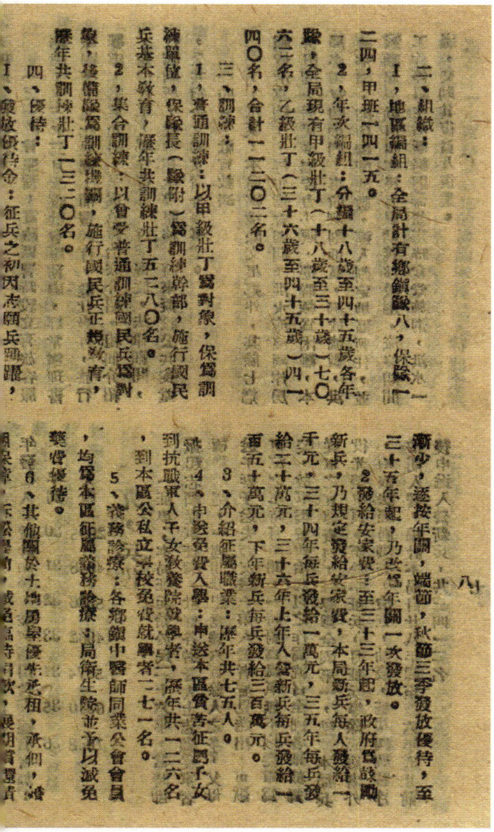
二、組織：
1、地區編組：全局計有鄉鎮隊八，保隊一二四，甲班一四一五。
2、年次編組：分編十八歲至四十五歲各年隊，全局現有甲級壯丁（十八歲至三十歲）七〇六二名，乙級壯丁（三十六歲至四十五歲）四一四〇名，合計一一二〇二名。
三、訓練：
1、普通訓練：以甲級壯丁爲對象，保爲訓練單位，保隊長（隊附）爲訓練幹部，施行國民兵基本教育，歷年共訓練壯丁五二八〇名。
2、集合訓練：以曾受普通訓練國民兵爲對象，後備隊爲訓練機關，施行國民兵正規教育，歷年共訓練壯丁一三二〇名。
四、優待：
1、發放優待金：征兵之初因志願兵踴躍，
八
漸少，逐按年關，端節，秋節三季發放優待，至三十五年起，乃改爲年關一次發放。
2發給安家費：至三十三年起，政府爲鼓勵新兵，乃規定發給安家費，本局新兵每人發給一千元，三十四年每兵發給一萬元，三十五年每兵發給二十萬元，三十六年上年入營新兵每兵發給一百五十萬元，下年新兵每兵發給三百萬元。
3、介紹征屬職業：歷年共七五人。
4、申送免費入學：申送本區貧苦征屬子女到抗職軍人子女教養院就學者，歷年共一二六名，到本區公私立學校免費就學者二七一名。
5、義務診療：各鄉鎮中醫師同業公會會員，均爲本區征屬義務診療，局衛生院並予以減免藥費優待。
6、其他關於土地房屋優先承租，承佃，婚姻保障，

总计本局自廿八年起至三六年底止前后申送入营新兵，共 3412 名。

（二）组织

1. 地区编组：全局计有乡镇队八，保队一二四，甲班一四一五。

2. 年次编组：分编 18 岁至 45 岁各年队。全局现有甲级壮丁（18 岁至 30 岁）7062 名，乙级壮丁（36 岁至 45 岁）4140 名，合计 11202 名。

（三）训练

1. 普通训练：以甲级壮丁为对象，保为训练单位，保队长（队附）为训练干部，施行国民兵基本教育，历年共训练壮丁 5280 名。

2. 集合训练：以曾受普通训练国民兵为对象，后备队为训练机关，施行国民兵正规教育，历年共训练壮丁 1320 名。

（四）优待

1. 发放优待金：征兵之初因志愿兵踊跃，社会各界因之捐薪捐金者极多，当时对志愿兵家属每月发给优待金 5 元，嗣后征属渐增，捐款者渐少，逐按年关、端节、秋节三季发放优待，至三十五年起，乃改为年关一次发放。

2. 发给安家费：至三十三年起，政府为鼓励新兵，乃规定发给安家费，本局新兵每人发给 1000 元，三十四年每兵发给 1 万元，三十五年每兵发给 20 万元，三十六年上年入营新兵每兵发给 150 万元，下年新兵每兵发给 300 万元。

3. 介绍征属职业：历年共 75 人。

4. 申送免费入学：申送本区贫苦征属子女到抗职军人子女教养院就学者，历年共 126 名，到本区公私立学校免费就学者 271 名。

5. 义务诊疗：各乡镇中医师同业公会会员，均为本区征属义务诊疗，局卫生院并予以减免药费优待。

6. 其他关于土地房屋优先承租、承佃，婚姻保障，诉讼提前，减免临时捐款，展期偿还债务等，随时发生随时解决。

经济方面

一、地政

（一）地籍整理

北碚管理局成立，即着手地籍整理、土地测量（地籍图 827 幅）评定地价、土地登记等项工作，至三十四年先后办竣。现农市地土地所有权状（43560 张）已颁发完毕，并测量了全局的二万五千分一地形图及四千分一的北碚市区地形图各一，以作市区建设和地质土壤矿产农产等调查的依据和设计。

（二）耕地分配

全局土地 239134 亩中，可耕地为 131000 亩，若以全局常住人口而论，每人仅有土地 1 亩余，以自耕农、半自耕农、佃农共 4 万余人计，则平均每一农人耕地也不足 3 亩，显然耕地面积太少，不能满足每一户农人的耕作能力，也可说每一户人的生活不会优裕，整个的北碚是很贫困的。

（三）扶植自耕农与保障佃农

在整个国家对于土地改革，没有解决以前，北碚对于人民的生活只好侧重于农业生产的改进，努力六年以来，与中国农民银行合作，作区段征收土地，办理了扶植自耕农示范区，计扶植了自耕农 73 户。另又间接扶植了自耕农 126 户，间接扶植的方法是限

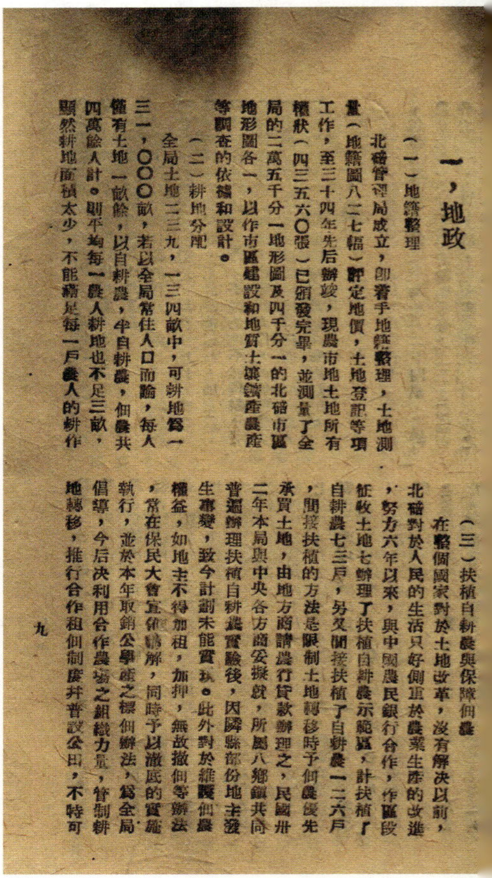
一，地政
（一）地籍整理
北碚管理局成立，即着手地籍整理，土地測量（地籍圖八二七幅）評定地價，土地登記等項工作，至三十四年先后辦竣，現農市地土地所有權狀（四三五六〇張）已頒發完畢，並測量了全局的二萬五千分一地形圖及四千分一的北碚市區地形圖各一，以作市區建設和地質土壤礦產農產等調查的依據和設計。
（二）耕地分配
全局土地二三九，一三四畝中，可耕地爲一三一，〇〇〇畝，若以全局常住人口而論，每人僅有土地一畝餘，以自耕農，半自耕農，佃農共四萬餘人計。則平均每一農人耕地也不足三畝，顯然耕地面積太少，不能滿足每一戶農人的耕作
（三）扶植自耕農與保障佃農
在整個國家對於土地改革，沒有解決以前，北碚對於人民的生活只好側重於農業生產的改進，努力六年以來，與中國農民銀行合作，作區段征收土地七辦理了扶植自耕農示範區，計扶植了自耕農七三戶，另又間接扶植了自耕農一二六戶，間接扶植的方法是限制土地轉移時予佃農優先承買土地，由地方商請農行貸款辦理之，民國卅二年本局與中央各方商妥擬就，所屬八鄉鎮共同普遍辦理扶植自耕農實驗後，因鄰縣部份地主發生事變，致今計劃未能實[illegible]。此外對於維護佃農權益，如地主不得加租，加押，無故撤佃等辦法，常在保民大會宣佈講解，同時予以澈底的實施執行，並於本年取銷公學產之標佃辦法，爲全局倡導，今后決利用合作農場之組織力量，管制耕地轉移，推行合作租佃制度并普設公田，不特可
九

制土地转移时予佃农优先承买土地，由地方商请农行贷款办理之。民国卅二年本局与中央各方商妥拟就，所属八乡镇共同普遍办理扶植自耕农实验后，因邻县部分地主发生事变，至今计划未能实现。此外对于维护佃农权益，如地主不得加租、加押、无故撤佃等办法，常在保民大会宣布□解，同时予以彻底的实施执行，并于本年取消公学产之标佃办法，为全局倡导，今后决利用合作农场之组织力量，管制耕地转移，推行合作租佃制度并普设公田，不特可以调整租佃关系，而且因公田之创设尤有扩大经营及澈底解决土地问题而收和平改造之效。

（四）租约登记与土地重划

为了便利保障佃农的权益，减少主佃的纠纷，农会即进行办理租佃登记，局辖土地异常奇零，不合于耕种经济原则，正计划着实行土地重划，以满足农人的耕种能力，不过土地不够调整分配是一个极严重的问题，过剩的人口，是要待于工业发展，予以安置，或训练职业技能以便转业，这种理想，只是时间的早迟终归是会实现的。

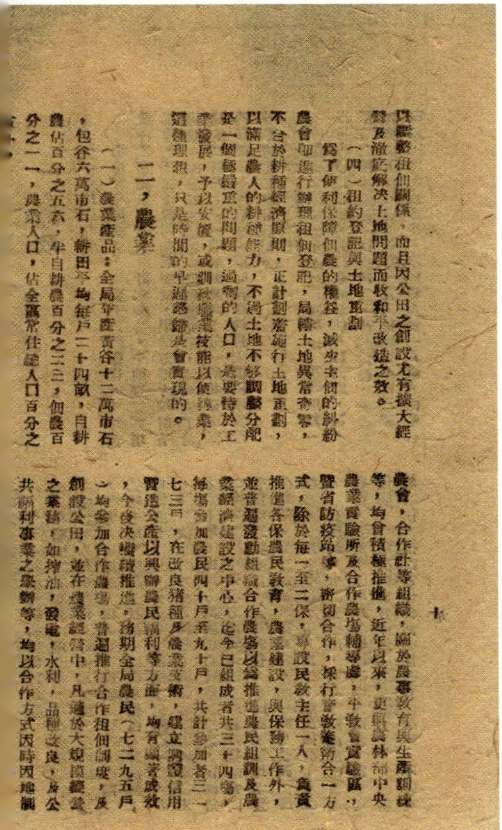
以聯繫租佃關係，而且因公田之創設尤有擴大經營及澈底解決土地問題而收和平改造之效。

（四）租約登記與土地重劃

爲了便利保障佃農的權益，減少主佃的糾紛，農會即進行辦理租佃登記，局轄土地異常奇零，不合於耕種經濟原則，正計劃着施行土地重劃，以滿足農人的耕種能力，不過土地不够調整分配是一個極嚴重的問題，過剩的人口，是要待於工業發展，予以安置，或訓練職業技能以便轉業，這種理想，只是時間的早遲終歸是會實現的。

二，農業

（一）農業產品：全局年產黃谷十二萬市石，包谷六萬市石，耕田平均每戶二十四畝，自耕農佔百分之五六，半自耕農百分之二三，佃農百分之一一，農業人口，佔全區常住總人口百分之

農會，合作社等組織，關於農事教育與生產訓練等，均曾積極推進，近年以來，更與農林部中央農業實驗所及合作農場輔導處，平教會實驗區，暨省防疫站等，密切合作，採行管教養衛合一方式，除於每一至二保，專設民教主任一人，負責推進各保農民教育，農業建設，與保務工作外，並普遍發動組織合作農場以爲推進農民組訓及農業經濟建設之中心，迄今已組成者共三十四場，每場參加農民四十戶至九十戶，共計參加者三一七三戶，在改良猪種及農業技術，建立團體信用暨造公產以興辦農民福利等方面，均有顯著成效，今後決繼續推進，務期全局農民（七二九五戶）均參加合作農場，普遍推行合作租佃制度，及創設公田，並在農業經營中，凡適於大規模經營之業務，如搾油，發電，水利，品種改良，及公共福利事業之舉辦等，均以合作方式因時因地制

二、农业

（一）农业产品

全局年产黄谷 12 万市石，包谷 6 万市石，耕田平均每户 24 亩，自耕农占 56%，半自耕农 23%，佃农 11%，农业人口，占全区常住总人口 50%。

（二）农民组训

二十年前，本局农民即有农会、合作社等组织，关于农事教育与生产训练等，均会积极推进。近年以来，更与农林部中央农业实验所及合作农场辅导处、平教会实验区，暨省防疫站等，密切合作，采行管教养卫合一方式，除于每一至二保，专设民教主任 1 人，负责推进各保农民教育、农业建设与保务工作外，并普遍发动组织合作农场以为推进农民组训及农业经济建设之中心。迄今已组成者共 34 场，每场参加农民 40 户至 90 户，共计参加者 3173 户。在改良猪种及农业技术，建立团体信用暨造公产以兴办农民

福利等方面，均有显著成效，今后决继续推进，务期全局农民（7295户）均参加合作农场，普遍推行合作租佃制度，及创设公田，并在农业经营中，凡适于大规模经营之业务，如榨油、发电、水利、品种改良及公共福利事业之举办等，均以合作方式因时因地制宜，以期充分发挥组织教育集体改进之功能，而完成现代化之农村建设，以为全国示范。

（三）粮食增产

1. 良种推广：

（1）水稻：过去曾指导农民选种，并倡行双季稻栽培，嗣因人工肥料及气候等关系，未能普遍，年来介绍农民试种中农三四号稻种，因较土种增产10%左右，引起全局农民之注意，上年推广500亩，本年推广5000亩，明年即可全部换种，共可增产黄谷1万市石以上。

（2）红苕：本局山地多种红苕，此为民间重要食粮。经介绍农民试种南瑞苕结果，不特增产30%，并有管理方便等好处。于上年推广1000亩，本年推广2500亩，三年后即可全部换种。

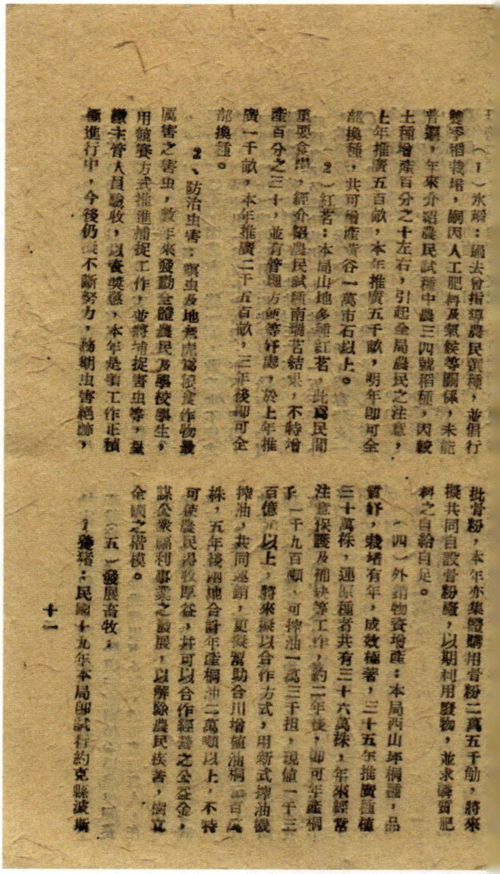
（1）水稻：過去曾指導農民選種，並倡行雙季稻栽培，嗣因人工肥料及氣候等關係，未能普遍，年來介紹農民試種中農三四號稻種，因較土種增產百分之十左右，引起全局農民之注意，上年推廣五百畝，本年推廣五千畝，明年即可全部換種，共可增產黃谷一萬市石以上。
（2）紅苕：本局山地多種紅苕，此爲民間重要食糧，經介紹農民試種南瑞苕結果，不特增產百分之三十，並有管理方便等好處，於上年推廣一千畝，本年推廣二千五百畝，三年後即可全部換種。
2、防治虫害：螟虫及地老虎爲粮食作物最厲害之害虫，數年來發動全體農民及學校學生，用競賽方式推進捕捉工作，並將捕捉害虫等，呈繳主管人員驗收，以資獎懲，本年是項工作正積極進行中，今後仍擬不斷努力，務期虫害絕跡，
批骨粉，本年亦集體購用骨粉二萬五千觔，將來擬共同自設骨粉廠，以期利用廢物，並求磷質肥料之自給自足。
（四）外銷物資增產：本局西山坪桐種，品質好，栽培有年，成效極著，三十五年推廣種植三十萬株，連原種者共有三十六萬株，年來經常注意保護及補缺等工作，約二年後，即可年產桐子一千九百噸，可榨油一萬三千担，現值一千三百億元以上，將來擬以合作方式，用新式榨油機榨油，共同運銷，更擬幫助合川增植油桐一百萬株，五年後兩地合計年產桐油二萬噸以上，不特可使農民得收厚益，并可以合作經營之公益金，謀公衆福利事業之發展，以解除農民疾苦，樹立全國之楷模。
（五）發展畜牧：
1、種猪：民國十九年本局即試行約克縣波斯
十一

2. 防治虫害：

螟虫及地老虎为粮食作物最厉害之害虫，数年来发动全体农民及学校学生，用竞赛方式推进捕捉工作，并将捕捉害虫等，呈缴主管人员验收，以资奖惩。本年是项工作正积极进行中，今后仍拟不断努力，务期虫害绝迹，农民收益确保无虞。

3. 肥料：

历年均用合作方式，向外购用大批骨粉，本年亦集体购用骨粉25000斤，将来拟共同自设骨粉厂，以期利用废物，并求磷质肥料之自给自足。

（四）外销物资增产

本局西山坪桐种，品质好，栽培有年，成效极著。三十五年推广种植30万株，连原种者共有36万株。年来经常注意保护及补缺等工作，约二

年后，即可年产桐子 1900 吨，可榨油 13000 担，现值 1300 亿元以上。将来拟以合作方式，用新式榨油机榨油，共同运销，更拟帮助合川增植油桐 300 万株，五年后两地合计年产桐油 2 万吨以上，不特可使农民得收厚益，并可以合作经营之公益金，谋公众福利事业之发展，以解除农民疾苦，树立全国之楷模。

（五）发展畜牧

1. 养猪：民国十九年本局即试行约克县波斯猪，杂交研究推广。

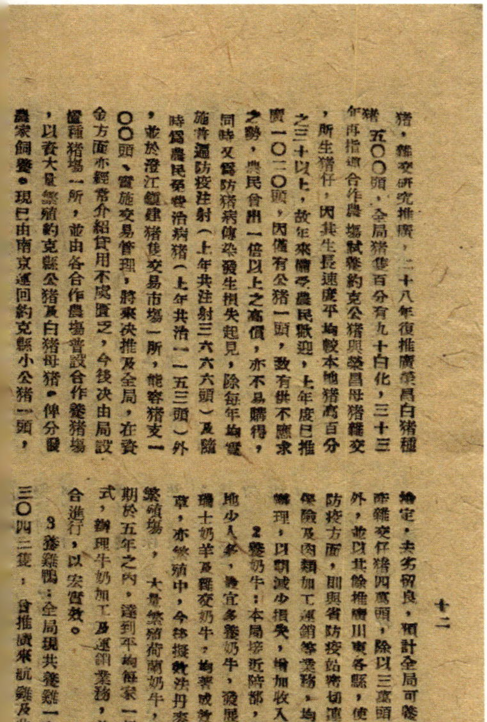

十二

猪，雜交研究推廣，二十八年復推廣榮昌白猪種猪五〇〇頭，全局猪隻百分有九十白化，三十三年再指導合作農場試養約克公猪與榮昌母猪雜交，所生猪仔，因其生長速度平均較本地猪高百分之三十以上，故年來備受農民歡迎，上年度已推廣一〇二〇頭，因僅有公猪一頭，致有供不應求之勢，農民曾出一倍以上之高價，亦不易購得，同時又爲防猪病傳染發生損失起見，除每年均實施普遍防疫注射（上年共注射三六六六頭）及隨時爲農民免費治病猪（上年共治一一五三頭）外，並於澄江鎮建猪隻交易市場一所，能容猪支一〇〇頭，實施交易管理，將來決推及全局，在資金方面亦經常介紹貸用不虞匱乏，今後決由局設置種猪場一所，並由各合作農場普設合作養猪場，以資大量繁殖約克縣公猪及白猪母猪，俾分發農家飼養。現已由南京運回約克縣小公猪一頭，

檢定，去劣留良，預計全局可養母猪三千頭，年產雜交仔猪四萬頭，除以三萬頭供本局農民飼養外，並以其餘推廣川東各縣，使能惠已惠人，在防疫方面，則與省防疫站密切連繫，加強工作，保險及肉類加工運銷等業務，均將採用合作方式辦理，以期減少損失，增加收入。

2養奶牛：本局接近陪都，地勢多丘陵，且地少人多，最宜多養奶牛，發展奶業，前曾推廣瑞士奶羊及雜交奶牛，均著成效，並引進緬甸牧草，亦繁殖中，今特擬就決丹麥，由局設立種牛繁殖場，大量繁殖荷蘭奶牛，分配農民飼養，期於五年之內，達到平均每家一奶牛，用合作方式，辦理牛奶加工及運銷業務，並與養猪事業配合進行，以宏實效。

3養雞鴨：全局現共養雞一九六五五隻，鴨三〇四三隻，曾推廣來杭雞及北平鴨，均極受

二十八年复推广荣昌白猪种猪 500 头，全局猪只 90% 白化，三十三年再指导合作农场试养约克公猪与荣昌母猪杂交，所生猪仔，因其生长速度平均较本地猪高 30% 以上，故年来备受农民欢迎，上年度已推广 1020 头，因仅有公猪 1 头，致有供不应求之势，农民曾出一倍以上之高价，亦不易购得。同时又为防猪病传染发生损失起见，除每年均实施普遍防疫注射（上年共注射 3666 头）及随时为农民免费治病猪（上年共治 1153 头）外，并于澄江镇建猪只交易市场 1 所，能容猪支 100 头。实施交易管理，将来决推及全局。在资金方面亦经常介绍贷用不虞匮乏。今后决由局设置种猪场 1 所，并由各合作农场普设合作养猪场，以资大量繁殖约克县公猪及白猪母猪，俾分发农家饲养。现已由南京运回约克县小公猪 1 头，母猪 2 头，明年内即可交配。繁殖种猪至适当时期原有土公猪即一律予以取缔，母猪则严格予以检定，去劣留良，预计全局可养母猪 3000 头，年产杂交仔猪 4 万头，除以 3 万头供本局农民饲养外，并以其余推广川东各县，使能惠已惠人。在防疫方面，则与省防疫站密切联系，加强工作，保险及肉类加工运销等业务，均将采用合作方式办理，以期减少损失，增加收入。

2. 养奶牛：本局接近陪都，地势多丘陵，且地少人多，最宜多养奶牛，发展奶业，前曾推广瑞士奶羊及杂交奶牛，均著成效，并引进缅甸牧草，

亦繁殖中。今后拟效法丹麦，由局设立种牛繁殖场，大量繁殖荷兰奶牛，分配农民饲养，期于五年之内，达到平均每家一奶牛，用合作方式，办理牛奶加工及运销业务，并与养猪事业配合进行，以宏实效。

3. 养鸡鸭：全局现共养鸡 19655 只，鸭 3043 只，曾推广来航鸡及北平鸭，均极受农民欢迎。中畜所近拟与本局合作推广澳洲鸡种，今后亦拟由局设立种禽繁殖场，大量繁殖来航鸡及北平鸭，期于五年内完成平均每人一优良母鸡，每户一对北平鸭，所产之卵，除自食外，均用合作方式运销重庆，以增售价。

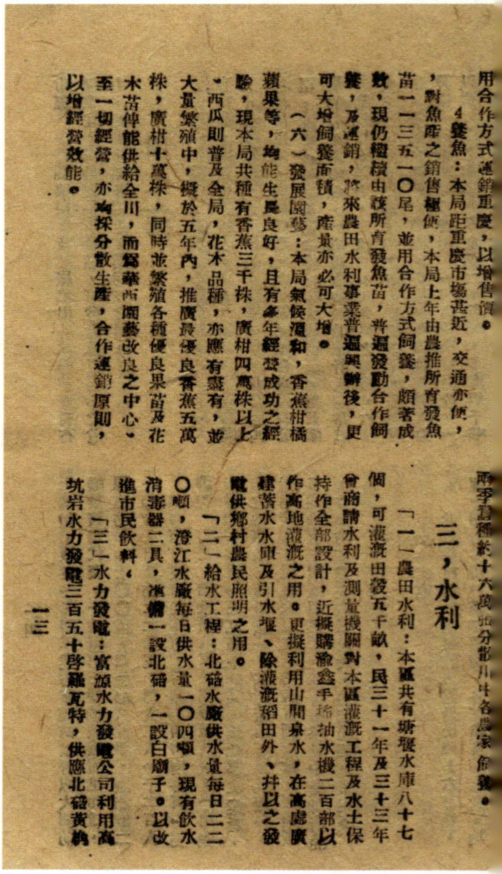
用合作方式運銷重慶，以增售價。
4養魚：本局距重慶市場甚近，交通亦便，對魚產之銷售極便，本局上年由農推所育發魚苗一一三五一〇尾，並用合作方式飼養，頗著成效，現仍繼續由該所育發魚苗，普遍發動合作飼養，及運銷，將來農田水利事業普遍興辦後，更可大增飼養面積，產量亦必可大增。
（六）發展園藝：本局氣候溫和，香蕉柑橘蘋果等，均能生長良好，且有多年經營成功之經驗，現本局共種有香蕉三千株，廣柑四萬株以上，西瓜則普及全局，花木品種，亦應有盡有，並大量繁殖中，擬於五年內，推廣最優良香蕉五萬株，廣柑十萬株，同時並繁殖各種優良果苗及花木苗俾能供給全川，而爲華西園藝改良之中心，至一切經營，亦均採分散生產，合作運銷原則，以增經營效能。
兩季蠶種約十六萬張分散川中各農家飼養。
三，水利
「一」農田水利：本區共有塘堰水庫八十七個，可灌溉田穀五千畝，民三十一年及三十三年曾商請水利及測量機關對本區灌溉工程及水土保持作全部設計，近擬購渝鑫手搖抽水機二百部以作高地灌溉之用。更擬利用山間泉水，在高處廣建蓄水水庫及引水堰、除灌溉稻田外、并以之發電供鄉村農民照明之用。
「二」給水工程：北碚水廠供水量每日二二〇噸，澄江水廠每日供水量一〇四噸，現有飲水消毒器二具，準備一設北碚，一設白廟子。以改進市民飲料。
「三」水力發電：富源水力發電公司利用高坑岩水力發電三百五十啓羅瓦特，供應北碚黃桷
一三

4. 养鱼：本局距重庆市场甚近，交通亦便，对鱼产之销售极便，本局上年由农推所育发鱼苗 113510 尾，并用合作方式饲养，颇著成效，现仍继续由该所育发鱼苗，普遍发动合作饲养及运销，将来农田水利事业普遍兴办后，更可大增饲养面积，产量亦必可大增。

（六）发展园艺

本局气候温和，香蕉、柑橘、苹果等，均能生长良好，且有多年经营成功之经验。现本局共种有香蕉 3000 株，广柑 4 万株以上，西瓜则普及全局，花木品种，亦应有尽有，并大量繁殖中，拟于 5 年内，推广最优良香蕉 5 万株，广柑 10 万株，同时并繁殖各种优良果苗及花木苗俾能供给全川，而为华西园艺改良之中心，至一切经营，亦均采分散生产，合作运销原则，以增经营效能。

（七）蚕种制造

四川丝业公司北碚制种场，占地 1200 亩，植桑 50 万株，每年制造春秋两季蚕种约 16 万张分散川中各农家饲养。

三、水利

（一）农田水利

本区共有塘堰水库 87 个，可灌溉田谷 5000 亩。民三十一年及三十三年曾商请水利及测量机关对本区灌溉工程及水土保持作全部设计，近拟购

渝鑫手摇抽水机 200 部以作高地灌溉之用。更拟利用山间泉水，在高处广建蓄水水库及引水堰，除灌溉稻田外，并以之发电供乡村农民照明之用。

（二）给水工程

北碚水厂供水量每日 220 吨，澄江水厂每日供水量 104 吨，现有饮水消毒器 2 具，准备一设北碚，一设白庙子，以改进市民饮料。

（三）水力发电

富源水力发电公司利用高坑岩水力发电 350 启罗瓦特，供应北碚黄桷市区住户、机关、学校及工厂之用。北碚前面有石梁横江，其地拟拦水筑坝，可发 7 万匹马力之电力，足供北碚及附近工业建设之用。

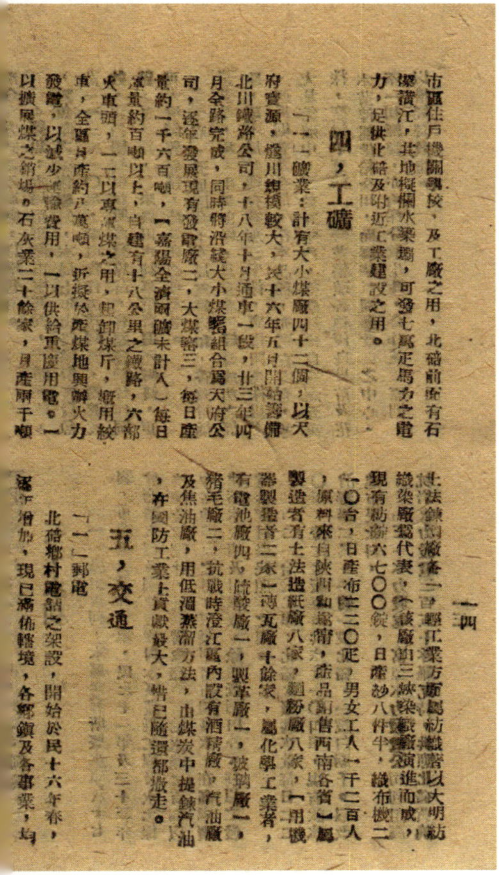
市區住戶機關學校，及工廠之用，北碚前面有石樑橫江，其地擬攔水築壩，可發七萬疋馬力之電力，足供北碚及附近工業建設之用。

四，工礦

「一」礦業：計有大小煤廠四十二個，以天府寶源，燧川規模較大，民十六年五月開始籌備北川鐵路公司，十八年十月通車一段，廿三年四月全路完成，同時將沿綫大小煤窰組合爲天府公司，逐年發展現有發電廠二，大煤窰三，每日產量約一千六百噸，（嘉陽全濟兩礦未計入）每日運量約百噸以上，自建有十八公里之鐵路，六部火車頭，一二以專運煤之用，起卸煤斤，概用絞車，全區日產約八萬噸，近擬於產煤地興辦火力發電，以減少運輸費用，一以供給重慶用電。一以擴展煤之銷場。石灰業二十餘家，日產兩千噸

一四

土法鍊鋼廠各一。輕工業方面屬紡織著以大明紡織染廠爲代表，（該廠由三峽染織廠演進而成，）現有紡錠六七〇〇錠，日產紗八件半，織布機二一〇台，日產布二二〇疋，男女工人一千二百人，原料來自陝西和遂甯，產品銷售西南各省）屬製造者有土法造紙廠八家，麵粉廠八家，（用機器製造者二家）磚瓦廠十餘家，屬化學工業者，有電池廠四，硫酸廠一，製革廠一，玻璃廠一，豬毛廠二，抗戰時澄江區內設有酒精廠，汽油廠及焦油廠，用低溫蒸溜方法，由煤炭中提鍊汽油，在國防工業上貢獻最大，惜已隨遷都撤走。

五，交通

「一」郵電

北碚鄉村電話之架設，開始於民十六年春，逐年增加，現已遍佈轄境，各鄉鎮及各事業，均

四、工矿

（一）矿业

计有大小煤厂 42 个，以天府宝源、燧川规模较大。民十六年五月开始筹备北川铁路公司，十八年十月通车一段，廿三年四月全路完成，同时将沿线大小煤窑组合为天府公司，逐年发展，现有发电厂二，大煤窑三，每日产量约 1600 吨（嘉阳、全济两矿未计入），每日运量约百吨以上。自建有 18 公里之铁路，6 部火车头，一二以专运煤之用，起卸煤斤，概用绞车，全区日产约 8 万吨，近拟于产煤地兴办火力发电，以减少运输费用，一以供给重庆用电，一以扩展煤之销场。石灰业 20 余家，日产 2000 吨，耐火材料日产 1600 吨。

（二）工业

局区工业方面有大鑫火砖厂、土法炼钢厂各 1。轻工业方面属纺织著以大明纺织染厂为代表（该厂由三峡染织厂演进而成，现有纺锭 6700 锭，日产纱八件半，织布机 210 台，日产布 220 匹，男女工人 1200 人，原料来自陕西和遂宁，产品销售西南各省）。属制造者有土法造纸厂 8 家，面粉厂 8 家（用机器制造者 2 家），砖瓦厂 10 余家。属化学工业者，有电池厂四，硫酸厂一，制革厂一，玻璃厂一，

猪毛厂二。抗战时澄江区内设有酒精厂、汽油厂及焦油厂，用低温蒸馏方法，由煤炭中提炼汽油，在国防工业上贡献最大，惜已随还都撤走。

五、交通

（一）邮电

北碚乡村电话之架设，开始于民十六年春，逐年增加，现已满布辖境，各乡镇及各事业，均可通话，二十八年更有交通部北碚电信分局之增设，渝蓉等处亦可直通电报电话，同时邮局之设置，亦极普遍计有二等甲级、二等乙级、三等甲级等局5处，代办所11处，三十七年四月管理局设置之无线电分台1处。

（二）铁路

北川铁路，长18公里（筑于民十七年），宝源铁路长6里（筑于民二十五年），均系运煤之用。

（三）公路

全区共有公路38公里，计青北24公里（自青木关至北碚于民廿六年兵工兴筑）；北温7公里（自北碚至温泉于民二十七年由地方发起得华洋义赈会、四川省政府之扶助而筑成）；澄温（自澄江镇至北温泉于民三十一年由军政部汽油厂及地方事业士绅筹款共同建筑）7公里。

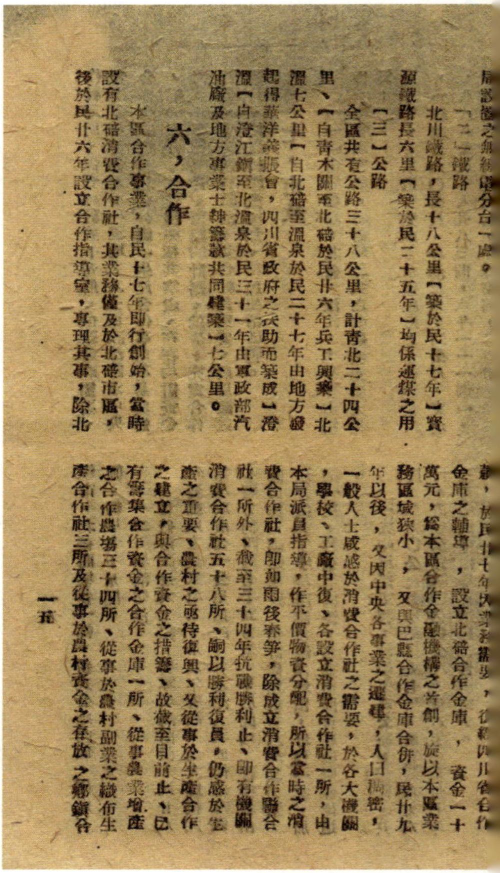
局設置之無線電分台一處。

「二」鐵路

北川鐵路，長十八公里「築於民十七年」寶源鐵路長六里「築於民二十五年」均係運煤之用．

「三」公路

全區共有公路三十八公里，計青北二十四公里、「自青木關至北碚於民廿六年兵工興築」北溫七公里「自北碚至溫泉於民二十七年由地方發起得華洋義賑會，四川省政府之扶助而築成」澄溫「自澄江鎮至北溫泉於民三十一年由軍政部汽油廠及地方事業士紳籌款共同建築」七公里。

六，合作

本區合作事業，自民十七年即行創始，當時設有北碚消費合作社，其業務僅及於北碚市區，後於民廿六年設立合作指導室，專理其事，除北

款，於民廿七年因業務需要，復經四川省合作金庫之輔導，設立北碚合作金庫，資金一十萬元，爲本區合作金融機構之首創，旋以本區業務區域狹小，又與巴縣合作金庫合併，民廿九年以後，又因中央各事業之遷建，人口稠密，一般人士咸感於消費合作社之需要，於各大機關，學校、工廠中復，各設立消費合作社一所，由本局派員指導，作平價物資分配，所以當時之消費合作社，即如雨後春筍，除成立消費合作聯合社一所外，截至三十四年抗戰勝利止，即有機關消費合作社五十八所，嗣以勝利復員，仍感於生產之重要，農村之亟待復興，又從事於生產合作之建立，與合作資金之措籌，故截至目前止，已有籌集合作資金之合作金庫一所，從事農業增產之合作農場三十四所，從事於農村副業之織布生產合作社三所及從事於農村資金之存放之鄉鎮合

一五

六、合作

本区合作事业，自民十七年即行创始，当时设有北碚消费合作社，其业务仅及于北碚市区。后于民廿六年设立合作指导室，专理其事，除北碚消费合作社之办理外，并普遍组各乡保之信用合作社66所，专门办理农村借贷及小额存款。于民廿七年因业务需要，复经四川省合作金库之辅导，设立北碚合作金库，资金10万元，为本区合作金融机构之首创，旋以本区业务区域狭小，又与巴县合作金库合并。民廿九年以后，又因中央各事业之迁建，人口稠密，一般人士咸感于消费合作社之需要，于各大

机关、学校工厂中复各设立消费合作社 1 所，由本局派员指导，作平价物资分配。所以当时之消费合作社，即如雨后春笋，除成立消费合作联合社 1 所外，截至三十四年抗战胜利止，即有机关消费合作社 58 所，嗣以胜利复员，仍感于生产之重要，农村之亟待复兴，又从事于生产合作之建立，与合作资金之措筹，故截至目前止，已有筹集合作资金之合作金库 1 所，从事农业增产之合作农场 34 所，从事于农村副业之织布生产合作社 3 所及从事于农村资金之存放之乡镇合作社 3 所，保合作社 59 所。但就实际需要，合作金库资金太少（现地方人士正设法请求中央合作金库筹设北碚分处），生产合作事业不易兴办，乡镇保合作社业务亦极其空虚，在在均需资金周转及产销配合，预期的计划，就是：充实合作资金，使能周转灵活，切合社员需要，发展产销业务，使农村产业增加，农民生活改善。

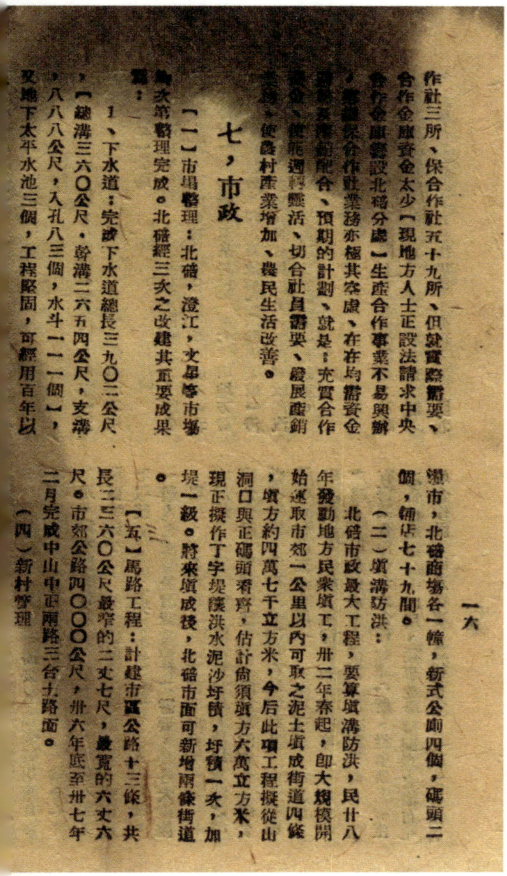
作社三所、保合作社五十九所、但就實際需要、合作金庫資金太少【現地方人士正設法請求中央合作金庫籌設北碚分處】生產合作事業不易興辦，鄉鎮保合作社業務亦極其空虛，在在均需資金周轉及產銷配合、預期的計劃、就是：充實合作資金、使能週轉靈活、切合社員需要、發展產銷業務、使農村產業增加、農民生活改善。

七，市政

【一】市場整理：北碚，澄江，文星等市場均次第整理完成。北碚經三次之改建其重要成果為：

1、下水道：完成下水道總長三九〇二公尺，【總溝三六〇公尺，幹溝二六五四公尺，支溝八八八公尺，入孔八三個，水斗一一一個】，又地下太平水池三個，工程堅固，可經用百年以

糧市，北碚商場各一幢，新式公廁四個，碼頭二個，舖店七十九間。

（二）塡溝防洪：

北碚市政最大工程，要算塡溝防洪，民廿八年發動地方民衆塡工，卅二年春起，即大規模開始運取市郊一公里以內可取之泥土塡成街道四條，塡方約四萬七千立方米，今后此項工程擬從山洞口與正碼頭看齊，估計尚須塡方六萬立方米，現正擬作丁字堤讓洪水泥沙圩積，圩積一次，加堤一級。將來塡成後，北碚市面可新增兩條街道。

【五】馬路工程：計建市區公路十三條，共長二三六〇公尺最窄的二丈七尺，最寬的六丈六尺。市郊公路四〇〇〇公尺，卅六年底至卅七年二月完成中山中正兩路三台十路面。

（四）新村管理

一六

七、市政

（一）市场整理

北碚、澄江、文星等市场均次第整理完成。北碚经三次之改建其重要成果为：

1. 下水道：完成下水道总长 3902 公尺，（总沟 360 公尺，干沟 2654 公尺，支沟 888 公尺，入孔 83 个，水斗 111 个），又地下太平水池 3 个，工程坚固，可经用百年以上。

2. 公共建筑：经修北碚医院民众会堂、米粮市、北碚商场各 1 幢，新式公厕 4 个，码头 2 个，铺店 79 间。

（二）填沟防洪

北碚市政最大工程，要算填沟防洪，民廿八年发动地方民众填工，卅二年春起，即大规模开始运取市郊 1 公里以内可取之泥土填成街道四条，填方约 47000 立方米，今后此项工程拟从山洞口与正码头看齐，估计尚须填方 6 万立方米，现正拟作丁字堤让洪水泥沙淤积，淤积一次，加堤一级。将来填成后，北碚市面可新增两条街道。

（三）马路工程

计建市区公路 13 条，共长 2360 公尺，最窄的二丈七尺，最宽的六丈六尺。市郊公路 4000 公尺，卅六年底至卅七年二月完成中山中正两路三合土路面。

（四）新村管理

民廿七年为应迁建事业及地方之需要特组设新村筹备委员会，划定北碚市区附近魏家湾一带为新村范围，征购土地 334 亩，分划 117 地号，放予各方建筑房屋，现以需地建房者多，已再筹划于市区南北两面设立第二新村区域，拟以协商永租或征购方式，由公共总租，分佃于用户，凡工程之设计，器材人工之联络介绍，皆由公家办理，务使服务周到，使寄籍迁住者极感便利。又原有新村领地而未建筑之户，限期完成建筑，逾期则将其土地所有权，移转需要建筑之户，俾便利住户迁建增加地方之繁荣。

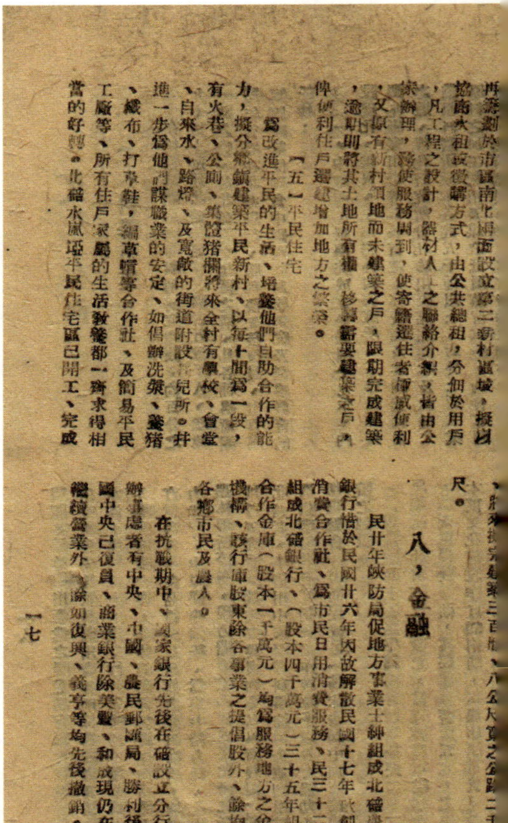
再籌劃於市區南北兩面設立第二新村區域，擬以協商永租或徵購方式，由公共總租，分佃於用戶，凡工程之設計，器材人工之聯絡介紹，皆由公家辦理，務使服務周到，使寄籍遷住者極感便利，又原有新村領地而未建築之戶，限期完成建築，逾期則將其土地所有權，移轉需要建築之戶，俾便利住戶遷建增加地方之繁榮。

〔五〕平民住宅

爲改進平民的生活、培養他們自助合作的能力，擬分鄉鎮建築平民新村，以每十間爲一段，有火巷、公廁、集體猪欄將來全村有學校、會堂、自來水、路燈、及寬敞的街道附設托兒所。并進一步爲他們謀職業的安定、如倡辦洗漿、養猪、織布、打草鞋，編草帽等合作社、及簡易平民工廠等、所有住戶家屬的生活教養都一齊求得相當的好轉。北碚水嵐埡平民住宅區已開工、完成

、將來擬完建築三百間、八公尺寬之公路二千公尺。

八，金融

民廿年峽防局促地方事業士紳組成北碚農村銀行惜於民國廿六年內故解散民國十七年秋創辦消費合作社、爲市民日用消費服務、民三十二年組成北碚銀行、（股本四千萬元）三十五年組成合作金庫（股本一千萬元）均爲服務地方之金融機構、該行庫股東除各事業之提倡股外、餘均爲各鄉市民及農人。

在抗戰期中、國家銀行先後在碚設立分行或辦事處者有中央、中國、農民郵匯局、勝利後中國中央已復員、商業銀行除美豐、和成現仍在碚繼續營業外、餘如復興、義亨等均先後撤銷。

一七

（五）平民住宅

为改进平民的生活，培养他们自助合作的能力，拟分乡镇建筑平民新村，以每 10 间为一段，有火巷、公厕、集体猪栏，将来全村有学校、会堂、自来水、路灯及宽敞的街道附设托儿所，并进一步为他们谋职业的安定，如倡办洗浆、养猪、织布、打草鞋、编草帽等合作社及简易平民工厂等。所有住户家属的生活教养都一齐求得相当的好转。北碚水岚垭平民住宅区已开工，完成住宅 20 间，基地 60 间，4 公尺宽之公路 1000 公尺。将来拟完建筑 300 间，8 公尺宽之公路 2000 公尺。

八、金融

民廿年峡防局促地方事业士绅组成北碚农村银行，惜于民国廿六年因故解散。民国十七年秋创办消费合作社，为市民日用消费服务。民三十二年组成北碚银行（股本 4000 万元），三十五年组成合作金库（股本 1000

万元），均为服务地方之金融机构。该行库股东除各事业之提倡股外，余均为各乡市民及农人。

在抗战期中，国家银行先后在碚设立分行或办事处者有中央、中国、农民邮汇局，胜利后中国、中央已复员，商业银行除美丰、和成现仍在碚继续营业外，余如复兴、义亭等均先后撤销。

文化方面

一、科学事业

在抗战时期全国各学术研究机关，约 90% 以上迁建北碚，住碚专家学者近 3000 人，颇极一时之盛，故北碚有文化区之称。凡各种学术团体年会概在北碚举行，胜利后先后复员，尚有两个原设单位独负中国西部科学研究及科学教育的任务：

（一）中国西部科学院

成立于民国十九年，内设理化、地质、生物、农林 4 研究所，工作目标为调查研究川康等部各省之各种资源及其开发利用之道。理化研究所曾化验川康煤焦标本及其他工业原料矿产标本各达 5000 种以上，对于土产工业原料之加工利用及煤之低温蒸馏实验，均曾专题研究，获有结果。地质研究所历年调查四川西康地质，探勘各种矿产，其调查研究结果，对抗战期间及目前四川产业之开发颇有重大贡献。生物研究所曾先后派员赴川康各地采集动物及植物标本达 10 万号以上，除自行研究陈列，并与国内外各学术机关交换。农林研究所对农作物品种之培育试验及优良品种与新品种之介绍推广，均会极力进行。中因经费困难，为集中精力计，生物、农林两所停办，现仍继续工作者为理化研究所及地质研究所。抗战军兴国内公私学术机

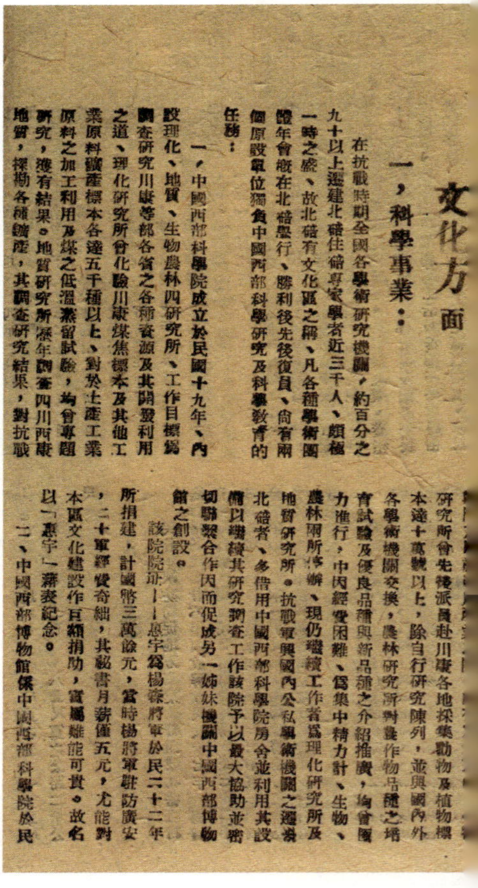

文化方面

一，科學事業：

在抗戰時期全國各學術研究機關，約百分之九十以上遷建北碚，住碚專家學者近三千人，頗極一時之盛，故北碚有文化區之稱，凡各種學術團體年會概在北碚舉行，勝利後先後復員，尚有兩個原設單位獨負中國西部科學研究及科學教育的任務：

一，中國西部科學院成立於民國十九年，內設理化、地質、生物農林四研究所，工作目標爲調查研究川康等部各省之各種資源及其開發利用之道，理化研究所曾化驗川康煤焦標本及其他工業原料礦產標本各達五千種以上，對於土產工業原料之加工利用及煤之低溫蒸餾試驗，均曾專題研究，獲有結果。地質研究所歷年調查四川西康地質，探勘各種礦產，其調查研究結果，對抗戰

研究所曾先後派員赴川康各地採集動物及植物標本達十萬號以上，除自行研究陳列，並與國內外各學術機關交換，農林研究所對農作物品種之培育試驗及優良品種與新品種之介紹推廣，均曾極力進行，中因經費困難，爲集中精力計，生物、農林兩所停辦，現仍繼續工作者爲理化研究所及地質研究所。抗戰軍興國內公私學術機關之遷移北碚者，多借用中國西部科學院房舍並利用其設備以繼續其研究調查工作該院予以最大協助並密切聯繫合作因而促成另一姊妹機關中國西部博物館之創設。

該院院址——惠宇爲楊森將軍於民二十二年所捐建，計國幣三萬餘元，當時楊將軍駐防廣安，二十軍餉費奇絀，其祕書月薪僅五元，尤能對本區文化建設作巨額捐助，實屬難能可貴。故名以「惠宇」藉表紀念。

二、中國西部博物館係中國西部科學院於民

关团体之迁来北碚者，多借用中国西部科学院房舍并利用其设备以继续其研究调查工作，该院予以最大协助并密切联系合作，因而促成另一姊妹机关中国西部博物馆之创设。

该院院址——惠宇为杨森将军于民二十二年所捐建，计国币 3 万余元，当时杨将军驻防广安，二十军经费奇绌，其秘书月薪仅 5 元，尤能对本区文化建设作巨额捐助，实属难能可贵，故名以“惠宇”藉表纪念。

（二）中国西部博物馆

系中国西部科学院于民国三十二年联络在碚之十余学术机关所共同发起筹设，经一年之筹备，于三十三年十二月二十五日正式开馆。内分工矿、农林、地理、地质、生物及医药卫生等 6 馆，标本模型主要由于各发起机关中央地质调查所、中央农业实验所等所捐赠，中国学术机关历年调查研究所获标本，大部集中于此，现所藏陈列品，已超过 107000 号，尚在继续征集，并自行采集制作动物植物标本，与设计、制造地理、地质、生理解剖各种模型。每逢星期一休息，其余各日均开放，免费参观，开馆迄今三年又四月内，参观人数达 21 万人。馆内陈列，轮流改变布置，以增加观众兴趣，并利用各种节日，举办特种展览。近正筹备另建占地 240 方丈之工业馆大厦，以陈列美国捐赠之活动工业模型。为应北碚各乡中学师范及专科学校对自然科教学缺乏实验设备之需要，本馆正筹设化学实验室及生物学实验室以供各校之实习。

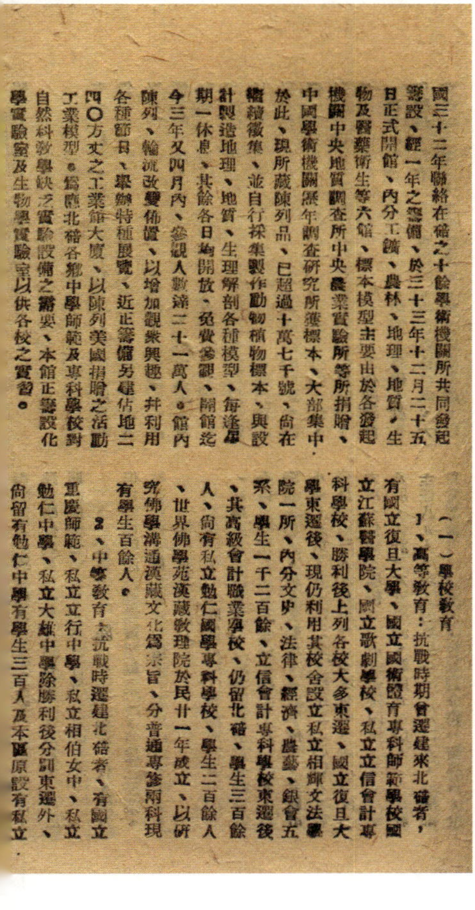
國三十二年聯絡在碚之十餘學術機關所共同發起籌設、經一年之籌備、於三十三年十二月二十五日正式開館、內分工鑛、農林、地理、地質、生物及醫藥衛生等六館、標本模型主要由於各發起機關中央地質調查所中央農業實驗所等所捐贈、中國學術機關歷年調查研究所獲標本、大部集中於此、現所藏陳列品、已超過十萬七千號、尚在繼續徵集、並自行採集製作動物植物標本、與設計製造地理、地質、生理解剖各種模型、每逢星期一休息、其餘各日均開放、免費參觀、開館迄今三年又四月內、參觀人數達二十一萬人。館內陳列、輪流改變佈置、以增加觀衆興趣、并利用各種節日、舉辦特種展覽、近正籌備另建佔地二四〇方丈之工業館大廈、以陳列美國捐贈之活動工業模型。爲應北碚各鄉中學師範及專科學校對自然科教學缺乏實驗設備之需要、本館正籌設化學實驗室及生物學實驗室以供各校之實習。

（一）學校教育

1、高等教育：抗戰時期曾遷建來北碚者，有國立復旦大學、國立國術體育專科師範學校國立江蘇醫學院、國立歌劇學校、私立立信會計專科學校、勝利後上列各校大多東遷、國立復旦大學東遷後、現仍利用其校舍設立私立相輝文法學院一所、內分文史、法律、經濟、農藝、銀會五系、學生一千二百餘、立信會計專科學校東遷後、其高級會計職業學校、仍留北碚、學生三百餘人、尚有私立勉仁國學專科學校、學生二百餘人、世界佛學苑漢藏教理院於民廿一年成立、以研究佛學溝通漢藏文化爲宗旨、分普通專修兩科現有學生百餘人。

2、中等教育：抗戰時遷建北碚者、有國立重慶師範、私立立行中學、私立相伯女中、私立勉仁中學、私立大雄中學除勝利後分別東遷外、尚留有勉仁中學有學生三百人及本區原設有私立

二、教育事业

（一）学校教育

1. 高等教育：抗战时期曾迁建来北碚者，有国立复旦大学、国立国术体育专科师范学校、国立江苏医学院、国立歌剧学校、私立立信会计专科学校，胜利后上列各校大多东迁，国立复旦大学东迁后，现仍利用其校舍设立私立相辉文法学院 1 所，内分文史、法律、经济、农艺、银会 5 系，学生 1200 余。立信会计专科学校东迁后，其高级会计职业学校，仍留北碚，学生 300 余人，尚有私立

勉仁国学专科学校，学生 200 余人，世界佛学苑汉藏教理院于民廿一年成立，以研究佛学沟通汉藏文化为宗旨，分普通、专修两科，现有学生 100 余人。

2. 中等教育：抗战时迁建北碚者，有国立重庆师范、私立立行中学、私立相伯女中、私立勉仁中学、私立大雄中学，除胜利后分别东迁外，尚留有勉仁中学，有学生 300 人及本区原设有私立兼善中学，现有学生 700 余人，私立三峡中学现有学生 300 人，省立北碚师范、国立女子师范学院附中及附师，学生共计 1300 人。

3. 国民教育：

（1）教育主旨：我们现在是以建设第一教育第一，建设又以合作农场为第一，教育又以基教为第一。联合国基本教育，包括儿童教育和成人教育两个部门，其意义教育科学文化组织有一个简明的解释，就是“这种教育，不仅人读、写和算，并且授给他们若干基本的东西、使他们可以谋生，改良他们的经济状况，使他们可以艺术地、有教养地表达他们自己的思想，使他们可以改进健康生活的环境，参加国内及国际的政治活动，借以引导他们走向比较充实而完善的生活”。所以我们教育主旨，是要为民众解决生活问题，并协助国家建设，采用生活即教育，工作即教育，事业即教育，建设即教育，机关即学校，社会即学校，重在自我教育自我，自我创造自我，大我教育大我，大我创造大我，务使即知即传，即行即工作、即建设，管教养卫方式相互为用，绝对的办到做学教养合一，务使教育与建设配合，务使学校与事业一致，以收事半功倍之效，最后期达成联合国对于基本教育所要求的理想。

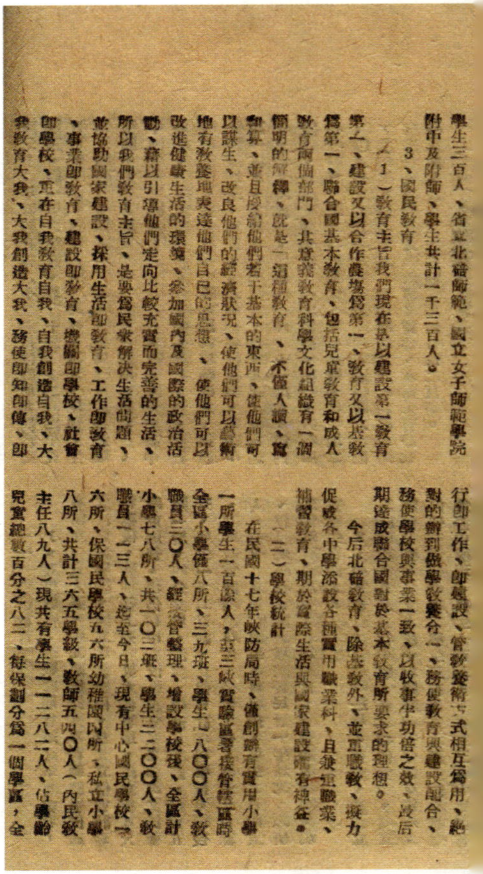
學生三百人、省立北碚師範、國立女子師範學院附中及附師、學生共計一千三百人。

3、國民教育

（1）教育主旨我們現在是以建設第一教育第一、建設又以合作農場為第一、教育又以基教為第一、聯合國基本教育、包括兒童教育和成人教育兩個部門、其意義教育科學文化組織有一個簡明的解釋、就是「這種教育、不僅人讀、寫和算、並且授給他們若干基本的東西、使他們可以謀生、改良他們的經濟狀況、使他們可以藝術地有教養地表達他們自己的思想、使他們可以改進健康生活的環境、參加國內及國際的政治活動、藉以引導他們走向比較充實而完善的生活、所以我們教育主旨、是要為民衆解決生活問題、並協助國家建設、採用生活即教育、工作即教育、事業即教育、建設即教育、機關即學校、社會即學校、重在自我教育自我、自我創造自我、大我教育大我、大我創造大我、務使即知即傳、即行即工作、即建設、管教養衛方式相互為用、絕對的辦到做學教養合一、務使教育與建設配合、務使學校與事業一致、以收事半功倍之效、最后期達成聯合國對於基本教育所要求的理想。

今后北碚教育、除基教外、並重職教、擬力促成各中學添設各種實用職業科、且兼重職業、補習教育、期於實際生活與國家建設確有裨益。

（二）學校統計

在民國十七年峽防局時、僅創辦有實用小學一所學生一百餘人，至三峽實驗區署接管該區時全區小學僅八所、三九班、學生一八〇〇人、教職員三〇人、經該管整理、增設學校後、全區計小學七八所、共一〇三班、學生三二〇〇人、教職員一一三人、迄至今日、現有中心國民學校一六所、保國民學校九六所幼稚園四所、私立小學八所、共計三六五學級、教師五四〇人（內民教主任八九人）現共有學生一一二八二人、佔學齡兒童總數百分之八二、每保劃分為一個學區，全

今后北碚教育，除基教外，并重职教，拟力促成各中学添设各种实用职业科，且兼重职业、补习教育，期于实际生活与国家建设确有裨益。

（2）学校统计：

在民国十七年峡防局时，仅创办有实用小学一所学生 100 余人，至

三峡实验区署接管辖区时，全区小学仅 8 所，39 班，学生 1800 人，教职员 30 人。经接管整理，增设学校后，全区计小学 78 所，共 103 班，学生 3200 人，教职员 113 人，迄至今日，现有中心国民学校 16 所，保国民学校 56 所，幼稚园 4 所，私立小学 8 所，共计 365 学级，教师 540 人（内民教主任 89 人），现共有学生 11282 人，占学龄儿童总数 82%，每保划分为一个学区，全局共设有民教传习处 416 所，导生 856 人，现有学生 10073 人，已毕业者 11100 余人，占失学成人总数 59%，所有学龄儿童计 13623 人，失学成人，计 39383 人（部分矿工尚在调查中），正要求全体入学，达到 100%。

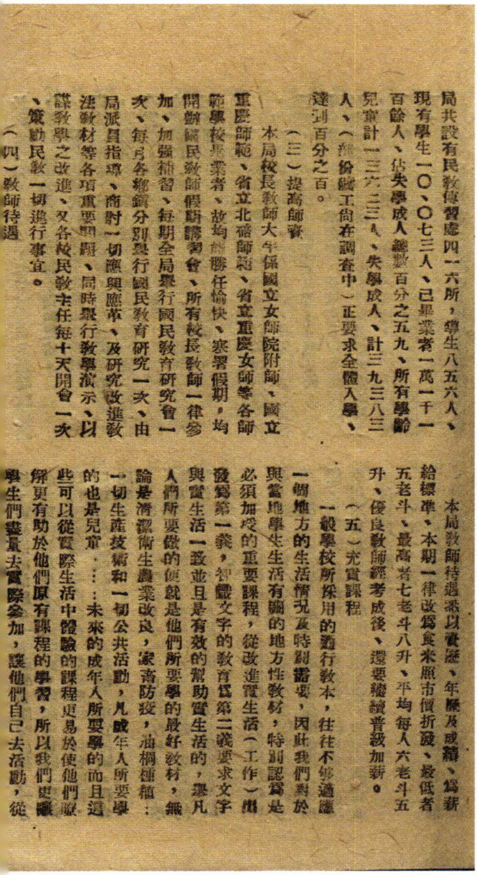
局共設有民教傳習處四一六所，導生八五六人、現有學生一〇、〇七三人、已畢業者一萬一千一百餘人、佔失學成人總數百分之五九、所有學齡兒童計一三六二三人、失學成人、計三九三八三人、（部份礦工尚在調查中）正要求全體入學、達到百分之百。

（三）提高師資

本局校長教師大半係國立女師院附師、國立重慶師範、省立北碚師範、省立重慶女師等各師範學校畢業者，故均能勝任愉快、寒暑假期，均開辦國民教師假期講習會、所有校長教師一律參加、加強補習、每期全局舉行國民教育研究會一次、每月各鄉鎮分別舉行國民教育研究一次、由局派員指導、商討一切應興應革、及研究改進教法教材等各項重要問題、同時舉行教學演示、以謀教學之改進、又各校民教主任每十天開會一次、策動民教一切進行事宜。

（四）教師待遇

本局教師待遇悉以資歷、年歷及成績、爲薪給標準、本期一律改爲食米照市價折發、最低者五老斗、最高者七老斗八升、平均每人六老斗五升、優良教師經考成後、還要繼續晉級加薪。

（五）充實課程

一般學校所採用的通行教本，往往不够適應一個地方的生活情況及特別需要，因此我們對於與當地學生生活有關的地方性教材，特別認爲是必須加授的重要課程，從改進實生活（工作）出發爲第一義，智識文字的教育爲第二義要求文字與實生活一致並且是有效的幫助實生活的，舉凡人們所要做的便就是他們所要學的最好教材，無論是淸潔衛生農業改良，家畜防疫，油桐種植：一切生産技術和一切公共活動，凡成年人所要學的也是兒童……未來的成年人所要學的而且這些可以從實際生活中體驗的課程更易於使他們瞭解更有助於他們原有課程的學習，所以我們更應學生們盡量去實際參加，讓他們自己去活動，從

（3）提高师资：

本局校长教师大半系国立女师院附师、国立重庆师范、省立北碚师范、省立重庆女师等各师范学校毕业者，故均能胜任愉快。寒暑假期，均开办国民教师假期讲习会，所有校长教师一律参加，加强补习。每期全局举行国民教育研究会一次，每月各乡镇分别举行国民教育研究一次，由局派员指导，商讨一切应兴应革及研究改进教法教材等各项重要问题，同时举行教学演示，以谋教学之改进。又各校民教主任每 10 天开会一次，策动民教一切进行事宜。

（4）教师待遇：

本局教师待遇悉以资历、年历及成绩，为薪给标准。本期一律改为食米照市价折发，最低者五老斗，最高者七老斗八升，平均每人六老斗五升，优良教师经考成后，还要继续晋级加薪。

（5）充实课程：

一般学校所采用的通行教本，往往不够适应一个地方的生活情况及特别需要，因此我们对于与当地学生生活有关的地方性教材，特别认为是必须加授的重要课程，从改进实生活（工作）出发为第一义，智识文字的教育为第二义，要求文字与实生活一致并且是有效的帮助实生活的，举凡人

们所要做的便就是他们所要学的最好教材，无论是清洁卫生农业改良、家畜防疫、油桐种植……一切生产技术和一切公共活动，凡成年人所要学的也是儿童——未来的成年人所要学的，而且这些可以从实际生活中体验的课程更易于使他们了解更有助于他们原有课程的学习，所以我们更让学生们尽量去实际参加，让他们自己去活动，从活动去学习，北碚有较多的建设事业和建设活动，所以生活的课程也更为充实和丰富。

我们编辑民教及小学之地方性教材，今后拟力求精确，凡教育资料，均就各种实生活内找，就农人本身找，就工商人本身找，就小朋友本身需要上找，凡编好的教材教法，均先请与他们本身资深之农友工友、小朋友并请有关之资深人士分别共同作确切之研究，检讨改进。

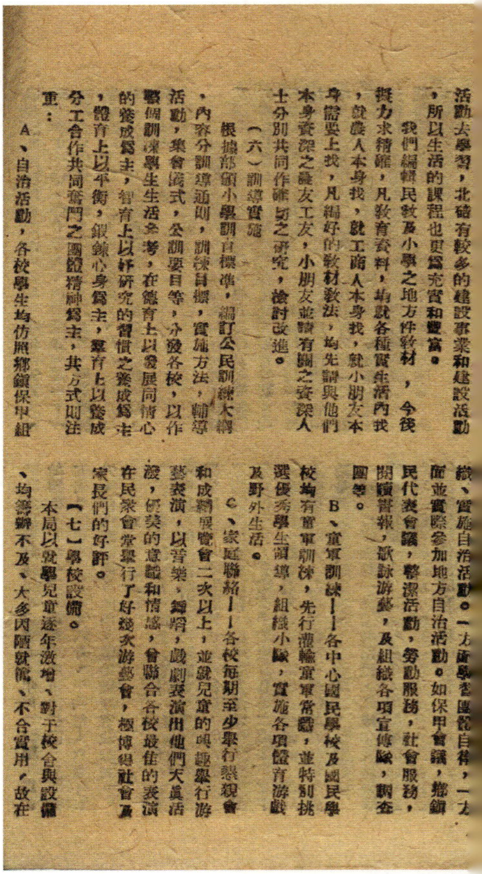
活動去學習，北碚有較多的建設事業和建設活動，所以生活的課程也更爲充實和豐富。
我們編輯民教及小學之地方性教材，今後擬力求精確，凡教育資料，均就各種實生活內找，就農人本身找，就工商人本身找，就小朋友本身需要上找，凡編好的教材教法，均先請與他們本身資深之農友工友，小朋友並請有關之資深人士分別共同作確切之研究，檢討改進。
（六）訓導實施
根據部頒小學訓育標準，編訂公民訓練大綱，內容分訓導通則，訓練目標，實施方法，輔導活動，集會儀式，公訓要目等，分發各校，以作整個訓練學生生活參考，在德育上以發展同情心的養成爲主，智育上以好研究的習慣之養成爲主，體育上以平衡，鍛鍊心身爲主，羣育上以養成分工合作共同奮鬥之團體精神爲主，其方式則注重：
A、自治活動，各校學生均仿照鄉鎮保甲組織，實施自治活動。一方面學習團體自律，一方面並實際參加地方自治活動。如保甲會議，鄉鎮民代表會議，整潔活動，勞動服務，社會服務，閱讀書報，歌詠游藝，及組織各項宣傳隊，調查團等。
B、童軍訓練——各中心國民學校及國民學校均有童軍訓練，先行灌輸童軍常識，並特別挑選優秀學生領導，組織小隊，實施各項體育游戲及野外生活。
C、家庭聯絡——各校每期至少舉行懇親會和成績展覽會二次以上，並就兒童的興趣舉行游藝表演，以音樂，舞蹈，戲劇表演出他們天真活潑，優美的意識和情感，曾聯合各校最佳的表演在民衆會堂舉行了好幾次游藝會，極博得社會及家長們的好評。
【七】學校設備。
本局以就學兒童逐年激增、對于校舍與設備、均籌辦不及、大多因陋就簡、不合實用，故在

（6）训导实施：

根据部颁小学训育标准，编订公民训练大纲，内容分训导通则、训练目标、实施方法、辅导活动、集会仪式、公训要目等，分发各校，以作整个训练学生生活参考。在德育上以发展同情心的养成为主，智育上以好研究的习惯之养成为主，体育上以平衡、锻炼心身为主，群育上以养成分工合作共同奋斗之团体精神为主，其方式则注重：

① 自治活动——各校学生均仿照乡镇保甲组织，实施自治活动。一方面学习团体自律，一方面并实际参加地方自治活动。如保甲会议、乡镇民代表会议、整洁活动、劳动服务、社会服务、阅读书报、歌咏游艺，及组织各项宣传队、调查团等。

② 童军训练——各中心国民学校及国民学校均有童军训练，先行灌输童军常识，并特别挑选优秀学生领导，组织小队，实施各项体育游戏及野外生活。

③ 家庭联络——各校每期至少举行恳亲会和成绩展览会二次以上，并就儿童的兴趣举行游艺表演，以音乐、舞蹈、戏剧表演出他们天真活泼、优美的意识和情感，曾联合各校最佳的表演在民众会堂举行了好几次游艺

会，极博得社会及家长们的好评。

（7）学校设备：

本局以就学儿童逐年激增，对于校舍与设备，均筹办不及，大多因陋就简，不合实用，故在三十七年下期将全局所有中心国民校及国民学校，一律加以整修或新建并补充急需之设备。至现在为止，已修缮学校 43 所，新建校舍 19 所，添制课桌 1900 套，添购儿童基本文库、小朋友文库、各科教科书副读本各 30 部，巡回各校师生阅读。又自然科学仪器 3 套，发交中心国民学校巡回应用。但仍感不足，尚需添置课桌 2075 套，办公桌 200 套，床 200 张，时钟 57 个，儿童文库 85 部，自然科学仪器 8 套，风琴 18 架，运动器具 66 套，校园租地 65 亩，现已筹划定妥，于短期内即可实现。此外还预备添建学校 6 所以达到全局学校皆有适宜的分布。

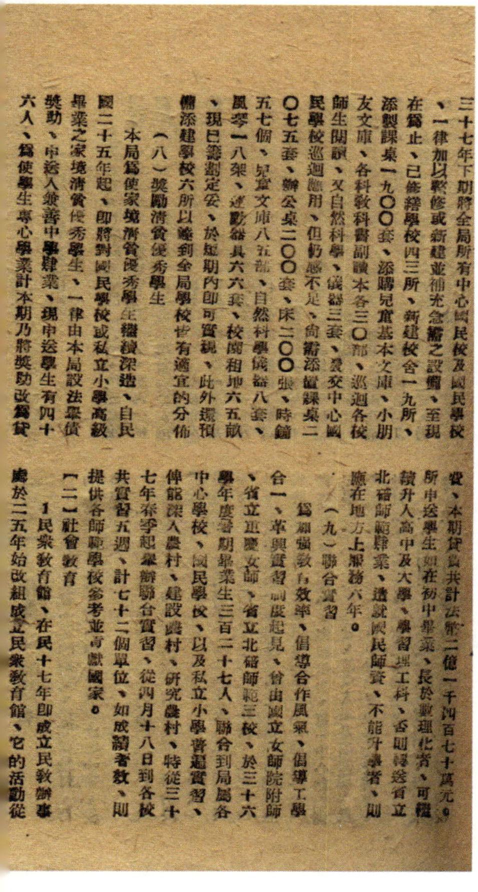
三十七年下期將全局所有中心國民校及國民學校、一律加以整修或新建並補充急需之設備、至現在爲止、已修繕學校四三所、新建校舍一九所、添製課桌一九〇〇套、添購兒童基本文庫、小朋友文庫、各科教科書副讀本各三〇部、巡迴各校師生閱讀、又自然科學、儀器三套、發交中心國民學校巡迴應用、但仍感不足、尚需添置課桌二〇七五套、辦公桌二〇〇套、床二〇〇張、時鐘五七個、兒童文庫八五部、自然科學儀器八套、風琴一八架、運動器具六六套、校園租地六五畝、現已籌劃定妥、於短期內即可實現、此外還預備添建學校六所以達到全局學校皆有適宜的分佈

（八）獎勵清貧優秀學生

本局爲使家境清貧優秀學生繼續深造、自民國二十五年起、即將對國民學校或私立小學高級畢業之家境清貧優秀學生、一律由本局設法舉債獎助、申送入兼善中學肄業、現申送學生有四十六人、爲使學生專心學業計本期乃將獎助改爲貸費、本期貸費共計法幣二億一千四百七十萬元。所申送學生如在初中畢業、長於數理化者、可繼續升入高中及大學、學習理工科、否則轉送省立北碚師範肄業、造就國民師資、不能升學者、則應在地方上服務六年。

（九）聯合實習

爲加強教育效率、倡導合作風氣、倡導工學合一、革興實習制度起見、曾由國立女師院附師、省立重慶女師、省立北碚師範三校、於三十六學年度暑期畢業生三百二十七人、聯合到局屬各中心學校、國民學校、以及私立小學普遍實習、俾能深入農村、建設農村、研究農村、特從三十七年春季起舉辦聯合實習、從四月十八日到各校共實習五週、計七十二個單位、如成績著效、則提供各師範學校參考並貢獻國家。

【二】社會教育

1民衆教育館、在民十七年即成立民教辦事處於二五年始改組成立民衆教育館、它的活動從

（8）奖励清贫优秀学生：

本局为使家境清贫优秀学生继续深造，自民国二十五年起，即将对国民学校或私立小学高级毕业之家境清贫优秀学生，一律由本局设法举债奖助，申送入兼善中学肄业，现申送学生有 46 人。为使学生专心学业计，本期乃将奖助改为贷费，本期贷费共计法币 21470 万元。所申送学生如在初中毕业，长于数理化者，可继续升入高中及大学，学习理工科，否则转送省立北碚师范肄业，造就国民师资。不能升学者，则应在地方上服务六年。

（9）联合实习：

为加强教育效率，倡导合作风气，倡导工学合一、革新实习制度起见，曾由国立女师院附师、省立重庆女师、省立北碚师范三校，于三十六学年度暑期毕业生 327 人，联合到局属各中心学校、国民学校以及私立小学普遍实习，俾能深入农村、建设农村、研究农村，特从三十七年春季起举办联合实习，从四月十八日到各校共实习五周，计 72 个单位，如成绩著效，则提供各师范学校参考并贡献国家。

（二）社会教育

1. 民众教育馆：

在民十七年即成立民教办事处，于二五年始改组成立民众教育馆。它的活动从下面一篇专文里可得知一个梗概：

北碚的民教活动

史话

民教活动，在峡防局将匪患肃清，治安底定以后，曾为此间的一个中心运动时代。那时全峡区的工作同人，几乎无一人不参加民教活动；每日傍晚，都必担任一两小时挨户教育；每晚都必轮番出席民众会场报告或表演。几乎无一事不富有民教的意义，例如警察在逻巡的时候，必利用机会，报告时事消息，或作新知识的广播；职员在为民众普遍种痘的时候，必劝民众剪指甲、不缠足、爱清洁和种种卫生方法。因为那时纯以社会运动的立场，来推进这个乡村现代化的工作，后改乡建实验区，则管教养卫并重，现改北碚管理局，除地方自治外，还须办理紧迫的战时工作，虽然工作重心有所转移，而民教活动，仍不失为重要的一环，现分两方面来报告。

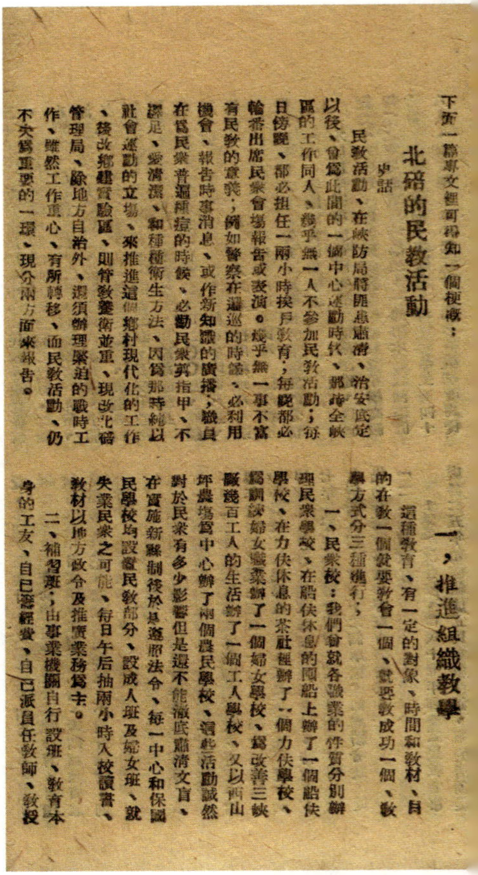
下面一篇專文裡可得知一個梗概：

北碚的民教活動

史話

民教活動、在峽防局將匪患肅清、治安底定以後、曾爲此間的一個中心運動時代、那時全峽區的工作同人、幾乎無一人不參加民教活動；每日傍晚、都必担任一兩小時挨戶教育；每晚都必輪番出席民衆會場報告或表演。幾乎無一事不富有民教的意義；例如警察在邏巡的時候、必利用機會、報告時事消息、或作新知識的廣播；職員在爲民衆普遍種痘的時候、必勸民衆剪指甲、不纏足、愛清潔、和種種衛生方法、因爲那時純以社會運動的立場、來推進這個鄉村現代化的工作、後改鄉建實驗區、則管教養衛並重、現改北碚管理局、除地方自治外、還須辦理緊迫的戰時工作、雖然工作重心、有所轉移、而民教活動、仍不失爲重要的一環、現分兩方面來報告。

一、推進組織教學

這種教育、有一定的對象、時間和教材、目的在教一個就要教會一個、就要教成功一個、教學方式分三種進行；

一、民衆校：我們曾就各職業的性質分別辦理民衆學校、在船伕休息的囤船上辦了一個船伕學校、在力伕休息的茶社裡辦了一個力伕學校、爲訓練婦女職業辦了一個婦女學校、爲改善三峽廠幾百工人的生活辦了一個工人學校、又以西山坪農場爲中心辦了兩個農民學校、這些活動誠然對於民衆有多少影響但是還不能澈底肅清文盲、在實施新縣制後於是遵照法令、每一中心和保國民學校均設置民教部分、設成人班及婦女班、就失業民衆之可能、每日午后抽兩小時入校讀書、教材以地方政令及推廣業務爲主。

二、補習班：由事業機關自行設班、教育本身的工友、自已經費、自已派員任教師、教授

一、推进组织教学

这种教育，有一定的对象，时间和教材，目的在教一个就要教会一个，就要教成功一个。教学方式分三种进行：

1. 民众校：我们曾就各职业的性质分别办理民众学校，在船夫休息的囤船上办了一个船夫学校，在力夫休息的茶社里办了一个力夫学校，为训练妇女职业办了一个妇女学校，为改善三峡厂几百工人的生活办了一个工人学校，又以西山坪农场为中心办了两个农民学校，这些活动诚然对于民众有多少影响，但是还不能澈底肃清文盲。在实施新县制后于是遵照法令，每一中心和保国民学校均设置民教部分，

设成人班及妇女班，就失业民众之可能，每日午后抽 2 小时入校读书，教材以地方政令及推广业务为主。

2. 补习班：由事业机关自行设班，教育本身的工友，自己筹经费，自己派员任教师，教授与职业有关的课程，由本馆辅导考核。曾设有 23 处，38 班，学生 1710 人。

3. 传习处：民众有因特殊情形，不能入校，则遴训智识分子，采行导生制，用即知即传的办法，挨甲或挨户施教。最初以金刚乡第四保作试验，现以全局为推行区域，与平教会华西实验区分会合办。

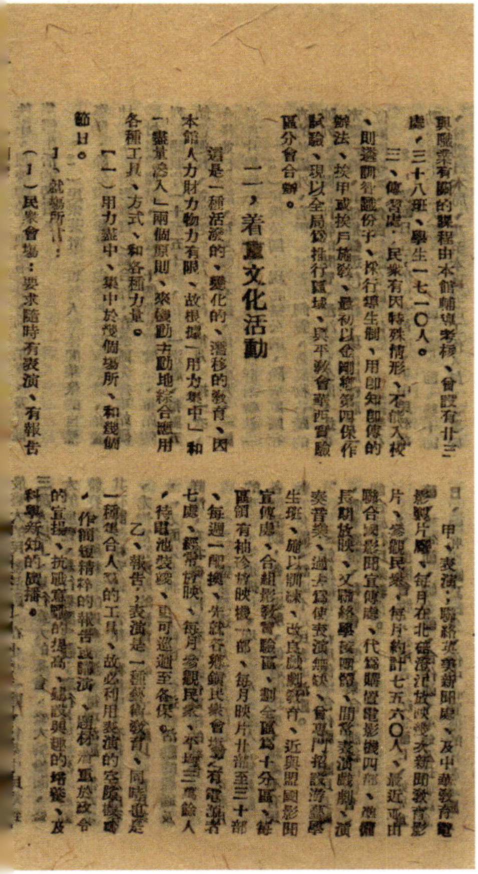
與職業有關的課程由本館輔導考核、曾設有廿三處、三十八班、學生一七一〇人。

三、傳習處：民衆有因特殊情形、不能入校、則遴訓智識份子、採行導生制、用即知即傳的辦法、挨甲或挨戶施教、最初以金剛鄉第四保作試驗、現以全局爲推行區域、與平教會華西實驗區分會合辦。

二、着重文化活動

這是一種活潑的、變化的、潛移的教育、因本館人力財力物力有限、故根據「用力集中」和「盡量滲入」兩個原則、來機動主動地綜合應用各種工具、方式、和各種力量。

〔一〕用力集中、集中於幾個場所、和幾個節日。

1、就場所言：

（1）民衆會場：要求隨時有表演、有報告

甲、表演：聯絡英美新聞處、及中華教育電影製片廠、每月在北碚澄江放映幾次新聞教育影片、參觀民衆、每月約計七五六〇人、最近並由聯合國影聞宣傳處、代爲購置電影機四部、準備長期放映、又聯絡學校團體、間常表演戲劇、演奏音樂、過去爲使表演無缺、曾專門招設游藝學生班、施以訓練、改良戲劇教育、近與盟國影聞宣傳處、合組影教實驗區、劃全區爲十分區、每區領有袖珍放映機一部、每月映片廿部至三十部、每週一配換、先就各鄉鎮民衆會場之有電源者七處、經常放映、每月參觀民衆、平均三萬餘人、待電池裝竣、更可巡迴至各保。

乙、報告：表演是一種藝術教育、同時也是一種集合人羣的工具、故必利用表演的空隙機會、作簡短精粹的報告或講演、題材着重於政令的宣揚、抗戰意識的提高、建設興趣的培養、及科學新知的傳播。

二、着重文化活动

这是一个活泼的、变化的、潜移的教育，因本馆人力财力物力有限，故根据“用力集中”和“尽量渗入”两个原则，来机动主动地综合应用各种工具、方式和各种力量。

（一）用力集中

集中于几个场所和几个节日。

1. 就场所言：

（1）民众会场：要求随时有表演，有报告，有训练。

甲、表演：联络英美新闻处，及中华教育电影制片厂，每月在北碚澄江放映几次新闻教育影片，参观民众，每月约计 7560 人。最近并由联合国影闻宣传处代为购置电影机 4 部，准备长期放映。又联络学校团体，间常表演戏剧、演奏音乐，过去为使表演无缺，曾专门招设游艺学生班，施以训练，改良戏剧教育。近与盟国影闻宣传处，合组影教实验区，划全区为 10 分区，每区领有袖珍放映机 1 部，每月映片 20 至 30 部，每周一配换，先就各乡镇民众会场之有电源者 7 处，经常放映，每月参观民众，平均 3 万余人，待电池装竣，更可巡回至各保。

乙、报告：表演是一种艺术教育，同时也是一种集合人群的工具，故必利用表演的空隙机会，作简短精粹的报告或讲演，题材着重于政令的宣扬、抗战意识的提高、建设兴趣的培养及科学新知的广播。

丙、训练：利用人群集合的机会，同时训练秩序、训练礼貌、训练唱歌、训练拍掌，及其他集体生活的习惯。

（2）民众茶社：也是人群休闲集聚的自然场所。除分设书报外，并尽可能设置乐具、布置挂图，近与影教实验区合作，在全区先择车站、码头、村集等据点，设置50个照片展览站，每站陈列新闻照片10至50幅，每场一巡回，每区五站巡回后，并巡回到各保各校，每月交换一次，今后并已接洽，每回轮番交换，供应新片，“关于照片展览、影片放映，另编印有一册详细办法”。

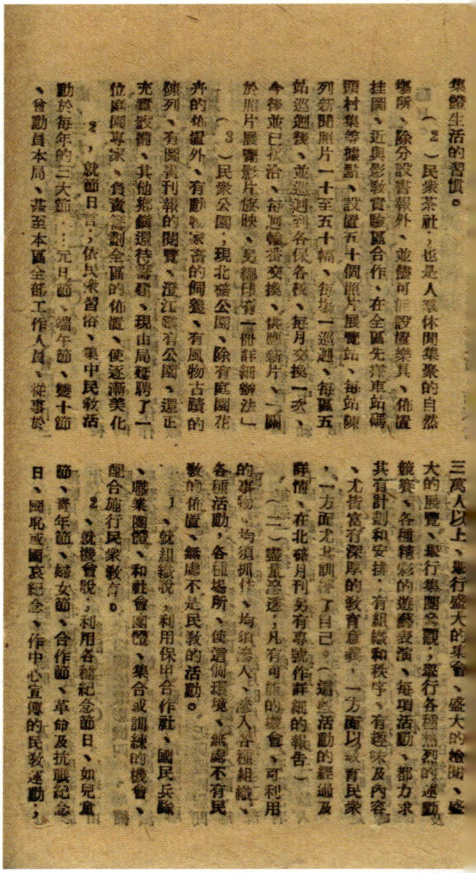
集體生活的習慣。
（２）民衆茶社：也是人羣休閒集聚的自然場所，除分設書報外，並儘可能設置樂具、佈置掛圖，近與影教實驗區合作，在全區先擇車站碼頭村集等據點，設置五十個照片展覽站，每站陳列新聞照片一十至五十幅，每場一巡迴，每區五站巡迴後，並巡迴到各保各校，每月交換一次，今後並已接洽，每回輪番交換，供應新片，「關於照片展覽影片放映，另編印有一冊詳細辦法」
（３）民衆公園：現北碚公園，除有庭園花卉的佈置外，有動物家畜的飼養，有風物古蹟的陳列，有圖書刊報的閱覽，澄江鎮有公園，還正充實設備，其他鄉鎮還待籌建，現由局延聘了一位庭園專家，負責籌劃全區的佈置，使逐漸美化
２，就節日言：依民衆習俗，集中民教活動於每年的三大節……元旦節、端午節、雙十節、會動員本局，甚至本區全部工作人員，從事於
三萬人以上，舉行盛大的集會、盛大的檢閱、盛大的展覽，舉行集團參觀，舉行各種熱烈的運動競賽，各種精彩的遊藝表演，每項活動，都力求其有計劃和安排，有組織和秩序，有趣味及內容、尤皆富有深厚的教育意義，一方面以教育民衆，一方面尤其訓練了自己。（這些活動的經過及群情，在北碚月刊另有專號作詳細的報告）
（二）盡量滲透：凡有可能的機會，可利用的事物，均須抓住，均須滲入，滲入各種組織，各種活動，各種場所，使這個環境，無處不有民教的佈置，無處不是民教的活動。
１，就組織說，利用保甲合作社、國民兵隊、職業團體，和社會團體，集合或訓練的機會，配合施行民衆教育。
２，就機會說，利用各種紀念節日，如兒童節、青年節、婦女節、合作節、革命及抗戰紀念日、國恥或國哀紀念，作中心宣傳的民教運動，

（3）民众公园：现北碚公园，除有庭园花卉的布置外，有动物家畜的饲养，有风物古迹的陈列，有图书刊报的阅览。澄江镇有公园，还正充实设备，其他乡镇还待筹建。现由局延聘了一位庭园专家，负责筹划全区的布置，使逐渐美化。

2.就节日言：

依民众习俗，集中民教活动于每年的三大节：元旦节、端午节、双十节，会动员本局，甚至本区全部工作人员，从事于最盛大的民教活动。在小小一区，曾集中民众到3万人以上，举行盛大的集会、盛大的检阅、盛大的展览，举行集团参观，举行各种热烈的运动竞赛，各种精彩的游艺表演，每项活动，都力求其有计划和安排，有组织和秩序，有趣味及内容，尤皆富有深厚的教育意义，一方面以教育民众，一方面尤其训练了自己（这些活动的经过及群情，在《北碚》月刊另有专号作详细的报告）。

（二）尽量渗透

凡有可能的机会、可利用的事物，均须抓住，均须渗入，渗入各种组织、各种活动、各种场所，使这个环境，无处不有民教的布置，无处不是民教的活动。

1. 就组织说：利用保甲合作社、国民兵队、职业团体和社会团体，集合或训练的机会，配合施行民众教育。

2. 就机会说：利用各种纪念节日，如儿童节、青年节、妇女节、合作节、革命及抗战纪念日、国耻或国哀纪念，作中心宣传的民教运动。

利用宴庆及国民月会的机会，宣传节约，改良礼俗，推行新生活运动；利用社会服务，如问事代笔的时候、介绍引导的时候、职业介绍的时候、医疗救济的时候、农事推广的时候，相机施行民众教育。

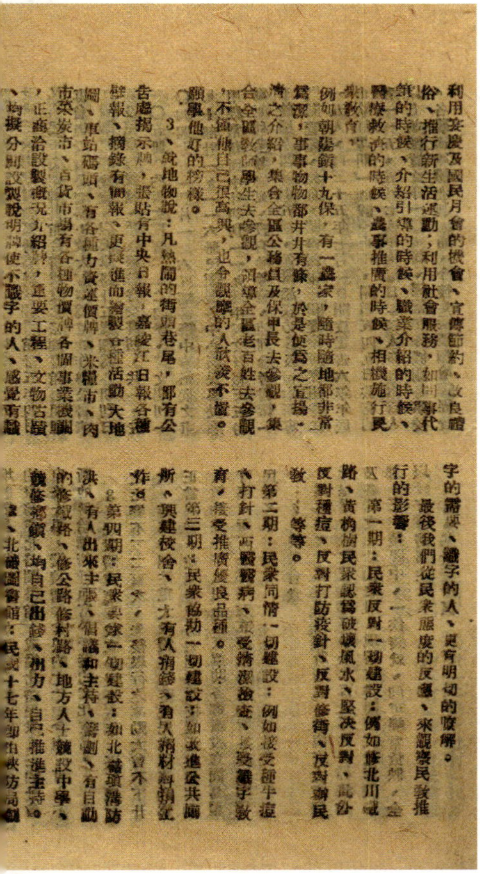
利用宴慶及國民月會的機會、宣傳節約、改良禮俗、推行新生活運動；利用社會服務，如問事代筆的時候、介紹引導的時候、職業介紹的時候、醫療救濟的時候、農事推廣的時候、相機施行民衆教育。

例如朝陽鎮十九保，有一農家，隨時隨地都非常爲潔，事事物物都井井有條，於是便爲之宣揚，請之介紹，集合全區公務員及保甲長去參觀，集合全區教師學生去參觀，領導全區老百姓去參觀，不僅他自己很高興，也令觀摩的人欣羨不置，願學他好的榜樣。

3、就地物說：凡熱鬧的街頭巷尾，都有公告處揭示牌，張貼有中央日報、嘉陵江日報各種壁報，摘錄有簡報，更擬進而繪製各種活動大地圖，車站碼頭，有各種力資運價牌，米糧市，肉市菜炭市，百貨市場有各種物價牌，各個事業機關，正商洽設製概況介紹牌，重要工程、文物古蹟、均擬分別設製說明牌使不識字的人，感覺有識字的需要，識字的人，更有明切的瞭解。

最後我們從民衆態度的反應，來觀察民教推行的影響：[illegible]

第一期：民衆反對一切建設：例如修北川鐵路，黃桷樹民衆認爲破壞風水，堅決反對，此外反對種痘，反對打防疫針，反對修街，反對辦民教……等等。

第二期：民衆同情一切建設：例如接受種牛痘、打針、西醫醫病，接受清潔檢查，接受識字教育，接受推廣優良品種。

第三期：民衆協助一切建設：如改進公共廁所，興建校舍，有人捐錢，有人捐材料捐工作[illegible]

第四期：民衆要求一切建設：如北碚填溝防洪，有人出來主張，倡議和主持，籌劃，有自動的修鐵路，修公路修村路，地方人士籌設中學，鄉修鄉鎮，均自己出錢，出力，自己推進主持。

[illegible]、北碚圖書館：民國十七年即由峽防局創

例如朝阳镇十九保，有一农家，随时随地都非常为洁，事事物物都井井有条，于是便为之宣扬，请之介绍，集合全区公务员及保甲长去参观，集合全区教师学生去参观，领导全区老百姓去参观，不仅他自己很高兴，也令观摩的人欣羡不置，愿学他好的榜样。

3. 就地物说：凡热闹的街头巷尾，都有公告处揭示牌，张贴有《中央日报》《嘉陵江日报》各种壁报，摘录有简报，更拟进而绘制各种活动大地图，车站码头，有各种力资运价牌，米粮市、肉市、菜炭市、百货市场有各种物价牌。各个事业机关，正商洽设制概况介绍牌。重要工程、文物古迹，均拟分别设制说明牌，使不识字的人，感觉有识字的需要，识字的人，更有明切的了解。

最后我们从民众态度的反应，来观察民教推行的影响：

第一期：民众反对一切建设。例如修北川铁路，黄桷树民众认为破坏风水，坚决反对，此外反对种痘，反对打防疫针，反对修街，反对办民教，等等。

第二期：民众同情一切建设。例如接受种牛痘、打针、西医医病，接受清洁检查，接受识字教育，接受推广优良品种。

第三期：民众协助一切建设。如改进公共厕所、兴建校舍，有人捐钱，有人捐材料捐工作。

第四期：民众要求一切建设。如北碚填沟防洪，有人出来主张、倡议

和主持、筹划，有自动的修铁路、修公路、修村路。地方人士竞设中学、竟修乡镇，均自己出钱、出力，自己推进主持。

2. 北碚图书馆：

民国十七年即由峡防局创设峡区图书馆，廿二年并入中国西部科学院，廿五年改隶三峡乡建实验区署为民众图书馆，卅五年四月又与民生公司图书馆合并成立北碚图书馆，另组理事会负责，以公园路十号大红屋为馆址，作办公书库及图书阅览室，以天津路廿五号辟为各期刊日报及儿童阅览室，所收两馆寄交书刊，共195305册（内西文书有2724册、西文期刊10447册），图片1765幅。书籍中有儿童文库90部计19116册，已配发各中心国民学校应用。经常新到中外期刊119种，中西文日报35份，为便利参考研究，设有参考室，陈列参考书籍1000余种，专题索引5种，并拟添设方志及善本两专门阅览室。儿童、图书、刊报3阅览室可容阅者215人。自卅五年七月一日开放起，卅六年年底止，除每星期一例假停止外，开馆549日共有阅者115587人，平均每日22人，多到600人以上，并配置文库109个，经常在各机关各学校、各学术团体巡回流通。今后更拟积极增筹经费增设职员增购图书，加速图书的流通，增强阅者的服务，使北碚图书馆，成为北碚民众真正的社会自修大学，继续精神食粮的文化总仓库，可以不断地供给极新鲜而富于营养的文化食品。

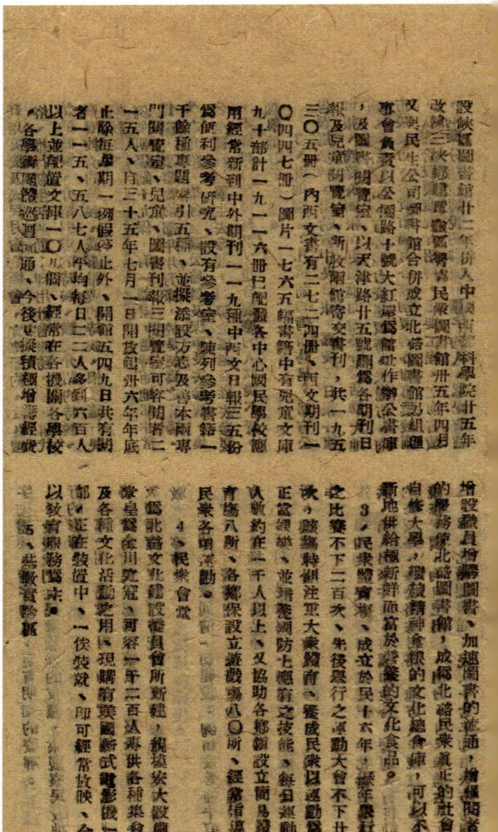
設峽區圖書館廿二年併入中國西部科學院廿五年改隸三峽鄉建實驗區署為民衆圖書館卅五年四月又與民生公司圖書館合併成立北碚圖書館另組理事會負責以公園路十號大紅屋爲館址作辦公書庫，及圖書閱覽室，以天津路廿五號闢爲各期刊日報及兒童閱覽室，所收兩館寄交書刊，共一九五三〇五册（內西文書有二七二四册、西文期刊一〇四四七册）圖片一七六五幅書籍中有兒童文庫九十部計一九一一六册已配發各中心國民學校應用經常新到中外期刊一一九種中西文日報三五份爲便利參考研究、設有參考室、陳列參考書籍一千餘種專題索引五種、並擬添設方志及善本兩專門閱覽室、兒童、圖書刊報三閱覽室可容閱者二一五人、自三十五年七月一日開放起卅六年年底止除每星期一例假停止外、開館五四九日共有閱者一一五、五八七人平均每日二二人多到六百人以上並配置文庫一〇九個、經常在各機關各學校、各學術團體巡迴流通、今後更擬積極增籌經費增設職員增購圖書、加速圖書的流通，增强閱者的服務使北碚圖書館，成爲北碚民衆眞正的社會自修大學，繼續精神食糧的文化總倉庫，可以不斷地供給極新鮮而富於營養的文化食品。

3、民衆體育場、成立於民十六年，歷年舉行之比賽不下二百次、先後舉行之運動大會不下廿次，該場特别注重大衆體育、養成民衆以運動爲正當娛樂、並培養國防上應有之技能，每日運動人數約在一千人以上、又協助各鄉鎮設立簡易體育場八所、各鄉保設立遊戲場八〇所、經常指導民衆各項運動。[illegible]

4、民衆會堂

爲北碚文化建設委員會所新建，規模宏大設備堂皇[illegible]，可容一千二百人專供各種集會及各種文化活動之用，現購有美國新式電影機一部，正在裝置中、一俟裝竣、即可經常放映、全以教育[illegible]

5、[illegible]

3. 民众体育场：

成立于民十六年，历年举行之比赛不下200次，先后举行之运动大会不下20次。该场特别注重大众体育，养成民众以运动为正当娱乐，并培养国防上应有之技能，每日运动人数约在1000人以上。又协助各乡镇设立简易体育场 8 所，各乡保设立游戏场 80 所，经常指导民众各项运动。

4. 民众会堂：

为北碚文化建设委员会所新建，规模宏大，设备堂皇，为全川之冠，可容 1200 人，专供各种集会及各种文化活动之用。现购有美国新式电影机 1 部，正在装置中，一俟装就，即可经常放映，全以教育服务为主。

5. 基教实验区：

卅六年下年中华平民教育促进会与北碚合办一平教实验区，又联合国教育科学文化会正拟与教会合作，就北碚等处合办一基本教育实验区。

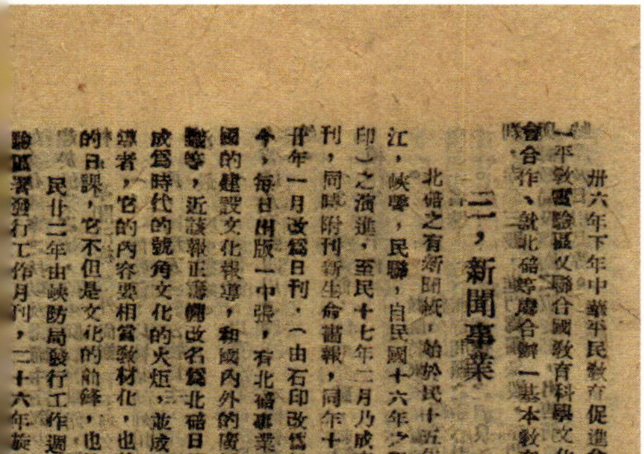
卅六年下年中華平民教育促進會與北碚合辦一平教實驗區，又聯合國教育科學文化會正擬與教會合作，就北碚等處合辦一基本教育實驗區

三，新聞事業

北碚之有新聞紙，始於民十五年夏，初有峽江，峽聲，民聯，自民國十六年之學生週刊（石印）之演進，至民十七年二月乃成立嘉陵江三日刊，同時附刊新生命畫報，同年十月改為間日刊，廿年一月改為日刊，（由石印改為鉛印）以迄於今，每日出版一中張，有北碚事業進展消息，全國的建設文化報導，和國內外的廣播新聞及新知識等，近該報正籌備改名為北碚日報。使報紙真成為時代的號角文化的火炬，並成一個無形的領導者，它的內容要相當教材化，也就是民衆教育的日課，它不但是文化的前鋒，也是建設的前鋒。

民廿二年由峽防局發行工作週刊，廿五年由實驗區署發行工作月刊，二十六年旋改為北碚月刊，同時發行農民週刊（於卅一年終止發行）民卅六年夏出版北碚週刊，其內容著重於教育及建設，為本區農民之讀物。

通訊社有「蜀聲」一種，成渝各報多採用其稿。

四，遊覽事業

（一）公園紀略

1、北泉公園

……沿革及現狀……

北泉公園之前身為溫泉寺，該寺相傳創於劉宋景平元年，宋勅賜崇勝禪院，周濂溪講學至此，曾留詩而去，元代毀[illegible]

民十六年峽防局長盧作孚先生，利有其溫泉[illegible]

三、新闻事业

北碚之有新闻纸，始于民十五年夏，初有《峡江》《峡声》《民联》，自民国十六年之《学生周刊》（石印）之演进，至民十七年二月乃成立《嘉陵江》三日刊，同时附刊《新生命画报》，同年十月改为间日刊，廿年一月改为日刊（由石印改为铅印），以迄于今，每日出版一中张，有北碚事业进展消息、全国的建设文化报道和国内外的广播新闻及新知识等，近该报正筹备改名为《北碚日报》。使报纸真成为时代的号角文化的火炬，并成一个无形的领导者，它的内容要相当教材化，也就是民众教育的日课，它不但是文化的前锋，也是建设的前锋。

民廿二年由峡防局发行《工作周刊》，廿五年由实验区署发行工作月刊，二十六年旋改为北碚月刊，同时发行《农民周刊》（于卅一年终止发行）。民卅六年夏出版《北碚周刊》，其内容著重于教育及建设，为本区农民之读物。

通讯社有《蜀声》一种，成渝各级多□用其稿。

四、游览事业

（一）公园纪略

1. 北泉公园：

沿革及现状：北泉公园之前身为温泉寺，该寺相传创于刘宋景平元年，宋敕赐崇胜禅院，周濂溪讲学至此，曾留诗而去，元代统一宇内，只合川钓鱼城未下，宪忠蒙哥亲征不克，为飞矢所中，过此崩殂，温塘之名，乃著正史。

民十六年峡防局长卢作孚先生，利有其温泉，乃创议设公园，征得川中各将领同意列名发起募捐，并由峡防局垫支40元先行开工。开创时卢氏亲率峡局职员官兵筑池修路凡三阅月，继派峡局常备兵一中队驻守为营建堂宇，修路浚池，栽花种树，全体官兵辛勤劳作，时达两年，乃粗具规模，其后得该园之董事何伯衡、郑璧城、康心如、文化成等之扶助及筹备主任邓少琴之经营，日趋于繁荣之境。园中除设有旅馆、餐堂、浴池园林、亭阁池榭等外，尚办有下列文化事业：

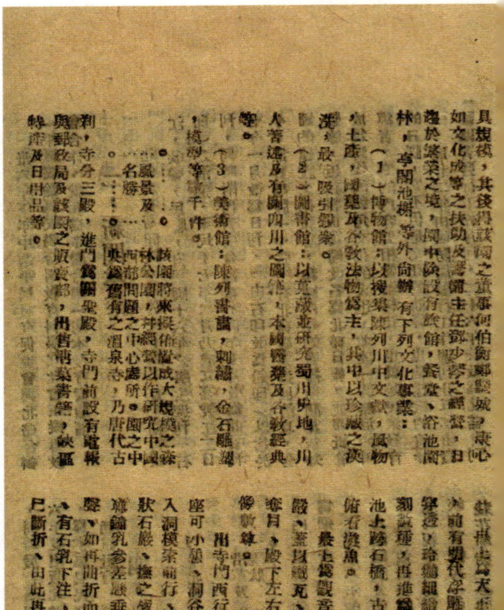
具規模，其後得該園之董事何伯衡鄭璧城康心
如文化成等之扶助及籌備主任鄧少琴之經營，日
趨於繁榮之境，園中除設有旅館，餐堂、浴池園
林，亭閣池榭等外，尚辦有下列文化事業：
（1）博物館：以搜集陳列川中文獻，風物
，土產，國藥及各教法物爲主，其中以珍藏之漢
洗，最能吸引觀衆。
（2）圖書館：以蒐藏並研究蜀川史地，川
人著述及有關四川之圖籍，本國醫藥及各教經典
等。
（3）美術館：陳列書畫，刺繡，金石雕塑
，模型等數千件。
風景及名勝……。該園將來擬佈置成大規模之森
林公園，并經營以作研究中國
西部問題之中心處所。園之中
央爲舊有之溫泉寺，乃唐代古
刹，寺分三殿，進門爲關聖殿，寺門前設有電報
與郵政局及該園之販賣部，出售糖果書籍，峽區
特產及日用品等。
，前有明代浮雕蟠龍香盤一座，高與人齊，精工
穿透，玲瓏細緻，可資鑒賞，左右有明代題詠石
俯看游魚。
最上爲觀音殿，殿中塑白衣大士像，

（1）博物馆：以收集陈列川中文献、风物、土产、国药及各教法物为主，其中以珍藏之汉洗，最能吸引观众。

（2）图书馆：以搜藏并研究蜀川史地、川人著述及有关四川之图籍、本国医药及各教经典等。

（3）美术馆：陈列书画、刺绣、金石雕塑、模型等数千件。

风景及名胜：该园将来拟布置成大规模之森林公园，并经营以作研究中国西部问题之中心处所。园之中央为旧有之温泉寺，乃唐代古刹，寺分三殿，进门为关圣殿，寺门前设有电报与邮政局及该园之贩卖部，出售糖果书籍，峡区特产及日用品等。

再上为天王殿，中供妙相庄严之接应佛一尊，前有明代浮雕蟠龙香盘一座，高与人齐，精工穿透，玲珑细致，可资鉴赏，左右有明代题咏石刻数种。

再进为大雄殿，前有花圃，有戏鱼池，池上跨石桥，古彩斑驳六朝物也，周绕石栏，可俯看游鱼。

最上为观音殿，殿中塑白衣大士相，雄伟庄严，盖以铁瓦，覆以碧琉璃瓦，日光照射，晶莹夺目，殿下左右，各有温泉涌出，寺后有五代石像数尊。

出寺门西行，经琴庐竹楼，折下兰谷有石座可小憩，洞谷中树木丛茂。谷旁为乳花洞口，入洞摸索前行，时有天光漏入，隐约可见四周乳状石岩，抚之极坚。进数十步为洞天石室——有十数钟乳参差悬垂，似奔流，似细滴，叩之发金石声。如再曲折而前经十数武，下长阶，天光较明，有石乳下注，长约二丈，势颇奇劲，措其一已断折，由此再下最深处，隐约可闻泉声，土人呼之为“阴河”，幽远深黑，殊少探者，由石阶下折倒退，穿另一洞门而出，即豁然开朗矣。下磬室（曾为林故主席寓居），观桃花流水，经江径上龙湫道，细赏飞瀑（现已改道），横过桐荫道，上农庄石级，经荷花池长堤，凭濂溪小榭，赏荷观鱼，或柳荫垂钓，皆别有风趣。

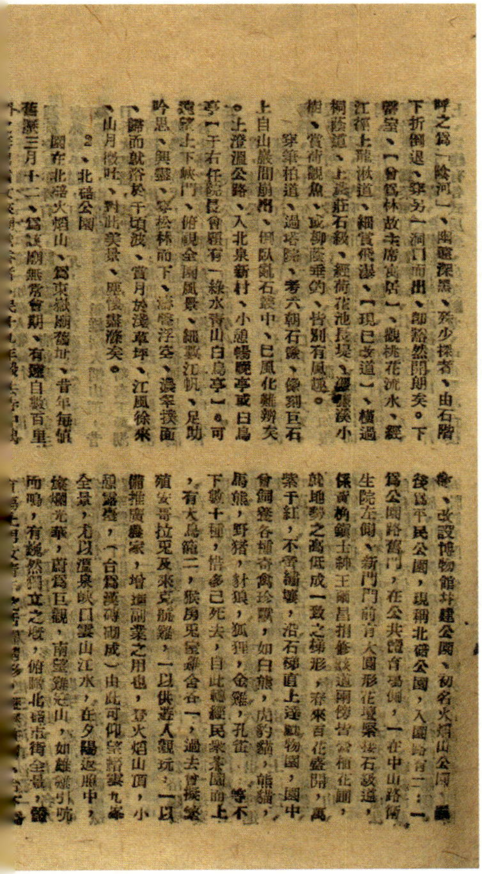
呼之爲「陰河」、幽遠深黑、殊少探者、由石階下折倒退、穿另一洞門而出、即豁然開朗矣。下磬室、【曾爲林故主席寓居】、觀桃花流水、經江徑上龍湫道、細賞飛瀑、【現已改道】、橫過桐蔭道、上農莊石級、經荷花池長堤、憑濂溪小榭、賞荷觀魚、或柳蔭垂釣、皆別有風趣。

穿筆柏道、過塔院、考六朝石像、像刻巨石上自山巖間崩出、倒臥亂石叢中、已風化難辨矣。上澄溫公路、入北泉新村、小憩暢晚亭或白鳥亭【于右任院長曾題有「綠水青山白鳥亭」】。可遠望上下峽門、俯視全園風景、細數江帆、足助吟思、興盡、穿松林而下、濤聲浮空、濃翠撲面、歸而就浴於千頃波、賞月於淺草坪、江風徐來、山月微吐、對此美景、塵懷盡滌矣。

2、北碚公園

園在北碚火焰山、爲東嶽廟舊址、昔年每值舊歷三月十二、爲該廟無常會期、有遠自數百里

像、改設博物館并建公園、初名火焰山公園、嗣後爲平民公園，現稱北碚公園，入園路有二：一爲公園路舊門，在公共體育場側，一在中山路衛生院左側、新門門前有大圓形花壇緊接石級道，係黃桷鎮士紳王爾昌捐修該道兩傍皆營植花圃，就地勢之高低成一致之梯形，春來百花盛開，萬紫千紅，不啻繡壤，沿石梯直上達動物園，園中曾飼養各種奇禽珍獸，如白熊，虎豹貓，熊貓，馬熊，野猪，豺狼，狐狸，金雞，孔雀 等不下數十種，惜多已死去，自此經民衆業園而上，有大鳥籠二，猴房兔屋舞舍各一，過去曾撥繁殖安哥拉兔及來克航雞，一以供遊人觀玩，一以備推廣農家，增進副業之用也，登火焰山頂，小憩露台，（台爲漢磚砌成）由此可仰望縉雲九峯全景，尤以溫泉峽口嘉山江水，在夕陽返照中，燦爛光華，蔚爲巨觀，南望雞冠山，如雄雞引吭而鳴，有巍然獨立之概，俯瞰北碚市街全景，發

穿笔柏道，过塔院，考六朝石像，像刻巨石上，自山崖间崩出，倒卧乱石丛中，已风化难辨矣。上澄温公路，入北泉新村，小憩畅晚亭或白鸟亭（于右任院长曾题有：绿水青山白鸟亭），可远望上下峡门，俯视全园风景，细数江帆，足助吟思。兴尽，穿松林而下，涛声浮空，浓翠扑面，归而就浴于千顷波，赏月于浅草坪，江风徐来，山月微吐，对此美景，尘怀尽涤矣。

2. 北碚公园：

园在北碚火焰山，为东岳庙旧址，昔年每值旧历三月十二，为该庙无常会期，有远自数百里外之善男信女来庙献香者。民十九年毁去寺中偶像，改设博物馆并建公园，初名火焰山公园，嗣后为平民公园，现称北碚公园。入园路有二：一为公园路旧门，在公共体育场侧；一在中山路卫生院左侧，新门门前有大圆形花坛紧接石级道，系黄桷镇士绅王尔昌捐修，该道两傍皆营植花圃，就地势之高低成一致之

梯形，春来百花盛开，万紫千红，不啻绣壤。沿石梯直上达动物园，园中曾饲养各种奇禽珍兽，如白熊、虎豹猫、熊猫、马熊、野猪、豺狼、狐狸、金鸡、孔雀等不下数十种，惜多已死去。自此转经民众茶园而上，有大鸟笼二，猴房兔室鸡舍各一，过去曾拟繁殖安哥拉兔及来克航鸡，一以供游人观玩，一以备推广农家，增进副业之用也。登火焰山顶，小憩露台（台为汉砖砌成），由此可仰望缙云九峰全景，尤以温泉峡口云山江水，在夕阳返照中，灿烂光华，蔚为巨观。南望鸡冠山，如雄鸡引吭而鸣，有巍然独立之概。俯瞰北碚市街全景，体育场上男女青年之活跃情形，历历在目，台下为一整齐正确之“之字路”，如多人整队行进其间，周旋交互亦殊有趣。路尽处为“清凉亭”，乃故主席林森手题，红墙绿瓦，衬托在蓊郁之松林中，极饶佳趣。由露台返观农林馆雄踞火焰山顶，昔日香火甚盛，现游客仍众，而意义全新矣。下爱湖，看迷园，出公园路，其间林木繁茂，道路纵横，或浓阴蔽天，或曲径通幽，足任留连，而全园三合土路之建筑，湖堤鹅石之搬运，皆昔峡局官兵、学生与民生公司工友生公余劳作纪念品也。

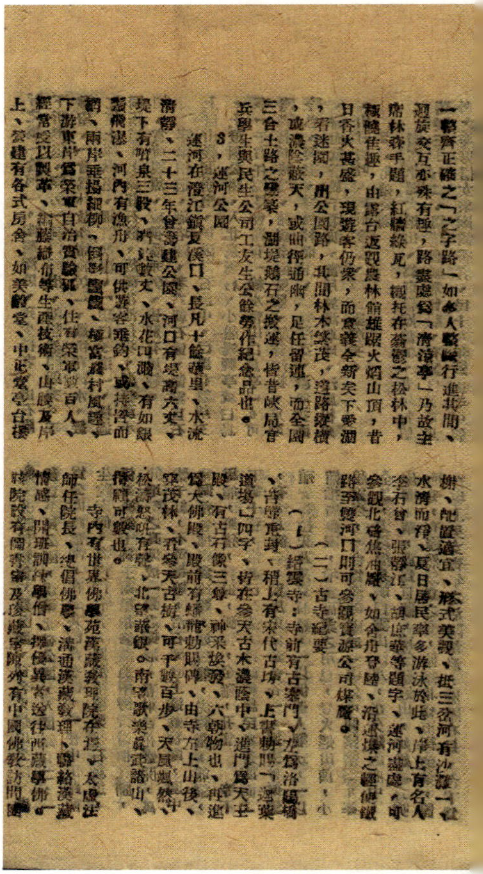
一整齊正確之「之字路」如多人整隊行進其間、周旋交互亦殊有趣，路盡處爲「淸涼亭」乃故主席林森手題，紅牆綠瓦，襯托在蓊鬱之松林中，極饒佳趣，由露台返觀農林館雄踞火焰山頂，昔日香火甚盛，現遊客仍衆，而意義全新矣下愛湖，看迷園，出公園路，其間林木繁茂，道路縱橫，或濃陰蔽天，或曲徑通幽，足任留連，而全園三合土路之建築，湖堤鵝石之搬運，皆昔峽局官兵學生與民生公司工友生公餘勞作紀念品也。

3，運河公園

運河在澄江鎭夏溪口、長凡十餘華里、水流淸靜、二十三年曾籌建公園、河口有堤高六丈、堤下有噴泉三股、高達數丈、水花四濺、有如銀鬚飛瀑、河內有漁舟、可供遊客垂釣、或持罟而網、兩岸垂楊細柳、倒影飄飄、極富農村風趣、下游東岸爲榮軍自治實驗區、住有榮軍數百人、經常授以製革、編藤織布等生產技術、山腰及岸上、營建有各式房舍、如美齡堂、中正堂亭台樓榭、配置適宜、形式美觀、抵三岔河有沙灘一、水淸而淨、夏日居民率多游泳於此、岸上有名人李石曾、張靜江、胡庶華等題字、運河盡處、可參觀北碚焦油廠、如舍舟登陸、沿運煤之輕便鐵路至雙河口則可參觀寶源公司煤廠。

（二）古寺紀要

（1）縉雲寺：寺前有古寨門、方爲洛陽城、香爐峯封、稍上有宋代古埠、上書勅賜「迦葉道場」四字、街在參天古木濃蔭中、進門爲天王殿、有古石像三尊、神采煥發、六朝物也、再進爲大佛殿、殿前有蟠龍勅賜碑、由寺左上山後、穿茂林、行參天古樹、可千數百步、天風颯然、松濤怒吼有聲、北望嘉陵、南窺歌樂、武諸山、俯瞰可數也。

寺內有世界佛學苑漢藏教理院在焉、太虛法師任院長、提倡佛學、溝通漢藏教理、聯絡漢藏情感、開班訓練僧侶、擇優異者送往西藏學佛、該院設有圖書館及珍藏室陳列有中國佛教訪問團

3. 运河公园：

运河在澄江镇夏溪口，长凡 10 余华里，水流清静，二十三年曾筹建公园，河口有堤高六丈，堤下有喷泉三股，高达数丈，水花四溅，有如银须飞瀑。河内有渔舟，可供游客垂钓，或持罟而网，两岸垂杨细柳，倒影飘飘，极富农村风趣。下游东岸为荣军自治实验区，住有荣军数百人，经常授以制革、编藤织布等生产技术，山腰及岸上，营建有各式房舍，如美龄堂、中正堂，亭台楼榭，配置适宜，形式美观。抵三岔河有沙滩一，水清而净，夏日居民率多游泳于此，岸上有名人李石曾、张静江、胡庶华等题字。运河尽处，可参观北碚焦油厂，如舍舟登陆，沿运煤之轻便铁路至双河口则可参观宝源公司煤厂。

（二）古寺纪要

1. 缙云寺：寺前有古寨门，左为洛阳桥，苔藓重封，稍上有宋代古坊，上书敕赐“迦叶道场”四字，皆在参天古木浓荫中。进门为天王殿，有古石像三尊，神采焕发，六朝物也。再进为大佛殿，殿前有蟠龙敕赐碑，由寺左上山后，穿茂林，看参天古树，可千数百步，天风飒然，松涛怒吼有声，北望华蓥，南望歌乐、真武诸山，指顾可数也。

寺内有世界佛学苑汉藏教理院在焉，太虚法师任院长，提倡佛学，沟通汉藏教理，联络汉藏情感，开班训练学僧，择优异者送往西藏学佛。该院设有图书室及珍藏室，陈列有中国佛教访问团及太虚等访问印度各方所赠贻之纪念法物，如佛像、佛珠经典……颇为名贵。

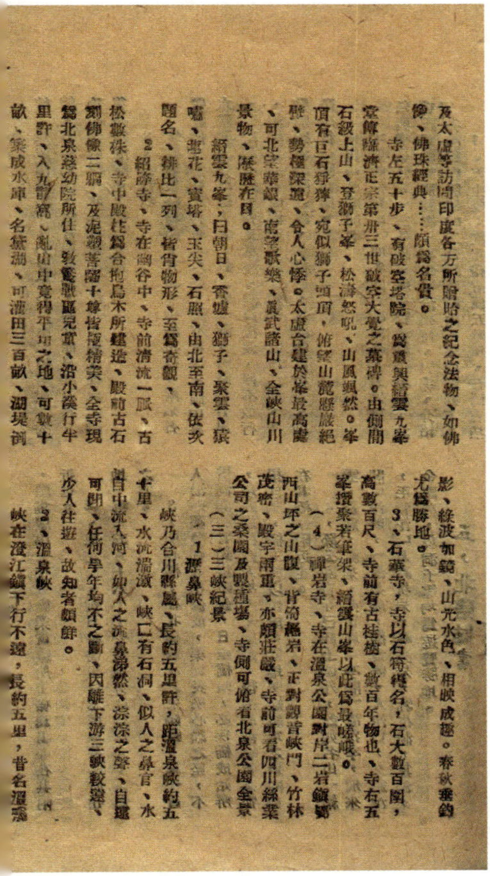

及太虛等訪問印度各方所贈貽之紀念法物、如佛像、佛珠經典……頗爲名貴。
寺左五十步、有破空塔院、爲重興縉雲九峯堂傳臨濟正宗第卅三世破空大覺之墓碑。由側間石級上山、登獅子峯、松濤怒吼、山風颯然。峯頂有巨石猙獰、宛似獅子頭頂，俯望山麓懸巖絕壁、勢極深遠、令人心悸。太虛台建於峯最高處、可北望華鎣、南望歌樂、眞武諸山、全峽山川景物、歷歷在目。
縉雲九峯：曰朝日、香爐、獅子、聚雲、猿嘯、蓮花、寶塔、玉尖、石照、由北至南、依次題名、排比一列、皆肖物形、至爲奇觀、
2紹隆寺、寺在幽谷中、寺前清流一脈、古松數株、寺中殿柱爲合抱烏木所建造、殿前古石刻佛像二軀、及泥塑菩薩十尊皆極精美、全寺現爲北泉慈幼院所住、教養戰區兒童、沿小溪行半里許、入九龍窩、亂山中竟得平坦之地、可數十畝、築成水庫、名黛湖、可灌田三百畝、湖堤倒影、綠波如鏡、山光水色、相映成趣。春秋垂釣尤爲勝地。
3、石華寺，寺以石筍得名，石大數百圍，高數百尺、寺前有古桂樹、數百年物也、寺右五峯攢聚若筆架、縉雲山峯以此爲最嵯峨。
（4）禪岩寺、寺在溫泉公園對岸二岩鎭鄉西山坪之山腹、背倚巉岩、正對觀音峽門、竹林茂密、殿宇雨重、亦頗莊嚴、寺前可看四川絲業公司之桑園及覲種場、寺側可俯看北泉公園全景
（三）三峽紀景
1瀝鼻峽
峽乃合川縣属、長約五里許，距溫泉峽約五十里、水流湍激、峽口有石洞、似人之鼻官、水自中流入洞、如人之鼻渉然、淙淙之聲、自遠可聞、任何季年均不之斷、因離下游三峽較遠、少人往遊、故知者頗鮮。
2、溫泉峽
峽在澄江鎭下行不遠，長約五里，昔名溫湯

寺左五十步，有破空塔院，为重兴缙云九峰堂传临济正宗第卅三世破空大觉之墓碑。由侧间石级上山，登狮子峰，松涛怒吼，山风飒然。峰顶有巨石狰狞，宛似狮子头顶，俯望山麓悬崖绝壁，势极深远，令人心悸。太虚台建于峰最高处，可北望华蓥，南望歌乐、真武诸山，全峡山川景物，历历在目。

缙云九峰，曰“朝日、香炉、狮子、聚云、猿啸、莲花、宝塔、玉尖、石照”，由北至南，依次题名，排比一列，皆肖物形，至为奇观。

2. 绍隆寺：寺在幽谷中，寺前清流一脉，古松数株。寺中殿柱为合抱乌木所建造，殿前古石刻佛像二躯及泥塑菩萨十尊，皆极精美。全寺现为北泉慈幼院所住，教养战区儿童。沿小溪行半里许，入九龙窝，乱山中竟得平坦之地，可数十亩，筑成水库，名黛湖，可灌田 300 亩，湖堤倒影，绿波如镜，山光水色，相映成趣，春秋垂钓尤为胜地。

3. 石华寺：寺以石笋得名，石大数百围，高数百尺，寺前有古桂树，数百年物也，寺右五峰攒聚若笔架，缙云山峰以此为最嵯峨。

4. 禅岩寺：寺在温泉公园对岸二岩镇，属西山坪之山腹，背倚绝岩，正对观音峡门，竹林茂密，殿宇两重，亦颇庄严。寺前可看四川丝业公司之桑园及制种场，寺侧可俯看北泉公园全景。

（三）三峡纪景

1. 沥鼻峡：峡乃合川县属，长约 5 里许，距温泉峡约 50 里，水流湍激，峡口有石洞，似人之鼻官，水自中流入河，如人之流鼻涕然，淙淙之声，自远可闻，任何旱年均不之断，因离下游三峡较远，少人往游，故知者颇鲜。

2. 温泉峡：峡在澄江镇下行不远，长约 5 里，昔名温汤峡，后以温泉名世，乃改今名。两岩山势幽深秀峭，古松虬蟠，值月朗风来，则松韵泉声互答，泠泠然直泛江波，每当夏秋江水大涨，经此之船只甚为危险。

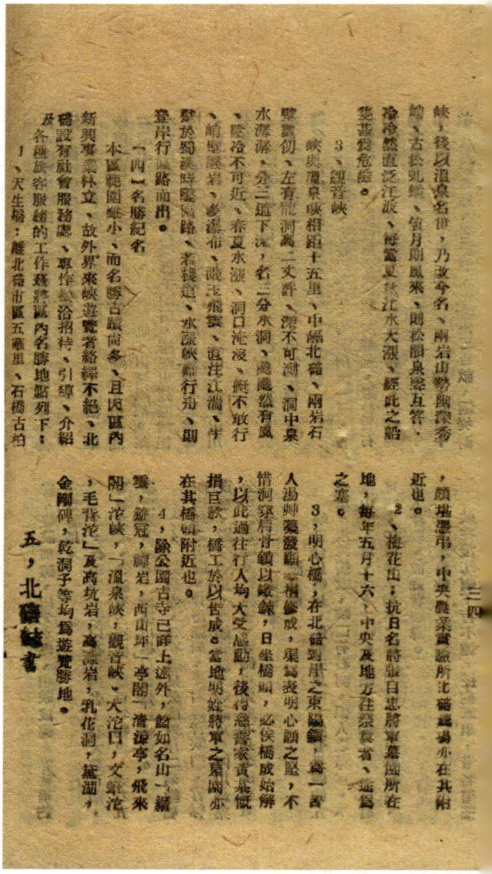
峽，後以溫泉名世，乃改今名，兩岩山勢幽深秀峭，古松虬蟠，值月朗風來，則松韻泉聲互答，泠泠然直泛江波，每當夏秋江水大漲，經此之船隻甚爲危險。

3、觀音峽

峽與溫泉峽相距十五里，中隔北碚，兩岩石壁數仞，左有龍洞高二丈許，深不可測，洞中泉水潺潺，分三道下流，名三分水洞，颼颼然有風，陰冷不可近，春夏水漲，洞口淹沒，艇不敢行，峭壁懸岩，多瀑布，濺玉飛雲，直注江湍，半壁於蜀漢時鑿偏路，若棧道，水漲峽難行舟，則登岸行偏路而出。

「四」名勝紀名

本區範圍雖小，而名勝古蹟尚多，且因區內新興事業林立，故外界來峽遊覽者絡繹不絕，北碚設有社會服務處，專作接洽招待、引導、介紹及各種旅客服務的工作，茲將區內名勝地點列下：

1、天生橋：離北碚市區五華里，石橋古柏，頗堪憑弔，中央農業實驗所北碚農場亦在其附近也。

三四

2、梅花山：抗日名將張自忠將軍墓園所在地，每年五月十六，中央及地方往祭奠者，途爲之塞。

3，明心橋，在北碚對岸之東陽鎮，爲一苦人湯艸藥發願募捐修成，渠爲表明心願之堅，不惜洞穿肩骨鎖以鐵鍊，日坐橋頭，必俟橋成始解，以此過往行人均大受感動，後得慈善家責某慨捐巨款，橋工於以告成。當地明姓將軍之墓園亦在其橋頭附近也。

4，除公園古寺已詳上述外，餘如名山「縉雲，獅子峰，禪岩，西山坪」亭閣「清涼亭，飛來閣」沱峽，「溫泉峽，觀音峽，大沱口，文星沱，毛背沱」及高坑岩，高灘岩，乳花洞，黛湖，金剛碑，乾洞子等均爲遊覽勝地。

五，北碚[illegible]書

3. 观音峡：峡与温泉峡相距 15 里，中隔北碚，两岩石壁数仞，左有龙洞高 2 丈许，深不可测，洞中泉水潺潺，分三道下流，名三分水洞，飕飕然有风，阴冷不可近，春夏水涨，洞口淹没，艇不敢行。峭壁悬岩，多瀑布，溅玉飞云，直注江湍，半壁于蜀汉时凿匾路，若栈道，水涨峡难行舟，则登岸行匾路而出。

（四）名胜纪名

本区范围虽小，而名胜古迹尚多，且因区内新兴事业林立，故外界来峡游览者络绎不绝。北碚设有社会服务处，专作接洽招待、引导、介绍及各种旅客服务的工作，兹将区内名胜地点列下：

1. 天生桥：离北碚市区 5 华里，石桥古柏，颇堪凭吊，中央农业实验所北碚农场亦在其附近也。

2. 梅花山：抗日名将张自忠将军墓园所在地，每年五月十六，中央及地方往祭奠者，途为之塞。

3. 明心桥：在北碚对岸之东阳镇，为一苦人汤草药发愿募捐修成，渠为表明心愿之坚，不惜洞穿肩骨锁以铁链，日坐桥头，必俟桥成始解，以此过往行人均大受感动，后得慈善家黄某慨捐巨款，桥工于以告成，当地明姓将军之墓园亦在其桥头附近也。

4. 除公园古寺已详上述外，余如名山“缙云、鸡冠、禅岩、西山坪”，亭阁“清凉亭、飞来阁”，沱峡“温泉峡、观音峡、大沱口、文笔沱、毛背沱”及高坑岩、高滩岩、乳花洞、黛湖、金刚碑、干洞子等均为游览胜地。

五、北碚志书

抗战胜利以后迁建北碚之各文化事业为对国家增加贡献，为迁建北碚留一纪念，公推顾颉刚、杨家骆先生主编北碚志书，内分首编、附编及地理、政治、经济、文化、社会共7编，48个分志，于三十三年四月成立修志委员会，分别由各事业与各专门学者着手编纂，迄三十六年五月完成全志之大部初稿，嗣由杨家骆先生在沪整编，除少数稿件外，已分别付排，目前正由世界书局印刷中。本书为科学化之志书，在我国今日尚为创举。

附录

一、将来的北碚

（一）生产

大规模增加特种农产、林畜和畜产，并有大的农场、林场、畜牧场和养鱼场；

大规模开发矿产——由土法开采到机械开采；

大规模创办工业——由手工业到机械工业，设炼钢厂、纺织厂、水泥厂、焦油厂……

大规模兴修水利——修建嘉陵江大水利工程，兴办灌溉及给水工程。

（二）交通

凡生产区都通轻便铁路或公路；

文化区和沿江两岸风景区都通公路；

任何村落都通邮政、电话和电报；

有由北碚直达重庆的电气铁道。

（三）文化

全区有中学校、大学校、专科职业学校及研究院，有大的图书馆、博物馆、体育场、民众会堂和无线电广播电台；

每乡镇都有托儿所、幼稚园和设备完善的中心国民学校，都有图书室、陈列室、运动场、俱乐部、公园和新型收音机；

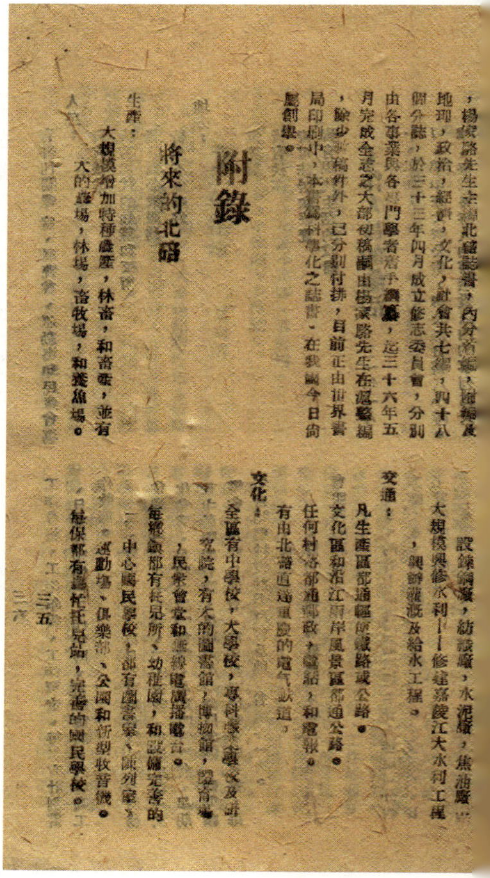
，楊家駱先生主編北碚誌書，內分首編、[illegible]編及地理，政治，經濟，文化，社會共七編，四十八個分誌，於三十三年四月成立修志委員會，分別由各事業與各專門學者若干擔纂，迄三十六年五月完成全志之大部初稿，由楊家駱先生在滬整編，除少數稿件外，已分別付排，目前正由世界書局印刷中，本書為科學化之誌書，在我國今日尚屬創舉。

附錄

將來的北碚

生產：

大規模增加特種農產，林畜，和畜產，並有大的農場，林場，畜牧場，和養魚場。

[illegible]

設鍊鋼廠，紡織廠，水泥廠，焦油廠……

大規模興修水利——修建嘉陵江大水利工程，興辦灌溉及給水工程。

交通：

凡生產區都通輕便鐵路或公路。

文化區和沿江兩岸風景區都通公路。

任何村落都通郵政，電話，和電報。

有由北碚直達重慶的電氣鐵道。

文化：

全區有中學校，大學校，專科職業學校及研究院，有大的圖書館，博物館，體育場，民衆會堂和無線電廣播電台。

每鄉鎮都有托兒所，幼稚園，和設備完善的中心國民學校，都有圖書室，陳列室，運動場，俱樂部，公園和新型收音機。

每保都有託兒站，完善的國民學校。

三五

每保都有农忙托儿站，完善的国民学校；

有书刊阅览室、展览会、运动场和民众会场。

（四）人民

皆有职业。

皆有现代的知识和技术。

皆能为公众服务。

皆无不良嗜好。

（五）地方

皆清洁；

皆美丽；

皆有秩序；

皆可住居和游览；

皆有现代生活的设备。

二、工作人员的生活

三一年一月

（一）工作

1. 集中在大办公室，办公每日整八小时。

2. 每部及每人均将职责以内的事列为表。

3. 各部有会议录、办事日记、工作周报、工作月报、工作年报、工作预定，每年有计划书，且有计划性之工作年历，按历实施，以提高工作效能。

（二）会议

各部每日有事务会议，逢五有财务会议（五号、十五号、二十五号），每周星期一文化会议，星期二建设会议，星期四音乐会，星期五主干联席会议，星期六午前镇长会议，晚间读书会，星期日周会。每日有国民教育研究会，每年召开乡村设计委员会及地方会议各一次。

（三）读书

1. 目的——提高办事兴趣及能力，坚定为社会服务的志向。

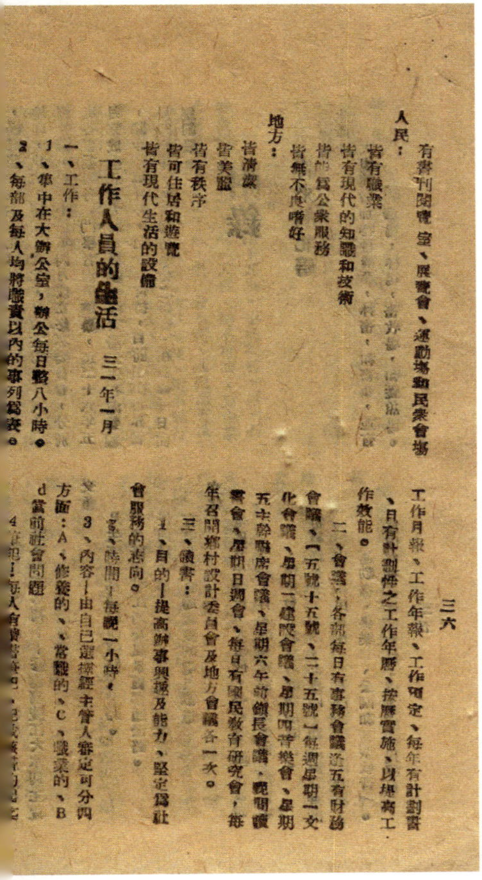

有書刊閱覽室、展覽會、運動場和民衆會場

人民：

皆有職業

皆有現代的知識和技術

皆能爲公衆服務

皆無不良嗜好

地方：

皆清潔

皆美麗

皆有秩序

皆可住居和遊覽

皆有現代生活的設備

工作人員的生活　三一年一月

一、工作：

1、集中在大辦公室，辦公每日整八小時。

2、每部及每人均將職責以內的事列爲表。

三六

工作月報、工作年報、工作預定、每年有計劃書、且有計劃性之工作年曆、按曆實施、以提高工作效能。

二、會議：各部每日有事務會議逢五有財務會議、（五號十五號、二十五號）每週星期一文化會議、星期二建設會議、星期四音樂會、星期五主幹聯席會議、星期六午前鎮長會議、晚間讀書會、星期日週會、每日有國民教育研究會，每年召開鄉村設計委員會及地方會議各一次。

三、讀書：

1、目的—提高辦事興趣及能力、堅定爲社會服務的志向。

2、時間—每晚一小時。

3、內容—由自己選擇經主管人審定可分四方面：A、修養的、、常識的、C、職業的、B

d當前社會問題

2. 时间——每晚一小时。

3. 内容——由自己选择，经主管人审定可分四方面：A. 修养的，B. 常识的，C. 职业的，D. 当前社会问题。

4. 笔记——每人有读书笔记，记载该书的起迄及内容大纲，与批评意见等。

5. 报告——每周星期六举行读书会一次，报告读书经过及心得，其方式为指定、抽签、自由报告等。

（四）运动

1. 每黎明起床，各职员作晨间运动 1 小时；

2. 每周运动比赛。

（五）习尚

1. 一律着短服；

2. 公膳分食；

3. 婚、丧、寿庆不宴客，不送礼；

4. 不赌钱，不吸烟，不饮酒。

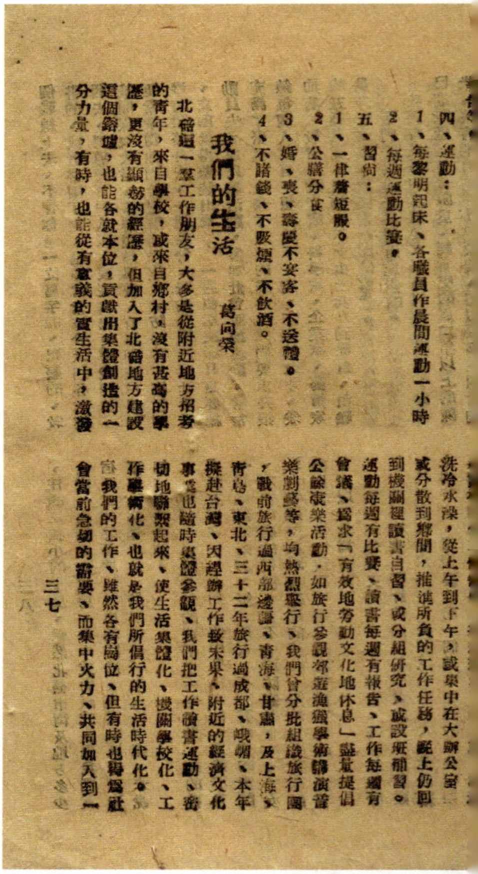
四、運動：
1、每黎明起床、各職員作晨間運動一小時
2、每週運動比賽。
五、習尙：
1、一律着短服。
2、公膳分食
3、婚、喪、壽慶不宴客、不送禮。
4、不賭錢、不吸煙、不飲酒。
我們的生活
葛向榮
北碚這一羣工作朋友，大多是從附近地方招考的青年，來自學校，或來自鄉村，沒有甚高的學歷，更沒有顯赫的經歷，但加入了北碚地方建設這個鎔爐，也能各就本位，貢獻出集體創造的一分力量，有時，也能從有意義的實生活中，激發
洗冷水澡，從上午到下午，或集中在大辦公室或分散到鄉間，推進所負的工作任務，晚上仍回到機關裡讀書自習、或分組研究、或設班補習。運動每週有比賽、讀書每週有報告、工作每週有會議、爲求「有效地勞動文化地休息」盡量提倡公餘康樂活動，如旅行參觀郊遊漁獵學術講演音樂劇藝等，均熱烈舉行、我們曾分批組織旅行團，戰前旅行過西部邊疆、青海、甘肅，及上海、青島、東北、三十二年旅行過成都、峨嵋、本年擬赴台灣、因經辦工作繁未果、附近的經濟文化事業也隨時集體參觀、我們把工作讀書運動、密切地聯繫起來、使生活集體化、機關學校化、工作藝術化，也就是我們所倡行的生活時代化。我們的工作、雖然各有崗位、但有時也得爲社會當前急切的需要、而集中火力、共同加入到一
三七

三、我们的生活

葛向荣

北碚这一群工作朋友，大多是从附近地方招考的青年，来自学校，或来自乡村，没有甚高的学历，更没有显赫的经历，但加入了北碚地方建设这个熔炉，也能各就本位，贡献出集体创造的一分力量，有时，也能从有意义的实生活中，激发出一些生命的火花。

溯自民国十六年起，我们每日黎明即起，跑到运动场集合，做做健身操玩玩球，冬天或下河洗洗冷水澡。从上午到下午，或集中在大办公室，或分散到乡间，推进所负的工作任务，晚上仍回到机关里读书自习，或分组研究，或设班补习。运动每周有比赛，读书每周有报告，工作每周有会议，为求“有效地劳动，文化地休息”，尽量提倡公余康乐活动，如旅行参观、郊游渔猎、学术讲演、音乐剧艺等，均热烈举行。我们曾分批组织旅行团，战前旅行过西部边疆、青海、甘肃及上海、青岛、

东北，三十二年旅行过成都、峨眉，本年拟赴台湾，因经办工作致未果，附近的经济文化事业也随时集体参观。我们把工作、读书、运动，密切地联系起来，使生活集体化，机关学校化，工作学术化，也就是我们所倡行的生活时代化。

我们的工作，虽然各有岗位，但有时也得为社会当前急切的需要，而集中火力，共同加入到一个战线上去，不管你是一位写字的、记账的、教书的，或者带团丁的，也要常常被分配到各个乡间去，领导几百户人家，或捉螟虫，或栽桐树，或开保民大会，有时视导学校，有时调查户口，更常常为他们普遍点种牛痘，峡防局时会远种到几百里路外去，一遇匪警，无论在雪天或在黑夜，立即就得整装出发，一遇假期或节日更要总动员去参加民教活动，参加社会服务运动，常常充满了紧张，充满了人口的乐趣。我们要求并锻炼每个人都有能想、能说、能写、能做的全才，兼而有宗教家、教育家、科学家、企业家、艺术家的五种风度，我们有不少由士兵升到职员，由职员升到主官，或独当一面的事业。

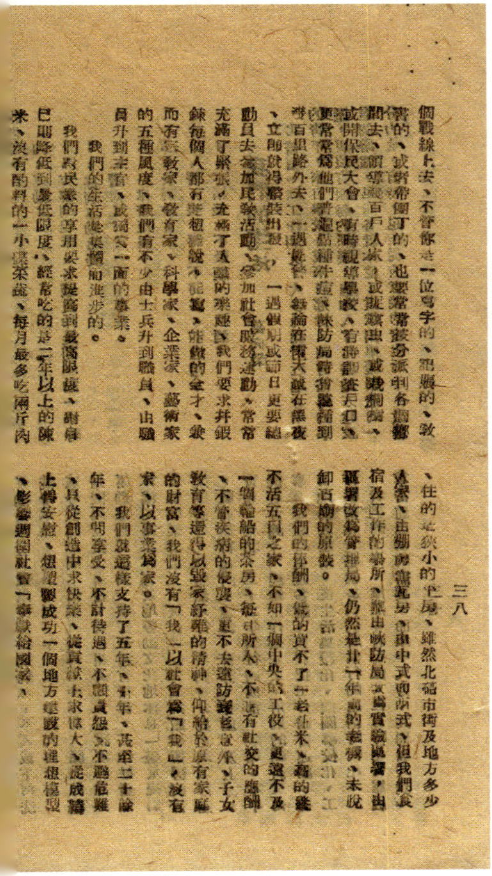
個戰線上去，不管你是一位寫字的、記賬的、教書的、或者帶團丁的，也要常常被分派到各個鄉間去，領導幾百戶人家，或捉螟蟲，或栽桐樹，或開保民大會，有時視導學校，有時調查戶口，更常常爲他們普遍點種牛痘，峽防局時會遠種到幾百里路外去，一遇匪警，無論在雪天或在黑夜，立即就得整裝出發，一遇假期或節日更要總動員去參加民教活動，參加社會服務運動，常常充滿了緊張，充滿了人口的樂趣。我們要求并鍛鍊每個人都有能想、能說、能寫、能做的全才，兼而有宗教家、教育家、科學家、企業家、藝術家的五種風度，我們有不少由士兵升到職員，由職員升到主官，或獨當一面的事業。

我們的生活是集體而進步的。

我們對民衆的享用要求提高到最高限度，對自己則降低到最低限度，經常吃的是二年以上的陳米，沒有酌料的一小碟菜蔬，每月最多吃兩斤肉

三八

、住的是狹小的平房，雖然北碚市街及地方多少人家，由棚房而瓦房，由中式而西式，但我們食宿及工作的場所，雖由峽防局改爲實驗區署，由區署改爲管理局，仍然是廿一年前的老樣，未脫卸古廟的原裝。

我們的俸酬，低的買不了一老斗米，高的養不活五口之家，不如一個中央的工役，更遠不及一個輪船的茶房，每月所入，不夠有社交的應酬、不管疾病的侵襲，更不去遠防衰老意外、子女教育等，還得以毀家紓難的精神，仰給於原有家庭的財富，我們沒有「我」，以社會爲「我」，沒有家，以事業爲家。

我們就這樣支持了五年、十年、甚至二十餘年，不問享受，不計待遇，不顧責怨，不避危難，只從創造中求快樂，從貢獻中求偉大，從成績上得安慰，想望實現成功一個地方建設的理想模型，影響週圍社會「事業給國家，

我们的生活是集体而进步的。

我们对民众的享用要求提高到最高限度，对自己则降低到最低限度，经常吃的是二年以上的陈米，没有酌料的一小碟菜蔬，每月最多吃两斤肉，穿的是棉布制服，不分晴雨，没有冬装或夏装，住的是狭小的平房，虽然北碚市街及地方多少人家，由棚房而瓦房，由中式而西式，但我们食宿及工作的场所，虽由峡防局改为实验区署，由区署改为管理局，仍然是廿一年前的老样，未脱卸古庙的原装。

我们的俸酬，低的买不了一老斗米，高的养不活五口之家，不如一个中央的工役，更远不及一个轮船的茶房。每月所入，不□有社交的应酬，不管疾病的侵袭，更不去远防衰老意外、子女教育等，还得以毁家纾难的精神，仰给于原有家庭的财富，我们没有“我”，以社会为“我”，没有家，

以事业为家。

我们就这样支持了5年、10年，甚至20余年，不问享受，不计待遇，不顾责怨，不避危难，只从创造中求快乐，从贡献上求伟大，从成绩上得安慰，想塑制成功一个地方建设的理想模型，影响周围社会“奉献给国家”。

我们的生活是艰苦而快乐的。

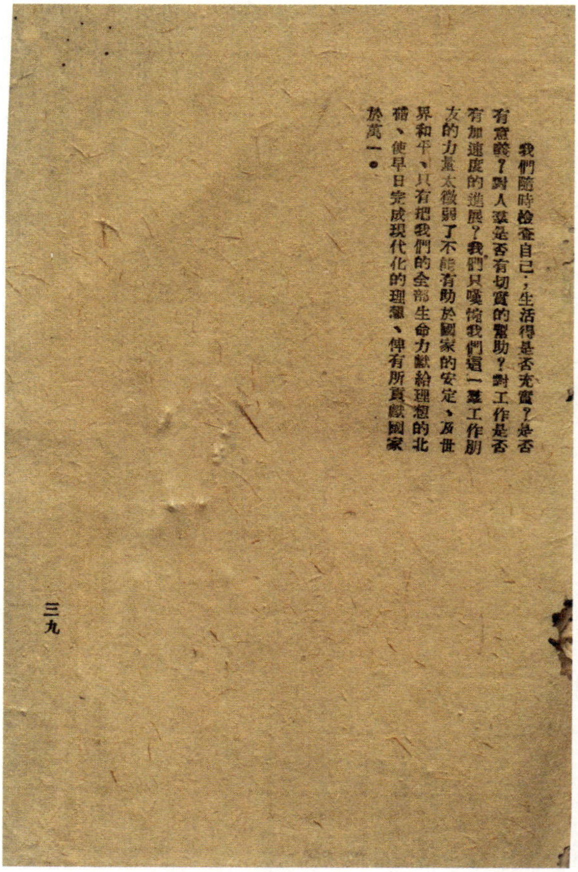
我們隨時檢查自己，生活得是否充實？是否有意義？對人羣是否有切實的幫助？對工作是否有加速度的進展？我們只嘆惋我們這一羣工作朋友的力量太微弱了不能有助於國家的安定、及世界和平、只有把我們的全部生命力獻給理想的北碚、使早日完成現代化的理想、俾有所貢獻國家於萬一。

三九

我们随时检查自己，生活得是否充实？是否有意义？对人群是否有切实的帮助？对工作是否有加速度的进展？我们只叹惋我们这一群工作朋友的力量太微弱了，不能有助于国家的安定及世界和平，只有把我们的全部生命力献给理想的北碚，使早日完成现代化的理想，俾有所贡献国家于万一。

北碚游览指南

《北碚游览指南》，北碚管理局编，1945年10月，正中书局重印本。该书包括：北碚小志、游程向导、游览处所、名胜概要、旅客须知、物产一览、附录七部分内容，更有黄炎培先生《北碚之游》，以及其他名人诗赋佳作，全面生动地展示了民国时期北碚新气象。

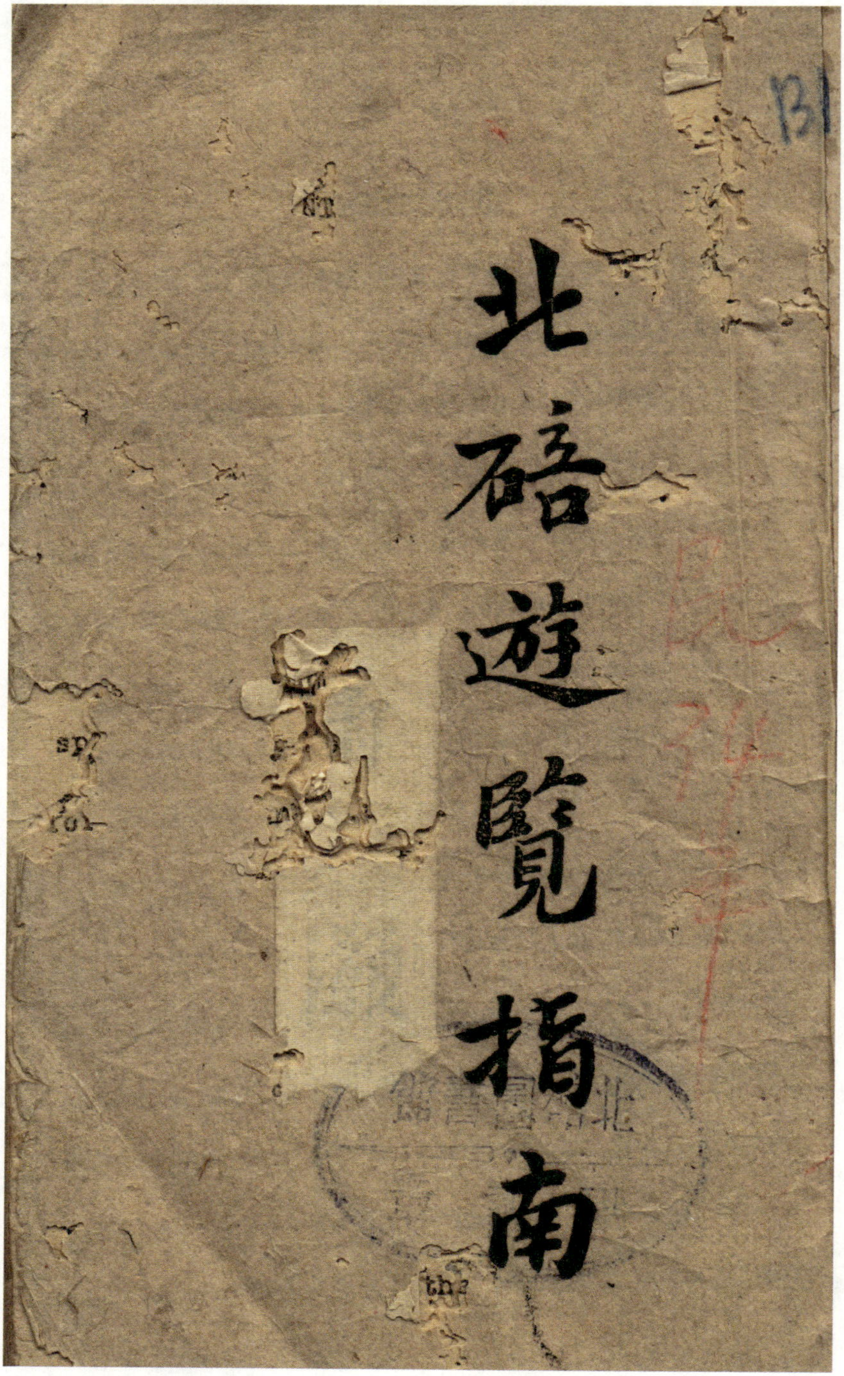
北碚遊覽指南

INTRODUCTION

Peipeh is famous for its gorges, hot springs and parks. It can be easily reach-ed from Chungking either by high way or by river. There are convenient hotels and resturants both in the city and at the North Hotspring. This is the reason why there are a number of people visit this place not only for its scenery but also for recreational purpose.

Not more than twenty years ago, this place was swarmed with bandits; they made use of the mountain ranges to hide them-selves, and came out frequently to cause injury to the travellers and the other people. It was through the effort of Mr. Lu Tsou-fu that the bandits were cleared, and this place made safe for the people to stay and become prosperous.

This place was not only made into a scenic spot in the vicinity of Chungking, it also has offered its assistance for many schools, research institutions and governmental organizations to move in during the wartime. The number of scientists and specialists, laboratories and libraries gathered in this place is second to none in China. This makes Peipeh a great cultural center.

Within the district of Peipeh there are some fine coal deposits. The demand of coal is greatly increased for the development of all sorts of industries near Chungking. The coal mines in this district therefore, not only serve the need of the industrial works, but also made this place prosperous.

Peipeh is located along the Chia-ling River which has its origin in Shensi province. It consists of more than 100,000 population, covering an area of 1,570 sq. km. It is 85 km. by high way from Chungking, and 7 km. from Peipeh to North Hotspring. If by river there are 120 km. from Chungking to Peipeh, and 5 km. from Peipeh to the North Hotspring. Hotels and resturants can easily be found when one gets into the city.

北碚遊覽指南目次

甲，北碚小誌……（一）

乙，遊程嚮導……（二）

丙，遊覽處所……（四）

丁，名勝概要……（一〇）

一、公園

二，古剎

三、三峽

四、名山

五·塚墓

六，瀑布

七，險灘
戊，旅客須知……(二三)
一，交通
二，食宿
三，行裝
四，衛生
五，報社
六，書店
七，茶肆
八，防空洞
九，照相館
己．物產一覽……(三四)
庚，附錄……(三八)

一、北碚現況
二、時人遊記
三，時人詩詠
四、「碚」字音義
五、峽中俚諺

北碚遊覽指南　目次

北碚概况目次

甲、北碚小志 / 054

乙、游程向导 / 056

丙、浏览处所 / 058

丁、名胜概要 / 063

一、公园 / 063
二、古刹 / 067
三、三峡 / 068
四、名山 / 069
五、冢墓 / 069
六、瀑布 / 071
七、险滩 / 072

戊、旅客须知 / 073

一、交通 / 073
二、食宿 / 082
三、行装 / 082
四、卫生 / 083
五、报社 / 084
六、书店 / 084
七、茶肆 / 084
八、防空洞 / 084
九、照相馆 / 084

己、物产一览 / 085

庚、附录 / 088

一、北碚现况 / 088
二、时人游记 / 092
三、时人诗咏 / 096
四、“碚”字音义 / 100
五、峡中俚谚 / 101

甲、北碚小志

北碚为新兴区域，嘉陵江流横断三山脉，以下形成三峡，第一峡有石洞，状类鼻孔，泉涓涓自内出，流注江中，因名沥鼻峡；第二峡有温泉，可供沐浴，因名温泉峡；第三峡有观音古庙，因名观音峡。各峡相去约 10 余华里，自辛亥革命后川省连年内战，民不聊生，萑苻四伏，三峡当江巴璧合四县之交，山深林密更为匪所啸聚，非惟商旅裹足，居民亦多避徙城市。民国初纪，东川道尹令委里人王锡武、周宝箴设置峡防营，以资捍卫。九十年间四川陆军第一军委吴象痴为峡防司令，十二年第二军委卢诚为司令，同年春旅长秦汉三驻峡兼任司令。是年冬江巴璧合四县绅民协议，改组峡防团务局，以胡南先、熊明甫为正副局长。十三年呈准当局，抽收过道船捐，以充常练队经费，借费巩固治安。十六年春，卢作孚、熊明甫继任正、副局长，次第肃清匪患，解民倒悬，更致力乡村建设，进求人民福利，不数年以凋敝农村，寖变为现代化之市邑，且渐为国内外人士所注意。二十五年四月，川省政府以适应环境需要缩小辖区，改组为嘉陵江三峡乡村建设实验区，设署治事，划江北之文星、黄桷、二岩，巴县之北碚，璧山之澄江等五乡镇为范围。

区署除司法及税收外，并兼理军法，接管地方一切行政，推进乡建工作，惟实际上

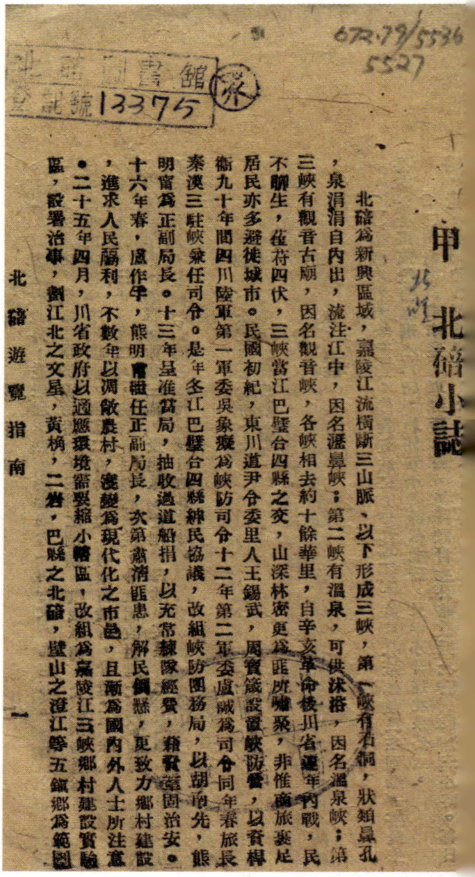

甲 北碚小誌

北碚爲新興區域，嘉陵江流橫斷三山脈、以下形成三峽，第一峽有石洞，狀類鼻孔，泉涓涓自內出，流注江中，因名瀝鼻峽；第二峽有溫泉，可供沐浴，因名溫泉峽；第三峽有觀音古廟，因名觀音峽，各峽相去約十餘華里，自辛亥革命後川省連年內戰，民不聊生，萑苻四伏，三峽當江巴璧合四縣之交，山深林密更爲匪所嘯聚，非惟商旅裹足居民亦多避徙城市。民國初紀，東川道尹令委里人王錫武，周寶箴設置峽防營，以資桿衞九十年間四川陸軍第一軍委吳象癡爲峽防司令十二年第二軍委盧誠爲司令同年春旅長秦漢三駐峽兼任司令。是年冬江巴璧合四縣紳民協議，改組峽防團務局，以胡南先，熊明甯爲正副局長。十三年呈准當局，抽收過道船捐，以充常練隊經費，藉資鞏固治安。十六年春，盧作孚，熊明甯繼任正副局長，次第肅清匪患，解民倒懸，更致力鄉村建設，進求人民福利，不數年以凋敝農村，寖變爲現代化之市邑，且漸爲國內外人士所注意。二十五年四月，川省政府以適應環境需要縮小轄區，改組爲嘉陵江三峽鄉村建設實驗區，設署治事，劃江北之文星，黃桷，二岩，巴縣之北碚，璧山之澄江等五鎮鄉爲範圍

之一切人力财力，几泰半用于协助附近 13 县之清剿，抗战军兴，北碚划为迁建区域，先后疏散来此之各种事业机构，无虑200余单位，专家留境者，曾达2000余人，社会设施，益形进展。三十一年二月，经省府呈准行政院，令此间改组为北碚管理局，局内设 8 科，统辖朝阳、澄江、黄桷 3 镇及龙凤、金刚、白庙、文星、二岩 5 乡，除加强一切建设工作外，并积极推进各项行政及自治事业焉。

乙、游程向导

一、来程

1. 由渝水道来峡游览：侵晨五点三十分在渝城千厮门外纸码头民生囤船，搭民生公司渝合班或渝碚专班小汽船，约经 5 小时即抵北碚，又半小时达北泉公园。

2. 由渝乘汽车来游：车至青木关，即转驶青北公路直抵北碚，约需 3 小时。每日碚、青、渝间均有班车 4 次，及校车 2 次来往，而休假日游客激增时，公路局则加开专车。

3. 由合川来游：侵晨六时在县小南门码头搭渝合下水汽船，约经 2 小时抵北泉公园，又 1 刻钟而至北碚。

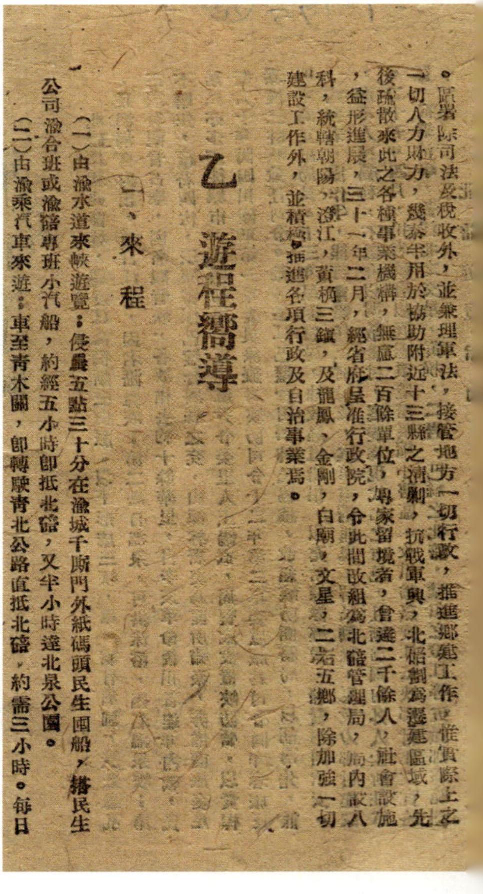

。區署除司法及稅收外，並兼理軍法，接管地方一切行政，推進鄉建工作，惟實際上之一切人力財力，幾悉半用於協助附近十三縣之清剿，抗戰軍興，北碚劃為遷建區域，先後疏散來此之各種事業機構，無慮二百餘單位，寄家留境者，會達二千餘人，社會設施，益形進展，三十一年二月，經省府呈准行政院，令此間改組為北碚管理局，局內設八科，統轄朝陽，澄江，黃桷三鎮，及龍鳳，金剛，白廟，文星，二岩五鄉，除加強一切建設工作外，並積極推進各項行政及自治事業焉。

乙 遊程嚮導

一、來程

（一）由渝水道來峽遊覽：侵晨五點三十分在渝城千廝門外紙碼頭民生囤船，搭民生公司渝合班或渝碚專班小汽船，約經五小時即抵北碚，又半小時達北泉公園。

（二）由渝乘汽車來遊：車至青木關，即轉駛青北公路直抵北碚，約需三小時。每日

二、去向

1. 由水程直抵北泉时，可向该园之中国旅行社北泉招待所接洽食宿事宜，略事休息，即可入浴，或游览公园。游浴毕，可用电话，向北碚社会服务处交涉，商请引导参观北碚事业，及预定游览日程。

2. 由陆路乘车来游者：抵北碚后，可径向北碚社会服务处接洽，请其代为交涉在碚或北泉之食宿诸事，并商请引导及预定游览日程。如欲先事参观北碚各种事业，则在服务处略事憩息，即可径往参观。如欲先赴北泉游浴，则可乘小船或雇肩舆（滑杆）前往。

如天气晴和，旅客有愿步行者，可循嘉陵江右岸小路或公路而上，行至3华里遥之金刚乡，再泛舟赴北泉亦宜。

三、归途

1. 北碚及其上游之北泉公园、澄江镇，下游之白庙子、水土沱等处，民生公司均设有囤船，上下汽船皆于此停轮搭客，游客返渝，可搭下水汽船。夏季约为每晨八时，冬季因雾，每日午前何时不定，须临时探明，趁由合川下行经北泉或北碚之汽船，由此历3小时即可抵渝，民生公司时有专轮行驶渝碚间，故颇称便。

2. 由北碚或北泉回合川：可乘渝合上水汽船，每日午前十一时至午后一时间登轮，约需3小时可达。

3. 陆路返渝：可由北碚搭公共汽车或学校校车，约需3小时可达。

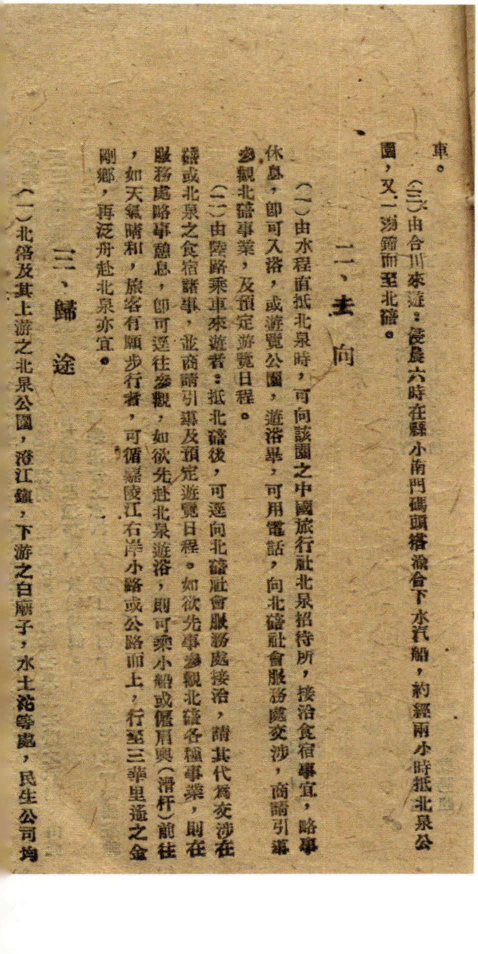
車。

（三）由合川來遊：侵晨六時在縣小南門碼頭搭渝合下水汽船，約經兩小時抵北泉公園，又一湧鐘而至北碚。

二、去　向

（一）由水程直抵北泉時，可向該園之中國旅行社北泉招待所，接洽食宿事宜，略事休息，即可入浴，或遊覽公園，遊浴畢，可用電話，向北碚社會服務處交涉，商請引導參觀北碚事業，及預定游覽日程。

（二）由陸路乘車來遊者：抵北碚後，可逕向北碚社會服務處接洽，請其代為交涉在碚或北泉之食宿諸事，並商請引導及預定遊覽日程。如欲先事參觀北碚各種事業，則在服務處略事憩息，即可逕往參觀，如欲先赴北泉遊浴，則可乘小船或僱肩輿（滑杆）前往，如天氣晴和，旅客有願步行者，可循嘉陵江右岸小路或公路而上，行至三華里遙之金剛鄉，再泛舟赴北泉亦宜。

三、歸　途

（一）北碚及其上游之北泉公園，澄江鎮，下游之白廟子，水土沱等處，民生公司均

丙、游览处所

（本项所列多系文化及经济事业，与夫名胜古迹，其他以非常时期不便参观，故略。）

一、文化事业

1. 国立中央研究院动物研究所，朝阳镇；

2. 国立中央研究院植物研究所，朝阳镇；

3. 经济部中央地质调查所，朝阳镇；

4. 中国科学社生物研究所，朝阳镇；

5. 中国地理研究所，朝阳镇；

6. 中国西部博物馆，朝阳镇；

7. 中国史地图表编纂社，朝阳镇；

8. 中山文化教育馆，朝阳镇；

9. 国立编译馆，朝阳镇；

10. 国立礼乐馆，朝阳镇；

11. 国立江苏医学院及附属医院，朝阳镇；

12. 国立国术体育专科学校，朝阳镇；

13. 国立歌剧学校，朝阳镇；

14. 国立重庆师范学校，朝阳镇；

15. 国立电化教育专科学校，北泉；

16. 私立立信会计专科学校，朝阳镇；

17. 私立力行中学，二岩乡；

18. 私立相伯女子中学，黄桷镇；

19. 私立兼善中学，毛背沱；

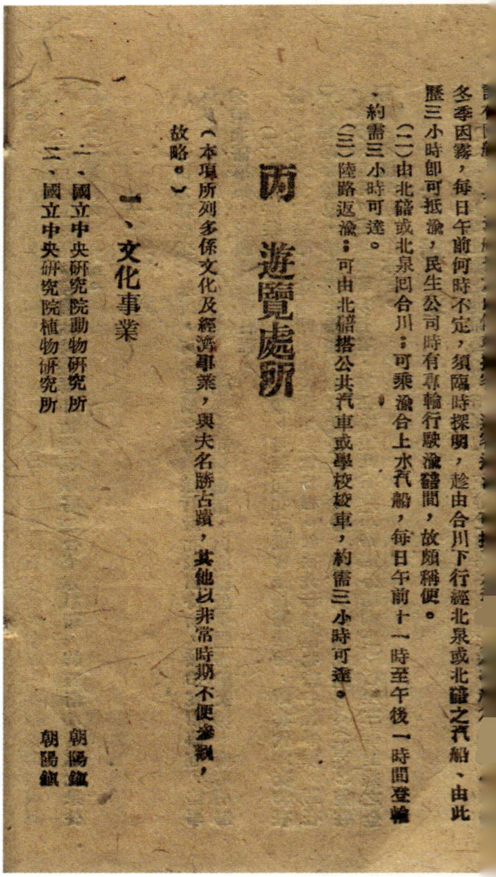

多季因霧，每日午前何時不定，須臨時探明，趁由合川下行經北泉或北碚之汽船，由此歷三小時卽可抵渝，民生公司時有專輪行駛渝碚間，故頗稱便。

（二）由北碚或北泉回合川：可乘渝合上水汽船，每日午前十一時至午後一時間登輪，約需三小時可達。

（三）陸路返渝：可由北碚搭公共汽車或學校校車，約需三小時可達。

丙 遊覽處所

（本項所列多係文化及經濟事業，與夫名勝古蹟，其他以非常時期不便參觀，故略。）

一、文化事業

一、國立中央研究院動物研究所 朝陽鎮

二、國立中央研究院植物研究所 朝陽鎮

20. 迁建区小学，朝阳镇；
21. 北碚小学，朝阳镇；
22. 世界佛学苑汉藏教理院，缙云山；
23. 世界红十字会北泉慈幼院及农场，北泉；
24. 赈济委员会重庆第三儿童教养院，大沱口；
25. 社会部儿童福利实验区及北碚托儿站，朝阳镇；
26. 中国滑翔总会北碚滑翔站，朝阳镇；
27. 中国妇女慰劳总会荣誉军人自治实验区，澄江镇；
28. 中华教育电影制片厂，北泉；
29. 北碚管理局，朝阳镇；
30. 北碚民众图书馆，朝阳镇；
31. 北碚民众教育馆，朝阳镇；
32. 北碚民众体育场，朝阳镇；

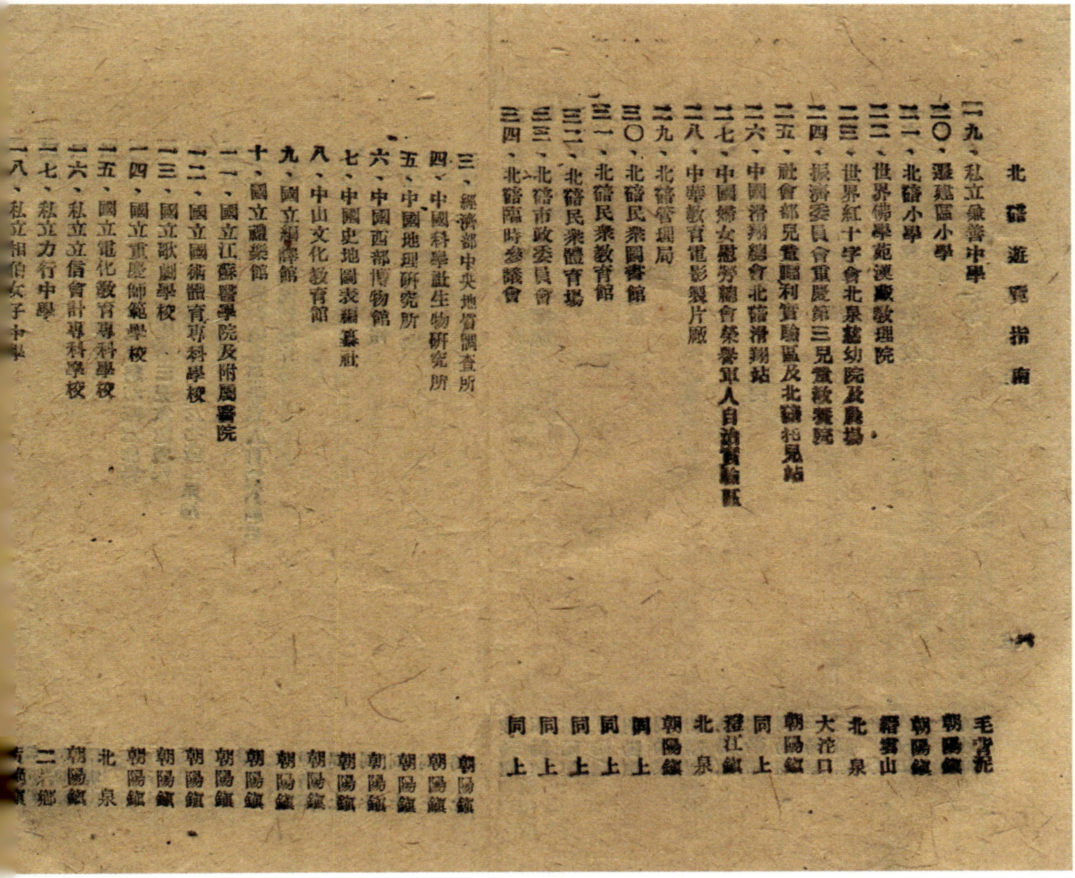
北碚遊覽指南

一九、私立兼善中學	毛背沱
二〇、遷建區小學	朝陽鎮
二一、北碚小學	朝陽鎮
二二、世界佛學苑漢藏教理院	縉雲山
二三、世界紅十字會北泉慈幼院及農場	北泉
二四、振濟委員會重慶第三兒童教養院	大沱口
二五、社會部兒童福利實驗區及北碚托兒站	朝陽鎮
二六、中國滑翔總會北碚滑翔站	同上
二七、中國婦女慰勞總會榮譽軍人自治實驗區	澄江鎮
二八、中華教育電影製片廠	北泉
二九、北碚管理局	朝陽鎮
三〇、北碚民衆圖書館	同上
三一、北碚民衆教育館	同上
三二、北碚民衆體育場	同上
三三、北碚市政委員會	同上
三四、北碚臨時參議會	同上

三、經濟部中央地質調查所	朝陽鎮
四、中國科學社生物研究所	朝陽鎮
五、中國地理研究所	朝陽鎮
六、中國西部博物館	朝陽鎮
七、中國史地圖表編纂社	朝陽鎮
八、中山文化教育館	朝陽鎮
九、國立編譯館	朝陽鎮
十、國立禮樂館	朝陽鎮
一一、國立江蘇醫學院及附屬醫院	朝陽鎮
一二、國立國術體育專科學校	朝陽鎮
一三、國立歌劇學校	朝陽鎮
一四、國立重慶師範學校	朝陽鎮
一五、國立電化教育專科學校	北泉
一六、私立立信會計專科學校	朝陽鎮
一七、私立力行中學	二[illegible]鄉
一八、私立相伯女子中學	[illegible]

33. 北碚市政委员会，朝阳镇；

34. 北碚临时参议会，朝阳镇；

35. 北碚卫生院，朝阳镇。

二、经济事业

1. 经济部全国度量衡局及制造所，朝阳镇；
2. 农林部中央农业实验所及实验农场，朝阳镇；
3. 农林部病虫药械制造厂，朝阳镇；
4. 扬子江水利委员会嘉陵江工程处，朝阳镇；
5. 行政院水利委员会水利示范工程处，朝阳镇；
6. 北碚扶植自耕农示范区，朝阳镇；
7. 北碚农业推广所，朝阳镇；
8. 军政部陆军制药研究所，北泉；
9. 军政部汽油厂，澄江镇；
10. 航空委员会炼油厂，澄江镇；
11. 资源委员会北泉酒精厂，北泉；
12. 上海新亚制药厂，北泉；
13. 四川丝业公司北碚制种场，黄桷镇；
14. 义瑞桐林公司，澄江镇；
15. 西山坪兼善农场，二岩乡；
16. 天府煤矿公司，文星乡；
17. 三才生煤矿公司，黄桷镇；
18. 宝源煤矿公司，澄江镇；
19. 燧川煤矿公司，澄江镇；
20. 复兴隆煤矿公司，二岩乡；
21. 和平煤矿厂，二岩乡；
22. 天府煤球厂，白庙乡；
23. 大鑫火砖厂，黄桷镇；
24. 广生实业公司，黄桷镇；
25. 江南肥皂厂，黄桷镇；
26. 广利肥皂厂，澄江镇；
27. 大兴白矾厂，黄桷镇；
28. 广益化学厂，黄桷镇；
29. 义大玻璃厂，二岩乡；

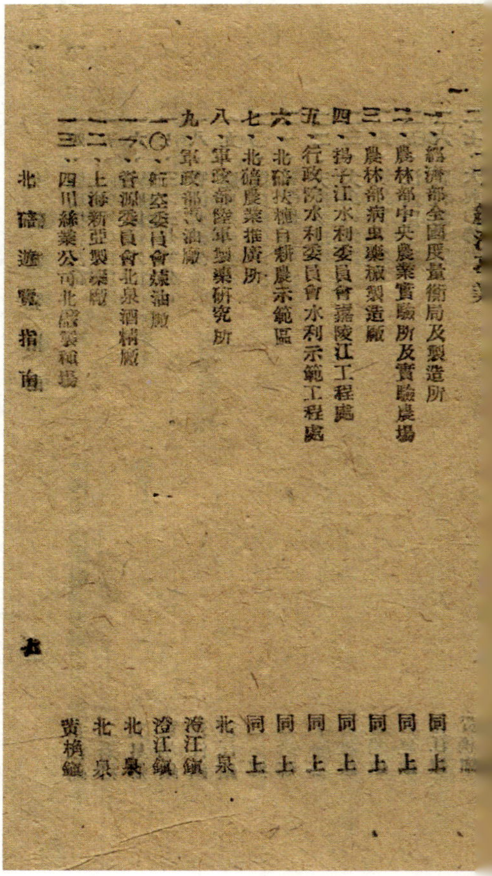

一、經濟部全國度量衡局及製造所	同上
二、農林部中央農業實驗所及實驗農場	同上
三、農林部病虫藥械製造廠	同上
四、揚子江水利委員會嘉陵江工程處	同上
五、行政院水利委員會水利示範工程處	同上
六、北碚扶植自耕農示範區	同上
七、北碚農業推廣所	同上
八、軍政部陸軍製藥研究所	北泉
九、軍政部汽油廠	澄江鎮
一〇、航空委員會煉油廠	澄江鎮
一一、資源委員會北泉酒精廠	北泉
一二、上海新亞製藥廠	北泉
一三、四川絲業公司北碚製種場	黃桷鎮

北碚遊覽指南

30. 北碚水厂，朝阳镇；
31. 富源水电公司，朝阳镇；
32. 寄萍水电厂，北泉；
33. 霍胥洞水电厂，文星场；
34. 北泉水磨面厂，北泉；
35. 民利制革厂，金刚乡；
36. 大明染织厂，朝阳镇；
37. 西南麻织厂，朝阳镇。

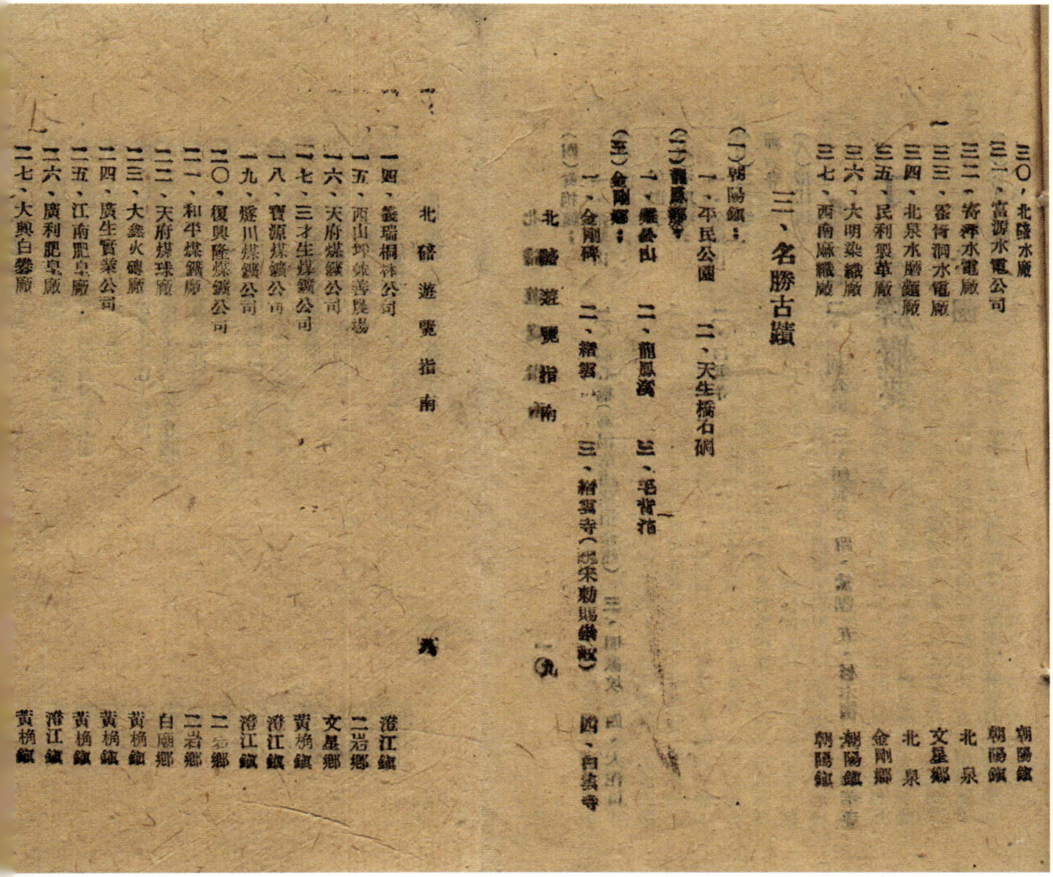

北碚遊覽指南

一四、義瑞桐林公司 澄江鎮
一五、西山坪[illegible]場 二岩鄉
一六、天府煤礦公司 文星鄉
一七、三才生煤礦公司 黃桷鎮
一八、寶源煤礦公司 澄江鎮
一九、燧川煤礦公司 澄江鎮
二〇、復興隆煤礦公司 二岩鄉
二一、和平煤礦廠 二岩鄉
二二、天府煤球廠 白廟鄉
二三、大鑫火磚廠 黃桷鎮
二四、廣生實業公司 黃桷鎮
二五、江南肥皂廠 黃桷鎮
二六、廣利肥皂廠 澄江鎮
二七、大興白礬廠 黃桷鎮

三〇、北碚水廠 朝陽鎮
三一、富源水電公司 朝陽鎮
三二、寄萍水電廠 北泉
三三、霍胥洞水電廠 文星鄉
三四、北泉水磨麵廠 北泉
三五、民利製革廠 金剛鄉
三六、大明染織廠 朝陽鎮
三七、西南麻織廠 朝陽鎮

三、名勝古蹟

(一)朝陽鎮：
一、平民公園 二、天生橋石碉
(二)龍鳳鄉：
一、縉雲山 二、龍鳳溪 三、毛背沱
(三)金剛鄉：
一、金剛碑 二、縉雲[illegible] 三、縉雲寺（起宋勅賜崇勝禪院） 四、白雲寺

北碚遊覽指南 一九

三、名胜古迹

（一）朝阳镇

1. 平民公园；2. 天生桥石硐。

（二）龙凤乡

1. 鸡公山；2. 龙凤溪；3. 毛背沱。

（三）金刚乡

1. 金刚碑；2. 缙云山；3. 缙云寺（两宋敕赐崇胜）；4. 白云寺。

（四）黄桷镇

1. 飞蛾山；2. 明心桥（为汤草药募捐修建）；3. 明家坟；4. 大沱口。

（五）白庙乡

干洞子。

（六）文星乡

1. 金剑山；2. 白云寺。

（七）二岩乡

禅岩寺。

（八）澄江镇

1. 北泉公园；2. 运河公园；
3. 绍龙寺；4. 黛湖；
5. 杉木园；6. 石华寺。

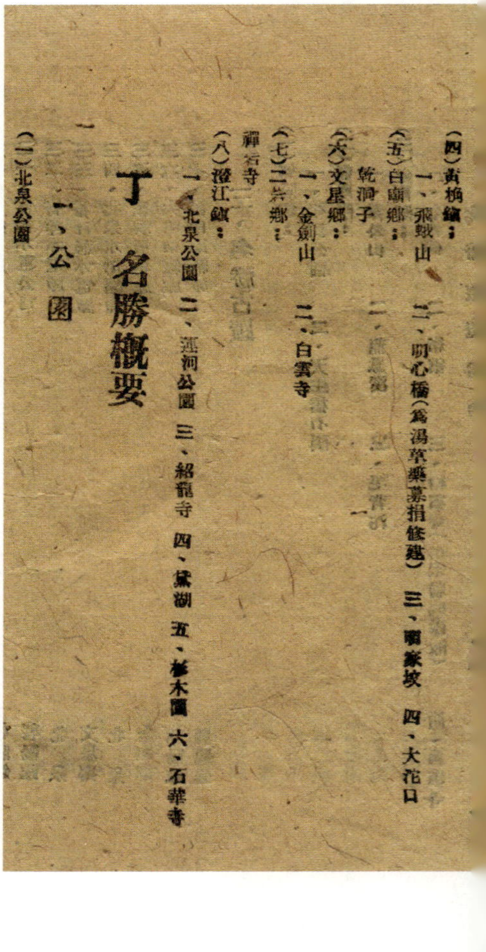

(四)黃桷鎮：
一、飛蛾山 二、明心橋(爲湯草藥募捐修建) 三、明家坟 四、大沱口
(五)白廟鄉：
乾洞子
(六)文星鄉：
一、金劍山 二、白雲寺
(七)二岩鄉：
禪岩寺
(八)澄江鎮：
一、北泉公園 二、運河公園 三、紹龍寺 四、黛湖 五、杉木園 六、石華寺

丁 名勝概要

一、公 園
(一)北泉公園

丁、名胜概要

一、公园

（一）北泉公园

1. 沿革及现状：

北泉公园之前身为温泉寺，与缙云并属古刹，位于缙云山脉横渡嘉陵江之断港中，水木明瑟，冠绝川东，游履时至，不自今始。缙云山传为黄帝会药之所，《路史》称黄帝有子曰缙云氏，是山或由此而得名，惟书简残阙，文献无征。嘉陵江为巴子故宇，其后汉族势力，始积渐侵入，近世考古家多有讨论，几成定识。沿及刘宋，伽蓝渐起，当时塑像颇有存者。唐宋石刻，犹多可考。宋儒周濂溪，尝讲学至此。元代统一宇内，只合川钓鱼城未下，宪宗亲征不克，于此崩殂。而温塘之名，乃更著于正史。今存大佛殿，则为明代遗构，观音殿则成于清同治中，虽历史未久，然全宇以铁瓦石柱构成，工程伟钜，时至今日，此等建设，虽千万金不办也。民十六年，峡局同人以其宜利用温泉，辟为公园，乃从事筹备，意在造成一大规模之森林公园，设立收藏极富之博物馆及图书馆，陈列我国西部文物资料，以为研究中国西部问题之中心处所。创业维艰，时峡局职员官兵，浚池修路，营建堂宇，职工人员，甘苦共尝，历

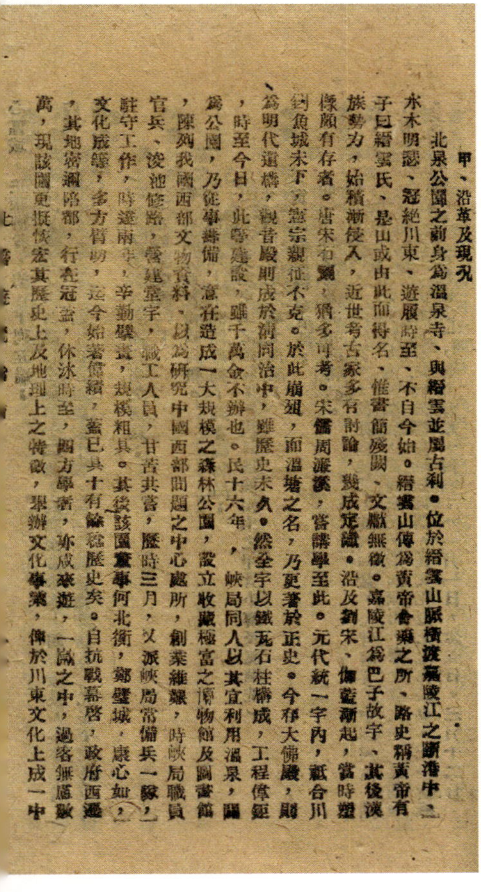
甲、沿革及現況

北泉公園之前身爲溫泉寺，與縉雲並屬古剎。位於縉雲山脈橫渡嘉陵江之斷港中，水木明瑟，冠絕川東，遊履時至，不自今始。縉雲山傳爲黃帝會藥之所，路史稱黃帝有子曰縉雲氏，是山或由此而得名，惟書簡殘闕，文獻無徵。嘉陵江爲巴子故宇，其後漢族勢力，始積漸侵入，近世考古家多有討論，幾成定識。沿及劉宋，伽藍漸起，當時塑像頗有存者。唐宋石刻，猶多可考。宋儒周濂溪，嘗講學至此。元代統一宇內，祇合川釣魚城未下，憲宗親征不克，於此崩殂，而溫塘之名，乃更著於正史。今存大佛殿，則爲明代遺構，觀音殿則成於清同治中，雖歷史未久，然全宇以鐵瓦石柱構成，工程偉鉅，時至今日，此等建設，雖千萬金不辦也。民十六年，峽局同人以其宜利用溫泉，闢爲公園，乃從事籌備，意在造成一大規模之森林公園，設立收藏極富之博物館及圖書館，陳列我國西部文物資料，以爲研究中國西部問題之中心處所，創業維艱，時峽局職員官兵、浚池修路，營建堂宇，職工人員，甘苦共嘗，歷時三月，又派峽局常備兵一隊，駐守工作，時逾兩年，辛勤擘畫，規模粗具。其後該園董事何北衡，鄭璧城，康心如，文化底蘊，多方贊助，迄今始著偉績，蓋已具十有餘稔歷史矣。自抗戰幕啓，政府西遷，其地密邇陪都，行者冠蓋，休沐時至，四方學者，亦咸來遊，一歲之中，過客無慮數萬，現該園更擬恢宏其歷史上及地理上之特徵，舉辦文化事業，俾於川東文化上成一中

时三月。又派峡局常备兵一队，驻守工作，时达两年，辛勤擘画，规模粗具。其后该园董事何北衡、郑璧城、康心如、文化成等，多方臂助，迄今始著伟绩，盖已具十有余年历史矣。自抗战幕启，政府西迁，其地密迩陪都，行在冠盖，休沐时至，四方学者，亦咸来游，一岁之中，过客无虑数万，现该园更拟恢宏其历史上及地理上之特征，举办文化事业，俾于川东文化上成一中心区域。正举办者，约有下列五端：

（1）北泉图书馆：藏有万有文库第一、二集，四库全书珍本，四部备要，丛书集成，四部丛刊等，合计3万余册，报章杂志数十种。该馆除备普通书籍外，尤多下列各种图籍之搜藏：

①川人著述及有关川省之图籍；

②本国医药图书；

③各教经典及相关图籍；

（2）北泉博物馆：该馆罗列下列各种物品：

①川省文明史上之遗物（现有殷墟出土之甲骨卜辞及汉铜洗）

②四川各地之风土产品；

③国药原料及成品；

④各教法物及其相关物品；

按博物馆铜洗，为汉代古物，故亦称汉洗，其状如盆，上有两耳，中镌四鱼，倾水满器，用手摩耳，水从鱼口分四股喷出，高可三尺，状如细雨，摩时声尤口，或谓为古乐器云。汉代已能运用极高深之物理学原理制此器，实文化史上之伟迹也。此中所藏，古物刺绣万件，汉洗即其一。每年演摩十四次（一月一日、念五日，三月十二日、念九日，四月四日，五月十四日，六月念五日，七月七日，八月念七日，十月一日、十日，十一月十二日，十二月念五日、卅一日），届时在馆售券参观，于游人颇饶佳趣。

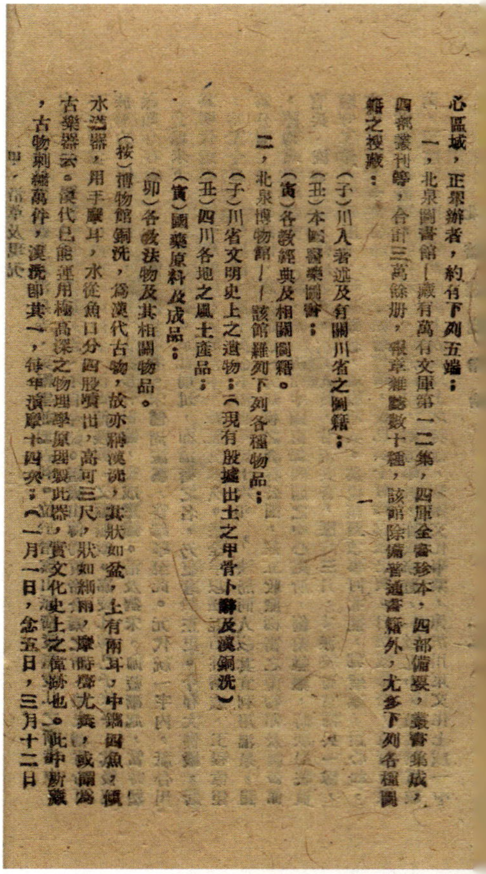
心區域，正舉辦者，約有下列五端：

一，北泉圖書館——藏有萬有文庫第一二集，四庫全書珍本，四部備要，叢書集成，四部叢刊等，合計三萬餘册，報章雜誌數十種，該館除備普通書籍外，尤多下列各種圖籍之搜藏：

(子)川人著述及有關川省之圖籍；

(丑)本國醫藥圖書；

(寅)各教經典及相關圖籍。

二，北泉博物館——該館羅列下列各種物品：

(子)川省文明史上之遺物：(現有殷墟出土之甲骨卜辭及漢銅洗)

(丑)四川各地之風土產品；

(寅)國藥原料及成品；

(卯)各教法物及其相關物品。

(按)博物館銅洗，爲漢代古物，故亦稱漢洗，其狀如盆，上有兩耳，中鐫四魚，傾水滿器，用手摩耳，水從魚口分四股噴出，高可三尺，狀如細雨，摩時聲尤異，或謂爲古樂器云。漢代已能運用極高深之物理學原理製此器，實文化史上之偉蹟也。此中所藏，古物刺繡萬件，漢洗即其一，每年演摩十四次：(一月一日，念五日，三月十二日

（3）北泉美术馆：内分书法、国画、西画、图案、刺绣、印刷、金石、雕塑、建筑、模型、城市林园布置等部。已有字画、碑帖、刺绣等数千件，

印刷部则承印外界各项文件，并备有信纸、信封、条签等物，以备游人采购。

（4）北泉学园：内设托儿站幼稚园、小学部及林间学校，其小学部设于二十七年秋，现有学童约百余人。

（5）巴蜀史地、中药、中国宗教史等研究所，亦均在筹设中。

2. 风景及建设：

园之中央为旧有之温泉寺，相传创于刘宋景平元年，宋敕赐崇胜禅院，

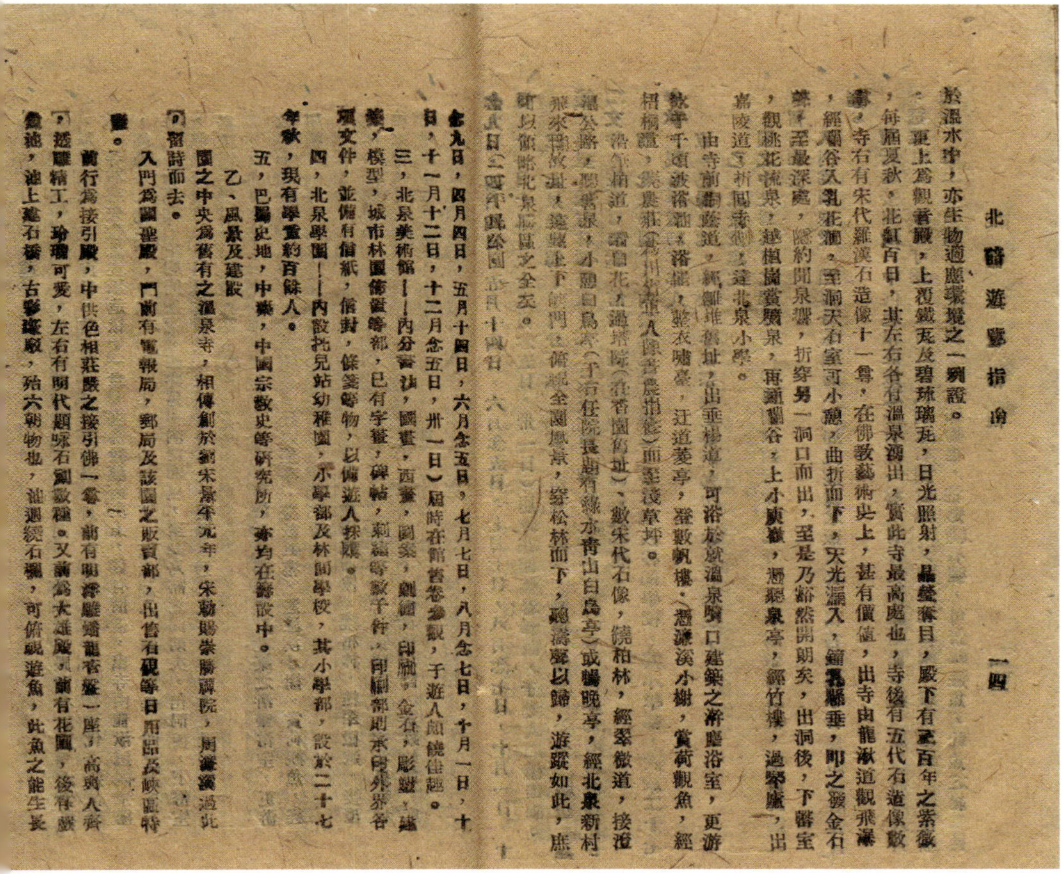
北碚遊覽指南　一四

於溫水中，亦生物適應環境之一例證。
更上為觀音殿，上覆鐵瓦及碧琉璃瓦，日光照射，晶瑩奪目，殿下有數百年之紫薇，每屆夏秋，花紅百日，其左右各有溫泉湧出，實此寺最高處也，寺後有五代石造像數尊，寺右有宋代羅漢石造像十一尊，在佛教藝術史上，甚有價值，出寺由龍湫道觀飛瀑，經蘭谷入乳花洞，至洞天石室可小憩，曲折而下，天光漏入，鐘乳懸垂，叩之發金石聲，至最深處，隱約聞泉響，折穿另一洞口而出，至是乃豁然開朗矣，出洞後，下醫室，觀桃花流泉，越楓樹黃櫨泉，再通蘭谷，上小廣嶺，憑聽泉亭，經竹樓，過翠廬，出嘉陵道，[illegible]達北泉小學。
由寺前[illegible]道，經[illegible]舊址，出垂楊道，可浴於就溫泉嘴口建築之游泳浴室，更游數寺千頃波浴池，浴罷，整衣曬臺，迂道菱亭，登數帆樓，憑濂溪小榭，賞荷觀魚，經[illegible]而至淺草坪。
[illegible]數宋代石像，繞柏林，經翠微道，接澄[illegible]公路，[illegible]小憩白鳥亭（于右任院長題有綠水青山白鳥亭）或暢晚亭，經北泉新村[illegible]全園風景，穿松林而下，聽濤聲以歸，游蹤如此，庶可以領略北泉園區之全[illegible]。
[illegible]
念九日，四月四日，五月十四日，六月念五日，七月七日，八月念七日，十月一日，十日，十一月十二日，十二月念五日，卅一日）屆時在館皆卷參觀，予遊人頗饒佳趣。
三，北泉美術館——內分書法，國畫，西畫，圖案，雕塑，印刷，金石，[illegible]，攝影，模型，城市林園佈置等部，已有字畫，碑帖，刺繡等數千件，印刷部則承印外界各項文件，並備有信紙，信封，條箋等物，以備遊人採購。
四，北泉學園——內設托兒站幼稚園，小學部及林間學校，其小學部，設於二十七年秋，現有學童約百餘人。
五，巴蜀史地，中藥，中國宗教史等研究所，亦均在籌設中。
乙、風景及建設
園之中央為舊有之溫泉寺，相傳創於劉宋景平元年，宋勅賜崇勝禪院，周濂溪過此，留詩而去。
入門為關聖殿，門前有電報局，郵局及該園之販賣部，出售石硯等日用品及峽區特產。
前行為接引殿，中供色相莊嚴之接引佛一尊，前有明浮雕蟠龍香盤一座，高與人齊，透雕精工，玲瓏可愛，左右有明代題咏石刻數種。又前為大雄殿，前有花圃，後有戲魚池，池上建石橋，古彩斑駁，殆六朝物也，池週繞石欄，可俯視遊魚，此魚之能生長

周濂溪过此，留诗而去。

入门为关圣殿，门前有电报局、邮局及该园之贩卖部，出售石砚等日用品及峡区特产。

前行为接引殿，中供色相庄严之接引佛一尊，前有明浮雕蟠龙香盘一座，高与人齐，透雕精工，玲珑可爱，左右有明代题咏石刻数种。又前为大雄殿，前有花圃，后有戏鱼池，池上建石桥，古彩斑驳，殆六朝物也，

池周绕石栏，可俯视游鱼，此鱼之能生长于温水中，亦生物适应环境之一例证。

更上为观音殿，上覆铁瓦及碧琉璃瓦，日光照射，晶莹夺目，殿下有300年之紫薇，每届夏秋，花红百日，其左右各有温泉涌出，实此寺最高处也。寺后有五代石造像数尊，寺右有宋代罗汉石造像11尊，在佛教艺术史上，甚有价值。出寺由龙湫道观飞瀑，经兰谷入乳花洞，至洞天石室可小憩，曲折而下，天光漏入，钟乳悬垂，叩之发金石声，至最深处，隐约闻泉响，折穿另一洞口而出，至是乃豁然开朗矣。出洞后，下磬室，观桃花流泉，越枫岗赏喷泉，再兰谷，上小庾岭，凭听泉亭，经竹楼，过琴庐，出嘉陵道，折回寺侧，达北泉小学。

由寺前桐荫道，经离堆旧址，出垂杨道，可浴于就温泉喷口建筑之浣尘浴室，更游泳于千顷波浴池，浴罢，整衣啸台，迂道菱亭，登数帆楼，凭濂溪小榭，赏荷观鱼，经梧桐道，绕农庄（为川省军人陈书农捐修）而至浅草坪。

沿笔柏道，看百花，过塔院（在香园旧址），数宋代石像，绕柏林，经翠微道，接澄温公路，听响泉，小憩白鸟亭（于右任院长题有绿水青山白鸟亭）或畅晚亭，经北泉新村飞来阁故址，远望上下峡门，俯视全园风景，穿松林而下，听涛声以归，游踪如此，庶口以领略北泉胜区之全矣。

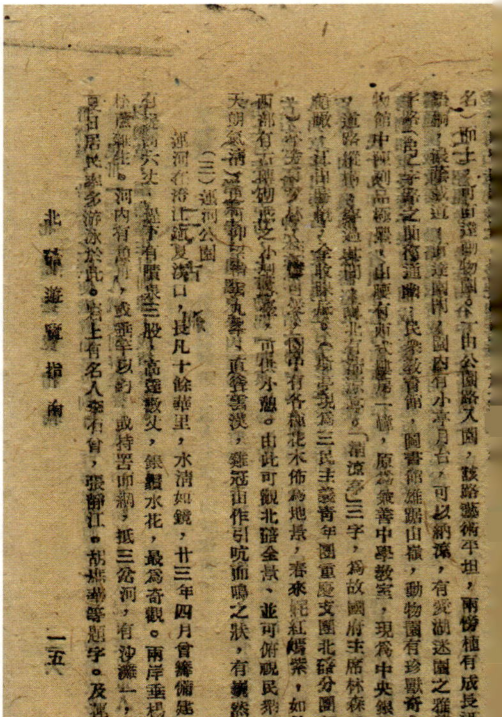

名）而上，可直達動物園。一由公園路入園，該路藝術平坦，兩傍植有成長迅速之法國
梧桐，濃蔭載道，直達園門，園內有小亭月台，可以納涼，有愛湖迷園之雅趣，有「之」
字路「弓」字路之曲徑通幽，民衆教育館，圖書館雄踞山嶺，動物園有珍獸奇禽可觀，博
物館中陳列品極豐，山腰有西式樓房一幢，原爲兼善中學教室，現爲中央銀行分行所在
地，道路縱橫，[illegible]「清涼亭」三字，爲故國府主席林森手題。憩亭
[illegible]三民主義青年團重慶支團北碚分團部辦事之所
[illegible]園中有各種花木佈爲地景，春來花紅嫣紫，如錦繡中舖。
西部有[illegible]，可供小憩。由此可觀北碚全景，並可俯視民衆體育場。倘
天朗氣清，[illegible]，直[illegible]雲漢，雞冠山作引吭而鳴之狀，有巍然獨立之概。

（三）運河公園

運河在[illegible]夏溪口，長凡十餘華里，水清如鏡，廿三年四月曾籌備建設公園，河
[illegible]高達數丈，銀[illegible]水花，最爲奇觀。兩岸垂楊細柳，竹柏
[illegible]。河內有[illegible]，或[illegible]以釣，或持罟而網，抵三岔河，有沙灘一，水淺而淨，
夏日居民多游泳於此。岩上有名人李石曾，張翻江，胡[illegible]等題字。及運河盡處，舍

北碚遊覽指南　一五

（二）平民公园

园在北碚火焰山，旧有东岳庙，民十九年毁去偶像，辟山地为公园。入园之道有二，一由中山路入园，园门前设大圆形花坛，行尔昌大道（该道为当地士绅王尔昌捐修故名）而上，可直达动物园。一由公园路入园，该路艺术平坦，两傍植有成长迅速之法国梧桐，浓荫载道，直达园门，园内有小亭月台，可以纳凉，有爱湖迷园之雅趣，有“之”字路、“弓”字路之曲径通幽，民众教育馆、图书馆雄踞山岭，动物园有珍兽奇禽可观，博物馆中陈列品极丰。山腰有西式楼房一幢，

原为兼善中学教室，现为中央银行分行所在，道路纵横，穿过叶间，东北有清凉亭，“清凉亭”三字，为故国府主席林森手题。凭亭俯瞰，江山胜概，全收眼底（斯亭现为三民主义青年团重庆支团北碚分团部办事之所）。亭旁有□林，□□可爱，园中有各种花木布为地景，春来姹红嫣紫，如锦绣平铺。西部有石砖砌成之小型露台，可供小憩。由此可观北碚全景，并可俯视民众体育场。倘天朗气清，更可仰望缙云九峰，直耸云汉，鸡冠山作引吭而鸣之状，有巍然独立之概。

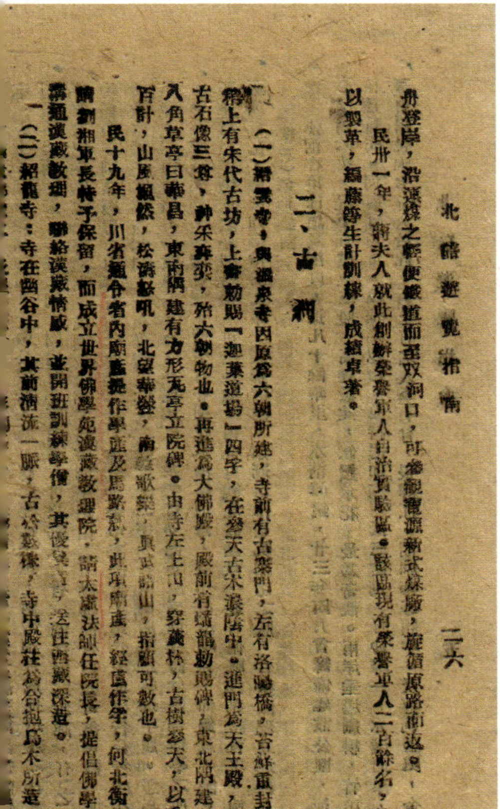
北碚遊覽指南　二六

舟登岸，沿運煤之輕便鐵道而至双河口，可參觀寶源新式煤廠，旋循原路而返。

民卅一年，蔣夫人就此創辦榮譽軍人自治實驗區。該區現有榮譽軍人二百餘名，施以製革，編藤等生計訓練，成績卓著。

二、古剎

（一）縉雲寺：與溫泉寺均原爲六朝所建，寺前有古寨門，左有洛陽橋，苔蘚重封，稍上有宋代古坊，上書敕賜「迦葉道場」四字，在參天古木濃蔭中。進門爲天王殿，有古石像三尊，神采奕奕，殆六朝物也。再進爲大佛殿，殿前有蟠龍敕賜碑，東北隅建有八角草亭曰華昌，東南隅建有方形瓦亭立院碑。由寺左上山，穿茂林，古樹參天，以千百計，山風颯然，松濤怒吼，北望華鎣，南望歌樂，眞武諸山，指顧可數也。

民十九年，川省通令省內廟產提作學產及馬路款，此項廟產，經盧作孚，何北衡商請劉湘軍長特予保留，而成立世界佛學苑漢藏教理院，請太虛法師任院長，提倡佛學，溝通漢藏教理，聯絡漢藏情感，並開班訓練學僧，其優異者，送往西藏深造。

（二）紹龍寺：寺在幽谷中，其前清流一脈，古木參天，寺中殿柱爲合抱烏木所造，

（四）运河公园

运河在澄江镇下溪口，长凡10余华里，水清如镜，廿三年四月曾筹备建设公园，河有堤高6丈，堤下有喷泉三股，高达数丈，银须水花，最为奇观。两岸垂杨细柳，竹柏松芦杂生。河内有鱼舟，或垂竿以钓，或持罟而网。抵三岔河，有沙滩一，水浅而净，夏日居民率多游泳于此。岩上有名人李石曾、张静江、胡庶华等题字。及运河尽处，舍舟登岸，沿运煤之轻便铁道而至双河口，可参观宝源新式煤厂，旋循原路而返。

民卅一年，蒋夫人就此创办荣誉军人自治实验区。该区现有荣誉军人200余名，施以制革、编藤等生计训练，成绩卓著。

二、古刹

（一）缙云寺

与温泉寺均原为六朝所建，寺前有古寨门，左有洛阳桥，苔藓重封，稍上有宋代古坊，上书敕赐“迦叶道场”四字，在参天古木浓荫中。进门为天王殿，有古石像三尊，神采奕奕，殆六朝物也。再进为大佛殿，殿前有蟠龙敕赐碑，东北隅建有八角草亭曰华昌，东南隅建有方形瓦亭立院碑。由寺左上山，穿茂林，古树参天，以千百计，山风飒然，松涛怒吼，北望华蓥，南望歌乐、真武诸山，指顾可数也。

民十九年，川省通令省内庙产提作学产及马路款，此项庙产，经卢作孚、何北衡商请刘湘军长特予保留，而成立世界佛学苑汉藏教理院，请太

虚法师任院长，提倡佛学，沟通汉藏教理，联络汉藏情感，并开班训练学僧，其优异者，送往西藏深造。

（二）绍龙寺

寺在幽谷中，其前清流一脉，古松数株，寺中殿柱为合抱乌木所造，殿前有石造佛像二，及泥塑菩萨十，形制甚古，且极精美。沿小溪行半里许，入九龙窝，乱山中忽现平地数十亩，由振济委员会贷款120万元，建筑黛湖，可灌田300亩。其地傍山面湖，又可仰望缙云峰头，风景极佳。该寺现为北泉慈幼院所在，收容战区儿童500余人。

（三）石华寺

寺以石笋之义引申而得名。石大数百围，高数百尺，寺前有桂树，数百年前物也。寺右五峰攒聚若笔架，缙云山峰以此为嵯峨。

（四）禅岩寺

寺在北泉公园对岸二岩乡西山坪之山腹，背绝岩，面观音峡门，竹树茂密，殿宇两重，颇为庄严。寺前可远眺四川丝业公司及北碚制种场之桑园，寺侧可俯瞰北泉公园全景。

三、三峡

（一）沥鼻峡

峡属合川县境，长约5华里，下距温泉峡约50华里，水流湍激。峡口有石洞，其状似鼻，水出其中而入河，沥鼻之名，因是而起，淙淙之声，远近可闻，旱魃为虐，水源不绝，惜去碚较远，游人少至，而知者亦鲜。

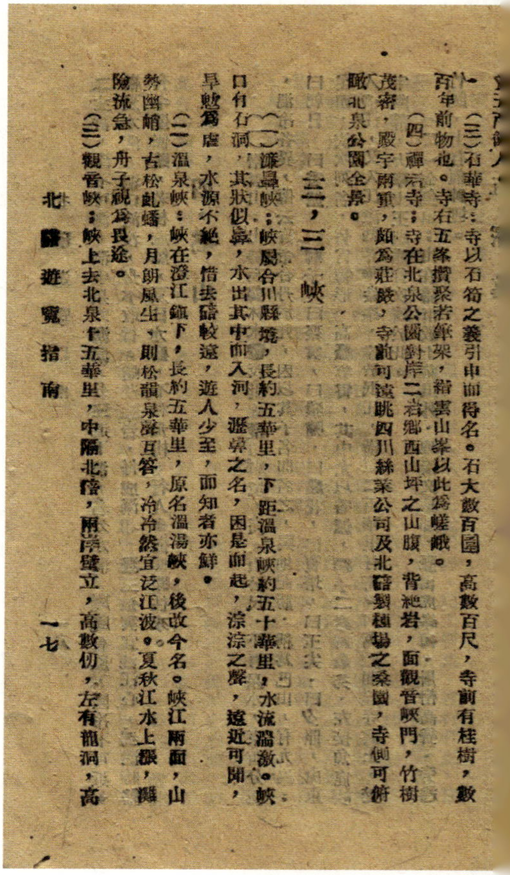
（三）石華寺：寺以石筍之義引申而得名。石大數百圍，高數百尺，寺前有桂樹，數百年前物也。寺右五峯攢聚若筆架，縉雲山峯以此為嵯峨。

（四）禪岩寺：寺在北泉公園對岸二岩鄉西山坪之山腹，背絕岩，面觀音峽門，竹樹茂密，殿宇兩重，頗為莊嚴，寺前可遠眺四川絲業公司及北碚製種場之桑園，寺側可俯瞰北泉公園全景。

三，三峽

（一）瀝鼻峽：峽屬合川縣境，長約五華里，下距溫泉峽約五十華里，水流湍激。峽口有石洞，其狀似鼻，水出其中而入河，瀝鼻之名，因是而起，淙淙之聲，遠近可聞，旱魃為虐，水源不絕，惜去碚較遠，遊人少至，而知者亦鮮。

（二）溫泉峽：峽在澄江鎮下，長約五華里，原名溫湯峽，後改今名。峽江兩面，山勢幽峭，古松虯蟠，月朗風生，則松韻泉聲互答，泠泠然宜泛江波。夏秋江水上漲，灘險流急，舟子視為畏途。

（三）觀音峽：峽上去北泉十五華里，中隔北碚，兩岸壁立，高數仞，左有龍洞，高

北碚遊覽指南　一七

（二）温泉峡

峡在澄江镇下，长约5华里，原名温汤峡，后改今名。峡江两面，山势幽峭，古松虬蟠，月朗风生，则松韵泉声互答，泠泠然直泛江波。夏秋江水上涨，滩险流急，舟子视为畏途。

（三）观音峡

峡上去北泉15华里，中隔北碚，两岸壁立，高数仞，左有龙洞，高2丈许，深不可测，洞中泉水潺潺，分三道下泻，名分水洞，飕飕有风，阴冷不可近。春夏水涨，洞口淹没，舟不敢行。峭壁悬岩，每成瀑布，溅玉飞云直注江心，蜀汉时凿有半壁侧路，若栈道然，夏日水盛，不得舟楫，行人多从侧路往来。

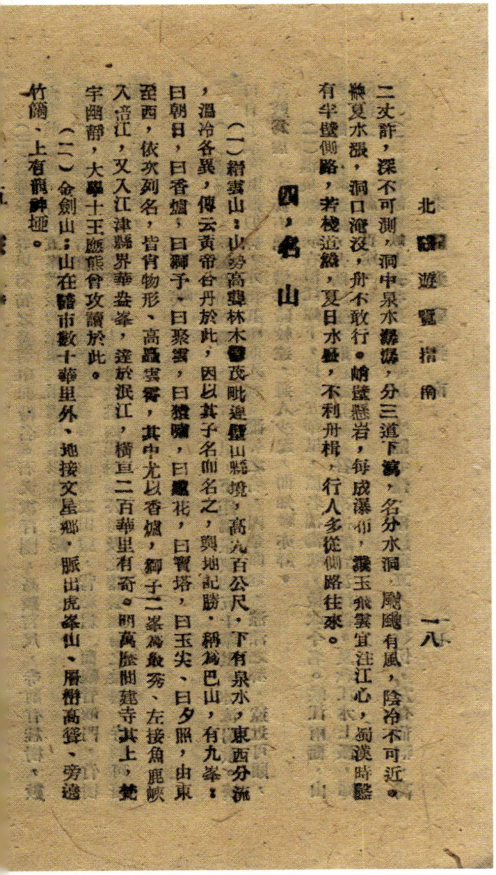
北碚游覽指南 一八

二丈許，深不可測，洞中泉水潺潺，分三道下瀉，名分水洞，颼颼有風，陰冷不可近。春夏水漲，洞口淹沒，舟不敢行。峭壁懸岩，每成瀑布，濺玉飛雲直注江心，蜀漢時鑿有半壁側路，若棧道然，夏日水盛，不利舟楫，行人多從側路往來。

四，名山

（一）縉雲山：山勢高聳林木鬱茂毗連璧山縣境，高九百公尺，下有泉水，東西分流，溫冷各異，傳云黃帝合丹於此，因以其子名而名之，輿地記勝，稱為巴山，有九峯：曰朝日，曰香爐，曰獅子，曰聚雲，曰猿嘯，曰蓮花，曰寶塔，曰玉尖，曰夕照，由東至西，依次列名，皆肖物形，高聳雲霄，其中尤以香爐，獅子二峯為最秀，左接魚鹿峽入涪江，又入江津縣界華蓋峯，達於泯江，橫亘二百華里有奇。明萬歷間建寺其上，梵宇幽靜，大學士王應熊曾攻讀於此。

（二）金劍山：山在碚市數十華里外，地接文星鄉，脈出虎峯山，層巒高聳，旁遶竹籣，上有龍神埡。

四、名山

（一）缙云山

山势高耸，林木郁茂，毗连璧山县境，高900公尺，下有泉水，东西分流，温冷各异。传云黄帝合丹于此，因以其子名而名之，《舆地纪胜》称为巴山，有九峰，曰朝日，曰香炉，曰狮子，曰聚云，曰猿啸，曰莲花，曰宝塔，曰玉尖，曰夕照，由东至西，依次列名，皆肖物形，高耸云霄，其中尤以香炉、狮子二峰为最秀。左接鱼鹿峡入涪江，右入江津县界华盎峰，达于岷江，横亘200华里有奇。明万历间建寺其上，梵宇幽静，大学士王应熊曾攻读于此。

（二）金剑山

山在碚市数十华里外，地接文星乡，脉出虎峰山，层峦高耸，旁绕竹兰，上有龙神垭。

五、冢墓

（一）汉墓

在果园。

（二）破空墓

缙云寺东五十步塔院内有破空墓碑记，题额为“重修缙云九峰堂传临济正宗第三十三世上破下空大觉之墓塔”，其文如次：

太祖上月下印者，号破空，楚襄阳谷城人也，家世缙绅，幼工儒业，言行必正，举动无偏，当其髫年，即有声称，值明末季，避乱黔省，遇自然祖师禅化于白云，遂祝发焉，以儒家本领，参释氏秘奥，三昧精通，六如贯彻，然祖乃说偈而授以衣钵，嗣随然祖来川，开建缙云，于是瓦砾荆榛，采茶茹蘖，历数载，然祖乃黄考示寂，及寄迹宝积，两乡先生感其道行，遂捐修关防，并置常住，延师于此讲法者数十年，△△△△远近皈依，当事每年迎奉者，师辄辞不就，维念缙云古刹，久沉蔓草，矢愿重兴，一片婆心，人人感动，官保李公，捐修经阁，△△△△共建正殿百△△断址荒烟，一且璇宫甘室，师之力也。行年八十有七，奄然坐化，建塔狮子峰前，四乡绅缙及远近居士与徒子法孙，不忍师之行实湮没不彰也，为师塔志，嘱序于余，余因思释教之流传于今古也，以其有助于儒也，儒以诗书礼乐教人为善，而释设庙貌以儆不从，人即不显畏刑政，未有不隐惧庙貌者，是释之为教，正以济儒之所不及也。今师以儒就释，而卒为释宗，两鼎建者两名山，皈依者千百人，其戒语宏宣，足令一时之贤智俯首，其法依照垂，可使百世之奸顽回心，则师岂但为佛功臣哉，其有补于吾儒之世道人心亦非浅鲜矣，余不避固陋，因扬笔为记，清康熙五十四年，岁在乙未，仲冬

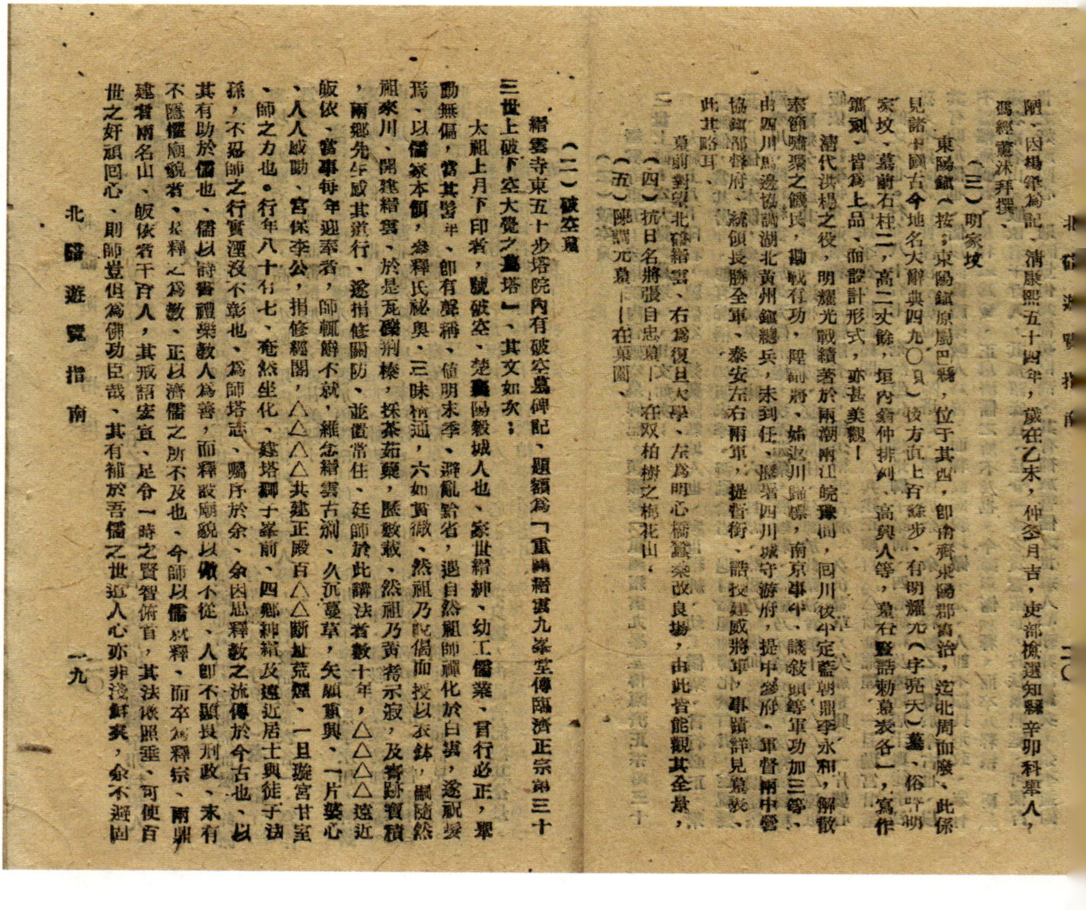

北碚遊覽指南 二〇

隨，因揚筆爲記，清康熙五十四年，歲在乙未，仲冬月吉，吏部檢選知縣辛卯科舉人，禹經薰沐拜撰，

（三）明家坟

東陽鎮（按：東陽鎮原屬巴縣，位于其西，即南齊東陽郡舊治，迄北周而廢，此係見諸中國古今地名大辭典四九〇頁）後方直上百餘步，有明耀九（字亮天）墓，俗呼明家坟，墓前石柱二，高二丈餘，垣內翁仲排列，高與人等，墓石豎語勅墓表各一，寫作鐫刻，皆爲上品，而設計形式，亦甚美觀！

清代洪楊之役，明耀光戰績著於兩湖兩江皖豫間，回川後平定藍朝鼎李永和，解散奉節嘯聚之饑民，勘戰有功，陞副將，始返川歸標，南京事平，議敘頭等軍功加三等，由四川馬邊協調湖北黃州鎮總兵，未到任，擢署四川城守游府，提中參府，軍督兩中營協鎮部督府，統領長勝全軍，泰安左右兩軍，提督銜，誥授建威將軍，事蹟詳見墓表，此其略耳，

墓前對望北碚縉雲，右爲復旦大學，左爲明心橋鎮桑改良場，由此皆能觀其全景，

（四）抗日名將張自忠墓——在双柏樹之梅花山，

（五）陳調元墓——在東園，

（二）破空塚

縉雲寺東五十步塔院內有破空墓碑記，題額爲「重興縉雲九峯堂傳臨濟正宗第三十三世上破下空大覺之墓塔」，其文如次：

太祖上月下印者，號破空，楚夔陽穀城人也，家世縉紳，幼工儒業，言行必正，舉動無偏，當其髫年，即有聲稱，值明末季，避亂黔省，遇自然祖師禪化於白雲，遂祝髮爲僧，以儒家本領，參釋氏秘奧，三昧植通，六如貫徹，然祖乃說偈而授以衣鉢，嗣隨然祖來川，開建縉雲，於是瓦礫荆榛，採茶茹蘗，歷數載，然祖乃黃耈示寂，及寄跡寶積，兩鄉先生感其道行，遂捐修關防，並置常住，延師於此講法者數十年，△△△△遠近皈依，當事每年迎奉者，師輒辭不就，維念縉雲古刹，久沉蔓草，矢願重興，一片婆心，人人感動，宮保李公，捐修經閣，△△△△共建正殿百△△斷址荒烟，一旦璇宮甘室，師之力也。行年八十有七，奄然坐化，建塔獅子峯前，四鄉紳耆及遠近居士與徒子法孫，不忍師之行實湮沒不彰也，爲師塔志，囑序於余，余因思釋教之流傳於今古也，以其有助於儒也，儒以詩書禮樂教人爲善，而釋設廟貌以儆不從，人即不顯畏刑政，未有不隱懼廟貌者，是釋之爲教，正以濟儒之所不及也，今師以儒就釋，而卒爲釋宗，兩鼎建者兩名山，皈依者千百人，其戒語宏宣，足令一時之賢智俯首，其法依照垂，可使百世之奸頑回心，則師豈但爲佛功臣哉，其有補於吾儒之世道人心亦非淺鮮矣，余不避固

北碚遊覽指南 一九

月吉，吏部检选知县辛卯科举人，冯经熏沐拜撰。

（三）明家坟

东阳镇（按：东阳镇原属巴县，位于其西，即南齐东阳郡旧治，迄北周而废，此系见诸《中国古今地名大辞典》490 页）后方直上百余步，有明耀光（字亮天）墓，俗呼明家坟，墓前石柱二，高 2 丈余，垣内翁仲排列，高与人等，墓右竖诰敕墓表各一，写作镌刻，皆为上品，而设计形式，亦甚美观！

清代洪杨之役，明耀光战绩著于两湖两江皖豫间，回川后平定蓝朝鼎、李永和，解散奉节啸聚之饥民，戡战有功，升副将，始返川归标，南京事平，议叙头等军功加三等，由四川马边协调湖北黄州镇总兵，未到任，历署四川城守游府，提中参府，军督两中营协镇都督府，统领长胜全军、泰安左右两军，提督衔，诰授建威将军，事迹详见墓表，此其略尔。

墓前对望北碚缙云，右为复旦大学，左为明心桥蚕桑改良场，由此皆能观其全景。

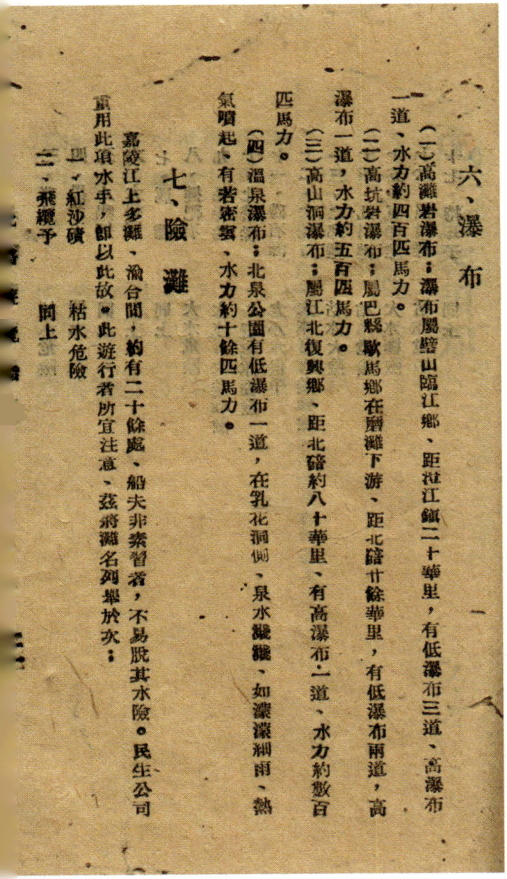

六、瀑布

(一)高灘岩瀑布：瀑布屬璧山臨江鄉、距澄江鎮二十華里，有低瀑布三道、高瀑布一道、水力約四百匹馬力。

(二)高坑岩瀑布：屬巴縣歇馬鄉在磨灘下游、距北碚廿餘華里，有低瀑布兩道，高瀑布一道，水力約五百匹馬力。

(三)高山洞瀑布：屬江北復興鄉、距北碚約八十華里、有高瀑布一道、水力約數百匹馬力。

(四)溫泉瀑布：北泉公園有低瀑布一道，在乳花洞側、泉水濺濺、如濛濛細雨、熱氣噴起、有若密雲、水力約十餘匹馬力。

七、險灘

嘉陵江上多灘、渝合間，約有二十餘處、船夫非素習者，不易脫其水險。民生公司雇用此項水手，卽以此故。此遊行者所宜注意、玆將灘名列舉於次：

一、紅沙磧　枯水危險

二、飛纜子　同上

（四）抗日名将张自忠

在双柏树之梅花山。

（五）陈调元墓

在果园。

六、瀑布

（一）高滩岩瀑布

瀑布属璧山临江乡，距澄江镇 20 华里，有低瀑布 3 道，高瀑布 1 道，水力约 400 匹马力。

（二）高坑岩瀑布

属巴县歇马乡在磨滩下游，距北碚 20 余华里，有低瀑布两道，高瀑布 1 道，水力约 500 匹马力。

（三）高山洞瀑布

属江北复兴乡，距北碚约 80 华里，有高瀑布 1 道，水力约数百匹马力。

（四）温泉瀑布

北泉公园有低瀑布 1 道，在乳花洞侧，泉水溅溅，如濛濛细雨，热气喷起，有若密云，水力约十余匹马力。

七、险滩

嘉陵江上多滩，渝合间，约有二十余处，船夫非素习者，不易脱其水险。民生公司重用此项水手，即以此故。此游行者所宜注意，兹将滩名列举于次：

1. 红沙碛，枯水危险；
2. 飞缆子，枯水危险；
3. 猪儿石，枯水危险；
4. 黑羊石，枯水危险；
5. 小鸡冠，枯水危险；
6. 大鸡冠，枯水危险；
7. 厉滩，枯水危险；
8. 挞靶石，大水危险；
9. 毛背沱，大水有大漩极险；
10. 北碚梁，中冒盘水极险；
11. 础石滩，大小水俱平；
12. 大沱口，大水有大漩极险；
13. 二郎滩，枯水大险；
14. 虬门滩，枯水危险；
15. 巨梁滩，大水极险；
16. 照镜滩，枯水危险；
17. 卷耳子，同上。

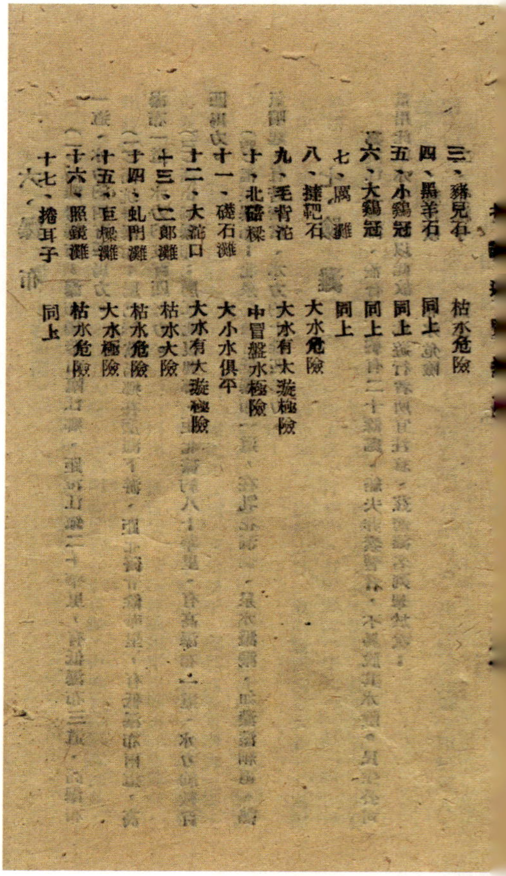
三、豬兒石　枯水危險
四、黑羊石　同上
五、小鷄冠　同上
六、大鷄冠　同上
七、厲灘　同上
八、撻靶石　大水危險
九、毛背沱　大水有大漩極險
十、北碚樑　中冒盤水極險
十一、礁石灘　大小水俱平
十二、大沱口　大水有大漩極險
十三、二郎灘　枯水大險
十四、虬門灘　枯水危險
十五、巨樑灘　大水極險
十六、照鏡灘　枯水危險
十七、捲耳子　同上

戊、旅客须知

一、交通

（一）舟车

1. 汽车：由北碚至重庆各站之汽车价目表如次：

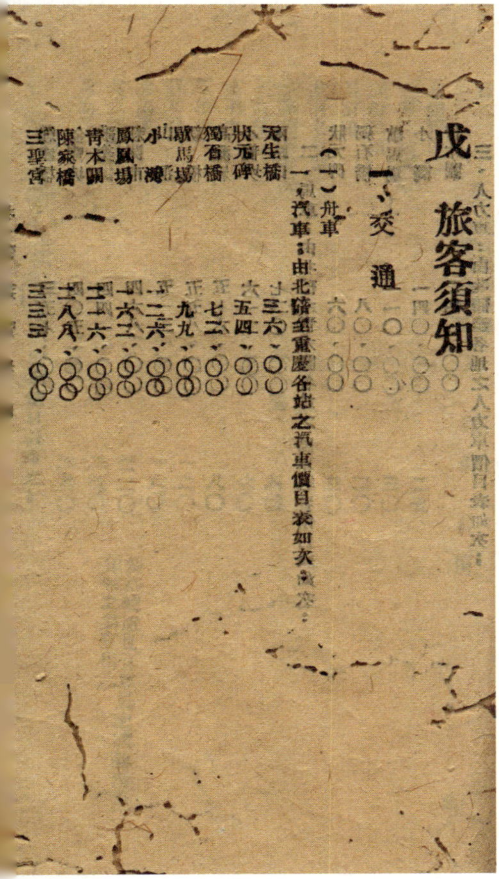
戊、旅客須知

一、交通

（一）舟車

1. 汽車：由北碚至重慶各站之汽車價目表如次：

天生橋	三六、〇〇
狀元碑	五四、〇〇
獨石橋	七二、〇〇
歇馬場	九九、〇〇
小灣	一二六、〇〇
鳳凰場	一六二、〇〇
青木關	二一六、〇〇
陳家橋	二八八、〇〇
三聖宮	三三三、〇〇

天生桥	36.00
状元碑	54.00
独石桥	72.00
歇马场	99.00
小湾	126.00
凤凰场	162.00
青木关	216.00
陈家桥	288.00
三圣宫	333.00
赖家桥	357.00
金刚坡	405.00
歌乐山	441.00
新开市	468.00
山洞	513.00
新桥	558.00
高滩岩	576.00
小龙坎	612.00
两路口	720.00

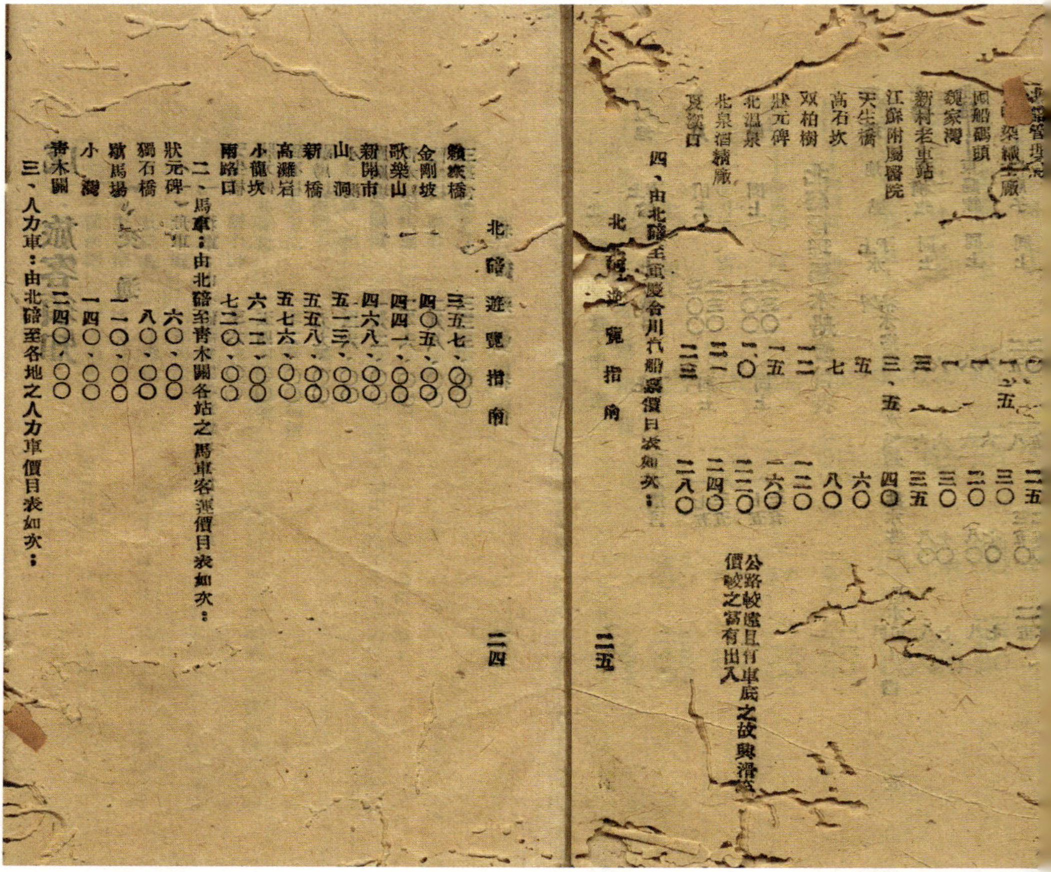

2. 马车：由北碚至青木关各站之马车客运价目表如次：

状元碑	60.00
独石桥	80.00
歇马场	110.00
小湾	140.00
青木关	240.00

3. 人力车：由北碚至各地之人力车价目表如次：

起迄（从北碚朝阳镇起到达各地区）	里程	价目	备注
北碚管理局	1	25	
大明染织工厂	1.5	30	
囤船码头	1	20	
魏家湾	1	30	
新村老车站	3	35	
江苏附属医院	3.5	40	
天生桥	5	60	
高石坎	7	80	

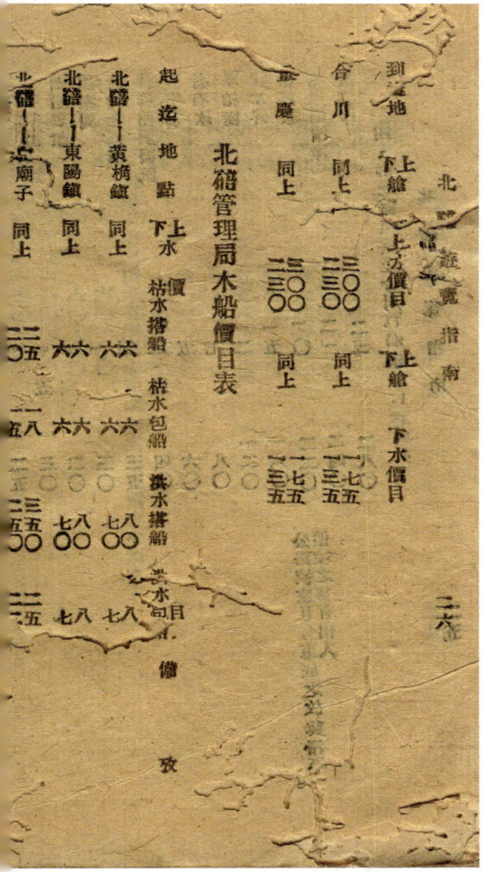

续表

起迄（从北碚朝阳镇起到达各地区）	里程	价目	备注
双柏树	12	120	
状元碑	15	160	
北温泉	10	220	公路较远且有车底之故与滑竿价较之当有出入
北泉酒精厂	21	240	
夏溪口	23	280	

4. 由北碚至重庆合川汽船票价目表如次：

到达地	上下舱	上水价目	上下舱	下水价目
合川	上下舱	300	上下舱	175
		230		135
重庆	上下舱	300	上下舱	175
		230		135

北碚——北温泉	同上	二〇 一六	一六〇 一四〇	二五 二〇	[illegible]
[illegible]岩	同上	二五 二〇	二〇〇 一八〇	三五 二五	三〇〇 二[illegible]
北碚——澄江镇	同上	三〇 二五	二四〇 二二〇	四〇 三〇	三〇〇 二五〇
澄江——二岩	同上	一〇 八	六〇 四〇	一四 一〇	八〇 六〇
澄江——北温泉	同上	二二 一〇	一〇〇 六〇	一六 一二	[illegible]
澄江——大沱口	同上	二五 一二	一三〇 一〇〇	一八 一五	一六〇 一二〇
澄江——金刚碑	同上	一五 一二	一二〇 一〇〇	一八 一五	一六〇 一二〇
澄江——东阳镇	同上	二八 二四	二三〇 二二〇	三六 二八	二八〇 二四〇
[illegible]北	同上	四〇 三〇	三〇〇 二五〇	五〇 四〇	三五〇 二八〇

二岩——北溫泉	同上	七 六	五五 四五	一〇 八	八〇〇 六〇〇
二岩——金剛碑	同上	八〇 六〇	八〇 六〇	一五 一二	一四〇〇 一〇〇〇
三岩——黃桷鎮	同上	二四〇 二二〇	二四〇 二二〇	三五 三〇	二八〇〇 二五〇〇
三岩——何家嘴	同上	二八〇 二四〇	二八〇 二四〇	四〇 三五	三〇〇 二八〇
三岩——白廟子	同上	三〇〇 二五〇	三〇〇 二五〇	五〇 四〇	三五〇 八〇
黃桷——何家嘴	同上	八〇 五〇	八〇 五〇	一〇 八	[illegible]
黃桷——白廟子	同上	一五〇 一二〇	一五〇 一二〇	二五 二二	二〇〇 一六〇

一、嘉江以儎十人為限洪水以儎八人為限（包船至多不得超過規定人數）

二、涪江以儎十二人為限洪水減為十人（包船同前）

三、每年以陰歷三月初一至九月三十日為洪水時間其餘為枯水時間。

四、長途以峽數計如草街子至北碚為一峽北碚至土沱為一峽枯水下水包船為四

北碚管理局木船价目表

起迄地点	上下水	枯水搭船价	枯水包船	洪水搭船	洪水包船	备考
北碚—黄桷镇	上下水	6	6	80	8	
		6	6	70	7	
北碚—东阳镇	上下水	6	6	80	8	
		6	6	70	7	
北碚—白庙子	上下水	25	18	350	25	
		20	15	250	22	
北碚—金刚碑	上下水	14	12	160	16	
		12	12	140	12	
北碚—北温泉	上下水	20	160	25	300	
		16	140	20	150	
北碚—二岩	上下水	25	200	35	260	
		20	180	25	220	
北碚—澄江镇	上下水	30	240	40	300	
		25	220	30	250	
澄江—二岩	上下水	10	60	14	80	
		8	40	10	60	
澄江—北温泉	上下水	12	100	16	□	
		10	60	12	□	
澄江—大沱口	上下水	15	120	18	160	
		12	100	15	120	
澄江—金刚碑	上下水	15	120	18	160	
		12	100	15	120	
澄江—东阳镇	上下水	28	230	36	280	
		24	210	28	240	
澄江—黄桷镇	上下水	40	300	50	350	
		30	250	40	280	
二岩—北温泉	上下水	76	55	108	80	
			45		60	
二岩—金刚碑	上下水	80	80	15	140	
		60	60	12	100	

续表

起迄地点	上下水	枯水搭船价	枯水包船	洪水搭船	洪水包船	备考
二岩—黄桷镇	上下水	240	240	35	280	
		220	220	30	250	
二岩—何家嘴	上下水	280	280	40	300	
		240	240	35	280	
二岩—白庙子	上下水	300	300	50	350	
		250	250	40	280	
黄桷—何家嘴	上下水	80	80	10	□	
		50	50	8	□	
黄桷—白庙子	上下水	150	150	25	200	
		120	120	22	160	

（1）横江以载 18 人为限，洪水以载 8 人为限。（包船至多不得超过规定人数）

（2）顺江以载 12 人为限，洪水减为 10 人。（包船同前）

（3）每年以阴历三月初一至九月三十日为洪水时间，其余为枯水时间。

（4）长途峡数计，如草街子至北碚为一峡，北碚至土沱为一峡，枯水下水搭船为 40 上水 50 元，包船上为 400 元下为 320 元。洪水搭船上为 60 元下为 50 元，包船上为 500 元下为□ 00 元。

（5）上述包船系指每船能容 12 人为限，其余大小得酌量增减其价目。

（6）违背本规定任意索价者得由客人扭交当地警察机关或乡镇公所依照该船一次所征之全数加 5 倍处罚之。此项罚金以三分之一作举发人奖金，以三分之一作该同业会办公费用，以三分之一缴局作公益费用。

（7）本表自公布之日发生效力，其有效期为 6 个月，自三十三年九月二十起至三十四年三月二十日止。

（二）舆夫

由北碚至各地之滑竿力夫价目如次：

北碚管理局朝阳镇滑竿力夫价目表

起迄地点（朝阳市街至）	里程	滑竿价	力夫	备考
老车站	3	60	30	
附属医院	3.5	70	35	
石垣墙	4	80	40	
龙凤山	5	90	45	

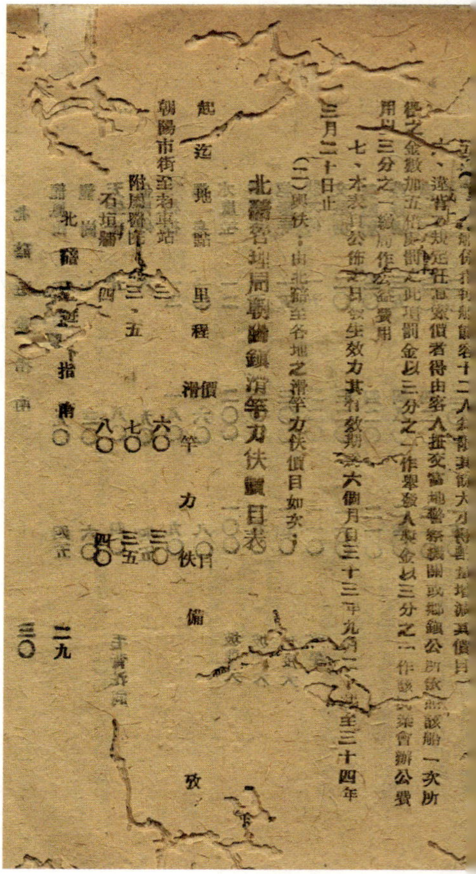

六、違背本規定任意索價者得由客人扭交當地警察機關或鄉鎮公所依照該船一次所得之金數加五倍處罰之此項罰金以三分之一作舉發人獎金以三分之一作該公渠會辦公費用以三分之一繳局作公益費用

七、本表自公佈之日發生效力其有效期為六個月自三十三年九月一日起至三十四年三月二十日止

(二)興伕：由北碚至各地之滑竿力伕價目如次：

北碚管理局轄鎮滑竿力伕價目表

起迄地點	里程	滑竿價	力伕價	備攷
朝陽市街至老車站	三	六〇	三〇	
附屬醫院	三.五	七〇	三五	
石垣壩	四	八〇	四〇	

续表

起迄地点(朝阳市街至)	里程	滑竿价	力夫	备考
龙岗	7	30	60	
天生桥	5	80	40	毛背沱同
金刚碑	6	90	45	
双柏树	12	180	90	
温泉	10	160	80	
水岚垭	12	200	100	坡度大
缙云寺	15	300	150	坡度大
绍隆寺	15	300	150	坡度大
状元碑	15	220	110	路平
文星场	20	320	160	
兴隆场	30	420	210	
蔡家场	35	480	240	
歇马场	30	420	210	

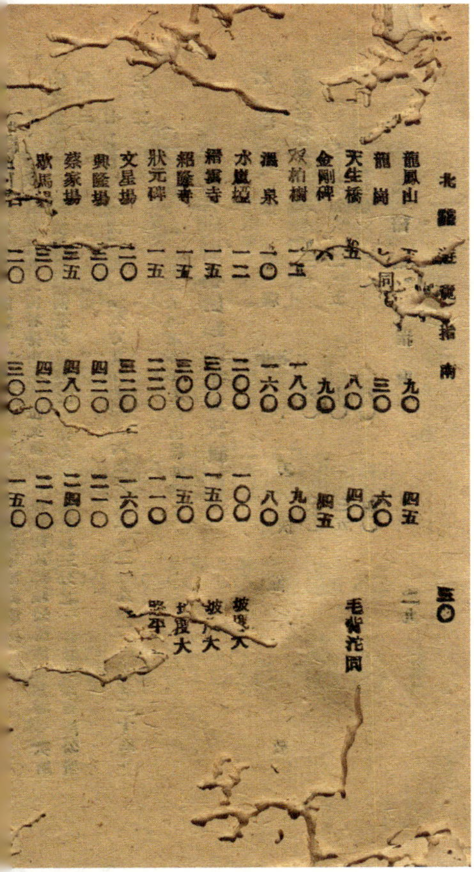

北碚遊覽指南

龍鳳山	[illegible]	九〇	四五	
龍崗	同	三〇	六〇	
天生橋	五	八〇	四〇	毛背沱同
金剛碑	六	九〇	四五	
双柏樹	一五	一八〇	九〇	
溫泉	一〇	一六〇	八〇	
水嵐埡	一二	二〇〇	一〇〇	坡陡大
縉雲寺	一五	三〇〇	一五〇	坡大
紹隆寺	一五	三〇〇	一五〇	坡度大
狀元碑	一五	二二〇	一一〇	路平
文星場	二〇	三二〇	一六〇	
興隆場	三〇	四二〇	二一〇	
蔡家場	三五	四八〇	二四〇	
歇馬場	三〇	四二〇	二一〇	
[illegible]	二〇	三〇〇	一五〇	

续表

起讫地点（朝阳市街至）	里程	滑竿价	力夫	备考
夏溪口	20	300	150	
温泉到缙云寺	10	220	100	

附录：

（1）市区以内者以次数计，例如北碚朝阳镇至北碚管理局、大明工厂、黑龙江路、□林路、火焰山、农民银行、牌坊湾等处路长不及两里，滑竿每次 40 元，力夫每次 20 元，三里以上者概依本表给价。虽同样里程，价有高低者，系路有平坡之分也。而五里以上或十数里以内与十里以上或二三十里途程比之其价亦略有出入者则依照应得价目□予□扣也。

（2）客人携带行李以 30 市斤为限，得另外给价，每市斤以 1 元计，力夫搬运行李以 100 斤为限，逾限亦得酌给力资，不及 100 斤在 50 斤以上者以100斤计，50斤以下者遵照100斤折半计算并得视物之粗细为断，细件如油酒液体及玻璃之类，其余为粗件，细给价则不在规定内。

（3）如违反本规定任意索价者得由旅客扭交地方机关讯明罚处。

（4）本规定有效时间为6个月，自三十三年十月一日起至三十四年四月底止。

（三）邮电

北碚温泉及各乡镇均设有乡村电话电报邮局或邮政代办所。

二、食宿

（一）宿舍

1. 北碚有兼善公寓、北碚公寓、嘉陵大宾馆、西南茶旅社、松鹤楼、乐天、望江、庆丰等较大之旅馆，房间收费每日最高者为280元，最低者为50元，饭食另计。兼善公寓为兼善中学所主办，清洁幽静，设备完善，侍应周到，其盈余悉数拨充文化基金之用，非一般以营利为目的者可比。

2. 北泉公园之柏林、数帆楼、农庄等宿舍，租于中国旅行社设立招待所，设备齐全，招待周到，计有房屋60间，单房价每日自100元至270元，双床房价自270元至360元，统铺房间每位80元，附设中西餐厅，菜味精美，并备有棋类等室内游戏器具出租，以供游客消遣。

（二）饭店

1. 北碚之饭店极多，然大别为川味与“下江味”两种。川味以兼善、蓉香两餐厅为最佳，“下江味”以松鹤楼为代表。此外面食有南京三六九，甜食□□香蜜园。至价格各馆不一，菜每份最高300元，最低50元，面每碗30余元。

2. 北泉公园，除中国旅行社设有中西餐堂外，另有精诚西餐厅，其价每客最高400元，最低100元，零食店及面馆计有40家。

三、行装

游客到碚随身应备三物：

1. 衣服——峡中风起，气候骤寒，宜多带衣服。

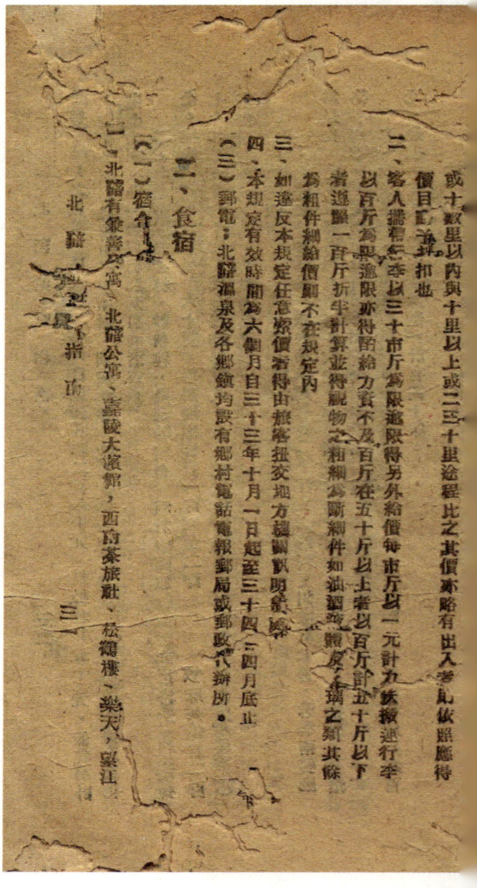
或十數里以內與十里以上或二三十里途程比之其價亦略有出入要見依照應得
價目酌減折扣也
二、客人攜帶行李以三十市斤為限逾限得另外給價每市斤以一元計力伕搬運行李
以百斤為限逾限亦得酌給力資不及百斤在五十斤以上者以百斤計五十斤以下
者遵照一百斤折半計算並得視物之粗細為斷細件如油酒液體及玻璃之類其餘
為粗件細給價則不在規定內
三、如違反本規定任意索價者得由旅客扭交地方機關訊明罰處
四、本規定有效時間為六個月自三十三年十月一日起至三十四年四月底止
（三）郵電：北碚溫泉及各鄉鎮均設有鄉村電話電報郵局或郵政代辦所。
二、食宿
（一）宿舍
一、北碚有兼善公寓、北碚公寓、嘉陵大賓館，西南茶旅社、松鶴樓、樂天，望江
北碚　　指南　　三

2. 鞋子——天雨，须着胶鞋，爬山须着布鞋。

3. 电筒——黑夜或游洞须用电筒。

四、卫生

（一）医药

北碚管理局设有卫生院，江苏医学院设有公共卫生事务所及附属医院，振济委员会设有门诊部，均可诊治内外病。北碚市计有西药房 6 家，中药房 5 家。名医除江苏医学院者外，西医儿科有蔡忠杰，中医有熊懋修、熊建勋。

（二）沐浴

北碚兼善公寓及龙泉池均设有浴室，设备完善。浴费磁盆每人 100 元，汀盆每人 8 元。北泉公园澡堂现分两种，单人浴室，每人 120 元，三角池及游泳池，每人 15 至 20 元。温泉泉水之温度为 37℃，与人体温恰相适合，且其初由山洞流出之泉，尚含镭锭，可治肠胃病。

（三）理发

北碚设备较佳之理发店有长生堂、南京等家，价格最便宜者，为社会

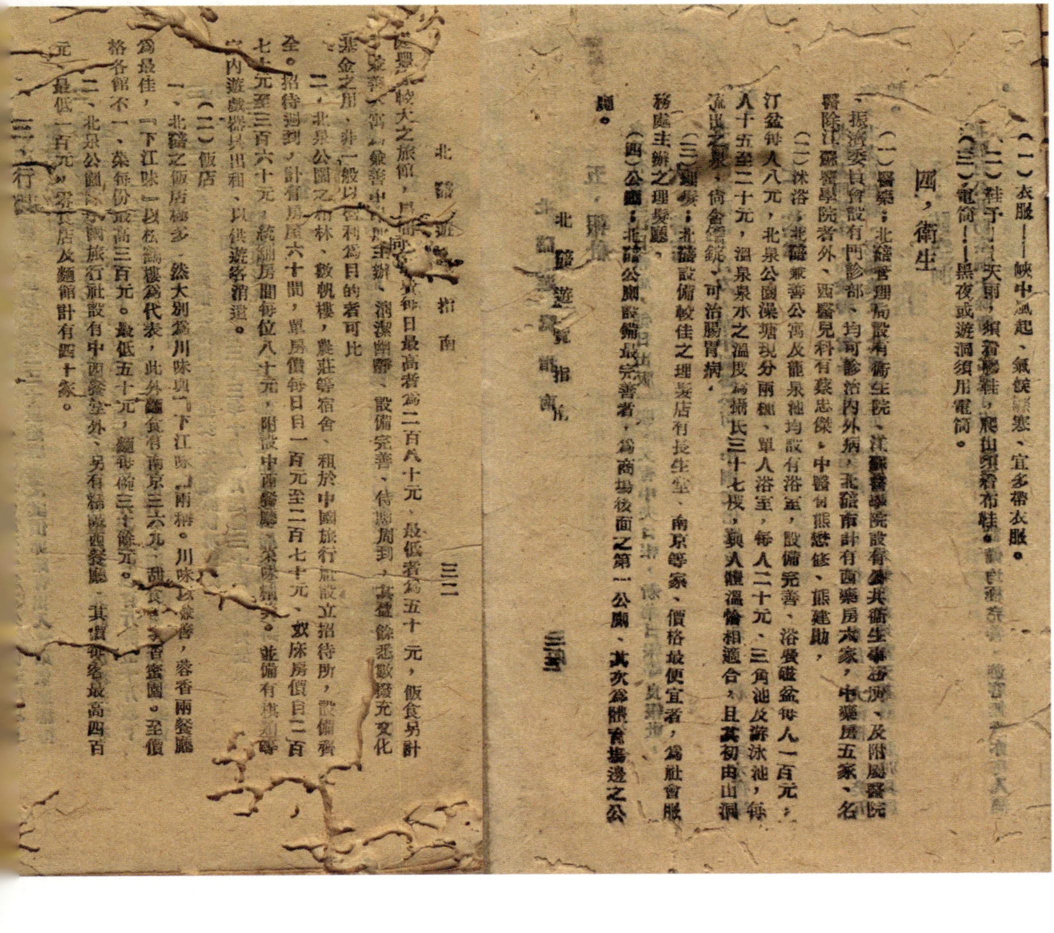

北碚遊覽指南　三二

[illegible]較大之旅館，[illegible]日最高者爲二百八十元，最低者爲五十元，飯食另計[illegible]兼善中學主辦，清潔幽靜，設備完善，待遇周到，其盈餘悉數撥充文化基金之用，非一般以營利爲目的者可比

二、北泉公園之竹林、數帆樓，農莊等宿舍，租於中國旅行社設立招待所，設備齊全。招待週到，計有房屋六十間，單房價每日一百元至二百七十元，雙床房價自二百七十元至三百六十元，統艙房間每位八十元，附設中西餐廳、茶點部，並備有棋類等室內遊戲器具出租，以供遊客消遣。

(二)飯店

一、北碚之飯店極多，然大別爲川味與「下江味」兩種。川味以綠香、蓉香兩餐廳爲最佳，「下江味」以松鶴樓爲代表，此外麵食有南京三六九，甜食有香蜜園。至價格各館不一，菜每份最高三百元，最低五十元，麵每碗三十餘元。

二、北泉公園內中國旅行社設有中西餐室外，另有綠蔭西餐廳，其價每客最高四百元，最低一百元，小餐食店及麵館計有四十家。

三、行[illegible]

(一)衣服——峽中風起，氣候[illegible]寒，宜多帶衣服。

(二)鞋子——天雨，須着膠鞋，爬山須着布鞋。

(三)電筒——黑夜或遊洞須用電筒。

四、衛生

(一)醫藥：北碚管理局設有衛生院，江蘇醫學院設有公共衛生事務所、及附屬醫院，振濟委員會設有門診部，均可診治內外病，北碚市計有西藥房六家，中藥房五家，名醫除江蘇醫學院者外，西醫兒科有蔡忠傑，中醫有熊懋修、熊建勛，

(二)沐浴：北碚兼善公寓及龍泉池均設有浴室，設備完善，浴費磁盆每人一百元，汀盆每人八元，北泉公園澡塘現分兩種，單人浴室，每人二十元，三角池及游泳池，每人十五至二十元，溫泉泉水之溫度爲攝氏三十七度，與人體溫恰相適合，且其初由山洞流出之泉，尚含鐳錠，可治腸胃病。

(三)理髮：北碚設備較佳之理髮店有長生堂、南京等家，價格最便宜者，爲社會服務處主辦之理髮廳。

(四)公廁：北碚公廁設備最完善者，爲商場後面之第一公廁，其次爲體育場邊之公廁。

五、郵[illegible]

北碚遊覽指南　三三

服务处主办之理发厅。

（四）公厕

北碚公厕设备最完善者，为商场后面之第一公厕，其次为体育场边之公厕。

五、报社

本地有《嘉陵江日报》社，每日出版一张。又有《中央日报》《新华日报》等良报社。

六、书店

北碚计有建国、自力、华中图书公司、中国文化服务社、北新、一新及钵水斋等家。

七、茶肆

北碚茶肆甚多，如兼善、云峰、望江、乐天、泰山、复兴、忠信、大观楼、赵美五等，其茶质佳者，为赵美五，其环境佳而坐位舒适者，为兼善草坪露天茶园，则别具风趣。

八、防空洞

北碚有公共防空洞 10 余所，北泉有防空洞 2 所，设备均极完善，游客无证亦可入洞。

九、照相馆

北碚计有千秋、皇宫、长虹、真善美、艺新、嘉陵等 6 家。

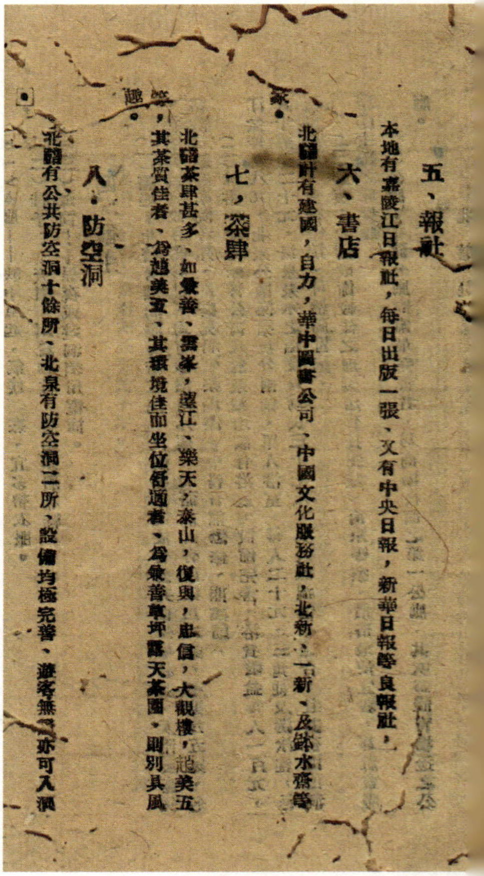

五、報社

本地有嘉陵江日報社，每日出版一張、又有中央日報，新華日報等良報社。

六、書店

北碚計有建國，自力，華中圖書公司、中國文化服務社、北新、一新、及鉢水齋等家。

七，茶肆

北碚茶肆甚多、如兼善、雲峯，望江、樂天，泰山，復興，忠信，大觀樓，趙美五等，其茶質佳者、爲趙美五、其環境佳而坐位舒適者、爲兼善草坪露天茶園，則別具風趣。

八·防空洞

北碚有公共防空洞十餘所、北泉有防空洞二所，設備均極完善、遊客無證亦可入洞。

己、物产一览

（品类	产地）
一、食品	
水磨面	北泉公园张海洲水磨面厂
干菌	西山坪
鲜笋	东西两山
鲜鱼	嘉陵江
二、饮料	
缙云甜茶	缙云山
干酒	璧山县产销售本区
渝北酒	江北水土沱产销售本区
三、园艺	
菜蔬	北碚沿江两岸
地瓜	北碚沿江两岸
花生	北碚沿江两岸
柚子	龙凤乡左家乐园
苹果	朝阳镇杜家街果园
广柑	龙凤乡左家乐园
葡萄	西山坪农场等处
西瓜	西山坪农场等处
菊花	北泉公园
草本花	北泉公园、平民公园
木本花	北泉公园、平民公园

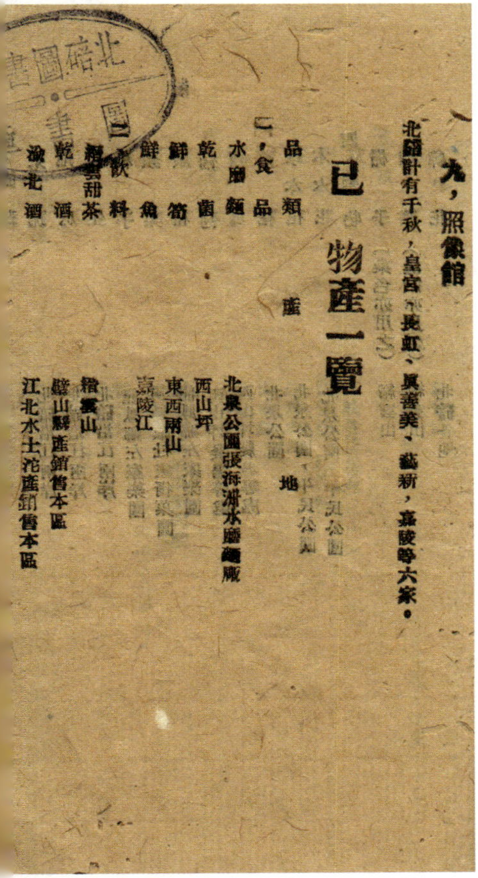
九，照像館

北碚計有千秋，皇宮，長虹，真善美，藝新，嘉陵等六家。

己 物產一覽

品類	產地
一，食品	
水磨麵	北泉公園張海洲水磨麵廠
乾菌	西山坪
鮮筍	東西兩山
鮮魚	嘉陵江
二，飲料	
縉雲甜茶	縉雲山
乾酒	璧山縣產銷售本區
渝北酒	江北水土沱產銷售本區

四、药物

栀子（染色亦用之）	缙云山
桦叶（造纸亦用之）	缙云山
蝉花	北碚各地
天生黄	观音峡
枳壳	北碚各地

五、矿产

煤炭	三峡各煤炭厂
石灰	观音峡、沥鼻峡
铁	三峡各地
白矾	黄桷镇
滑石	文星乡

六、工艺

碗	黄桷镇翁家沟 龙潭漕
石磨	温泉峡
石碑	观音峡
石砚	沥鼻峡

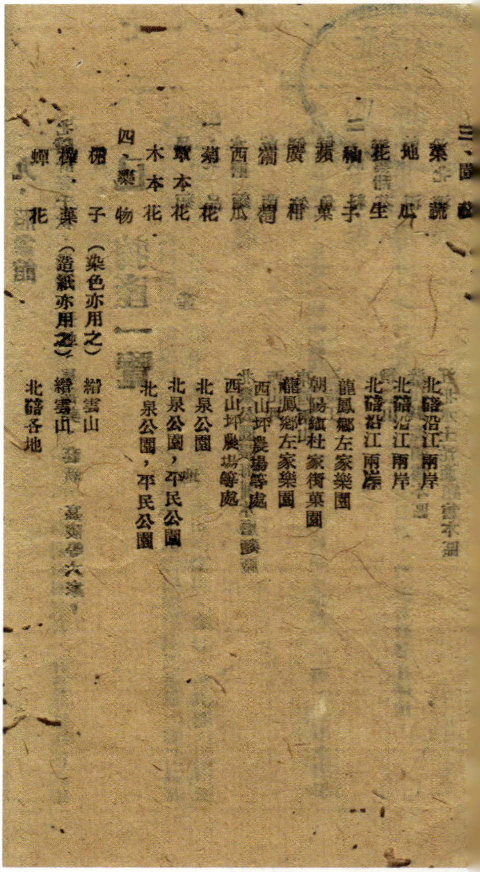
三、園藝
菜蔬 北碚沿江兩岸
地瓜 北碚沿江兩岸
花生 北碚沿江兩岸
柚子 龍鳳鄉左家樂園
蘋菓 朝陽鎮杜家街菓園
廣柑 龍鳳鄉左家樂園
[illegible] 西山坪農場等處
西瓜 西山坪農場等處
菊花 北泉公園
草本花 北泉公園，平民公園
木本花 北泉公園，平民公園
四、藥物
梔子（染色亦用之） 縉雲山
樺葉（造紙亦用之） 縉雲山
蟬花 北碚各地

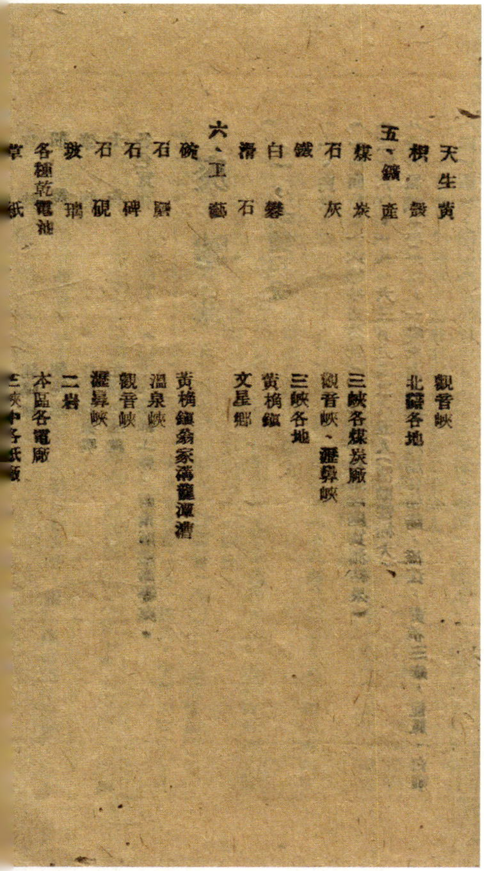

天生黃	觀音峽
棕殼	北碚各地
五、鑛產	
煤炭	三峽各煤炭廠
石灰	觀音峽、瀝鼻峽
鐵	三峽各地
白礬	黃桷鎮
滑石	文星鄉
六、工藝	
碗	黃桷鎮翁家溝龍潭灣
石磨	溫泉峽
石碑	觀音峽
石硯	瀝鼻峽
玻璃	二岩
各種乾電池	本區各電廠
草紙	三峽中各紙廠

玻璃	二岩
各种干电池	本区各电厂
草纸	三峡中各纸厂
草帽	朝阳镇
草鞋	朝阳镇
捆篾	朝阳镇
牵籐	北碚河家嘴
土布	北碚各乡镇
各色宽布	大明染织工厂、西南麻织厂等处

庚、附录

一、北碚现况

（一）民政

1. 面积：160 平方公里（录北碚地籍整理处实测结果）。

2. 户口：18163 户，93285 人（流动性极大）。

3. 组织：管理局为一等县之组织，局属有朝阳、澄江、黄桷 3 镇，龙凤、白庙、文星、金刚、二岩 5 乡，共 130 保 1391 甲。

4. 迁建：迁建来区之事业有 203 单位，专家 1000 余人（民国三十年上季因渝市空袭关系，迁住北碚之专家达 2000 余人）。

5. 市政：北碚下水道已完成总道计 300 公尺，干道计 1100 公尺。填沟防洪工程约 47000 立方公尺，已完成三分之二。新建街道 1010 公尺，最宽 15 公尺，迁建各事业正联合建筑中正文化大厦。

6. 财政：管理局三十三年预算，岁入岁出均为 7842029 元，岁出事业费占 60%，行政费占 40%。

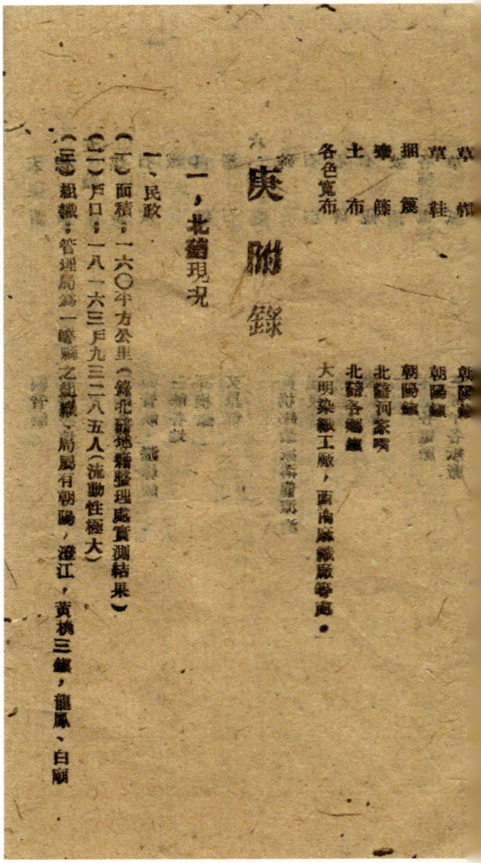
草帽　朝陽鎮
草鞋　朝陽鎮
捆篾　朝陽鎮
北碚河家嘴
土布　北碚各鄉鎮
各色寬布　大明染織工廠，西南麻織廠等處。
庚、附錄
一，北碚現況
一、民政
（一）面積：一六〇平方公里（錄北碚地籍整理處實測結果）
（二）戶口：一八一六三戶九三二八五人（流動性極大）
（三）組織：管理局爲一等縣之組織，局屬有朝陽，澄江，黃桷三鎮，龍鳳、白廟

7. 治安：本区昔为著名匪窟，历年清剿附近 13 县境内大小股匪 200 余次，近年来境内未发生抢劫案，全局有民枪 2114 枝。

8. 警政：局属 8 乡镇，正规警察 204 人，驻卫警 180 名，义勇警 40 名。

9. 役政：已受训国民兵 5100 名，共交拨兵额 2914 人，中有志愿兵 500 余人，役龄壮丁 9307 人。

10. 防空：全局共有防护团员 1756 人，防空洞 118 个，可容 28154 人。

11. 卫生：迁建来区医院大小 10 余个，局属有卫生院，澄江镇有卫生分院，各乡镇正筹设卫生所，各保有医药箱，并设有卫生员，民国十六年以来在附近各县种痘 50 余万人。

（二）文化

1. 科学事业：迁建来区之科学研究机关计 20 余单位，原设本区者有中国西部科学院、中央及地方各事业机关，正筹建北碚陈列所两所。

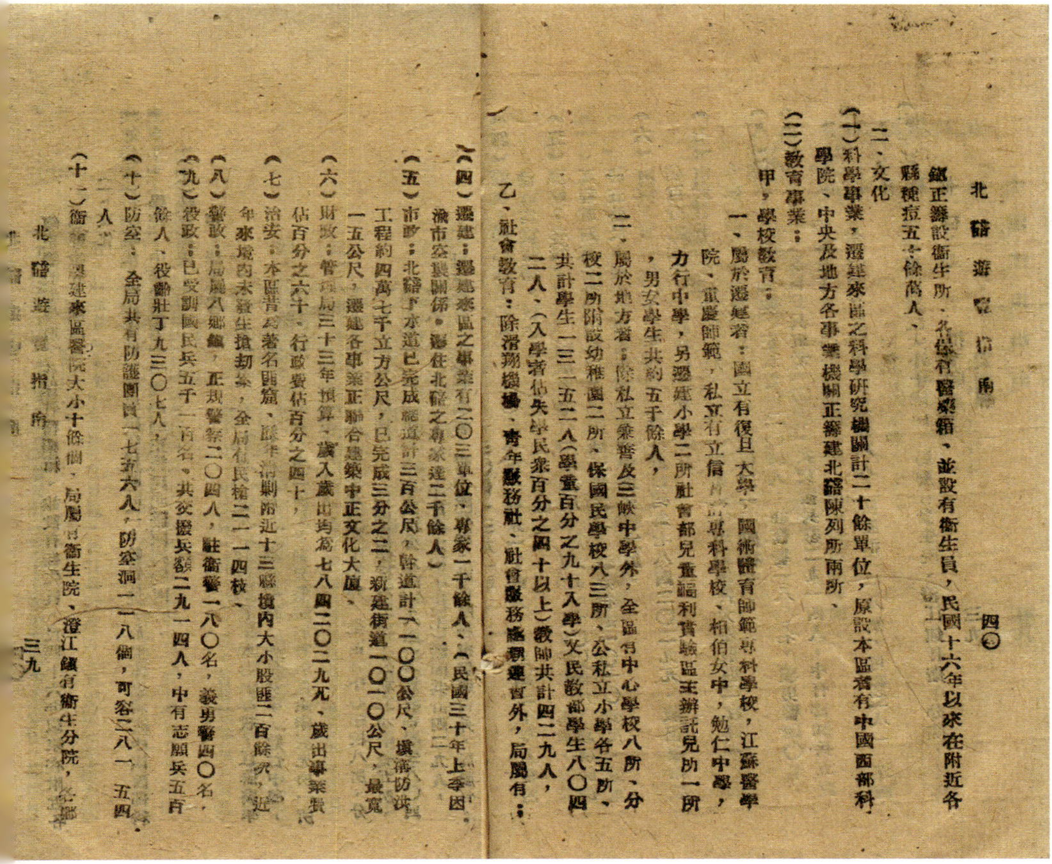

（四）遷建：遷建來區之事業有二〇三單位，專家一千餘人。（民國三十年上季因渝市疏散關係，遷往北碚之專家達二千餘人）

（五）市政：北碚市下水道已完成，幹道計一一〇〇公尺，填溝防洪工程約四萬七千立方公尺，已完成三分之二，新建街道一〇一〇公尺，最寬一五公尺，遷建各事業正聯合建築中正文化大廈、

（六）財政：管理局三十三年預算，歲入歲出均為七八四二〇二九元，歲出事業費佔百分之六十，行政費佔百分之四十，

（七）治安：本區昔為著名匪窟，匪徒猖獗附近十三縣境內大小股匪二百餘夥，近年來境內未發生搶劫案，全局有民槍二一一四枝、

（八）警政：局屬八鄉鎮，正規警察二〇四人，駐衛警一八〇名，義勇警四〇名，

（九）役政：已受訓國民兵五千一百名，共交撥兵額二九一四人，中有志願兵五百餘人，役齡壯丁九三〇七人，

（十）防空：全局共有防護團員一七五六人，防空洞一一八個，可容二八一五四人。

（十一）衛生：遷建來區醫院大小十餘個，局屬有衛生院，澄江鎮有衛生分院，各鄉

北碚遊覽指南　三九

北碚遊覽指南　四〇

鎮正籌設衛生所，各保有醫藥箱，並設有衛生員，民國十六年以來在附近各縣種痘五十餘萬人、

二、文化

（一）科學事業，遷建來區之科學研究機關計二十餘單位，原設本區者有中國西部科學院、中央及地方各事業機關正籌建北碚陳列所兩所、

（二）教育事業：

甲，學校教育：

一、屬於遷建者：國立有復旦大學、國術體育師範專科學校，江蘇醫學院、重慶師範，私立有立信會計專科學校、相伯女中，勉仁中學，力行中學，另遷建小學二所社會部兒童福利實驗區主辦託兒所一所，男女學生共約五千餘人，

二、屬於地方者：除私立兼善及三峽中學外，全區有中心學校八所、分校二所附設幼稚園二所、保國民學校八三所、公私立小學各五所、共計學生一三一五二人（學童百分之九十入學）又民教部學生八〇四二人、（入學者佔失學民衆百分之四十以上）教師共計四二九人，

乙、社會教育：除滑翔機場、青年服務社、社會服務處禮堂外，局屬有：

2. 教育事业：

（1）学校教育：

①属于迁建者：国立有复旦大学、国术体育师范专科学校、江苏医学院、重庆师范，私立有立信会计专科学校、相伯女中、勉仁中学、力行中学。

另迁建小学 2 所，社会部儿童福利实验区主办托儿所 1 所，男女学生共约 5000 余人。

②属于地方者：除私立兼善及三峡中学外，全区有中心学校 8 所、分校 2 所附设幼稚园 2 所、保国民学校 83 所、公私立小学各 5 所，共计学生 13152 人（学童 90% 入学）。又民教部学生 8042 人（入学者占失学民众 40% 以上），教师共计 429 人。

（2）社会教育：除滑翔机场、青年服务社、社会服务处朝连会外，局属有：

①民众教育馆：设有博物馆动物园、民众阅览室茶园等。

②民众图书馆：藏书 4 万余册，日报 10 余种，杂志 100 余份，各乡镇有分馆，各保有巡回文库。又北碚 10 余图书事业单位，正进行组一联合图书馆，可供 20 万余册之图书流通。

③民众体育场：注重大众体育，各乡镇均设有简易体育场，各保设有游戏运动场。

④社会服务处：设有职业介绍、人事服务、文化服务、经济服务、生活服务等部门。举凡关于人生衣、食、住、行、育、乐，与夫生、养、病、死，若诸般问题，该处皆可协助解决。

此外于此特设民众法律顾问办事处，由东吴大学毕业、曾任上海律师事务有年之山东袁景唐氏常驻担任，专为民众解释各种法律疑难，消极使民众不致好讼，积极增进民众法律常识，协助地方自治。

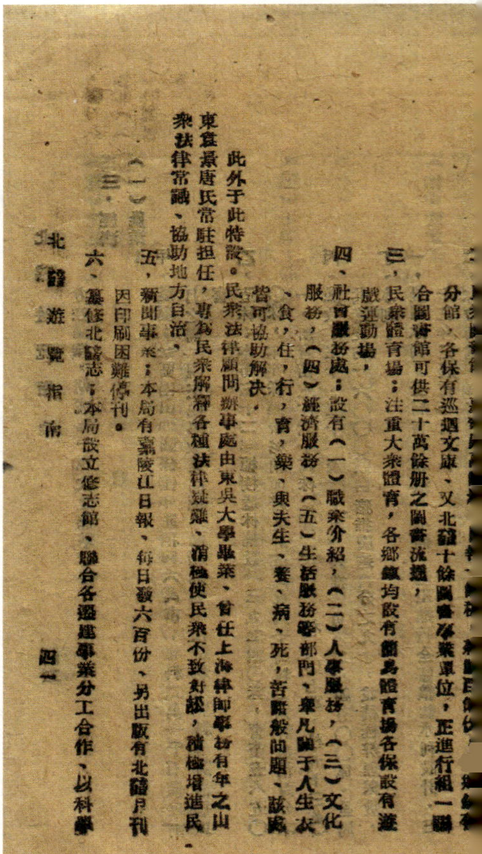
分館，各保有巡迴文庫，又北碚十餘圖書事業單位，正進行組一聯
合圖書館可供二十萬餘册之圖書流通，
三、民衆體育場：注重大衆體育，各鄉鎮均設有簡易體育場各保設有遊
戲運動場，
四、社會服務處：設有（一）職業介紹，（二）人事服務，（三）文化
服務，（四）經濟服務，（五）生活服務等部門，舉凡關于人生衣
、食，住，行，育，樂，與夫生、養、病、死，若諸般問題，該處
皆可協助解決。
此外于此特設。民衆法律顧問辦事處由東吳大學畢業，曾任上海律師事務有年之山
東袁景唐氏常駐担任，專為民衆解釋各種法律疑難，消極使民衆不致好訟，積極增進民
衆法律常識，協助地方自治，
五，新聞事業：本局有嘉陵江日報，每日發六百份，另出版有北碚月刊
因印刷困難停刊。
六、纂修北碚志：本局設立修志館，聯合各遷建事業分工合作，以科學
北碚遊覽指南　四一

⑤新闻事业：本局有《嘉陵江日报》，每日发 600 份。另出版有《北碚月刊》，因印刷困难停刊。

⑥纂修北碚志：本局设立修志馆，联合各迁建事业分工合作，以科学方法编撰，期成为一现代之标准志书。

（三）经济

1. 农业：

（1）农艺：全区因山地关系仅年产稻约 6 万市石，杂粮 2.1 万石，仅足两月之需。现正从事改良品种，开垦荒地，推广科学肥料，防治病虫害。

（2）造林：本局三十二年植树造林总数计 39240 株，育苗 58500 株，本年采集松杉柏种籽共计 3.6 亿粒，预计成活 1%。所育苗 360 万株（柏苗 200 万，杉 107 万，松 53 万）。

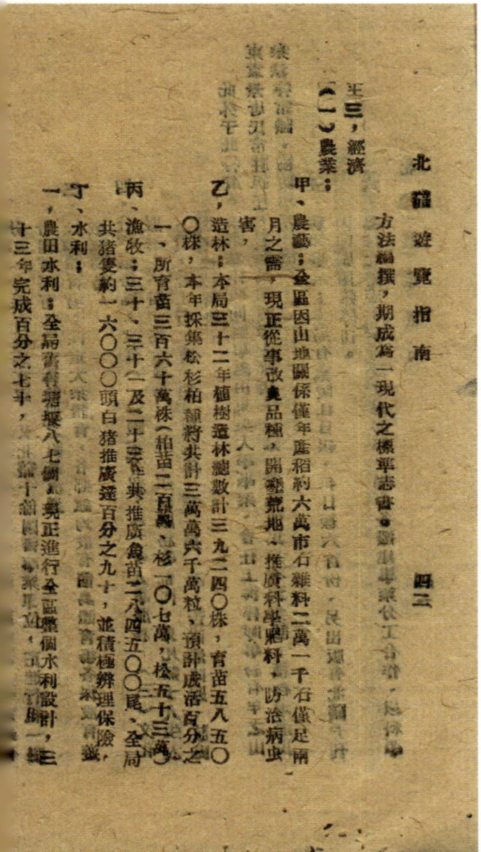
北碚遊覽指南　四三
方法編撰，期成為一現代之標準志書。
三，經濟
（一）農業：
甲、農藝：全區因山地關係僅年產稻約六萬市石雜料二萬一千石僅足兩月之需，現正從事改良品種，開墾荒地，推廣科學肥料，防治病蟲害，
乙、造林：本局三十二年植樹造林總數計三九二四〇株，育苗五八五〇〇株，本年採集松杉柏種籽共計三萬萬六千萬粒，預計成活百分之一，所育苗三百六十萬株（柏苗二百萬，杉一〇七萬，松五十三萬）
丙、漁牧：三十、三十一及三十三年共推廣魚苗二八四五〇〇尾，全局共豬隻約一六〇〇〇頭白豬推廣達百分之九十，並積極辦理保險，
丁、水利：
一，農田水利：全局舊有塘堰八七個，現正進行全區整個水利設計，三十三年完成百分之七十，

（3）渔牧：三十、三十一及三十三年共推广鱼苗 284500 尾，全局共猪只约 16000 头，白猪推广达 90%，并积极办理保险。

（4）水利：

①农田水利：全局旧有塘堰 87 个，现正进行全区整个水利设计，三十三年完成 70%。

②水力发电：由富源公司办理，资本 1500 万元。

③给水工程：北碚自来水已于三十三年一月开工，经费 495 万元，系用 15 匹马力之电力发动机，以抽水器向江中抽水上坡，经渣滤沉淀后而流净水池中，再达供水站，相距 700 米突，而以泥制管通之，实为吾国创举，盖为战时节约计也。

2. 矿业：

（1）煤业：计有较大煤厂 42 个，以天府、宝源、燧川、三才生规模最大，全区月产煤约 5 万吨。

（2）石灰：计有石灰砖瓦厂 31 个，月产 2000 吨。

（3）耐火材料：火粘土、滑石、苦土石月产 1600 吨。

3. 工业：除金刚乡设有土法炼钢厂，干洞子设有建国水泥厂外，余属轻工业。

（1）纺织工业：有大明染织厂、西南麻织厂、协兴厂等，中以大明较现代化，计有电力机 200 余台，日出布 300 余匹。

（2）制造工业：造纸（土纸、白纸、纸壳）7 家，面粉厂 5 家，每年交易总额在 500 万元以上。

（3）化学工业：有电池厂、制药厂、玻璃厂、肥皂厂、硫酸厂、制革厂、酒精厂、汽油厂各一，炼油厂二。

4. 商业：以北碚市为中心，交易物品以日常生活消耗品为最多。

5. 交通：

（1）邮电：各乡镇均设有乡村电话、电报及邮局或代办所。

（2）铁路：早完成者有北川、戴黄、夏溪三铁路，正开工□设者，有庐山路，另本区附近有 3 条铁路，即江合、华蓥、全清三公司建筑者，全为运煤用。

（3）公路：青北 25 公里、北温 7 公里、澄温 7 公里。

（4）船航：每日有汽船行驶渝碚合间，木船上下水每日以百计。

6. 合作：全局有合作社 121 所，社员 37420 人，股金 4845270 元，农行贷款本年共为 534500 元。

7. 金融：有中央、中国、农民、美丰、复兴、北碚六银行及利亭钱庄。

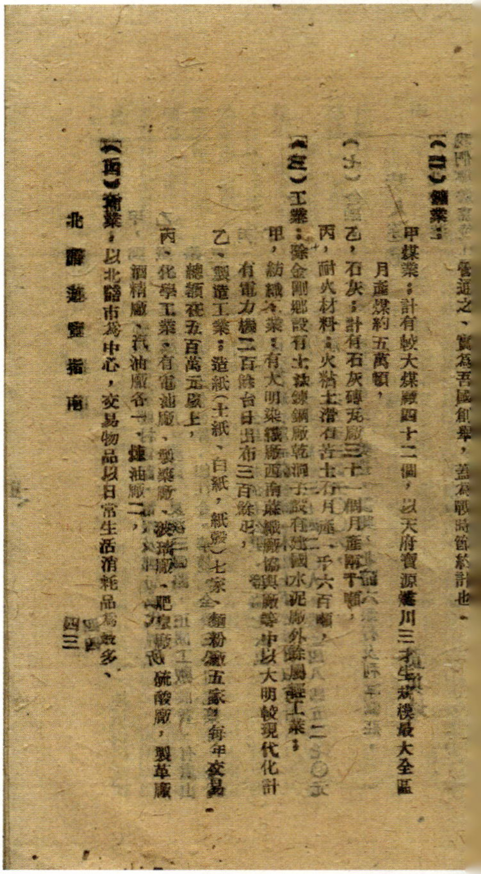

[illegible]運之，實爲吾國創舉，蓋爲戰時節約計也。

（[illegible]）礦業：

甲，煤業：計有較大煤礦四十二個，以天府寶源燧川三才生就樸最大全區月產煤約五萬噸，

乙，石灰：計有石灰磚瓦廠三十一個，月產兩千噸，

丙，耐火材料：火粘土滑石苦土，月產一千六百噸，

（[illegible]）工業：除金剛鄉設有土法煉鋼廠乾洞子設有建國水泥廠外餘屬輕工業：

甲，紡織染業：有大明染織廠西南蠶織廠協與廠等中以大明較現代化計有電力機二百餘台日出布三百餘疋，

乙，製造工業：造紙（土紙、白紙，紙殼）七家，麵粉廠五家，每年交易總額在五百萬元以上，

丙，化學工業：有電池廠、製藥廠、玻璃廠、肥皂廠、硫酸廠，製革廠酒精廠、汽油廠各一，煉油廠二，

（[illegible]）商業：以北碚市為中心，交易物品以日常生活消耗品為最多、

北碚遊覽指南 四三

二、时人游记

北碚之游　　黄炎培

我们要游嘉陵江了，坐一条小汽船，逆流而上，不久就看见电力厂、自来水厂。重庆到底比成都现代化得多，总有几个正在出烟的烟囱，望上就是浮图关，再上就是磁器口，是磁业的中心，已闭歇的丝厂五六家，撑着枯骨式的烟囱，供游客的凭吊，这一带辉煌灿烂的金碧楼台，着实不少，都是二十年来有功内战的大军人领袖把他部下血战得来的“血溅”堆积而成，供他们享福的所在呀！

这里嘉陵江上沿途风景，两岸都是浓碧的色彩，像老翡翠一般，是不算顶高的青山，中间夹着一条透明的绿水，如果把长江下游风景来比，很有几分像浙江的富春江，细细看来，同是极度的美丽，但富春江带些柔性，这嘉陵江不免带些刚性。

我们坐的小汽船是从早上六点半动身，午后一时半便到目的地——北碚。这“碚”字什么解释，很大很大的石块平铺着和地面一样，就叫做“碚”，所以我们在峨眉山会发明“雪碚”一名词呀！

历史是活动的，有许多“人”昨天是无名小卒，今天便是鼎鼎名流。“地”何尝不这样呢？诸君从普通地图上找“北碚”两字，怕找遍四川全省还找不到，可见这小小地方，还没有资格接受地图编辑专家的注意呀，可是到了现在，“北碚”两字名满天下，几乎说到四川，别的地名很少知道，就知道有北碚。与其说因地灵而人杰，还不如说因人杰而地灵罢。原来北碚是嘉陵江上游巴县、江北、璧山、合川四县交界地点，在八九年前，满地是土匪，劫物掳人，变做家常便饭，简直是一片土匪世界。现今鼎鼎大名、公认为建设健将卢作孚先生，原来是教育界一分子，先生在川南道尹公署当教育科长，后任成都通俗教育馆馆长。他是合川县人，在土匪遍地的家乡，当然是看不过去，也难得现当四川省主席的刘甫澄（湘）先生，在那时早认识他有特殊能力，便委任他当四县联合的北碚峡防局局长。卢先生不慌不忙，施展他的全身本领，联合他的同志，第一步训练民团，第二步搜剿土匪。土匪肃清，客匪便走不进去。不上几个月，把杀人放火的匪窝变成安居乐业的福地。据当地人讲，有几次与匪苦斗，卢先生还冒着不少不少的危险哩。从此地方老百姓感戴这位卢局长到五体投地。卢先生却毫不矜夸，毫不骄傲，联合他的同志，还是刻苦奋斗，不断地训练民团，感化土匪。他们的口号是化匪为民，寓工于兵，匪受感化复业为良民者不少。团丁呢，做筑路淘滩等工作，把地方所有文化、

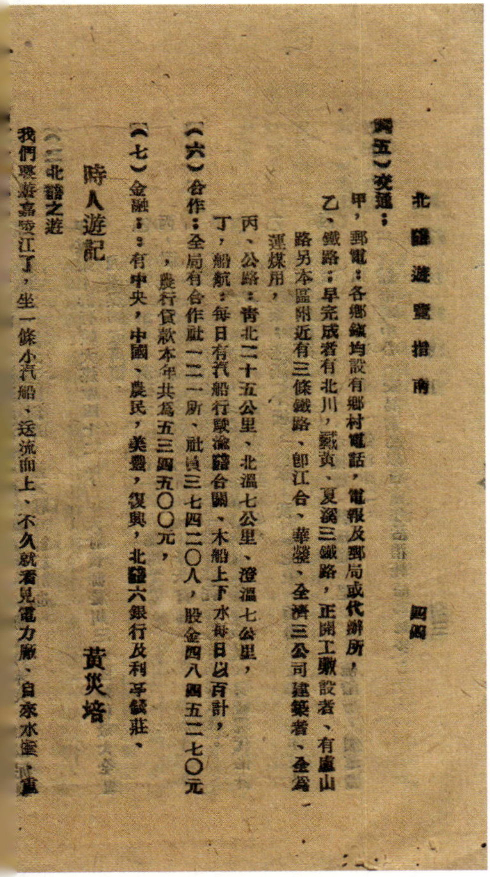

北碚遊覽指南 四四

（五）交通：

甲，郵電：各鄉鎮均設有鄉村電話，電報及郵局或代辦所，

乙、鐵路：早完成者有北川，戴黄、夏溪三鐵路，正開工興設者、有廬山路另本區附近有三條鐵路、即江合、華鎣、全濟三公司建築者、全為運煤用，

丙、公路：青北二十五公里、北溫七公里、澄溫七公里，

丁，船航：每日有汽船行駛渝碚合間、木船上下水每日以百計，

（六）合作：全局有合作社一二一所、社員三七四二〇人，股金四八四五二七〇元，農行貸款本年共為五三四五〇〇元，

（七）金融：：有中央，中國、農民，美豐，復興，北碚六銀行及利孚錢莊、

時人遊記 黃炎培

（一）北碚之遊

我們要游嘉陵江了，坐一條小汽船、逆流而上、不久就看見電力廠、自來水廠、試驗

教育、经济、卫生各项事业，不上几年，建设得应有尽有。有小学，有中学，有报社，有图书馆，有博物馆，有公共体育场，有平民公园，有地方医院，有民众会场，有农村银行，有科学院，名中国西部科学院，其中有地质研究所，有生物研究所，有理化研究所，有农林研究所。卢先生还是不矜夸，不骄傲，联合他的同志，不断地刻苦奋斗。他早着眼到嘉陵江的航业，扩大到长江上游，由上游而下游，到如今民生实业公司有轮船四十多条，附设机器厂、电灯、自来水厂、染织工厂、消费合作社。他如北川铁路公司、天府煤矿公司，都投资合作。卢先生奋斗越努力，事业越发展，信誉越增加。去年政府便请他去当建设厅厅长，而他还是不矜夸，不骄傲，在不断地刻苦奋斗中。把他精神分析起来，他是苦耐劳耐的，是大公无私的，是谦和周到的，是明决爽快的，是虚心求进的，是富于理想而又勇于实行的。试述一件事：民生公司，卢先生是总经理，员工共有三千多人，他们每年分红的方法，把三千多人分做五级，不问职位高低，薪水大小，但按他劳逸和功过，列入某级。如系第一级，应得花红若干，总经理这样，水手仆役也是这样，所以去年卢先生分红得四十九元几角。这样实行平等，怕民生以外，还不容易找第二个公司吧。他们大家认清楚，他们的出汗，是为着这一条整个的长江求出路，为着这一群整个的中华民族求出路，决不是为总经理，也不单是为股东，更说不到为自己。有的人，情愿牺牲了大薪水，来民生公司做事，拿小薪水，简直觉得，如为个人谋发财，不配来当民生公司职工，更几乎使股东觉得，如为个人谋发财，不配来当民生公司股东。我没得话说了。在若干年前，卢先生来上海，要我写一副对联，我提笔就写，一联是《论语》的成句“有朋自远方来，不亦乐乎”，一联是孟子的成句“君子创业垂统，为可继也”。这回到四川，在北碚，在民生公司，吾还是说：作孚先生而能培养出第二卢作孚，公司而个个人负起责任，愿做卢作孚，将来事业进步无限度的。如果让卢先生单独奋斗，还不能

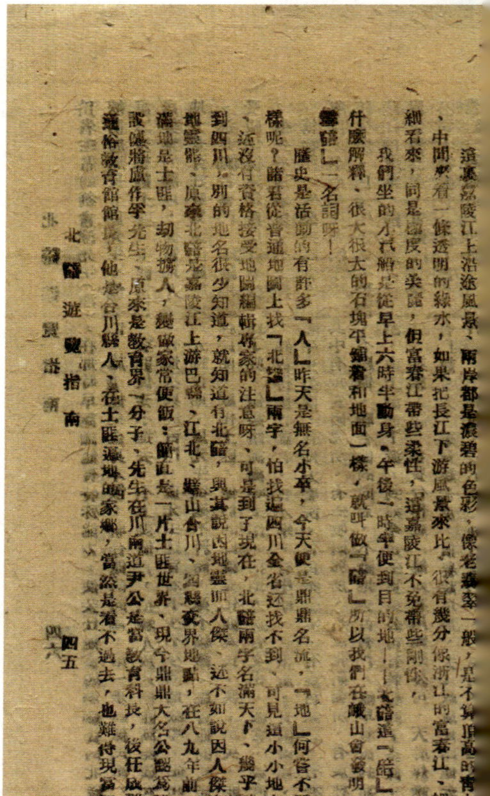
這裏嘉陵江上沿途風景、兩岸都是濃碧的色彩，像老翡翠一般，是不算頂高的青山、中間夾着一條透明的綠水，如果把長江下游風景來比，很有幾分像浙江的富春江、細細看來，同是溫度的美麗，但富春江帶些柔性，這嘉陵江不免帶些剛性，

我們坐的小汽船是從早上六時半動身，午後一時半便到目的地——北碚這「碚」字什麼解釋，很大很大的石塊平鋪着和地面一樣，就叫做「碚」所以我們在縉山會發明「碚」一名詞呀！

歷史是活動的有許多「人」昨天是無名小卒，今天便是鼎鼎名流，「地」何嘗不這樣呢？諸君從普通地圖上找「北碚」兩字，怕找遍四川全省還找不到，可見這小小地方、還沒有資格接受地圖編輯專家的注意呀，可是到了現在，北碚兩字名滿天下，幾乎說到四川，別的地名很少知道，就知道有北碚，與其說因地靈而人傑，還不如說因人傑而地靈呢，原來北碚是嘉陵江上游巴縣、江北、璧山、合川、四縣交界地點，在八九年前，一滿地是土匪，劫物擄人，幾做家常便飯；簡直是一片土匪世界，現今鼎鼎大名公認為建設模範區作孚先生，原來是教育界「分子」，先生在川南道尹公署當教育科長，後任成都通俗教育館館長，他是合川縣人，在土匪遍地的家鄉，當然是看不過去，也難待現爲個

北碚遊覽指南 四五

不替前途担忧。因为吾是江苏人，老实说，这样花团锦簇、盛极一时的局面，我在江苏很早见过的，吾说这几句“忧盛危明”的话，或者比没头没脑的恭维，还有多少益处罢！

既参观了上边所述北碚各种公益机关，还往观音峡登岸，到白庙子上北川铁路，行三十里到大田坎，回到后峰岩，观煤矿，回到北碚，就礼堂公开讲演，兼善中学校长张博和主席，讲题——今后的北碚。（一）北碚的成功在教、养、卫兼施。（二）领袖耐劳耐苦，大公无私，第一步得同事信仰，实际为地方造福；第二步得民众信仰，功成名立；第三步得政府信仰。今后须：（一）人人负起责任，不可专委之领袖；（二）人人以领袖卢先生之心为心，以其行为行；（三）准备拥护地方第二领袖；（四）注重基本建设；（五）注重国家大局。

嘉陵江风景，在没有到北碚，一入观音峡，便觉别有天地。尤其可贵，在北碚以上温泉峡，有温泉公园，布置得着实不差。六七座山楼中间的一座，

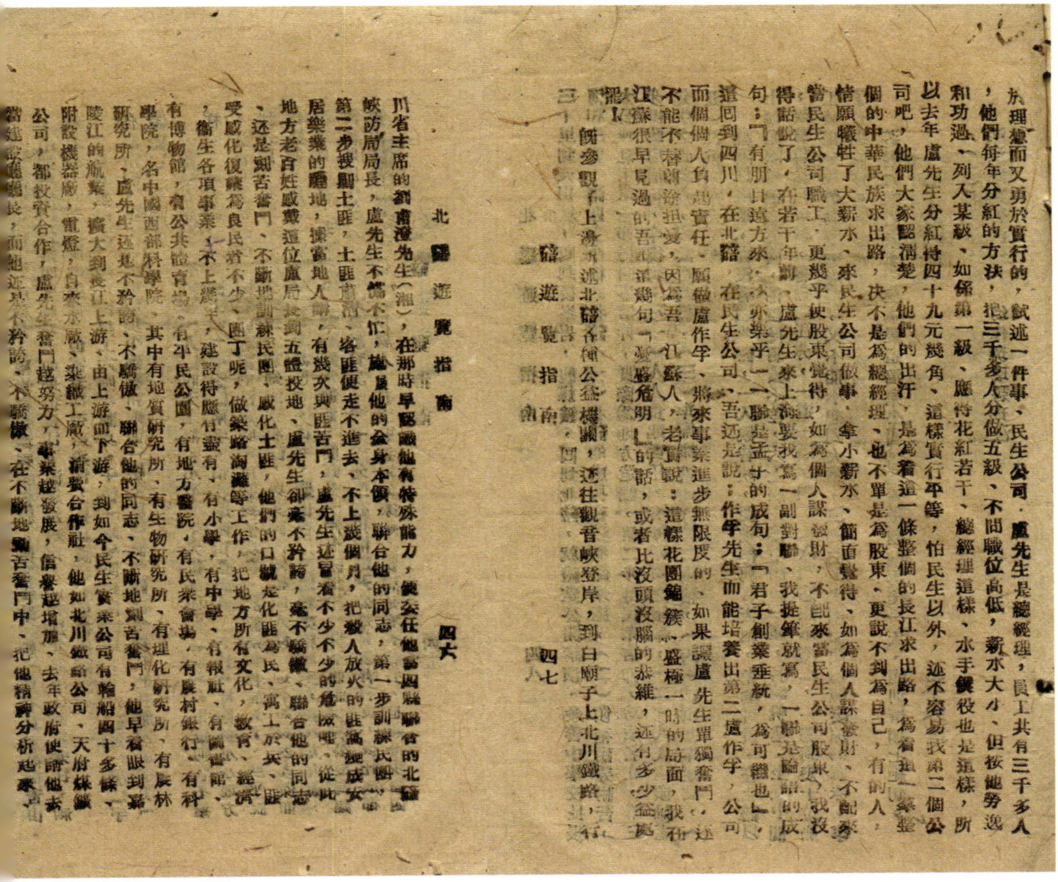

名数帆楼，坐在中间，望着碧绿的山峰，碧绿的江水，一道一道风帆，使人“悠然意远”。一听到几十位船工发出一种劳动家的呼声，又不能不想到大路、渔光曲、伏尔加曲种种凄凉的意味，写了不少首诗。

游侣大家回去了，我真爱这温泉公园，独留数帆楼再住一天，临别留题七绝句。

三、时人诗咏

（一）温泉峡（黄炎培）

深江峡束奔流住，幻作琉瑙碧璃沍。
春山恹恹云醉之，破晓初醒还睡去。
山楼百丈临江开，绛桃玉兰锦绣堆。
佛殿铁瓦青崔巍，琴庐磬室相依偎。
藤根温瀑若泼醅，我心既澡心绝埃。
善与众乐诚快哉，抱云一枕客梦回。
江声泉声惊喧豗，千军万骑疑敌来。
与子同仇宁徘徊，棹讴上濑凄以哀。
如诉民隐心为摧，何处笙歌沸遥夕。
云外楼台自金碧，嘉陵江上神仙宅。

（二）北碚温泉三宿留题（黄炎培）

嘉陵江水碧于油，夹岸春云懒不收。
劳者有声谁会得，清宵幽怨棹人讴。
数帆楼外数风帆，峡过观音见两三。
未必中皆名利客，清幽我亦泛烟岚。
汩汩兰汤称体温，深宜池子浅宜盆。
热中不尽横流叹，沸水蒸云出树根。
花好楼连益寿楼，琴庐磬室傍泷湫。
农庄虽小饶清雅，香面条条韭叶抽。
桃花细语锁山门，铁瓦斑斓古殿存。
清绝头衔三学士，见无佛处且称尊。
竹林深处有人家，苏洞低幽拂乳花。
满袖山云寻去路，归舟餐胜下渝巴。
注：白桃花有红点的名三学士。

（三）缙云九峰（何仕品）

狮子摩霄汉，香炉篆太空。

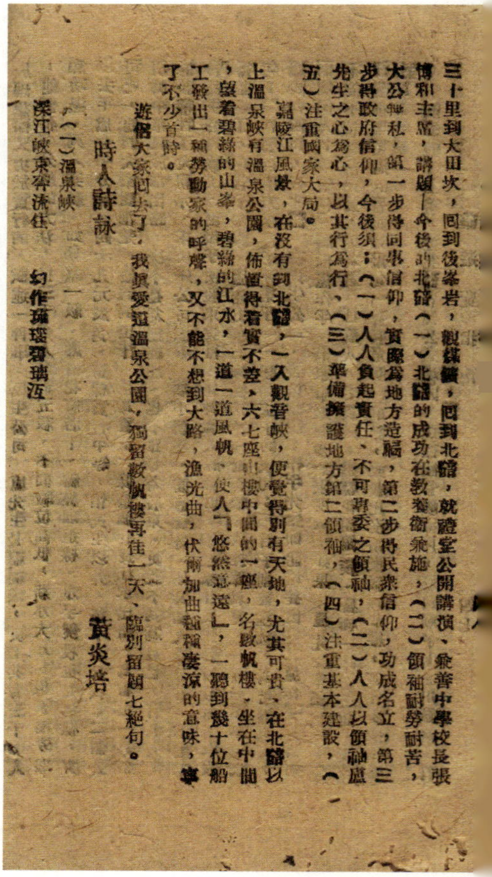
三十里到大田坎，回到後峯岩，觀煤礦，回到北碚，就禮堂公開講演，兼善中學校長張博和主席，講題「今後的北碚（一）北碚的成功在教養衛兼施，（二）領袖耐勞耐苦，大公無私，第一步得同事信仰，實際爲地方造福，第二步得民衆信仰，功成名立，第三步得政府信仰，今後須：（一）人人負起責任，不可專委之領袖，（二）人人以領袖盧先生之心爲心，以其行爲行，（三）準備擁護地方第二領袖，（四）注重基本建設，（五）注重國家大局。

嘉陵江風景，在沒有到北碚，一入觀音峽，便覺得別有天地，尤其可貴，在北碚以上溫泉峽有溫泉公園，佈置得着實不差，六七座山樓中間的一座，名數帆樓，坐在中間，望着碧綠的山峯，碧綠的江水，一道一道風帆，使人「悠然意遠」，一聽到幾十位船工發出一種勞動家的呼聲，又不能不想到大路，漁光曲，伏爾加曲種種淒涼的意味，寫了不少首詩。

遊侶大家回去了，我眞愛這溫泉公園，獨留數帆樓再住一天，臨別留題七絕句。

時人詩詠 黃炎培

（一）溫泉峽

深江峽束奔流住 幻作琉璃碧璃沍

朝阳迎旭日，猿啸乱松风。

石照三千界，莲花七窍通。

玉尖如宝塔，更有聚云峰。

注：九峰即狮子、香炉、朝日、猿啸、石照、莲花、玉尖、宝塔、聚云是也。

（四）夜过温汤峡听瀑布（王宋珍）

泉飞千尺瀑，月载一舟行。

岂有蛟龙窟，而来风雨声。

冷冷醒客耳，脉脉动吟情。

缅想濂溪子，新诗许载赓。

注：瀑布在乳花洞侧。

（五）温泉题壁（卢雍）

云山独上会江楼，又下巴渝欲送秋。

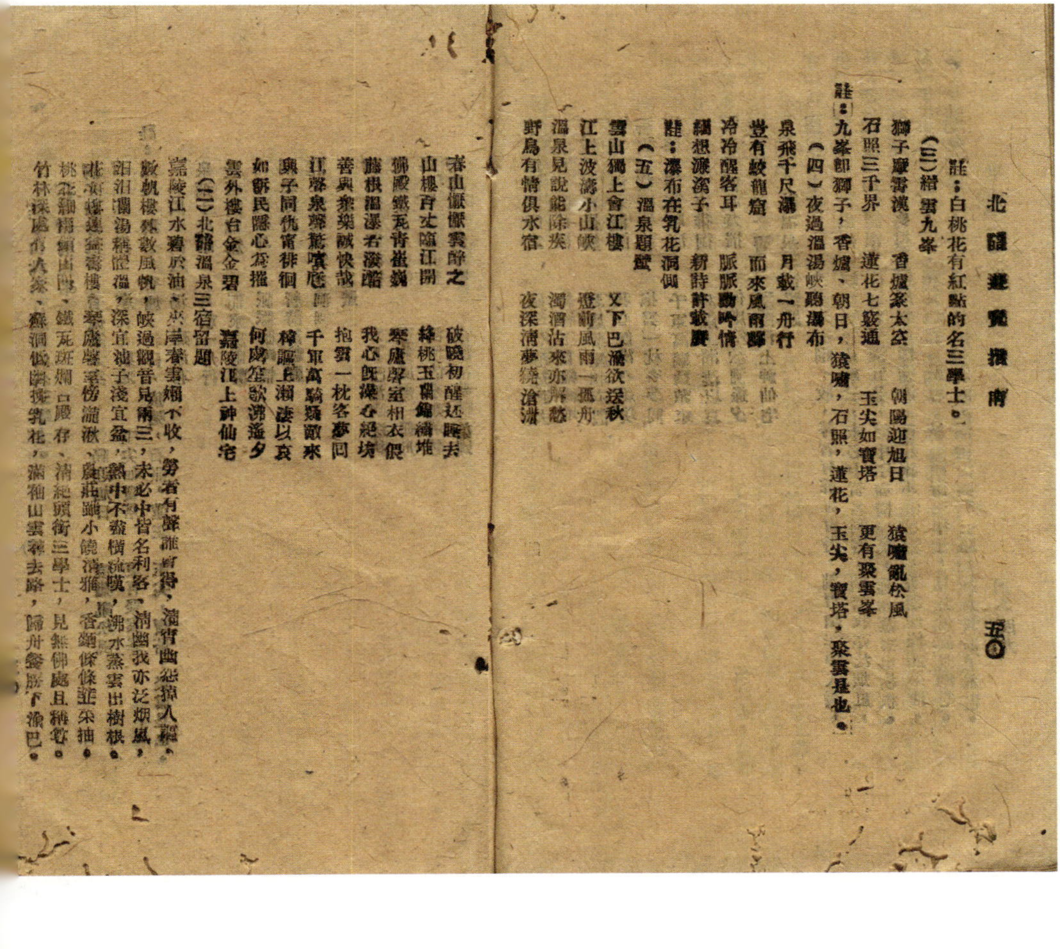

註：白桃花有紅點的名三學士。

（三）縉雲九峯

獅子聳雲漢　香爐篆太空　朝陽迎旭日　猿嘯亂松風

石照三千界　蓮花七竅通　玉尖如寶塔　更有聚雲峯

註：九峯卽獅子，香爐，朝日，猿嘯，石照，蓮花，玉尖，寶塔，聚雲是也。

（四）夜過溫湯峽聽瀑布

泉飛千尺瀑　月載一舟行

豈有蛟龍窟　而來風雨聲

冷冷醒客耳　脈脈動吟情

緬想濂溪子　新詩許載賡

註：瀑布在乳花洞側

（五）溫泉題壁

雲山獨上會江樓　又下巴渝欲送秋

江上波濤小山峽　燈前風雨一孤舟

溫泉見說能除疾　濁酒沽來亦解愁

野鳥有情俱水宿　夜深清夢繞滄洲

春山儼儼雲辭之　破曉初醒还睡去

山樓百丈臨江開　絳桃玉蘭鋪繡堆

佛殿鐵瓦青崔嵬　琴廳學室相衣偎

藤根溫瀑若潑醅　我心既澡心絕埃

善與衆樂誠快哉　抱雲一枕客夢回

江聲泉聲驚嘆底　千軍萬騎雜沓來

與子同仇常徘徊　棹謳上瀨凄以哀

如斯民隱心爲摧　何處笙歌沸遙夕

雲外樓台金金碧　嘉陵江上神仙宅

（六）北碚溫泉三宿留題

嘉陵江水碧於油，兩岸春雲掃不收，勞者有聲誰肯得，滿背幽懷掃入籌。

纖帆樓外數風帆，峽過觀音見第三，未必中皆名利客，清幽我亦泛煙嵐。

汩汩溫湯稱愷溫，深宜浴子淺宜盆，熱中不蓄橫流嘆，沸水蒸雲出樹根。

[illegible]樓連叠鼓樓，琴廳學舍傍瀧湫，晨莊蹤小饒清雅，香蘭條條莖朵抽。

桃花細雨頭山門，鐵瓦斑斕口殿存，清絕頭銜三學士，見無佛處且稱尊。

竹林深處有人家，飲洞低頭探乳花，滿袖山雲尋去路，歸舟發勝下渝巴。

江上波涛小山峡，灯前风雨一孤舟。
温泉见说能除疾，浊酒沽来亦解愁。
野鸟有情俱水宿，夜深清梦绕沧洲。

（六）重经温泉（卢雍）

峡里汤池别贮春，四时和气日熏人。
鱼游百沸仍依藻，火厝重泉不待薪。
病骨浴尘应勿药，征衣振后更无尘。
再来幸不遭风雨，我与名山有夙因。

（七）北碚江干坐月（王尔鉴）

缙云山下走江边，山市参差江岸横。
座看波翻秋月上，水光月色羡双河。

（八）望缙云山（王尔鉴）

江上青峰耸缙云，云来舒卷自缤纷。
有时酿作光华日，九十九峰都不群。

（九）过数帆楼旧址（苏渊雷）

嘉陵断三峡，空翠拥楼台。
泉石天然胜，襟怀触处开。
我来风雨节，负手一徘徊。
莫数归帆远，乡愁翦翦来。

（十）壬申秋为汉藏教理院开学口占（太虚）

温泉辟幽径，斜上缙云山。
岩谷喧飞瀑，松杉展笑颜。
汉经融藏典，教理叩禅关。
佛地无余障，人天任往还。
九峰开佛刹，双柏閟灵宫。
蟒塔传殊古，狮峰势独雄。
海螺飞翠霭，莲髻耸晴空。
无尽江山胜，都归一览中。

（十一）游缙云寺（田汉）

大师浮海自南洋，带得如来作武装。
今世更无清静土，九天飞锡护真光。

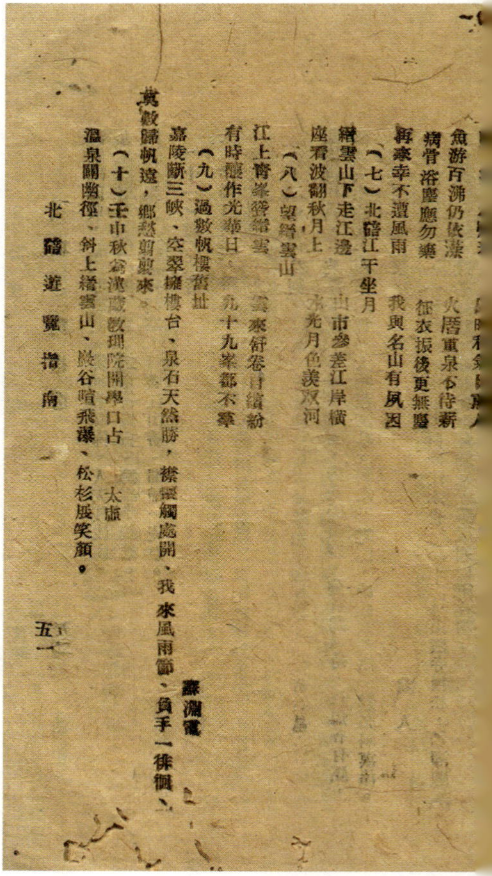
魚游百沸仍依藻　火厝重泉不待薪
病骨浴塵應勿藥　征衣振後更無塵
再來幸不遭風雨　我與名山有夙因
（七）北碚江干坐月
縉雲山下走江邊　山市參差江岸橫
座看波翻秋月上　水光月色羨双河
（八）望縉雲山
江上青峯聳縉雲　雲來舒卷自繽紛
有時釀作光華日　九十九峯都不羣
（九）過數帆樓舊址　蘇淵雷
嘉陵斷三峽，空翠擁樓台，泉石天然勝，襟懷觸處開，我來風雨節，負手一徘徊，
莫數歸帆遠，鄉愁翦翦來。
（十）壬申秋為漢藏教理院開學口占　太虛
溫泉闢幽徑，斜上縉雲山，巖谷喧飛瀑，松杉展笑顏。
北碚遊覽指南　五一

（十二）北碚公园（黄右昌）

园柳弹和风，江波漾小艇。

市声趁嘘喧，野色衔山迥。

繄□鹤□凫，长短各有历。

饮啄天生成，截续谁其肯。

大块假文章，与之无畦町。

感此意浩然，囊括科溟涬。

（十三）北温泉二首（前人）

鹭只鹤双解见从，一帆烟雨路重重。

白分红水岩巅瀑，青隐山隈寺后松。

石濑回风声□坎，野云争岫影征松。

秋来更起莼鲈感，采采蒹葭宛在胸。

飞泉洗我发□髻，自笑水嬉老亦能。

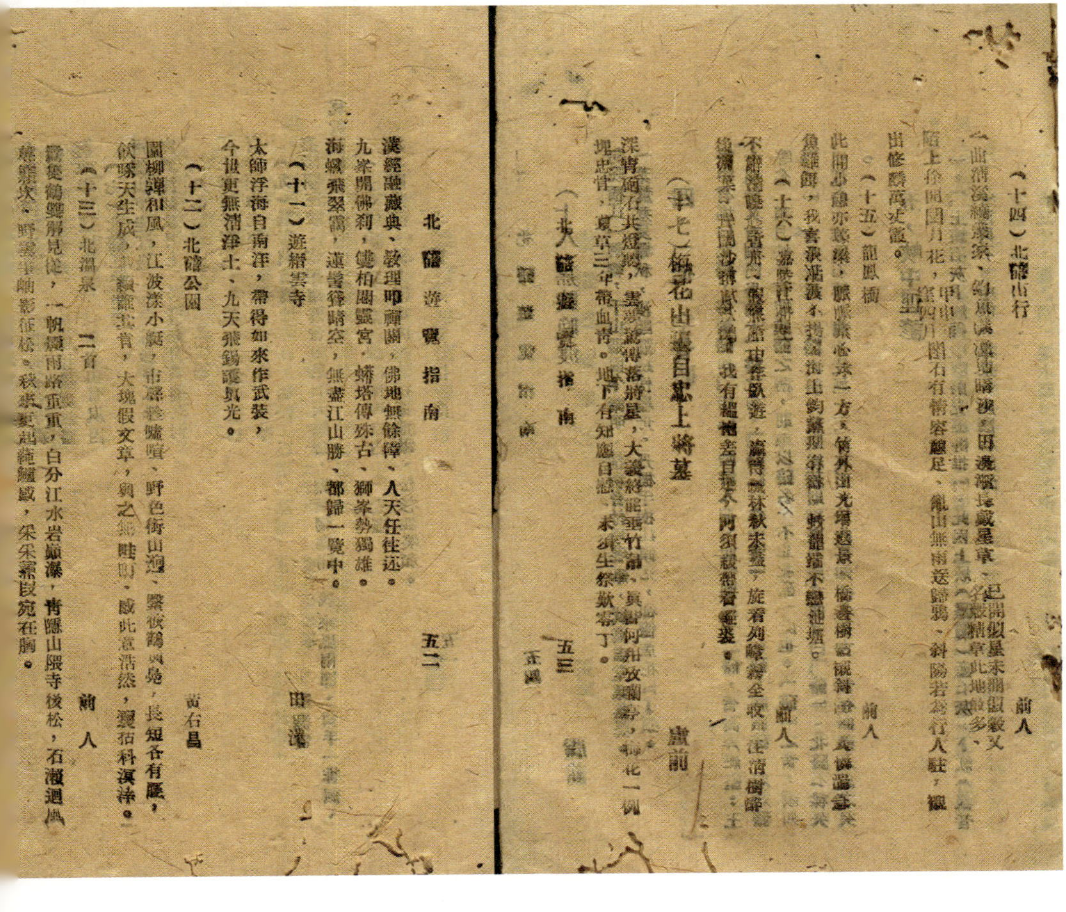

北碚游覽指南 五二

漢經融藏典，教理叩禪關，佛地無餘障，人天任往还。九峯開佛刹，健柏圍靈宮，蟒塔傳殊古，獅峯勢獨雄。海螺飛翠靄，蓮沼徉晴空，無盡江山勝，都歸一覽中。

（十一）遊縉雲寺 田漢

太師浮海自南洋，帶得如來作武裝，今退更無清淨土，九天飛錫讓其光。

（十二）北碚公園 黃右昌

園柳彈和風，江波漾小艇，市聲趁嘘喧，野色銜山迥，繄[illegible]鶴[illegible]凫，長短各有歷，飲啄天生成，截續誰其肯，大塊假文章，與之無畦町，感此意浩然，囊括科溟涬。

（十三）北溫泉二首 前人

鷺只鶴雙解見從，一帆煙雨路重重，白分江水岩巔瀑，青隱山隈寺後松，石瀨迴風[illegible]坎，野雲爭岫影征松。秋來更起蒓鱸感，采采蒹葭宛在胸。

（十四）北碚山行 前人

一曲清溪繞萬家，[illegible]

（十五）龍鳳橋 前人

[illegible]

（十六）[illegible] 前人

[illegible]

（十七）梅花山張自忠上將墓 盧前

[illegible]埋忠骨，夏草三年帶血青。地下有知應自慰，[illegible]

五三

香出葳蕤知有药，龛余弥勒未逢僧。
□声遥自滩头急，江色相于竹缝凭。
西去缙云寺不远，解□惮悦便传镫。

（十四）北碚山行（前人）

一曲清溪绕几家，钓鱼矶浅见晴沙。
田边渐长戴星草，陌上徐开闰月花。
闰石有情容憩足，乱山无雨送归鸦。
斜阳若为行人驻，衬出修鳞万丈霞。

注：戴星草，已开似星未开似谷，又名谷精草，此地最多。

（十五）龙凤桥（前人）

此间小憩亦壕梁，脉脉素心水一方。
竹外山光增返景，桥边树影衬斜阳。
人怜湍急鱼难饵，我喜浪恬波不扬。
海上钓鳌期有待，蛟龙端不恋池塘。

（十六）嘉陵江（前人）

不辞清晓趁□舟，□□舱中作卧游。
赢得一林秋未尽，旋看列嶂雾全收。
江清树醉后凋叶，岸阔沙搏□□□。
我有温袍差自足，何须缓带着轻裘。

（十七）梅花山张自忠上将墓（卢前）

深宵炮石共灯听，云梦惊传落将星。
大义终能垂竹帛，真书何用考兰亭。
梅花一例埋忠骨，墓草三年带血青。
地下有知应自慰，未须生祭叹零丁。

（十八）嘉陵晚渡（卢前）

向晚横江一舸轻，千山遇雨乍晴明。
清新合付玲珑笔，试写虚堂叶落声。
一叶惊寒夏坝秋，沙鸥踪迹傍扁舟。
丹枫半树江头见，却忆芦花白了头。

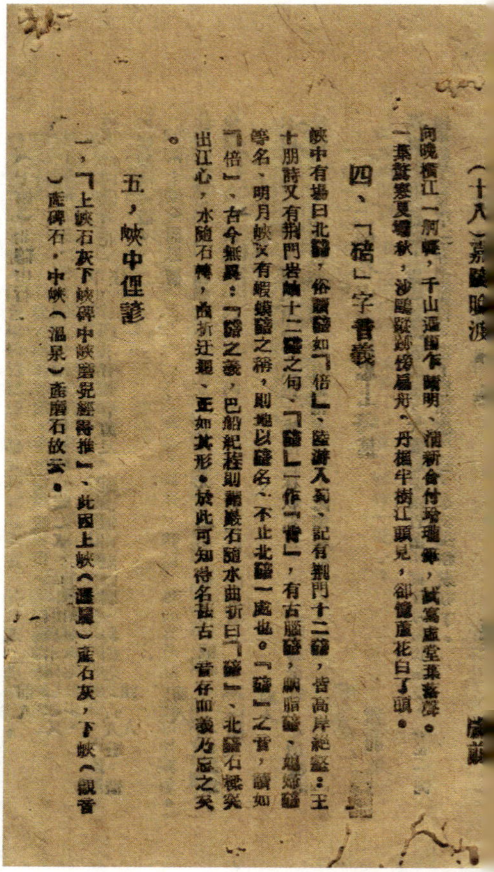
（十八）嘉陵晚渡 盧前

向晚橫江一舸輕，千山遇雨乍晴明，清新合付玲瓏筆，試寫虛堂葉落聲。

一葉驚寒夏壩秋，沙鷗蹤跡傍扁舟，丹楓半樹江頭見，卻憶蘆花白了頭。

四、「碚」字音義

峽中有場曰北碚，俗讀碚如「倍」，陸游入蜀記有荆門十二碚，皆高岸絕壑；王十朋詩又有荆門岩岫十二碚之句，「碚」一作「背」，有古脇碚，胭脂碚，媳婦碚等名，明月峽又有蝦蟆碚之稱，則地以碚名，不止北碚一處也。「碚」之音，讀如「倍」，古今無異；「碚之義，巴船紀程則謂巖石隨水曲折曰「碚」，北碚石樑突出江心，水隨石轉，曲折迂迴，正如其形。於此可知得名甚古，音存而義乃忘之矣。

五，峽中俚諺

一，「上峽石灰下峽碑中峽磨兒經得推」，此因上峽（溫塘）產石灰，下峽（觀音）產碑石，中峽（溫泉）產磨石故云。

四、“碚”字音义

峡中有场曰北碚，俗读碚如“倍”。陆游《入蜀记》有荆门十二碚，皆高崖绝壑，王十朋诗又有荆门岩岫十二碚之句。碚一作“背”，有古

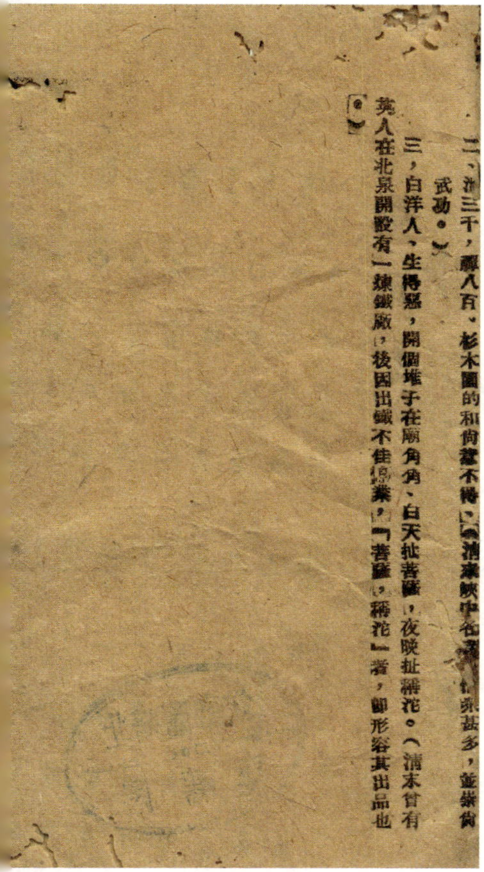
二、溫三千，禪八百，杉木園的和尚惹不得（清來峽中[illegible]衆甚多，並崇尚武功。）

三、白洋人，生得惡，開個堆子在廟角角，白天扯菩薩，夜晚扯秤砣。（清末曾有英人在北泉開設有一煉鐵廠，後因出鐵不佳停業，「菩薩，秤砣」者，即形容其出品也。）

脑碚、胭脂碚、媳妇碚等名，明月峡又有虾蟆碚之称，则地以碚名，不止北碚一处也。“碚”之音，读如“倍”，古今无异。碚之义，《巴船纪程》则谓“崖石随水曲折曰碚”。北碚石梁突出江心，水随石转，曲折迂回，正如其形。于此可知得名甚古，音存而义乃忘之矣。

五、峡中俚谚

1.“上峡石灰下峡碑，中峡磨儿经得推”，此因上峡（沥鼻）产石灰，下峡（观音）产碑石，中峡（温泉）产磨石，故云。

2.温三千，禅八百，杉木园的和尚惹不得（清来峡中□□□众甚多，并崇尚武功）。

3.白洋人，生得恶，开个堆子在庙角角，白天扯菩萨，夜晚扯秤砣（清末曾有英人在北泉开设有一炼铁厂。后因出铁不佳停业，“菩萨，秤砣”者，即形容其出品也）。

誤正表

頁數	行數	字數	誤	正
十	六	末	桿	捍
一	一一	一三	飲	歛
六	一	一一	泥	沱
一七	九	二	源	灑
一七	一三	二二	宜	直
一八	五	八	聾	聳
一九	一五	九	干	千
二一	末	四	予	子
二九	五	三	金	全
三二	九	二〇	[illegible]	[illegible]
四二	四	二一	料	糧
四二	一二	二四	辨	辦
四三	一〇	一八	興	興
四四	一〇	三二	亭	亭
四四	一三	一五	送	逆
五五	一四	四	土	士
四八	一〇	末	塢	窩
四八	末	二一	瑙	璃
四九	九	五	金、	自

頁數	行數	字數	誤	正
一	九	二	甯	甫
一	末	二一	壁	璧
一六	五	九	因	均
一七	十	二〇	困	因
一八	二	二五	宜	直
一九	八	一八	廷	延
二〇	八	一五	潮	湖
二五	三	一	太	大
三一	三	六	衣	依
三四	七	一九	與、	與
四二	一〇	一〇	二	三
四二	一五	一一	辨	辦
四四	七	一四	關	間
四四	一二	六	災	炎
四五	七	三一	會	曾
五五	一五	二六	是	暑。
四八	一二	三二	佳	住,
四八	末	一三	璃	凝
五三	七	一三	鈞	鈎

嘉陵江三峡游览指南

《嘉陵江三峡游览指南》，嘉陵江三峡乡村建设实验区署编，1937年1月第3版，铅印本。该书由：旅程大要，游地纪要、船车旅费、物产名录、“碚”字音义五部分构成，详尽介绍了北碚六日游程推介，尤有《嘉陵江三峡乡村建设实验区全图》，生动记录了北碚建设变迁，有重要的史料价值。

嘉陵江三峽遊覽指南目錄

封面……北溫泉之飛來閣
△遊程大要
△遊地紀略
△船車旅費
△物產名錄
△「碚」字音義·

底面……嘉陵江之溫泉峽

—附—
一，嘉陵江三峽鄉村建設實驗區全圖
二，北碚各事業機關路綫圖

—補白—
一，遊客到峽莫忘隨身應備三事
二，俗諺二則

嘉陵江三峡游览指南目录

封面　北温泉之飞来阁

底面　嘉陵江之温泉峡

△游程大要 / 106

△游地纪略 / 112

△船车旅费 / 131

△物产名录 / 134

△“碚”字音义 / 143

附：

一、嘉陵江三峡乡村建设实验区全图 / 144

二、北碚各事业机关路线图 / 145

补白：

一、旅客到峡莫忘随身应备三事

二、俗谚二则

游程大要

第一日到达温泉公园

1. 由重庆往温泉公园，侵晨在千厮门纸码头搭小汽船约 6 小时可到，成渝马路北碚支路修成后，由重庆随时搭汽车 2 小时可到，二十五年秋由行营派员测量完竣，正援款修筑中。

2. 由合川往温泉公园，侵晨在小南门码头搭汽船，约 2 小时可到。

到达温泉公园后，可向嘉陵饭店接洽，选择住室，并商定用餐诸事。休息后入浴，或游览温泉公园全景。

第二日游缙云山

早膳后，由温泉寺右绕半岩马路上山，约里许，登飞来阁，俯瞰公园全景。由飞来阁迤逦而上，入深谷，至绍隆寺，约 3 里许。

由绍隆寺沿溪，经九龙窝上转龙垭，穿松林，听松涛，沿途皆黄栀，花开甚香，至三元洞，更入茂林，隐蔽天日，过洛阳桥，抵缙云寺，约 6 里许，入寺用茶，游览殿宇，登寺后狮子峰。全峡风景了然在望。

回寺午餐，游山右石华寺，约 2 里许。经马道子，上杉木园，下白云寺，约 4 里，经马鬃岭，堆石磴，下金刚碑，约 7 里，参观王姓钢房，坐小船回园。

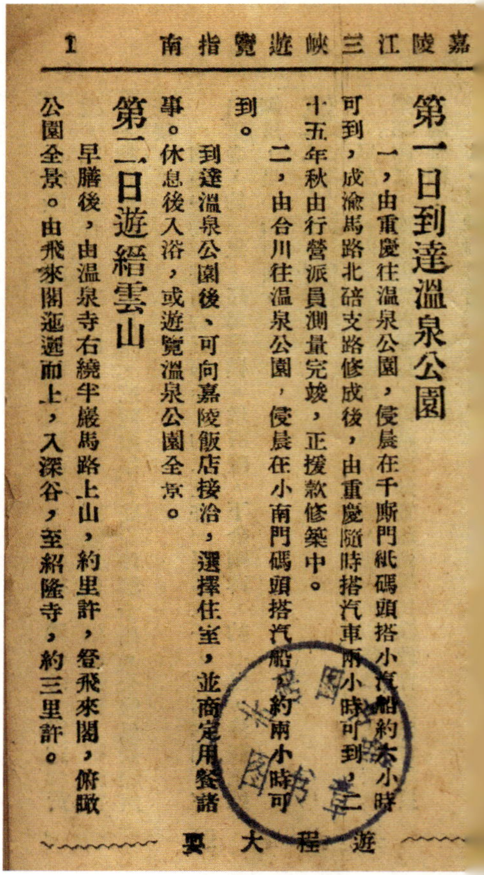

嘉陵江三峡遊覽指南 1

第一日到達溫泉公園

一，由重慶往溫泉公園，侵晨在千厮門紙碼頭搭小汽船約六小時可到，成渝馬路北碚支路修成後，由重慶隨時搭汽車兩小時可到，二十五年秋由行營派員測量完竣，正援款修築中。

二，由合川往溫泉公園，侵晨在小南門碼頭搭汽船約兩小時可到。

到達溫泉公園後，可向嘉陵飯店接洽，選擇住室，並商定用餐諸事。休息後入浴，或遊覽溫泉公園全景。

第二日遊縉雲山

早膳後，由溫泉寺右繞半巖馬路上山，約里許，登飛來閣，俯瞰公園全景。由飛來閣迤邐而上，入深谷，至紹隆寺，約三里許。

遊程大要

第三日游北碚

早膳后，由温泉坐汽船或小船到北碚，在新码头登岸，至民众俱乐部休息，商由俱乐部职员电话通知实验区署民众教育委员会派员引导参观：

1. 民众图书馆；

2.《嘉陵江日报》社；

3. 三峡文化印刷社；

4. 民众体育场；

5. 露天会场；

6. 新营房；

7. 北碚平民公园；

8. 民众博物馆；

9. 峡区地方医院；

10. 中国西部科学院；

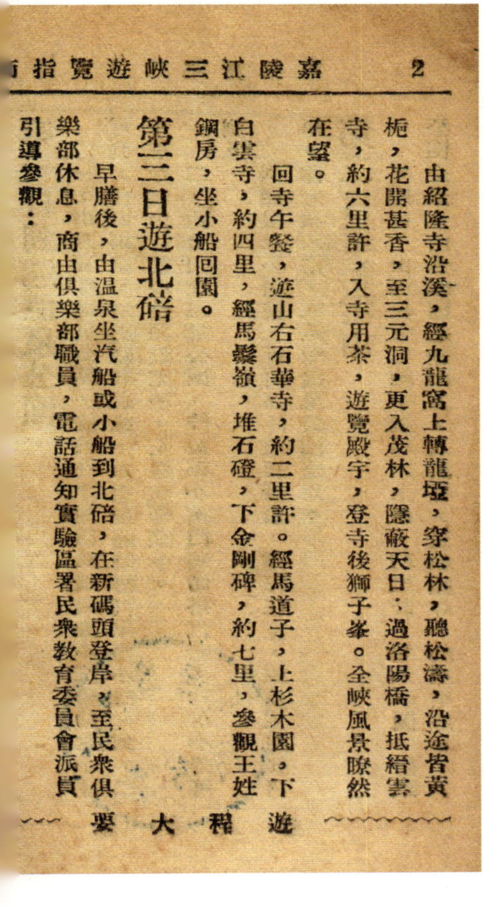
嘉陵江三峽遊覽指南　2

由紹隆寺沿溪，經九龍窩上轉龍埡，穿松林，聽松濤，沿途皆黃梔，花開甚香，至三元洞，更入茂林，隱蔽天日；過洛陽橋，抵縉雲寺，約六里許，入寺用茶，遊覽殿宇，登寺後獅子峯。全峽風景瞭然在望。

回寺午餐，遊山右石華寺，約二里許。經馬道子，上杉木園，下白雲寺，約四里，經馬鬃嶺，堆石磴，下金剛碑，約七里，參觀王姓鋼房，坐小船回園。

第三日遊北碚

早膳後，由溫泉坐汽船或小船到北碚，在新碼頭登岸，至民衆俱樂部休息，商由俱樂部職員，電話通知實驗區署民衆教育委員會派員引導參觀：

遊程大要

11. 北碚私立兼善中学校；

12. 实验区立北碚小学校；

13. 民众教育委员会；

14. 嘉陵照相馆（另有英华照相馆一家在民众体育场入门左面）；

15. 实验区公安一中队及北碚联保办公处；

16. 北碚农村银行；

17. 消费合作社；

18. 地方医院诊断处；

19. 民众会场；

20. 嘉陵江三峡乡村建设实验区署；

21. 民生公司三峡染织工厂；

22. 理化研究所；

23. 地质研究所；

24. 生物研究所；

25. 四川蚕桑改良场川东分场；

26. 四川家畜保育所江巴实验区办公处；

27. 果园。

中间就市内食店午餐，并参观北碚市场，毕，渡江过东阳镇石子山参观科学院测候所

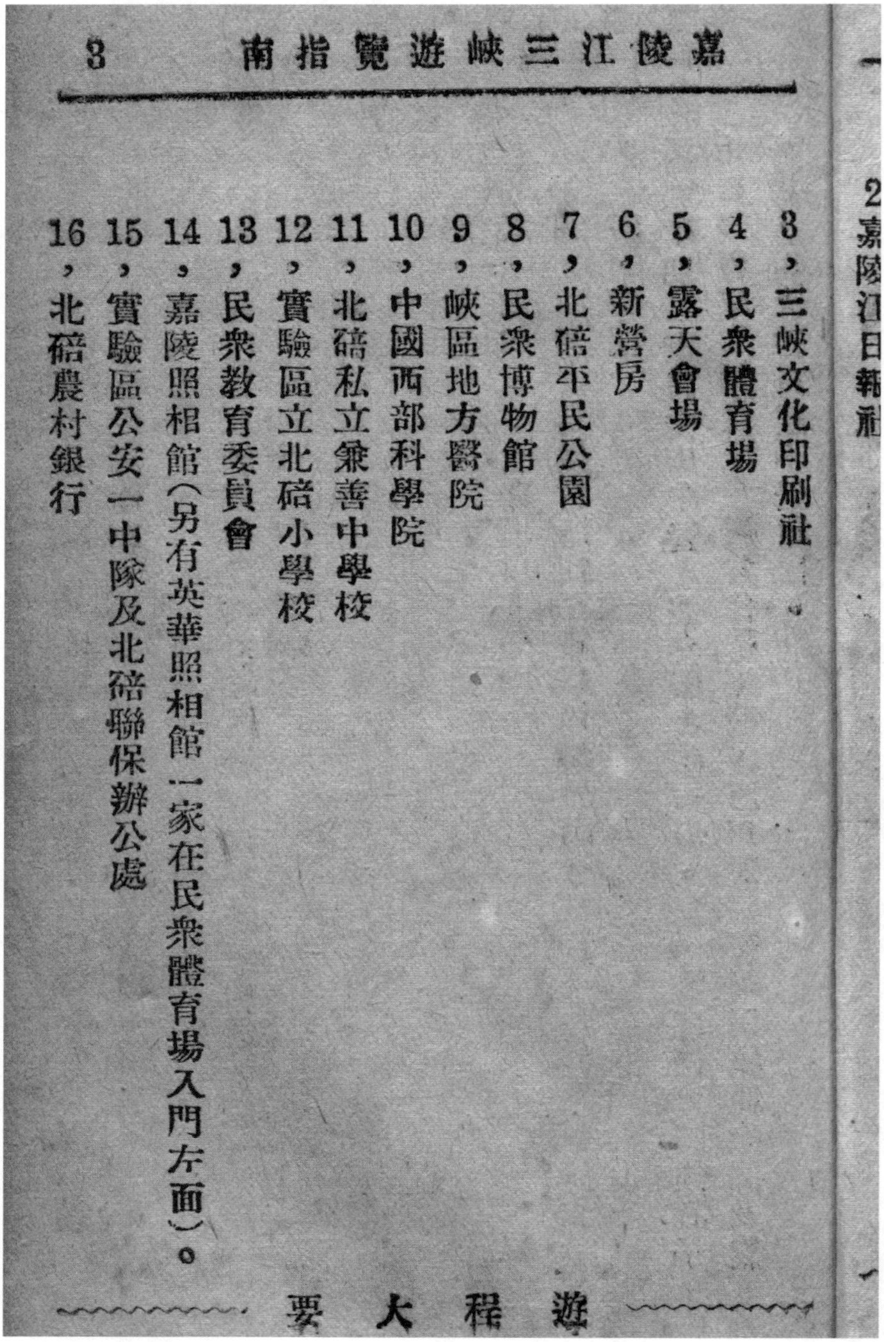

2，嘉陵江日報社

3，三峽文化印刷社

4，民衆體育場

5，露天會場

6，新營房

7，北碚平民公園

8，民衆博物館

9，峽區地方醫院

10，中國西部科學院

11，北碚私立兼善中學校

12，實驗區立北碚小學校

13，民衆教育委員會

14，嘉陵照相館（另有英華照相館一家在民衆體育場入門左面）。

15，實驗區公安一中隊及北碚聯保辦公處

16，北碚農村銀行

遊程大要

17，消費合作社

18，地方醫院診斷處

19，民衆會場

20，嘉陵江三峽鄉村建設實驗區署

21，民生公司三峽染織工廠

22，理化研究所

23，地質研究所

24，生物研究所

25，四川蠶桑改良場川東分場

26，四川家畜保育所江巴實驗區辦公處

27，菓園

中間就市內食店午餐，並參觀北碚市場，畢，渡江過東陽鎮石子山參觀科學院測候所及廣益化學工廠，四川蠶絲管理局模範桑園及製種場，由大沱口雇小船回園。

及广益化学工厂，四川蚕丝管理局模范桑园及制种场，由大沱口雇小船回园。

第四日参观北川铁路

早膳后，由温泉坐小船至干洞子码头登岸。

参观洪济水力造冰厂及其水源（该厂现停）。

上水岚垭，坐火车到大田坎，折回文星场午餐。

饭后，搭火车到白庙子，参观嘉陵煤球厂及运煤绞车。

坐小船到文笔沱，原船回园。

第五日游夏溪口及禅岩寺

早膳后，坐小船，经三花石，望义瑞公司经营之桐林。

至夏溪口，参观运河。更乘小舟至三岔河看李石曾、张静江、胡庶华三先生留题处，再至运河尽处，舍舟陆行沿运煤之轻便铁路行至双河口，参观宝源新式煤厂，原路折回，就市场午餐。

饭后坐小船过二岩，参观甲子洞煤厂，登山，俯瞰对岸温泉园景。上禅岩寺休息，下大沱口，坐小船回园。

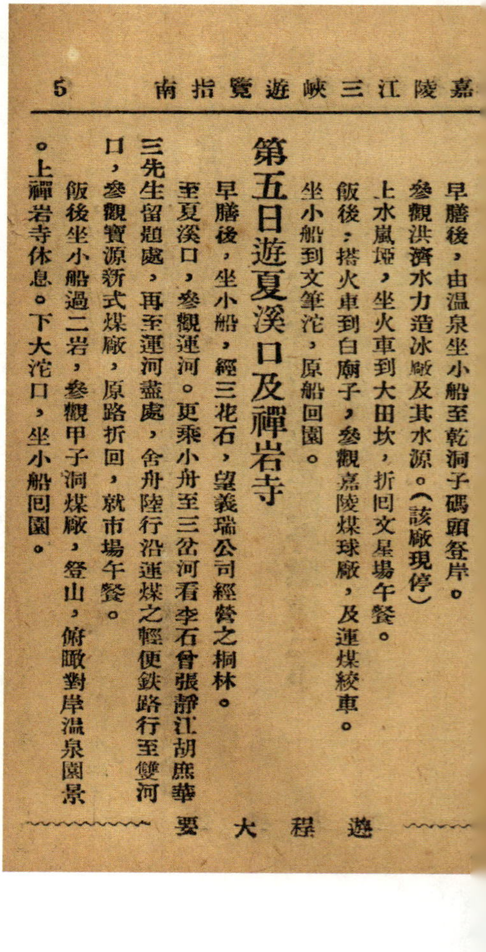
嘉陵江三峽遊覽指南 5

早膳後，由溫泉坐小船至乾洞子碼頭登岸。

參觀洪濟水力造冰廠及其水源。(該廠現停)

上水嵐埡，坐火車到大田坎，折回文星場午餐。

飯後，搭火車到白廟子，參觀嘉陵煤球廠，及運煤絞車。

坐小船到文筆沱，原船回園。

第五日遊夏溪口及禪岩寺

早膳後，坐小船，經三花石，望義瑞公司經營之桐林。

至夏溪口，參觀運河。更乘小舟至三岔河看李石曾張靜江胡庶華三先生留題處，再至運河盡處，舍舟陸行沿運煤之輕便鉄路行至雙河口，參觀寶源新式煤廠，原路折回，就市場午餐。

飯後坐小船過二岩，參觀甲子洞煤廠，登山，俯瞰對岸溫泉園景。上禪岩寺休息。下大沱口，坐小船回園。

遊程大要

第六日归程

1. 由温泉回重庆，在园早餐，七八钟间，搭下水汽船回重庆，约 3 小时可到。

2. 由温泉回合川，在园午餐，十二钟至一钟间，搭上水汽船回合川，约 3 小时可到。

▲游客到峡莫忘随身应备三事

一、衣服：峡中风起，气候骤寒，宜多带衣服。

二、皮鞋：天雨须着皮鞋。

三、电筒：黑夜或游洞须用电筒。

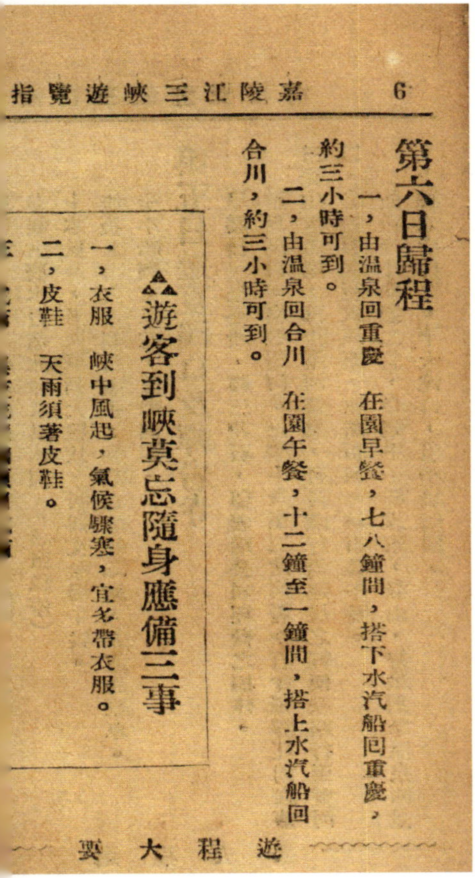

嘉陵江三峽遊覽指南　6

第六日歸程

一，由溫泉回重慶　在園早餐，七八鐘間，搭下水汽船回重慶，約三小時可到。

二，由溫泉回合川　在園午餐，十二鐘至一鐘間，搭上水汽船回合川，約三小時可到。

▲遊客到峽莫忘隨身應備三事

一，衣服　峽中風起，氣候驟寒，宜多帶衣服。

二，皮鞋　天雨須著皮鞋。

遊程大要

游地纪略

温泉公园

1. 园之中央为旧有寺庙，乃唐代以前古刹，宋敕赐崇胜禅院，濂溪先生，曾留宿有诗。

进门为关圣殿，原为嘉陵饭店，今改为小食店，饭店改筑在后殿右方，有新式餐堂及设备，客人可茹素，可茹荤，可代办筵席，并有清洁之糖食、果子、咸菜、酱油等品出售。

再上为天王殿，中供妙相庄严之接引佛一尊，前有明代浮雕蟠龙香盘一座，高与人齐，精工穿透，玲珑精巧，可资鉴赏，左右有明代题咏石刻数种。再进为大雄殿，前有花圃，有方池，池上跨石桥，古彩斑驳，周绕石栏，可俯看游鱼及鸳鸯。

最上为观音殿，中竖白衣大士相，雄伟庄严，殿盖以铁瓦覆以碧琉璃瓦，日光照射，晶莹夺目，殿下左右，各有温泉涌出。

2. 出寺，由泷湫道观飞瀑，经兰谷。入乳花洞，至洞天石室小憩，曲折而下，时有天光漏入，钟乳悬垂，叩之发金石声，至最深处，隐约闻泉响，折回穿另一洞口而出，至是始豁然开朗。出洞门，下磬室，观桃花流泉，越枫岗，赏喷泉，再过兰谷，上小庾岭，凭听泉亭小憩，绕琴庐，出嘉陵道，观礼堂，

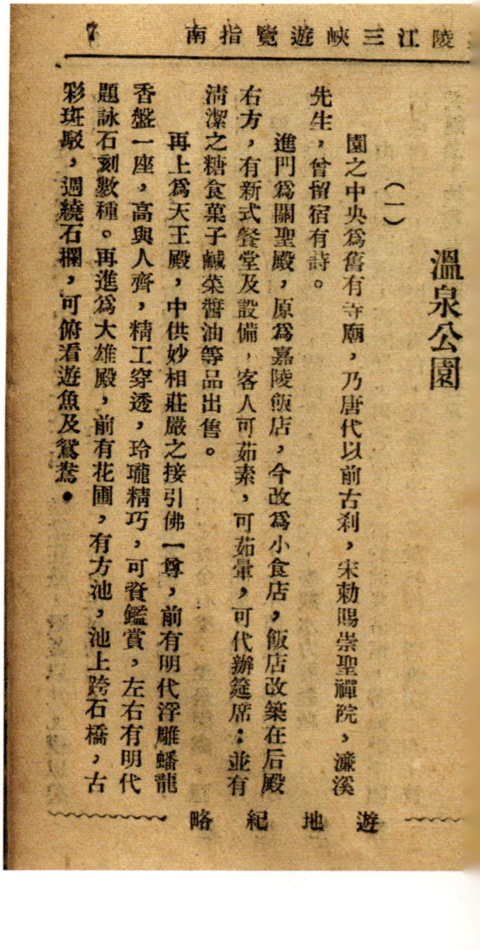
陵江三峽遊覽指南 7

温泉公園

（一）

園之中央爲舊有寺廟，乃唐代以前古刹，宋勅賜崇聖禪院，濂溪先生，曾留宿有詩。

進門爲關聖殿，原爲嘉陵飯店，今改爲小食店，飯店改築在后殿右方，有新式餐堂及設備，客人可茹素，可茹葷，可代辦筵席；並有清潔之糖食菓子鹹菜醬油等品出售。

再上爲天王殿，中供妙相莊嚴之接引佛一尊，前有明代浮雕蟠龍香盤一座，高與人齊，精工穿透，玲瓏精巧，可資鑑賞，左右有明代題詠石刻數種。再進爲大雄殿，前有花圃，有方池，池上跨石橋，古彩斑駁，週繞石欄，可俯看遊魚及鴛鴦。

遊地紀略

折回寺侧，参观水力磨面厂。

3. 由寺前桐阴道，经离堆，出垂杨道，浴于浣尘浴室，游泳于千顷波或涌泉池，浴罢振衣啸台，迂道菱亭，登数帆楼，凭濂溪小榭，赏荷观鱼，绕农庄，至浅绿坪休息。

4. 沿槐香道，看百花，过塔院，数宋代石像，上山后，经翠微马路，观古石寨。听响泉，登飞来阁，远望上下峡门，俯视全园风景，穿松林而下，听涛声以归。

绍隆寺

绍隆寺在幽谷中，其前清流1脉，古松数株。寺中殿柱为合围乌木所建造，殿前古石刻佛像2躯，及泥塑土地菩萨10尊，皆精美。

沿溪行半里许入九龙窝，乱山中竟得平地，可数十亩，公园将辟为湖，名曰黛湖，将筑肺病疗养院焉。至此可仰望缙云峰头，傍山面湖，可建避暑山庄。

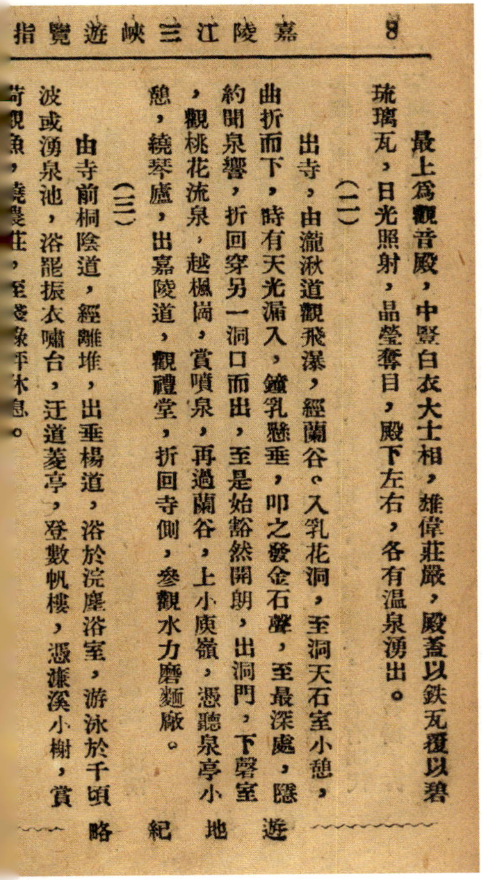
嘉陵江三峽遊覽指　8

最上爲觀音殿，中豎白衣大士相，雄偉莊嚴，殿蓋以鉄瓦覆以碧琉璃瓦，日光照射，晶瑩奪目，殿下左右，各有溫泉湧出。

（二）

出寺，由瀧湫道觀飛瀑，經蘭谷。入乳花洞，至洞天石室小憩，曲折而下，時有天光漏入，鐘乳懸垂，叩之發金石聲，至最深處，隱約聞泉響，折回穿另一洞口而出，至是始豁然開朗，出洞門，下磬室，觀桃花流泉，越楓崗，賞噴泉，再過蘭谷，上小庾嶺，憑聽泉亭小憩，繞琴廬，出嘉陵道，觀禮堂，折回寺側，參觀水力磨麵廠。

（三）

由寺前桐陰道，經離堆，出垂楊道，浴於浣塵浴室，游泳於千頃波或湧泉池，浴罷振衣嘯台，迂道菱亭，登數帆樓，憑濂溪小榭，賞荷觀魚，繞農莊，至淺綠坪休息。

遊地紀略

汉藏教理院

教理院即前缙云寺改设，太虚法师任院长以提倡佛学，沟通汉藏教理，联络汉藏情感为宗旨，年来开班训练学僧，择优异者送往西藏学佛。

院前有古寨门，左为洛阳桥，苔藓重封。稍上有宋代古坊，上书敕赐“迦叶道场”四字，皆在参天古木浓荫中。

进门为天王殿，有古石像3躯，神采奕奕，六朝物也。再进为大佛殿，殿前有蟠龙敕赐碑。

由院左上山后，穿茂林，看参天古树，可千数百步，翻山垭，步羊肠小径，入古寨。再上而至狮子峰头，天风飒然而至，松涛怒吼有声。北望华蓥，南望歌乐、真武诸山，指顾可数。

石华寺

寺以石笋得名，石大数百围，高数百尺，寺前有古桂树，数百年物也。寺右五峰攒聚，若笔架，缙云山峰以此为最嵯峨。

沿槐香道，看百花：過塔院，數宋代石像，上山後，經翠微馬路，觀古石寨。聽響泉，登飛來閣，遠望上下峽門，俯視全園風景，穿松林而下，聽濤聲以歸。

紹隆寺

紹隆寺在幽谷中，寺前清流一脈，古松數株。寺中殿柱爲合圍烏木所建造，殿前古石刻佛像二軀，及泥塑土地菩薩十尊，皆精美。沿溪行半里許入九龍窩，亂山中竟得平地，可數十畝，公園將闢爲湖，名曰黛湖：將築肺病療養院焉，至此可仰望縉雲峯頭，傍山面湖，可建避暑山莊。

漢藏教理院

教理院卽前縉雲寺改設，太虛法師任院長以提倡佛學溝通漢藏教理，聯絡漢藏情感爲宗旨，年來開班訓練學僧，擇優異者送往西藏學佛。

院前有古寨門，左爲洛陽橋，苔蘚重封。稍上有宋代古坊，上書勅賜「迦葉道場」四字，皆在參天古木濃蔭中。

進門爲天王殿，有古石像三軀，神采奕奕，六朝物也。再進爲大佛殿，殿前有蟠龍勅賜碑。

由院左上山後，穿茂林，看參天古樹；可千數百步，翻山埡，步羊腸小徑，入古寨。再上而至獅子峯頭，天風颯然而至，松濤怒吼有聲。北望華鎣，南望歌樂眞武諸山，指顧可數。

石華寺

寺以石筍得名，石大數百圍，高數百尺，寺前有古桂樹，數百年物也。寺右五峯攢聚。若筆架，縉雲山峯，以此爲最嵯峨。

禪岩寺

寺在溫泉公園對岸，西山坪之山腹。背倚絕岩，而對觀音峽門。竹樹茂密。殿宇兩重，亦頗莊嚴。寺前可看四川蠶絲業管理局模範桑園及製種場，寺側可俯看溫泉公園全景。

禅岩寺

寺在温泉公园对岸，西山坪之山腹。背倚绝岩，面对观音峡门，竹树茂密。殿宇两重，亦颇庄严。寺前可看四川蚕丝业管理局模范桑园及制种场，寺侧可俯看温泉公园全景。

北碚

1. 嘉陵江三峡乡村建设实验区署。为旧峡防局改设，在北碚市场之西，约半里许。系特设之乡村建设实验机关，有正、副区长，以次设1秘书及内务、教育、建设、财务4股。每股主任以下有办事员数人，直辖公安3中队，文化经济及其他社会事业10余种，共有职员144名，士兵400余人。峡区乡村电话总机，设于署内，区属5镇乡，峡区20余场，及重庆合川间电话，均以此为中枢。

署内有公共办公室，正、副区长及秘书、4股职员均在一室办公。有会议厅，可容所属各机关职员在一室会议。有职员宿舍，宿职员数十人。

每日拂晓放炮起床，各机关职员皆一致到民众体育场运动，午前八钟开始办公，直到午后五钟，过后有一小时，系职员读书时间，各种会议及音乐练习，均在夜间。

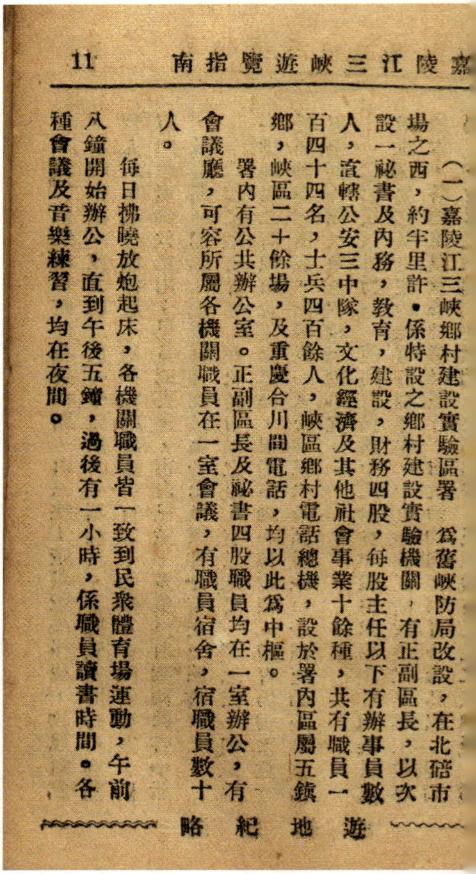
嘉陵江三峽遊覽指南　11

（一）嘉陵江三峽鄉村建設實驗區署　爲舊峽防局改設，在北碚市場之西，約半里許。係特設之鄉村建設實驗機關，有正副區長，以次設一祕書及內務，教育，建設，財務四股，每股主任以下有辦事員數人，直轄公安三中隊，文化經濟及其他社會事業十餘種，共有職員一百四十四名，士兵四百餘人，峽區鄉村電話總機，設於署內區屬五鎮鄉，峽區二十餘場，及重慶合川間電話，均以此爲中樞。

署內有公共辦公室。正副區長及祕書四股職員均在一室辦公，有會議廳，可容所屬各機關職員在一室會議，有職員宿舍，宿職員數十人。

每日拂曉放炮起床，各機關職員皆一致到民衆體育場運動，午前八鐘開始辦公，直到午後五鐘，過後有一小時，係職員讀書時間。各種會議及音樂練習，均在夜間。

遊地紀略

2. 民众图书馆。在金佛路，由三峡工厂旧厂迁移后，改建而成。有藏书室，藏书约21000余册，1万余种。有阅览室，同时可容阅览人80名。阅报社，陈列报纸杂志120余种。各种研究室，供专门学者参考之用。儿童图书室，市内儿童，多集馆内翻阅图书小册。又有巡回总库，巡回图书到峡区各场及图书分馆交换图书。

3. 民众体育场。在北碚市场之东，有足球场一，篮球场三，网球场一，排球场二，有跑道及运动器械，田赛运动各种设备。体育场办事处设于运动场之南面，由场长一人管理民众及区署职员各种运动，并规划指导全区各镇民众及学校运动事宜。

4. 民众博物馆。陈列有民国十八年少年义勇队学生在川边各处征求采集之历史生物地质各种标本，十九年从江浙征集之农矿工业等标本，各地风景及各种事业照片。附设动物园，饲育各种鸟兽。养鸡场，养有意大利鸡、吐嗽鸡、北平鸭等。兔园养有长毛之复兴兔，体重之美国兔及本地兔。

5. 北碚平民公园。山巅为民众博物馆陈列室，山腰建筑新式洋楼 1 幢，即兼善中学校，道路纵横穿过其间。东北有慈寿阁，民国二十五年春间建筑完成。园内有各种花木，布为地景，西有露台可小憩。

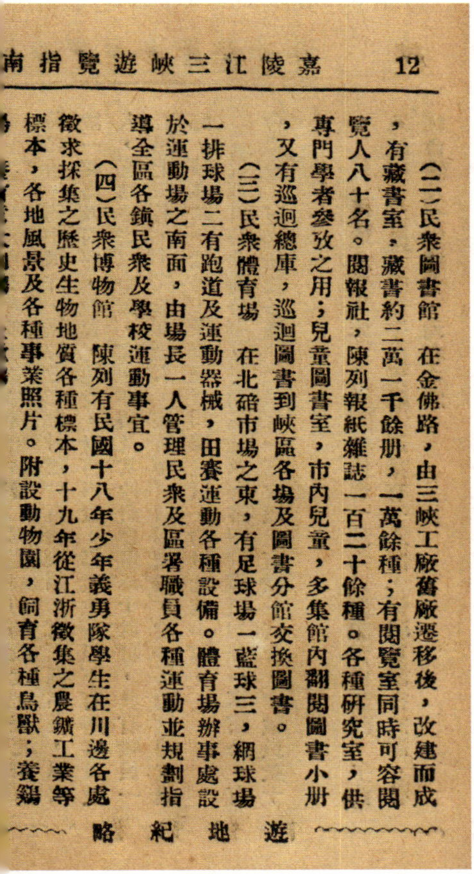
嘉陵江三峽遊覽指南　12

(二)民衆圖書館　在金佛路，由三峽工廠舊廠遷移後，改建而成，有藏書室，藏書約二萬一千餘册，一萬餘種；有閱覽室同時可容閱覽人八十名。閱報社，陳列報紙雜誌一百二十餘種。各種研究室，供專門學者參攷之用；兒童圖書室，市內兒童，多集館內翻閱圖書小册，又有巡迴總庫，巡迴圖書到峽區各場及圖書分館交換圖書。

(三)民衆體育場　在北碚市場之東，有足球場一，藍球三，網球場一排球場二有跑道及運動器械，田賽運動各種設備。體育場辦事處設於運動場之南面，由場長一人管理民衆及區署職員各種運動並規劃指導全區各鎮民衆及學校運動事宜。

(四)民衆博物館　陳列有民國十八年少年義勇隊學生在川邊各處徵求採集之歷史生物地質各種標本，十九年從江浙徵集之農鑛工業等標本，各地風景及各種事業照片。附設動物園，飼育各種鳥獸；養鷄

遊地紀略

6. 民众教育委员会办事处。设学园路，办有民众学校数所，妇女学校 1 所。设民众问事处、民众娱乐场。有新式幻灯 2 架，无线电收音机 1 部，新川剧各色用具服装。训练游艺生 1 班，每周表演川剧 1 次。

7. 民众俱乐部。有各种乐器，可供川剧京剧及其他中西音乐演奏之用。有棋类及室内运动器具，供人使用。有各种图书报纸等，供人阅览。

8. 实验区区立北碚小学校。本校系由实验区并合兼善小学及北碚朝阳小学两校设立。高级班教室在朝阳书院旧址，初级班及幼稚生教室在学园路侧，傍平民公园山麓。教学方法采取导生制，将以试验成绩推行全区各镇仿办。

9. 地方医院。新买女子职业学校新校舍作为院址，在市场东南面一小山阜上，与平民公园相邻。内部设有养病室、诊断室、手术室及各种大小手术器械、药剂室，及各种药物。每日诊断平均 100 人左右，贫苦免收诊费及药费。旧院址在北碚市内和睦路，已改成诊疗处。

10. 农村银行。在文华路，作农村信用小借款，一家农民可借 1 注，最多不得过 20 注。一注定额 5 元，按月摊还 1 元，五月还清，彼时加息 2 角。附设有贸易部，资本定额 10 万元，收足 3 万元，贸易部代营棉纱盐油等业。

11. 消费合作社。在北新路，办理日常消费用品，主要为食米菜蔬及

之美國兔及本地兔。

（五）北碚平民公園　山巔爲民衆博物館陳列室，山腰建築新式洋樓一幢，卽兼善中學校，道路縱橫穿過其間。東北有慈壽閣，民國二十五年春間建築完成。園內有各種花木，佈爲地景，西有露台可小憩。

（六）民衆教育委員會辦事處　設學園路，辦有民衆學校數所，婦女學校一所，設民衆問事處，民衆娛樂場，有新式幻燈二架，無線電收音機一部，新川劇各色用具服裝。訓練遊藝生一班，每週表演川劇一次。

（七）民衆俱樂部　有各種樂器，可供川劇京劇及其他中西音樂演奏之用，有棋類及室內運動器具，供人使用。有各種圖書報紙等，供人閱覽。

（八）實驗區區立北碚小學校　本校係由實驗區併合兼善小學及北碚朝陽小學兩校設立，高級班教室在朝陽書院舊址，初級班及幼稚生教室在學園路側，傍平民公園山麓，教學方法採取導生制，將以試驗成績推行全區各鎮仿辦。

(九)地方醫院　新貢女子職業學校新校舍作爲院址，在市場東南面一小山阜上，與平民公園相鄰，內部設有養病室，診斷室，手術室，及各種大小手術器械，藥劑室，及各種藥物，每日診斷平均百人左右，貧苦免收診費及藥費，舊院址在北碚市內和睦路，已改成診療處。

(十)農村銀行　在文華路，作農村信用小借款，一家農民可借一注最多不得過二十注，一注定額五元，按月攤還一元五月還清，彼時加息二角，附設有貿易部。資本定額十萬元，收足三萬元，貿易部代營棉紗鹽油等業。

(十一)消費合作社　在北新路，辦理日常消費用品，主要爲食米菜蔬及鹽油糖食，係由北碚各事業職工聯合設立，以後更聯絡市鄉人民加入。

(十二)嘉陵江日報社　原係三日刊，嗣改爲間日刊，民國二十一盐油糖食，系由北碚各事业职工联合设立，以后更联络市乡人民加入。

12.《嘉陵江日报》社。原系三日刊，嗣改为间日刊，民国二十一年改为日刊。除载省内外各种消息外，并介绍三峡各种事业之消息。附印《农民周刊》随报送阅。

13.《北碚月刊》社。为嘉陵江三峡乡村建设实验区主办之刊物，前身即工作月刊，廿五年九月创始，每月一日出版一次。该刊以记述农村实况、传达乡建实施方法、研究农村改良技术、报告本区实验成绩等为主旨。甫出至第四期即于本月一日改组为《北碚月刊》社，继续刊布。

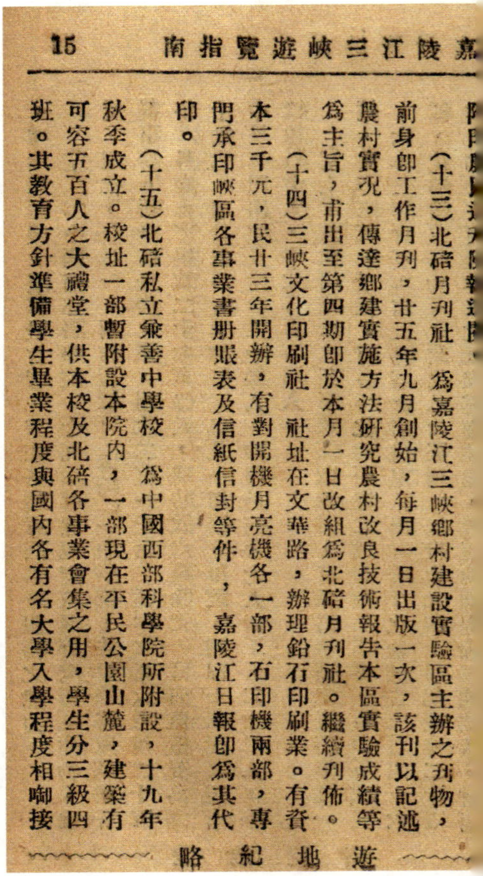
15　嘉陵江三峽遊覽指南

(十三)北碚月刋社，爲嘉陵江三峽鄉村建設實驗區主辦之刋物，前身即工作月刋，廿五年九月創始，每月一日出版一次，該刊以記述農村實況，傳達鄉建實施方法研究農村改良技術報告本區實驗成績等爲主旨，甫出至第四期即於本月一日改組爲北碚月刋社。繼續刋佈。

(十四)三峽文化印刷社 社址在文華路，辦理鉛石印刷業。有資本三千元，民廿三年開辦，有對開機月亮機各一部，石印機兩部，專門承印峽區各事業書册賬表及信紙信封等件，嘉陵江日報即爲其代印。

(十五)北碚私立兼善中學校 爲中國西部科學院所附設，十九年秋季成立。校址一部暫附設本院內，一部現在平民公園山麓，建築有可容五百人之大禮堂，供本校及北碚各事業會集之用，學生分三級四班。其教育方針準備學生畢業程度與國內各有名大學入學程度相啣接

遊地紀略

14.三峡文化印刷社。社址在文华路，办理铅石印刷业。有资本3000元，民廿三年开办，有对开机、月亮机各1部，石印机2部，专门承印峡区各事业书册账表及信纸信封等件，《嘉陵江日报》即为其代印。

15.北碚私立兼善中学校。为中国西部科学院所附设，十九年秋季成立。校址一部暂附设本院内，一部现在平民公园山麓，建筑有可容500人之大礼堂，供本校及北碚各事业会集之用。学生分3级4班。其教育方针准备、学生毕业程度与国内各有名大学入学程度相衔接。学生毕业后，服务社会者，有在各种专门事业服务之能力。

16.中国西部科学院。十九年成立，现设4个研究所“生物、地质、理化、农林”，2馆“图书、博物”，1中学校，并设总务处统办各部事务。新修院址于北碚，用款21000元，历年收募（截至二十五年六月底止）捐款27万余元，补助款6万余元，目前负债53000余元，前后总计设备建筑采集及一切开支用款达40万元。现有中外专门研究及主干人10余人，助理员37人，工人22人，学校教员10人，学生204人。

17.理化研究所。在三峡工厂对面，有募捐建筑之惠宇洋楼1幢，费洋34000元，有各种化验研究之仪器药品图书，值银5万元。六年之间曾

受本省及外省政府或私人机关委托化验煤炭 446 种，化验检定矿物及工业品 85 种（自十九年十月起截至二十五年九月止）。更拟作煤之低温蒸馏试验，及植物油提炼汽油试验，并研究各种工业原料产品应用及制造方法，以供有心企业者之参考。印有化验报告 18 号、丛刊 1 号。

18. 地质研究所。采集有国内外各处矿石，设煤矿陈列室两处（在民众博物馆），曾到省内外各处调查，著有南川金佛山地质调查志，及四川嘉陵江三峡地质调查志，叠溪地震调查记，綦江地震矿产志，宁属矿产调查志，正编印中。

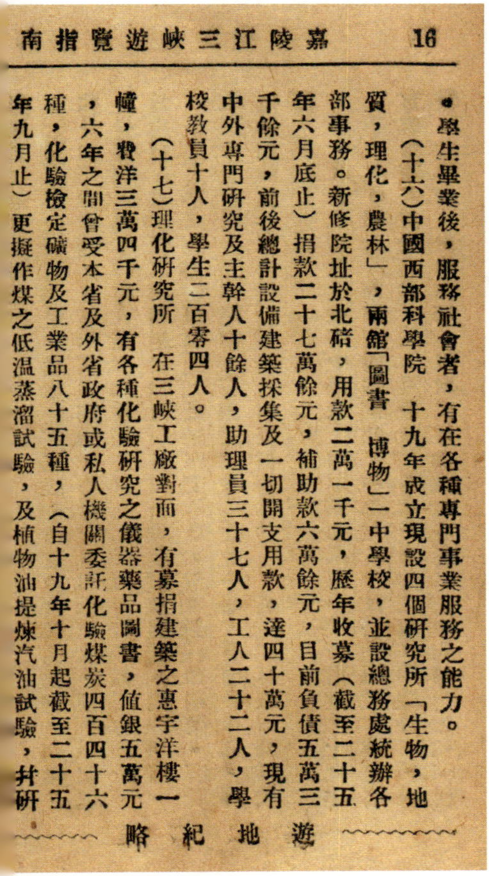
嘉陵江三峽遊覽指南　16

。學生畢業後，服務社會者，有在各種專門事業服務之能力。
（十六）中國西部科學院　十九年成立現設四個研究所「生物，地質，理化，農林」，兩館「圖書　博物」一中學校，並設總務處統辦各部事務。新修院址於北碚，用款二萬一千元，歷年收募（截至二十五年六月底止）捐款二十七萬餘元，補助款六萬餘元，目前負債五萬三千餘元，前後總計設備建築採集及一切開支用款，達四十萬元，現有中外專門研究及主幹人十餘人，助理員三十七人，工人二十二人，學校教員十人，學生二百零四人。
（十七）理化研究所　在三峽工廠對面，有募捐建築之惠宇洋樓一幢，費洋三萬四千元，有各種化驗研究之儀器藥品圖書，值銀五萬元，六年之間曾受本省及外省政府或私人機關委託化驗煤炭四百四十六種，化驗檢定礦物及工業品八十五種，（自十九年十月起截至二十五年九月止）更擬作煤之低溫蒸溜試驗，及植物油提煉汽油試驗，並研

遊地紀略

19. 生物研究所。现分动物、植物两部工作，各有陈列室暂附设理化研究所内。（1）动物部，完成川中区采集。历年搜获鸟类、爬虫、两栖、鱼类、软体动物标本，3410 件。昆虫标本，1520 号，计万件以上，分别加以剥制或浸渍保存。（2）植物部，曾历川、康、云、贵、甘五省边地采集，获林木籽种，农作物，木材药材各种标本千余号，普通植物标本 15000 余号。

本所曾与国内各学术机关交换标本种籽，计得华南、华北、华东标本 5000 余件，刊行四川嘉陵江下游鱼类调查，四川嘉定峨眉鱼类，四川省爬虫类，植物调查记，四川鸣禽之研究等书。

20. 农林研究所。所址暂设东阳镇，有 4 个农场，一在本所，占地 200 亩；二在西山坪，约 2000 亩；三在点灯寺，约 3000 亩；四在金剑山，约千余亩，除一、二两场外，余均尚待开辟。本所工作曾为中美棉、美国玉蜀黍及叶烟、榨菜、莴苣、甘蓝菜之育种试验，中意鸡之纯杂育种及各种畜类之肥育试验，曾作国内各省有名品种之搜集培育，曾大量栽培西瓜，二十四年收获 5 万斤，本年收获 8 万斤以上，附设气象测候室与四川气象测量所联络，从本年七月起，全所经费完全由生产自给。

21. 三峡染织工厂。厂址在北碚市三峡乡村建设实验区署附近，成立

化驗報告十八號叢刋一號。

（十八）地質研究所　採集有國內外各處礦石，設煤礦陳列室兩處（在民衆博物館）曾到省內外各處調查，著有南川金佛山地質調查誌，及四川嘉陵江三峽地質調查誌，疊溪地震調查記，綦江地震礦產誌，甯屬鑛產調查誌，正編印中。

（十九）生物研究所　現分動物植物兩部工作，各有陳列室暫附設理化研究所內，（一）動物部，完成川中區採集。歷年搜獲鳥類，爬虫，兩棲，魚類，軟體動物標本，三千四百一十件，昆虫標本，一千五百二十號，計萬件以上，分別加以剝製或浸漬保存，（二）植物部，曾歷川康雲貴甘五省邊地採集，獲林木籽種，農作物，木材藥材各種標本千餘號，普通植物標本一萬五千餘號。

本所曾與國內各學術機關交換標本種籽，計得華南華北華東標本五千餘件，刊行四川嘉陵江下游魚類調查，四川嘉定峨眉魚類，四川省爬虫類，植物調查記，四川鳴禽之研究等書。

(二十)農林研究所　所址暫設東陽鎮，有四個農場，一在本所，佔地兩百畝，二在西山坪約二千畝，三在點燈寺，約三千畝，四在金劍山，約千餘畝，除一二兩場外餘均尙待開闢。本所工作曾爲中美棉，美國玉蜀黍，及葉菸，榨菜，萵苣，甘藍菜之育種試驗，中意鷄之純雜育種及各種畜類之肥育試驗，曾作國內各省有名品種之搜集培育，曾大量栽培西瓜，二十四年收獲五萬斤，本年收獲八萬斤以上，附設氣象測候室與四川氣象測量所聯絡，從本年七月起，全所經費完全由生產自給。

(二一)三峽染織工廠　廠址在北碚市三峽鄉村建設實驗區署附近，成立於十九年十月，初爲峽防團務局創設，嗣後捐歸中國西部科學院經營，以其贏餘補助文化事業經費，有資本五萬元，二十四年秋間，由科學院移讓與民生實業公司接辦，增資爲十萬元，有廠屋八十間，新式工場一座，佔地三萬五千方尺，內部組織，廠長下分總務，工務，會計，營業四股，工務股內，更分爲動力，織造，漂染，外棹，于十九年十月，初为峡防团务局创设，嗣后捐归中国西部科学院经营，以其赢余补助文化事业经费。有资本5万元，二十四年秋间，由科学院移让与民生实业公司接办，增资为10万元。有厂屋80间，新式工场1座，占地35000方尺。内部组织，厂长下分总务、工务、会计、营业4股。工务股内，更分为动力、织造、漂染、外掉、准备5部。动力部有120匹马力蒸汽机1部，30匹马力瓦斯机2部，发电机3部，电气马达3部，以供发动电灯或打水之用。织造部有摇纱、葛纱、经纱、纬纱各机，足供120部织机之用。又有电力织机、毛巾机、东洋铁机、湖北铁机、天津铁机、扯梭木机、提花机、线毯机共百余部，专织各色新式布匹及线毯等物。另有丝光机、干水机各1部，新式染漕4对，专供漂染之用。外掉部以棉纱供给峡区织布农家，掉其成品给与工资，每月掉布在千匹以上。准备部则为大量预备材料，供给织染运销各方面。全厂男女职工约500余人，售品总批发处设于重庆，万县、合川、成都、北碚各设分批发处，江津、泸县、叙府、荣县、顺庆各地招设经销处，每年销售总额约15万元。

22.嘉陵照相馆。设于北碚学园路，可代选风景名胜地方，为团体或个人照相，有三峡各种风景名胜照片出售（另有英华相馆1家，在民众体育场进门左面）。

23.四川蚕丝业管理局制种场。场地在北碚对岸之东阳镇上坝，有地1000亩，自设模范桑园，并大量培育优良桑苗作推广全川之用。制种场所乃在坝上中心一带高埠，有新式建筑及设备。

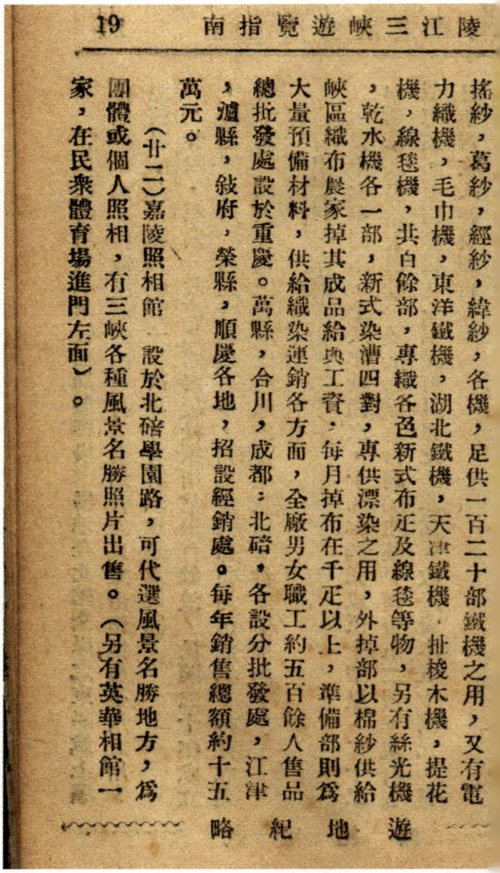

19　陵江三峽遊覽指南

搖紗，葛紗，經紗，緯紗，各機，足供一百二十部鐵機之用，又有電力織機，毛巾機，東洋鐵機，湖北鐵機，天津鐵機，扯梭木機，提花機，線毯機，共百餘部，專織各色新式布疋及線毯等物，另有絲光機，乾水機各一部，新式染漕四對，專供漂染之用，外掉部以棉紗供給峽區織布農家掉其成品給與工資；每月掉布在千疋以上，準備部則為大量預備材料，供給織染運銷各方面，全廠男女職工約五百餘人售品總批發處設於重慶。萬縣，合川，成都：北碚，各設分批發處，江津，瀘縣，敍府，榮縣，順慶各地，招設經銷處。每年銷售總額約十五萬元。

(廿二)嘉陵照相館　設於北碚學園路，可代選風景名勝地方，為團體或個人照相，有三峽各種風景名勝照片出售。(另有英華相館一家，在民衆體育場進門左面)。

遊地紀略

24.果园。设在北碚附近杜家街，占地百余亩，民国二十年成立，搜罗国内外有名果树品种甚多，苹果、蟠桃、葡萄均已成林，并育成果苗10万株以上，预备大量供给峡区农家栽植，并廉价推销。

北川铁路

民十七年开工，十八年秋开车，十九年底完成 30 华里，二十二年延修 8 里迄大田坎，并于起点之白庙子建筑下河绞车 2 段。现有 5 个车头，7 个车站，1 个足容万担之大水库，收足资本 50 万元，每日平均收入运费 400 元。

洪济冰厂

在干洞子，系水力造冰厂，有 70 匹马力之立式水力卧轮机 1 部，造冰机 1 部，每日出冰 1 万磅，用电力吸取河水，经过沙滤，然后以之造冰。在重庆附近设有贮冰室，准备全年制造，专供重庆及附近地方夏季之用。系骆敬瞻老先生发起，资本 5 万元，蓝绍侣旅长担任最多。民十七年筹备，十九年出冰。惜因营业未善，转让债权人将造冰机折卖，现时仅存厂房，其水力设备部分尚可利用。

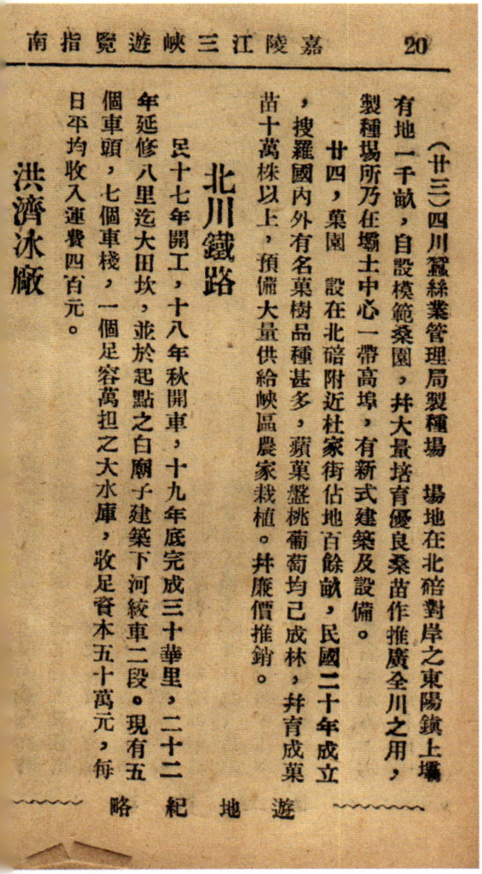
嘉陵江三峡遊覽指南　20

（廿三）四川蠶絲業管理局製種場　場地在北碚對岸之東陽鎮上壩有地一千畝，自設模範桑園，并大量培育優良桑苗作推廣全川之用，製種場所乃在壩上中心一帶高埠，有新式建築及設備。

廿四，菓園　設在北碚附近杜家街佔地百餘畝，民國二十年成立，搜羅國內外有名菓樹品種甚多，蘋菓盤桃葡萄均已成林，并育成菓苗十萬株以上，預備大量供給峽區農家栽植。并廉價推銷。

北川鐵路

民十七年開工，十八年秋開車，十九年底完成三十華里，二十二年延修八里迄大田坎，並於起點之白廟子建築下河絞車二段。現有五個車頭，七個車棧，一個足容萬担之大水庫，收足資本五十萬元，每日平均收入運費四百元。

洪濟冰廠

遊地紀略

嘉陵煤球厂

在白庙子，系用上等细煤加以少量泥土压成煤球。有 35 匹马力之蒸汽引擎 1 部，每点钟可出煤球 2 吨。系李云根先生发起，资本 17000 元，民十九年夏筹备，是冬成立。

自然电厂

初设黄桷镇下游之文笔沱，制造各种干电池，供给三峡各煤厂及重庆之用。系王鼎臣先生发起，资本 2 万元，民十八年成立，嗣后移设镇上，于重庆亦设有售品处。

大利养蜂场

原设东阳镇，养有意大利蜂数十桶，并试养有本地优良蜂种。资本 2000 元，系骆敬瞻先生发起，民十七年开办，附设有养蜂学校，传习男女学生。现已将全部蜂群移到江津饲养，每年出蜜 2000 余磅，在重庆售卖。

宝源煤厂

在缙云山西，系蓝绍侣发起，用新式机器采煤，民十八年筹备，廿一年完成，资本25万元。筑有运河12里，堤堰1道，用款14万元，专供运煤之用。修筑轻便铁路2段与运河联络，一段直接煤厂，一段连接嘉陵江，运输称便。

义瑞桐林公司

在缙云山西，占地2000亩，植桐50万株，系重庆义瑞公司经营，投入资金4万元，民十八年筹备，十九年成立，二十四年产桐子400余石，售款1万余元，二十五年产量倍之，将自设厂榨油，由土法而办到运用机器。

广益化学工业厂

厂设北碚对岸东阳镇，专制硫酸、硝酸、盐酸，以备工业之用。本年四月开始筹备，置有简单机械，初时资本数千元，将来营业稍旺，即陆续增加。

德裕垦场

场地在三峡中之沥鼻峡下，合川县属麻柳坪关防沟，面积10方里，现有松杉杂树300万株。资本5万元，系廖海涛独资经营，建有垦场办事处，在嘉陵江边。

运河公园

园在璧山县夏溪口，以宝源运河及其两岸为经营范围。为修筑马路，建造亭阁，曾募捐900元从事布置，并租用磴子河岸旁一幅熟土栽成浅绿坪及花坛。三岔河岩壁有张静江、李石曾、胡庶华三先生题字在焉。

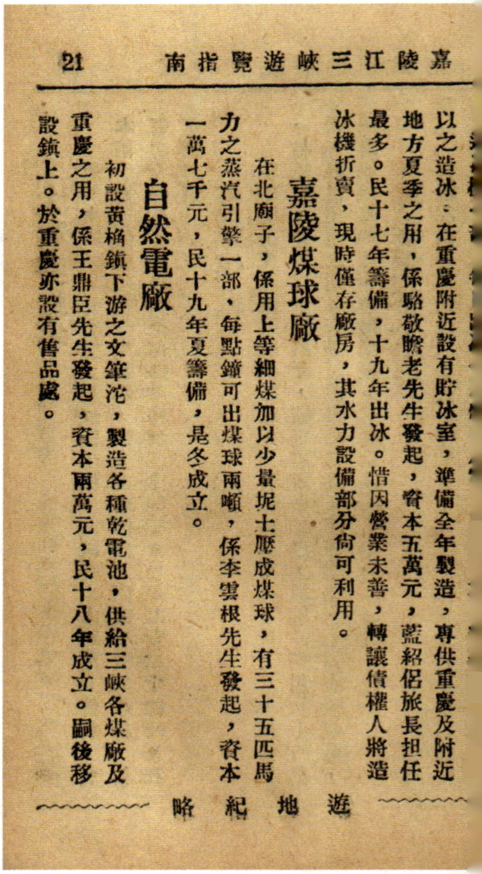

嘉陵江三峽遊覽指南　21

以之造冰：在重慶附近設有貯冰室，準備全年製造，專供重慶及附近地方夏季之用，係駱敬瞻老先生發起，資本五萬元，藍紹侶旅長担任最多。民十七年籌備，十九年出冰。惜因營業未善，轉讓債權人將造冰機折賣，現時僅存廠房，其水力設備部分尚可利用。

嘉陵煤球廠

在北廟子，係用上等細煤加以少量坭土壓成煤球，有三十五匹馬力之蒸汽引擎一部，每點鐘可出煤球兩噸，係李雲根先生發起，資本一萬七千元，民十九年夏籌備，是冬成立。

自然電廠

初設黃桷鎮下游之文筆沱，製造各種乾電池，供給三峽各煤廠及重慶之用，係王鼎臣先生發起，資本兩萬元，民十八年成立。嗣後移設鎮上。於重慶亦設有售品處。

遊地紀略

金刚碑钢坊

在金刚碑之左，由陆路到温泉可经过该处，系王姓独资经营，采买附近所出生铁板，锤碎入炉，经三次锤炼，成为熟货，即一般人所谓苏钢也，用以造利器较舶来品为优，销行成都云南等地，年可出货千余担，每担百斤。

甲子洞煤厂

在二岩镇河边，开采百余年，坑道已达20余里长，从江上望二岩俨若一繁盛市场，实则皆依煤厂为生之数千劳工居住地也。

瀑布

1. 高滩岩。在璧山县属临江场地方，距澄江口 20 里，有低瀑布 3 道，高瀑布 1 道，水力约 400 马力。

2. 高坑岩。在巴县歇马场属磨滩下游，距北碚 20 余里，有低瀑布 2 道，高瀑布 1 道，水力约 500 马力。民生公司曾于此购买地基，拟建筑水力发电厂。

3. 高山洞。在江北县属复兴场，有高瀑布 1 道，约数百马力。

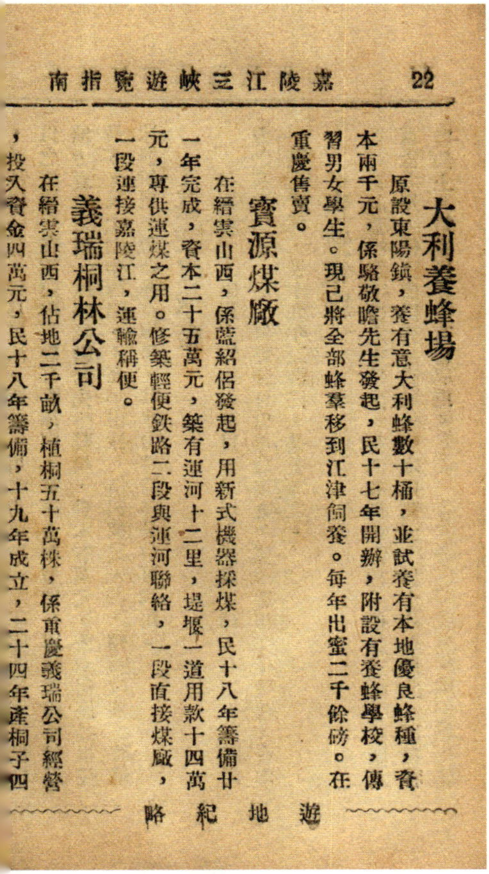
嘉陵江三峽遊覽指南 22

大利養蜂場

原設東陽鎮，養有意大利蜂數十桶，並試養有本地優良蜂種，資本兩千元，係駱敬瞻先生發起，民十七年開辦，附設有養蜂學校，傳習男女學生。現已將全部蜂羣移到江津飼養。每年出蜜二千餘磅。在重慶售賣。

寶源煤廠

在縉雲山西，係藍紹侶發起，用新式機器採煤，民十八年籌備廿一年完成，資本二十五萬元，築有運河十二里，堤堰一道用款十四萬元，專供運煤之用。修築輕便鉄路二段與運河聯絡，一段直接煤廠，一段連接嘉陵江，運輸稱便。

義瑞桐林公司

在縉雲山西，佔地二千畝，植桐五十萬株，係重慶義瑞公司經營，投入資金四萬元，民十八年籌備，十九年成立，二十四年產桐子四

遊地紀略

洞

1. 乳花洞。在温泉寺右江边深约半里许，天光漏入，颇可游观。

2. 干洞子。与洪济冰厂水源相近，洞门高敞，入夏避暑甚宜。

3. 蓝家洞。在兴隆场附近，空阔可游。

俗谚二则

▲温三千，禅八百，杉木园的和尚惹不得。

▲白洋人，生得恶，开个窑子庙角角，白天扯菩萨，夜晚扯秤砣。

百餘石，售款一萬餘元，二十五年產量倍之，將自設廠榨油。由土法而辦到運用機器。

廣益化學工業廠

廠設北碚對岸東陽鎮，耑製硫酸，硝酸，鹽酸，以備工業之用，本年四月開始籌備，置有簡單機械，初時資本數千元，將來營業稍旺；即陸續增加。

德裕墾場

場地在三峽中之瀝鼻峽，合川縣屬麻柳坪關防溝，面積十方里，現有松杉雜樹三百萬株，資本五萬元，係廖海濤獨資經營。建有墾場辦事處，在嘉陵江邊。

運河公園

園在璧山縣夏溪口，以寶源運河及其兩岸爲經營範圍。爲修築馬路，建造亭閣，曾募捐九百元從事佈置。並租用磴子河岸傍一幅熟土栽成淺綠坪及花壇，三岔河岩壁有張靜江李石曾胡庶華三先生提字在焉。

金鋼碑鋼坊

在金鋼碑之左，由陸路到温泉可經過該處，係王姓獨資經營，採買附近所出生鉄板，錘碎入爐，經三次錘鍊，成爲熟貨，即一般人所謂蘇鋼也。用以造利器較舶來品爲優，銷行成都雲南等地，年可出貨千餘担，每担百斤。

甲子洞煤廠

在二岩鎮河邊，開採百餘年，坑道已達二十餘里長，從江上望二岩儼若一繁盛市場，實則皆依煤廠爲生之數千勞工居住地也。

瀑布

一，高灘岩　在璧山縣屬臨江場地方，距澄江口二十里，有低瀑布三道高瀑布一道，水力約四百馬力。

二，高坑岩 在巴縣歇馬場屬磨灘下游，距北碚二十餘里，有低瀑布兩道，高瀑布一道，水力約五百馬力。民生公司曾於此購買地基，擬建築水力發電廠。

三，高山洞 在江北縣屬復興場，有高瀑布一道，約數百馬力。

洞

一，乳花洞 在温泉寺右江邊深約半里許，天光漏入頗可遊觀。

二，乾洞子 與洪濟冰廠水源相近，洞門高敞，入夏避暑甚宜。

三，藍家洞 在興隆場附近，空闊可遊。

俗諺 二則

▲温三千，禪八百，杉木園的和尚惹不得。

▲白洋人，生得惡，開個窰子廟角角。白天扯菩薩，夜晚扯秤沱。

旅费船资价目

甲、汽船费

1. 合川到温泉公园，枯水一元，平水五角；温泉回合川，枯水一元五角，平水一元。

2. 重庆到温泉公园，枯水一元五角，平水一元；公园到重庆，枯水八角，平水五角。

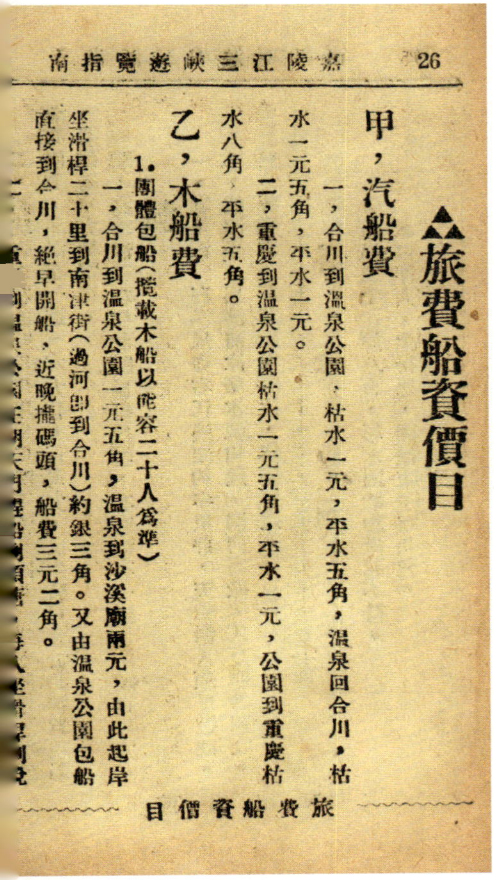

△旅費船資價目

甲，汽船費

一，合川到溫泉公園，枯水一元，平水五角，溫泉回合川，枯水一元五角，平水一元。

二，重慶到溫泉公園枯水一元五角，平水一元，公園到重慶枯水八角，平水五角。

乙，木船費

1. 團體包船(攬載木船以能容二十人爲準)

一，合川到溫泉公園一元五角，溫泉到沙溪廟兩元，由此起岸坐滑桿二十里到南津街(過河即到合川)約銀三角。又由溫泉公園包船直接到合川，絕早開船，近晚攏碼頭，船費三元二角。

乙、木船费

1. 团体包船（揽载木船以能容 20 人为准）：

（1）合川到温泉公园一元五角，温泉到沙溪庙两元，由此起岸坐滑杆 20 里到南津街（过河即到合川）约银三角。又由温泉公园包船直接到合川，绝早开船，近晚拢码头，船费三元二角。

（2）重庆到温泉公园在朝天门赶船到头塘，每人坐滑杆到悦来场，60 里需银八角，悦来场包船到公园约二元，温泉公园到重庆四元左右。

2. 个人搭船：依实验区署规定，上下水路每 30 里为一峡，每人每峡船费 1200 文，合洋五仙。

3. 在下列地方单独雇用：

（1）温泉公园与北碚间，单送洋两角，

来回洋四角。

（2）温泉公园与干洞子间，单送洋四角，来回洋八角。

（3）温泉公园与二岩间，单送三仙，来回六仙。

（4）温泉公园与大沱口间，单送六仙，来回一角二仙。

（5）温泉公园与金刚碑间，单送六仙，来回一角二仙。

（6）温泉公园与夏溪口、澄江口间，单送一角，来回二角。

（7）北碚与干洞子间，单送两角，来回四角。

（8）如以时间论，须时半日者船费五角，须时一日者船费一元。（注意）在北碚雇船亦可由实验区署派员代雇，需时过久者须酌量加费。

丙、轿费（坐滑杆游山）

1. 由温泉公园雇滑杆游缙云山，夫子两名，计时半日需洋八角，一日需洋一元，饭食伕子自理，游客可早一日请公园代雇，足力健者可步行登山。

2. 由干洞子到水岚垭，北川铁路车站约 4 里，往来皆上下坡路，如坐滑杆单面（上坡或下坡一趟）约力资银一角，来回约二角。

丁、火车费

水岚垭到文星场车票，来回每次各洋八仙。

戊、宿舍

温泉公园有数帆楼、花好楼、农庄、琴庐、磬室等住宿房舍，来宾到时，可向嘉陵饭店交涉。房舍分三等，特等每日每间房费一元五角，上等一元，中等六角或四角，如加凉床，每具两角。如用被盖，甲种每床每日加费一角，乙等加费六仙。住宿一星期者照价九折，半月八折，全月七折。

己、浴费

温泉澡塘分为三等，浣尘浴室每位收费两角，温泉及千顷波游泳池每位一角。另有南汤公共浴池，免票欢迎。住园来宾一律半

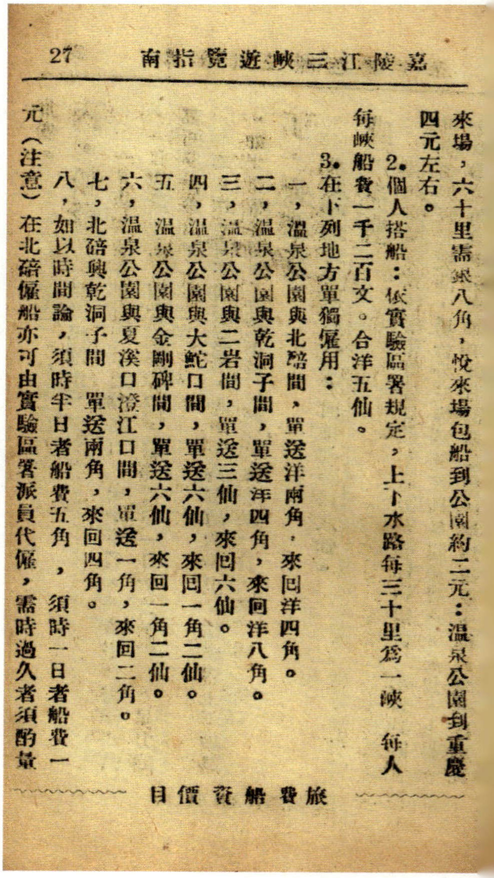

嘉陵江三峡游览指南　27

來場，六十里需銀八角，悅來場包船到公園約二元；溫泉公園到重慶四元左右。

2. 個人搭船：依實驗區署規定，上下水路每三十里爲一峽，每人每峽船費一千二百文。合洋五仙。

3. 在下列地方單獨僱用：

一，溫泉公園與北碚間，單送洋兩角，來回洋四角。

二，溫泉公園與乾洞子間，單送洋四角，來回洋八角。

三，溫泉公園與二岩間，單送三仙，來回六仙。

四，溫泉公園與大蛇口間，單送六仙，來回一角二仙。

五，溫泉公園與金剛碑間，單送六仙，來回一角二仙。

六，溫泉公園與夏溪口澄江口間，單送一角，來回二角。

七，北碚與乾洞子間　單送兩角，來回四角。

八，如以時間論，須時半日者船費五角，須時一日者船費一元（注意）在北碚僱船亦可由實驗區署派員代僱，需時過久者須酌量

旅費船資價目

价优待，但须在饭店或茶房手购票。并备有游泳衣，每次每位五仙。

庚、饭店

温泉公园内设嘉陵饭店，特在成渝各方聘有优良厨师，定制荤素饭面食品，并自做咸菜、酱油等物，皆清洁可口，为便利游客计。饭店定价甚廉：白饭每份五仙，便饭每餐角半，外有周餐饭二元，月餐饭八元，每日三顿，但须依照饭店规定时间用餐。并能定包席桌，翅席八元，参席六元，平席三元，最少至二元五角，均由饭店排菜，如客人指配排菜须酌量物价加价，席桌多至四五十席，均可代办，凡喜筵寿筵及宴客诸事均称便利。此外备有罐头多种，并可代办西餐西点。

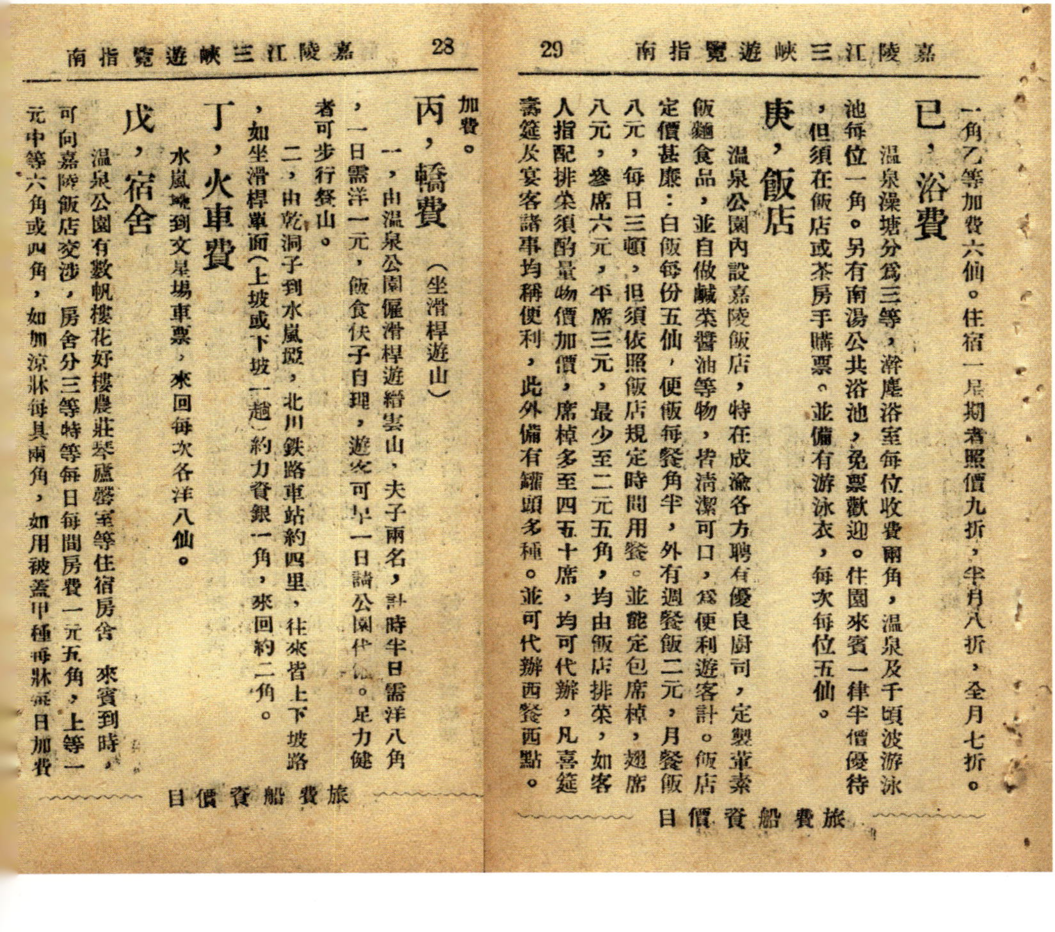
嘉陵江三峽遊覽指南　28

加費。

丙，轎費（坐滑桿遊山）

一，由溫泉公園僱滑桿遊縉雲山、夫子兩名，計時半日需洋八角，一日需洋一元，飯食伕子自理，遊客可早一日請公園代僱。足力健者可步行登山。

二，由乾洞子到水嵐埡，北川鐵路車站約四里，往來皆上下坡路，如坐滑桿單面（上坡或下坡一趟）約力資銀一角，來回約二角。

丁，火車費

水嵐埡到文星場車票，來回每次各洋八仙。

戊，宿舍

溫泉公園有數帆樓花好樓農莊琴廬磬室等住宿房舍　來賓到時，可向嘉陵飯店交涉，房舍分三等特等每日每間房費一元五角，上等一元中等六角或四角，如加涼牀每具兩角，如用被蓋甲種每牀每日加費

旅費船資價目

29　嘉陵江三峽遊覽指南

一角乙等加費六仙。住宿一星期者照價九折，半月八折，全月七折。

己，浴費

溫泉澡塘分為三等，洊廬浴室每位收費兩角，溫泉及千頃波游泳池每位一角。另有南湯公共浴池，免票歡迎。住園來賓一律半價優待，但須在飯店或茶房手購票。並備有游泳衣，每次每位五仙。

庚，飯店

溫泉公園內設嘉陵飯店，特在成渝各方聘有優良廚司，定製葷素飯麵食品，並自做鹹菜醬油等物，皆清潔可口，為便利遊客計。飯店定價甚廉：白飯每份五仙，便飯每餐角半，外有週餐飯二元，月餐飯八元，每日三頓，但須依照飯店規定時間用餐。並能定包席棹，翅席八元，參席六元，平席三元，最少至二元五角，均由飯店排菜，如客人指配排菜須酌量物價加價，席棹多至四五十席，均可代辦，凡喜筵壽筵及宴客諸事均稱便利，此外備有罐頭多種。並可代辦西餐西點。

旅費船資價目

物产名录

甲、食品类

品名	**产地**
水磨面	温泉公园张海洲水磨面厂
新法改良面	水土沱麦香村面厂
干菌	西山坪
鲜笋	东西两山
鲜鱼	嘉陵江

乙、饮料类

缙云甜茶	缙云山
香露名酒	水土沱桃源村酒厂
干酒	璧山
渝北酒	江北水土沱

丙、园艺

菜蔬	三峡间沿江两岸
地瓜	同前
花生	同前
广柑	同前
西瓜	中国西部科学院西山坪农场
菊花	温泉公园
河南草	同前
四季柑	同前
草本花	同前
木本花	温泉公园及静观场各园林

丁、林木

松木	三峡各山地
杉木	同前
柏木	同前
水竹	三峡中各小溪沿岸
平竹	缙云山
刺竹	同前
苦竹	同前
斑竹	三峡各地
南竹	同前
慈竹	同前

戊、药物

栀子（药用及染色用）	缙云山
桦叶（造纸用）	同前
蝉花	三峡各地
枳壳	同前
天生黄（药用）	观音峡
巴豆	麻柳坪草街子等地
大力子（牛蒡子）	黄桷树

己、矿产

炭	三峡各煤窑
石灰	观音峡沥鼻峡
铁	三峡
白矾	黄桷树

庚、工艺品

碗	翁家沟龙潭漕
磨石	温泉峡
碑石	观音峡
咸水石	观音峡
砚石	沥鼻峡
玻璃	杨柳坝
各种干电池	文笔沱自然电厂
草纸	三峡中各纸厂

白纸	璧山
沿边纸	草街子
麦辫草帽	兴隆场
草鞋	静观场
捆篾	北碚
火柴	水土沱惠利火柴公司
布	璧山
各色阴丹士麻布	三峡染织工厂
三峡呢　大衣呢	同前
太阳呢	同前
宽布	同前
线毯	同前
毛巾	同前
新式洋袜	同前

物產名錄

甲，食品類

品名	產地
水磨麵	溫泉公園張海洲水磨麵廠。
新法改良麵	水土沱麥香村麵廠。
乾菌	西山坪
鮮荀	東西兩山
鮮魚	嘉陵江

乙，飲料類

品名	產地
縉雲甜茶	縉雲山
香露名酒	水土沱桃源村酒廠
乾酒	璧山

渝北酒	江北水土沱

丙，園藝

菜蔬	三峽間沿江兩岸
地瓜	同前
花生	同前
廣柑	同前
西瓜	中國西部科學院西山坪農場
菊花	溫泉公園
河南草	同前
四季柑	溫泉公園
草本花	同前
木本花	溫泉公園及靜觀場各園林

丁，林木

松木	三峽各山地
杉木	同前
柏木	同前
水竹	三峽中各小溪沿岸
平竹	縉雲山
刺竹	同前
苦竹	縉雲山
班竹	三峽各地
南竹	同前
慈竹	同前

戊，藥物

梔子（藥用及染色用）	縉雲山
樺葉（造紙用）	同前

蟬花	三峽各地
枳殼	同前
天生黃（藥用）	觀音峽
耙豆	蔴柳坪草街子等地
大力子（牛蒡子）	黃桷樹

己，礦產

炭	三峽各煤窰
石灰	觀音峽瀝鼻峽
鐵	三峽
白礬	黃桷樹

庚，工藝品

碗	翁家溝龍潭漕
磨石	溫泉峽

碑石	觀音峽
鹹水石	觀音峽
硯石	瀝鼻峽
玻璃	楊柳壩
各種乾電池	文筆沱自然電廠
草紙	三峽中各紙廠
白紙	璧山
沿邊紙	草街子
麥辮草帽	興隆場
草鞋	靜觀場
捆篾	北碚
火柴	水土沱惠利火柴公司
布	璧山
各色陰丹士林布	三峽染織工廠

三峽呢　大衣呢　同前
太陽呢　同前
寬布　同前
線毯　同前
毛巾　同前
新式洋襪　同前

『碚』字音義

（少琴）

峽中有場曰北碚，俗讀碚如「倍」，近日常有以「碚」字音義爲問，字書缺漏不載，苦無以應。及讀洪良品巴船紀程載陸遊入蜀記有門十二碚，皆高崖絕壑；王十朋詩又有荊門岩岫十二碚之句，「碚」作「背」，有石嚙碚，胭脂碚，媳婦碚等名，明月峽又有蝦蟆碚之稱則地以碚名，不止北碚，處也。「碚」之音，讀如「倍」，古今無異「碚」之義，巴船紀程則謂巖石隨水曲折曰「碚」，北碚石梁突出江心

『碚』字音义

（少琴）

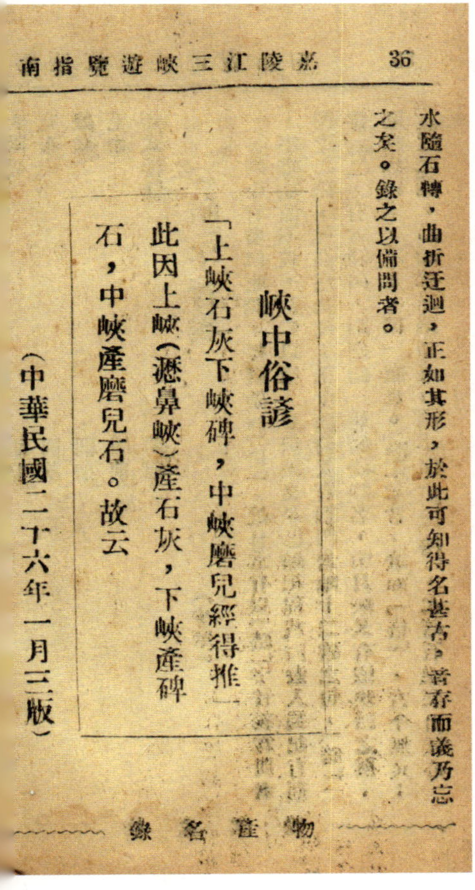

嘉陵江三峽遊覽指南 36

水隨石轉，曲折迂迴，正如其形，於此可知得名甚古，音存而義乃忘之矣。錄之以備問者。

峽中俗諺

「上峽石灰下峽碑，中峽磨兒經得推」此因上峽（瀝鼻峽）產石灰，下峽產碑石，中峽產磨兒石。故云

（中華民國二十六年一月三版）

物產名錄

峡中有场曰北碚，俗读碚如“倍”。近日常有以“碚”字音义为问者，字书缺漏不载，苦无以应。及读洪良品《巴船纪程》载陆游入蜀记有荆门十二碚，皆高崖绝壑。王十朋诗又有荆门岩岫十二碚之句。碚一作“背”，有古脑碚、胭脂碚、媳妇碚等名，明月峡又有虾蟆碚之称，则地以碚名，不止北碚一处也。“碚”之音，读如“倍”，古今无异。碚之义，《巴船纪程》则谓岩石随水曲折曰“碚”，北碚石梁突出江心，水随石转，曲折迂回，正如其形，于此可知得名甚古，音存而义乃忘之矣。录之以备问者。

峡中俗谚

“上峡石灰下峡碑，中峡磨儿经得推”，此因上峡（沥鼻峡）产石灰，下峡产碑石，中峡产磨儿石。故云。

（中华民国二十六年一月三版）

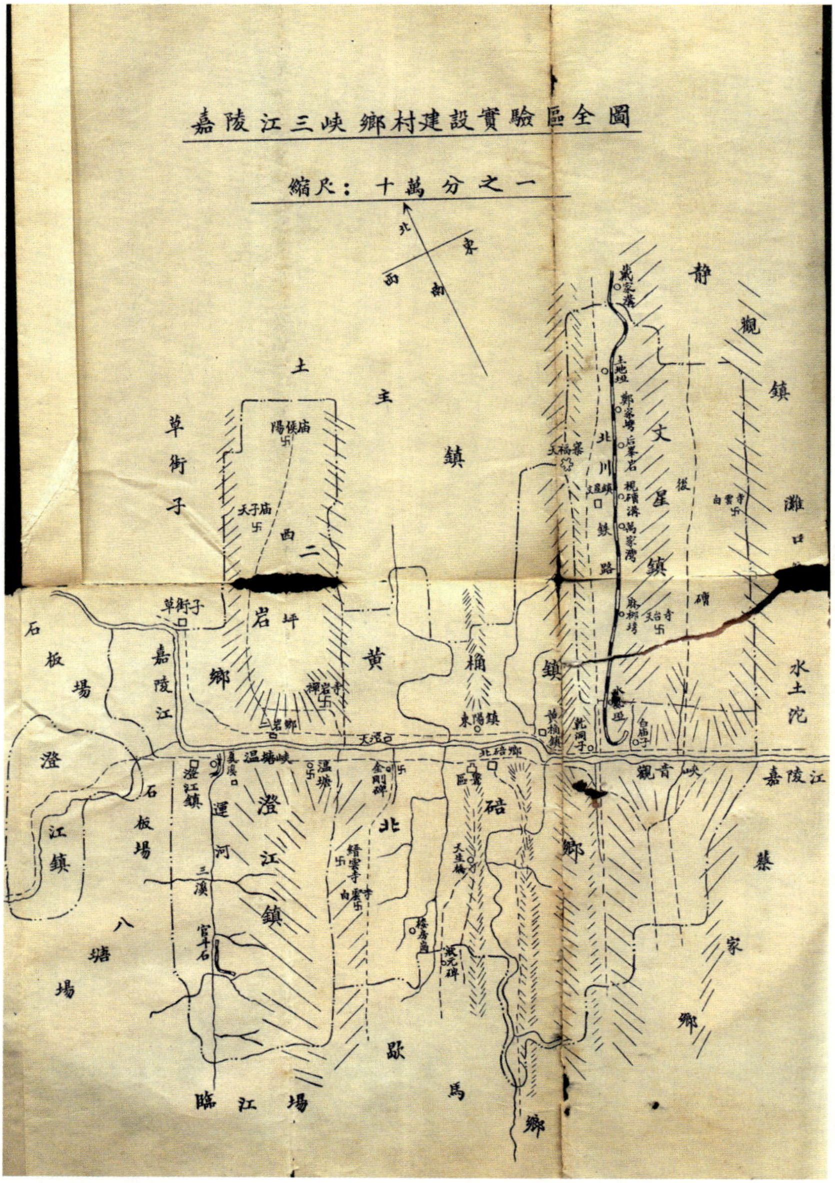
嘉陵江三峡鄉村建設實驗區全圖
縮尺：十萬分之一
北
東
南
西
土主鎮
草街子
二岩鄉
黄桷鎮
文星鎮
静觀鎮
澄江鎮
石板場
八塘場
臨江場
歇馬鄉
北碚鄉
蔡家鄉
嘉陵江
北川鐵路
水土沱
溫塘峽
觀音峽
東陽鎮
運河
戴家溝
白廟子
天生橋

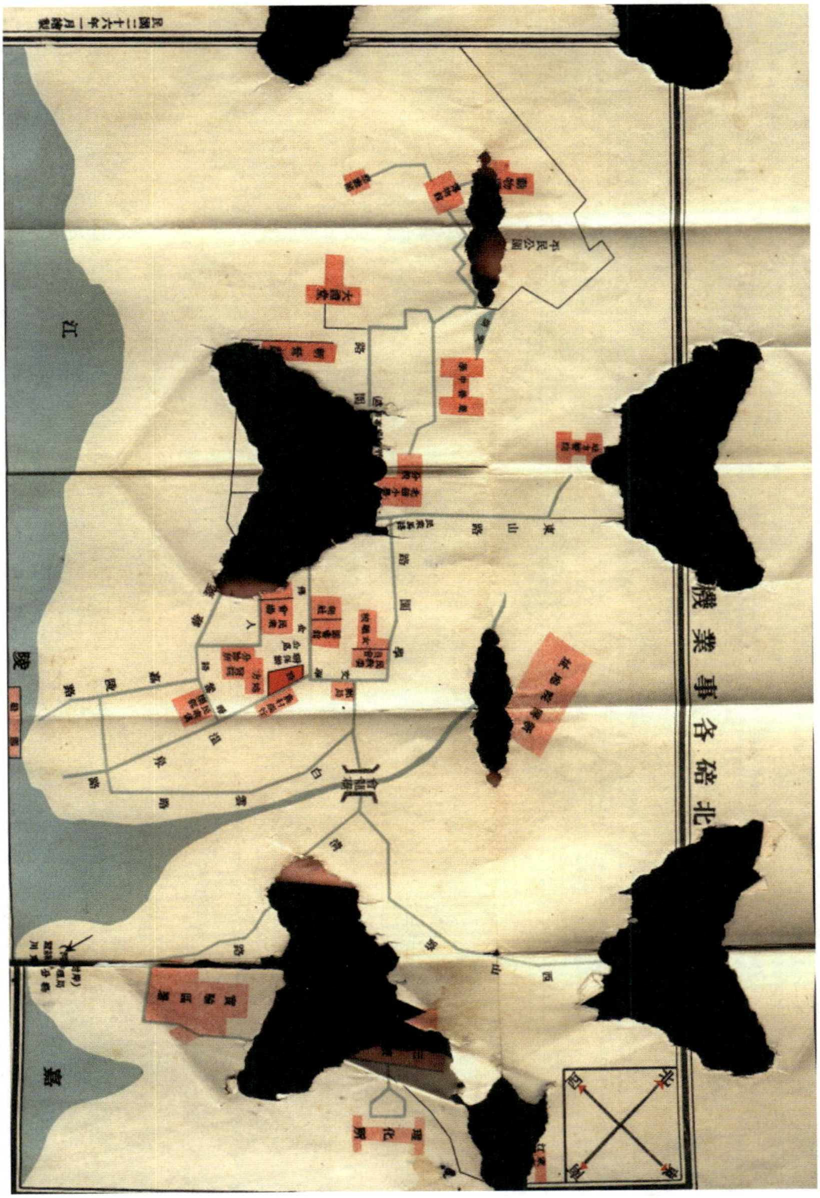

三峡游览指南

《三峡游览指南》，北碚月刊社编，1942年1月，嘉陵江三峡乡村建设实验区署刊印，铅印本。该书设三峡小志、游程须知、游地记名、名胜概要、游客须知、物产名录、碚字音义、附录等，其中插图12幅，为读者全方位呈现了从嘉陵江三峡乡村建设实验区署到北碚管理局的发展变化。

三峽遊覽指南目次

插圖：十二幅

三峽小誌

遊程須知

遊地記名

名勝概要

一、公園紀略

二、古寺紀要

三、三峽紀景

四、名山紀勝

五、瀑布紀實

六、[illegible]雜記略

遊客須知

一、舟車

二、食宿

三、書店

四、像館

物產名錄

一、食物

二、飲料

三、園藝

四、林木

五、藥物

六、礦產

七、工藝

碚字音讀

附錄

一、三峽實驗區近狀一瞥

二、遊記

1.北碚之遊　黃炎培

三、詩詠

1.溫泉峽

2.北碚溫泉公園三宿留影　黃炎培

3.縉雲九峯　何世品

4.夜遊溫湯峽聽瀑布　王宋珍

5.溫泉提壁

6.重經溫泉　盧[illegible]

7.北碚江干坐月

8.望縉雲山　王爾鑑

四、將來的三峽

三峡游览指南目次

插图：十二幅 / 150

三峡小志 / 160

游程须知 / 162

游地记名 / 164

名胜概要 / 177

一、公园纪略 / 177
二、古寺纪要 / 181
三、三峡纪景 / 182
四、名山纪胜 / 183
五、瀑布纪实 / 183
六、险滩纪略 / 183

游客须知 / 186

一、舟车 / 186
二、食宿 / 189
三、像馆 / 198
四、书店 / 198

物产名录

一、食品 / 200
二、饮料 / 200
三、艺园 / 200
四、林木 / 201
五、药物 / 201
六、矿产 / 201
七、工艺 / 201

“碚”字音义 / 209

附录 / 210

一、三峡实验区近状一瞥 / 210
二、游记 / 224
三、诗咏 / 228
四、将来的三峡

溫泉峽

觀 音 峽

運河公園全景

中國西部科學院

漢藏教理院全景

平民公園全景

清涼亭

北温泉瀑布

飛來閣

縉 雲 寺

石華寺石筍

縉雲山香爐峯

三峡小志

三峡乃绵亘于秦蜀界上大巴山脉之一分支，名小巴山脉，自米仓山南走于嘉陵江巴渠之间，在江之下游渝合间构成三个峡口，每峡距离约30里。第一峡名沥鼻峡，因峡口有石洞不断流水入河，洞形如鼻孔，因以形式得名。第二峡名温泉峡，因山间有三股温泉涌出，可供沐浴，故以温泉二字名之。第三峡名观音峡，以旧有观音庙，迷信相传曾有活观音出现其间而得名。峡之起迄上从沙溪庙入峡起，下至水土沱出峡止，长凡90余里。峡区幅员广大，直辖39镇，面积纵横达百余里，位于江巴璧合四县之间，其地因四围丛山深阻，空气不能调和，气候常生变动，春夏尤多巨风暴雨，山路崎岖难行，人民强悍直率，能忍苦耐劳，惟智识粗浅，历史上少名儒硕士。辛亥革命以来，四川遭受军阀割据，转战连年，民不聊生，多铤而走险，于是土匪啸聚，道途梗阻，斯时三峡，已成满地苻萑，人民多徙居城市，民七八年间东川道尹令委本地绅士周宝箴、王锡武成立峡防营，民九、民十年间四川陆军第一军委吴象痴为峡防司令，十一年又由第二军委卢诚任峡防司令，十二年上半年秦汉三旅长驻峡，自任峡防司令，下半年江巴璧合四县绅民，协议改组成为峡防团务局，胡南先、熊明甫任正副局长。十三年立案抽收过道船捐，充

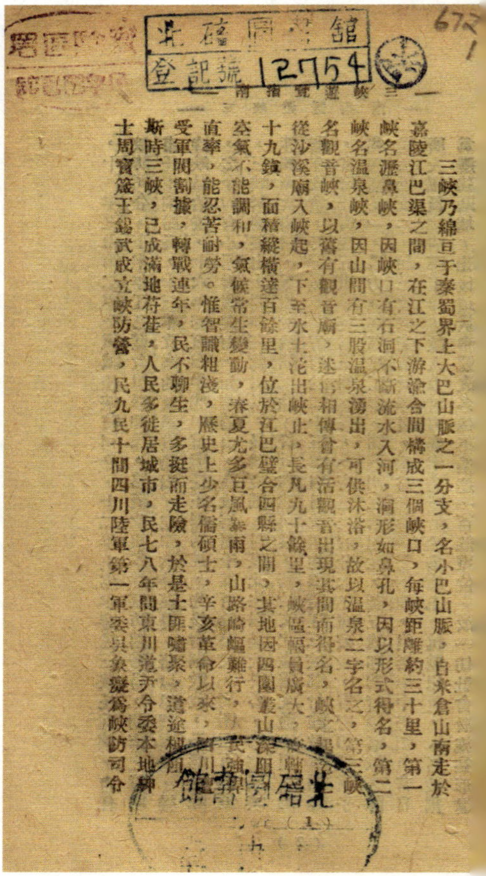

三峽遊覽指南

三峽乃綿亘于秦蜀界上大巴山脈之一分支，名小巴山脈，自米倉山南走於嘉陵江巴渠之間，在江之下游渝合間構成三個峽口，每峽距離約三十里，第一峽名瀝鼻峽，因峽口有石洞不斷流水入河，洞形如鼻孔，因以形式得名，第二峽名溫泉峽，因山間有三股溫泉湧出，可供沐浴，故以溫泉二字名之，第三峽名觀音峽，以舊有觀音廟，迷信相傳會有活觀音出現其間而得名，峽之起[illegible]從沙溪廟入峽起，下至水土沱出峽止，長凡九十餘里，峽區幅員廣大，直轄三十九鎮，面積縱橫達百餘里，位於江巴璧合四縣之間，其地因四圍叢山深阻，空氣不能調和，氣候常生變動，春夏尤多巨風暴雨，山路崎嶇難行，人民強悍直率，能忍苦耐勞。惟智識粗淺，歷史上少名儒碩士，辛亥革命以來，四川遭受軍閥割據，轉戰連年，民不聊生，多鋌而走險，於是土匪嘯聚，道途梗阻，斯時三峽，已成滿地苻萑，人民多徙居城市，民七八年間東川道尹令委本地紳士周寶箴王錫武成立峽防營，民九民十間四川陸軍第一軍委吳象癡為峽防司令

(1)

作常练经费，藉以捍御匪患，继持峡区治安。十六年春，卢作孚、熊明甫继任正副局长，先后清剿数载，乃渐芟除，迄今尚有小匪潜藏深山，如华蓥山，高拔海面1500余公尺，周围300余里，三峡紧接丛山，匪即在此出没，最难搜剿。但卢先生以最大决心，终将三峡匪祸渐次肃清，更能于治匪之余，着重乡建事业，对于文化产业交通等项，均渐有成绩，乃嗣后报请省府于二十五年四月改组为嘉陵江三峡乡村建设实验区，省府任唐瑞五、卢子英为正副区长（唐区长于廿七年病殁后，省府即任卢子英为区长），竭力推进乡建工作，开四川之新纪元。划五镇乡为实验区域，除司法税收外，如民政保安建教等项，悉归实验区署办理，但无形中仍须负昔日广大幅员之清乡工作，故人力财力泰半消耗于治安之上。抗战以还，本区被划为迁建区域，先后疏散到区之各种事业达100余单位，故一切社会设施益形进步也。

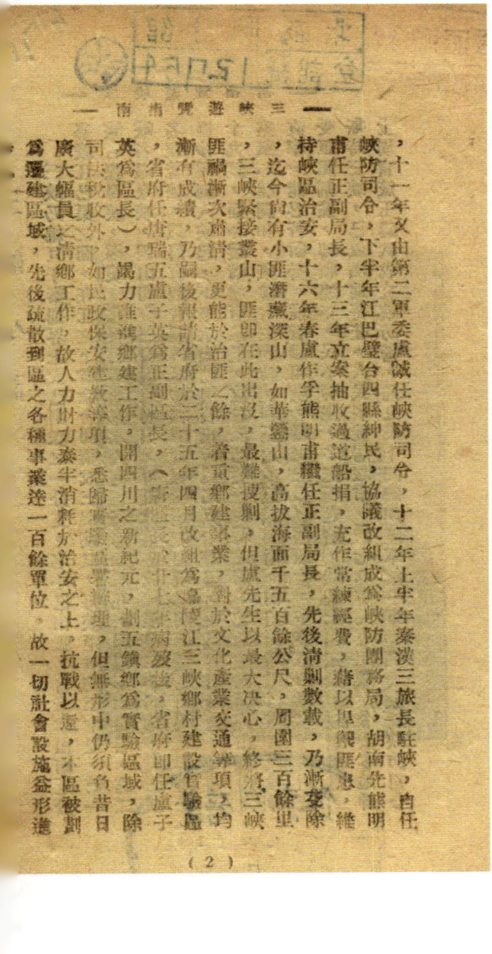

—三峽遊覽指南—

，十一年又由第二軍委盧誠任峽防司令，十二年上半年秦漢三旅長駐峽，自任峽防司令，下半年江巴璧合四縣紳民，協議改組成爲峽防團務局，胡南先熊明甫任正副局長，十三年立案抽收過道船捐，充作常練經費，藉以捍禦匪患，維持峽區治安，十六年春盧作孚熊明甫繼任正副局長，先後清剿數載，乃漸芟除，迄今尚有小匪潛藏深山，如華鎣山，高拔海面千五百餘公尺，周圍三百餘里，三峽緊接叢山，匪即在此出沒，最難搜剿，但盧先生以最大決心，終將三峽匪禍漸次肅清，更能於治匪之餘，着重鄉建事業，對於文化產業交通等項，均漸有成績，乃嗣後報請省府於二十五年四月改組爲嘉陵江三峽鄉村建設實驗區，省府任唐瑞五盧子英爲正副區長，（唐區長於廿七年病歿後，省府即任盧子英爲區長），竭力推進鄉建工作，開四川之新紀元，劃五鎮鄉爲實驗區域，除司法稅收外，如民政保安建教等項，悉歸實驗區署辦理，但無形中仍須負昔日廣大幅員之清鄉工作，故人力財力泰半消耗於治安之上，抗戰以還，本區被劃爲遷建區域，先後疏散到區之各種事業達一百餘單位，故一切社會設施益形進

（2）

游程须知

一、来程

（1）由重庆水道来峡游览，侵晨六钟在渝城外千厮门纸码头民生囤船搭民生公司渝合班小汽船，约六小时即可达北温泉公园。

（2）由渝乘汽车来游时，车至璧山县青木关，即转驶成渝公路之青北马路支线，可直抵北碚镇，约需两小时半。每日碚、青、渝均有班车及专车来往。

（3）由合川县来游，则于侵晨六时许在该县小南门码头搭渝合下行汽船，约两小时可抵温泉公园也。

二、到达

（1）由水程直抵温泉时，可向该园办事处接洽宿食事宜，稍微休息，即可入浴或游览公园全景，再以电话向北碚之游客服务处交涉，商请引导参观其他峡区之事业及预定游览日程。

（2）由陆道乘车来游者，先达北碚，到时可直往旅客服务处接洽，请托该处代为在碚之旅馆或温泉公园交涉餐宿诸事及商请引导并预议游览日程。如欲先事参观北碚之各事业，则于该处约略憩息，即可径赴参观。如愿先赴温泉游浴，可乘温泉公园之游览艇前往。倘游客因天气清明温和，有兴步行者，可沿嘉陵江岸而上，慢步至五里遥之金刚碑，再乘小船驶温泉亦可。

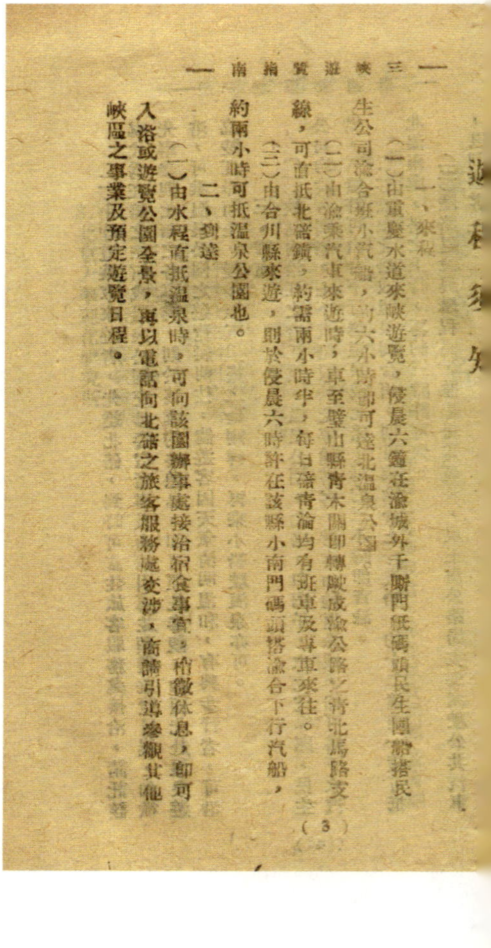

三峽遊覽指南

一、來程

（一）由重慶水道來峽遊覽，侵晨六鐘在渝城外千厮門紙碼頭民生囤船搭民生公司渝合班小汽船，約六小時即可達北溫泉公園。

（二）由渝乘汽車來遊時，車至璧山縣青木關即轉駛成渝公路之青北馬路支線，可直抵北碚鎮，約需兩小時半，每日碚青渝均有班車及專車來往。

（三）由合川縣來遊，則於侵晨六時許在該縣小南門碼頭搭渝合下行汽船，約兩小時可抵溫泉公園也。

二、到達

（一）由水程直抵溫泉時，可向該園辦事處接洽宿食事宜，稍微休息，即可入浴或遊覽公園全景，再以電話向北碚之旅客服務處交涉，商請引導參觀其他峽區之事業及預定遊覽日程。

（3）

三、归途

（1）峡区内沿江之澄江镇、温泉公园、北碚、白庙子、水土沱等处，民生公司均设有囤船，上下汽船须于此停轮搭客，游客如驰返渝城，即可搭下水汽船，八钟许可由合下行达温泉或北碚，再约三小时即及渝。

（2）设由北碚或温泉回合川，则可乘渝合上行汽船，约十二钟至一钟可抵北温两处，搭之上行，再约三时许可到。

（3）陆路返渝与来程同，惟时间为最快，现正商公路局设法开驶公共汽车，以利游客。

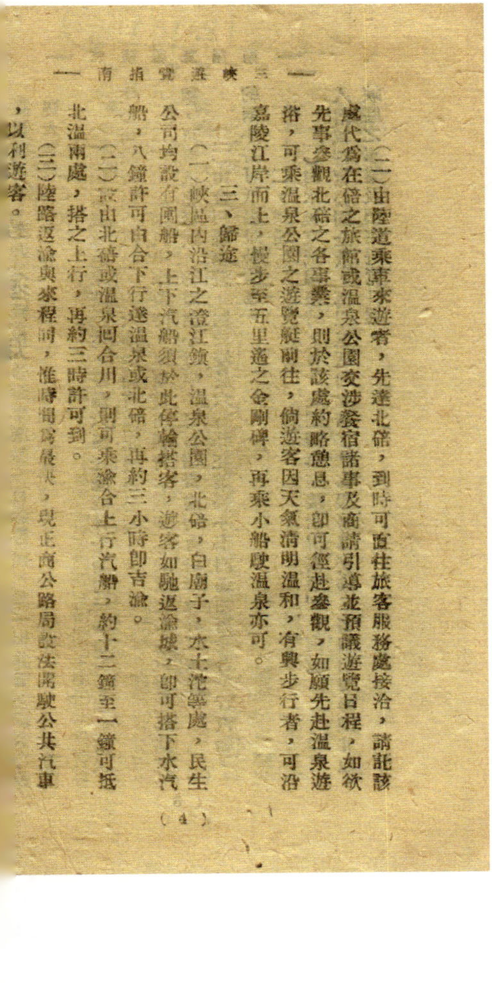

（二）由陸道乘車來遊者，先達北碚，到時可直往旅客服務處接洽，請託該處代爲在碚之旅館或溫泉公園交涉餐宿諸事及商請引導並預議遊覽日程，如欲先事參觀北碚之各事業，則於該處約略憩息，即可徑赴參觀，如願先赴溫泉遊搭，可乘溫泉公園之遊覽艇前往，倘遊客因天氣清明溫和，有興步行者，可沿嘉陵江岸而上，慢步至五里遙之金剛碑，再乘小船駛溫泉亦可。

三、歸途

（一）峽區內沿江之澄江鎮，溫泉公園，北碚，白廟子，水土沱等處，民生公司均設有囤船，上下汽船須於此停輪搭客，遊客如馳返渝城，即可搭下水汽船，八鐘許可由合下行達溫泉或北碚，再約三小時即吉渝。

（二）設由北碚或溫泉回合川，則可乘渝合上行汽船，約十二鐘至一鐘可抵北溫兩處，搭之上行，再約三時許可到。

（三）陸路返渝與來程同，惟時間爲最快，現正商公路局設法開駛公共汽車，以利遊客。

游地纪名

一、参观事业（以下所列多属文化经济事业之可参观者，余如军政机关及有关国防事业者，悉未记入）。

（一）北碚镇（金刚龙凤两乡在内）

1. 中山文化教育馆
2. 中央研究院动植物研究所
3. 中央研究院气象研究所
4. 中国科学社生物研究所
5. 中国地理研究所
6. 经济部地质调查所
7. 经济部中央工业试验所
8. 北京大学理化研究所
9. 军政部油料研究所
10. 军政部药物研究所
11. 中国西部科学院
12. 世界佛学苑汉藏教理院
13. 江苏医学院及其附属医院
14. 国立国术体育专科学校
15. 国立重庆师范学校
16. 私立上海立信会计学校
17. 私立勉仁中学
18. 私立兼善中学
19. 中国滑翔总会北碚支会
20. 嘉陵江三峡乡村建设实验区署

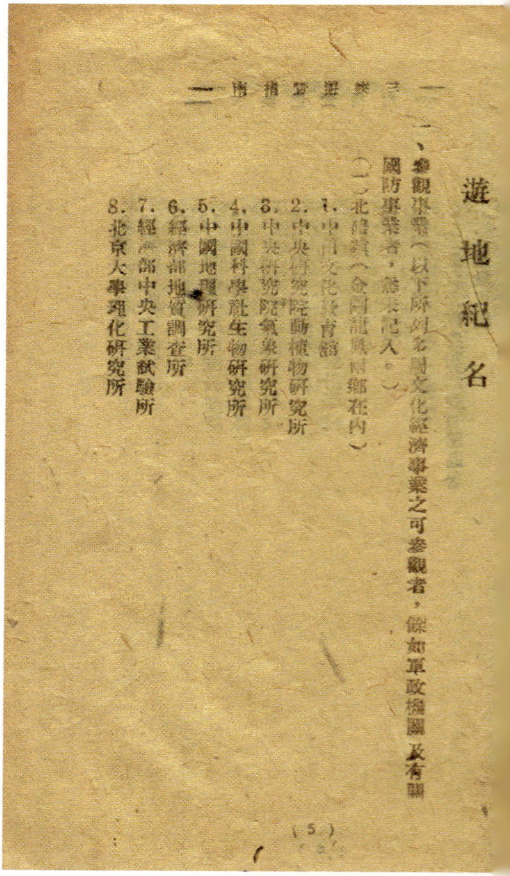

遊地紀名

一、參觀事業（以下所列多屬文化經濟事業之可參觀者，餘如軍政機關及有關國防事業者，悉未記入。）

（一）北碚鎮（金剛龍鳳兩鄉在內）

1. 中山文化教育館
2. 中央研究院動植物研究所
3. 中央研究院氣象研究所
4. 中國科學社生物研究所
5. 中國地理研究所
6. 經濟部地質調查所
7. 經濟部中央工業試驗所
8. 北京大學理化研究所

（5）

21. 民众教育馆
22. 民众图书馆
23. 民众体育场
24. 北碚新运会
25. 三峡实验区卫生所
26. 三峡实验区农业推广所
27. 嘉陵江日报社
28. 北碚月刊社
29. 北碚小学校
30. 迁建区北碚小学
31. 迁建区天星小学
32. 北碚公共电力厂
33. 重庆印刷馆

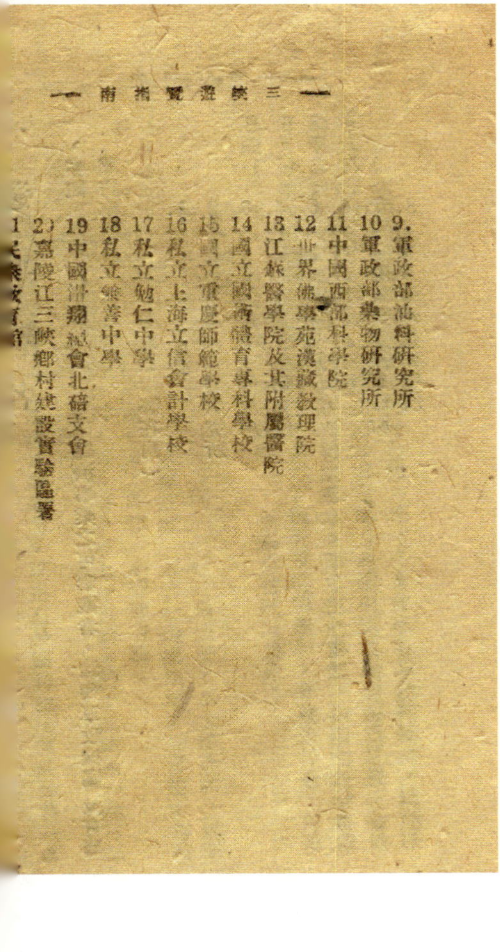
三峽遊覽指南

廿

9. 軍政部油料研究所
10 軍政部藥物研究所
11 中國西部科學院
12 世界佛學苑漢藏教理院
13 江蘇醫學院及其附屬醫院
14 國立國術體育專科學校
15 國立重慶師範學校
16 私立上海立信會計學校
17 私立勉仁中學
18 私立兼善中學
19 中國滑翔總會北碚支會
20 嘉陵江三峽鄉村建設實驗區署
1 民衆教育館

34. 北碚印刷所
35. 大明染织厂
36. 西南麻织厂
37. 协兴三峡染织厂
38. 同心酿造厂
39. 长江制药厂
40. 民利制革厂

（二）黄桷镇（白庙乡在内）

1. 经济部矿冶研究所
2. 经济部中央农业试验所
3. 中国西部科学院测候所
4. 国立复旦大学
5. 私立相伯女中
6. 中振会重庆第三儿童教养院
7. 四川丝业公司北碚制种场
8. 北川铁路
9. 嘉陵煤球厂
10. 三才生炭号
11. 大鑫火砖厂
12. 自然电池厂

—三峽遊覽指南—

23 民衆體育場
24 北碚新運會
25 三峽實驗區衛生所
26 三峽實驗區農業推廣所
27 嘉陵江日報社
28 北碚月刊社
29 北碚小學校
30 遷建區北碚小學
31 遷建區天星小學
32 北碚公共電力廠
33 重慶印刷館
34 北碚印刷所
35 大明染織廠
36 西南蔴織廠

37 協興三峽染織廠

38 同心釀造廠

39 長江製藥廠

40 民利製革廠

（二）黃桷鎮（白廟鄉在內）

1. 經濟部礦冶研究所

2. 經濟部中央農業試驗所

3. 中國西部科學院測候所

4. 國立復旦大學

5. 私立相伯女中

6. 中振會重慶第三兒童教養院

7. 四川絲業公司北碚製種場

8. 北川鐵路

9. 嘉陵煤球廠

10 三才生炭號（[illegible]）
11 大鑫火磚廠
12 自然電池廠
13 廣益化學工廠
14 同利白礬廠
15 江南肥皂廠
16 嘉陵紡紗廠
17 福元襪廠

（三）文星鎮（[illegible]）
1. 天府煤礦公司
2. 華生耐火泥廠（[illegible]）
3. 霍背洞水電廠

（四）二岩鎮（[illegible]）
1. 西山坪農場

2、慈幼院農場

3、復興隆炭廠（甲子洞）

（五）澄江鎮

1、世界紅十字會北泉慈幼院

2、北泉學園

3、寶源煤礦公司

4、燧川煤礦公司

5、義瑞桐林公司

6、廣利肥皂公司

7、渝光電池廠

8、北泉寄萍水電廠

9、北泉麵粉廠

（六）附近各鎮

1、德裕麵場（麻柳坪）

13. 广益化学工厂
14. 同利白矾厂
15. 江南肥皂厂
16. 嘉陵纺纱厂
17. 福元袜厂

（三）文星镇

1. 天府煤矿公司
2. 华生耐火泥厂
3. 霍胥洞水电厂

（四）二岩镇

1. 西山坪农场
2. 慈幼院农场
3. 复兴隆炭厂（甲子洞）

（五）澄江镇

1. 世界红十字会北泉慈幼院
2. 北泉学园
3. 宝源煤矿公司
4. 燧川煤矿公司
5. 义瑞桐林公司
6. 广利肥皂公司
7. 渝光电池厂
8. 北泉寄萍水电厂
9. 北泉面粉厂

（六）附近各镇

1. 德裕垦场（麻柳坪）
2. 富华铁厂（歇马场）
3. 谌敬之铁厂（清平场）
4. 清平铁厂（清平场）
5. 利华玻璃厂（水土沱）
6. 惠利火柴厂（水土沱）
7. 渝北酒厂（水土沱）
8. 石灰厂（观音峡）

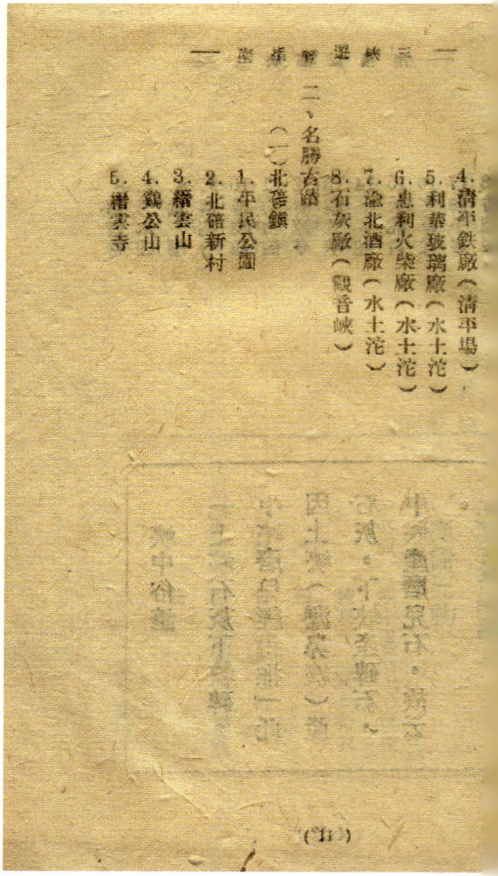
4. 清平鐵廠（清平場）
5. 利華玻璃廠（水土沱）
6. 惠利火柴廠（水土沱）
7. 渝北酒廠（水土沱）
8. 石灰廠（觀音峽）

二、名勝古跡

（一）北碚鎮

1. 平民公園
2. 北碚新村
3. 縉雲山
4. 雞公山
5. [illegible]寺

二、名胜古迹

（一）北碚场

1. 平民公园
2. 北碚新村
3. 缙云山
4. 鸡公山
5. 缙云寺
6. 白云寺
7. 杉木园
8. 黛湖
9. 落英寺
10. 博物馆
11. 动物园

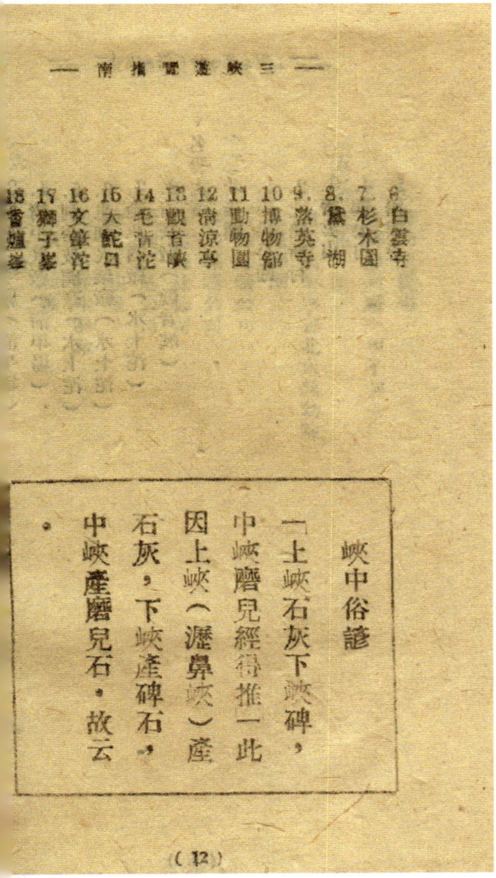
—三峽遊覽指南—

6 白雲寺
7. 杉木園
8. 黛湖
9. 落英寺
10 博物館
11 動物園
12 清涼亭
13 觀音峽
14 毛背沱
16 大沱口
16 文筆沱
17 獅子峯
18 香爐峯

峽中俗諺

「上峽石灰下峽碑，中峽磨兒經得推」此因上峽（瀝鼻峽）產石灰，下峽產碑石，中峽產磨兒石，故云。

（12）

12. 清凉亭
13. 观音峡
14. 毛背沱
15. 大沱口
16. 文笔沱
17. 狮子峰
18. 香炉峰
19. 天生桥
20. 龙凤溪
21. 金刚碑

> **峡中俗谚**
>
> “上峡石灰下峡碑，中峡磨儿经得推。”此因上峡（沥鼻峡）产石灰，下峡产碑石，中峡产磨儿石，故云。

（二）黄桷镇

1. 飞蛾山
2. 干洞子
3. 东阳镇
4. 明家桥

（三）文星场

1. 观音峡

2. 金剑山

3. 白云寺

（四）二岩镇

1. 禅岩寺

2. 天子店

游客到峡随身应备三物

（一）衣服：峡中风起，气候骤寒，宜多带衣服。

（二）皮鞋：天雨须着皮鞋。

（三）电筒：黑夜或游洞须用电筒。

3. 阳侯庙

（五）澄江镇

1. 温泉公园

2. 运河公园

3. 温泉峡

4. 乳花洞

5. 绍龙寺

6. 石华寺

7. 飞来阁

其他

1. 高滩岩瀑布（临江场）

2. 高坑岩瀑布（歇马场）

3. 高山洞瀑布（复兴场）

4. 温泉瀑布（北泉公园）

5. 蓝家洞（兴隆场）

(二)黃桷鎮
2. 乾洞子
3. 東陽鎮
4. 明家橋
(三)文星場
1. 觀音峽
2. 金劍山
3. 白雲寺
(四)二岩鎮
1. 禪岩寺
2. 天子店
應備三物
(一)衣服 峽中風起，氣候驟寒，宜多帶衣服。
(二)皮鞋 天雨須着皮鞋。
(三)電筒 黑夜或遊洞須用電筒。

3. 陽候廟

（五）澄江鎮

1. 溫泉公園
2. 運河公園
3. 溫泉峽
4. 乳花洞
5. 紹龍寺
6. 石華寺
7. 飛來閣

（六）其他

1. 高灘岩瀑布（臨江場）
2. 高抗岩瀑布（歇馬場）
3. 高山洞瀑布（復興場）

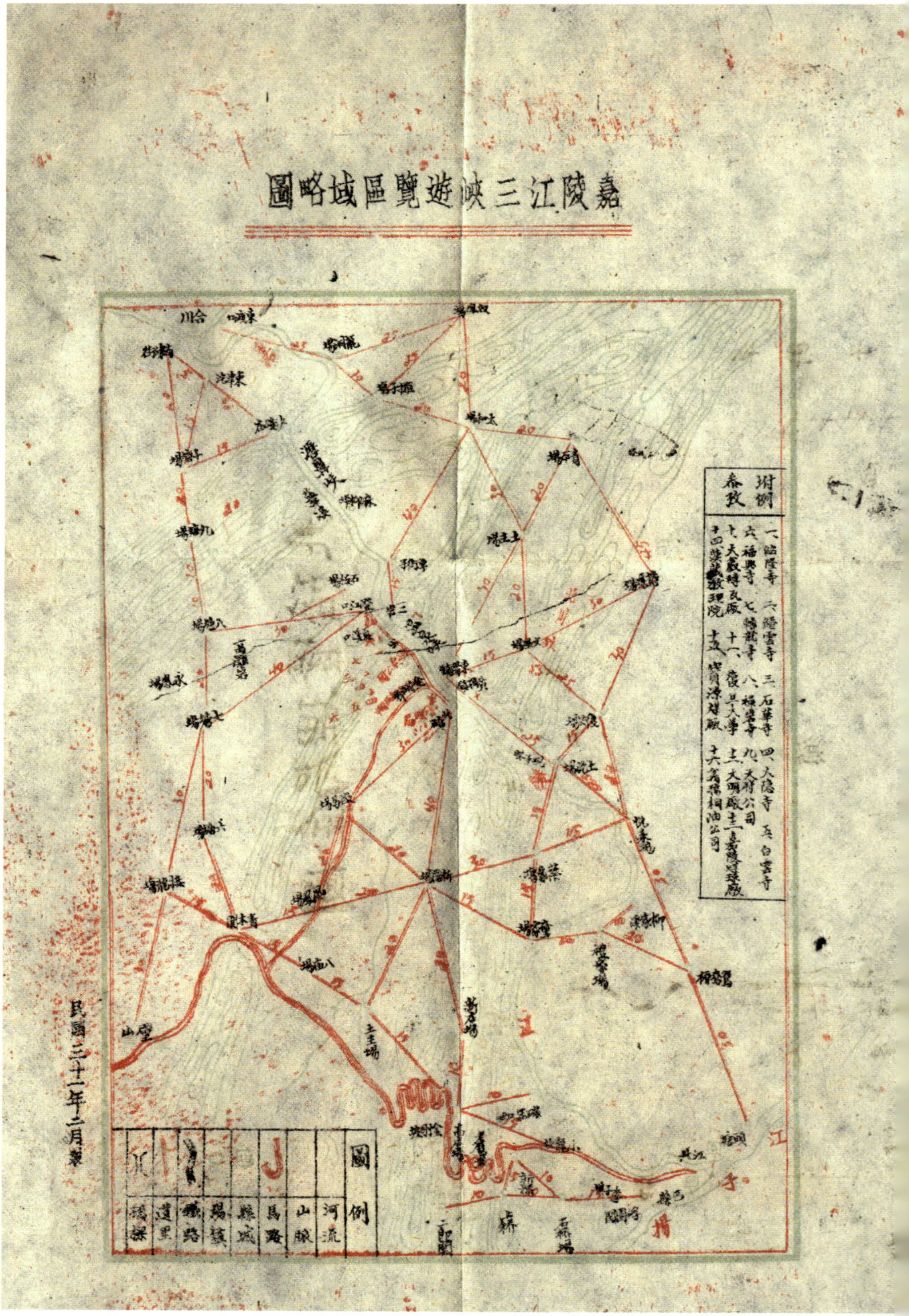
嘉陵江三峡游覽區域略圖
附例
一、紹隆寺
二、縉雲寺
三、石華寺
四、大隱寺
五、白雲寺
六、福興寺
十一、復旦大學
圖例
河流
山脈
馬路
縣城
場鎮
鐵路
道里
橋樑
民國三十一年二月製

北碚新街市圖
比例尺
1:4000
體育場
平民公園

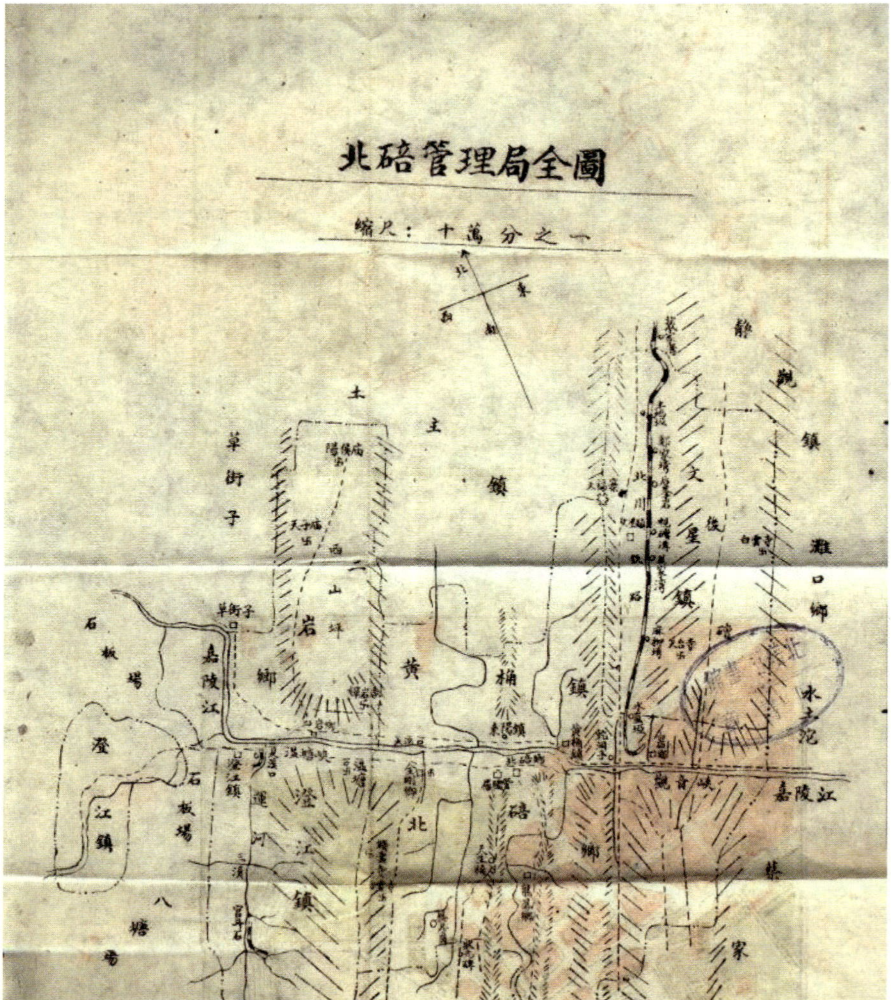
北碚管理局全圖
縮尺：十萬分之一
土主鎮
草街子
静觀鎮
文星鎮
黃桷鎮
嘉陵江
石板場
澄江鎮
北碚鄉
蔡家鄉
歇馬鄉
臨江場
水土沱

名胜概要

一、公园纪略

（一）温泉公园

1. 沿革及现状

嘉陵江温泉公园位于缙云山脉，横渡嘉陵江之断港中，水木明瑟，冠绝川东，游履时至，不自今始。缙云山传为黄帝会药之所，《路史》黄帝有子曰缙云氏，或为此得名之由，惟书简欲阙，文献有难征之叹。嘉陵江乃巴子之故宇，汉族尝沿以入奠于斯土者，此则近世考古家所公认，几为定谳者也。经此断山成峡，削石为峰，至刘宋伽蓝渐起，遗塑尚存，唐宋石刻犹多可考。宋周濂溪，曾讲学经此。至元宪宗以亲攻合川钓鱼城不克，一世之雄，竟崩于今公园中，至是温塘之名，乃更著于正史。旧刹大佛殿为明代遗筑，观音殿成于清同治中，虽岁月不远，然全宇以铁瓦石柱构成，工程伟巨，在今日即百万金亦不能办矣。民国十六年峡防局长卢作孚先生，利其有温泉，以公园事，委之江津邓少琴君筹备，拟布置成一大规模之森林公园，内备极丰富之博物、图书及西部之资料，以作研究中国西部问题之中心处所。开创时卢氏曾亲率峡局职员官兵筑池修路凡三阅月，并派峡局常备兵一队工作约两

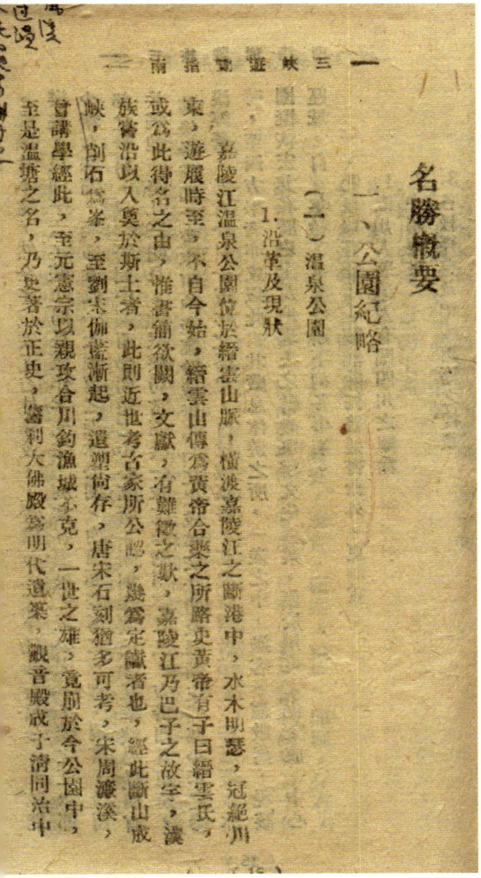
三峽遊覽指南

名勝概要

一、公園紀略

（一）溫泉公園

1. 沿革及現狀

嘉陵江溫泉公園位於縉雲山脈，橫渡嘉陵江之斷港中，水木明瑟，冠絕川東，遊履時至，不自今始，縉雲山傳爲黃帝合藥之所路史黃帝有子曰縉雲氏，或爲此得名之由，惟書簡欲闕，文獻，有難徵之歎，嘉陵江乃巴子之故宇，漢族嘗沿以入奠於斯土者，此則近世考古家所公認，幾爲定讞者也，經此斷山成峽，削石爲峯，至劉宋伽藍漸起，遺塑尚存，唐宋石刻猶多可考，宋周濂溪，曾講學經此，至元憲宗以親攻合川釣漁城不克，一世之雄，竟崩於今公園中，至是溫塘之名，乃更著於正史，舊刹大佛殿爲明代遺築，觀音殿成于清同治中

年之久，方得粗具规模。其后得该园之董事何北衡、郑璧城、康心如、文化成等之扶助及筹备主任邓少琴之惨淡经营，乃有今日十五年之历史。自抗战幕启，其地密迩陪都，行在冠盖休沐时，至四方学者亦咸以此为其藏息休游之所，一岁之中，过客无虑数万。现该园拟恢宏其在历史上及地理上之特征，举办文化事业，使于川东文化上成一中心区域。自本年始，次第举办下列各事业：

（1）北泉图书馆——该馆除备普通书籍外，更侧重：

①四川人著述及有关四川之图籍；

②中医药书；

③各教经典及相关图籍之搜藏。

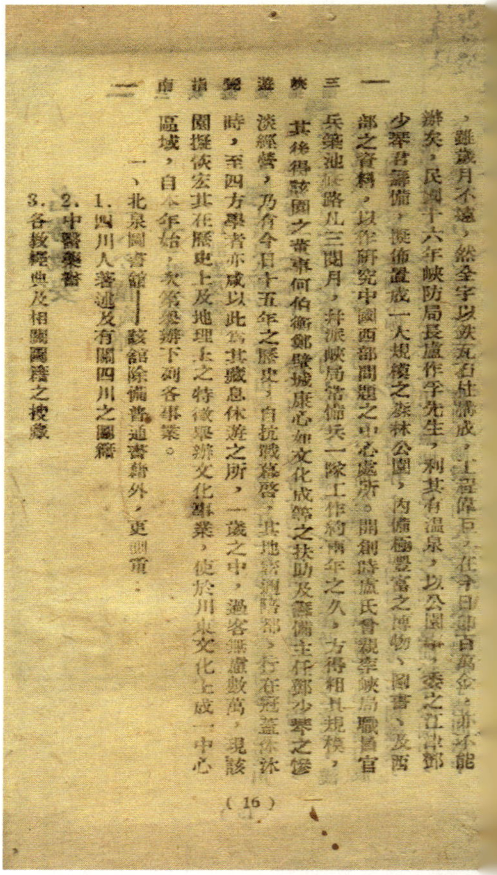

三峽遊覽指南

，雖歲月不遠，然全宇以鐵瓦石柱構成，工程偉巨，在今日非百萬金不能辦矣，民國十六年峽防局長盧作孚先生，利其有溫泉，以公園計，委之江北鄧少琴君籌備，擬佈置成一大規模之森林公園，內備極豐富之博物、圖書、及西部之資料，以作研究中國西部問題之中心處所。開創時盧氏曾親率峽局職員官兵築池修路凡三閱月，并派峽局常備兵一隊工作約兩年之久，方得粗具規模，其後得該園之董事何伯衡鄭壁城康心如文化成等之扶助及籌備主任鄧少琴之慘淡經營，乃有今日十五年之歷史，自抗戰幕啓，其地密邇陪都，行在冠蓋休沐時，至四方學者亦咸以此為其藏息休遊之所，一歲之中，過客無慮數萬，現該園擬恢宏其在歷史上及地理上之特徵舉辦文化事業，使於川東文化上成一中心區域，自本年始，次第舉辦下列各事業。

一、北泉圖書館——該館除備普通書籍外，更側重：

1. 四川人著述及有關四川之圖籍

2. 中醫藥書

3. 各教經典及相關圖籍之搜藏

（16）

（2）北泉博物馆——该馆搜集陈列下列各种物品：

①代表四川文明史之遗物；

②四川各地之风物土产；

③中药之原料及成品；

④各教法物及相关物品。

（3）北泉美术馆——内分书法、国画、西画、图案、刺绣、印刷、金石、雕塑、建筑、模型、城市园林布置等部，已有字画、碑帖、刺绣等数千件。

（4）北泉音乐馆——与北碚中等以上学校合作，现正筹备进行。

（5）北泉体育场——有游泳池、竞舟区、体育场等。

（6）北泉学园——内设幼稚园、小学部及林间学校，小学部于廿七年秋成立，学童约百余人。

（7）巴蜀史地研究所、中药研究所、中国宗教史研究所等，亦准备成立。

2. 风景及建设

（1）园之中央为旧有之温泉寺，乃唐代以前古刹，宋敕赐崇胜禅院，濂溪先生曾留宿有诗。

进门为关圣殿，寺门前设有电报与邮政局及该园之贩卖部，出售糖果书籍，峡区特产及日用品等。

再上为天王殿，中供妙相庄严之接引佛一尊，前有明代浮雕蟠龙香盘一座，高与人齐，精工穿透，玲珑细致，可资鉴赏，左右有明代题咏石刻数种。再进为大雄殿，前有花圃，有戏鱼池，池上跨石桥，古彩斑驳，周绕石栏，可俯看游鱼。

最上为观音殿，殿中竖白衣大士相，雄伟庄严，盖以铁瓦，覆以碧琉璃瓦，日光照射，晶莹夺目，殿下左右，各有温泉涌出，寺后有五代石像数尊。

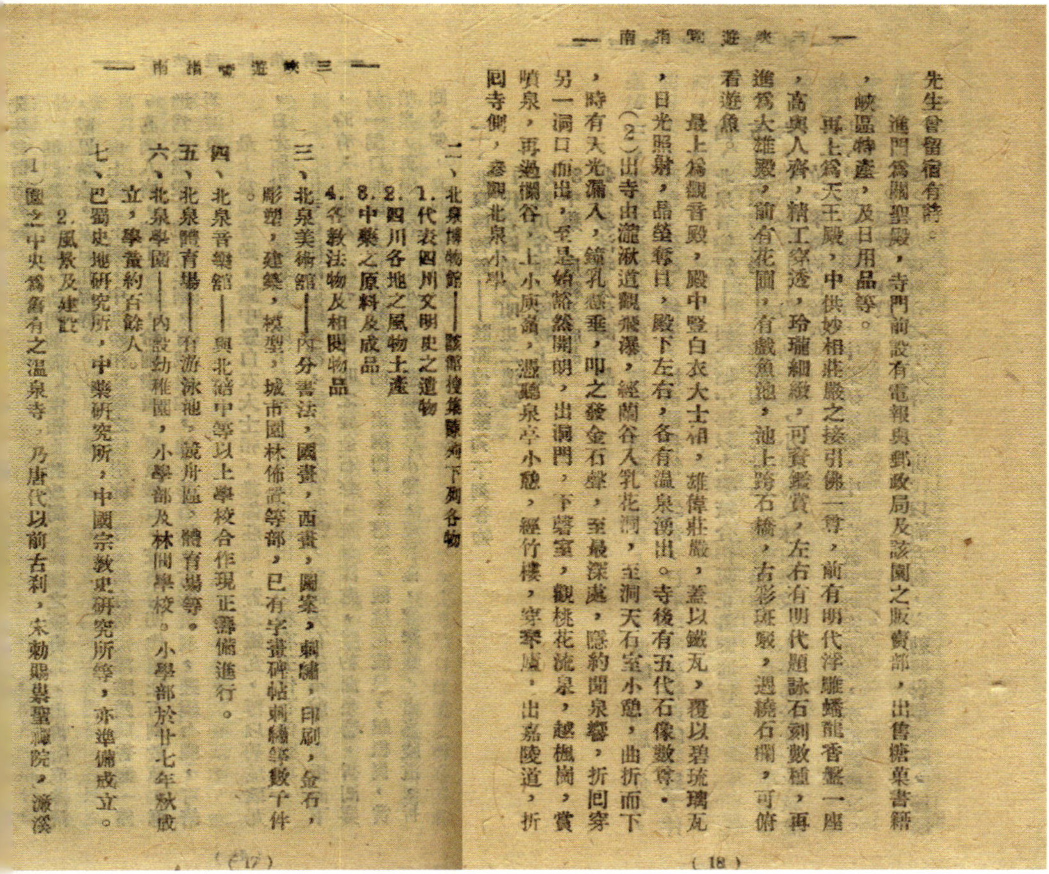

三峽遊覽指南

二、北泉博物館——該館搜集歸類下列各物
1.代表四川文明史之遺物
2.四川各地之風物土產
8.中藥之原料及成品
4.各教法物及相關物品
三、北泉美術館——內分書法，國畫，西畫，圖案，刺繡，印刷，金石，彫塑，建築，模型，城市園林佈置等部，已有字畫碑帖刺繡等數千件。
四、北泉音樂館——與北碚中等以上學校合作現正籌備進行。
五、北泉體育場——有游泳池，競舟區，體育場等。
六、北泉學園——內設幼稚園，小學部及林間學校。小學部於廿七年秋成立，學童約百餘人。
七、巴蜀史地研究所，中藥研究所，中國宗教史研究所等，亦準備成立。
2.風景及建設
（1）園之中央為舊有之溫泉寺，乃唐代以前古刹，宋勅賜崇聖禪院，瀟溪

（17）

三峽遊覽指南

先生曾留宿有詩。
進門為關聖殿，寺門前設有電報與郵政局及該園之販賣部，出售糖菓書籍，峽區特產，及日用品等。
再上為天王殿，中供妙相莊嚴之接引佛一尊，前有明代浮雕蟠龍香盤一座，高與人齊，精工穿透，玲瓏細緻，可資鑑賞，左右有明代題詠石刻數種，再進為大雄殿，前有花圃，有戲魚池，池上跨石橋，古彩斑駁，遇繞石欄，可俯看遊魚。
最上為觀音殿，殿中豎白衣大士相，雄偉莊嚴，蓋以鐵瓦，覆以碧琉璃瓦，日光照射，晶瑩奪目，殿下左右，各有溫泉湧出。寺後有五代石像數尊。
（2）出寺由瀧湫道觀飛瀑，經蘭谷入乳花洞，至洞天石室小憩，曲折而下，時有天光漏入，鐘乳懸垂，叩之發金石聲，至最深處，隱約聞泉響，折回穿另一洞口而出，至是始豁然開朗，出洞門，下磬室，觀桃花流泉，越楓崗，賞噴泉，再過蘭谷，上小庾嶺，憑聽泉亭小憩，經竹樓，穿琴廬，出嘉陵道，折回寺側，參觀北泉小學。

（18）

（2）出寺由泷湫道观飞瀑，经兰谷入乳花洞，至洞天石室小憩，曲折而下，时有天光漏入，钟乳悬垂，叩之发金石声，至最深处，隐约闻泉响，折回穿另一洞口而出，至是始豁然开朗。出洞门，下磬室，观桃花流泉，越枫岗，赏喷泉，再过兰谷，上小庾岭，凭听泉亭小憩，经竹楼，穿琴庐，出嘉陵道，折回寺侧，参观北泉小学。

（3）由寺前桐荫道，经离堆，出垂杨道，浴于就温泉喷口建筑之浣尘浴室，游泳于千顷波游泳池，浴罢整衣啸台，迂道菱亭，登数帆楼，凭濂溪小榭，赏荷观鱼，经长廊，绕农庄，至浅草坪休息。

（4）沿笔柏道，看百花，过塔院，数宋代石像，绕柏林，经翠微道接上山马路，听响泉，小憩长亭畅晚亭，登飞来阁，远望上下峡门，俯视全园风景，穿松林而下，听涛声以归。

（二）平民公园

园在北碚火焰山，山麓有公园路，窄而平坦，路旁植有整齐之苏瑞香，成为短篱夹道，并有法国梧桐，矗立沿路。浓荫载道，游人彳亍其上，几不知有炙炽之盛暑然。路直达园门，园中有动物花卉可供赏玩，有小亭、月台可纳凉赏月，有爱湖、迷园、旁观亭之雅趣，有“之”字路、“弓”字路之曲径通幽。民众教育馆雄踞山巅，动物园有猛兽奇禽可观，博物馆中陈列古代器皿，各地风物，颇值游客注意。山腰有新式洋楼一幢，原为兼善中学教室，现乃中央银行行址，道路纵横穿过其间，东北有清凉亭，“清凉亭”三字，系国府主席林森手题。凭栏俯瞰，江上风光撮入眼帘，斯亭现为旅客服务处报待所。园中有各种花木布为地景，春来满园桃红柳绿，灿烂争妍，蓓蕾怒放，馥郁氤氲，令人飘然。西有古砖砌成之小型露台，可供小憩，于此遥观北碚全景，并可俯视公共体育场上运动员之活跃情形。倘天朗气清，更可仰望缙云九峰，直挺霄汉，鸡冠山如鸣鸡之长颈直伸，有巍然独立之慨。

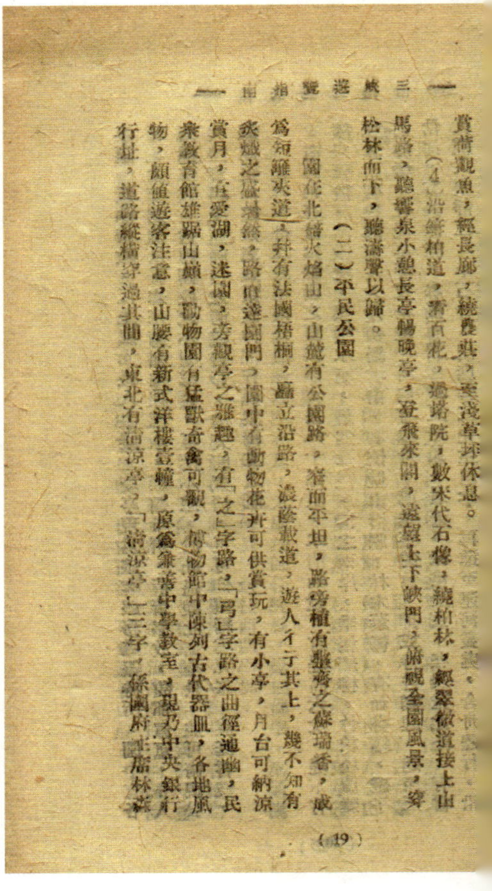
— 三峽遊覽指南 —

賞荷觀魚，經長廊，繞農莊，至淺草坪休息。

（4）沿筆柏道，看百花，過塔院，數宋代石像，繞柏林，經翠微道接上山馬路，聽響泉小憩長亭暢晚亭，登飛來閣，遠望上下峽門，俯視全園風景，穿松林而下，聽濤聲以歸。

（二）平民公園

園在北碚火焰山，山麓有公園路，窄而平坦，路旁植有整齊之蘇瑞香，成為短籬夾道，并有法國梧桐，矗立沿路，濃蔭載道，遊人彳亍其上，幾不知有炎熾之盛暑然，路直達園門，園中有動物花卉可供賞玩，有小亭，月台可納涼賞月，有愛湖，迷園，旁觀亭之雅趣，有「之」字路，「弓」字路之曲徑通幽，民衆教育館雄踞山巔，動物園有猛獸奇禽可觀，博物館中陳列古代器皿，各地風物，頗值遊客注意，山腰有新式洋樓壹幢，原為兼善中學教室，現乃中央銀行行址，道路縱橫穿過其間，東北有清涼亭，「清涼亭」三字，係國府主席林森

（19）

（三）运河公园

运河在璧山县属之夏溪口，长凡十余里，水清如镜，有堤高6丈，堤下有喷泉3股，高数丈，银须水花，最为壮观。河之两岸，垂杨细柳，竹柏松芦杂生，常有白鹭出入，左傍缙云山，右依璧山横脉，林木蓊郁，有如画幅。磴子河岸旁，有浅草坪及花坛，河内有渔舟，或垂竿钓鱼，抑或持罟网鲤。进至三岔河，有一沙滩，水浅而洁，澄夏居民，

暑天多沐浴于兹。在岩壁之上，有当代闻人张静江、李石曾、胡庶华 3 先生题字。再进至运河尽处，舍舟陆行，沿运煤之轻便铁路至双河口，参观宝源新式煤厂，于此告终，可寻原径而返也。

二、古寺纪要

（一）缙云寺

寺前有古寨门，左为洛阳桥，苔藓重封，稍上有宋代古坊，上书敕赐“迦叶道场”四字，皆在参天古木浓荫中。进门为天王殿，有古石像 3 尊，神采奕奕，六朝物也。再进为大佛殿，殿前有蟠龙敕赐碑。由寺左上山后，穿茂林，看参天古树，可千数百步，天风飒然，松涛怒吼有声，北望华蓥，南望歌乐、真武诸山，指顾可数也。

寺内有世界佛学苑汉藏教理院在焉，太虚法师任院长，提倡佛学，沟通汉藏教理，联络汉藏情感，开班训练学僧，择优异者送往西藏学佛。

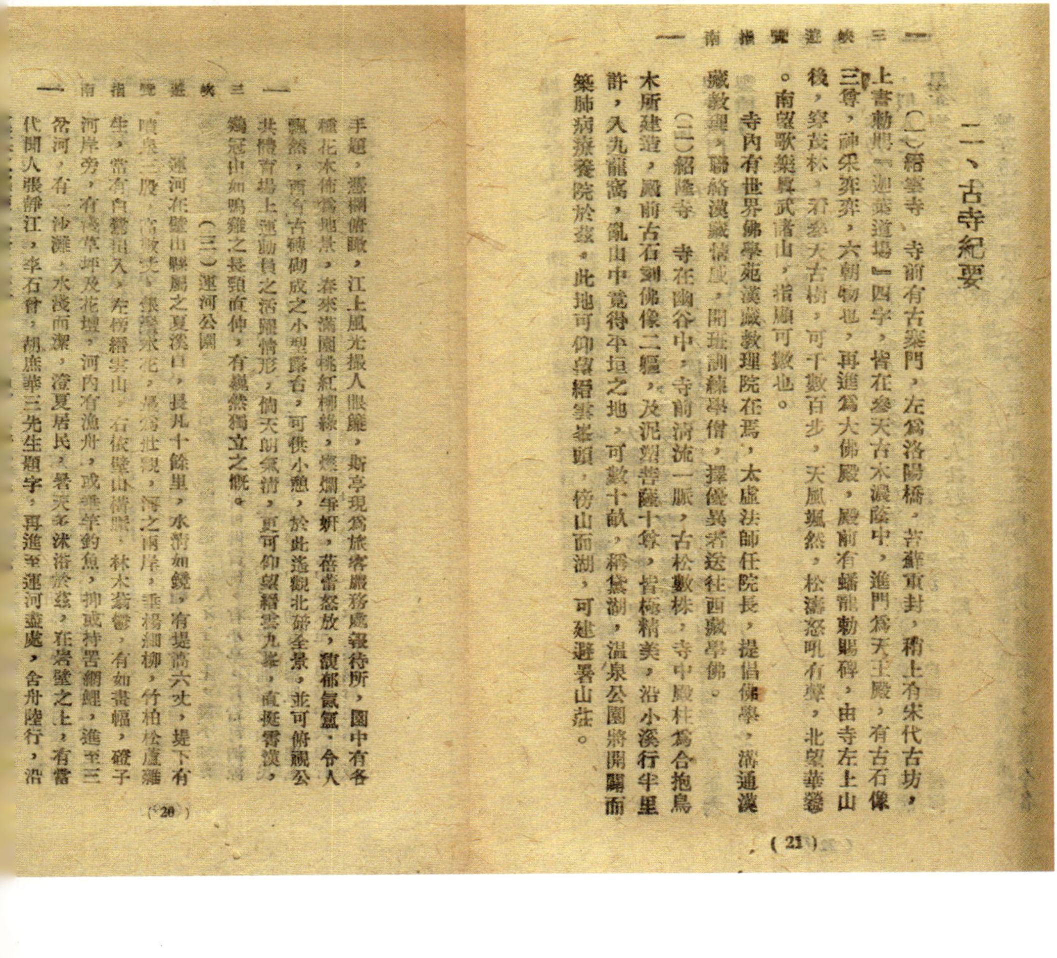

（二）绍隆寺

寺在幽谷中，寺前清流1脉，古松数株，寺中殿柱为合抱乌木所建造，殿前古石刻佛像2躯，及泥塑菩萨10尊，皆极精美。沿小溪行半里许，入九龙窝，乱山中竟得平坦之地，可数十亩，称黛湖，温泉公园将开辟而筑肺病疗养院于兹。此地可仰望缙云峰头，傍山面湖，可建避暑山庄。

该寺现为北泉慈幼院院址，该院收容战区儿童约500余人。

（三）石华寺

寺以石笋得名，石大数百围，高数百尺，寺前有古桂树，数百年物也。寺右五峰攒聚若笔架，缙云山峰以此为最嵯峨。

（四）禅岩寺

寺在温泉公园对岸二岩镇属西山坪之山腹，背倚绝岩，正对观音峡门，竹树茂密，殿宇两重，亦颇庄严。寺前可看四川丝业公司之桑园及制种场，寺侧可俯看温泉公园全景。

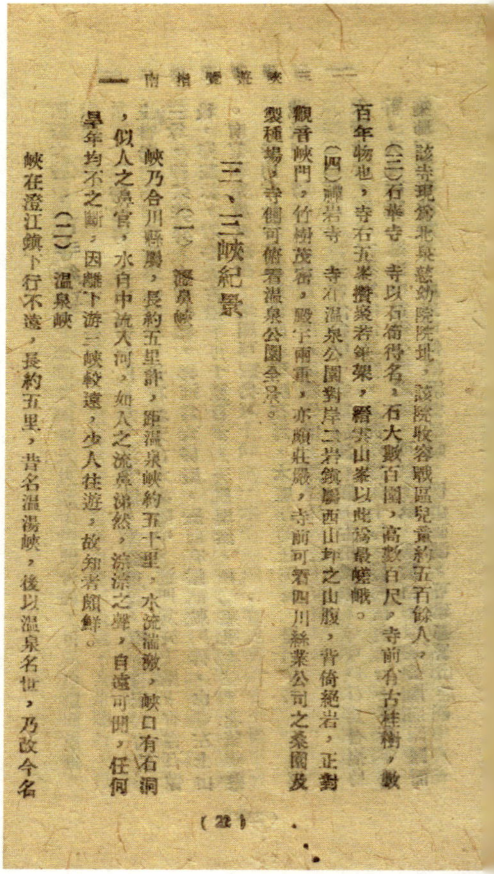
三峽遊覽指南

該寺現爲北泉慈幼院院址，該院收容戰區兒童約五百餘人。

（三）石華寺　寺以石筍得名，石大數百圍，高數百尺，寺前有古桂樹，數百年物也，寺右五峯攢聚若筆架，縉雲山峯以此爲最嵯峨。

（四）禪岩寺　寺在溫泉公園對岸二岩鎭屬西山坪之山腹，背倚絕岩，正對觀音峽門，竹樹茂密，殿宇兩重，亦頗莊嚴，寺前可看四川絲業公司之桑園及製種場，寺側可俯看溫泉公園全景。

三、三峽紀景

（一）瀝鼻峽

峽乃合川縣屬，長約五里許，距溫泉峽約五十里，水流湍激，峽口有石洞，似人之鼻官，水自中流入河，如人之流鼻涕然，淙淙之聲，自遠可聞，任何旱年均不之斷，因離下游三峽較遠，少人往遊，故知者頗鮮。

（二）溫泉峽

峽在澄江鎭下行不遠，長約五里，昔名溫湯峽，後以溫泉名世，乃改今名

（22）

三、三峡纪景

（一）沥鼻峡

峡乃合川县属，长约5里许，距温泉峡约50里，水流湍激。峡口有石洞，似人之鼻官，水自中流入河，如人之流鼻涕然，淙淙之声，自远可闻，任何旱年均不之断，因离下游三峡较远，少人往游，故知者颇鲜。

（二）温泉峡

峡在澄江镇下行不远，长约5里，昔名温汤峡，后以温泉名世，乃改今名。两岩山势幽深秀峭，古松虬蟠，值月朗风来，则松韵泉声互答，冷冷然直泛江波，每当夏秋江水大涨，经此之船只甚为危险。

（三）观音峡

峡与温泉峡相距15里，中隔北碚，两岩石壁数仞，左有龙洞高2丈许，深不可测，洞中泉水潺潺，分3道下流，名三分水洞，飕飕有风，阴冷不可近。春夏水涨，洞口淹没，艇不敢行。峭壁悬岩，多瀑布，溅玉飞云，直注江湍，

半壁于蜀汉时凿有匾路，若栈道，水涨峡难行舟，则登岸行匾路而出。

四、名山纪游

（一）缙云山

山势高耸，林木郁茂，紧接璧山县界，高数万仞，下有泉水，东西分流，温冷各异。传云黄帝于此合丹，故得此名以纪之。《舆地纪胜》谓之巴山，在巴县西南 130 里，有九峰，其中二峰最秀，一名香炉，一名狮子。左接鱼鹿峡入涪江，右入江津县界华蓥峰，达于岷江，横亘 200 余里。明万历间建寺于上，梵宇幽静，明大学士王应熊曾读书于此。

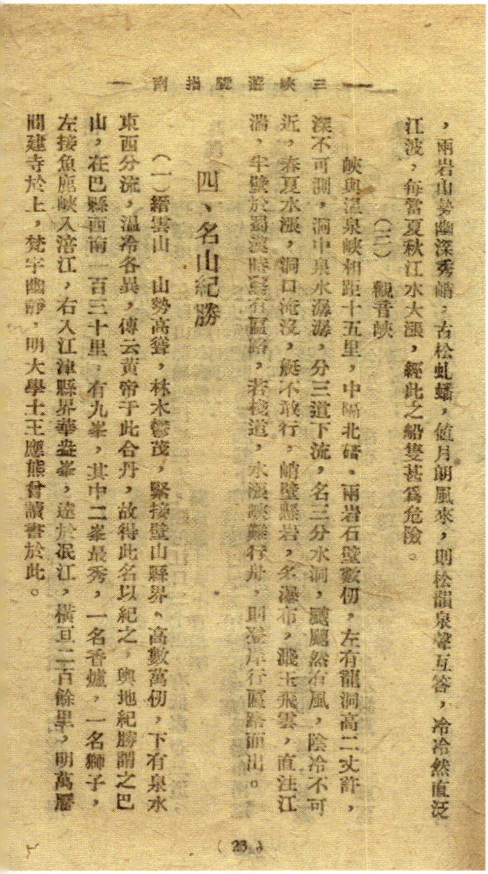

—三峽遊覽指南—

，兩岩山勢幽深秀峭，古松虬蟠，值月朗風來，則松韻泉聲互答，冷冷然直泛江波，每當夏秋江水大漲，經此之船隻甚爲危險。

（三）觀音峽

峽與溫泉峽相距十五里，中隔北碚。兩岩石壁數仞，左有龍洞高二丈許，深不可測，洞中泉水潺潺，分三道下流，名三分水洞，颼颼然有風，陰冷不可近，春夏水漲，洞口淹沒，艇不敢行，峭壁懸岩，多瀑布，濺玉飛雲，直注江濤，半壁於蜀漢時嘗有匾路，若棧道，水漲峽難行舟，則登岸行匾路而出。

四、名山紀勝

（一）縉雲山　山勢高聳，林木鬱茂，緊接璧山縣界，高數萬仞，下有泉水東西分流，溫冷各異，傳云黃帝于此合丹，故得此名以紀之，輿地紀勝謂之巴山，在巴縣西南一百三十里，有九峯，其中二峯最秀，一名香爐，一名獅子，左接魚鹿峽入涪江，右入江津縣界華蓥峯，達於泯江，橫亘二百餘里，明萬曆間建寺於上，梵宇幽靜，明大學士王應熊嘗讀書於此。

（23）

（二）金剑山

山在北碚数十里外，近接江北县属之文星镇，脉出虎峰，层峦高耸，旁绕竹兰，上有龙神垭。

五、瀑布纪实

（一）高滩岩

在璧山县属临江场地方，距澄江口 20 里，有低瀑布 3 道，高瀑布 1 道，水力约 400 匹马力。

（二）高坑岩

在巴县歇马场属磨滩下游，距北碚 20 余里，有低瀑布 2 道，高瀑布 1 道，水力约 500 匹马力。

（三）高山洞

在江北县属复兴场，距北碚约 80 里，有高瀑布 1 道，约数百匹马力。

（四）温泉瀑

北温泉公园有低瀑布 1 道，在乳花洞侧，泉水溅溅，如细雨濛濛，热气喷起，有如云烟密布，约有十数匹马力。

六、滩险纪名

嘉陵江上险滩多，自重庆而上至合川县交接之处，凡廿余滩，颇值吾人注意！

红沙碛——枯水危险

飞缆子——枯水危险
猪儿石——枯水危险
黑羊石——枯水危险
蹇家梁——大水危险
小鸡冠——枯水危险
大鸡冠——枯水危险
厉　滩——枯水危险
挞靶石——大水危险
烂泥湾——枯水危险
秤杆碛——大小水俱平
毛背沱——大水有大漩极险
北碚檫——中冒盘水极险
础石滩——大小水俱平
大沱口——大水有大漩极险
二郎滩——枯水大险
虬门滩——枯水危险
镬梁滩——大水极险
照镜滩——枯水危险
卷耳子——枯水危险

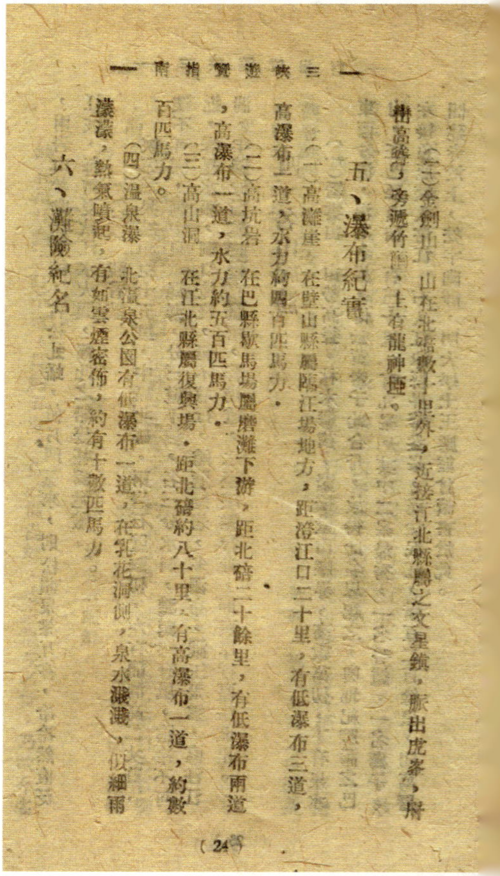

(十三)金劍山　山在北碚數十里外，近接江北縣屬之文星鎮，脈出虎峯，附樹高聳，秀麗[illegible]，上有龍神廟。

五、瀑布紀實

(一)高灘岩　在璧山縣屬隔江場地方，距澄江口二十里，有低瀑布三道，高瀑布一道，水力約兩百匹馬力。

(二)高坑岩　在巴縣歇馬場磨灘下游，距北碚二十餘里，有低瀑布兩道，高瀑布一道，水力約五百匹馬力。

(三)高山洞　在江北縣屬復興場，距北碚約八十里，有高瀑布一道，約數百匹馬力。

(四)溫泉瀑　北溫泉公園有低瀑布一道，在乳花洞側，泉水濺濺，似細雨濛濛，熱氣噴起，有如雲煙密佈，約有十數匹馬力。

六、灘險紀名

嘉陵江上險灘多，自重慶而上至合川縣交接之處，凡廿餘灘，頗值吾人注意——

紅沙磧—枯水危險　　飛纜子—枯水危險

豬兒石—枯水危險　　黑羊石—枯水危險

蹇家樑—大水危險　　小雞冠—枯水危險

大雞冠—枯水危險　　厲　灘—枯水危險

撻鈀石—大水危險　　爛泥灣—枯水危險

秤桿磧—大小水俱平　　毛背沱—大水有大漩極險

北碚樑—中冒盤水極險　　礎石灘—大小有俱平

大港口—大水有大漩極險　　二郎灘—枯水大險

虬門灘—枯水危險　　鐵樑灘—大水極險

照鏡灘—枯水危險　　捲耳子—枯水危險

游客须知

一、舟车

（一）三峡实验区木船价目表

木船起迄地点	搭船价目	包船（以元为单位）
横江		
北碚到黄桷树、东阳镇	0.30	2.00
二岩到温泉	0.40	2.50
白庙子到何家嘴、月亮石	0.40	3.00
上下水		
澄江口到北碚场、东阳镇	1.00	9.00
温泉到金刚碑	0.40	3.00
二岩到金刚碑	0.50	3.50
温泉到北碚场、东阳镇	0.70	6.00
金刚碑到北碚场、东阳镇	0.50	5.00
北碚到白庙子	0.50	5.00
大沱口到北碚场、黄桷树	0.50	5.00
黄桷镇到白庙子	0.50	5.00
温泉到澄江口	0.50	5.00
备注		

（1）以段数计算不分上下水每段 1.4 元（每 30 里为一段，包船每段每只能容 15 人者给价 14 元，能容 20 人者给价 20 元，能容 25 人以上者给价 24 元。合川至沙溪庙为一段，沙溪庙至草街子为一段，草街子至北碚为一段，北碚至土沱为一段，土沱至悦来场为一段，悦来场至童家溪为一段，童家溪至磁器口为一段，磁器口至重庆为一段。若不满一段，在区内乘船则按照上列表内规定给价，区外则按照里程远近给价）。

（2）横江每船以载 8 人为限，区内船只载客以 10 人为限。

（3）顺江载客以划定保险线为限，不得超过。

（4）如遇洪水涨过水表二丈一时照公布价格增加一半。

（5）如购来回票者以九折给价。

（6）希望各旅客注意按照规定给费，如发生问题随即报知保安警察队各派出所或镇公所以资实行。

（7）本规则必用木牌张贴悬挂，倘有损坏请求更换，取工本费 1 角，若隐藏不露者罚金 9 元。

（8）违背本规则者，查出后照所得加 5 倍处罚，此项罚金以三分之一作举发人奖金，三分之一作该同业公会办公费用，三分之一作公益费。

嘉陵江三峡乡村建设实验区署印布

三十一年一月一日

（二）三峡实验区北碚包车价目表

起迄（由民众马路到达地点）	里程	价目
魏家湾	1	0.60
新村车站	2	1.00
天生桥	5	2.00
高石坎	6	2.40
双柏树	10	4.00
状元碑	13	6.00
独石桥	20	8.00
歇马场	30	12.00
小湾	40	16.00
许家小院	40	16.00
青木关	60	24.00
备注		

（1）如购来回票者以九折给价。

（2）客人搭行李不得超过 50 市斤。

（3）希望各旅客注意按照规定给价，如发生问题随即报知保安警察队各派出所或镇公所以资实行。

（4）本规则必用木牌张贴悬挂，倘有损坏请求更换，取工本费 1 角，若隐藏不露者罚金 5 元。

（5）违背本规则者，查出后照所得加 5 倍处罚，此项罚金以三分之一作举发人奖金，三分之一作该同业公会办公费用，三分之一作公益费。

嘉陵江三峡乡村建设实验区署印布

三十一年一月一日

（三）三峡实验区北碚滑竿力资价目表

起迄（由北碚到达地点）	里程	价目（以元为单位）
火焰山	1	0.80
黑龙江路	1	0.80
吉林路	1	0.80
新村	2	1.20
新村车站	2	1.50
石院墙	2	1.60
龙凤山	5	4.00
天生桥	5	4.00
龙岗	6	5.00
金刚碑	6	5.00
双柏树	10	6.00
温泉	10	8.00
水岚垭	10	9.00
缙云寺	14	16.00
温泉到缙云寺	10	8.00
绍隆寺	15	12.00
状元碑	13	10.00
文星场	16	13.00
夏溪口	20	16.00
龙居寺	25	20.00
歇马场	30	24.00
蔡家场	30	24.00
草街子	30	24.00
土沱	30	24.00
士主场	30	24.00
西山坪	30	24.00
兴隆场	40	32.00
清平场	50	40.00

续表

起迄（由北碚到达地点）	里程	价目（以元为单位）
静观场	五〇	40.00
青木关	六〇	45.00
备注		

（1）如购来回票者以九折给价。

（2）客人搭行李不得超过 50 市斤。

（3)希望各旅客注意按照规定给费,如发生问题随即报知保安警察队、各派出所或镇公所以资实行。

（4）本规则必用木牌张贴悬挂，倘有损坏请求更换，取工本费 1 角，若隐藏不露者罚金 3 元。

（5）违背本规则者，查出后照所得加 5 倍处罚，此项罚金以三分之一作举发人奖金，三分之一作该同业公会办公费用，三分之一作公益费。

嘉陵江三峡乡村建设实验区署印布

三十一年一月一日

二、食宿

（一）宿舍

（1）北碚有兼善公寓、嘉陵大宾馆、西南茶旅社、北碚公寓、庆丰几个较大之旅馆，房间收费由 4 元至 25 元不等，饭食另计。兼善、嘉陵均附设有浴室餐厅，游客当更称便。兼善公寓乃兼善中学所主办，其盈余悉为文化基金，非一般以营利为目的者可比。

（2）温泉公园有柏林、数帆楼、花好楼、农庄、琴庐、磬室、龙居等住宿房舍，来宾到时，可直向宿舍部交涉，价目不等，特等每日每室有收费 25 元者，最低为 5 元，饭食在外。

此外另有种种为游客之设置，介绍如下：

①图书馆: 有万有文库第一、二集,四库全书珍本,四部备要,丛书集成,四部丛刊等，共计 3 万余册，报纸杂志数十种。

②游艺室：有球类 , 有棋类等室内游戏器具出租，以供客人消遣。

③摄影部：为客人垂留纪念。

④洗浆部：为客人洗濯衣服。

⑤住宅区：在后山松林公园建有住宅 10 余栋可租赁。

⑥北泉医院：在后山松林新宅，正招租合办。

⑦游览艇：每半小时由温泉、北碚两地各开船 1 次，每小时由温泉、澄江镇两地各开船 1 次。

遊客須知

一、舟車

（一）三峽實驗區木船價目表

價目（以元為單位）

木船起迄地點		搭船	包船
橫江	北碚到黃桷樹 東陽鎮	三〇	二·〇〇
	二岩到溫泉	四〇	二·五〇
	白廟子到何家嘴 月亮石	四〇	三·〇〇
上下水	澄江口到北碚場 東陽鎮	一·〇〇	九·〇〇
	溫泉到金剛碑	四〇	三·〇〇

二岩到金剛碑	五〇	三·五〇
溫泉到北碚場 東陽鎮	七〇	六·〇〇
金剛碑到北碚場 東陽鎮	五〇	五·〇〇
北碚到白廟子	五〇	五·〇〇
大沱口到北碚場 黃桷樹	五〇	五·〇〇
黃桷鎮到白廟子	五〇	五·〇〇
溫泉到澄江口	五〇	五·〇〇

備註

(1)以段數計算不分上下水每段一元四角（每三十里爲一段包船每段每隻能容十五人者給價十四元能容二十八者給價二十元能容廿五人以上者給價廿四元合川至沙溪廟爲一段沙溪廟至草街子爲一段草街子至北碚爲一段北碚至土沱爲一段土沱至悅來場爲一段悅來場至童家溪爲一段童家溪至瓷器口爲一段瓷器口至重慶爲一段若不滿一段在區內乘船則按照上列表內規定給價區外則按照里程遠近給價

三峽遊覽指南

（2）橫江每船以載八人爲限區內船隻載客以十八爲限
（3）順江載客以劃定保險線爲限不得超過
（4）如遇洪水漲滿水表二丈一時照公佈價格增加一半
（5）如購來回票者以九折給價
（6）希望各旅客注意按照規定給費如發生問題隨卽報知保安警察隊各派出所或鎮公所以資實行
（7）本規則必用木牌張貼懸掛倘有損壞請求更換取工本費一角若隱藏不露者罰金九元
（8）違背本規則者查出後照所得加五倍處罰此項罰金以三分之一作舉發人獎金三分之一作該同業公會辦公費用三分之一作公益費

嘉陵江三峽鄉村建設實驗區署印佈　三十一年一月一日

（二）三峽實驗區北碚包車價目表

起迄（由民衆馬路到達地點）	里程	價目
魏家灣	一	六〇

新村車站	二	一.〇〇
天生橋	五	二.〇〇
高石坎	六	二.四〇
雙柏樹	一〇	四.〇〇
狀元碑	一三	六.〇〇
獨石橋	二〇	八.〇〇
歇馬場	三〇	一二.〇〇
小灣	四〇	一六.〇〇
許家小院	四〇	一六.〇〇
青木關	六〇	二四.〇〇

備註

1、如購來回票者以九折給價
2、客人搭行李不得超過五十市斤
3、希望各旅客注意按照規定給價如發生問題隨即報知保安警察隊各派出所

或鎮公所以資實行

4、本規則必用木牌張貼懸掛倘有損壞請求更換取工本費一角若隱藏不露者罰金五元

5、違背本規則者查出後照所得加五倍處罰此項罰金以三分之一作舉發人獎金三分之一作該同業公會辦公費用三分之一作公益費

嘉陵江三峽鄉村建設實驗區署印佈　三十一年一月一日

（三）三峽實驗區北碚滑竿力資價目表

起迄到達地點（由北碚）	里程	價目（以元為單位）
火焰山	一	八○
黑龍江路	一	八○
吉林路	一	八○
新村	二	一.二○
新村車站	二	一.五○

石院牆	二	一.六〇
龍鳳山	五	四.〇〇
天生橋	五	四.〇〇
龍崗	六	五.〇〇
金剛碑	六	五.〇〇
雙柏樹	一〇	六.〇〇
温泉	一〇	八.〇〇
水嵐埡	一〇	九.〇〇
縉雲寺	一四	一六.〇〇
温泉到縉雲寺	一〇	八.〇〇
紹隆寺	一五	一二.〇〇
狀元碑	一三	一〇.〇〇
文星場	一六	一三.〇〇
夏溪口	二〇	一六.〇〇

龍居寺	二五	一〇.〇〇
歇馬場	三〇	二四.〇〇
蔡家場	三〇	二四.〇〇
草街子	三〇	二四.〇〇
土沱	三〇	二四.〇〇
土主場	三〇	二四.〇〇
西山坪	三〇	二四.〇〇
興隆場	四〇	二四.〇〇
清平場	五〇	三二.〇〇
靜觀場	五〇	四〇.〇〇
青木關	六〇	四五.〇〇

備註
（1）如購來回票者以九折給價
（2）客入搭行李不得超過五十市斤

（3）希望各旅客注意按照規定給費如發生問題隨即報知保安警察隊各派出所或鎮公所以資實行

（4）本規則必用木牌張貼懸掛倘有損壞請求更換取工本費一角若隱藏不露者罰金三元

（5）違背本規則者查出後照所得加五倍處罰此項罰金以三分之一作舉發人獎金三分之一作該同業公會辦公費用三分之一作公益費

嘉陵江三峽鄉村建設實驗區署印佈　三十一年一月一日

一、食宿

（一）宿舍

1.北碚有兼善公寓，嘉陵大賓館，西南茶旅社，北碚公寓，慶豐，幾個較大之旅館，房間收費由四元至廿五元不等，飯食另計，兼善，嘉陵均附設有浴室餐廳。遊客當更稱便。兼善公寓乃兼善中學所主辦，其盈餘悉為文化基金，非一般以營利為目的者可比。

⑧电灯：全园均安设有电灯。

（二）浴费

①北碚兼善公寓及嘉陵宾馆均附设有浴室，设备完善。每人浴费，磁盆 5 元，汀盆 4 元。

②温泉澡塘现分两种，单人浴室，每位收费 1 元，三角池，每人 1 元，露天游泳池，每位 8 角，备有游泳衣裤，不另取费。

（三）饭店

（1）北碚之饭店极多，价目不一。食品味道最佳者为兼善餐厅、滋美楼、小洞天、松鹤楼、半亩园，次为庆丰、南京三六九等。

（2）温泉公园内设有中餐堂，聘有优良烹饪厨师，定制荤素饭食及面食品，并能包席桌。并有精诚西餐堂，西菜每份最高 17 元，最低 4 元。

此外设有北泉消费合作社，凡生活必需品，如米、油、盐、糖……专供给园内住客及游人。

三、像馆

北碚计有千秋、皇宫、天鹅、真善美、新艺、嘉陵 6 家。

四、书店

北碚计有正华、自力、建国、华中图书公司、中国文化服务社、北新、新新 7 家。

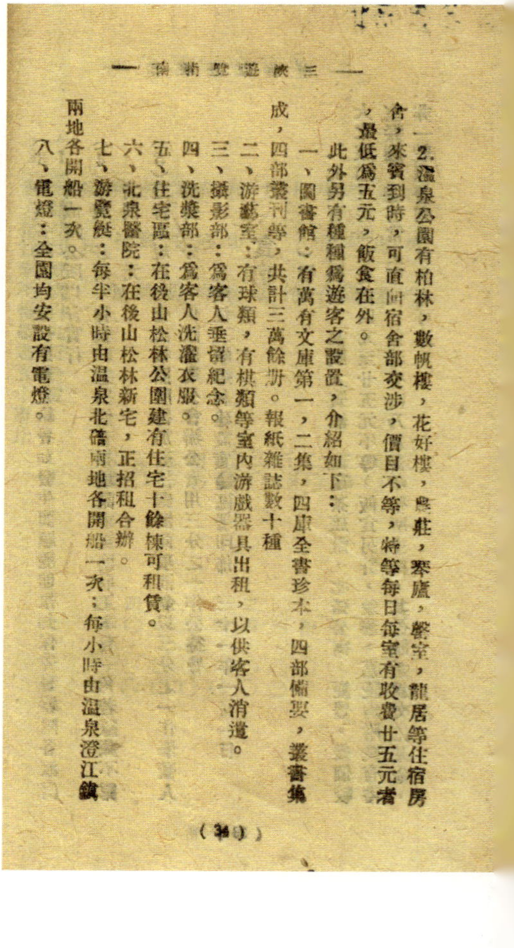
— 三峽遊覽指南 —

2.溫泉公園有柏林，數帆樓，花好樓，農莊，琴廬，磐室，龍居等住宿房舍，來賓到時，可直向宿舍部交涉，價目不等，特等每日每室有收費廿五元者，最低爲五元，飯食在外。

此外另有種種爲遊客之設置，介紹如下：

一、圖書館：有萬有文庫第一，二集，四庫全書珍本，四部備要，叢書集成，四部叢刊等，共計三萬餘册。報紙雜誌數十種

二、游藝室：有球類，有棋類等室內游戲器具出租，以供客人消遣。

三、攝影部：爲客人垂留紀念。

四、洗漿部：爲客人洗濯衣服。

五、住宅區：在後山松林公園建有住宅十餘棟可租賃。

六、北泉醫院：在後山松林新宅，正招租合辦。

七、游覽艇：每半小時由溫泉北碚兩地各開船一次；每小時由溫泉澄江鎮兩地各開船一次。

八、電燈：全園均安設有電燈。

（34）

（二）浴費

1.北碚兼善公寓及嘉陵賓館均附設有浴室、設備完善、每人浴費、磁盆五元、浮盆四元。

2.溫泉澡塘現分兩種，單人浴室，每位收費一元，三角池每人一元露天游泳池每位八角備有游泳衣褲，不另取費。

（三）飯店

1.北碚之飯店極多，價目不一，食品味道最佳者爲兼善餐廳，滋美樓，小洞天，松鶴樓，半畝園，次爲慶豐，南京三六九等。

2.溫泉公園內設有中餐堂，聘有優良烹飪廚司，定製葷素飯食及麵食品，幷能包席桌，幷有精誠西餐堂，西菜每份最高十七元，最低四元。

此外設有北泉消費合作社，凡生活必需品如米油鹽，糖……專供給園內住客及遊人。

二、像館

物产名录

一、食品

品类	产地
水磨面	温泉公园张海水磨面厂
新法改良面	水土沱麦香村面厂
干菌	西山坪
鲜笋	东西两山
鲜鱼	嘉陵江

二、饮料

缙云甜茶	缙云山
香露名酒	水土沱桃源村酒厂
乾酒	璧山县
渝北酒	江北县水土沱

三、艺园

菜蔬	三峡间沿江两岸
地瓜	三峡间沿江两岸
花生	三峡间沿江两岸
柚子	左家乐园
广柑	左家乐园
苹果	杜家街果园
葡萄	杜家街果园
西瓜	中国西部科学院西山坪农场、温泉公园杉木园农场
菊花	温泉公园
河南草	温泉公园

四季柑	温泉公园
草本花	温泉公园
木本花	温泉公园及静观场各园林

四、林木

松木	三峡各山地
杉木	三峡各山地
柏木	三峡各山地
水竹	三峡中各小溪沿岸
平竹	缙云山
刺竹	缙云山
苦竹	缙云山
斑竹	三峡各地
南竹	三峡各地
慈竹	三峡各地

五、药物

栀子（药用及染色用）	缙云山
桦叶（造纸用）	缙云山
蝉花	三峡各地
枳壳（药用）	三峡各地
天生黄（药用）	观音峡
巴豆	麻柳坪、草街子等地
大力子（牛蒡子）	黄桷树

六、矿产

炭	文星镇刘家漕天府煤矿公司及三峡各煤窑
石灰	观音峡、沥鼻峡
铁	三峡均产
白矾	黄桷树
滑石	文星场

七、工艺

碗	翁家沟龙潭漕
磨石	温泉峡
碑石	观音峡
咸水石	观音峡

砚石	沥鼻峡
玻璃	杨柳坝
各种干电池	文笔沱自然电厂
草纸	三峡中各纸厂
白纸	璧山县
沿边纸	草街子
麦辫草帽	兴隆场
草鞋	静观场
捆篾	北碚场
牵藤	北碚河家嘴
布	璧山县
各色阴丹士麻布	大明染织工厂
三峡呢、大衣呢、太阳呢	大明染织工厂
宽布	大明染织工厂
线毯、毛巾	大明染织工厂
新式洋袜	大明染织工厂
各种布匹	协兴染织厂及西南麻织厂

北碚計有千秋，皇宮，天鵝，眞善美，新藝，嘉陵六家。

三、書店

北碚計有正華，自力，建國，華中圖書公司，中國文化服務社，北新，新新七家。

物產名錄

一、食品

品名	產地
水磨麵	溫泉公園張海水磨麵廠
新法改良麵	水土沱麥香村麵廠
乾菌	西山坪
鮮筍	東西兩山

鮮魚　嘉陵江

二、飲料

縉雲甜茶　縉雲山

香露名酒　水土沱桃源村酒廠

乾酒　璧山縣

渝北酒　江北縣水土沱

三、藝園

菜蔬　三峽間沿江兩岸

地瓜　三峽間沿江兩岸

花生　三峽間沿江兩岸

柚子　左家藥園

廣柑　左家藥園

蘋菓	杜家街菓園
葡萄	杜家街菓園
西瓜	中國西部科學院西山坪農場，溫泉公園杉木園農場。
菊花	溫泉公園
河南草	溫泉公園
四季柑	溫泉公園
草木花	溫泉公園
木本花	溫泉公園及靜觀場各園林

四、林木

松木	三峽各山地
杉木	三峽各山地
柏木	三峽各山地
水竹	三峽中各小溪沿岸

平竹 縉雲山
刺竹 縉雲山
苦竹 縉雲山
斑竹 三峽各地
南竹 三峽各地
慈竹 三峽各地

五、藥物

梔子（藥用及染色用）縉雲山
構葉（造紙用）縉雲山
蟬花 三峽各地
枳殼（藥用） 三峽各地
天生黃（藥用） 觀音峽
豇豆 麻柳坪草街子等地

大力子（牛蒡子）　黃桷樹

六、礦產

炭　文星鎮劉家漕天府煤鑛公司及三峽各煤窰

石灰　觀音峽瀝鼻峽

鐵　三峽均產

白礬　黃桷樹

滑石　文星場

七、工藝

碗　翁家溝龍潭漕

磨石　溫泉峽

碑石　觀音峽

鹹水石　觀音峽

硯石	瀝鼻峽
玻璃	楊柳壩
各種乾電池	文華沱自然電廠
草紙	三峽中香紙廠
白紙	璧山縣
沿邊紙	草街子
麥辮草帽	興隆場
草鞋	靜觀場
捆篋	北碚場
漆籐	北碚河家嘴
布	璧山縣
各色陰丹士林布	大明染織工廠
三峽呢 大衣呢 太陽呢	大明染織工廠
寬布	大明染織工廠

“碚”字音义

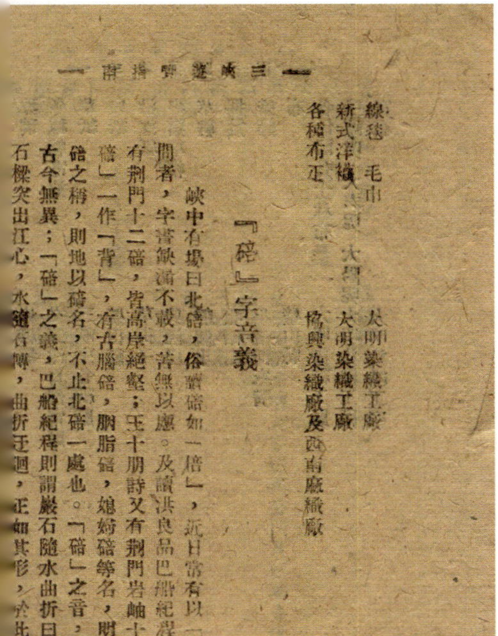

線毯 毛巾 大明染織工廠

新式洋襪 大明染織工廠

各種布疋 協興染織廠及西南麻織廠

『碚』字音義

峽中有場曰北碚，俗讀碚如「倍」，近日常有以「碚」字音義為問者，字書缺漏不載，苦無以應。及讀洪良品巴船紀程載陸遊入蜀記有荊門十二碚，皆高岸絕壑；王十朋詩又有荊門岩岫十二碚之句，「碚」一作「背」，有古腦碚，胭脂碚，媳婦碚等名，明月峽又有蝦蟆碚之稱，則地以碚名，不止北碚一處也。「碚」之音，讀如「倍」，古今無異；「碚」之義，巴船紀程則謂巖石隨水曲折曰「碚」，北碚石樑突出江心，水隨石轉，曲折迂迴，正如其形，於此可知得名甚古

峡中有场曰北碚，俗读碚如“倍”。近日常有以“碚”字音义为问者，字书缺漏不载，苦无以应。及读洪良品《巴船纪程》载陆游《入蜀记》有荆门十二碚，皆高崖绝壑。王十朋诗又有荆门岩岫十二碚之句。碚一作“背”，有古脑碚、胭脂碚、媳妇碚等名，明月峡又有虾蟆碚之称，则地以碚名，不止北碚一处也。“碚”之音，读如“倍”，古今无异。“碚”之义，《巴船纪程》则谓岩石随水曲折曰“碚”，北碚石梁突出江心，水随石转，曲折迂回，正如其形，于此可知得名甚古，音存而义乃忘之矣。录之以备问者。

附录

一、三峡实验区近况一瞥

本区地跨江北、巴县、璧山三县境界，嘉陵江横贯其间，为渝合交通要道，货运流畅，矿藏甚丰，地势雄伟，风景天然。十余年前，盗匪啸聚峡中，沿江据险行劫，河运梗阻，商旅裹足，区内民众，不堪其扰，乃协议设立江巴璧合特组峡防团务局，辖境达30余镇乡，其任务则在肃清匪患。迄民十六年卢作孚氏接掌峡防局后，消极方面不仅次第肃清匪类，减除人民痛苦，并积极从事乡村建设，增进人民幸福。数年之间，本区已由一破落农村，渐趋于现代化矣！维时区内不仅吸引和创造了许多新兴事业，抑且吸引着更多关心事业而来游览的人群。及至民二十五年四月为适应环境之需求，改组为嘉陵江三峡乡村建设实验区署，划江北之文星、黄桷，巴县之北碚，璧山之澄江等5镇乡为范围（现已改组为8镇乡），面积约500方公里，直隶于三区行政专员公署，同一县政单位，惟税收与司法，仍归各县管理，至民政、保安、教育事业，虽早于二十五年秋季先后划清，但各事业应有之经费，迄今仍归原县收用，以致区署历年负债不堪。最近奉到省令改组为北碚管理局，正在积极筹备，定于三月内正式成立。

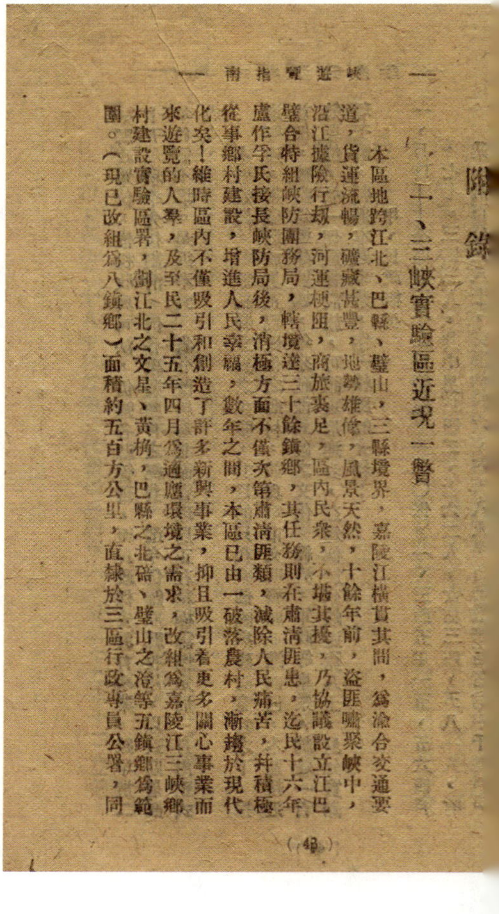
峽遊覽指南

附錄

一、三峽實驗區近況一瞥

本區地跨江北、巴縣、璧山，三縣境界，嘉陵江橫貫其間，爲渝合交通要道，貨運流暢，礦藏甚豐，地勢雄偉，風景天然，十餘年前，盜匪嘯聚峽中，沿江據險行刼，河運梗阻，商旅裹足，區內民衆，不堪其擾，乃協議設立江巴璧合特組峽防團務局，轄境達三十餘鎮鄉，其任務則在肅清匪患，迄民十六年盧作孚氏接長峽防局後，消極方面不僅次第肅清匪類，減除人民痛苦，并積極從事鄉村建設，增進人民幸福，數年之間，本區已由一破落農村，漸趨於現代化矣！維時區內不僅吸引和創造了許多新興事業，抑且吸引着更多關心事業而來遊覽的人羣，及至民二十五年四月爲適應環境之需求，改組爲嘉陵江三峽鄉村建設實驗區署，劃江北之文星、黃桷，巴縣之北碚、璧山之澄江等五鎮鄉爲範圍。（現已改組爲八鎮鄉）面積約五百方公里，直隸於三區行政專員公署，同

（43）

本区乡建，并无独特立异之主张，其目的只在整个国家建设意义之下，推进乡建，期望造成真正现代化之乡村，并与都市文明齐头并进而已。本区接近首都，被划为迁建区域，年来疏散到区之文化、经济、军政等事业，约达 100 余单位，故一切社会设施，可谓更形进步。兹为便于来峡游览人士易知实际现况计，特将本区事业，作一轮廓的介绍：

（一）民政概况

（1）户口——全区计 32 户籍区，130 保，1345 甲，15564 户，77343 人。其中男占 42762 人，女占 34581 人，有业者计 80%，文盲约 46468 人，（疏散来区者约 4000 余户）流动人口达 2 万以上。

（2）组织——本区照新县制实施程序，将区属乡镇，重新调整，计有北碚、金刚、龙凤、白庙、文星、黄桷、二岩、澄江 8 镇乡，每乡平均 16 保，乡镇公所及保办公处，已依法组织成立，各级干部之任用，均经甄选训练合格者充之。

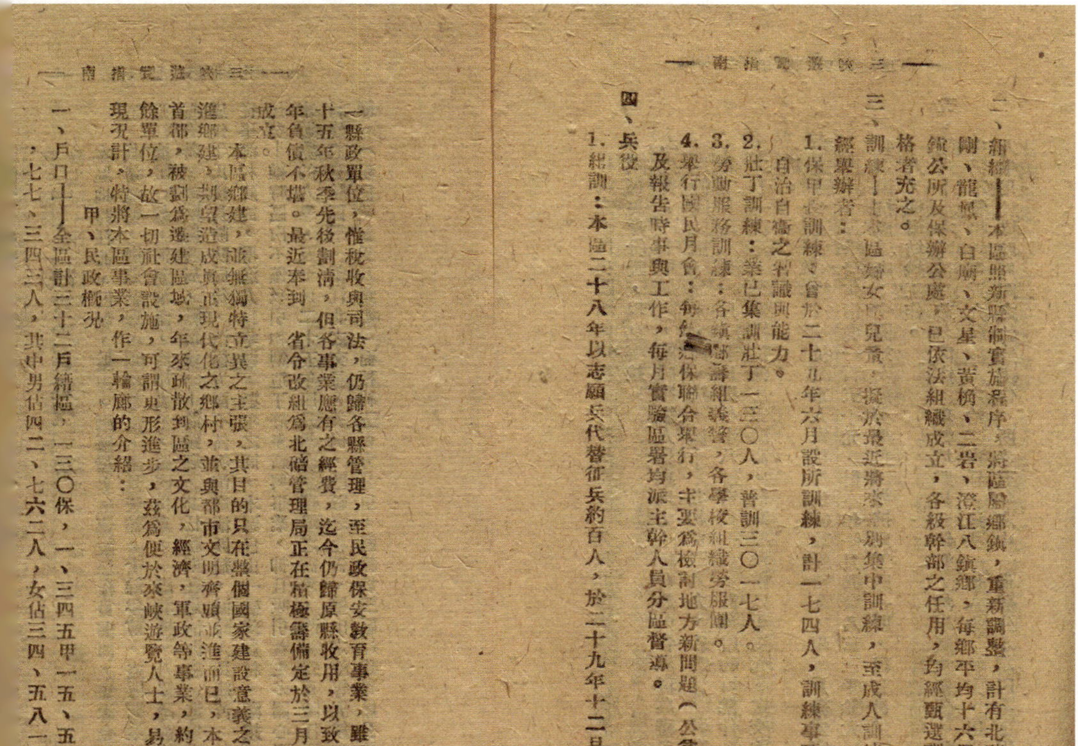
三峽遊覽指南

一縣政單位，惟稅收與司法，仍歸各縣管理，至民政保安教育事業，雖早於二十五年秋季先後劃清，但各事業應有之經費，迄今仍歸原縣收用，以致區署歷年負債不堪。最近奉到省令改組為北碚管理局正在積極籌備定於三月內正式成立。

本區鄉建，並無獨特立異之主張，其目的只在整個國家建設意義之下，推進鄉建，期望造成真正現代化之鄉村，並與都市文明齊頭並進而已，本區接近首都，被劃為遷建區域，年來疏散到區之文化，經濟，軍政等事業，約達一百餘單位，故一切社會設施，可謂更形進步，茲為便於來峽遊覽人士，易知實際現況計，特將本區事業，作一輪廓的介紹：

甲、民政概況

一、戶口——全區計三十二戶籍區，一三〇保，一、三四五甲一五、五六四戶，七七、三四三人，其中男佔四二、七六二人，女佔三四、五八一人，有

（44）

三峽遊覽指南

二、編組——本區照新縣制實施程序，將區屬鄉鎮，重新調整，計有北碚、金剛、龍鳳、白廟、文星、黃桷、二岩、澄江八鎮鄉，每鄉平均十六保，鄉鎮公所及保辦公處，已依法組織成立，各級幹部之任用，均經甄選訓練合格者充之。

三、訓練——本區婦女兒童，擬於最近將來分別集中訓練，至成人訓練，已經舉辦者：

1.保甲人員訓練：曾於二十九年六月設所訓練，計一七四人，訓練事項則為自治自衛之智識與能力。

2.壯丁訓練：業已集訓壯丁一三〇人，普訓三〇一七人。

3.勞動服務訓練：各鎮鄉籌組義營，各學校組織勞服團。

4.舉行國民月會：每鄉鎮保聯合舉行，主要為檢討地方新問題（公益等）及報告時事與工作，每月實驗區署均派主幹人員分區督導。

四、兵役

1.徵訓：本區二十八年以志願兵代替征兵約百人，於二十九年十二月三十

（45）

（3）训练——本区妇女与儿童，拟于最近将来分别集中训练，至成人训练，已经举办者：

①保甲长训练：曾于二十九年六月设所训练，计 174 人，训练事项则为自治自卫之智识与能力。

②壮丁训练：业已集训壮丁 130 人，普训 3017 人。

③劳动服务训练：各镇乡筹组义警，各学校组织劳服团。

④举行国民月会：每镇乡保联合举行，主要为检讨地方新问题（公益等）及报告时事与工作，每月实验区署均派主干人员分区督导。

（4）兵役：

①组训：本区二十八年以志愿兵代替征兵约百人，于二十九年十二月三十日成立国民兵区团部以后，即按规征兵，先后共申送 1906 名，本区国民兵身份证，现已办竣。

②慰劳：三十年春节，区属乡镇人员与地方士绅发起向各界劝募礼品，分别馈赠抗属，如米、肉、糖、盐……共约值 38940 元，并募得现金 2000 元。又一月三十日慰劳十八师官兵 1 次，计募赠物 100 余件，现金 2100 元。又举办出钱劳军竞赛，计募得法币 8000 余元，送交主管机关。

③优待：遵照优待出征抗敌军人家属办法发放优待金，现每户发安家费 100 元，每季发生活费 150 元，计本年一月共发 83000 余元。

④创办抗属工厂：中国妇女慰劳总会创办抗属工厂 1 所，现有员工 40 余人，从事纺织工作。

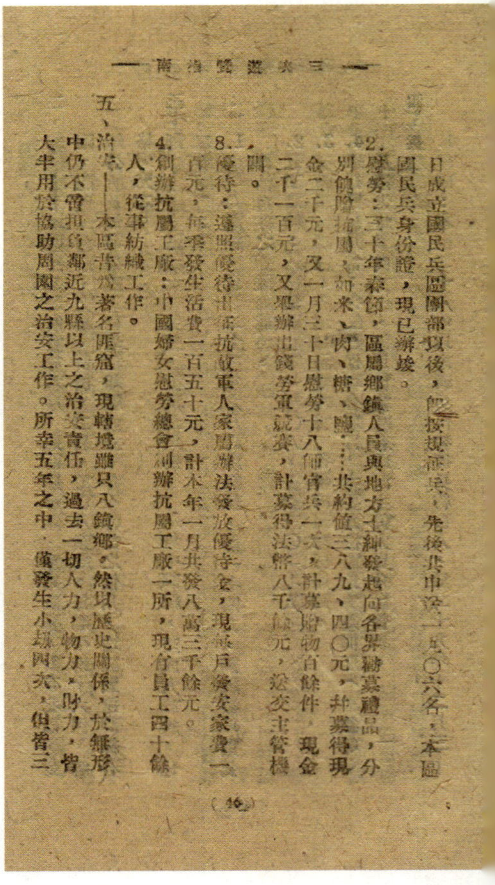
日成立國民兵區團部以後，即按規征兵，先後共申送一九〇六名，本區國民兵身份證，現已辦竣。

2. 慰勞：三十年春節，區屬鄉鎮人員與地方士紳發起向各界勸募禮品，分別餽贈抗屬，如米、肉、糖、鹽……共約值三八九、四〇元，並募得現金二千元，又一月三十日慰勞十八師官兵一次，計募贈物百餘件，現金二千一百元，又舉辦出錢勞軍競賽，計募得法幣八千餘元，送交主管機關。

3. 優待：遵照優待出征抗敵軍人家屬辦法發放優待金，現每戶發安家費一百元，每季發生活費一百五十元，計本年一月共發八萬三千餘元。

4. 創辦抗屬工廠：中國婦女慰勞總會創辦抗屬工廠一所，現有員工四十餘人，從事紡織工作。

五、治安——本區昔為著名匪窟，現轄境雖只八鎮鄉，然以歷史關係，於無形中仍不啻担負鄰近九縣以上之治安責任，過去一切人力，物力，財力，皆大半用於協助周圍之治安工作。所幸五年之中，僅發生小刼四次，但皆三

（16）

（5）治安——本区昔为著名匪窟，现辖境虽只 8 镇乡，然以历史关系，于无形中仍不啻担负邻近 9 县以上之治安责任，过去一切人力、物力、财力皆大半用于协助周围之治安工作。所幸五年之中，仅发生小劫 4 次，但皆三日内破案（中有一次系由第十八师破案者）。现本区对于匪类重在防范，

如防守要隘、管理民枪、组训义警，均有成效。区内警卫之骨干为保安警察队，计有三个中队，在峡防局时代，实行兵工政策，即有警出击，平时工作（土木、染织、缝纫、垦荒等），改组实验区署后，士兵更增警察勤务，现全区有民枪 2000 余支，自卫警等 500 余人。

（6）禁政——本区烟民，早遵定章设所戒绝，全为送戒，经费全系募集。廿九年先后戒绝者 181 人，但为预防偷吸复吸情事，仍不时举行总检举或分期调验，以期肃清。

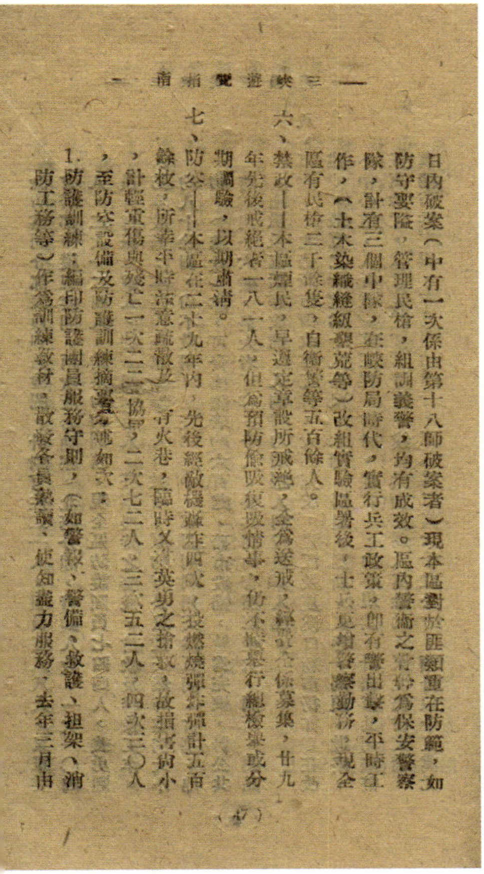
三峽遊覽指南

日內破案（中有一次係由第十八師破案者）現本區對於匪類重在防範，如防守要隘，管理民槍，組訓義警，均有成效。區內警衛之骨幹為保安警察隊，計有三個中隊，在峽防局時代，實行兵工政策，即有警出擊，平時工作，（土木染織縫紉墾荒等）改組實驗區署後，士兵更增警察勤務，現全區有民槍二千餘隻，自衛警等五百餘人。

六、禁政——本區煙民，早遵定章設所戒絕，全為送戒，經費全係募集，廿九年先後戒絕者一八一人，但為預防偷吸復吸情事，仍不時舉行總檢舉或分期調驗，以期肅清。

七、防空——本區在二十九年內，先後經敵機轟炸四次，投燃燒彈炸彈計五百餘枚，所幸平時注意疏散及□有火巷，臨時又有英勇之搶救，故損害尚小，計輕重傷與殘亡一次二二□人，二次七二人，三次五二人，四次三〇人，至防空設備及防護訓練摘要分述如次：

1.防護訓練：編印防護團員服務守則，（如警報、警備、救護、担架、消防工務等）作為訓練教材，散發各員熟讀，使知盡力服務，去年三月由

（47）

（7）防空——本区在二十九年内，先后经敌机轰炸 4 次，投燃烧弹、炸弹计 500 余枚，所幸平时注意疏散及□有火巷，临时又有英勇之抢救，故损害尚小，计轻重伤与残亡一次二二□人，二次 72 人，三次 52 人，四次 30 人，至防空设备及防护训练摘要分述如次：

①防护训练：编印防护团员服务守则（如警报、警备、救护、担架、消防工务等），作为训练教材，散发各员熟读，使知尽力服务。去年三月由渝防空司令部派员到碚检阅，计到官佐 21 人，团员 588 人，又军委会陪都防护视察团两次莅碚抽察，北碚分团实到人数，一次 104 人，二次 124 人，结果均尚圆满，现全区防护团员 744 人，义勇团员，每保 24 人，约一四□人，任空袭时之警戒，抢救及善后工作。

②防空设备：本区因疏建□，人口激增，原约有公私暨天然防空洞大小约 80 余个，尚不敷用，正在加凿中，乡间则利用天然石洞、古墓、地物（沟坎）等，可资掩体者约 600 处，碚市设备，较为完备，计公共防空洞 16 个，最大者可容 1000 人。公共洞均有照明坐次、厕所、药品、通风及电话等设备，入洞时均须凭入洞证鱼贯入座。

（8）市政——北碚新市街改建工程大都完成，澄江及夏溪口新市街

亦正在改建中。最宽之街道为 18 公尺，水沟、房屋、厕所、火巷、码头、道路（中心道、人行道），其工程、材料、样式……均经规划，计碚市共用国币 5 万余元（建房款除外），澄夏两镇，共预算为 8 万余元，又北碚会文桥，填沟防洪工程，亦已开始进行，工程为 26000 立公方，预计以 15 万元完成之。

（9）财务——本区各税收，现有数种仍归各原管县征收，地方经费只划拨自治及教育经费一部分，昔年每年收入最低时约共 3 万余元外，另由省府补助年约 6 万元，昨年地方收入者已增至约 30 万元，省府补助者已增至 11 万余元，今年当更增大于昨年矣。

（10）卫生——本区于北碚成立卫生所，以从前之地方医院附属之，并正进行帮助各校成立卫生室。诊疗病人，五分之二为免费，门诊费收费 5 角。去年春季全区选种牛痘达 3721 人，历年共计为 394367 人。预防伤寒，自本年一月已注射 5000 余人，并与本区各有关机关，联合推进本区各种卫生保健工作：

①组织夏令卫生防疫委员会：协同推进本区夏令卫生，如实施清洁检查、饮水消毒、扑灭蚊蝇等事宜。

②去年儿童节举行全区儿童健康比赛，参加者共 189 名。

③普及妇婴卫生：如挨户检查妊妇，产后访视，举行婴儿比赛、儿童健康比赛等。

④地方病防治：成立地方病防治委员会，调查全区患水积病者 691 名，已免费收治者约 30 人。去年二月发现，由西北传来之回归热施以扑灭，共 17 名。四月于二岩发现皮脱痘病 1 名，早已进行防治。

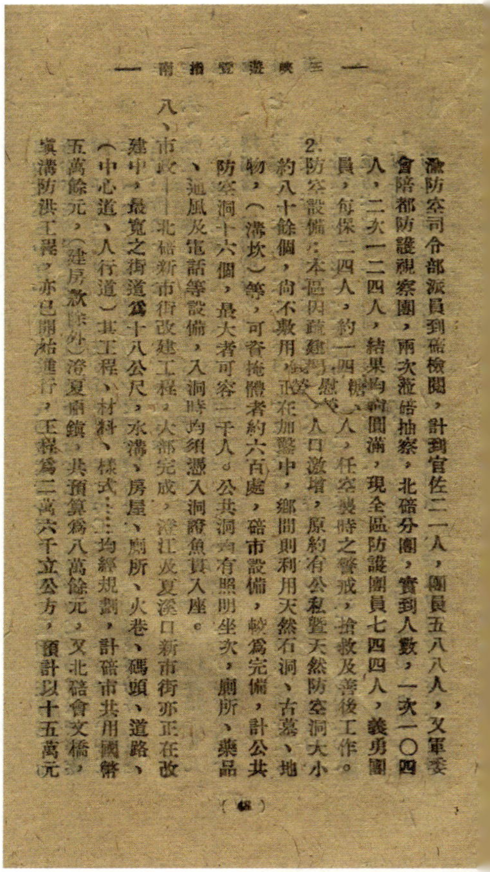
——三峽遊覽指南——

衞防空司令部派員到碚檢閱，計到官佐二一人，團員五八八人，又軍委會陪都防護視察團，兩次蒞碚抽察，北碚分團，實到人數，一次一〇四人，二次一二四人，結果均稱圓滿，現全區防護團員七四四人，義勇團員，每保二四人，約一四[illegible]人，任空襲時之警戒，搶救及善後工作。

2.防空設備：本區因疏建[illegible]，人口激增，原約有公私暨天然防空洞大小約八十餘個，尚不敷用，[illegible]正在加鑿中，鄉間則利用天然石洞、古墓、地物，（溝坎）等，可資掩體者約六百處，碚市設備，較爲完備，計公共防空洞十六個，最大者可容一千人。公共洞內有照明坐次，廁所、藥品、通風及電話等設備，入洞時均須憑入洞證魚貫入座。

八、市政——北碚新市街改建工程，大部完成，澄江及夏溪口新市街亦正在改建中，最寬之街道爲十八公尺，水溝、房屋、廁所、火巷、碼頭、道路、（中心道、人行道）其工程、材料、樣式……均經規劃，計碚市共用國幣五萬餘元，（建房款除外）澄夏兩鎮，共預算爲八萬餘元，又北碚會文橋，填溝防洪工程，亦已開始進行，工程爲二萬六千立公方，預計以十五萬元

（48）

（11）救济——本区除空袭救济以空袭救济联合办事处，办理一切救济事宜外，另筹办一贫民教养院，收容贫苦人民，教以生活技能，预定基金为 20 万元，刻已募得 3 万余元，董事会业已组织，一俟基金募足半数，即正式成立，已先收容儿童 30 名，施以教养，拟每期训练三月后介绍服务。

（二）经济事业

1. 农业

本区山多田少，地瘠民贫，每年粮食生产，仅足供给 1 万余人口之需，余则仰给于上游各县。境内之山，又多囗秃，无较大之森林，民二十八年三月乃成立农业推广所，从事改进峡区农业。

（1）粮食：去年因粮食暴涨［每斗米（旧量）曾售到 140 元］，本区曾经几度断绝米粮供给，情势异常严重，当时区粮管会加紧管制，彻底

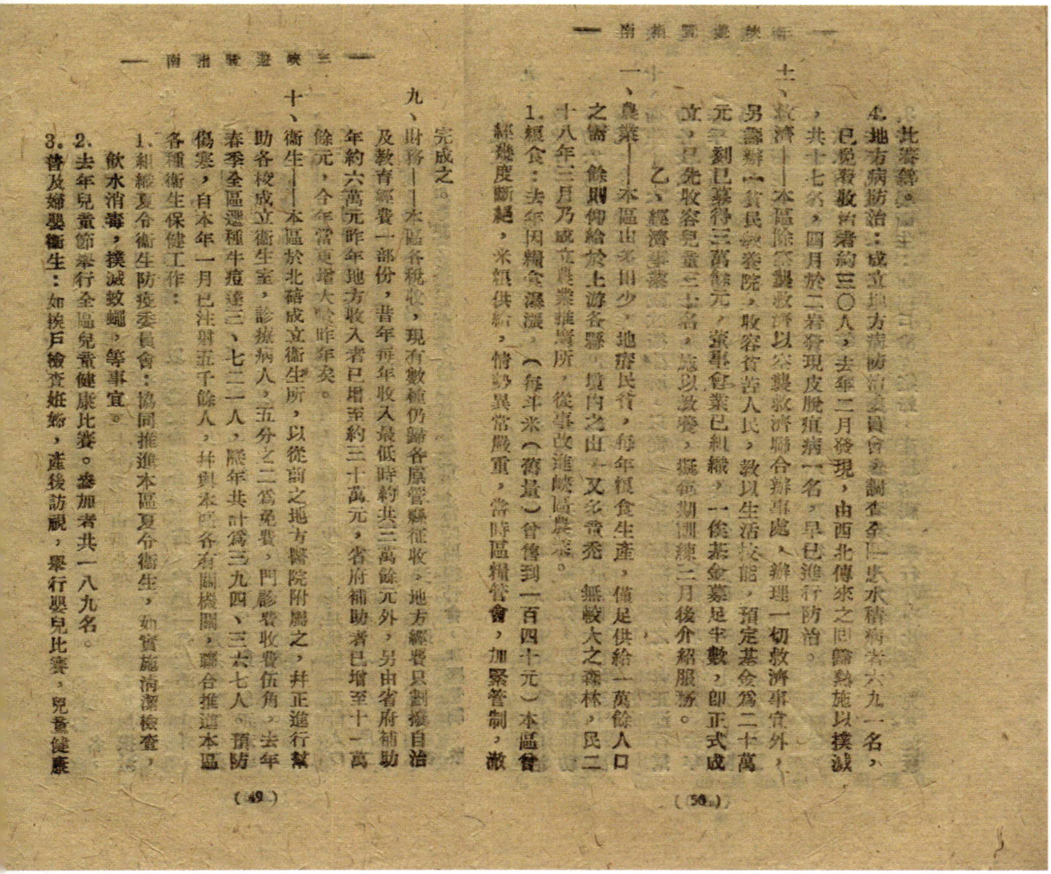

—— 三峽遊覽指南 ——

完成之。

九、財務——本區各稅收，現有數種仍歸各原管縣征收，地方經費只劃撥自治及教育經費一部份，昔年每年收入最低時約共三萬餘元外，另由省府補助年約六萬元，昨年地方收入者已增至約三十萬元，省府補助者已增至十一萬餘元，今年當更增大於昨年矣。

十、衛生——本區於北碚成立衛生所，以從前之地方醫院附屬之，并正進行幫助各校成立衛生室，診療病人，五分之二爲免費，門診費收費伍角，去年春季全區還種牛痘達三、七二八人，照年共計爲三九四、三六七人，預防傷寒，自本年一月已注射五千餘人，并與本區各有關機關，聯合推進本區各種衛生保健工作：

1. 組織夏令衛生防疫委員會：協同推進本區夏令衛生，如實施清潔檢查，飲水消毒，撲滅蚊蠅，等事宜。

2. 去年兒童節舉行全區兒童健康比賽，參加者共一八九名。

3. 普及婦嬰衛生：如挨戶檢查姙婦，產後訪視，舉行嬰兒比賽，兒童健康

（49）

—— 三峽遊覽指南 ——

比賽等。

4. 地方病防治：成立地方病防治委員會，調查全區患水腫病者六九一名，已治愈者約三〇八人，去年二月發現，由西北傳來之回歸熱，施以撲滅，共十七名，四月於二岩發現皮膚疽病一名，早已進行防治。

十一、救濟——本區除辦理救濟以外，與救濟聯合辦事處，辦理一切救濟事宜外，另籌辦一貧民教養院，收容貧苦人民，教以生活技能，預定基金爲二十萬元，現刻已募得三萬餘元，在事籌業已組織，一俟基金募足半數，即正式成立，已先收容兒童三十名，施以教養，擬定期訓練三月後介紹服務。

乙、經濟事業

一、農業——本區山多田少，地瘠民貧，每年糧食生產，僅足供給一萬餘人口之需，餘則仰給於上游各縣，境內之山，又多童禿，無較大之森林，民二十八年三月乃成立農業推廣所，從事改進峽區農業。

1. 糧食：去年因糧食暴漲，（每斗米（舊量）曾售到一百四十元）本區曾經幾度斷絕，米糧供給，情勢異常嚴重，當時區糧管會，加緊管制，澈

（50）

平价，实行计口购粮（以门牌登记领购），统制分配。当时由粮管会调查邻近物价，日日检讨公布，米粮涨价，须先申请核准，并日日开平价会议，合各镇乡保甲人员协助、介绍、购买、运输（惟不经手米及钱），得以渡过难关。

（2）造林：去年春季植树运动，计机关风景林，植洋槐 945 株，青

北公路行道树，植法国梧桐 200 株，共 3730 株。三十年度，育法国梧桐苗 1 万株，全年各镇乡分辟苗圃，由农业推广所指导，预定育苗 20 万株。

（3）畜牧：

①养蚕——区内除有四川丝业公司川东分场大量养蚕制种外，去年曾在土沱蚕桑指导所请求赠给改良蚕种 500 张，分发各乡蚕民 116 家饲养，以取缔土种增加产量。

②养鱼——去年四月向合川养鱼试验场，购鲤鱼苗 4 万尾，已分发 14145 尾于各农家饲养。

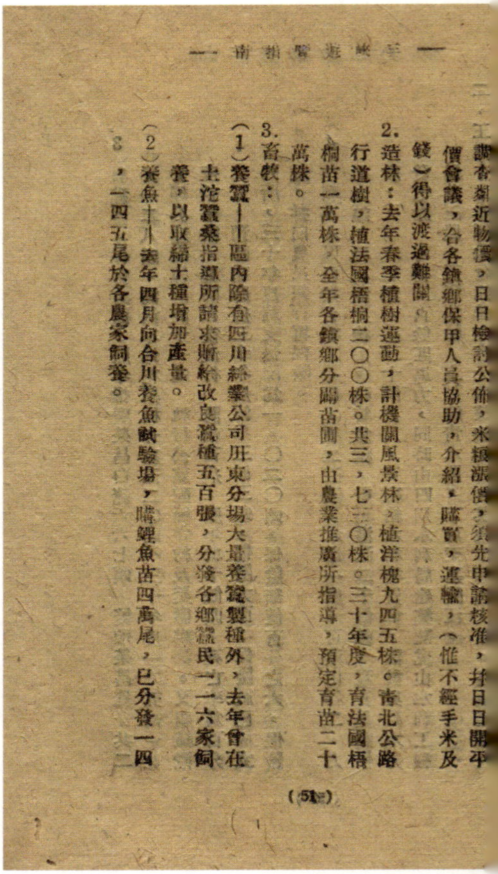
一 三峽遊覽指南 一

二、工 調查鄰近物價，日日檢討公佈，米糧漲價，須先申請核准，并日日開平價會議，合各鎮鄉保甲人員協助，介紹，購買，運輸，（惟不經手米及錢）得以渡過難關。

2.造林：去年春季植樹運動，計機關風景林，植洋槐九四五株。青北公路行道樹，植法國梧桐二〇〇株。共三，七三〇株。三十年度，育法國梧桐苗一萬株，全年各鎮鄉分闢苗圃，由農業推廣所指導，預定育苗二十萬株。

3.畜牧：

（1）養蠶——區內除有四川絲業公司川東分場大量養蠶製種外，去年曾在土沱蠶桑指導所請求贈給改良蠶種五百張，分發各鄉蠶民一一六家飼養，以取締土種增加產量。

（2）養魚——去年四月向合川養魚試驗場，購鯉魚苗四萬尾，已分發一四，一四五尾於各農家飼養。

（51）

③养猪——保育方面：历年推广荣昌白猪 667 头，繁殖荣昌猪仔共 2128 头，淘汰本地花黑种母猪 520 头（三十年度 195 头），并管理公猪配种计设 11 处，执行公猪配种守约及奖惩办法。又组织兽疫情报网，严防兽疫流行。诊治畜病，历年约 1000 余头，死亡率为百分之五，预防猪肺疫三十年度注射 343 头。保险方面：保险社已成立 4 所，三十年度猪支保险为 1020 头，保险额值 6%，保险社，并向农民银行再保险。

④水利：本区已筑有塘 61 口，堰 25 道，水库 1 处，可灌田谷 2979 亩。现在温泉后山建筑黛湖，计可灌溉 2000 余亩，现正呈请借款。又高坑岩瀑布高 30 余公尺，正联络水利委员会，设计兴建水力发电厂，可得 300 余匹马力。同时由四川水利局建筑龙虎山水利工程计共 3 段，可资运输，上可达青木关，下可至嘉陵江。

2. 工业

本区除金刚碑设有土法炼钢厂外，其余多属轻工业。各种工厂，年来增加甚多，约计 100 个，惟皆小规模。

（1）纺织工业：有大明染织厂、西南麻织厂、协兴厂等。其中以大明较现代化，计有电力织机 200 余台，系三峡染织厂改组而成，而三峡厂又系过去峡防局寓兵于工所创立，昔该厂出品以“兵工”为商标，是即纪念之意。

（2）制造工业：

①造纸——本区出产土白纸、草纸及纸壳，每年产额约值 100 万元。

②面粉厂——本区利用水利，用土法磨面，厂计 5 家。

（3）电气工业：

①发电厂——本区高坑岩水力发电厂尚未完成，现各工厂用电，均自行供给（如大明、天府、京华、宝源等），除各煤厂自行制造外，尚无专厂。

②自然电池厂。

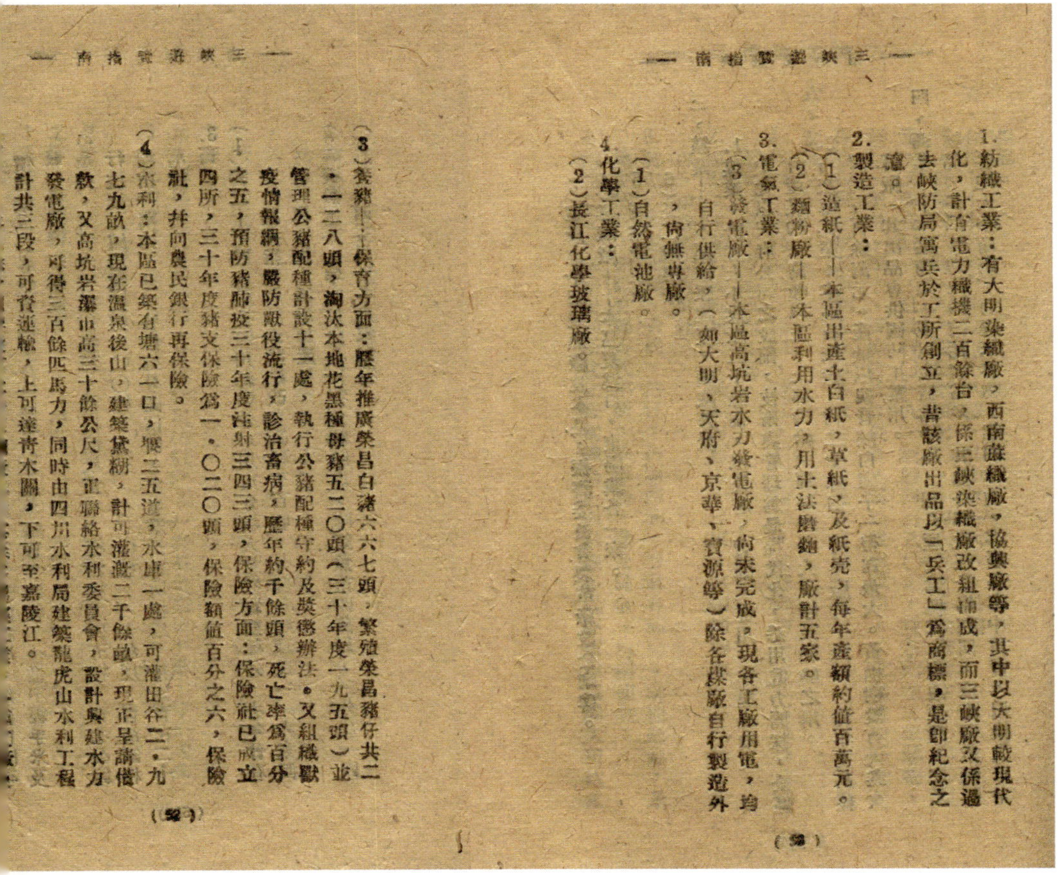

三峽遊覽指南

(3)養豬——保育方面：歷年推廣榮昌白豬六六七頭，繁殖榮昌豬仔共二、一二八頭，淘汰本地花黑種母豬五二〇頭（三十年度一九五頭）並管理公豬配種計設十一處，執行公豬配種守約及獎懲辦法。又組織獸疫情報網，嚴防獸疫流行，診治畜病，歷年約千餘頭，死亡率為百分之五，預防豬肺疫三十年度注射三四三頭，保險方面：保險社已成立四所，三十年度豬支保險為一、〇二〇頭，保險額值百分之六，保險社，并向農民銀行再保險。

(4)水利：本區已築有塘六一口，堰二五道，水庫一處，可灌田谷二、九七九畝，現在溫泉後山，建築黛湖，計可灌溉二千餘畝，現正呈請借款，又高坑岩瀑布高三十餘公尺，正聯絡水利委員會，設計興建水力發電廠，可得二百餘匹馬力，同時由四川水利局建築龍虎山水利工程計共三段，可資運輸，上可達青木關，下可至嘉陵江。

三峽遊覽指南

1.紡織工業：有大明染織廠，西南蔴織廠，協興廠等，其中以大明較現代化，計有電力織機二百餘台，係三峽染織廠改組而成，而三峽廠又係過去峽防局寓兵於工所創立，昔該廠出品以「兵工」為商標，是即紀念之意。

2.製造工業：

(1)造紙——本區出產土白紙，草紙，及紙殼，每年產額約值百萬元。

(2)麵粉廠——本區利用水力，用土法磨麵，廠計五家。

3.電氣工業：

(3)發電廠——本區高坑岩水力發電廠，尚未完成，現各工廠用電，均自行供給，（如大明、天府、京華、寶源等）除各煤廠自行製造外，尚無專廠。

(1)自然電池廠。

4.化學工業：

(2)長江化學玻璃廠。

（4）化学工业：

①长江化学玻璃厂。

②军政部中国制药厂设本区，振济委员会制革厂设金刚碑。

③洋碱厂——本区夏溪口、东阳镇各 1 家。

④广益硫酸厂。

⑤长江制药厂。

3. 矿业

本区山脉连亘，矿藏甚丰。

（1）煤业：计有大小煤厂 30 余个，以天府、宝源、燧川等规模较大，其中尤以天府公司之设备、技术与管理为最现代化，悉用电力开采。全区月产煤约 3 万吨以上，上部供给重庆区内各大工厂及轮船之用。

（2）石灰砖瓦业：本区石灰厂约 20 余个，砖瓦厂约 10 余个，每年交易总额约 500 余万元，产量以观音峡白庙子一带为最大。黄桷树设有大鑫火砖厂，其出品专供国防工业用。

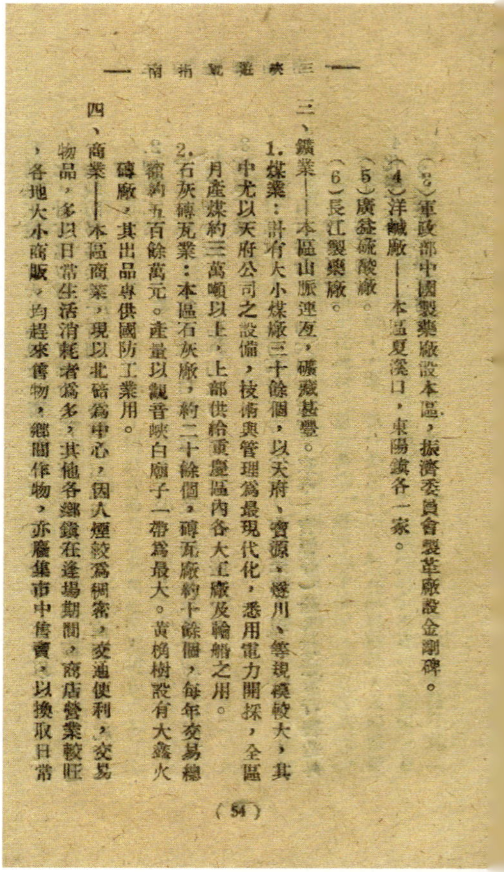

三峽遊覽指南

(3)軍政部中國製藥廠設本區，振濟委員會製革廠設金剛碑。

(4)洋鹼廠——本區夏溪口，東陽鎮各一家。

(5)廣益硫酸廠。

(6)長江製藥廠。

三、鑛業——本區山脈連亙，礦藏甚豐。

1.煤業：計有大小煤廠三十餘個，以天府、寶源、燧川、等規模較大，其中尤以天府公司之設備，技術與管理爲最現代化，悉用電力開採，全區月產煤約三萬噸以上，上部供給重慶區內各大工廠及輪船之用。

2.石灰磚瓦業：本區石灰廠，約二十餘個，磚瓦廠約十餘個，每年交易總額約五百餘萬元。產量以觀音峽白廟子一帶爲最大。黃桷樹設有大鑫火磚廠，其出品專供國防工業用。

四、商業——本區商業，現以北碚爲中心，因人煙較爲稠密，交通便利，交易物品，多以日常生活消耗者爲多，其他各鄉鎮在逢場期間，商店營業較旺，各地大小商販，均趕來售物，鄉間作物，亦麕集市中售賣，以換取日常

(54)

4. 商业

本区商业，现以北碚为中心，因人烟较为稠密，交通便利，交易物品，多以日常生活消耗者为多，其他各乡镇在逢场期间，商店营业较旺，各地大小商贩，均赶来售物，乡间作物，亦麇集市中售卖，以换取日常用品。

5. 合作

本区共有单位社 78 个，其中信社六六，公用一，消费八，生产三，社员 4241 人，股金总额 72146 元，贷款数为 60000 元。又联合社一，社员 401 人，社股 4380 元。贷款用途，以购棉、耕牛、肥料、种子、养猪贷款等最多。现正从事改组，成立乡镇中心社及保合作社，求其办到全区合作化。

6. 交通

（1）电报：本区北碚、温泉、澄江、黄桷等处，交通部均设有电报及长途电话收发处，可通国内各地。

（2）电话：本区所属电话线，计长 453 里，有总机 4 部，分机 66 部，渝合并设有专线。

（3）邮政：本区北碚、黄桷、澄江、白庙 4 镇，均设有邮局。其他镇乡及重要站口，亦设有邮寄代办所或信箱，汇兑储金，均称便利。

（4）铁路：北川铁路公司所建之轻便铁路，由白庙子起经文星场到大田坎止，计长39华里，专为运输煤炭之用。夏溪口宝源公司设有铁路两段，约5华里，专为运煤用。

（5）运河：宝源煤矿公司，在夏溪口，建有4公里长运河一段，专以运煤。

（6）公路：由北碚到青木关一段，长25公里，每日均有班车及特约车开往，或直达重庆。北碚到温泉一段，长7公里，已通车，最近即将有班车行驶。澄温公路长约7公里，现已大部完工，惟路面尚未铺设。

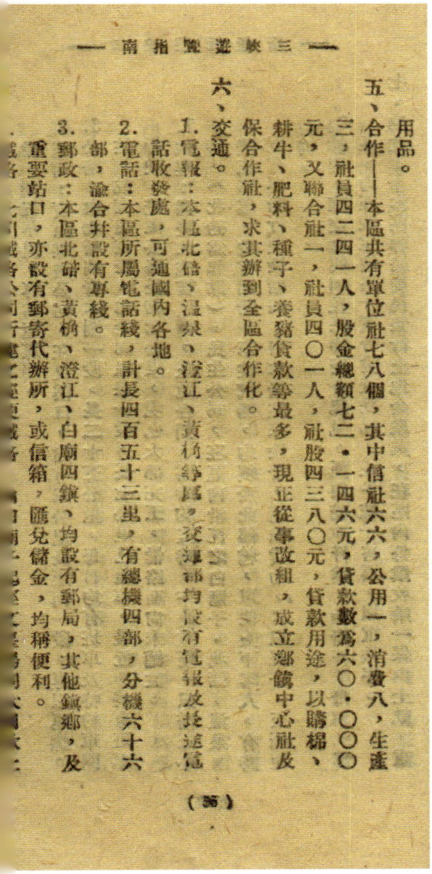
三峽遊覽指南

用品。

五、合作——本區共有單位社七八個，其中信社六六，公用一，消費八，生產三，社員四二四一人，股金總額七二・一四六元，貸款數爲六〇・〇〇〇元，又聯合社一，社員四〇一人，社股四三八〇元，貸款用途，以購棉、耕牛、肥料、種子、養豬貸款等最多，現正從事改組，成立鄉鎮中心社及保合作社，求其辦到全區合作化。

六、交通。

1.電報：本區北碚、温泉、澄江、黄桷等處，交通部均設有電報及長途電話收發處，可通國內各地。

2.電話：本區所屬電話綫，計長四百五十三里，有總機四部，分機六十六部，渝合并設有專綫。

3.郵政：本區北碚、黄桷、澄江、白廟四鎮，均設有郵局，其他鎮鄉，及重要站口，亦設有郵寄代辦所，或信箱，匯兌儲金，均稱便利。

（7）水程：嘉陵江流贯区内，上通合川，需时约5小时。下达重庆，只需3小时（北碚为起点）。民生公司在区内沿江之白庙子、北碚、温泉、澄江等处设有囤船，来往汽船，均须于此停轮，以便上下客人。有时更有专船行驶渝碚间，白木船往来渝合，运输货物，日以百计，至极便利。

（8）管理：谋交通便利及保持安全起见，区内交通行业，如滑杆、舟车、马匹，均经规定价格，实行检查登记，并多统一售票，以重秩序。

7. 地政

本区联络农民银行土地金融处，在区内每镇收购一保内土亩，重行划分租佃，或出卖与自耕农或佃农，实验土地政策，平均地权，现正设计进行。

8. 金融

本区计有中央、中国、农民、美丰等，存款、放款、汇款，均极便利。

（三）文化事业

1. 科学事业

迁建至本区之科学机关，现有中国科学社生物研究所、中国地理研究所、中央气象研究所、经济部中央地质调查所、中央工业试验所、矿冶研究所、清华大学无线电研究室、北京大学理化研究所、军政部油料研究所、军政部药物研究所等。原设本区者，有中国西部科学院，该院于民国十九年成立，内设理化、地质、生物、农林四研究所，附属事业有测候所、兼善中学及西山坪农场等，均著成效。

2. 教育事业

（1）学校教育：

①属于迁建区者——有国立复旦大学、国立体专、国立江苏医学院、国立重庆师范、相伯女中、勉仁中学、立信会计学校等，男女生约2000余人。

②属于地方者——除私立兼善中学外，全区有中心小学6所（本年拟增2所），国民小学50所（本年增设16所），幼稚园1所，学生共7934人，学龄儿童80%入学，教师共215。本区对于师资之训练：如举行国民教师寒暑假研究会、国民教师研究会、举行示范教学、考核教师成绩及提高待遇等，使之生活安定，不断进步。而学生方面之训练，以前曾实施小先生制及导生制，均著成效，现多著重学生自动学习及社会服务之训练，如学校代种牛痘，学生组队剪除麦黑穗，包谷抽花等。

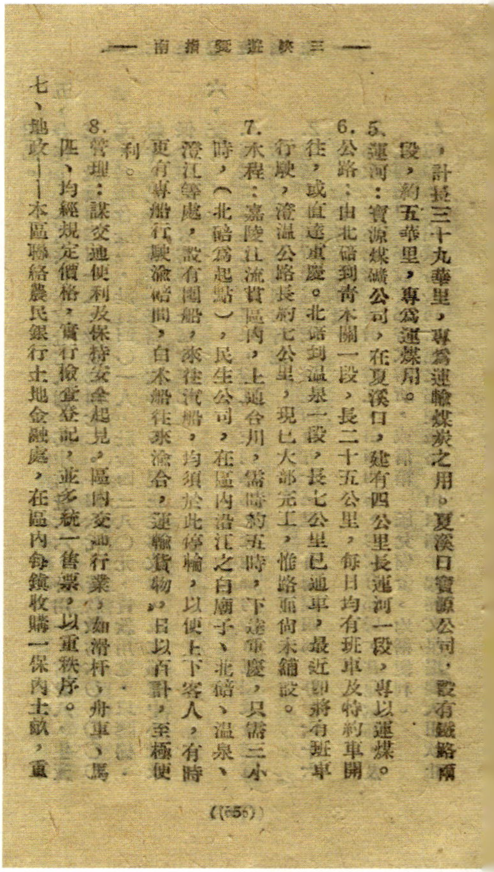
三峽遊覽指南

，計長三十九華里，專為運輸煤炭之用。夏溪口寶源公司，設有鐵路兩段，約五華里，專為運煤用。

5.運河：寶源煤礦公司，在夏溪口，建有四公里長運河一段，專以運煤。

6.公路：由北碚到青木關一段，長二十五公里，每日均有班車及特約車開往，或直達重慶。北碚到溫泉一段，長七公里已通車，最近即將有班車行駛，澄溫公路長約七公里，現已大部完工，惟路面尚未鋪設。

7.水程：嘉陵江流貫區內，上通合川，需時約五時，下達重慶，只需三小時，（北碚為起點），民生公司，在區內沿江之白廟子、北碚、溫泉、澄江等處，設有躉船，來往汽船，均須於此停輪，以便上下客人，有時更有專船行駛渝碚間，白木船往來渝合，運輸貨物，日以百計，至極便利。

8.管理：謀交通便利及保持安全起見，區內交通行業（如滑杆、舟車、馬匹）均經規定價格，實行檢查登記，並多統一售票，以重秩序。

七、地政——本區聯絡農民銀行土地金融處，在區內每鎮收購一保內土畝，重

（56）

（2）社会教育：除青年服务社、国立戏剧实验学校、新运妇女指导委员会，区属者则有：

①民众教育馆1所，该馆设有博物馆、动物园、书报室、民众茶园、民众电影及戏院，每遇季节及纪念日，举办各种活动，如表演抗敌戏剧、歌咏、展览、集团参观及各种抗敌宣传等。并联络各小学创办民众学校50学级，学生2150人。三十年三四月组织巡回施教团，曾到8镇乡工作48日，受教人数约5万人，教育方法，分戏剧、杂技、讲演、卫生指导及参加劳军运动等。至动物园，原有奇新之动物，如猫熊、豹猫、白熊暨驯虎3只，均因生活饲养问题先后死亡，现尚有驯虎1只矣。

②民众图书馆1所，藏书4万余册，日报20余种，杂志100余种，各镇乡均设有民众阅览处，每月平均阅览人数为9000人。现白庙子已成立一图书分馆，澄江、文星等亦正筹设中。并为辅助国民教育普及起见，特备文库40个，于每两保设置1个，供学生教师及民众阅览之用，将全

区划为若干巡回区，每月巡回 1 次，以提高区内文化水准。又北碚各图书事业……联合组织一图书馆，可供应 10 万册之图书，此系合作服务运动，意义最为深远。至迁建来碚之各书店计 7 家。

③民众体育场，本区民众体育场三十年度，曾在北碚举行 8000 公尺越野赛跑，男女两组共 7 人参加。又在各乡镇举行负重赛跑，计参加者北碚 43 人，黄桷 22 人，白庙 12 人，文星 18 人，二岩 7 人，澄江 28 人，各负沙袋重23斤，跑程2000公尺，分头举行，录取者均备奖品，以示鼓励。

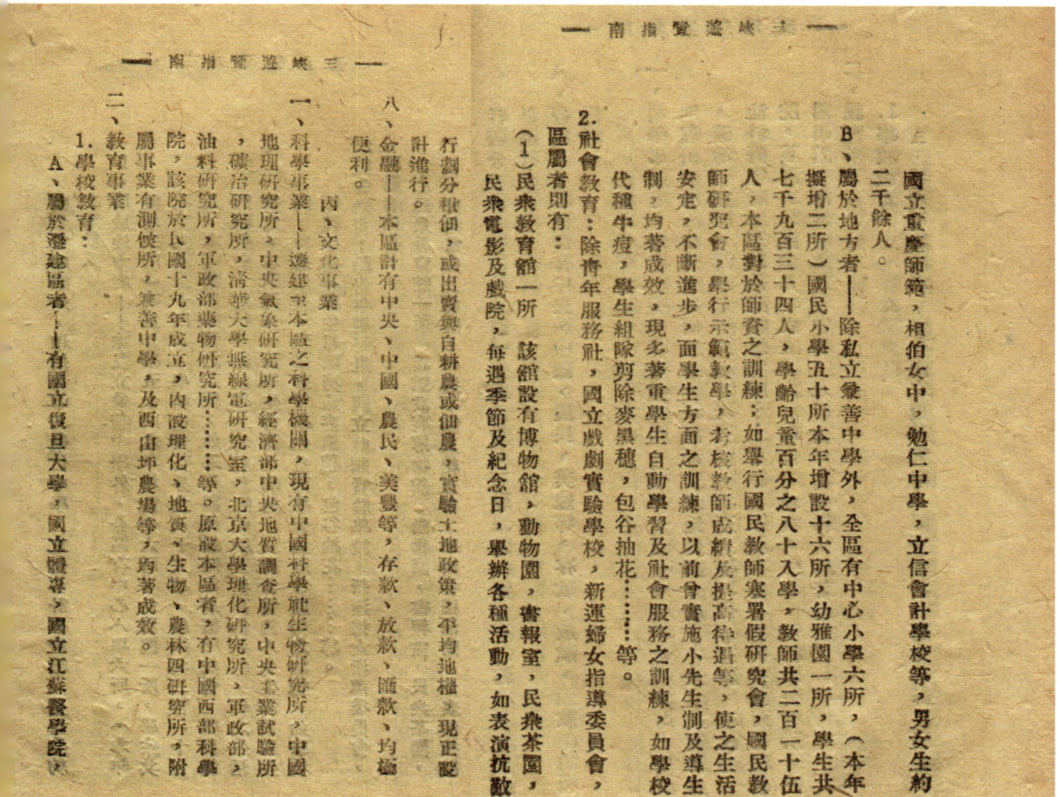
—三峽遊覽指南—

行劃分租佃，或出賣與自耕農或佃農，實驗土地政策，平均地權，現正設計進行。

八、金融——本區計有中央、中國、農民、美豐等，存款、放款、匯款、均極便利。

丙、文化事業

一、科學事業——遷建至本區之科學機關，現有中國科學社生物研究所，中國地理研究所，中央氣象研究所，經濟部中央地質調查所，中央工業試驗所，礦冶研究所，清華大學無線電研究室，北京大學理化研究所，軍政部，油料研究所，軍政部藥物研究所……等。原設本區者，有中國西部科學院，該院於民國十九年成立，內設理化、地質、生物、農林四研究所，附屬事業有測候所，兼善中學，及西山坪農場等，均著成效。

二、教育事業

1.學校教育：

A、屬於遷建區者——有國立復旦大學，國立體專，國立江蘇醫學院，

（57）

—三峽遊覽指南—

國立重慶師範，相伯女中，勉仁中學，立信會計學校等，男女生約二千餘人。

B、屬於地方者——除私立兼善中學外，全區有中心小學六所，（本年擬增二所）國民小學五十所本年增設十六所，幼稚園一所，學生共七千九百三十四人，學齡兒童百分之八十入學，教師共二百一十伍人，本區對於師資之訓練：如舉行國民教師寒暑假研究會，國民教師研習會，舉行示範教學，若校教師底薪及提高待遇等，使之生活安定，不斷進步，面學生方面之訓練，以簡會實施小先生制及導生制，均著成效，現多著重學生自動學習及社會服務之訓練，如學校代種牛痘，學生組隊剪除麥黑穗，包谷抽花……等。

2.社會教育：除青年服務社，國立戲劇實驗學校，新運婦女指導委員會，區屬者則有：

(1)民衆教育館一所　該館設有博物館，動物園，書報室，民衆茶園，民衆電影及戲院，每遇季節及紀念日，舉辦各種活動，如表演抗敵

（58）

该场最注意大众之体育，一以养成民众运动为正当娱乐习惯，一以指导民众后方服务及养成国防上应用之技能。

3. 新闻事业

（1）本区有《嘉陵江日报》社，每日发行报纸千余份。该报为具有地方性之报纸，内容与编辑，以适宜于区内一般民众阅读为前提。另出版

有《北碚月刊》，每期发行1000册。该刊主要任务，一是报告并指导本区文化的、经济的各种活动，一是介绍世界最新的建设方法及最进步的活动。此外重庆各大报及杂志销行在本区的，约5000余份。

（2）北碚计有大小书店7家，照相馆6家。

4. 游览事业

本区范围虽小，而名胜古迹尚多，且因区内新兴事业林立，故外界来峡游览者，络绎不绝，实验区署专设有旅客服务处，作接洽、招待、引导、介绍及各种服务旅客的工作。兹将区内名胜地点列下：

（1）公园——平民公园、温泉公园、运河公园、新村公园。

（2）寺庙——缙云寺、绍龙寺、禅岩寺、白云寺、杉木园。

（3）名山——缙云山、鸡冠山、西山坪。

（4）亭阁——清凉亭、飞来阁……

（5）沱峡——温泉峡、观音峡、大沱口、文笔沱、毛背沱。

（6）其他——乳花洞、黛湖、金刚碑、干洞子。

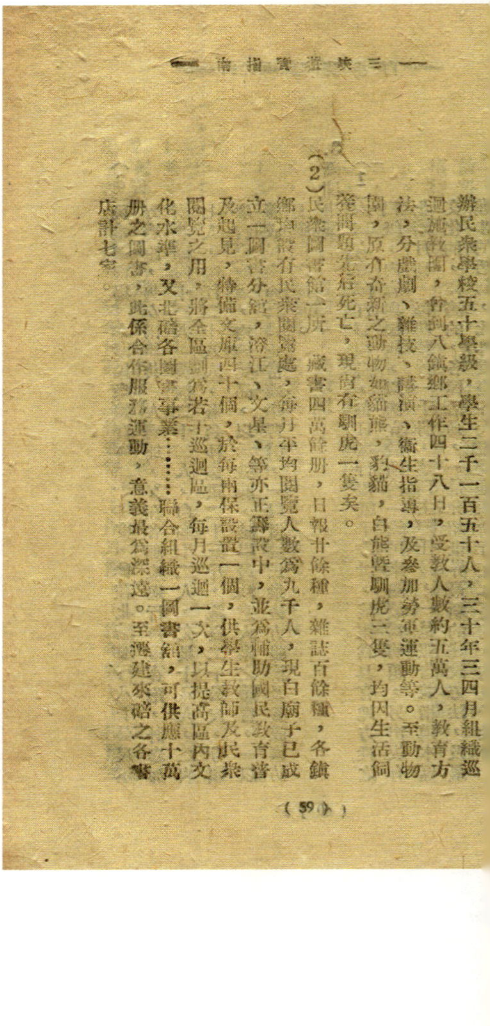
一三峽遊覽指南—

辦民衆學校五十學級，學生二千一百五十八人，三十年三四月組織巡迴施教團，曾到八鎮鄉工作四十八日，受教人數約五萬人，教育方法，分戲劇、雜技、講演、衛生指導，及參加勞軍運動等。至動物園，原有奇新之動物如貓熊，豹貓，白熊暨馴虎二隻，均因生活飼養問題先后死亡，現尚存馴虎一隻矣。

（2）民衆圖書館一所，藏書四萬餘册，日報廿餘種，雜誌百餘種，各鎮鄉均設有民衆閱覽處，每月平均閱覽人數爲九千人，現白廟子已成立一圖書分館，澄江、文星、等亦正籌設中，並爲補助國民教育普及起見，特備文庫四十個，於每兩保設置一個，供學生教師及民衆閱覽之用，將全區劃爲若干巡迴區，每月巡迴一次，以提高區內文化水準，又北碚各圖書事業……聯合組織一圖書館，可供應十萬册之圖書，此係合作服務運動，意義最爲深遠。至遷建來碚之各書店計七家。

（59）

附工作人员的生活

1. 工作

（1）集中大办公室办公每日整8小时。

（2）每部及每人均将职责以内的事列为表。

（3）各部有会议录、办事日记、工作周报、工作月报、工作年报、工作预定，每年有计划书，且有计划性之工作年历，按历实施，以提高工作效能。

2. 会议

各部每日有事务会议，逢五有财务会议（五号、十五号、二十五号）。每周星期一文化会议，星期二建设会议，星期四音乐会，星期五主干联席会议，星期六午前镇长会议、晚间读书会，星期日周会。每月有国民教育研究会，每年召开乡村设计委员会及区地方会议各 1 次。

3. 读书

（1）目的——提高办事兴趣及能力，坚定为社会事业的志向。

（2）时间——每晚 1 小时。

（3）内容——由自己选择经主管人审定：

①修养的。

②常识的。

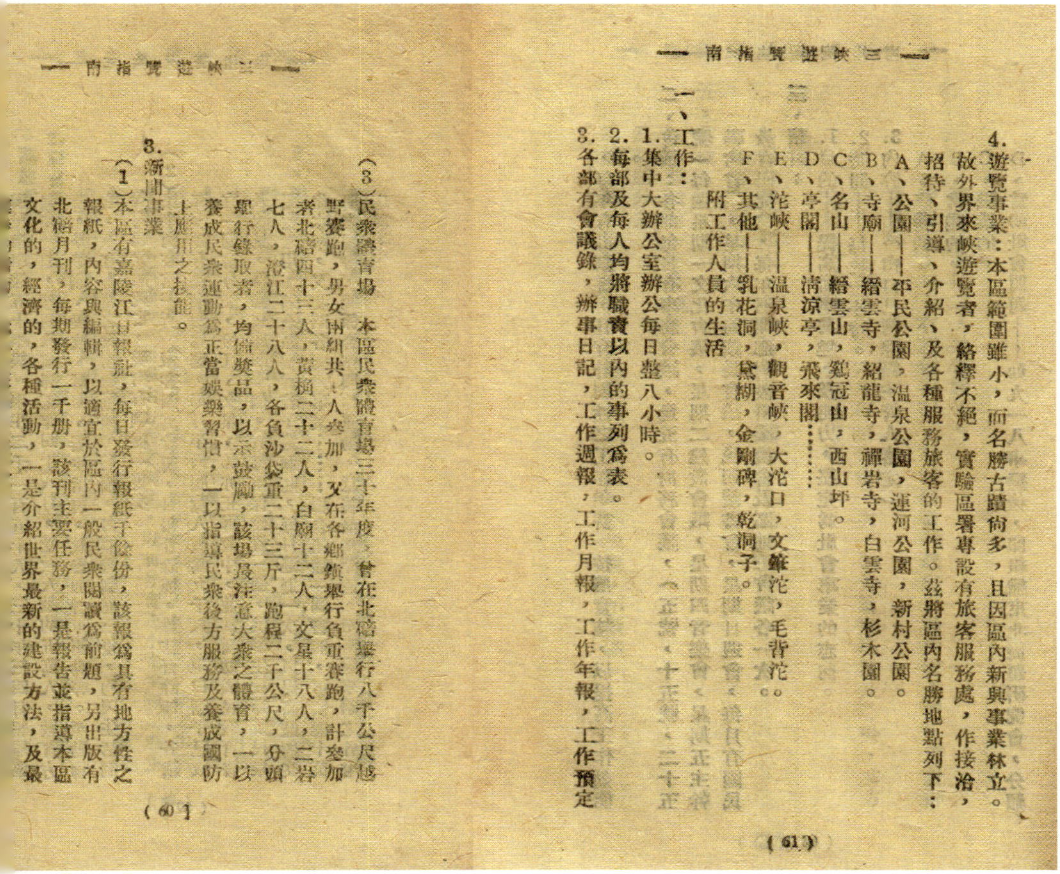

(3)民衆體育場　本區民衆體育場三十年度，曾在北碚舉行八千公尺越野賽跑，男女兩組共□人參加，又在各鄉鎮舉行負重賽跑，計參加者北碚四十三人，黃桷二十二人，白廟十二人，文星十八人，二岩七人，澄江二十八人，各負沙袋重二十三斤，跑程二千公尺，分頭舉行錄取者，均備獎品，以示鼓勵，該場尤注意大衆之體育，一以養成民衆運動爲正當娛樂習慣，一以指導民衆後方服務及養成國防上應用之技能。

3. 新聞事業

(1)本區有嘉陵江日報社，每日發行報紙千餘份，該報爲具有地方性之報紙，內容與編輯，以適宜於區內一般民衆閱讀爲前題，另出版有北碚月刊，每期發行一千冊，該刊主要任務，一是報告並指導本區文化的，經濟的，各種活動，一是介紹世界最新的建設方法，及最

4. 遊覽事業：本區範圍雖小，而名勝古蹟尚多，且因區內新興事業林立，故外界來峽遊覽者，絡繹不絕，實驗區署專設有旅客服務處，作接洽，招待、引導、介紹、及各種服務旅客的工作。茲將區內名勝地點列下：

A、公園——平民公園，溫泉公園，運河公園，新村公園。

B、寺廟——縉雲寺，紹龍寺，禪岩寺，白雲寺，杉木園。

C、名山——縉雲山，鷄冠山，西山坪。

D、亭閣——清涼亭，飛來閣……

E、沱峽——溫泉峽，觀音峽，大沱口，文華沱，毛背沱。

F、其他——乳花洞，黛糊，金剛碑，乾洞子。

附工作人員的生活

一、工作：

1. 集中大辦公室辦公每日整八小時。

2. 每部及每人均將職責以內的事列爲表。

3. 各部有會議錄，辦事日記，工作週報，工作月報，工作年報，工作預定

③职业的。

④当前社会问题——如九一八事变后，即组织东北问题研究会，分类研究东北问题，并作报告。

⑤笔记——每人有读书笔记，记载该书的起迄及内容大纲，与批评意见等。

⑥报告——每周星期六举行读书会1次，报告读书经过及心得，其方式为指定、抽签、自由报告等。

4. 运动

（1）每日黎明起床，各职员作晨间运动1小时。

（2）每周有运动比赛。

5. 其他

（1）本署职员一律着短服。

（2）公膳分食。

（3）婚、丧、寿不请客，不送礼，不赌钱，不吸烟，不饮酒。

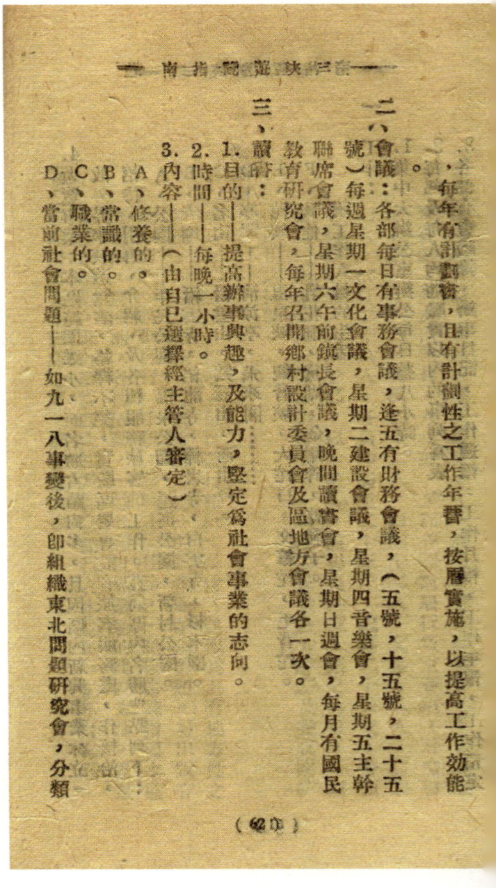

三峽遊覽指南

，每年有計劃書，且有計劃性之工作年書，按曆實施，以提高工作効能。

二、會議：各部每日有事務會議，逢五有財務會議，（五號，十五號，二十五號）每週星期一文化會議，星期二建設會議，星期四音樂會，星期五主幹聯席會議，星期六午前鎮長會議，晚間讀書會，星期日週會，每月有國民教育研究會，每年召開鄉村設計委員會及區地方會議各一次。

三、讀書：

1. 目的——提高辦事興趣，及能力，堅定爲社會事業的志向。

2. 時間——每晚一小時。

3. 內容——（由自已選擇經主管人審定）

A、修養的。

B、常識的。

C、職業的。

D、當前社會問題——如九一八事變後，即組織東北問題研究會，分類

（62）

二、游记

北碚之游

黄炎培

我们要游嘉陵江了，坐一条小汽船，逆流而上，不久就看见电力厂、自来水厂。重庆到底比成都现代化得多，总有几个正在出烟的烟囱，望上就是浮图关，再上就是磁器口，是磁业的中心，已闭歇的丝厂五六家，撑着枯骨式的烟囱，供游客的凭吊，这一带辉煌灿烂的金碧楼台，着实不少，都是二十年来有功内战的大军人领袖把他部下血战得来的“血溅”堆积而成，供他们享福的所在呀！

这嘉陵江上沿途风景，两岸都是浓碧的色彩，像老翡翠一般，是不算顶高的青山，中间夹着一条透明的绿水，如果把长江下游风景来比，很有几分像浙江的富春江，细细看来，同是极度的美丽，但富春江带些柔性，这嘉陵江不免带些刚性。

我们坐的小汽船是从早上六时半动身，午后一时半便到目的地——北碚。这“碚”字什么解释，很大很大的石块平铺着和地面一样，就叫做“碚”，所以我们在峨眉山会发明“雪碚”一名词呀！

历史是活动的，有许多“人”昨天是无名小卒，今天便是鼎鼎名流。

“地”何尝不这样呢？诸君从普通地图上找“北碚”两字，怕找遍四川全省还找不到，可见这小小地方，还没有资格接受地图编辑专家的注意呀，可是到了现在，北碚两字名满天下，几乎说到四川，别的地名很少知道，就知道有北碚。与其说因地灵而人杰，还不如说因人杰而地灵吧。原来北碚是嘉陵江上游巴县、江北、璧山、合川四县交界地点，在八九年前，满地是土匪，劫物掳人，变做家常便饭，简直是一片土匪世界。现今鼎鼎大名、公认为建设健将卢作孚先生，原来是教育界一分子，先生在川南道尹公署

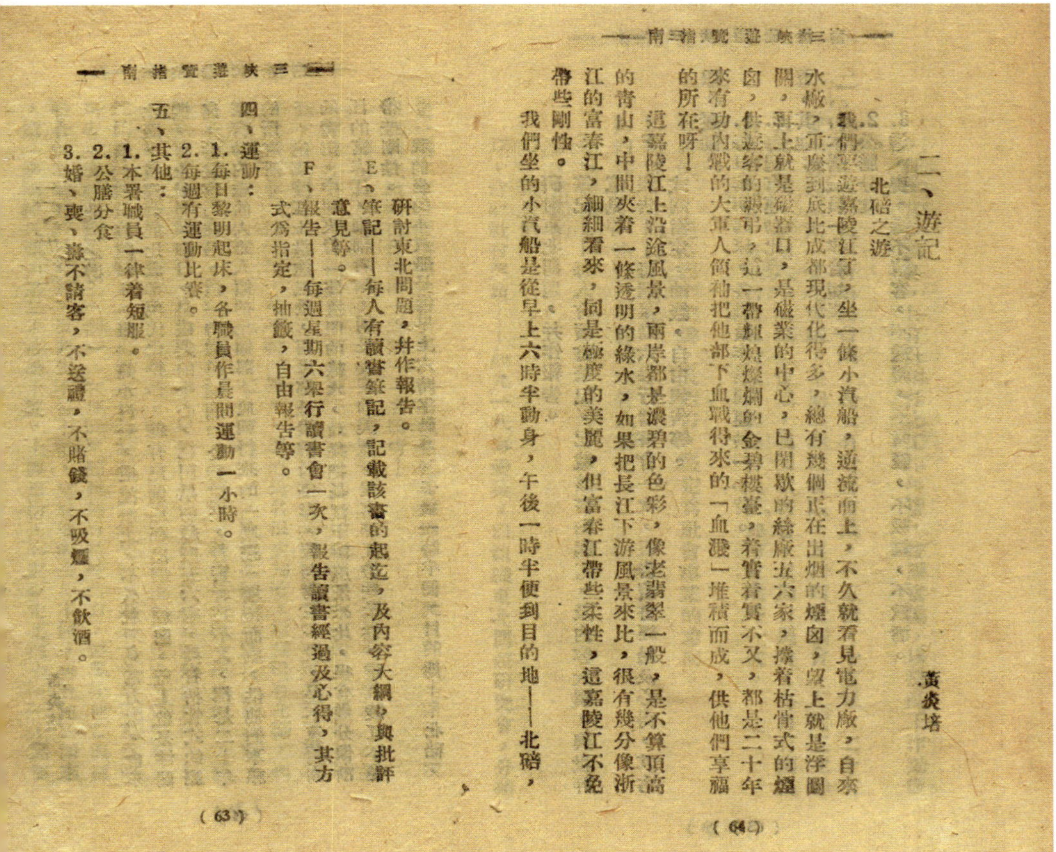

三峽遊覽指南

研討東北問題，并作報告。

E、筆記——每人有讀書筆記，記載該書的起迄，及內容大綱，與批評意見等。

F、報告——每週星期六舉行讀書會一次，報告讀書經過及心得，其方式為指定，抽籤，自由報告等。

四、運動：

1. 每日黎明起床，各職員作晨間運動一小時。
2. 每週有運動比賽。

五、其他：

1. 本署職員一律着短服。
2. 公膳分食
3. 婚、喪、壽不請客，不送禮，不賭錢，不吸煙，不飲酒。

（63）

三峽遊覽指南

二、遊記

北碚之遊　黃炎培

我們要遊嘉陵江，坐一條小汽船，逆流而上，不久就看見電力廠，自來水廠，重慶到底比成都現代化得多，總有幾個正在出烟的煙囱，望上就是浮圖關，再上就是磁器口，是磁業的中心，已閉歇的絲廠五六家，撑着枯骨式的煙囱，供遊客的憑弔，這一帶輝煌燦爛的金碧樓臺，着實着實不少，都是二十年來有功內戰的大軍人領袖把他部下血戰得來的「血漿」堆積而成，供他們享福的所在呀！

這嘉陵江上沿途風景，兩岸都是濃碧的色彩，像老翡翠一般，是不算頂高的青山，中間夾着一條透明的綠水，如果把長江下游風景來比，很有幾分像浙江的富春江，細細看來，同是極度的美麗，但富春江帶些柔性，這嘉陵江不免帶些剛性。

我們坐的小汽船是從早上六時半動身，午後一時半便到目的地——北碚，

（64）

当教育科长，后任成都通俗教育馆馆长。他是合川县人，在土匪遍地的家乡，当然是看不过去，也难得现当四川省主席的刘甫澄（湘）先生，在那时早认识他有特殊能力，便委任他当四县联合的北碚峡防局局长。卢先生不慌不忙，施展他的全身本领，联合他的同志，第一步训练民团，第二步搜剿土匪。土匪肃清，客匪便走不进去。不上几个月，把杀人放火的匪窠变成

安居乐业的福地。据当地人讲，有几次与匪苦斗，卢先生还冒着不少不少的危险哩。从此地方老百姓感戴这位卢局长到五体投地。卢先生却毫不矜夸，毫不骄傲，联合他的同志，还是刻苦奋斗，不断地训练民团，感化土匪。他们的口号是化匪为民，寓工于兵，匪受感化复业为良民者不少。团丁呢，做筑路淘滩等工作，把地方所有文化、教育、经济、卫生各项事业，不上几年，建设得应有尽有。有小学，有中学，有报社，有图书馆，有博物馆，有公共体育场，有平民公园，有地方医院，有民众会场，有农村银行，有科学院，名中国西部科学院，其中有地质研究所，有生物研究所，有理化研究所，有农林研究所。卢先生还是不矜夸，不骄傲，联合他的同志，不断地刻苦奋斗。他早着眼到嘉陵江的航业，扩大到长江上游，由上游而下游，到如今民生实业公司有轮船 40 多条，附设机器厂、电灯、自来水厂、染织工厂、消费合作社。他如北川铁路公司、天府煤矿公司，都投资合作。卢先生奋斗越努力，事业越发展，信誉越增加。去年政府便请他去当建设厅厅长，而他还是不矜夸，不骄傲，在不断地刻苦奋斗中。把他精神分析起来，他是耐劳耐苦的，是大公无私的，是谦和周到的，是明决爽快的，是虚心求进的，是富于理想而又勇于实行的。试述一件事：民生公司，卢先生是总经理，员工共有3000多人，他们每年分红的方法，把 3000 多人分做五级，不问职位高低，薪水大小，但按他劳逸和功过，列入某级。如系第一级，应得花红若干，总经理这样，水手仆役也是这样，所以去年卢先生分红得四十九元几角。这样实行平等，怕民生以外，还不容易找第二个公司吧。他们大家认清楚，他们的出汗，是为着这一条整个的长江求出路，为着这一群整个的中华民族求出路，决不是为总经理，也不单是为股东，更说不到为自己。有的人，情愿牺牲了大薪水，来民生公司做事，拿小薪水，简直觉得，如为个人谋发财，不配来当民生公司职工，更几乎使股东觉得，如为个人谋发财，不配来当

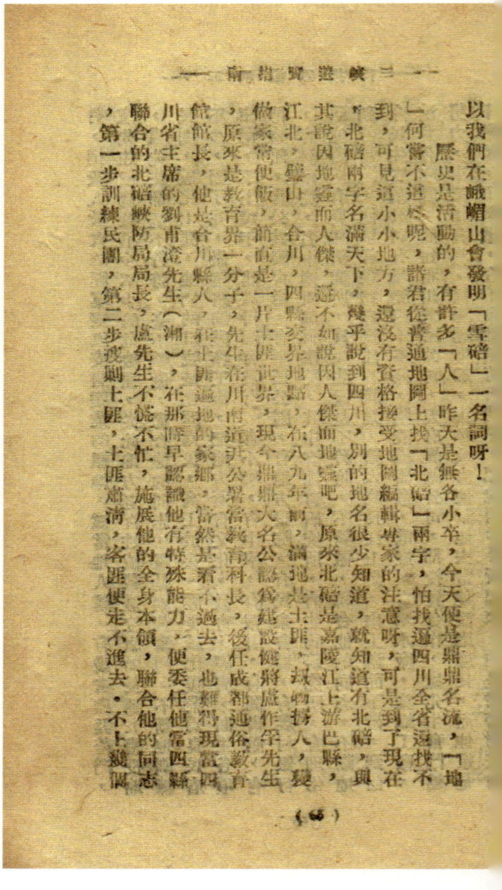
——三峽遊覽指南——

以我們在峨嵋山會發明「雪碚」一名詞呀！

歷史是活動的，有許多「人」昨天是無名小卒，今天便是鼎鼎名流，「地」何嘗不這樣呢，諸君從普通地圖上找「北碚」兩字，怕找遍四川全省還找不到，可見這小小地方，還沒有資格接受地圖編輯專家的注意呀，可是到了現在，北碚兩字名滿天下，幾乎說到四川，別的地名很少知道，就知道有北碚，與其說因地靈而人傑，還不如說因人傑而地靈吧，原來北碚是嘉陵江上游巴縣，江北，璧山，合川，四縣交界地點，在八九年前，滿地是土匪，擄物擄人，幾做家常便飯，簡直是一片土匪世界，現今鼎鼎大名公認為建設健將盧作孚先生，原來是教育界一分子，先生在川南道尹公署當教育科長，後任成都通俗教育館館長，他是合川縣人，在土匪遍地的家鄉，當然甚看不過去，也難得現當四川省主席的劉甫澄先生（湘），在那時早認識他有特殊能力，便委任他當四縣聯合的北碚峽防局局長，盧先生不慌不忙，施展他的全身本領，聯合他的同志，第一步訓練民團，第二步獲剿土匪，土匪肅清，客匪便走不進去。不上幾個

民生公司股东。我没得话说了。在若干年前，卢先生来上海，要我写一副对联，我提笔就写，一联是论语的成句：“有朋自远方来，不亦乐乎！”，一联是孟子的成句：“君子创业垂统，为可继也”。这回到四川，在北碚，在民生公司，吾还是说：作孚先生而能培养出第二卢作孚，公司而个个人负起责任，愿做卢作孚，将来事业进步无限度的。如果让卢先生单独奋斗，还不能不替前途担忧。因为吾是江苏人，老实说，这样花团锦簇、盛极一时的局面，我在江苏很早见过的，吾说这几句“忧盛危明”的话，或者比

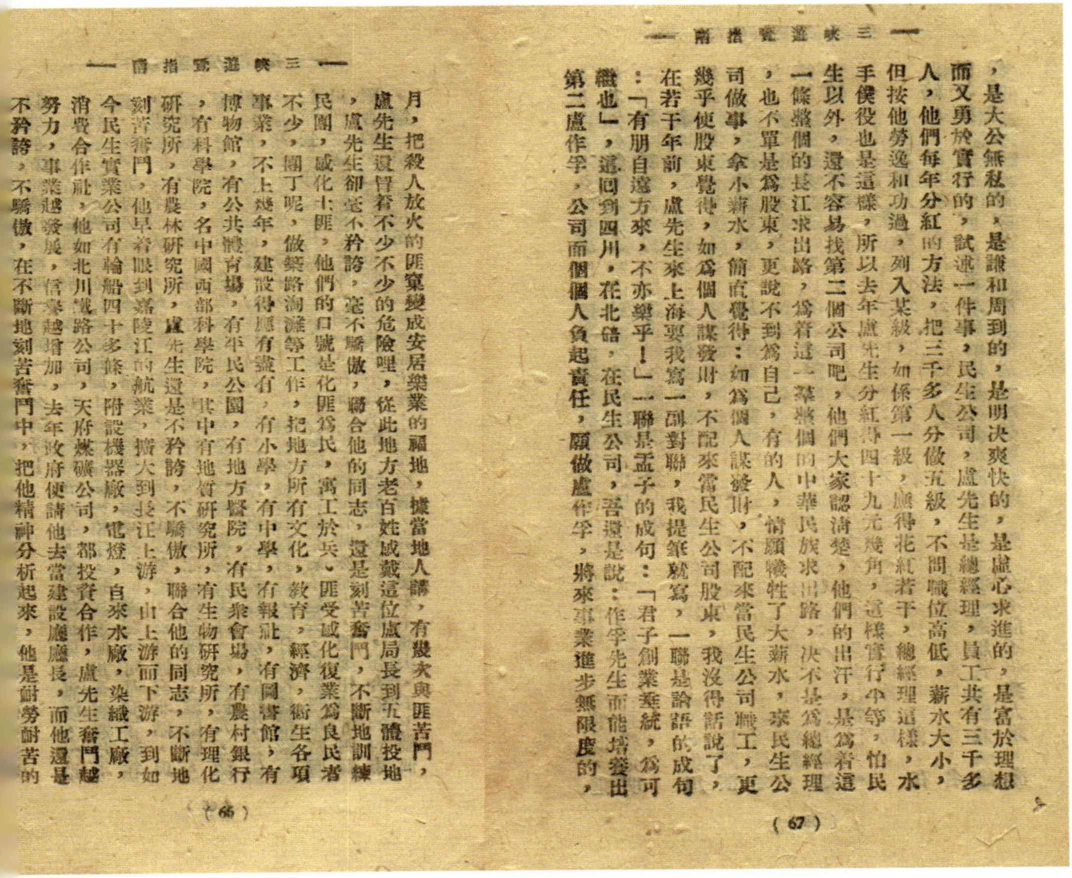

——三峽遊覽指南——

月，把殺人放火的匪窠變成安居樂業的福地，據當地人講，有幾次與匪苦鬥，盧先生還冒着不少不少的危險哩，從此地方老百姓感戴這位盧局長到五體投地，盧先生卻毫不矜誇，毫不驕傲，聯合他的同志，還是刻苦奮鬥，不斷地訓練民團，感化土匪，他們的口號是化匪爲民，寓工於兵，匪受感化復業爲良民者不少，團丁呢，做築路淘灘等工作，把地方所有文化，教育，經濟，衛生各項事業，不上幾年，建設得應有盡有，有小學，有中學，有報社，有圖書館，有博物館，有公共體育場，有平民公園，有地方醫院，有民衆會場，有農村銀行，有科學院，名中國西部科學院，其中有地質研究所，有生物研究所，有理化研究所，有農林研究所，盧先生還是不矜誇，不驕傲，聯合他的同志，不斷地刻苦奮鬥，他早着眼到嘉陵江的航業，擴大到長江上游，由上游而下游，到如今民生實業公司有輪船四十多條，附設機器廠，電燈，自來水廠，染織工廠，消費合作社，他如北川鐵路公司，天府煤礦公司，都投資合作，盧先生奮鬥越努力，事業越發展，信譽越增加，去年政府便請他去當建設廳廳長，而他還是不矜誇，不驕傲，在不斷地刻苦奮鬥中，把他精神分析起來，他是耐勞耐苦的

（66）

——三峽遊覽指南——

，是大公無私的，是謙和周到的，是明決爽快的，是虛心求進的，是富於理想而又勇於實行的，試述一件事，民生公司，盧先生是總經理，員工共有三千多人，他們每年分紅的方法，把三千多人分做五級，不問職位高低，薪水大小，但按他勞逸和功過，列入某級，如係第一級，應得花紅若干，總經理這樣，水手僕役也是這樣，所以去年盧先生分紅得四十九元幾角，這樣實行平等，怕民生以外，還不容易找第二個公司吧，他們大家認淸楚，他們的出汗，是爲着這一條整個的長江求出路，爲着這一整個的中華民族求出路，決不是爲總經理，也不單是爲股東，更說不到爲自己，有的人，情願犧牲了大薪水，來民生公司做事，拿小薪水，簡直覺得：如爲個人謀發財，不配來當民生公司職工，更幾乎使股東覺得，如爲個人謀發財，不配來當民生公司股東，我沒得話說了，在若干年前，盧先生來上海要我寫一副對聯，我提筆就寫，一聯是論語的成句：「有朋自遠方來，不亦樂乎！」一聯是孟子的成句：「君子創業垂統，爲可繼也」，這回到四川，在北碚，在民生公司，吾還是說：作孚先生而能培養出第二盧作孚，公司而個個人負起責任，願做盧作孚，將來事業進步無限度的，

（67）

没头没脑的恭维，还有多少益处吧！

既参观了上边所述北碚各种公益机关，还往观音峡登岸，到白庙子上北川铁路，行 30 里到大田坎，回到后峰岩，观煤矿，回到北碚，就礼堂公开讲演，兼善中学校长张博和主席，讲题——今后的北碚。（1）北碚的成功在教、养、卫兼施。（2）领袖耐劳耐苦，大公无私，第一步得同

事信仰，实际为地方造福；第二步得民众信仰，功成名立；第三步得政府信仰。今后须：（1）人人负起责任，不可专委之领袖；（2）人人以领袖卢先生之心为心，以其行为行；（3）准备拥护地方第二领袖；（4）注重基本建设；（5）注重国家大局。

嘉陵江风景，在没有到北碚，一入观音峡，便觉别有天地。尤其可贵，在北碚以上温泉峡，有温泉公园，布置得着实不差。六七座山楼中间的一座，名数帆楼，坐在中间，望着碧绿的山峰，碧绿的江水，一道一道风帆，使人“悠然意远”。一听到几十位船工发出一种劳动家的呼声，又不能不想到大路、渔光曲、伏尔加曲种种凄凉意味，写了不少首诗。

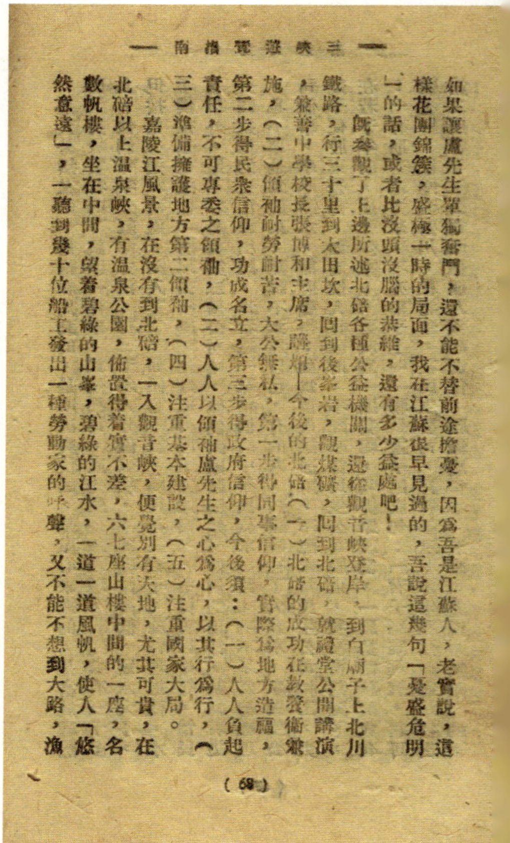
一三峽遊覽指南一

如果讓盧先生單獨奮鬥，還不能不替前途擔憂，因爲吾是江蘇人，老實說，這
樣花團錦簇，盛極一時的局面，我在江蘇很早見過的，吾說這幾句「曇盛危明
」的話，或者比沒頭沒腦的恭維，還有多少益處吧！
既參觀了上邊所述北碚各種公益機關，還從觀音峽登岸，到白廟子上北川
鐵路，行三十里到大田坎，回到後峯岩，觀煤礦，回到北碚，就禮堂公開講演
，兼善中學校長張博和主席，講題——今後的北碚（一）北碚的成功在教養衛樂
施，（二）領袖耐勞耐苦，大公無私，第一步得同事信仰，實際爲地方造福，
第二步得民衆信仰，功成名立，第三步得政府信仰，今後須：（一）人人負起
責任，不可專委之領袖，（二）人人以領袖盧先生之心爲心，以其行爲行，（
三）準備擁護地方第二領袖，（四）注重基本建設，（五）注重國家大局。
嘉陵江風景，在沒有到北碚，一入觀音峽，便覺別有天地，尤其可貴，在
北碚以上溫泉峽，有溫泉公園，佈置得着實不差，六七座山樓中間的一座，名
數帆樓，坐在中間，望着碧綠的山峯，碧綠的江水，一道一道風帆，使人「悠
然意遠」，一聽到幾十位船工發出一種勞動家的呼聲，又不能不想到大路，漁

（68）

游侣大家回去了，我真爱这温泉公园，独留数帆楼再住一天，临别留题七绝句。

三、诗咏

1.温泉峡

深江峡束奔流住，幻作琉璃碧凝冱。
春山恹恹云醉之，破晓初醒还睡去。
山楼百丈临江开，绛桃玉兰锦绣堆。
佛殿铁瓦青崔巍，琴庐磬室相依偎。
藤根温瀑若泼醅，我心既澡心绝埃。
善与众乐诚快哉，抱云一枕客梦回。
江声泉声惊喧豗，千军万骑疑敌来。
与子同仇甯徘徊，棹讴上濑凄以哀。
如诉民隐心为摧，何处笙歌沸遥夕。
云外楼台自金碧，嘉陵江上神仙宅。

2.北碚温泉三宿留题

嘉陵江水碧于油，夹岸春云懒不收。
劳者有声谁会得，清宵幽怨棹人讴。
数帆楼外数风帆，峡过观音见两三。
未必中者名利客，清幽我亦泛烟岚。
汩汩兰汤称体温，深宜池子浅宜盆。
热中不尽横流叹，云水蒸云出树根。
花好楼连益寿楼，琴庐磬室傍泷湫。

农庄虽小饶清雅，香面条条韭叶抽。
桃花细语锁山门，铁瓦斑斓古殿存。
清绝头衔三学士，见无佛处且称尊。
竹林深处有人家，苏洞低幽拂乳花。
满袖山云寻去路，归舟餐胜下渝巴。

注：白桃花有红点的名三学士。

3. 缙云九峰

狮子摩霄汉，香炉篆太空。
朝阳迎旭日，猿啸乱松风。
石照三千界，莲花七窍通。
玉尖如宝塔，更有聚云峰。

注：九峰即狮子、香炉、朝日、猿啸、石照、莲花、玉尖、宝塔、聚云是也。

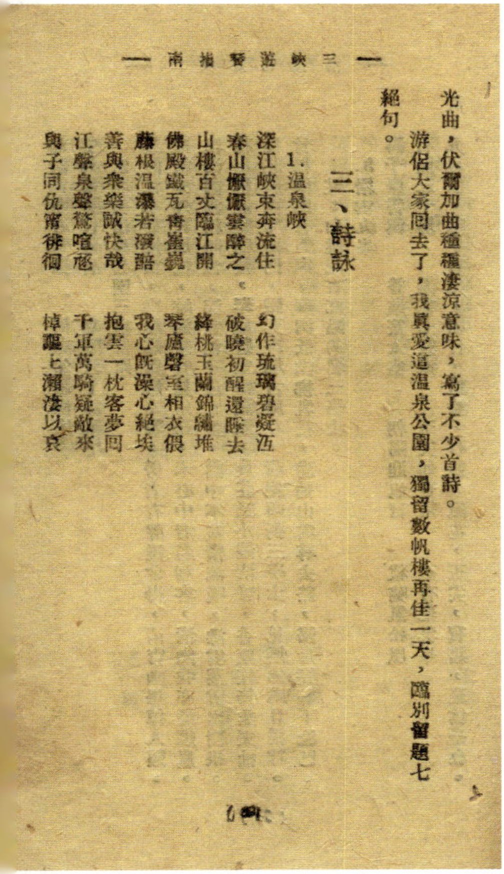
三峽遊覽指南

光曲，伏爾加曲種種淒涼意味，寫了不少首詩。

游侶大家回去了，我眞愛這溫泉公園，獨留數帆樓再住一天，臨別留題七絕句。

三、詩詠

1. 溫泉峽

深江峽束奔流住　幻作琉璃碧凝冱
春山儼儼雲霹之　破曉初醒還睡去
山樓百丈臨江開　絳桃玉蘭錦繡堆
佛殿鐵瓦青崔嵬　琴廬磬室相衣偎
藤根溫瀑若瀠黯　我心既澡心絕埃
善與衆樂誠快哉　抱雲一枕客夢回
江聲泉聲驚喧豗　千軍萬騎疑敵來
與子同仇胔徘徊　棹謳七灘淒以哀

4. 夜过温汤峡听瀑布（王宋珍）

泉飞千尺瀑，月载一舟行。
岂有蛟龙窟，而来风雨声。
泠泠醒客耳，脉脉动吟情。
缅想濂溪子，新诗许载赓。

注：瀑布在乳花洞侧。

5. 温泉题壁（卢雍）

云山独上会江楼，又下巴渝欲送秋。
江上波涛小山峡，灯前风雨一孤舟。
温泉见说能除疾，浊酒沽来亦解愁。
野鸟有情俱水宿，夜深清梦绕沧洲。

6. 重经温泉（卢雍）

峡里汤池别贮春，四时和气日熏人。
鱼游百沸仍依藻，火厝重泉不待薪。
病骨浴尘应勿药，征衣振后更无尘。
再者幸不遭风雨，我与名山有夙因。

7. 北碚江干坐月（王尔鉴）

缙云山下走江边，山市参差江岸横。
坐看波翻秋月上，水光月色羡双河。

8. 望缙云山（王尔鉴）

江上青峰耸缙云，云来舒卷自缤纷。

有时酿作光华日，九十九峰都不群。

俗谚二则

△温三千，禅八百，杉木园的和尚惹不得。

△白洋人，生得恶，开个窑子庙角角，白天扯菩萨，夜晚扯秤砣。

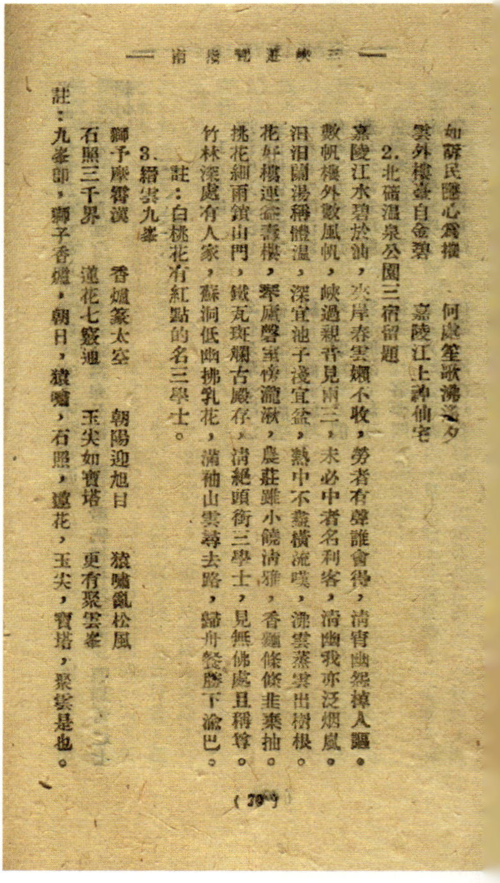

—三峽遊覽指南—

如薜民隱心胸撥 何處笙歌沸[illegible]夕

雲外樓臺自金碧 嘉陵江上神仙宅

2. 北碚溫泉公園三宿留題

嘉陵江水碧於油，次岸春雲嬾不收，勞者有聲誰會得，清宵幽怨棹人謳。

數帆機外數風帆，峽過親背見兩三，未必中者名利客，清幽我亦泛烟嵐。

汨汨闢湯稱體溫，深宜池子淺宜盆，熱中不盡橫流歎，沸雲蒸雲出樹根。

花好樓連忩壽樓，琴厂磬室傍瀧湫，農莊雖小饒清雅，香麵條條韭菜抽。

挑花細雨鎖山門，鐵瓦斑斕古殿存，清絕頭銜三學士，見無佛處且稱尊。

竹林深處有人家，蘇洞低幽拂乳花，滿袖山雲尋去路，歸舟發勝下渝巴。

註：白桃花有紅點的名三學士。

3. 縉雲九峯

獅子麻[illegible]漢　香爐篆太空　朝陽迎旭日　猿嘯亂松風

石照三千界　蓮花七竅通　玉尖如寶塔　更有聚雲峯

註：九峯即，獅子香爐，朝日，猿嘯，石照，蓮花，玉尖，寶塔，聚雲是也。

（79）

4.夜過温湯峽聽瀑布

泉飛千尺瀑　月載一舟行
豈有蛟龍窟　而來風雨聲
冷冷醒客耳　脈脈動吟情
緬想濂溪子　新詩許載賡

註：瀑布在乳花洞側

王宋珍

5.温泉題壁

雲山獨上會江樓　又下巴渝欲送秋
江上波濤小山峽　燈前風雨一孤舟
温泉見說能除疾　濁酒沽來一解愁
野鳥有情俱水宿　夜深詩夢繞滄洲

盧[illegible]鑑

6.重經温泉

峽裏湯池別貯春　四時和氣日薰人
魚游百沸仍依藻　火厝重泉不待薪

病骨浴應應勿藥　征衣振後更無塵
再者幸不遭風雨　我與名山有夙因

王爾鑑

7.北碚江干坐月

縉雲山下走江邊　山市參差江岸橫
座看波翻秋月上　水光月色羨雙河

8.望縉雲山

江上青峯聳縉雲　雲來舒卷自繽紛
有時釀作光華日　九十九峯都不羣

王爾鑑

俗諺一則

△温三千，禪八百，杉木園的和尚惹不得。
△白洋八，生得惡，開個窰子廟角角。
白天扯菩薩，夜晚扯秤砣。

北泉一览

《北泉一览》，北泉图书馆编印，该书简要介绍了北泉的古迹、景物、食住、沐浴、交通、物产、文化以及“汉洗”藏品。该书对了解当时北泉乃至北碚社会状况具有参考价值。

北泉一覽

私立北泉圖書館編印

漢洗

附漢洗淺說一文，見篇末。

一、古迹

温泉寺　创于刘宋景平元年。赵宋赐额：崇胜禅院。

1. 接引殿　欲考明代之建筑者，此殿在蜀，颇具典型。

2. 大佛殿　为明代遗构，清初加以修复，前有池桥，俨然宫殿制作。殿侧植以草原，绿草成茵；殿后辟为敞廊，以通走道。两旁笔柏耸翠，摇碧书天。

3. 铁瓦殿　全部底瓦皆为铁铸，上留信士香名。覆以琉璃绿瓦，辉光夺目。殿下有三百余年之紫薇，每届夏秋，花红百日，鲜艳异常。

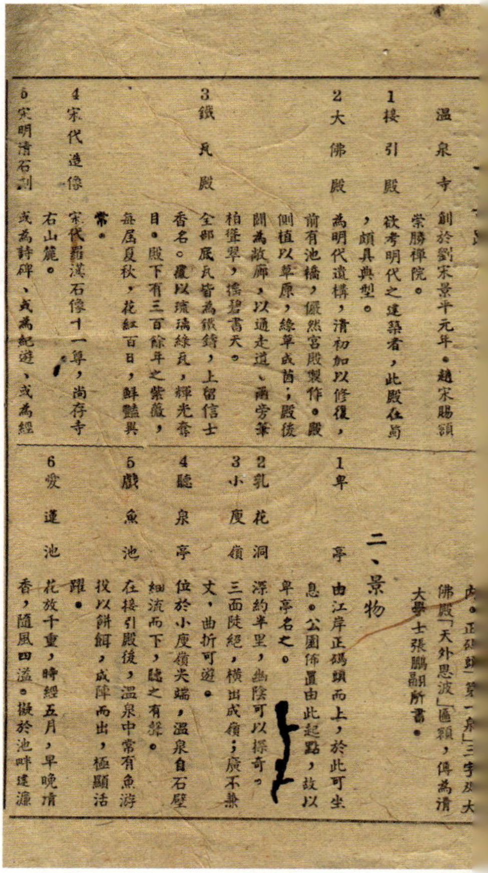
温泉寺　創於劉宋景平元年。趙宋賜額崇勝禪院。
1 接引殿　欲考明代之建築者，此殿在蜀，頗具典型。
2 大佛殿　為明代遺構，清初加以修復，前有池橋，儼然宮殿製作。殿側植以草原，綠草成茵；殿後闢為敞廊，以通走道、兩旁筆柏聳翠，搖碧書天。
3 鐵瓦殿　全部底瓦皆為鐵鑄，上留信士香名。覆以琉璃綠瓦，輝光奪目。殿下有三百餘年之紫薇，每屆夏秋，花紅百日，鮮豔異常。
4 宋代造像　宋代羅漢石像十一尊，尚存寺右山麓。
5 宋明清石刻　或為詩碑、或為紀遊、或為經
內。正碼頭「第一泉」三字及大佛殿「天外恩波」匾額，傳為清大學士張鵬翮所書。
二、景物
1 卑亭　由江岸正碼頭而上，於此可坐息。公園佈置由此起點，故以卑亭名之。
2 乳花洞　深約半里，幽陰可以探奇。
3 小廋嶺　三面陡絕，橫出成嶺；廣不兼丈，曲折可遊。
4 聽泉亭　位於小廋嶺尖端，溫泉自石壁細流而下，聽之有聲。
5 戲魚池　在接引殿後，溫泉中常有魚游，投以餅餌，成陣而出，極顯活躍。
6 愛蓮池　花放千重，時經五月，早晚清香，隨風四溢。擬於池畔建濂

4. 宋代造像　宋代罗汉石像十一尊，尚存寺右山麓。

5. 宋明清石刻　或为诗碑，或为纪游，或为经幢，或为事记，多集存大佛殿内。正码头“第一泉”三字及大佛殿“天外恩波”匾额，传为清大学士张鹏翮所书。

二、景物

1. 卑亭　由江岸正码头而上，于此可坐息。公园布置由此起点，故以卑亭名之。

2. 乳花洞　深约半里，幽阴可以探奇。

3. 小廋岭　三面陡绝，横出成岭；广不兼丈，曲折可游。

4. 听泉亭　位于小廋岭尖端，温泉自石壁细流而下，听之有声。

5. 戏鱼池　在接引殿后，温泉中常有鱼游，投以饼饵，成阵而出，极显活跃。

6. 爱莲池　花放千重，时经五月，早晚清香，随风四溢。拟于池畔建濂溪小岛，纪念茂叔。

7. 竹林深处　竹林掩映中，茅舍数椽，可以品茗，可以坐息。

8. 菱亭　全为棕构，藏于数帆楼与游泳池修竹之间，须寻求乃能得之。

9. 古香园　就树为台，品茗其间，别饶风趣。旁有塔院，有宋墓，有佛龛，古趣盎然，足资留恋。

10. 白鸟亭　“蜀山水碧蜀山青”，晨昏于此可望白鸟群飞掠空而过，

于院长题之为“绿水青山白鸟亭”。

11. 晚唱亭　在涛声阁左傍，晚可闻擢歌之声，亭毁待复。

12. 夕照亭　夕阳西下，红霞射彩，绿荫中别饶风致。

13. 飞来阁　为公园之高标，数十里外可望见之。由此俯瞰全园，花开四季，图案常新。现筹划修复中。

三、食住

子、饮食

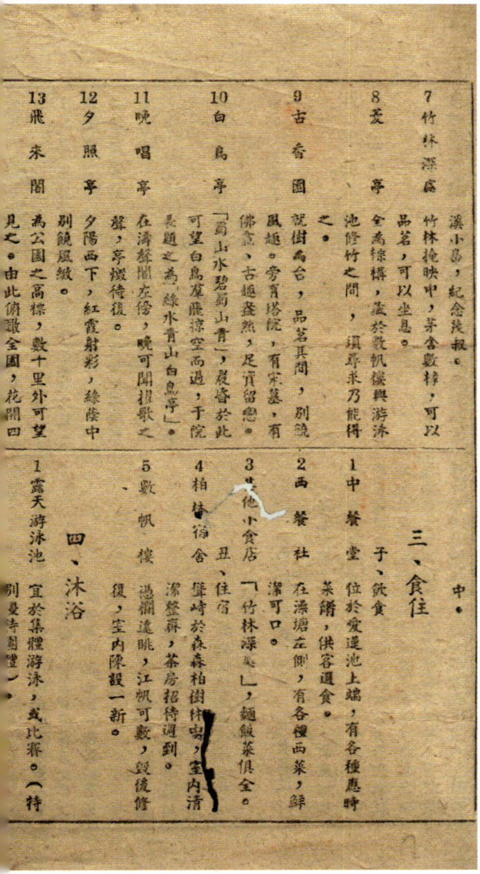

溪小島，紀念茂叔。

7 竹林深處　竹林掩映中，茅舍數椽，可以品茗，可以坐息。

8 菱　亭　全為棕構，處於數帆樓與游泳池修竹之間，須尋求乃能得之。

9 古香園　就樹為台，品茗其間，別饒風趣。旁有塔院，有宋墓，有佛龕，古趣盎然，足資留戀。

10 白鳥亭　「蜀山水碧蜀山青」，晨昏於此可望白鳥塵飛掠空而過，于院長題之為「綠水青山白鳥亭」。

11 晚唱亭　在濤聲閣左傍，晚可聞擢歌之聲，亭燬待復。

12 夕照亭　夕陽西下，紅霞射彩，綠蔭中別饒風緻。

13 飛来閣　為公園之高標，數十里外可望見之。由此俯瞰全園，花開四季……中。

三、食住

子、飲食

1 中餐堂　位於愛蓮池上端，有各種應時菜餚，供客選食。

2 西餐社　在澡塘左側，有各種西菜，鮮潔可口。

3 其他小食店「竹林深處」，麵飯菜俱全。

丑、住宿

4 柏林宿舍　聳峙於森森柏樹林中，室內清潔整齊，茶房招待週到。

5 數帆樓　憑欄遠眺，江帆可數，燬後修復，室內陳設一新。

四、沐浴

1 露天游泳池　宜於集體游泳，或比賽。（特別優待團體）。

1. 中餐堂　位于爱莲池上端，有各种应时菜肴，供客选食。

2. 西餐社　在澡堂左侧，有各种西菜，鲜洁可口。

3. 其他小食店“竹林深处”，面饭菜俱全。

丑、住宿

4. 柏林宿舍　耸峙于森森柏树林中，室内清洁整齐，茶房招待周到。

5. 数帆楼　凭栏远眺，江帆可数，毁后修复，室内陈设一新。

四、沐浴

1. 露天游泳池　宜于集体游泳，或比赛（特别优待团体）。

2. 室内游泳池　便于学习游泳。

3. 浴室　宜于个人沐浴。

五、交通

1. 北温公路　由青木关经北碚，直通北泉。

2. 澄温公路　由北泉可通夏溪口运河。

3. 江边码头　一码头便于起运货物。二码头有民生公司囤船、汽船，每日于此上下停靠，最便搭轮。三码头便于到澡塘沐浴。

4. 邮政局　除收发普通信函外，兼办汇兑储金。

5. 电报、电话收发处　由交通部北碚电报局分设，直与国内各地通话通报。

六、物产

1. 温泉细面　为温泉面厂精制，有银丝、韭叶两种，品质俱佳。

2. 缙云甜茶　产自缙云山中，别具风味。

3. 峡石砚　采峡中砚石精，制发墨极快。

七、文化

1. 北泉小学　民国廿七年开办，有学童 150 余人。于活泼中求纪律，于学习中求自动。惜因经费困难，现已停办！

2. 图书馆　注重西南史地之整理，与中医药、宗教史之研究，现存书籍 6 万余册，公报若干种，公开阅览。该馆又有古物 3000 余种，其中最珍藏者为汉洗。

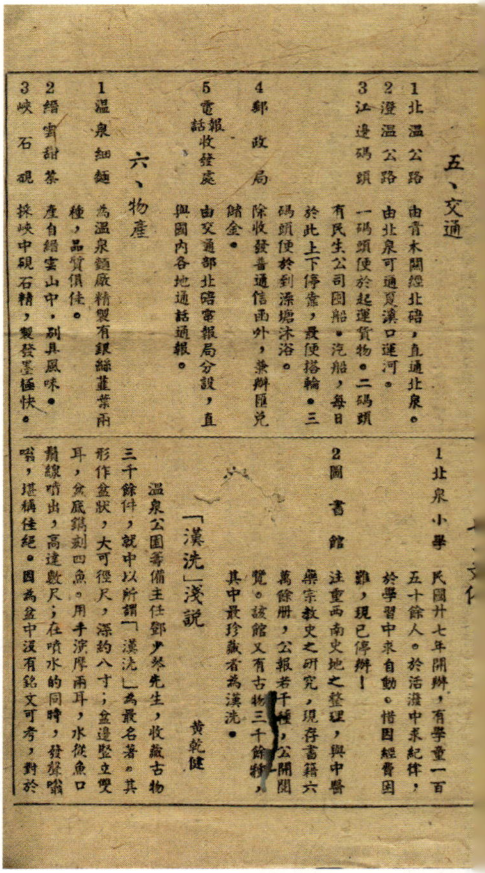

五、交通

1 北溫公路　由青木關經北碚，直通北泉。

2 澄溫公路　由北泉可通夏溪口運河。

3 江邊碼頭　一碼頭便於起運貨物。二碼頭有民生公司囤船。汽船，每日於此上下停靠，最便搭輪。三碼頭便於到添塘沐浴。

4 郵政局　除收發普通信函外，兼辦匯兌儲金。

5 電報話收發處　由交通部北碚電報局分設，直與國內各地通話通報。

六、物產

1 溫泉細麵　為溫泉麵廠精製有銀絲韮葉兩種，品質俱佳。

2 縉雲甜茶　產自縉雲山中，別具風味。

3 峽石硯　採峽中硯石精，製發墨極快。

1 北泉小學　民國廿七年開辦，有學童一百五十餘人。於活潑中求紀律，於學習中求自動。惜因經費困難，現已停辦！

2 圖書館　注重西南史地之整理，與中醫樂宗教史之研究，現存書籍六萬餘冊，公報若干種，公開閱覽。該館又有古物三千餘種，其中最珍藏者為漢洗。

「漢洗」淺說

黃乾健

溫泉公園籌備主任鄧少琴先生，收藏古物三千餘件，就中以所謂「漢洗」為最名著。其形作盆狀，大可徑尺，深約八寸；盆邊豎立雙耳，盆底鐫刻四魚。用手演摩兩耳，水從魚口鬚線噴出，高達數尺；在噴水的同時，發聲嗡嗡，堪稱佳絕。因為盆中沒有銘文可考，對於

“汉洗”浅说

黄乾健

温泉公园筹备主任邓少琴先生，收藏古物三千余件，就中以所谓“汉洗”为最名著。其形作盆状，大可径尺，深约八寸；盆边竖立双耳，盆底镌刻四鱼。用手演摩两耳，水从鱼口须线喷出，高达数尺；在喷水的同时，发声嗡嗡，堪称佳绝。因为盆中没有铭文可考，对于“汉洗”的解释，也就其说不一。

但汉洗演摩的喷水发音，为一种物理力学的道理，是大家公认了的。因为盆边薄，受摩力的传递，引起周期振动，传入水中，水力反击盆边，发生同调，就嗡嗡然有声了。若是摩愈急，传递愈快，反击加强，声音随之加大。由于摩力与反击发生干涉，激起水花来，状如细雨，确不失为一种奇观。

至于“汉洗”的确切的名称、用途、时代、经过许多科学家、考古学家、历史学家的研究与鉴别，直到现在，还没有得到一致的结论，有云为商代乐器，系合金铸成。有云为汉代洗器。最近接到浙江省立西湖博物馆长金维坚先生来函，云上海某收藏家，有双鱼铜洗一只，高约尺许，径可盈尺，

据称系云南苗祠之物。又邓少琴先生云，据传山东潍县陈氏家藏铜洗一只，在春秋二季，作为祀神之用；这是以之作为礼器的一种说法。不过以笔者的考证，这些论据，可为一种假说，还不能以作定评。

自然，铜器在商代已就盛行了的。从殷墟出土的铜器中，有礼器、兵器、用器等，且多成于范铸，很少是锤击。再从安阳发掘的报告中，知道当时用合金炼铸的方法是相当的进步。过去北平中央研究院用化学方法分析殷墟出土的铜镞，其中含有纯铜、锡、铁、矽酸等成分。由商代冶炼情形来看，可以证明当时的文化程度，并不如传说中的那么低落。同时“汉洗”的制式，同“父乙甗”“子京鼎”也有些相像，上有耳，下有足，大致为当时的祭器和盛器。殷墟出土的铜器中，有耳有足，内中并也有画龟鱼的。北泉所藏“汉洗”，有耳无足，中镌四鱼，很难断定其为商代礼器或乐器。说是云南苗祠之物，似乎也觉无稽。虽然云南在汉代的文化和交通上，并不算□野未开的地方，张骞就曾经想从云南到西域。在汉永元年中，南掌献罗马的魔术师来中国，也是由云南进的国土。而遍查典籍，全无铜洗方面的记载，就不能确认真为苗祠之物了。前北泉图书馆长杨家骆先生，推断其为后汉张衡制器，而在《后汉书·张衡传》上，也只有这样的记载“阳嘉元年，复造形风地动仪，以精铜铸成”，也无制铸铜洗的史实。不过在出土的汉代铜器当中，以洗器为多，且与北泉所藏“汉洗”略为相似，故以汉洗名之。比如阳嘉鹭鱼洗，大小不一，有的其深如□，有的其浅如盂。考之汉饶歌曲，鹭鱼取义相合。在汉顺帝即位七年，改元阳嘉，以为盥洗手之器。但是盆边并无两耳，鹭鱼之中，且有铭文。又东汉献帝以己巳年即位，庚午后改元初平，曾铸有初平双鱼洗，盆底两鱼，中有铭文。汉宜侯王洗，两旁有双鱼，一正一倒，中间也有模糊的铭文。汉大吉羊洗，在两旁双鱼之间，亦镌铭文。这些铜洗，盆边无耳，与北泉收藏者迥异。由其形制及其实用情况而言，论定其为洗器而非乐器及礼器，这一前提条件，是可成立的。

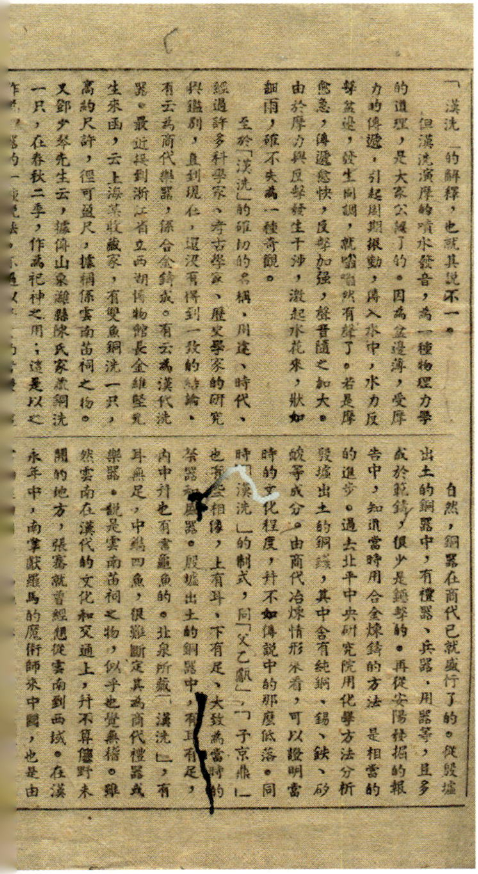
「漢洗」的解釋，也就其說不一。

但漢洗演摩的噴水發音，為一種物理力學的道理，是大家公認了的。因為盆邊薄，受摩力的傳遞，引起周期振動，傳入水中，水力反擊盆邊，發生共調，就嗡嗡然有聲了。若是摩擦急，傳遞愈快，反擊加強，聲音隨之加大。由於摩力與反擊發生干涉，激起水花來，狀如細雨，確不失為一種奇觀。

至於「漢洗」的確切的名稱，用途、時代、經過許多科學家、考古學家、歷史學家的研究與鑑別，直到現在，還沒有得到一致的結論。有云為商代樂器，係合金鑄成。有云為漢代洗器。最近接到浙江省立西湖博物館長金維堅先生來函，云上海某收藏家，有雙魚銅洗一只，高約尺許，徑可盈尺，據稱係雲南苗祠之物。又鄧少琴先生云，據傳山東濰縣陳氏家藏銅洗一只，在春秋二季，作為祀神之用；這是以之作……

自然，銅器在商代已就盛行了的。從殷墟出土的銅器中，有禮器、兵器，用器等，且多成於範鑄，很少是錘擊的。再從安陽發掘的報告中，知道當時用合金煉鑄的方法是相當的的進步。過去北平中央研究院用化學方法分析殷墟出土的銅鏃，其中含有純銅、錫、鐵、矽酸等成分。由商代冶煉情形來看，可以證明當時的文化程度，并不如傳說中的那麼低落。同時「漢洗」的制式，同「父乙甗」，「子京鼎」也有些相像，上有耳、下有足，大致為當時的祭器和盛器。殷墟出土的銅器中，有耳有足，內中并也有畫龜魚的。北泉所藏「漢洗」，有耳無足，中鑄四魚，很難斷定其為商代禮器或樂器。說是雲南苗祠之物，似乎也覺無稽。雖然雲南在漢代的文化和交通上，并不算[illegible]野未開的地方，張騫就曾經想從雲南到西域。在漢永年中，南掌獻羅馬的魔術師來中國，也是由

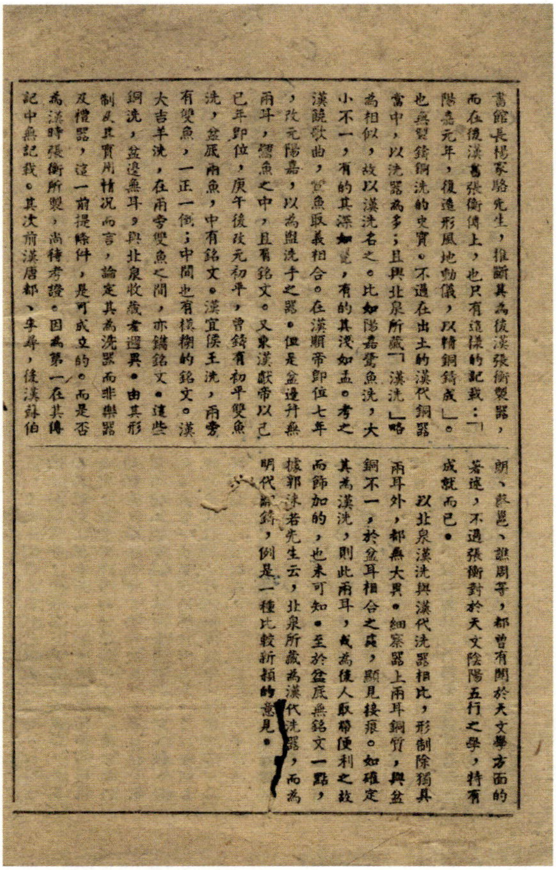
書館長楊家駱先生，推斷其為後漢張衡製器，而在後漢書張衡傳上，也只有這樣的記載：「陽嘉元年，復造形風地動儀，以精銅鑄成」。也無製鑄銅洗的史實。不過在出土的漢代銅器當中，以洗器為多；且與北泉所藏「漢洗」略為相似，故以漢洗名之。比如陽嘉鸞魚洗，大小不一，有的其深如[illegible]，有的其淺如盂。考之漢饒歌曲，鸞魚取義相合。在漢順帝即位七年，改元陽嘉，以為盥洗手之器。但是盆邊并無兩耳，鸞魚之中，且有銘文。又東漢獻帝以己巳年即位，庚午後改元初平，曾鑄有初平雙魚洗，盆底兩魚，中有銘文。漢宜侯王洗，兩旁有雙魚，一正一倒；中間也有模糊的銘文。漢大吉羊洗，在兩旁雙魚之間，亦鑄銘文。這些銅洗，盆邊無耳，與北泉收藏者迥異。由其形制及其實用情況而言，論定其為洗器而非樂器及禮器，這一前提條件，是可成立的。而是否為漢時張衡所製，尚待考證。因為第一在其傳記中無記載。其次前漢唐都、李尋，後漢蘇伯朗、蔡邕、譙周等，都曾有關於天文學方面的著述，不過張衡對於天文陰陽五行之學，特有成就而已。

以北泉漢洗與漢代洗器相比，形制除獨具兩耳外，都無大異。細察器上兩耳銅質，與盆銅不一，於盆耳相合之處，顯見接痕。如確定其為漢洗，則此兩耳，或為後人取帶便利之故而飾加的，也未可知。至於盆底無銘文一點，據郭沫若先生云，北泉所藏為漢代洗器，而為明代翻鑄，例是一種比較新穎的意見。

而是否为汉时张衡所制，尚待考证。因为第一在其传记中无记载，其次前汉唐都、李寻，后汉苏伯朗、蔡邕、谯周等，都曾有关于天文学方面的著述，不过张衡对于天文阴阳五门之学，特有成就而已。

以北泉汉洗与汉代洗器相比，形制除独具两耳外，都无大异。细察器上两耳铜质，与盆铜不一，于盆耳相合之处，显见接痕。如确定其为汉洗，则此两耳，或为后人取带便利之故而饰加的，也未可知。至于盆底无铭文一点，据郭沫若先生云，北泉所藏为汉代洗器，而为明代翻铸，例是一种比较新颖的意见。

端午节朝贺北碚

《端午节朝贺北碚》，新世界丛刊之一，甘南引著，1936年5月，重庆民生实业公司发行。该书为作者亲历1934年北碚端午节的所见所闻，为读者呈现了北碚社会事业发展的诸多方面，展示了北碚乡建社会实践蓬勃发展的成果。

端午節朝賀北碚

新世界叢刊

甘南引著

北碚全景

重慶民生實業公司發行

端午节朝贺北碚

甘南引

北碚，它是近代化城市尚未完全成功的一个雏形，同时也是四川各乡村甚至于中国各乡村想要变成近代化城市的一个模型，或者一个先导。

北碚，它在九年前，也是一样的与四川内地各乡村那样平庸，也是一样的那样藏垢纳污。设若允许我打一个譬喻，北碚，她以前正如一个粗野丑陋的乡下大姑娘，她跟一般的乡下大姑娘蓬头跣足，初无二致，而且她吊起两条鼻涕，又露出向不见天日的黄色的牙齿，并且满身的汗臭，她是那样的与一般同等阶级的乡村延长着一息奄奄的寿命。人人都是这样说：“那北碚，也是一个堕落的乡村，而且堕落得没有办法。在这没办法的乡村，那个又有办法？假使有办法，早就应该有办法。你不看四川全省一百四五十县所辖的乡村都是没有办法吗？未必北碚她能将鼻涕眼屎洗掉，黄黑色的牙齿刷洗干净吗？”

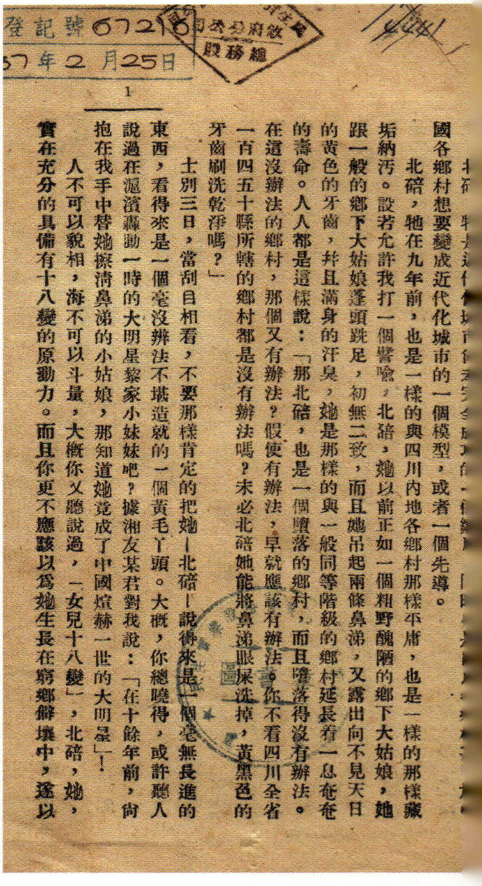

國各鄉村想要變成近代化城市的一個模型，或者一個先導。

北碚，牠在九年前，也是一樣的與四川內地各鄉村那樣平庸，也是一樣的那樣藏垢納污。設若允許我打一個譬喻，北碚，她以前正如一個粗野醜陋的鄉下大姑娘，她跟一般的鄉下大姑娘蓬頭跣足，初無二致，而且她吊起兩條鼻涕，又露出向不見天日的黃色的牙齒，并且滿身的汗臭，她是那樣的與一般同等階級的鄉村延長着一息奄奄的壽命。人人都是這樣說：「那北碚，也是一個墮落的鄉村，而且墮落得沒有辦法。在這沒辦法的鄉村，那個又有辦法？假使有辦法，早就應該有辦法。你不看四川全省一百四五十縣所轄的鄉村都是沒有辦法嗎？未必北碚她能將鼻涕眼屎洗掉，黃黑色的牙齒刷洗乾淨嗎？」

士別三日，當刮目相看，不要那樣肯定的把她—北碚—說得來是一個毫無長進的東西，看得來是一個毫沒辦法不堪造就的一個黃毛丫頭。大概，你總曉得，或許聽人說過在滬濱轟動一時的大明星黎家小妹妹吧？據湘友某君對我說：「在十餘年前，向抱在我手中替她揩清鼻涕的小姑娘，那知道她竟成了中國煊赫一世的大明星」！

人不可以貌相，海不可以斗量，大概你又聽說過，「女兒十八變」，北碚，她，實在充分的具備有十八變的原動力。而且你更不應該以為她生長在窮鄉僻壤中，遂以

1

士别三日，当刮目相看，不要那样肯定的把她——北碚——说得来是一个毫无长进的东西，看得来是一个毫没办法不堪造就的一个黄毛丫头。大概，你总晓得，或许听人说过在沪滨轰动一时的大明星黎家小妹妹吧？据湘友某君对我说：“在十余年前，尚抱在我手中替她擦清鼻涕的小姑娘，那知道她竟成了中国煊赫一世的大明星！”

人不可以貌相，海不可以斗量，大概你又听说过，“女儿十八变”，北碚，她，实在充分的具备有十八变的原动力。而且你更不应该以为她生长在穷乡僻壤中，遂以为她无招致他人注目的可能。那知道她这几年的进展，就是孙猴子翻筋斗，一翻十万八千里，也翻不过她跑得那样远，那样快。

你应该承认她，的确是一个粗野丑陋，吊起两条鼻涕，露出黄黑色牙齿的一个乡下大姑娘，一个黄毛丫头。可是那一年，那一天，来了一所新开张的美容室，那美容室的美容师，他们都是手艺高强，富有美术研究性，仿佛还具备得有起死回生的妙术，不满几年，居然一个丑陋不堪的大姑娘，一个黄毛丫头，被那些美容师把她修饰得来，说旧一点就是有沉鱼落雁之容，闭月羞花之貌，说新一点，就是烫卷其发，细湾其眉，樱桃其嘴，高跟其鞋，周身都有曲线，而且富有健康之美，一个纯粹现代化的摩登女郎。这美容室，这美容师，究竟是谁？他到有些来历。那个是掌柜？我到要跟他见见面。我是这样的纳闷，纳闷得不知有若干分钟，若干秒钟。

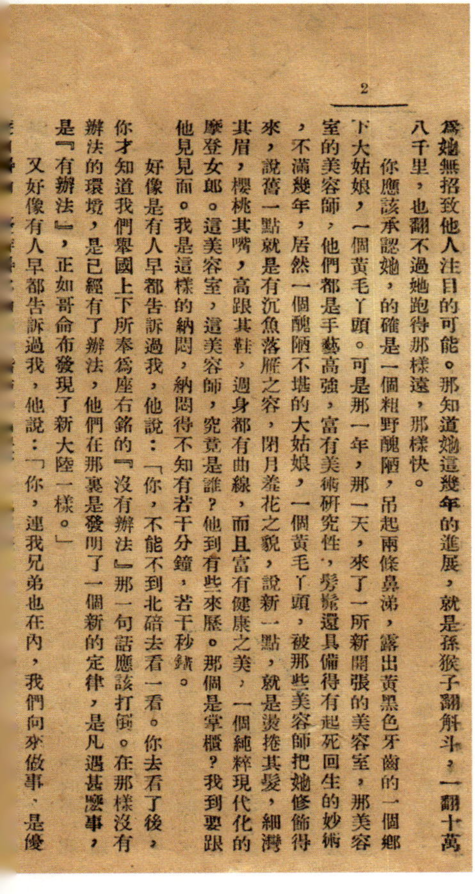
2

爲她無招致他人注目的可能。那知道她這幾年的進展，就是孫猴子翻斛斗，一翻十萬八千里，也翻不過她跑得那樣遠，那樣快。

你應該承認她，的確是一個粗野醜陋，吊起兩條鼻涕，露出黃黑色牙齒的一個鄉下大姑娘，一個黃毛丫頭。可是那一年，那一天，來了一所新開張的美容室，那美容室的美容師，他們都是手藝高強，富有美術研究性，髣髴還具備得有起死回生的妙術，不滿幾年，居然一個醜陋不堪的大姑娘，一個黃毛丫頭，被那些美容師把她修飾得來，說舊一點就是有沉魚落雁之容，閉月羞花之貌，說新一點，就是燙捲其髮，細灣其眉，櫻桃其嘴，高跟其鞋，週身都有曲線，而且富有健康之美，一個純粹現代化的摩登女郎。這美容室，這美容師，究竟是誰？他到有些來歷。那個是掌櫃？我到要跟他見見面。我是這樣的納悶，納悶得不知有若干分鐘，若干秒鐘。

好像是有人早都告訴過我，他說：「你，不能不到北碚去看一看。你去看了後，你才知道我們舉國上下所奉爲座右銘的『沒有辦法』那一句話應該打倒。在那樣沒有辦法的環境，是已經有了辦法，他們在那裏是發明了一個新的定律，是凡遇甚麽事，是『有辦法』，正如哥侖布發現了新大陸一樣。」

又好像有人早都告訴過我，他說：「你，連我兄弟也在內，我們向來做事，是優

好像是有人早都告诉过我，他说：“你，不能不到北碚去看一看。你去看了后，你才知道我们举国上下所奉为座右铭的‘没有办法’那一句话应该打倒。在那样没有办法的环境，是已经有了办法，他们在那里是发明了一个新的定律，是凡遇什么事，是‘有办法’，正如哥仑布发现了新大陆一样。”

又好像有人早都告诉过我，他说：“你，连我兄弟也在内，我们向来做事，是优游自得的，优游得你的周身脂肪特别丰富。他们在北碚治事的精神，是特别的紧张，紧张得

呼吸都急迫。一个人做事不紧张起来，你就是走三步路，你也该要骂你的两腿，太不中用，太无气力，不能支持你的体重。你假使看了他们治事那种紧张情形，你至少也许要诧异，诧异到，哦！人们的精神，是要紧张起来，而且在紧张的当儿，那种乐趣，你就花十万八万的金元，也是买不来的。”

好像还有一个人告诉我，也坚决的这样说：“我们成年成月的在那煤气熏蒸的城市中过活，不合卫生条件，固不必说，你就是公余之后，你除了接近女人，耍女人，抽洋烟，来四圈‘小麻将’，大概你总觉得你的人生是无聊吧，你大概总觉你的堂堂男儿躯，是为接近或耍女人而生，是为抽洋烟而生，为来四圈‘小麻将’而生吧？然而，假使你暂时放弃一天或数天耍女人，抽洋烟，来四圈‘小麻将’，你由千厮门搭浅水轮，约几个朋友往北碚去一趟，你看看那边的建设，他们工作的活动。有能参加的，你也参加，例如运动与游泳之类，或者，自己也立下志愿，我也回我的本乡去如法炮制的建设起来，你至少也要感叹一声曰：夫然后知人生之乐趣，不尽止于耍女人，抽洋烟，来四圈‘小麻将’也。”

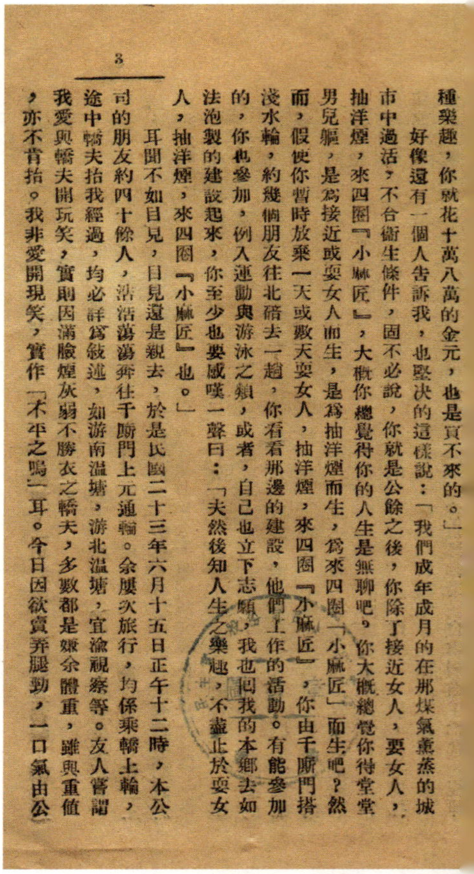
種樂趣，你就花十萬八萬的金元，也是買不來的。」

好像還有一個人告訴我，也堅決的這樣說：「我們成年成月的在那煤氣熏蒸的城市中過活，不合衛生條件，固不必說，你就是公餘之後，你除了接近女人，耍女人，抽洋煙，來四圈『小麻匠』，大概你總覺得你的人生是無聊吧。你大概總覺你得堂堂男兒軀，是爲接近或耍女人而生，是爲抽洋煙而生，爲來四圈「小麻匠」而生吧？然而，假使你暫時放棄一天或數天耍女人，抽洋煙，來四圈『小麻匠』，你由千廝門搭淺水輪，約幾個朋友往北碚去一趟，你看看那邊的建設，他們工作的活動。有能參加的，你也參加，例入運動與游泳之類，或者，自己也立下志願，我也回我的本鄉去如法泡製的建設起來，你至少也要感嘆一聲曰：「夫然後知人生之樂趣，不盡止於耍女人，抽洋煙，來四圈『小麻匠』也。」

3

耳聞不如目見，目見還是親去，於是民國二十三年六月十五日正午十二時，本公司的朋友約四十餘人，浩浩蕩蕩奔往千廝門上元通輪。余屢次旅行，均係乘轎上輪，途中轎夫抬我經過，均必詳爲敘述，如游南溫塘，游北溫塘，宜渝視察等。友人嘗謂我愛與轎夫開玩笑，實則因滿臉煙灰弱不勝衣之轎夫，多數都是嫌余體重，雖與重值，亦不肯抬。我非愛開玩笑，實作「不平之鳴」耳。今日因欲賣弄腿勁，一口氣由公

耳闻不如目见，目见还是亲去，于是民国二十三年六月十五日正午十二时，本公司的朋友约四十余人，浩浩荡荡奔往千厮门上元通轮。余屡次旅行，均系乘轿上轮，途中轿夫抬我经过，均必详为叙述，如游南温塘，游北温塘，宜渝视察等。友人尝谓我爱与轿夫开玩笑，实则因满脸烟灰弱不胜衣之轿夫，多数都是嫌余体重，虽与重值，亦不肯抬。我非爱开玩笑，实作“不平之鸣”耳。今日因欲卖弄腿劲，一口气由公司行至三囤船。汗，固然是出了，然而，我增加了一个经验，这经验是我离了轿夫还是能走路。脂肪虽多，两腿依然能够架着它走。

一大群人，还有许多男女来宾，都上元通轮了。经理车少滨君，与船长张炳荣，都怕时间太晚，开不到北碚，虽然我说还有几个行动与作事不

大紧张的朋友，尚未上船，再等三分钟。然而，汽笛一鸣，三分钟已满，依然不见影儿来，只有让他们成为漏网之鱼了。

一声汽笛再鸣，我们已在车身轧轧中，沿着滔滔不绝的嘉陵江上驶而行。

去北碚，我这一次，大概是第六次，或第七次。沿途所见，河山依旧，设无新的景致，与新的事物，现于眼帘，又把那山、水、石头、青草再叙一次，大概总无那种勇气。夔府以下的三峡，它是那样的雄伟、秀丽、崎岖、幻变，初出川，与初入川的人，他可以立于轮船上两廊跑过去，跑过来，看五七小时，甚至于大半日而不觉丝毫疲乏。看景致，看得来兴奋、感叹，有时感觉热血奔腾，有时感觉心旷神怡。可在那三峡拉船的船夫子，他成年的都看见，那三峡的雄伟、秀丽、崎岖、幻变，绝不能抓住他的注意。这原因很简单，就是他的视神经，经过的刺激太多，它的反应也太多，快要成为麻痹状态，因此目所视而无睹。我绝不肯自暴自弃，自露弱点，说我的视神经也成了麻痹状态。嘉陵江上那样好的风景，你都不叙一叙？我要偷巧的说，是因为元通轮跑得太快，一会儿曾家岩、浮图关，一会儿石门、李子坝，接着磁器口又到了，快得来我的秃笔都赶不上叙，于是免去了罢。

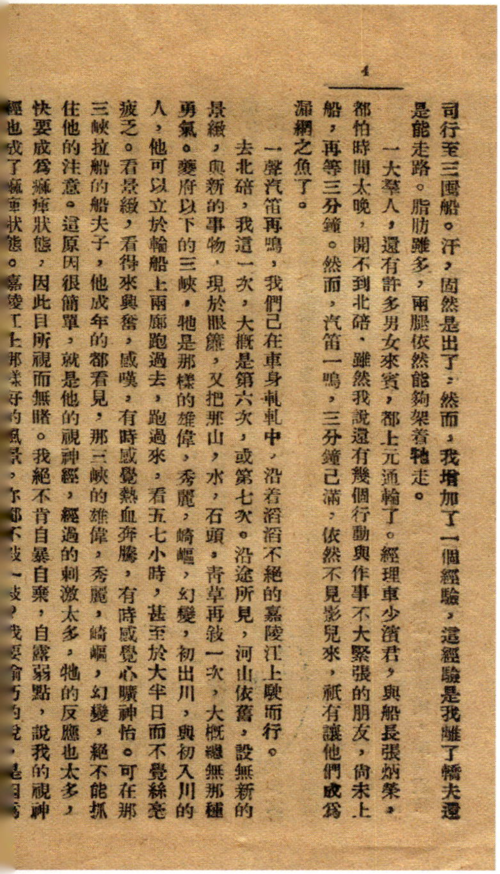
4

司行至三園船。汗，固然是出了；然而，我增加了一個經驗，這經驗是我離了轎夫還是能走路。脂肪雖多，兩腿依然能夠架着軀走。

一大羣人，還有許多男女來賓，都上元通輪了。經理車少濱君，與船長張炳榮，都怕時間太晚，開不到北碚，雖然我說還有幾個行動與作事不大緊張的朋友，尚未上船，再等三分鐘。然而，汽笛一鳴，三分鐘已滿，依然不見影兒來，祇有讓他們成為漏網之魚了。

一聲汽笛再鳴，我們已在車身軋軋中，沿着滔滔不絕的嘉陵江上駛而行。

去北碚，我這一次，大概是第六次，或第七次。沿途所見，河山依舊，設無新的景緻，與新的事物，現於眼簾，又把那山，水，石頭，青草再敍一次，大概總無那種勇氣。夔府以下的三峽，牠是那樣的雄偉，秀麗，崎嶇，幻變，初出川，與初入川的人，他可以立於輪船上兩廊跑過去，跑過來，看五七小時，甚至於大半日而不覺絲毫疲乏。看景緻，看得來興奮，感嘆，有時感覺熱血奔騰，有時感覺心曠神怡。可在那三峽拉船的船夫子，他成年的都看見，那三峽的雄偉，秀麗，崎嶇，幻變，絕不能抓住他的注意。這原因很簡單，就是他的視神經，經過的刺激太多，牠的反應也太多，快要成為痲痺狀態，因此目所視而無睹。我絕不肯自暴自棄，自露弱點，說我的視神經也成了痲痺狀態。嘉陵江上那樣好的風景，你都不敍一敍？我要偷巧的說，是因為

过了磁器口，简直不看风景了。清点船上人数，除船员外，来宾乘客统共计算，共得146人。不消说这个数目当中，是有男的，也有女的，还有老的、少的，而且还有高的、矮的。那肥的、瘦的，也不在少数。至于丑的、美的，也都可以数得出若干人。真是济济跄跄，一船杂碎。求精校的校长美人锐朴先生，当我们清点人数，走在他面前时，他说他要算两个人，因为他太高了。他，高得来在全船算第一，固不消说，他，且而的确高得来与我们公司的董事连雅公完全相反，他们两公，假如是并驾携手偕行，你不必白花六角大洋去电影院受热看陆克、贾波林、巴斯祈登，除非你的嘴唇有病，敬遵医嘱，不敢张口发笑。否则，

你应先行预备停止肚疼的药，免得他们二公携手同行时，笑得你肚儿发痛，你要错怪二公。

满船的男的女的，老的幼的，高的矮的，肥的瘦的，饱食终日，无所用心，与其说他们是在船上享福，较劳动苦力舒服得多，勿宁说他们是在受文明罪。世间上最苦的事，就是终日无有事做。人上一百，武艺俱全，他们当中那有不提倡团体活动的？起初是本公司京剧组，像“打围鼓”式的，唱了一阵。接着是公司的全体职员唱争先少年歌及满江红歌。词谱均佳，悲壮激昂，使全船精神振奋。何北衡先生提议了，他提议要曾义先生跳舞。曾先生，他是长于舞，而且又长于吹。他手拿口琴，吹起来了，吹得来全船都羡慕他会吹。何北衡先生他又提议了，他提议汉口聚兴诚分行的杨襄理来一个跳舞。此时，在这样的空气紧张中，只要有人提议，马上就有人附议。杨襄理，他是谦让不遑，可是在这种群众运动之中，一个人那能反对，一阵拍掌欢迎之声，比催请新娘上轿还厉害。杨襄理，他是不能再反对了，出台了。好在他还有几下武艺，他不慌不忙的，他说：“兄弟别无所长，来学一个瞎子跳舞。”那瞎子是在跳舞了，只见他，那半闭着的眼儿，白眼仁只是向上的翻，伸出一双手，向前探路，一双脚，如临深渊，一点一点小心翼翼的，用脚尖向前试探。一会儿，他翻身了，他又在跳舞了，颈部、腰部、腿部，都适合跳舞的姿势，简直是一个老于舞台的跳舞家。你绝想不到那是聚行的杨襄理，他确是一个新来船上的瞎子。一阵的劈拍巴掌声、喝彩声，那瞎子的眼睛依然恢复原状，这是表示他的瞎子舞已经成功，而且他算是最受欢迎的第一人。

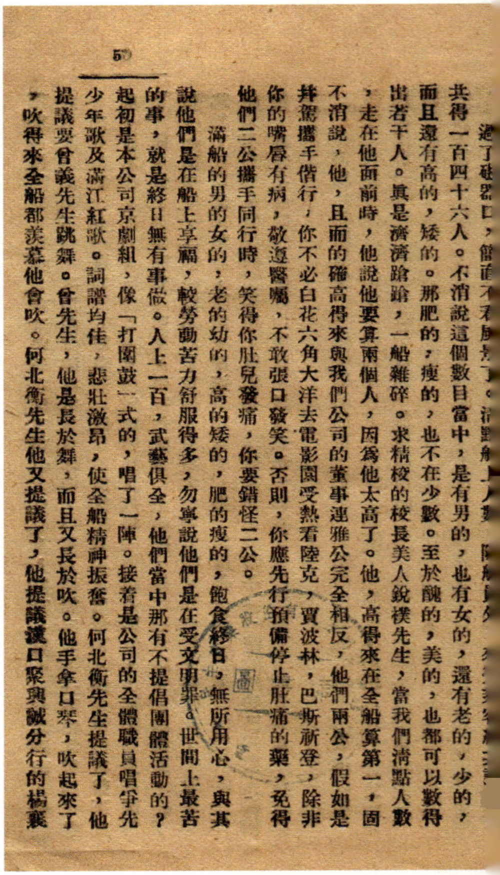
共得一百四十六人。不消說這個數目當中，是有男的，也有女的，還有老的，少的，而且還有高的，矮的。那肥的，瘦的，也不在少數。至於醜的，美的，也都可以數得出若干人。眞是濟濟蹌蹌，一船雜碎。求精校的校長美人銳樸先生，當我們清點人數，走在他面前時，他說他要算兩個人，因爲他太高了。他，高得來在全船算第一，固不消說，他，且而的確高得來與我們公司的董事速雅公完全相反，他們兩公，假如是丼駕攜手偕行，你不必白花六角大洋去電影園受熱看陸克，賈波林，巴斯祈登，除非你的嘴唇有病，敬遵醫囑，不敢張口發笑。否則，你應先行預備停止肚痛的藥，免得他們二公攜手同行時，笑得你肚兒發痛，你要錯怪二公。

滿船的男的女的，老的幼的，高的矮的，肥的瘦的，飽食終日，無所用心，與其說他們是在船上享福，較勞動苦力舒服得多，勿寧說他們是在受文明罪。世間上最苦的事，就是終日無有事做。人上一百，武藝俱全，他們當中那有不提倡團體活動的？起初是本公司京劇組，像「打圍鼓」式的，唱了一陣。接着是公司的全體職員唱爭先少年歌及滿江紅歌。詞譜均佳，悲壯激昂，使全船精神振奮。何北衡先生提議了，他提議要曾義先生跳舞。曾先生，他是長於舞，而且又長於吹。他手拿口琴，吹起來了，吹得來全船都羨慕他會吹。何北衡先生他又提議了，他提議漢口聚興誠分行的楊襄

5

在这样的热烈情绪中，像这样的局势，绝不可随便的就烟消火灭，趋于冷静的。何北衡先生，他的花样多，他又提议了。他提议那瞎子不应该只是单人舞，应该与曾义先生来一个交际舞。那瞎子自然不能坚决反对，他知道反对与表示谦让都是无效，只有洒脱大方的来一个交际舞

还可以收台。他请求曾义先生了。他请求他要扮女的那一角，他带她跳舞，他是绅士，他是名媛。好在曾义先生是已经有胡须须，跳就跳罢，就被他带着跳罢。既无钢琴，又无西洋乐器，于是我的灵机一动，由口中发出吹哨声，把跳舞的音乐吹奏，居然有节奏，有拍子，跳的人起劲，我奏乐的人也起劲。就是那些男女老幼，高矮肥瘦一大船看的人，那个不伸着大指，称赞他两公——杨襄理、曾义先生——是跳舞明星，是瓜瓜叫的交际家！一阵的热烈笑声，带着欢喜与赞扬的掌声，夹杂着闹了一场，他两公才得仍归原位。这种情景，我想起1926年7月，我在西比利亚铁路火车中，在列车内一些男女西人寂寞得无聊，因无音乐，临时也是这个办法，口吹哨子作为音乐，两手拍掌，作为击拍，抱起来就开跳，也是一样的有趣，一样的兴味最浓。

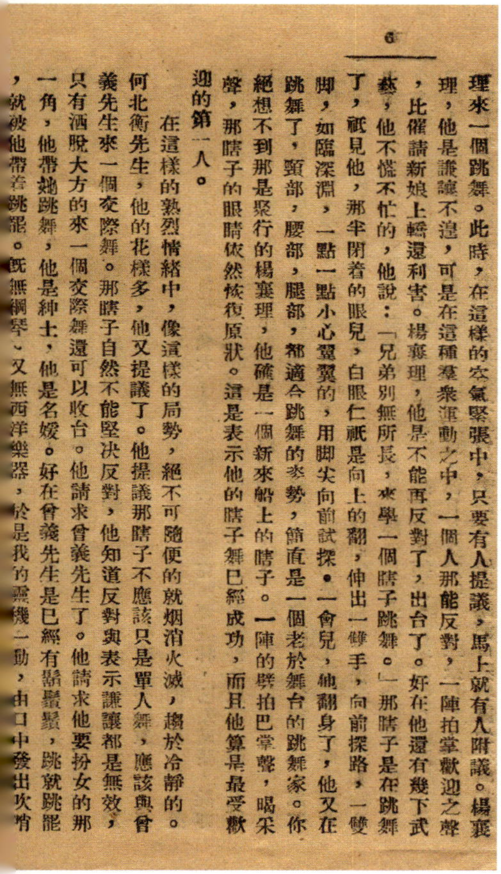

6

理來一個跳舞。此時，在這樣的空氣緊張中，只要有人提議，馬上就有人附議。楊襄理，他是謙讓不遑，可是在這種羣衆運動之中，一個人那能反對，一陣拍掌歡迎之聲，比催請新娘上轎還利害。楊襄理，他是不能再反對了，出台了。好在他還有幾下武藝，他不慌不忙的，他說：「兄弟別無所長，來學一個瞎子跳舞。」那瞎子是在跳舞了，祇見他，那半閉着的眼兒，白眼仁祇是向上的翻，伸出一雙手，向前探路，一雙脚，如臨深淵，一點一點小心翼翼的，用脚尖向前試探。一會兒，他翻身了，他又在跳舞了，頸部，腰部，腿部，都適合跳舞的姿勢，簡直是一個老於舞台的跳舞家。你絕想不到那是聚行的楊襄理，他確是一個新來船上的瞎子。一陣的劈拍巴掌聲，喝采聲，那瞎子的眼睛依然恢復原狀。這是表示他的瞎子舞已經成功，而且他算是最受歡迎的第一人。

在這樣的熱烈情緒中，像這樣的局勢，絕不可隨便的就烟消火滅，趨於冷靜的。何北衡先生，他的花樣多，他又提議了。他提議那瞎子不應該只是單人舞，應該與曾義先生來一個交際舞。那瞎子自然不能堅决反對，他知道反對與表示謙讓都是無效，只有洒脫大方的來一個交際舞還可以收台。他請求曾義先生了。他請求他要扮女的那一角，他帶她跳舞，他是紳士，他是名媛。好在曾義先生是已經有鬍鬚，跳就跳罷，就被他帶着跳罷。既無鋼琴，又無西洋樂器，於是我的靈機一動，由口中發出吹哨

大人既已跳了，何北衡先生他很明白群众心理，他知道大家兴犹未尽，他变了方式了，他提议小朋友些也要加入来一个单独表演或团体表演。小孩儿，人人都是小孩儿长大的。小孩儿烦躁时，人人都是讨厌他，可是，人人都爱他，都离不了他。要是一个结婚多年的人没有小孩，也许有人就要暗暗地讥诮他，说他青草都不长一根。听说，而今世道大变了，变得来学校的教师有权有威的，可以一脚踢着他的小肚腹，踢过半死，又可以一拳头打得他鼻青脸肿。那拿着戒方或竹鞭打他十个二十个手心，打得他至少一个礼拜右手不能拿笔，这算是有涵养，气质变化了，一般人民所欢迎的教师。这个时候呢，他们是在船上同一般活活泼泼的老的幼的，高的矮的，肥的瘦的，在一块儿的闹、笑、跳，你用不着拿脚踢他，或者拳头打他，只要一句话鼓励他，他的天真烂漫，露出不关风的牙齿，笑嘻嘻的。他带着勇气，站出来表演了。吴天民先生的小姐，约莫有五六岁的光景，她会唱歌，她会唱英文歌，其声悠扬，博得掌声不少。这样的活泼小孩儿，即使“师严然后道尊”，当老师的应奉为金科玉律，是一个强有力的挡箭牌，

你能高高举起拳头，打得他发昏章第三吗？接着又是甘克俊、甘克超两位小姑娘的唱凤阳花鼓，唱的词句颇有些滑稽，音调也甚为好听。小孩儿，他是那样的活泼可爱！爱伦凯女士，她是那小孩的福星。假使我们的世界，要是没有小孩儿了，我看你怎么得了？还成什么世界？

末了，何先生，他胸有成竹，他不在中国人当中选拔人才，他要找那高人——锐朴先生——了。那高人，起初也是：“我吗，不会，我也不会唱那个。”我暗暗地替他着急，在这种情形之下，你是绝不能反对的，然而，他依然是反对，我想，这岂不糟糕，何先生的成命何以能收回？我一人在出主意了，要武力解决他，如像八国联军，他们拿武力解决我们一样。我站起来了，要动手拉他，他终于被我拉起来了。可是他这一起来，惹起全船哄堂大笑。我莫名其妙，有些诧异，后来才知道那高人与连雅公携手偕行笑得你肚痛的情态，我已先雅公在扮演了。他经不住武力的解决，于是他答应唱歌了。他唱的是“船夫歌”，“嗳！哟！嗳！哟！”大概约莫有五七次的“嗳！哟！”，大家终于如愿以偿，也笑得来“嗳哟！嗳哟！”的喊，笑嘻嘻的好像得了胜利。情绪得了调和，又恢复平静的状态。此时，只听车声轧轧，元通乘风破浪，把全船的人像装货物似的，载往北碚或温塘卸载。

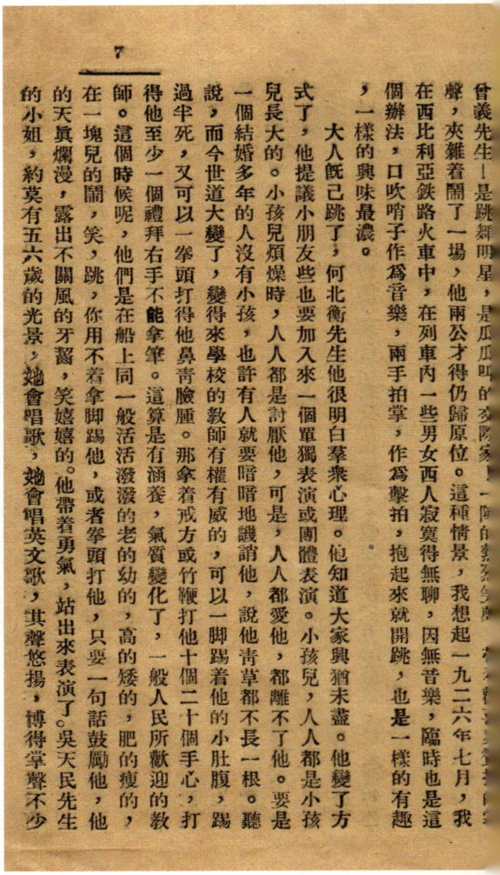

曾義先生－是跳舞明星，是瓜瓜叫的交際家！一陣的

聲，夾雜着鬧了一場，他兩公才得仍歸原位。這種情景，我想起一九二六年七月，我在西比利亞鐵路火車中，在列車內一些男女西人寂寞得無聊，因無音樂，臨時也是這個辦法，口吹哨子作爲音樂，兩手拍掌，作爲擊拍，抱起來就開跳，也是一樣的有趣，一樣的興味最濃。

7

大人既已跳了，何北衡先生他很明白羣衆心理。他知道大家興猶未盡。他變了方式了，他提議小朋友些也要加入來一個單獨表演或團體表演。小孩兒，人人都是小孩兒長大的。小孩兒煩燥時，人人都是討厭他，可是，人人都愛他，都離不了他。要是一個結婚多年的人沒有小孩，也許有人就要暗暗地譏誚他，說他靑草都不長一根。聽說，而今世道大變了，變得來學校的教師有權有威的，可以一脚踢着他的小肚腹，踢過半死，又可以一拳頭打得他鼻靑臉腫。那拿着戒方或竹鞭打他十個二十個手心，打得他至少一個禮拜右手不能拿筆。這算是有涵養，氣質變化了，一般人民所歡迎的教師。這個時候呢，他們是在船上同一般活活潑潑的老的幼的，高的矮的，肥的瘦的，在一塊兒的鬧，笑，跳，你用不着拿脚踢他，或者拳頭打他，只要一句話鼓勵他，他的天眞爛漫，露出不關風的牙齒，笑嬉嬉的。他帶着勇氣，站出來表演了。吳天民先生的小姐，約莫有五六歲的光景，她會唱歌，她會唱英文歌，其聲悠揚，博得掌聲不少

元通如飞也似的过了土沱，入了小三峡，过白庙子。一转弯，下午六时许就到了北碚。北碚囤船，早已扎成花船，预备明日庆贺端节。壁成等在北碚下船，往他们的果园下榻。我们因在热气熏蒸中闹了一天，满身臭汗，在轮船行驶中，见着水跳不下去，心痒难当。反正元通是开合川，今晚宿温塘，我们不如去洗澡，洗过痛快，今晚或明晨雇木船回北碚亦未始不可。主意是这样决定了，元通离了北碚，又向温塘进发。

嘉陵江滨的温塘，假如你是一个过惯现代生活的人，你，不得不选择暇日，去逛一逛。大概你总知道，北平的西山，河北的北戴河，江西的庐山，

辽宁的汤山，中东铁路的二层甸子，与扎兰屯，还有其他的一切名胜，这些地方，有山，有水，有鲜花，有奇鸟，有自然之美，有人工之美，可以休养你的病躯，可以调养你的心情。在夏日仕女如云，可以作正当交际，可以作团体娱乐，人们终年辛苦，是要有这样的地方，调剂你的心境，增加你对于人生应有的勇气，使你抱有无穷的希望。四川山水秀丽，也许甲于天下，许多地方因为无人培植，也就无人欣赏。而其最大病因，乃在于名人只知培植自己花园，自己欣赏，尽量搜罗，于是也就尽量搜括，其结果遂成为某氏门

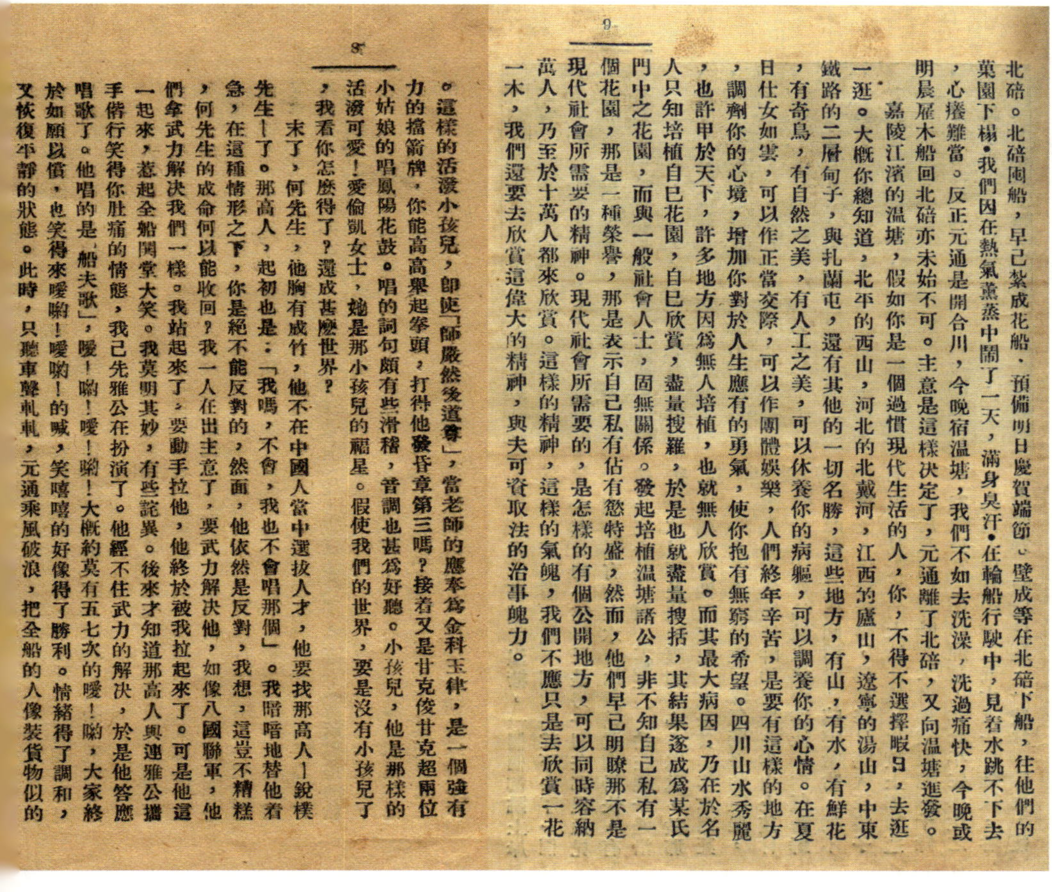
8

。這樣的活潑小孩兒，卽使「師嚴然後道尊」，當老師的應奉爲金科玉律，是一個強有力的擋箭牌，你能高高舉起拳頭，打得他發昏章第三嗎？接着又是廿克倰廿克超兩位小姑娘的唱鳳陽花鼓。唱的詞句頗有些滑稽，音調也甚爲好聽。小孩兒，他是那樣的活潑可愛！愛倫凱女士，她是那小孩兒的福星。假使我們的世界，要是沒有小孩兒了，我看你怎麽得了？還成甚麽世界？

末了，何先生，他胸有成竹，他不在中國人當中選拔人才，他要找那高人─銳樸先生─了。那高人，起初也是：「我嗎，不會，我也不會唱那個」。我暗暗地替他着急，在這種情形之下，你是絕不能反對的，然面，他依然是反對，我想，這豈不糟糕，何先生的成命何以能收回？我一人在出主意了，要武力解决他，如像八國聯軍，他們拿武力解决我們一樣。我站起來了，要動手拉他，他終於被我拉起來了。可是他這一起來，惹起全船閧堂大笑。我莫明其妙，有些詫異。後來才知道那高人與速雅公攜手偕行笑得你肚痛的情態，我已先雅公在扮演了。他經不住武力的解决，於是他答應唱歌了。他唱的是「船夫歌」，嗳！喲！嗳！喲！大概約莫有五七次的嗳！喲，大家終於如願以償，也笑得來嗳喲！嗳喲！的喊，笑嘻嘻的好像得了勝利。情緒得了調和，又恢復平靜的狀態。此時，只聽車聲軋軋，元通乘風破浪，把全船的人像裝貨物似的

9

北碚。北碚鬧船，早已紮成花船，預備明日慶賀端節。壁成等在北碚下船，往他們的菓園下榻。我們因在熱氣薰蒸中鬧了一天，滿身臭汗。在輪船行駛中，見着水跳不下去，心癢難當。反正元通是開合川，今晚宿温塘，我們不如去洗澡，洗過痛快，今晚或明晨雇木船回北碚亦未始不可。主意是這樣决定了，元通離了北碚，又向温塘進發。

嘉陵江濱的温塘，假如你是一個過慣現代生活的人，你，不得不選擇假日，去逛一逛。大概你總知道，北平的西山，河北的北戴河，江西的廬山，遼寧的湯山，中東鐵路的二層甸子，與扎蘭屯，還有其他的一切名勝，這些地方，有山，有水，有鮮花，有奇鳥，有自然之美，有人工之美，可以休養你的病軀，可以調養你的心情。在夏日仕女如雲，可以作正當交際，可以作團體娛樂，人們終年辛苦，是要有這樣的地方，調劑你的心境，增加你對於人生應有的勇氣，使你抱有無窮的希望。四川山水秀麗，也許甲於天下，許多地方因爲無人培植，也就無人欣賞。而其最大病因，乃在於名人只知培植自巳花園，自巳欣賞，盡量搜羅，於是也就盡量搜括，其結果遂成爲某氏門中之花園，而與一般社會人士，固無關係。發起培植温塘諸公，非不知自己私有一個花園，那是一種榮譽，那是表示自己私有佔有慾特盛，然而，他們早已明瞭那不是現代社會所需要的精神。現代社會所需要的，是怎樣的有個公開地方，可以同時容納萬人，乃至於十萬人都來欣賞。這樣的精神，這樣的氣魄，我們不應只是去欣賞一花一木，我們還要去欣賞這偉大的精神，與夫可資取法的治事魄力。

中之花园，而与一般社会人士，固无关系。发起培植温塘诸公，非不知自己私有一个花园，那是一种荣誉，那是表示自己私有占有欲特盛，然而，他们早已明了那不是现代社会所需要的精神。现代社会所需要的，是怎样的有个公开地方，可以同时容纳万人，乃至于十万人都来欣赏。这样的精神，这样的气魄，我们不应只是去欣赏一花一木，我们还要去欣赏这伟大的精神，与

夫可资取法的治事魄力。

元通已到了温塘，一个个都跳上岸去，奔赴游泳池。洞的一声下去了一个，扑通的一声，又是另一个在那里鱼儿翻身。有的在水中比鱼儿还溜得快，有的完全是一个“旱鸭子”，站在池子边沿，水还不及他的腹部，小心翼翼，被那怕死的天性所支配，惟恐其要落水而死。一大群人，脱离了煤气熏蒸的重庆，忽然在这嘉陵江畔的温塘在半山上茂林修竹中天然的温水池中游泳，空气新鲜，而且又是集团活动，嘻嘻哈哈，乐不可支。这种活动，与那终日蜷伏在帐子内不见天日的大抽洋烟，比较上那种适宜于我们的身体？又与那重庆城内千余家的公寓——即洋烟馆，非北平住学生之公寓——成日成夜三五十人一榻横陈，吞云吐雾，形同鬼窟，一些鸠形鹄面，瘦如牵籐的男女国民，两相比较，那一种是有意义？

10

溫泉浴室及游泳池

，濮通的一聲，又是另一個在那里魚兒翻身。有的在水中比魚兒還溜得快，有的完全是一個「旱鴨子」，站在池子邊沿，水還不及他的腹部，小心翼翼，被那怕死的天性所支配，惟恐其要落水而死。一大羣人，脫離了煤氣薰蒸的重慶，忽然在這嘉陵江畔的溫塘在半山上茂林修竹中天然的溫水池中游泳，空氣新鮮，而且又是集團活動，嘻嘻哈哈，樂不可支。這種活動，與那終日蜷伏在帳子內不見天日的大抽洋煙，比較上那種適宜於我們的身體？又與那重慶城內千餘家的公寓－即洋煙館，非北平住學生之公寓－成日成夜三五十人一榻橫陳，吞雲吐霧，形同鬼窟，一些鳩形鵠面，瘦

一大群人，在温水池内欢欣鼓舞，约莫经了两小时之久，这才出池。一部分坐木船赴北碚，一部分留在温塘住宿。

温塘的设备，近来是颇有进步，因为去逛的人渐渐增加，自然的趋势与督促，经管温塘的人，不得不锐意加以改良。我因为夜间始到，第二早晨就走，因此对于全局未能作“鸟瞰”。但就一二点所见到的，亦未尝不可供献于大雅之前。第一，温水池的更衣室，似嫌太小，茶房未能完全尽招待及保管之责。更衣室只有两间，而且很小，更衣的人若多，简直发现拥挤，秩序欠佳。固然，现在去逛温塘的人，大多数是智识阶级，是能欣赏自然之美的，绝无败类或不良分子。但，假如混入一个小偷儿，将你的裤儿抱走，你赤裸裸的怎么可以出场？那丢失铜子儿、钞票、手表、眼镜还是小事。所以应该是于可能范围之内，对于浴者安置放衣柜，每柜一把钥匙，交与浴者，这样秩序较好，也许你的裤儿不致有抱走之虞。第二，餐堂内菩萨一座，似乎把餐堂占去了很大一部分面积。该餐堂只能容纳五六桌席，似觉稍窄。偶像在餐堂内并未增

加美术上的点缀，而且适足以表现乡气十足的迷信。那座偶像，设若立在其他乡村中某一庙内，并无可议之处，惟在所谓想要变成现代化的温塘，那似乎就有些不大相称。正如一个名媛，全身上下至是摩登，惟有脚下还是三寸金莲，你说是不是大煞风景？第三，厨房内光线稍黑。应于四周墙壁，多开窗户，以取阳光。厨房内设若光线太暗，饮食内有灰尘，你看不见，饮食不洁，也瞧不见，甚至于有小虫子也是瞧不见。甚么都瞧不见的结果，作出来的饮食，那当然是不洁，有碍卫生。不过，我在那食堂内吃了两次饭，

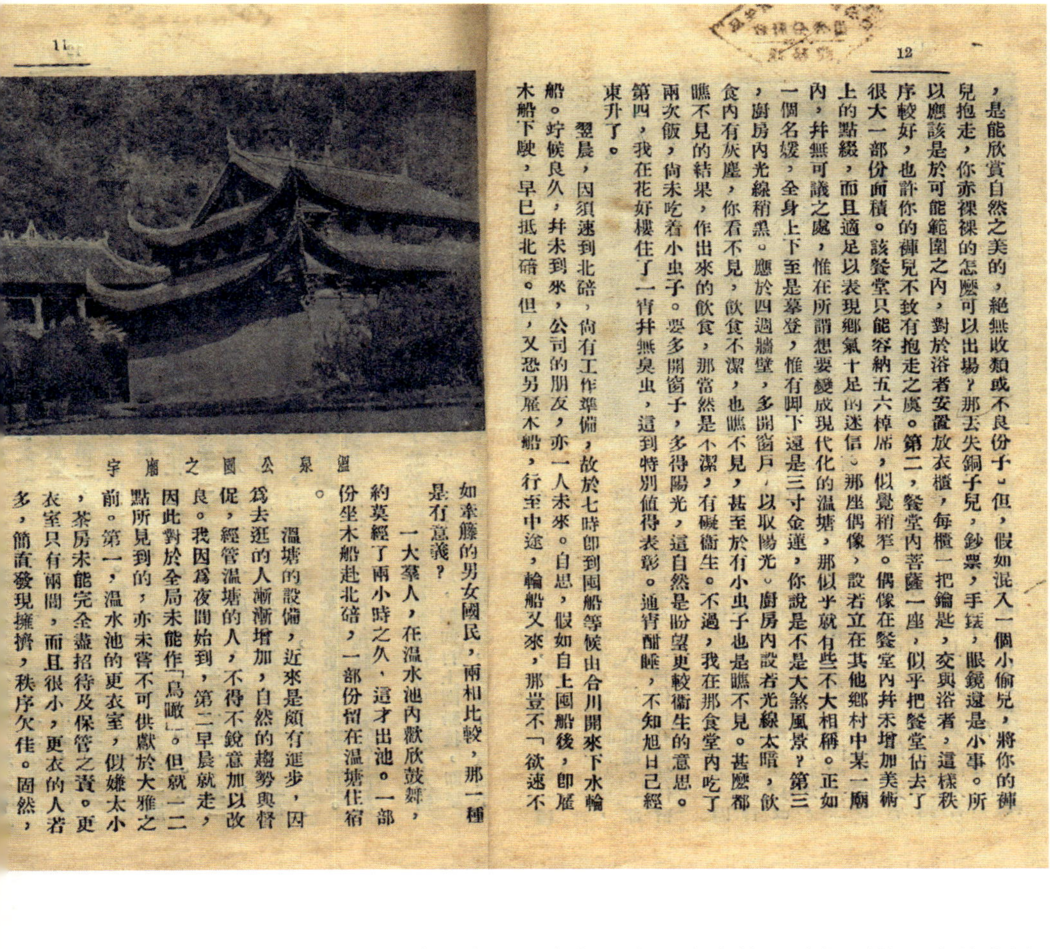

11

如牽藤的男女國民，兩相比較，那一種是有意義？

一大羣人，在溫水池內歡欣鼓舞，約莫經了兩小時之久，這才出池。一部份坐木船赴北碚，一部份留在溫塘住宿。

溫塘的設備，近來是頗有進步，因爲去逛的人漸漸增加，自然的趨勢與督促，經管溫塘的人，不得不銳意加以改良。我因爲夜間始到，第二早晨就走，因此對於全局未能作「鳥瞰」。但就一二點所見到的，亦未嘗不可供獻於大雅之前。第一，溫水池的更衣室，似嫌太小，茶房未能完全盡招待及保管之責。更衣室只有兩間，而且很小，更衣的人若多，簡直發現擁擠，秩序欠佳。固然，

溫泉公園之廟宇

12

，是能欣賞自然之美的，絕無敗類或不良份子。但，假如混入一個小偷兒，將你的褲兒抱走，你赤裸裸的怎麼可以出場？那丟失銅子兒，鈔票，手錶，眼鏡還是小事。所以應該是於可能範圍之內，對於浴者安置放衣櫃，每櫃一把鑰匙，交與浴者，這樣秩序較好，也許你的褲兒不致有抱走之虞。第二，餐堂內菩薩一座，似乎把餐堂佔去了很大一部份面積。該餐堂只能容納五六棹席，似覺稍窄。偶像在餐堂內并未增加美術上的點綴，而且適足以表現鄉氣十足的迷信。那座偶像，設若立在其他鄉村中某一廟內，并無可議之處，惟在所謂想要變成現代化的溫塘，那似乎就有些不大相稱。正如一個名媛，全身上下至是摹登，惟有脚下還是三寸金蓮，你說是不是大煞風景？第三，廚房內光線稍黑。應於四週牆壁，多開窗戶，以取陽光。廚房內設若光線太暗，飲食內有灰塵，你看不見，飲食不潔，也瞧不見，甚至於有小虫子也是瞧不見。甚麼都瞧不見的結果，作出來的飲食，那當然是不潔，有礙衛生。不過，我在那食堂內吃了兩次飯，尚未吃着小虫子。要多開窗子，多得陽光，這自然是盼望更較衛生的意思。第四，我在花好樓住了一宵并無臭虫，這到特別值得表彰。通宵酣睡，不知旭日已經東升了。

翌晨，因須速到北碚，尚有工作準備，故於七時即到囤船等候由合川開來下水輪船。竚候良久，并未到來，公司的朋友，亦一人未來。自思，假如自上囤船後，即雇木船下駛，早已抵北碚。但，又恐另雇木船，行至中途，輪船又來，那豈不「欲速不

尚未吃着小虫子。要多开窗子，多得阳光，这自然是盼望更较卫生的意思。第四，我在花好楼住了一宵并无臭虫，这到特别值得表彰。通宵酣睡，不知旭日已经东升了。

翌晨，因须速到北碚，尚有工作准备，故于七时即到囤船等候由合川开来下水轮船。伫候良久，并未到来，公司的朋友，亦一人未来。自思，

假如自上囤船后，即雇木船下驶，早已抵北碚。但，又恐另雇木船，行至中途，轮船又来，那岂不“欲速不达”？再四思维，徘徊于囤船上，将九时，不可耐。时一木船，自上流而下，遂毅然嘱一小船“递漂”。上该船后，见船已满载，除船头放置六七挑李子外，尚有男女搭客二十余人。一乡人让余坐，于是不客气的就坐下。其实我不坐下，全船的人，也要干涉，因我的体重，颇能左右该船之动荡。

我坐下了，舟子在努力的摇桨了。人们对于周围的环境，最感觉有趣味，最留心的是“人与人”，我当然也是这样。

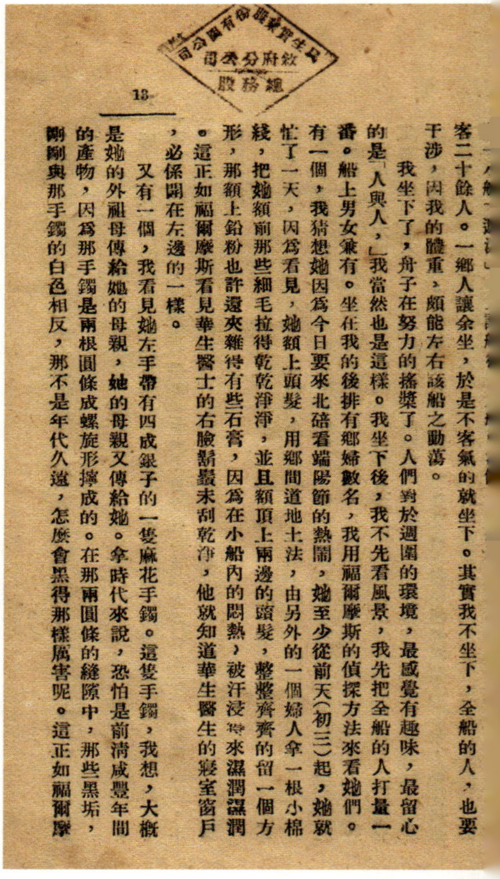
民生實業股份有限公司 敘府分公司 總務股

13

客二十餘人。一鄉人讓余坐，於是不客氣的就坐下。其實我不坐下，全船的人，也要干涉，因我的體重，頗能左右該船之動蕩。

我坐下了，舟子在努力的搖槳了。人們對於週圍的環境，最感覺有趣味，最留心的是「人與人，」我當然也是這樣。我坐下後，我不先看風景，我先把全船的人打量一番。船上男女兼有。坐在我的後排有鄉婦數名，我用福爾摩斯的偵探方法來看她們。有一個，我猜想她因爲今日要來北碚看端陽節的熱鬧，她至少從前天(初三)起，她就忙了一天，因爲看見，她額上頭髮，用鄉間道地土法，由另外的一個婦人拿一根小棉綫，把她額前那些細毛拉得乾乾淨淨，並且額頂上兩邊的頭髮，整整齊齊的留一個方形，那額上鉛粉也許還夾雜得有些石膏，因爲在小船內的悶熱，被汗浸得來濕潤濕潤。這正如福爾摩斯看見華生醫士的右臉髭鬚未刮乾淨，他就知道華生醫生的寢室窗戶，必係開在左邊的一樣。

又有一個，我看見她左手帶有四成銀子的一隻麻花手鐲。這隻手鐲，我想，大概是她的外祖母傳給她的母親，她的母親又傳給她。拿時代來說，恐怕是前清咸豐年間的產物，因爲那手鐲是兩根圓條成螺旋形擰成的。在那兩圓條的縫隙中，那些黑垢，剛剛與那手鐲的白色相反，那不是年代久遠，怎麽會黑得那樣厲害呢。這正如福爾摩

我坐下后，我不先看风景，我先把全船的人打量一番。船上男女兼有，坐在我的后排有乡妇数名，我用福尔摩斯的侦探方法来看她们。有一个，我猜想她因为今日要来北碚看端阳节的热闹，她至少从前天（初三）起，她就忙了一天，因为看见，她额上头发，用乡间道地土法，由另外的一个妇人拿一根小棉线，把她额前那些细毛拉得干干净净，并且额顶上两边的头发，整整齐齐的留一个方形，那额上铅粉也许还夹杂得有些石膏，因为在小船内的闷热，被汗浸得来湿润湿润。这正如福尔摩斯看见华生医士的右脸胡须未刮干净，他就知道华生医生的寝室窗户，必系开在左边的一样。

又有一个，我看见她左手带有四成银子的一只麻花手镯。这只手镯，我想，大概是她的外祖母传给她的母亲，她的母亲又传给她。拿时代来说，恐怕是前清咸丰年间的产物，因为那手镯是两根圆条成螺旋形拧成的。在那两圆条的缝隙中，那些黑垢，刚刚与那手镯的白色相反，那不是年代久远，怎么会黑得那样厉害呢？这正如福尔摩斯看见华生皮鞋内边沿的土泥痕迹，他就猜着华生近来新雇的仆人，是一个“粗心的大汉”。

我不是福尔摩斯，我那有他那样机警、灵敏。我不猜了，我的视线往船头看了。呀！那六七挑的李子，简直是六七挑“泻药”。假如你不幸而有“便

结”病，你最好不要花钱请医生，你将那李子只吃三颗，至少也等于“大黄”，因为它颜色发青，小得可怜。除了你看见它就要“打牙劲”，它委实要在你的肚内闹得天翻地覆，使你与厕所为缘。

我开口问了：“那是那个的李子？”一老者坐在我的身傍，他年纪虽老，并不耳聋，立刻答应：“是我的。”我侧身向他一瞧，他头上的发，快要脱落完了，脸上的皱纹，与那多胎的母猪的肚皮有些相仿佛。他的门牙是缺了三颗，由那剩余不整齐的牙齿观查，不必要福尔摩斯那样聪明、机警，你都知道他活了那样大的春秋，自出娘胎以来，根本就不知牙刷为何物。当他说“是我的”的时候，我立刻毛骨悚然，因为那向来不刷牙又不漱口的一般臭气，如迅雷不及掩耳的输将过来。我此时设若往一边躲让，除非跳下河去。设若对着跟他说话，那臭气尚未经过新鲜空气的混合，依然凝结在我俩的面与面之间。我忍不住了，我把我的呼吸像炼丹田那样的窒息着经过我可能限度时，我不呼吸了。然而，我绝不能跳下河去躲避，又不能叫他走开，也再不能立起身来，另寻地位。我此时受窘了，虽然受窘，依然还是不能移动，我可有什么办法可以改善我的环境呢？船小人多，绝对不能，我不得不被环境所屈服。换句话说，就是要适应环境了，但是，与其说我们人类是适应环境的动物，勿宁说是一个“贱骨头”，因为在这种情形之下，还是要受得，要活着忍耐。受了这一肚子的冤气，难道就算了吗？我不，我要在他们当中，找一点新的意义。

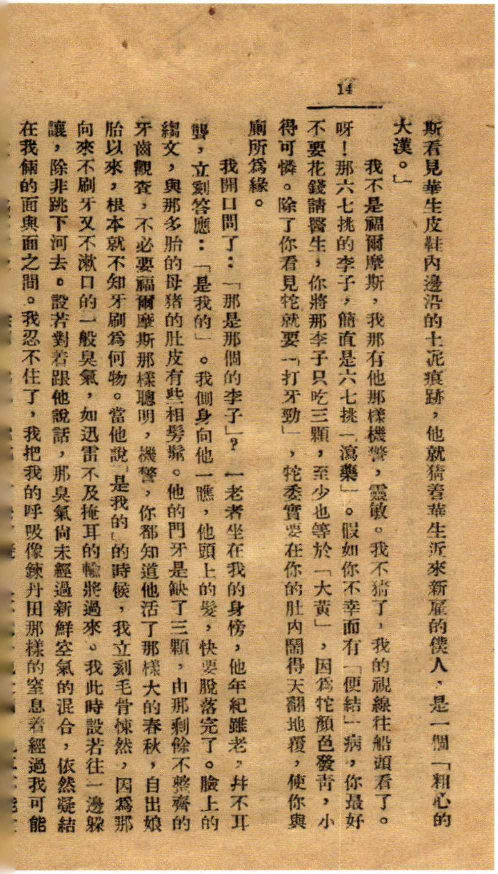
14

斯看見華生皮鞋內邊沿的土泥痕跡，他就猜着華生浙來新雇的僕人，是一個「粗心的大漢。」

我不是福爾摩斯，我那有他那樣機警，靈敏。我不猜了，我的視線往船頭看了。呀！那六七挑的李子，簡直是六七挑「瀉藥」。假如你不幸而有「便結」病，你最好不要花錢請醫生，你將那李子只吃三顆，至少也等於「大黃」，因爲牠顏色發靑，小得可憐。除了你看見牠就要「打牙勁」，牠委實要在你的肚內鬧得天翻地覆，使你與廁所爲緣。

我開口問了：「那是那個的李子」？一老者坐在我的身傍，他年紀雖老，并不耳聾，立刻答應：「是我的」。我側身向他一瞧，他頭上的髮，快要脫落完了。臉上的縐文，與那多胎的母猪的肚皮有些相髣髴。他的門牙是缺了三顆，由那剩餘不整齊的牙齒觀查，不必要福爾摩斯那樣聰明，機警，你都知道他活了那樣大的春秋，自出娘胎以來，根本就不知牙刷爲何物。當他說「是我的」的時候，我立刻毛骨悚然，因爲那向來不刷牙又不漱口的一般臭氣，如迅雷不及掩耳的輸將過來。我此時設若往一邊躲讓，除非跳下河去。設若對着跟他說話，那臭氣尚未經過新鮮空氣的混合，依然凝結在我倆的面與面之間。我忍不住了，我把我的呼吸像鍊丹田那樣的窒息着經過我可能

我侧着身子，将头往后仰一点，我问他了：“你从那儿来的？”

他依然不明我将头往后仰一点说话的原因，他答道：“盐井溪来的。”（盐井溪地名，不知是不是这三字）

我问：“盐井溪隔北碚有若干里路？”

他说：“四十里。”

我问："你统共来几个人？"

他说："我一家人都来了。"

我问："你干甚么的？"

他说："我从前卖苦力，现在帮人种地。"

我问："你多大年纪？"

他说："五十七。"

我问："船上这些人，都是从盐井溪来的吗？"

不待我说完，在前一排一个约莫三十上下的矮子，接嘴答道："我们都是从盐井溪来的。"

我继续问道："由盐井溪来了多少人？"

那老者依然答道："那我数不清，前面去了好几只船，后边还有咧。"

在我后一排坐着带四成银子手镯的少妇，因为我在问他们，她很注目的瞧着我。我系侧着身子说话，但我一转眼看她，她马上将双眼掉在一边，做出没有看我的样子。少妇的心情，尤其是乡姑的心情，她自然是那样含有二分的羞涩。我仍然接着问那老者："你们这一船人到北碚有什么事？"

他说："哟，今天是端阳，到北碚看划龙船。"

我又问："你到过北碚吗？"

他说："我整整有八年没有去北碚了。"

我问："你怎么今天想起要去北碚？"

我虽然这样紧接追着往下问，他一点儿也不讨厌我问他的话太多。他答道："是他们约我的。（说时以左手指着坐在船头那些人）他们都说北碚现在比合川还修得好，还热闹。"先前插嘴的那矮子，他忍不住了，我并未问他，他说："半年前我到过北碚，那北碚山顶上红红绿绿的大房子，我看比合川的还高大。"

我又问那老者："怎么你这八年都不到北碚？"

他说："我们那儿有工夫？去一趟北碚，还要花好几吊钱。"

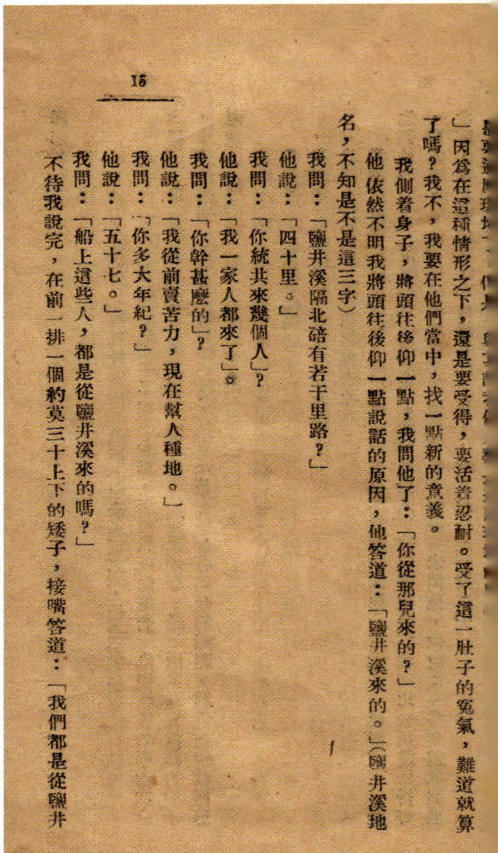

」因爲在這種情形之下，還是要受得，要活着忍耐。受了這一肚子的冤氣，難道就算了嗎？我不，我要在他們當中，找一點新的意義。

我側着身子，將頭往後仰一點，我問他了：「你從那兒來的？」

他依然不明我將頭往後仰一點說話的原因，他答道：「鹽井溪來的。」（鹽井溪地名，不知是不是這三字）

我問：「鹽井溪隔北碚有若干里路？」

他說：「四十里。」

我問：「你統共來幾個人」？

他說：「我一家人都來了」。

我問：「你幹甚麼的」？

他說：「我從前賣苦力，現在幫人種地。」

我問：「你多大年紀？」

他說：「五十七。」

我問：「船上這些人，都是從鹽井溪來的嗎？」

不待我說完，在前一排一個約莫三十上下的矮子，接嘴答道：「我們都是從鹽井

15

我问：“怎么今天又愿意去？”

他说：“我早都想来看一看的。今天又有他们约我，我还带了两挑李子去卖，好作午饭钱。”

哦！那李子，就是那泻药，是他的。我问他说：“那李子怎么能吃？小得那样可怜！”

还是那矮子嘴快，他说：“能吃，能吃，我们还天天吃呢。我也带来两挑，他们有人买去用开水煮了，装在洋铁罐子里。”

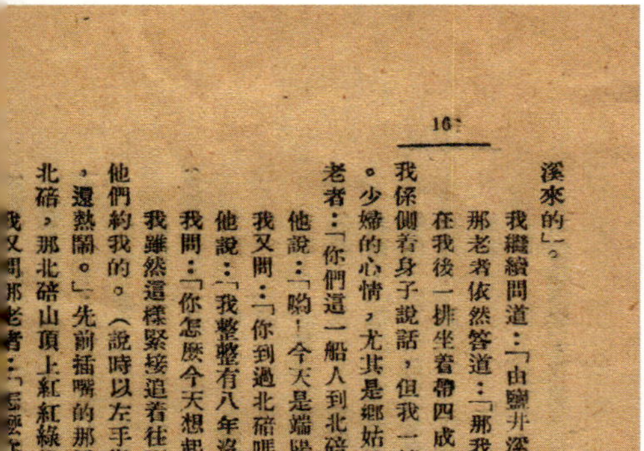
16

溪來的」。

我繼續問道：「由鹽井溪來了多少人？」

那老者依然答道：「那我數不清。前面去了好幾隻船，後邊還有咧。」

在我後一排坐着帶四成銀子手鐲的少婦，因爲我在問他們，他很注目的瞧着我。我係側着身子說話，但我一轉眼看她，她馬上將雙眼掉在一邊，做出沒有看我的樣子。少婦的心情，尤其是鄉姑的心情，她自然是那樣含有二分的羞澀。我仍然接着問那老者：「你們這一船人到北碚有甚麽事？」

他說：「喲！今天是端陽，到北碚看划龍船」。

我又問：「你到過北碚嗎」？

他說：「我整整有八年沒有去北碚了」。

我問：「你怎麽今天想起要去北碚？」

我雖然還樣緊綾追着往下問，他一點兒也不討厭我問他的話太多。他答道：「是他們約我的。（說時以左手指着坐在船頭那些人）他們都說北碚現在比合川還修得好，還熱鬧。」先前插嘴的那矮子，他忍不住了。我幷未問他，他說：「半年前我到過北碚，那北碚山頂上紅紅綠綠的大房子，我看比合川的還高大」。

我又問那老者：「[illegible]」？

我又问：“你们盐井溪，清不清静？”

他说：“清静，峡防局的兵常往那里去，我们自己也有团兵。”

那老者忽然面带笑容，欢欣鼓舞的嚷起来了。他嚷道：“那一所灰色的大房子？早先是没有的！”他一面嚷着，一面用手指着。我顺着他指着的方向看去，可不真是一所房子吗？那就是新建筑的西部科学院的理化研究所。我知道快到北碚了。那老者，他又指着，伸入河心山嘴上的江巴璧合特组峡防团务局。他说道：“那个，以前是个庙子，现在是什么了？”我告诉他：“那就是峡防局。”我们的小船，这时正在滩上，流得很快，北碚的全景，已在我们的眼帘了。那老者很高兴的向他后面的客人说：“你们看，这北碚真热闹！快到了，你们收拾东西。”船一转弯，就靠拢北碚岸边。由温塘下水船至北碚约八里路，四百文的代价，船老板遂允许我离船。我上岸后，左右一看，像我们这样情形靠边上岸的，还有好些只船咧。

西南茶社，楼高三层，是我们公司几次训练茶房的“兵站”，也是招待公司朋友的好地方。昨晚与今晨，峡防局黄子裳主任屡次殷勤告我，公司的朋友在那里集合，在那里吃饭，在那里睡觉。我一股气奔往那里，公司的朋友，已有在那里早饭后坐着喝茶的。我们本来分两批来北碚，第一批就是我们昨天正午坐元通来的。第二批是今晨由重庆坐民安或民望来的，下午一时可到。我们第一批先来半天，是有两种工作要担负：一系作新智识广播宣传，一系京剧的串演。

北碚居民，于九年前，约一千五六百人，近逐年增加，将近 4300 人。今日端节，因有各种活动与娱乐，上自合川，下自重庆，水路约 240 里，好事者均欲往该地观光。北碚附近乡村，周围约 50 里半径之遥，能一日往返的一些农民，一年一次的端阳节均必来北碚看看热闹，所以今天市场的民众，至少有 1.5 万乃至 2 万人左右。这些人百分之九十都是乡民。有这样多数民众的集合，只是来跑了一趟，吃了两碗凉粉，出了一些热汗，

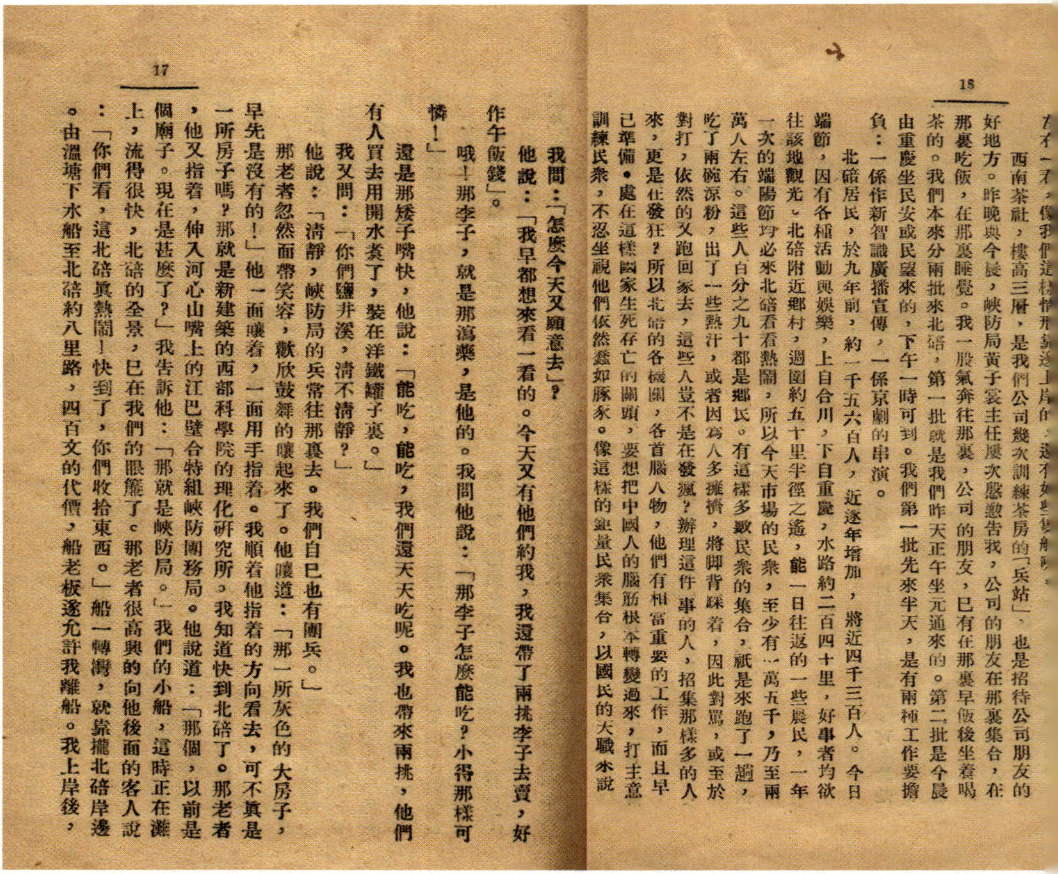
17

我問：「怎麽今天又願意去」？

他說：「我早都想來看一看的。今天又有他們約我，我還帶了兩挑李子去賣，好作午飯錢」。

哦！那李子，就是那瀉藥，是他的。我問他說：「那李子怎麽能吃？小得那樣可憐！」

還是那矮子嘴快，他說：「能吃，能吃，我們還天天吃呢。我也帶來兩挑，他們有人買去用開水煮了，裝在洋鐵罐子裏。」

我又問：「你們鹽井溪，清不清靜？」

他說：「清靜，峽防局的兵常往那裏去。我們自已也有團兵。」

那老者忽然面帶笑容，歡欣鼓舞的嚷起來了。他嚷道：「那一所灰色的大房子，早先是沒有的！」他一面嚷着，一面用手指着。我順着他指着的方向看去，可不眞是一所房子嗎？那就是新建築的西部科學院的理化研究所。我知道快到北碚了。那老者，他又指着，伸入河心山嘴上的江巴璧合特組峽防團務局。他說道：「那個，以前是個廟子。現在是甚麽了？」我告訴他：「那就是峽防局。」我們的小船，這時正在灘上，流得很快，北碚的全景，已在我們的眼簾了。那老者很高興的向他後面的客人說：「你們看，這北碚眞熱鬧！快到了，你們收拾東西。」船一轉灣，就靠攏北碚岸邊。由溫塘下水船至北碚約八里路，四百文的代價，船老板遂允許我離船。我上岸後，

18

[illegible]

西南茶社，樓高三層，是我們公司幾次訓練茶房的「兵站」，也是招待公司朋友的好地方。昨晚與今晨，峽防局黃子裳主任屢次慇懃告我，公司的朋友在那裏集合，在那裏吃飯，在那裏睡覺。我一股氣奔往那裏，公司的朋友，已有在那裏早飯後坐養喝茶的。我們本來分兩批來北碚，第一批就是我們昨天正午坐元通來的。第二批是今晨由重慶坐民安或民望來的，下午一時可到。我們第一批先來半天，是有兩種工作要擔負：一係作新智識廣播宣傳，一係京劇的串演。

北碚居民，於九年前，約一千五六百人，近逐年增加，將近四千三百人。今日端節，因有各種活動與娛樂，上自合川，下自重慶，水路約二百四十里，好事者均欲往該地觀光。北碚附近鄉村，週圍約五十里半徑之遙，能一日往返的一些農民，一年一次的端陽節均必來北碚看看熱鬧，所以今天市場的民衆，至少有一萬五千，乃至兩萬人左右。這些人百分之九十都是鄉民。有這樣多數民衆的集合，祇是來跑了一趟，吃了兩碗涼粉，出了一些熱汗，或者因爲人多擁擠，將脚背踩着，因此對駡，或至於對打，依然的又跑回家去，這些人豈不是在發瘋？辦理這件事的人，招集那樣多的人來，更是在發狂？所以北碚的各機關，各首腦人物，他們有相當重要的工作，而且早已準備。處在這樣國家生死存亡的關頭，要想把中國人的腦筋根本轉變過來，打主意訓練民衆，不忍坐視他們依然蠢如豚豕。像這樣的鉅量民衆集合，以國民的大職來說

或者因为人多拥挤，将脚背踩着，因此对骂，或至于对打，依然的又跑回家去，这些人岂不是在发疯？办理这件事的人，招集那样多的人来，更是在发狂？所以北碚的各机关，各首脑人物，他们有相当重要的工作，而且早已准备。处在这样国家生死存亡的关头，要想把中国人的脑筋根本转变过来，打主意训练民众，不忍坐视他们依然蠢如豚豕。像这样的巨量民众

集合，以国民的天职来说，又拿教育训练民众有官守职责的人来说，都是不应轻轻放松。虽然同胞中橡皮脑筋最多，我们至少应给他们贯输一点新的智识，使他们渐渐的都变成近代国家的国民。

本公司的新智识广播宣传团，于十四日下午就开过一次会，讨论怎样搜集材料，怎样广播，怎样分组。结果，共分四组，每组六人，每组选一组长。计有王仲涵、杨志超、周卓西、董席珍等四人为组长。每一组长持旗一面，率领组员，在北碚十字街头，游人最多的地方高声讲演。讲演材料，选择近代各国发明制造之新纪律。例如“英国现正筹建一只大海轮，船名可南，长1000 呎，吨位 7 万吨”。又如“世界最快的汽车名蓝鸟，马力 2500 匹，汽缸 11 只，每小时行 353.9 哩，驾驶人为康蓝尔爵士”等等新的纪录，由每组的人，简单明了向民众讲演。这些组员，由端阳节上午八时半起至十时半止，共 24 人，在北碚市场，就是这样的广播。听的民众极多，不能不说也可以收相当效果。

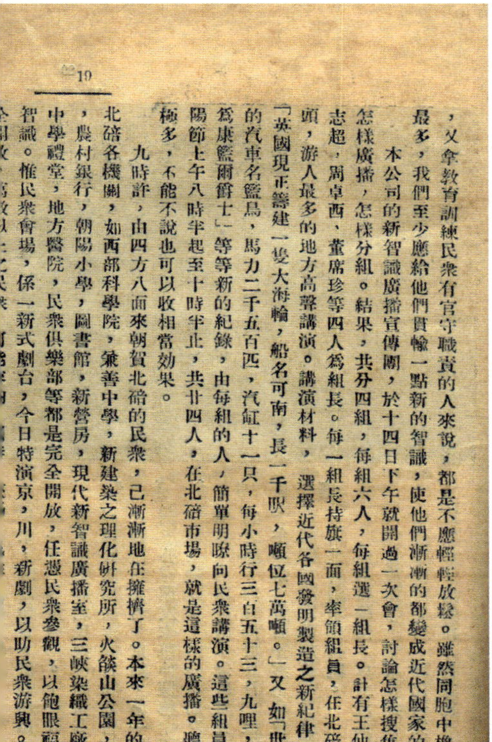

，又拿教育訓練民衆有官守職責的人來說，都是不應輕輕放鬆。雖然同胞中橡皮腦筋最多，我們至少應給他們貫輸一點新的智識，使他們漸漸的都變成近代國家的國民。

本公司的新智識廣播宣傳團，於十四日下午就開過一次會，討論怎樣搜集材料，怎樣廣播，怎樣分組。結果，共分四組，每組六人，每組選一組長。計有王仲涵，楊志超，周卓西、董席珍等四人爲組長。每一組長持旗一面，率領組員，任北碚十字街頭，游人最多的地方高聲講演。講演材料，選擇近代各國發明製造之新紀律，例如「英國現正籌建一隻大海輪，船名可南，長一千呎，噸位七萬噸。」又如「世界最快的汽車名籃鳥，馬力二千五百匹，汽缸十一只，每小時行三百五十三，九哩，駕駛人爲康籃爾爵士」等等新的紀錄，由每組的人，簡單明瞭向民衆講演。這些組員，由端陽節上午八時半起至十時半止，共卄四人，在北碚市場，就是這樣的廣播。聽的民衆極多，不能不說也可以收相當効果。

九時許，由四方八面來朝賀北碚的民衆，已漸漸地在擁擠了。本來一年的今日，北碚各機關，如西部科學院，兼善中學，新建築之理化研究所，火燄山公園，博物館，農村銀行，朝陽小學，圖書館，新營房，現代新智識廣播室，三峽染織工廠，兼善中學禮堂，地方醫院，民衆俱樂部等都是完全開放，任憑民衆參觀，以飽眼福，以增智識。惟民衆會場，係一新式劇台，今日特演京，川，新劇，以助民衆游興。設若完

19

九时许，由四方八面来朝贺北碚的民众，已渐渐地在拥挤了。本来一年的今日，北碚各机关，如西部科学院、兼善中学、新建筑之理化研究所、火焰山公园、博物馆、农村银行、朝阳小学、图书馆、新营房、现代新智识广播室、三峡染织工厂、兼善中学礼堂、地方医院、民众俱乐部等都是完全开放，任凭民众参观，以饱眼福，以增智识。惟民众会场，系一新式剧台，今日特演京、川、新剧，以助民众游兴。设若完全开放，万数以上之民众，何能容纳？同时，峡局，民众教育，因经费支绌，所作工作又巨，故借此机会，对于来听戏之民众，略取微资，计钱两吊，不到银洋一角，等于捐助。十时许，一声锣响，有剧癖之民众已姗姗其来哉。川剧以峡防局孙羡陶君等为台柱，所演之剧已忘其名。京剧，第一出为鱼藏剑，公司朋友李馨仲、陈德中两君串演。第二出碰牌，亦公司朋友林赐培君串演。此两出戏，瑜瑕互见，有不娴熟之处，均有待于异

日之改良。时已下午一时，黄君子裳由理化研究院来电话催往该处参加该院建筑落成典礼，因是新剧未能得观。

西部科学院，成立于民国十九年，院长卢作孚，董事长刘甫澄。院内包含生物研究所、理化研究所、地质研究所、博物馆、图书馆、兼善学校、农林研究所等部分。其基金，投资于三峡染织工厂及农村银行约 56000 余元，田房产 9000 余元，公债 86000 余元，共计 15 万余元，另有数年来临时捐款收入约 92000 余元。尚有川康美丰两银行及民生公司，共捐助 9000 元。又康心如君常年捐助兼善校奖学金 520 元，其经常收入，除投资及房产所生利息，每年可收 7300 元外，尚有省教育经费、峡防局、廿一军军部三处每年拨助洋 33000 余元，又有中华教育文化基金董事会，及实业部地质调查所短期补助洋 4200 元。

20

北碚兼善中學

民衆，略取微資，計錢兩吊，不到銀洋一角，等於捐助。十時許，一聲鑼響，有劇癖之民衆已姍姍其來哉。川劇以峽防局孫羨陶君等爲台柱，所演之劇已忘其名。京劇，第一齣爲魚藏劍，公司朋友李馨仲陳德中兩君串演。第二齣碰牌，亦公司朋友林賜培君串演。此兩齣戲，瑜瑕互見，有不嫻熟之處，均有待於異日之改良。時已下午一時，黃君子裳由理化研究院來電話催往該處參加該院建築落成典禮，因是新劇未能得觀。

西部科學院，成立於民國十九年，院長盧作孚，董事長劉甫澄。院內包含生物研究所，理化研究所，地質研究所，博物館，圖書館，兼善學校

至该院所作工作，因各主任及研究员等，均属异常努力，故成绩斐然可观。生物研究所曾派员到甘肃、宁夏、青海、云南、贵州、西康等省采取动植物及昆虫标本，计现有植物标本 11700 余号，5 万余份。另与其他研究机关换得植物标本 5700 余份，动物标本 2200 余号，昆虫标本 3 万余号。又理化研究所曾采集嘉陵江及川东川鄂边境各地煤矿 250 余种，其他矿石 140 余种。现已化验煤矿 250 余种，别种矿石 20 种，其他仪器、药品、中西文书籍杂志，均称丰富。又农林研究所，关于种棉、养鸡、培植花木、栽种果食、改良种子等，研究不遗余力。其他地质研究所、博物馆、图书馆，或调查，或搜集，均有显著之成绩。该院进行，蓬蓬勃勃，饶有生气，前途发展，正未可量。

今日下午一时，为理化研究所举行建筑落成典礼。事前该院在重庆柬请各有关团体机关主脑人物参加。该建筑物为工字大楼，系杨子惠先生捐洋 3 万元所建筑者，故又名惠宇。南开大学之秀山堂，为李纯捐资建筑，故名堂曰秀山。秀山者，李纯之字也。理化研究所又名惠宇，得勿与秀山

堂同其意义。我国权要，尽其平身之力，专事搜刮，只知供自己之挥霍，或传之不肖子孙。如杨先生之能放大眼光，捐之于研究科学，关系于学术进展甚至于国计民生均有关系之西部科学院，诚为凤毛麟角，有足多者。

我离民众会场时，正值烈日当空，经过街衢，市上民众肩摩踵接，拥挤不通。经过河坝，见满坑满谷，尽是男女人群，几无隙地，盖午后龙舟竞赛，将要开始，一些人早已等候多时，如蜂蚁聚集而不肯散。由河坝至理化研究所，须翻越伸入河心之峡防局山嘴，其高约有一百数十级，坡度甚大，在平日老惯上下者，殊不成问题。惟此时天气亢阳，望而生畏。后见有许多缠足乡妇，一颠一跛，蠕蠕而动的一上一下，我不禁勇气百倍，周身脂肪虽多，总还大着一双鸦子，怕他则甚？一股气像打冲锋似的，居然也上了山顶。不过出了一身臭汗，其严重等于吞了三颗阿斯匹林。

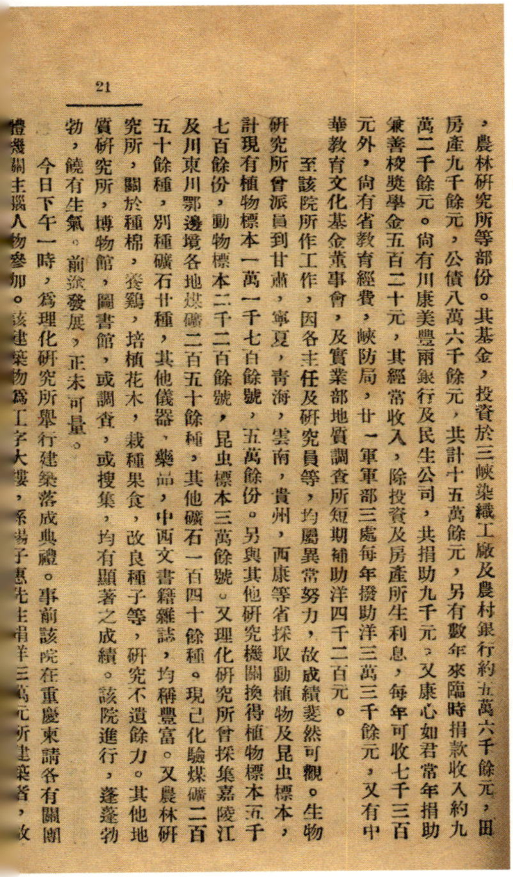
，農林研究所等部份。其基金，投資於三峽染織工廠及農村銀行約五萬六千餘元，田房產九千餘元，公債八萬六千餘元，共計十五萬餘元，另有數年來臨時捐款收入約九萬二千餘元。尚有川康美豐兩銀行及民生公司，共捐助九千元。又康心如君常年捐助兼善校獎學金五百二十元，其經常收入，除投資及房產所生利息，每年可收七千三百元外，尚有省教育經費，峽防局，廿一軍軍部三處每年撥助洋三萬三千餘元，又有中華教育文化基金董事會，及實業部地質調查所短期補助洋四千二百元。

至該院所作工作，因各主任及研究員等，均屬異常努力，故成績斐然可觀。生物研究所曾派員到甘肅，寧夏，青海，雲南，貴州，西康等省採取動植物及昆虫標本，計現有植物標本一萬一千七白餘號，五萬餘份。另與其他研究機關換得植物標本五千七百餘份，動物標本二千二百餘號，昆虫標本三萬餘號。又理化研究所曾採集嘉陵江及川東川鄂邊境各地煤礦二百五十餘種，其他礦石一百四十餘種。現已化驗煤礦二百五十餘種，別種礦石廿種，其他儀器，藥品，中西文書籍雜誌，均稱豐富。又農林研究所，關於種棉，養鷄，培植花木，栽種果食，改良種子等，研究不遺餘力。其他地質研究所，博物館，圖書館，或調查，或搜集，均有顯著之成績。該院進行，蓬蓬勃勃，饒有生氣。前途發展，正未可量。

21

今日下午一時，爲理化研究所舉行建築落成典禮。事前該院在重慶柬請各有關團體機關主腦人物參加。該建築物爲工字大樓，系楊子惠先生捐洋三萬元所建築者，故

江巴璧合特组峡防团务局，耸立于此山嘴之上，上可以看温塘，下可以窥东阳镇。其门口卫兵守卫，军威森严，与其他军队师、旅、团部相同。卫兵手持手枪，雄赳赳，气昂昂，有不可向迩之概。然而，我要试一试峡局兵士的精神，是否与其他军队师、旅、团部的卫兵有优异之处。我问他了。我问：“请问，往理化研究所，是往上边去吗？还是往下边去？”那卫兵右手拿着手枪，很谦和的向我说得很详细，而且以左手指着：“往这边去，不到几步就上坡，一会儿就到了。”这很使我出乎意料之外。多数别处的卫兵，不特不理你，恐怕遇他烦燥的时候，还要臭骂你一顿，骂你有眼不识泰山，谨防揍你一顿。

理化研究所确是在那山坡上，前临嘉陵江，气象很觉雄伟。科学院的董事们，及一些男女来宾，还有该院的职员，休息一会儿，遂用午餐。中餐西食，别有风味。食毕铃子一响，全院的人，都聚集于院前举行落成典礼。董事长刘甫澄督办，因在成都，不能出席，由副董事长甘典夔

先生代表出席，捐款建产的杨子惠先生亦因事未能出席，特委托郑璧成先生代表。此时隆重的典礼，要算是举行“授匙”礼了。新建筑大门的钥匙，是在捐款人代表郑先生手中，由郑先生很郑重其事的交于主席甘先生，再由甘先生交与该所主任王希成先生。在这一交一接之间，均由冷伯符先生摄成电影，很隆重的典礼算是告成。接着就是主席甘先生，何北衡先生，郑璧成先生，康心如先生，任望南先生，沈少南先生，锐朴先生，捐地皮的熊明甫先生等，一些演说词。这时天气亢阳异常，说话的人立在那晒太阳的地位，没有不出汗的，他们好像都是互相约过的一样，所说的话，并不为多，简简单单，明明白白，把西部科学院的真精神及以后的希望，均阐明无遗漏。因为他们说得快，所以我也就写得快。大概是下午三时了，就此宣布闭会。

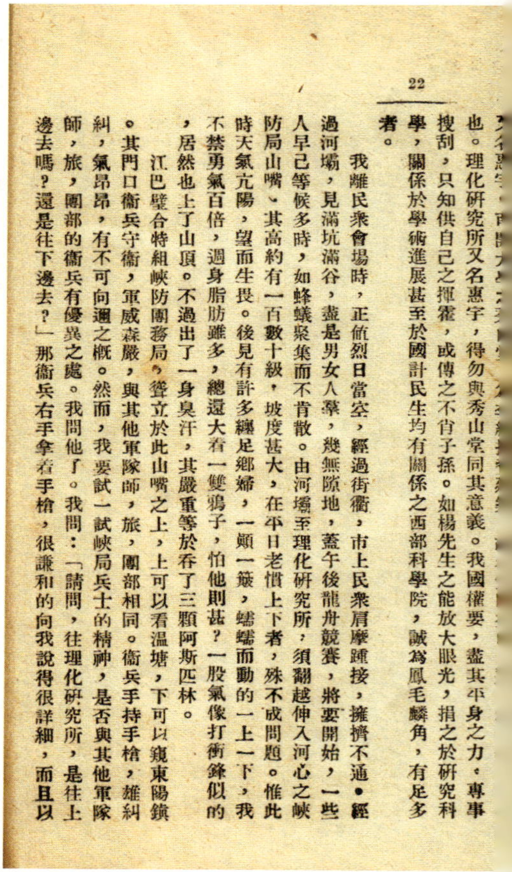
22

也。理化研究所又名惠宇，得勿與秀山堂同其意義。我國權要，盡其平身之力，專事搜刮，只知供自己之揮霍，或傳之不肖子孫。如楊先生之能放大眼光，捐之於研究科學，關係於學術進展甚至於國計民生均有關係之西部科學院，誠爲鳳毛麟角，有足多者。

我離民衆會場時，正値烈日當空，經過街衢，市上民衆肩摩踵接，擁擠不通。經過河壩，見滿坑滿谷，盡是男女人羣，幾無隙地，蓋午後龍舟競賽，將要開始，一些人早已等候多時，如蜂蟻聚集而不肯散。由河壩至理化研究所，須翻越伸入河心之峽防局山嘴，其高約有一百數十級，坡度甚大，在平日老慣上下者，殊不成問題。惟此時天氣亢陽，望而生畏。後見有許多纏足鄉婦，一顛一簸，蠕蠕而動的一上一下，我不禁勇氣百倍，週身脂肪雖多，總還大着一雙鴉子，怕他則甚？一股氣像打衝鋒似的，居然也上了山頂。不過出了一身臭汗，其嚴重等於吞了三顆阿斯匹林。

江巴璧合特組峽防團務局，聳立於此山嘴之上，上可以看溫塘，下可以窺東陽鎮。其門口衛兵守衛，軍威森嚴，與其他軍隊師，旅，團部相同。衛兵手持手槍，雄糾糾，氣昂昂，有不可向邇之概。然而，我要試一試峽局兵士的精神，是否與其他軍隊師，旅，團部的衛兵有優異之處。我問他了。我問：「請問，往理化研究所，是往上邊去嗎？還是往下邊去？」那衛兵右手拿着手槍，很謙和的向我說得很詳細，而且以

现代新智识展览室，距理化研究所约数十武。落成典礼既毕，于是赴该室参观。该室为三峡染织厂之一部新修落成，完全系新式建筑，光线极为充足，空气亦极流通。现已安妥织布机20架，惟配件尚未完全装好。今日端阳，作为临时新智识展览室。室内悬图表百余幅，均载明近代科学发明之新制造品，及新的数字纪录，与夫我国及四川，煤、棉、茶叶、丝等出产量及输出量，且用五色绘画，极称美观。阅览已毕，一些人遂赴河边囤船，看龙舟竞赛。

龙舟竞渡，都说是吊唁屈原，那是历史上的传说，若我们照实际应用上来说，它确有很大的意义与用处。例如，一，提倡游泳，增加人们在水上应备的技能。二，锻炼身体，作水上运动，能多吸收维他命，于身体最为有益。三，群的活动，彼此努力竞争，且养成群的纪律。四，观众逾千人或万人，成为一广大之交际场，使人与人有接触之机会。我国长江、珠江两流域各省，于废历端节，凡挨近江边之较大乡村或城市，多举行此种运动。黄河以北各省则因气候较凉，河流较少，北人多不习水性，

故少有作这种运动。长江、珠江两流域各省举行这种运动的，有于废历端午日开始，至十五日始毕者，亦有于初四开始，初六始毕者，须视各地情形而异。

北碚，它是新近长成，想要变成现代化的乡村。它对于陆上的运动，有公共体育场的种种设备。对于水上运动，一年的今日，这含有重大意义的龙舟比赛，那自然是不愿意轻轻放过，就是本公司在船上生活的船员1200余人，我们也不愿意他们失掉了这种机会，因此我们也出了一队，

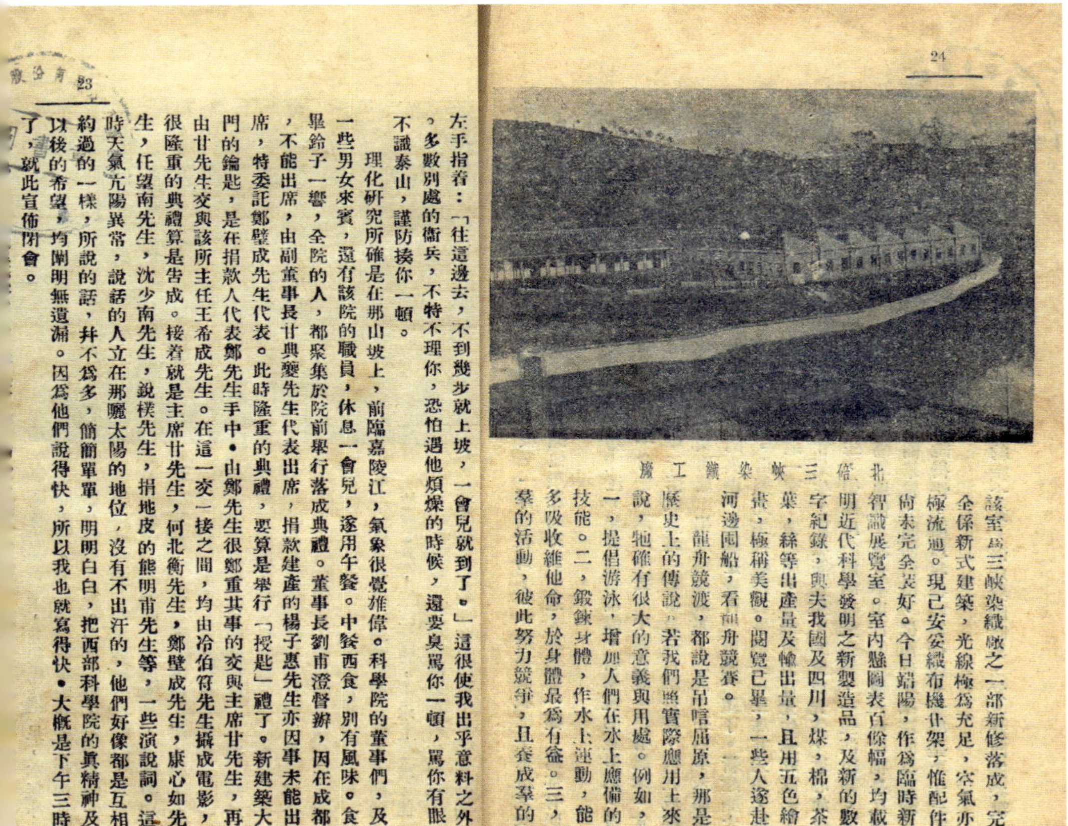

23

左手指着：「往這邊去，不到幾步就上坡，一會兒就到了。」這很使我出乎意料之外。多數別處的衛兵，不特不理你，恐怕遇他煩燥的時候，還要臭罵你一頓，罵你有眼不識泰山，謹防揍你一頓。

理化研究所確是在那山坡上，前臨嘉陵江，氣象很覺雄偉。科學院的董事們，及一些男女來賓，還有該院的職員，休息一會兒，遂用午餐。中餐西食，別有風味。食畢鈴子一響，全院的人，都聚集於院前舉行落成典禮。董事長劉甫澄督辦，因在成都，不能出席，由副董事長甘典夔先生代表出席，捐款建產的楊子惠先生亦因事未能出席，特委託鄭璧成先生代表。此時隆重的典禮，要算是舉行「授匙」禮了。新建築大門的鑰匙，是在捐款人代表鄭先生手中，由鄭先生很鄭重其事的交與主席甘先生，再由甘先生交與該所主任王希成先生。在這一交一接之間，均由冷伯符先生攝成電影，很隆重的典禮算是告成。接着就是主席甘先生，何北衡先生，鄭璧成先生，康心如先生，任望南先生，沈少南先生，說樸先生，捐地皮的熊明甫先生等，一些演說詞。這時天氣亢陽異常，說話的人立在那驪太陽的地位，沒有不出汗的，他們好像都是互相約過的一樣，所說的話，并不爲多，簡簡單單，明明白白，把西部科學院的眞精神及以後的希望，均闡明無遺漏。因爲他們說得快，所以我也就寫得快。大概是下午三時了，就此宣佈閉會。

24

北碚三峽染織工廠

該室爲三峽染織廠之一部新修落成，完全係新式建築，光線極爲充足，空氣亦極流通。現已安妥織布機廿架，惟配件尚未完全裝好。今日端陽，作爲臨時新智識展覽室。室內懸圖表百餘幅，均載明近代科學發明之新製造品，及新的數字紀錄，與夫我國及四川，煤，棉，茶葉，絲等出產量及輸出量，且用五色繪畫，極稱美觀。閱覽已畢，一些人遂赴河邊圍船，看龍舟競賽。

龍舟競渡，都說是吊唁屈原，那是歷史上的傳說。若我們照實際應用上來說，牠確有很大的意義與用處。例如，一，提倡游泳，增加人們在水上應備的技能。二，鍛鍊身體，作水上運動，能多吸收維他命，於身體最爲有益。三，羣的活動，彼此努力競爭，且養成羣的

名曰“民生龙舟队”。在北碚还有七队，如少年义勇队的一队、北碚市民队、东阳镇市民队等。其他四队，因不知名，故未列出。当我们到花船时，龙船八只已划往温塘，再由该处划下，以决胜负。此时岸上观众，人山人海。吾人在花船上闷热已极，龙舟久在温塘，均未划下，观众热不可耐，很多人遂自雇小舟，荡桨河中，以取凉风。峡防局督练长卢子英君在花船上指

挥一切，并预备烧酒一坛，包子一挑，以犒赏龙舟健儿。爆竹数竿，高悬花船帘际，得胜奖旗与红绫数幅，空中迎风飘摇。一会儿，一阵锣鼓声音，已闻出自上流远处，八只龙舟，如同雁排，由温塘出峡口外，隐约可辨。此时万数的观众，眉飞色舞，欢声喧腾，皆欲一睹谁是先到终点，能得锦标。

不多时，河的对岸，一声炮响，好像是庆祝先到终点之龙舟健儿的胜利与成功。消息传来，远距离竞赛争得第一把交椅者为东阳镇龙舟队。此时我们的花船，炮声屡鸣，一是表示庆祝胜利，一系欢迎速由岸北划至岸南，再作最后之决赛。八只龙舟的健儿，因远距离竞赛，大致均感疲劳，在北岸约莫休息 20 分钟，又由北岸至南岸作短距离之竞赛。此时有一龙舟由花船前飞奔而过，望之，多不穿裤儿，赤裸裸露出男性“曲线丑”，群情大愤，挥之使去。彼辈，男性曲线，自知理屈，锣鼓不响，无声无气，划往下流，永不再来。某君告我曰，此“野鸡龙舟”也。余漫应之，初不料上海、重庆野鸡最多，而龙舟亦可以野鸡名之，可博一粲。

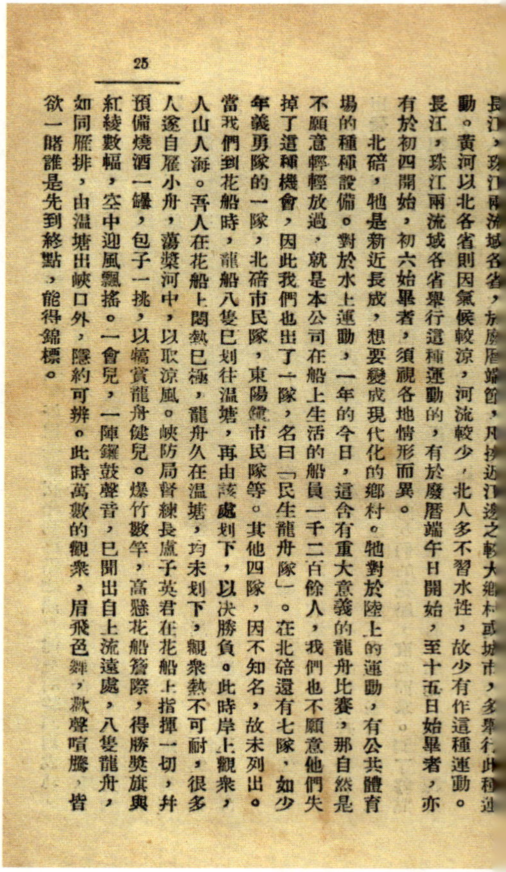
25

長江，珠江兩流域各省，於廢曆端節，凡接近江邊之較大鄉村或城市，多舉行此種運動。黃河以北各省則因氣候較涼，河流較少，北人多不習水性，故少有作這種運動。長江，珠江兩流域各省舉行這種運動的，有於廢曆端午日開始，至十五日始畢者，亦有於初四開始，初六始畢者，須視各地情形而異。

北碚，牠是新近長成，想要變成現代化的鄉村。牠對於陸上的運動，有公共體育場的種種設備。對於水上運動，一年的今日，這含有重大意義的龍舟比賽，那自然是不願意輕輕放過，就是本公司在船上生活的船員一千二百餘人，我們也不願意他們失掉了這種機會，因此我們也出了一隊，名曰「民生龍舟隊」。在北碚還有七隊，如少年義勇隊的一隊，北碚市民隊，東陽鎮市民隊等。其他四隊，因不知名，故未列出。當我們到花船時，龍船八隻已划往溫塘，再由該處划下，以決勝負。此時岸上觀衆，人山人海。吾人在花船上悶熱已極，龍舟久在溫塘，均未划下，觀衆熱不可耐，很多人遂自雇小舟，蕩槳河中，以取涼風。峽防局督練長盧子英君在花船上指揮一切，並預備燒酒一罈，包子一挑，以犒賞龍舟健兒。爆竹數竿，高懸花船簷際，得勝獎旗與紅綾數幅，空中迎風飄搖。一會兒，一陣鑼鼓聲音，已聞出自上流遠處，八隻龍舟，如同雁排，由溫塘出峽口外，隱約可辨。此時萬數的觀衆，眉飛色舞，歡聲喧騰，皆欲一睹誰是先到終點，能得錦標。

望穿秋水，龙舟还不划过来，包子无人吃，烧酒无人喝，急煞人也。大概他们在河那边是在恢复疲劳，或者起点裁判员在宣布甚么规则因此耽延时间吗？可不是吗，八只龙舟，那个该先出发自然非有规则不可。炮响了，来了，有两只船，并驾齐驱的出发了。两船健儿那种紧张努力的情况，谁也不肯让谁，谁也不肯表示弱点。锣鼓声特别响的更大，两只船像两个多足虫飞也似的，向我们的花船，直奔而来。到了终点了，观众们都替他们喝彩，掌声雷动，爆竹也响了。两只船并着，那是在水的下流那一只得胜利了，它大概要快半只船那样远的距离。

八只龙舟，分成四次，都是这样比赛的。四次中有三次都是在水的下流那一只跑的快，这大概于位置上很有关系。因为两船并着，在上流一只，水的阻力较大，在下的一只阻力较小，因此下流的跑的快。他们是取的淘汰制，胜者与胜的拼死活。结果东阳镇的龙舟得胜利，优胜旗属于他们，于是开坛饮酒，饱吃包子凯旋而归。

当几次龙舟至终点时，均由冷伯符君摄入镜筒，制成电影。冷君尤注意于某龙舟立于船头，身穿白色上衣者，他两臂舞动，两肩上下伸缩，作种种舞姿。此时宋经理师度笑谓予曰，去岁带前清官吏凉帽在船头作“倒栽葱”势之老头儿，今年何以不来？余立即回忆去岁划船情景。该老头儿于龙舟飞进之际，能于船头作“倒栽葱”势，且作种种滑稽舞姿，状堪发噱。去岁伍朝枢博士，见彼临花船时，甚为称赞，连声笑呼：“老头儿，你好！”今伍氏已经作古，北碚龙舟，亦不复见该老头儿之在船头作“倒栽葱”势，岂钟子期已死，伯牙终生不复鼓琴欤？

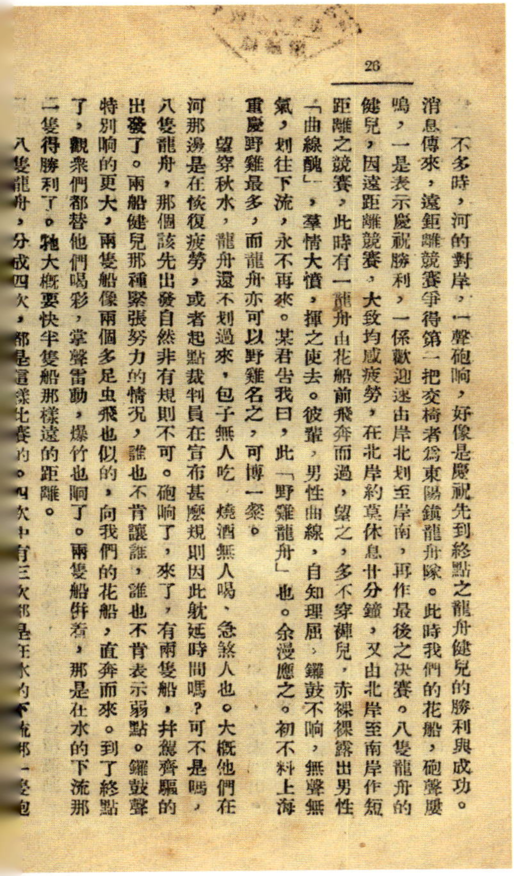
26

不多時，河的對岸，一聲砲响，好像是慶祝先到終點之龍舟健兒的勝利與成功。消息傳來，遠鉅離競賽爭得第一把交椅者爲東陽鎮龍舟隊。此時我們的花船，砲聲屢鳴，一是表示慶祝勝利，一係歡迎迷由岸北划至岸南，再作最後之決賽。八隻龍舟的健兒，因遠距離競賽，大致均感疲勞，在北岸約莫休息廿分鐘，又由北岸至南岸作短距離之競賽，此時有一龍舟由花船前飛奔而過，望之，多不穿褲兒，赤裸裸露出男性「曲線美」，羣情大憤，揮之使去。彼輩，男性曲線，自知理屈，鑼鼓不响，無聲無氣，划往下流，永不再來。某君告我曰，此「野雞龍舟」也。余漫應之。初不料上海重慶野雞最多，而龍舟亦可以野雞名之，可博一粲。

望穿秋水，龍舟還不划過來，包子無人吃，燒酒無人喝、急煞人也。大概他們在河那邊是在恢復疲勞，或者起點裁判員在宣布甚麼規則因此躭延時間嗎？可不是嗎，八隻龍舟，那個該先出發自然非有規則不可。砲响了，來了，有兩隻船，幷駕齊驅的出發了。兩船健兒那種緊張努力的情況，誰也不肯讓誰，誰也不肯表示弱點。鑼鼓聲特別响的更大，兩隻船像兩個多足虫飛也似的，向我們的花船，直奔而來。到了終點了，觀衆們都替他們喝彩，掌聲雷動，爆竹也响了。兩隻船併着，那是在水的下流那二隻得勝利了。牠大概要快半隻船那樣遠的距離。

八隻龍舟，分成四次，都是這樣比賽的。四次中有三次都是在水的下流那一邊包

龙舟健儿，此时因疲乏要休息了。我们万数的观众，虽然未曾动手动脚如像他们那样作筋肉的运动，可是袖手旁观，喝彩，击掌，受热，经过长时间都是如此，似乎有相当疲劳。此时民宁已由渝抵岸，盖星期六日，照例午牌开往温塘之避暑船，抵温塘后，复来北碚。于是参加理化研究所落成典礼一部分来宾乘民宁去温塘。我们因尚有工作，遂赴西南茶社休息。

今日下午，尚有武术表演与比赛，如余鼎山、万人杰，及合川王灵、赵云卿，铜梁敖通三，富顺胡国基，江北何子元等均出场表演。虽在汗流如雨之天气中，仍然精神十足，拳术高妙，博得掌声不少。

又在池角荡，峡防局兵士举行游泳比赛，1500 米自由式，郑忠国获第一，时间四十九分廿五秒五分之三。甚惜是日同时举行龙舟竞赛，往观人数较少。

晚间七时，民众会场，锣鼓一响，戏剧开始。先演川剧，十时演京剧《铡美案》，为余与陈如新君串演。

十七日上午九时，本公司第一届船员游泳比赛大会，在池角荡举行，参加比赛者为民享黄兴富、郑东林，民强韩方达，永年张显庭、熊道培，

民安翁青云、向元和，民福彭兴发，五囤船苏锦帆，民有周忍，民意赵国汉，民宪冉崇德，一囤船屈应成，民主夏建庭等。评判长为北川铁路陆佩萱先生，评判员稽沆、甘甸耕、陈年劭、赵叔勤、范元亮、方静、王董熙、陆鸣藩、陈德中等。在未入水比赛前，余向游泳员代表公司作下列之谈话：

民生公司举行船员游泳比赛会，此为第一次之创举。本公司现在全体职工人数，据五月底的统计，已达 2074 人。完全在船上生活者，有 1200 余人。既有这样多的人在水面上生活，他们对于水上游泳的技能如何，值得我们注意，我们应该考查。

本公司现共有 31 只轮船，拖驳囤船在外。以前所发通知，盼望每轮、每囤均各选派 2 人，约可得 70 名，但今日到者仅 17 名，实为一反位数。

固然，有些船，是因职务上的关系，不能派人来参加，这是可以原谅的，但有些船，恐怕是因为在胜负上计较，怕的是泅水成绩不好，要受公司责备，或自觉无颜，因此遂不派人参加。我想这种观念，完全错误，完全不明此次游泳比赛的意义。

公司这一次提倡船员游泳比赛，使大家耽误一轮水，公司又花了不少钱，而且又在重庆特别约请几位评判员，耽误他们的宝贵光阴，这是为的甚么？

游泳比赛，不在重庆举行，不在宜昌举行，乃择在北碚举行，这又为的是什么？

这两种意义，我要代表公司，讲解明白：

第一，本公司在船上生活的，现已达 1200 余人。这些人，固然，有些有会泅水的，然而不会的还占多数，恐怕水手当中还有不会水的。以这样不会水的人，在船上工作，万一遇有危险，不单是你个人生命上的损失，也是公司人才上的损失，所以公司要提倡游泳，使人人都能游泳，增加你们在水上的技能，正如你们在陆地上也应有走路的技能一样。

27

北碚於端午節大賽龍舟，人山人海，滿坑滿谷。圖為龍舟兩艘抵達終點。白色圓形者，皆人頭之笠帽。緊張熱鬧，江南少有也。

當幾次龍舟至終點時，均由冷伯符君攝入鏡筒，製成電影。冷君尤注意於某龍舟立於船頭，身穿白色上衣者。他兩臂舞動，兩肩上下伸縮，作種種舞姿。此時宋經理師度笑謂予曰，去歲帶前清官吏涼帽在船頭作「倒栽葱」勢之老頭兒，今年何以不來？余立即回憶去歲划船情景。該老頭兒於龍舟飛進之際，能於船頭作「倒栽葱」勢，且作種種滑稽舞姿，狀堪發噱。去歲伍朝樞博士，見彼臨花船時，甚為稱贊，連聲笑呼：「老頭兒，你好！」今伍氏已經作古，北碚龍舟，亦不復見該老頭兒之在船頭作「倒栽葱」勢，豈鍾子期已死，伯牙終生不復鼓琴歟？

第二，对于会泅水的，因为你们平常未与人比赛过，因此你不知你自己的长短。你有长处应该拿出来在众人面前表演，别人也可以学你的长处，慢慢的彼此都有长处，岂不是人人的泅水的技能，都得增加吗？况且这是团体的竞赛，团体的活动，比单人任何活动，都要有趣味些，有意义些。

第三，船上的朋友，未来过北碚的，人人都很盼望来北碚看一看，可是，大家都忙，总无机会。此次游泳比赛特别选择此地，为的是大家借此机会可以看看北碚的建设，增长智识。这都是公司方面，除了要想提倡船员都能游泳外，而且又想帮助大家，增长智识。

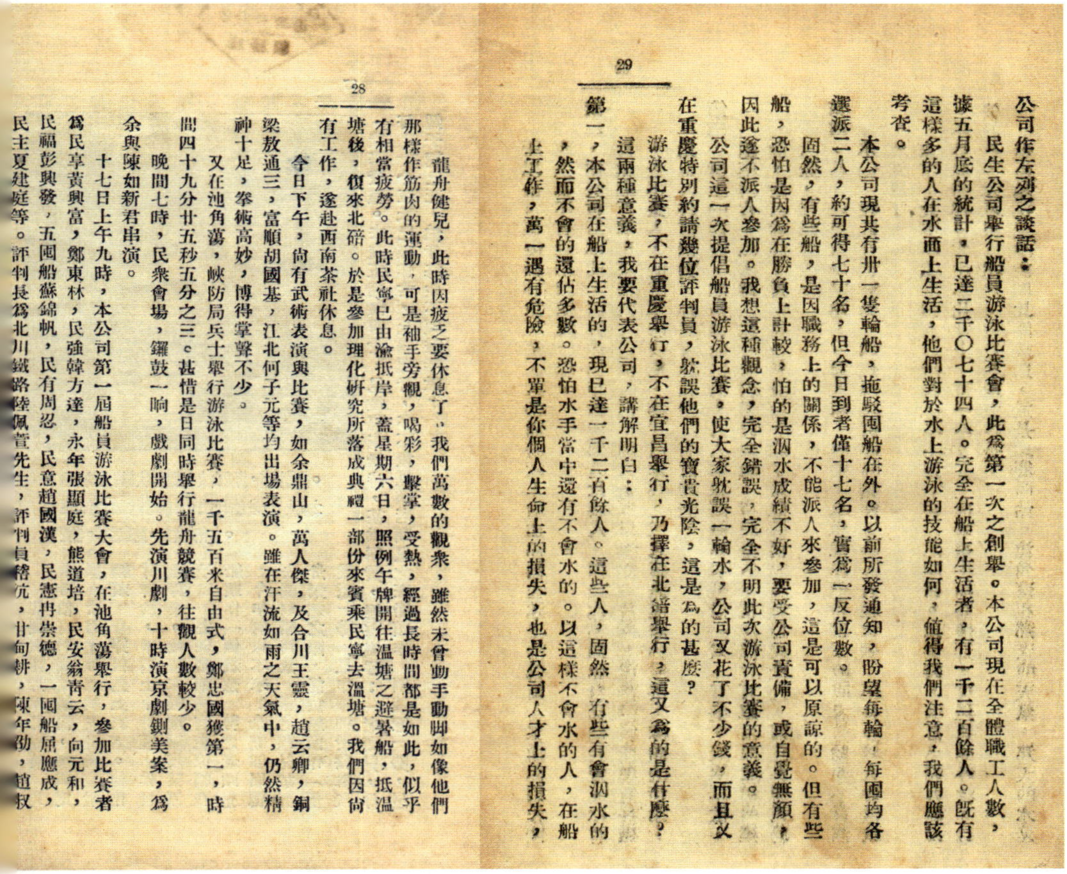
28

龍舟健兒，此時因疲乏要休息了。我們萬數的觀衆，雖然未曾動手動脚如像他們那樣作筋肉的運動，可是袖手旁觀，喝彩，鼓掌，受熱，經過長時間都是如此，似乎有相當疲勞。此時民寧已由渝抵岸，蓋星期六日，照例午牌開往溫塘之避暑船，抵溫塘後，復來北碚。於是參加理化研究所落成典禮一部份來賓乘民寧去溫塘。我們因尚有工作，遂赴西南茶社休息。

今日下午，尚有武術表演與比賽，如余鼎山，萬人傑，及合川王靈，趙云卿，銅梁敖通三，富順胡國基，江北何子元等均出場表演。雖在汗流如雨之天氣中，仍然精神十足，拳術高妙，博得掌聲不少。

又在池角蕩，峽防局兵士舉行游泳比賽，一千五百米自由式，鄭忠國獲第一，時間四十九分廿五秒五分之三。甚惜是日同時舉行龍舟競賽，往觀人數較少。

晚間七時，民衆會場，鑼鼓一响，戲劇開始。先演川劇，十時演京劇鍘美案，爲余與陳如新君串演。

十七日上午九時，本公司第一屆船員游泳比賽大會，在池角蕩舉行，參加比賽者爲民享黃興富，鄭東林，民強韓方達，永年張顯庭，熊道培，民安翁青云，向元和，民福彭興發，五囤船蘇錦帆，民有周忍，民意趙國漢，民憲冉崇德，一囤船屈應成，民主夏建庭等。評判長爲北川鐵路陸佩萱先生，評判員稽亢，甘甸耕，陳年劭，趙叔

29

公司作左列之談話：

民生公司舉行船員游泳比賽會，此爲第一次之創舉。本公司現在全體職工人數，據五月底的統計，已達二千〇七十四人。完全在船上生活者，有一千二百餘人。既有這樣多的人在水面上生活，他們對於水上游泳的技能如何，値得我們注意，我們應該考查。

本公司現共有卅一隻輪船，拖駁囤船在外。以前所發通知，盼望每輪，每囤均各選派二人，約可得七十名，但今日到者僅十七名，實爲一反位數。

固然，有些船，是因職務上的關係，不能派人來參加，這是可以原諒的。但有些船，恐怕是因爲在勝負上計較，怕的是泅水成績不好，要受公司責備，或自覺無顏，因此遂不派人參加。我想這種觀念，完全錯誤，完全不明此次游泳比賽的意義。

公司這一次提倡船員游泳比賽，使大家耽誤一輪水，公司又花了不少錢，而且又在重慶特別約請幾位評判員，耽誤他們的寶貴光陰，這是爲的甚麽？游泳比賽，不在重慶舉行，不在宜昌舉行，乃擇在北碚舉行，這又爲的是什麽？這兩種意義，我要代表公司，講解明白：

第一，本公司在船上生活的，現已達一千二百餘人。這些人，固然有些有會泅水的，然而不會的還佔多數。恐怕水手當中還有不會水的。以這樣不會水的人，在船上工作，萬一遇有危險，不單是你個人生命上的損失，也是公司人才上的損失，

第四，公司既是这样的努力帮助大家，因此，也很想你们会泅水的同去帮助那不会泅水的，彼此互相帮助。我们现在需要的精神，是人人都会做，不是少数人会做就算满意了。

末了，比赛不是争个人之短长，更不是争自己之颜面。比赛时，尽自己能力做去，不要起争端。水中不比陆上，万一无力了，或者发生抽筋情形，

可以速速呼救，以便我们下水救济。总之，尽自己能力为是。

后由稽沆先生说明比赛规则，于是比赛开始。池角荡在那天的天气，那天的水量，它是天然的一个游泳池。前几天因为嘉陵江涨水，故荡中水深。近日嘉陵江水退，故该荡内深度，恰合游泳。前一日，范元亮、陆鸣藩君等已将路线量好，全长 50 米达，可容 4 人比赛。本来我们项目不多，人数亦不多，故两小时余，即举行决赛。兹将结果列表如下：

项目	第一名	第二名	第三名	成绩
五十米自由式	五圄船 苏景帆	民意 赵国汉	民享 黄兴富	四一秒四
一百米仰泳	民意 赵国汉	民安 向元和	永年 张显廷	二分三五秒一

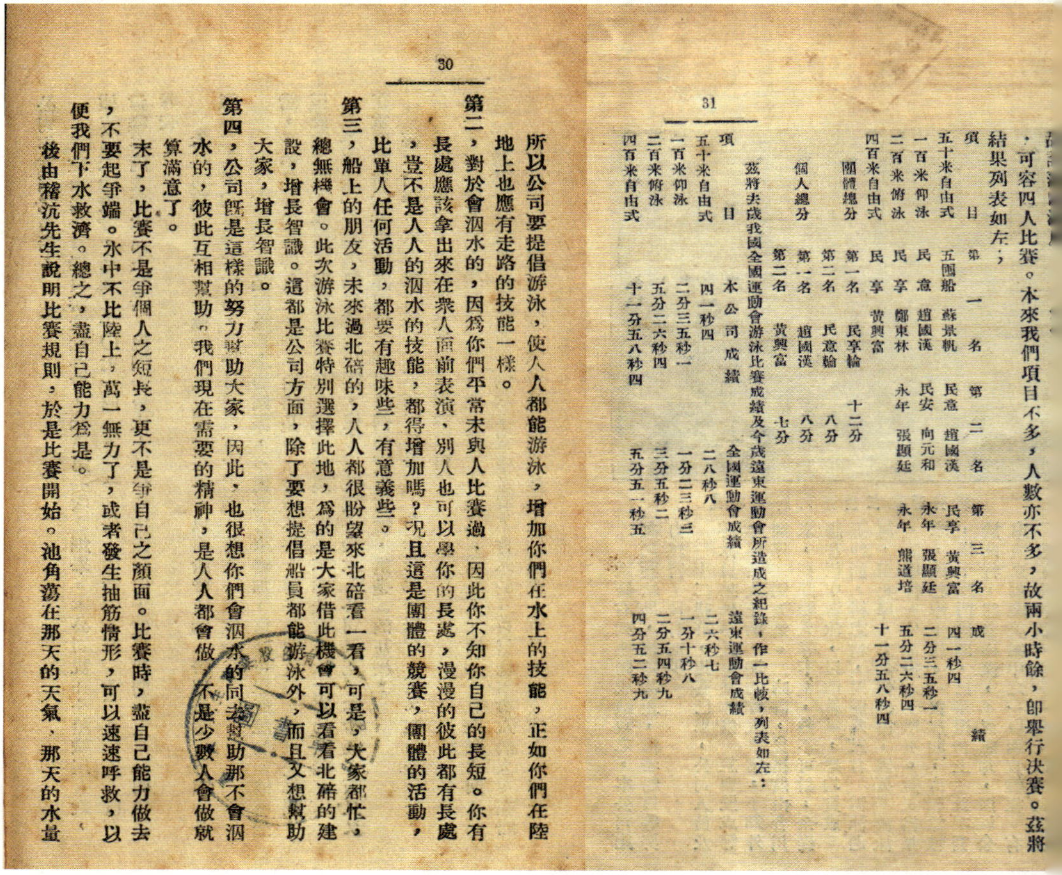

30

所以公司要提倡游泳，使人人都能游泳，增加你們在水上的技能，正如你們在陸地上也應有走路的技能一樣。

第二，對於會泅水的，因爲你們平常未與人比賽過，因此你不知你自己的長短。你有長處應該拿出來在衆人面前表演，別人也可以學你的長處，漫漫的彼此都有長處，豈不是人人的泅水的技能，都得增加嗎？況且這是團體的競賽，團體的活動，比單人任何活動，都要有趣味些，有意義些。

第三，船上的朋友，未來過北碚的，人人都很盼望來北碚看一看，可是，大家都忙，總無機會。此次游泳比賽特別選擇此地，爲的是大家借此機會可以看看北碚的建設，增長智識。這都是公司方面，除了要想提倡船員都能游泳外，而且又想幫助大家，增長智識。

第四，公司既是這樣的努力幫助大家，因此，也很想你們會泅水的同志幫助那不會泅水的，彼此互相幫助。我們現在需要的精神，是人人都會做，不是少數人會做就算滿意了。

末了，比賽不是爭個人之短長，更不是爭自己之顏面。比賽時，盡自己能力做去，不要起爭端。水中不比陸上，萬一無力了，或者發生抽筋情形，可以速速呼救，以便我們下水救濟。總之，盡自己能力爲是。

後由稽沆先生說明比賽規則，於是比賽開始。池角蕩在那天的天氣，那天的水量

31

，可容四人比賽。本來我們項目不多，人數亦不多，故兩小時餘，即舉行決賽。茲將結果列表如左；

項目	第一名	第二名	第三名	成績
五十米自由式	五圄船 蘇景帆	民意 趙國漢	民享 黃興富	四一秒四
一百米仰泳	民意 趙國漢	民安 向元和	永年 張顯廷	二分三五秒一
二百米俯泳	民享 鄺東林	永年 張顯廷	永年 熊道培	五分二六秒四
四百米自由式	民享 黃興富			十一分五八秒四
團體總分	第一名 民享輪 十二分	第二名 民意輪 八分		
個人總分	第一名 趙國漢 八分	第二名 黃興富 七分		

茲將去歲我國全國運動會游泳比賽成績及今歲遠東運動會所造成之紀錄，作一比較，列表如左：

項目	本公司成績	全國運動會成績	遠東運動會成績
五十米自由式	四一秒四	二八秒八	二六秒七
一百米仰泳	二分三五秒一	一分二三秒三	一分十秒八
二百米俯泳	五分二六秒四	三分五秒二	二分五四秒九
四百米自由式	十一分五八秒四	五分五一秒五	四分五二秒九

续表

二百米俯泳	民享 郑东林	永年 张显廷	永年 熊道培	五分二六秒四
四百米自由式	民享 黄兴富			十一分五八秒四

团体总分	第一名	民享轮	十二分
	第二名	民意轮	八分
个人总分	第一名	赵国汉	八分
	第二名	黄兴富	七分

兹将去岁我国全国运动会游泳比赛成绩及今岁远东运动会所造成之纪录，作一比较，列表如下：

项目	本公司成绩	全国运动会成绩	远东运动会成绩
五十米自由式	四一秒四	二八秒八	二六秒七
一百米仰泳	二分三五秒一	一分二三秒三	一分十秒八
二百米俯泳	五分二六秒四	三分五秒二	二分五四秒九
四百米自由式	十一分五八秒四	五分五一秒五	四分五二秒九

试据上列运动成绩观之，本公司此次比赛结果，相差甚巨，尚希船员等努力练习，日有进步。

十二时许，比赛已毕，公司人员及游泳员乘民宁赴温塘沐浴，旋与璧成等歇凉于乳花洞。洞内凉爽异常，不知外间系亢阳天气。二时许，民裕将由合川来，在囤船久等不至，热不可耐，余提议在江中游泳，以消暑气，众均赞成。王仲涵、杨志超、周堡基三君，游泳过河，至北岸。志超系仰游，因久不游泳，抵岸后与仲涵疲乏不堪矣。旋民裕果来，遂相率上轮。一帆风顺，直驱渝城，抵千厮门码头，已华灯初上。此次对于此行，印象极深，不忍忘却，因就余串演京剧《铡美案》中之一段西皮慢板，有《端午节朝贺天子》一句，故名此游记为“端午节朝贺北碚”，以志不忘焉。

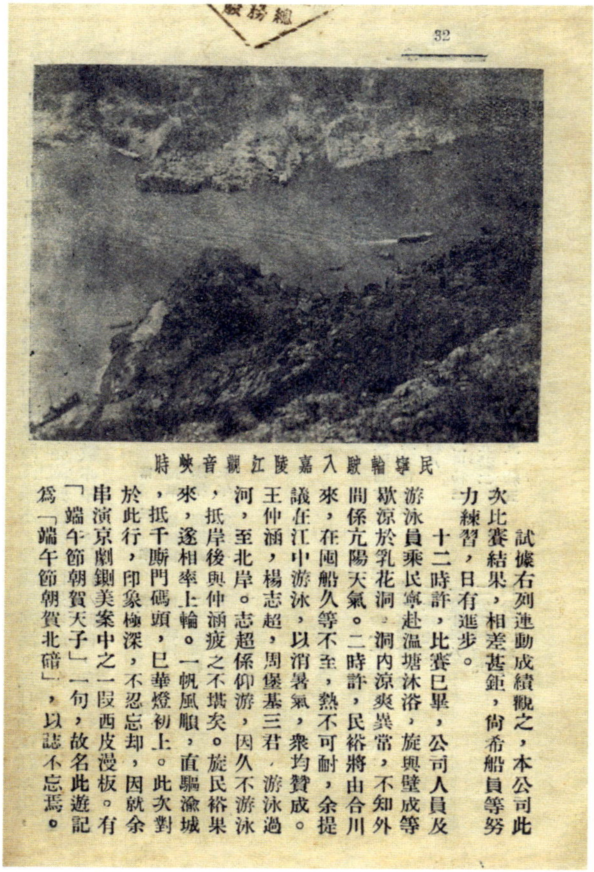
32

民寧輪駛入嘉陵江觀音峽時

試據右列運動成績觀之，本公司此次比賽結果，相差甚鉅，尚希船員等努力練習，日有進步。

十二時許，比賽已畢，公司人員及游泳員乘民寧赴溫塘沐浴，旋與璧成等歇涼於乳花洞。洞內涼爽異常，不知外間係亢陽天氣。二時許，民裕將由合川來，在閫船久等不至，熱不可耐，余提議在江中游泳，以消暑氣，衆均贊成。王仲涵，楊志超，周堡基三君，游泳過河，至北岸。志超係仰游，因久不游泳，抵岸後與仲涵疲之不堪矣。旋民裕果來，遂相率上輪。一帆風順，直驅渝城，抵千廝門碼頭，已華燈初上。此次對於此行，印象極深，不忍忘却，因就余串演京劇鍘美案中之一段西皮漫板。有「端午節朝賀天子」一句，故名此遊記為「端午節朝賀北碚」，以誌不忘焉。

重庆风光

《重庆风光》，1942年4月初版，收录了林语堂先生3个女儿所作的50篇短文。1940年5月，林语堂先生一家到重庆北碚寓居，其时林语堂大女儿（如斯）17岁，二女儿（无双）14岁，小女儿（妹妹）10岁。此次摘选35篇有关北碚的短文，描绘了北碚风光，记述了日本飞机轰炸北碚的罪行，以及北碚在抗战期间的社会状况，恰似战时北碚风光。

重庆风光

著者：林语堂女公子如斯、无双、妹妹著
译者：林平
出版社兼发行人：倪维墉
总经售：各省大书店
中华民国三十一年四月初版

1972年10月，被林语堂视为他写作生涯巅峰之作的《当代英汉词典》，由香港中文大学出版。这部词典的成功问世，使因长女投缳自尽带来巨大悲痛的林语堂，得到了些许安慰。但他始终摆脱不了白发人送黑发人的伤悲，摆脱不了对心爱女儿的怀念，于是，他写了一首悼念诗《念如斯》表达他此时的心情。

1940 年，林语堂与美国一家出版公司签订合同，写作一部描绘中国战时风光的作品。同年 5 月，林语堂一家来到重庆，定居在北碚。其时，林语堂大女儿（如斯）17 岁，二女儿（无双）14 岁，小女儿（妹妹）10 岁。定居北碚不到一个月，他们就遇上了两次轰炸。为了潜心写作，林语堂一家搬到了缙云山石华寺小住。1942 年，一部由林语堂三个女儿合写的《重庆风光》在美国出版发行，全书收录了 50 篇短文共 11 万多字，其中，记述北碚的有 35 篇共计 8 万余字。确切地说，这本书其实应该叫《战时北碚风光》。书中热情歌颂了北碚人民，描绘了北碚的山光水色，详尽记述了日本飞机轰炸北碚的罪行，记录了北碚人民躲空袭、住防空洞的战时生活。

七、去北碚的汽车旅行

无双　作

我们租到一辆公共汽车，去北碚的那一天正下着毛毛雨。一路上我们可以看到稻田和四川的高山。他们还只刚刚的插了稻秧，一片碧青色使风景更显得入画了。

我们的车子颠蹶着前进，但我毫不在乎，因为这是在中国，我自己的。我不在乎汽油的怪味，因为是在中国。我不在乎硬的木制坐板，因为是在中国。不管什么东西，我总是觉得是我自己的。没有出国的人们是不晓得祖国的可爱的。

我们去的城是很著名的。等在我们前面的是什么样的生活，我们还不能晓得。但一定是使人兴奋和觉得伟大的，因为中国正在抗战，与我几年前所听到的中国是这样的大大不同了。

当我们到达北碚城时，我们被引到新居去。是一所难看，但还算是城中最新式的房子。砖头全是灰色的，整个看来是黑色，而我们黑色屋顶上面的瓦片，堆在屋顶上面，像是一个人戴着一顶不合适的帽子。

许多乡下孩子围观新来的人，如中国的一般情形一样，注视着，窃探着，笑着。他们帮助我们拿手提箱进房子里去，非常高兴每人得到半块钱的脚力。

这时我们都进去了，因为天气潮湿，我们的套鞋上染着泥，我们的手上黏着土。但是这算甚么？这是中国的泥土呀！一个人重踩着他自己国家的土地，感觉它的存在，是多么好的事。

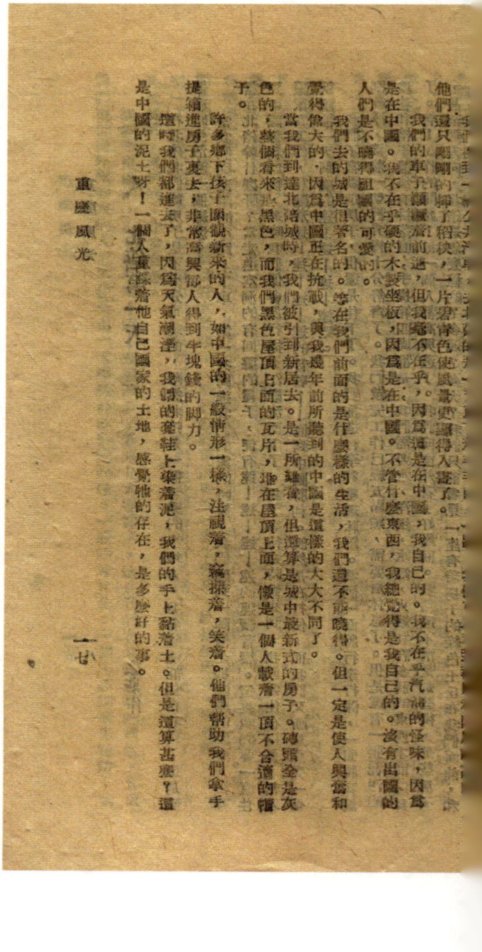
他們還只剛剛的插了稻秧，一片碧青色使風景更顯得入畫了。
我們的車子顛簸着前進，但我毫不在乎，因爲這是在中國，我自己的。我不在乎汽油的怪味，因爲是在中國。我不在乎硬的木製坐板，因爲是在中國。不管什麼東西，我總覺得是我自己的。沒有出國的人們是不曉得祖國的可愛的。
我們去的城是很著名的。等在我們前面的是什麼樣的生活，我們還不能曉得。但一定是使人興奮和覺得偉大的，因爲中國正在抗戰，與我幾年前所聽到的中國是這樣的大大不同了。
當我們到達北碚城時，我們被引到新居去。是一所難看，但還算是城中最新式的房子。磚頭全是灰色的，整個看來是黑色，而我們黑色屋頂上面的瓦片，堆在屋頂上面，像是一個人戴着一頂不合適的帽子。
許多鄉下孩子圍觀新來的人，如中國的一般情形一樣，注視着，窺探着，笑着。他們幫助我們拿手提箱進房子裏去，非常高興每人得到半塊錢的脚力。
這時我們都進去了，因爲天氣潮溼，我們的套鞋上染着泥，我們的手上黏着土。但是這算甚麼？這是中國的泥土呀！一個人重踩着他自己國家的土地，感覺牠的存在，是多麼好的事。
重慶風光　一七

八、北碚第一天

如斯　作

在北碚我们的房子是不十分可爱的，虽然北碚是一个可爱的小地方。我希望还能住在北碚，这是整个战时生活的一个缩影。

当我们从泥泞的小路上下车，第一次跨进我们的家的时候，我们听到一阵像是机关枪的闹声。机关枪在北碚干什么呀？当走进空洞的有回声的屋子，便有达—达—达—达的连续音响。这里我们要一直住到中国胜利以后，那时我们便会旅行扬子江顺流而下了。为了等待这时候来到，我们要住在这里，帮助国家和工作，和听着达—达—达—达的音响——直到中国胜利。既然是在打仗，而我们又愿意忍受一切，就让它一天到晚的达—达—达—达吧。

我们不喜欢这房子，但还是住下了。我们拖进行李和整理床铺。我们一面将行李打开，一面将床铺刷干净，接着一切都弄得十分舒齐了。我们做完工作已经五点钟，需要着休息了。但是还有一张泥污的地毯和椅子还没有排落直；手提箱四处都是；我们需要水、洋烛、水缸、火炉和许多别的东西才能过日子。啊！工作的开始！每一个人都高兴透了。我们向窗外看了好几回。我们还不清楚那些街，那些房子，甚至那方向，北碚是怎么样的？多远？多大？我们只能看见一座有着房子的绿色土丘在我们面前，和一条道路。机关枪声已停止了。晚号响了。我们在什么地方？（挂起帐子来吧。）我站在不十分牢的窗槛上做完了。天已黑到使我只能看到小小青色的土丘和几亩庄稼。还是先把屋内收拾好，再去注意外边吧，于是我们擦着掉子，钉上钉子，挂起绳子，好像我们很久以来便熟悉这屋子似的。让外界和北碚在我们脑里休息一会吧。

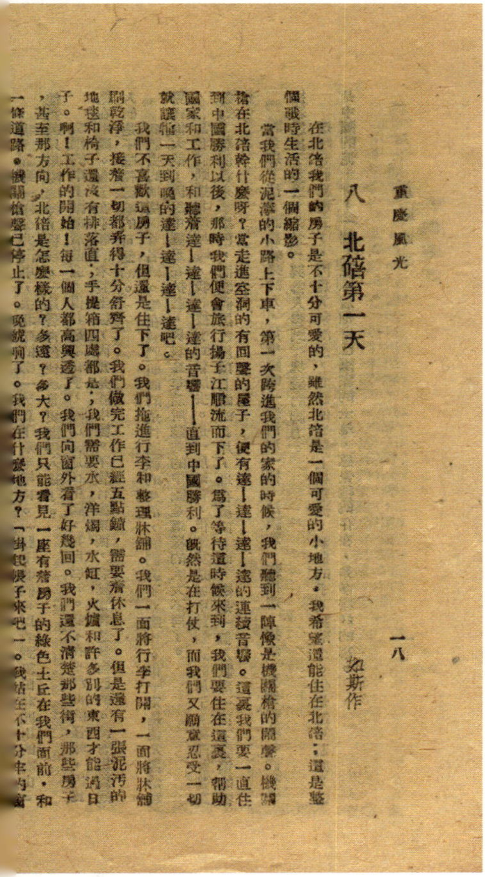

重慶風光　一八

八　北碚第一天　如斯作

在北碚我們的房子是不十分可愛的，雖然北碚是一個可愛的小地方。我希望還能住在北碚；這是整個戰時生活的一個縮影。

當我們從泥濘的小路上下車，第一次跨進我們的家的時候，我們聽到一陣像是機關槍的鬧聲。機關槍在北碚幹什麼呀？當走進空洞的有回聲的屋子，便有達—達—達—達的連續音響。這裏我們要一直住到中國勝利以後，那時我們便會旅行揚子江順流而下了。為了等待這時候來到，我們要住在這裏，幫助國家和工作，和聽着達—達—達—達的音響——直到中國勝利。既然是在打仗，而我們又願意忍受一切，就讓牠一天到晚的達—達—達—達吧。

我們不喜歡這房子，但還是住下了。我們拖進行李和整理牀舖。我們一面將行李打開，一面將牀舖刷乾淨，接着一切都弄得十分舒齊了。我們做完工作已經五點鐘，需要着休息了。但是還有一張泥污的地毯和椅子還沒有排落直，手提箱四處都是，我們需要水，洋燭，水缸，火爐和許多別的東西才能過日子。啊！工作的開始！每一個人都高興透了。我們向窗外看了好幾回。我們還不清楚那些街，那些房子，甚至那方向，北碚是怎麼樣的？多遠？多大？我們只能看見一座有着房子的綠色土丘在我們面前，和一條道路。機關槍聲已停止了。晚號响了。我們在什麼地方？「掛起帳子來吧」。我站在不十分牢的窗

正在纷乱的当儿，教育部的王先生来了。我们很高兴他来，同时想起了他在杂志上发

表的幽默文章。他的为人和他的著作一样。他微笑的时候眼睛眯成一缝，大笑的声音非常深沉热烈和朗爽，他恭而敬之，并且客气非凡的欢迎我们到北碚来。使我们觉得一定会爱北碚，机关枪都毫无关系。我们既无柴也无食物，也没有一定要在家里吃饭的意思，也就不推却他邀请晚餐的盛意了。我们草草的第一次在家里盥洗了一下，抱怨着肥皂和手巾，从我们自己的水瓶里舀着用水。水清洁和寒冷，我们扭干了手巾挂起来。这真有趣，以后还要有味呢！我们拿了手电筒，锁了门，动身到城里去了。

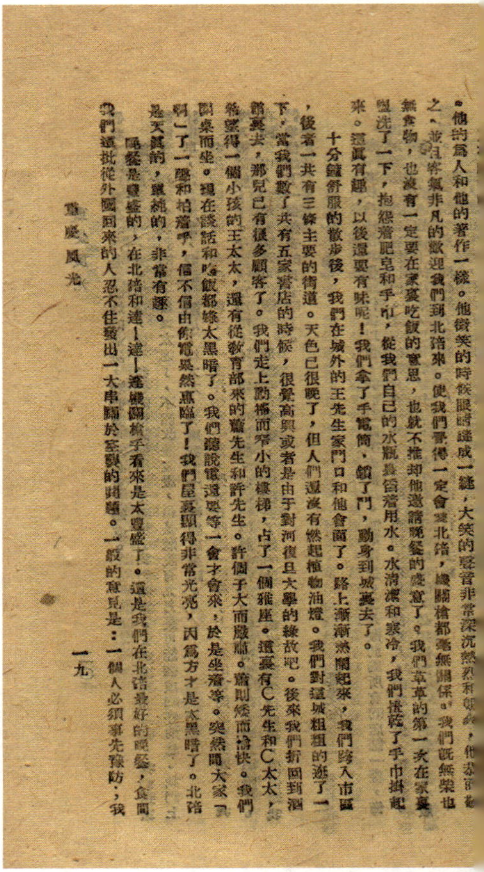

·他的爲人和他的著作一樣。他微笑的時候眼睛謎成一縫，大笑的聲音非常深沉熱烈和朗爽，他恭而敬
之，並且客氣非凡的歡迎我們到北碚來。使我們覺得一定會愛北碚，機關槍都毫無關係。我們既無柴也
無食物，也沒有一定要在家裏吃飯的意思，也就不推却他邀請晚餐的盛意了。我們草草的第一次在家裏
盥洗了一下，抱怨着肥皂和手巾，從我們自己的水瓶裏舀着用水。水清潔和寒冷，我們扭乾了手巾掛起
來。這眞有趣，以後還要有味呢！我們拿了手電筒，鎖了門，動身到城裏去了。

十分鐘舒服的散步後，我們在城外的王先生家門口和他會面了。路上漸漸熱鬧起來，我們跨入市區，後者一共有三條主要的街道。天色已很晚了，但人們還沒有燃起植物油燈。我們對這城粗粗的逛了一下，當我們數了共有五家書店的時候，很覺高興或者是由于對河復旦大學的緣故吧。後來我們折回到酒館裏去，那兒已有很多顧客了。我們走上動搖而窄小的樓梯，占了一個雅座。這裏有C先生和C太太，希望得一個小孩的王太太，還有從教育部來的蕭先生和許先生。許個子大而嚴肅。蕭則矮而愉快。我們圍桌而坐。現在談話和吃飯都嫌太黑暗了。我們聽說電還要等一會才會來，於是坐着等。突然間大家「啊」了一聲和拍着手，信不信由你電果然惠臨了！我們屋裏顯得非常光亮，因爲方才是太黑暗了。北碚是天眞的，單純的，非常有趣。

晚餐是豐盛的，在北碚和達—達—達機關槍手看來是太豐盛了。這是我們在北碚最好的晚餐，食間我們這批從外國回來的人忍不住發出一大串關於空襲的問題。一般的意見是：一個人必須事先預防；我

重慶風光　　一九

十分钟舒服的散步后，我们在城外的王先生家门口和他会面了。路上渐渐热闹起来，我们跨入市区，后者一共有三条主要的街道。天色已很晚了，但人们还没有燃起植物油灯。我们对这城粗粗的逛了一下，当我们数了共有五家书店的时候，很觉高兴或者是由于对河复旦大学的缘故吧。后来我们折回到酒馆里去，那儿已有很多顾客了。我们走上动摇而窄小的楼梯，占了一个雅座。这里有C先生和C太太，希望得一个小孩的王太太，还有从教育部来的萧先生和许先生。许个子大而严肃。萧则矮而愉快。我们围桌而坐。现在谈话和吃饭都嫌太黑暗了。我们听说电还要等一会才会来，于是坐着等。突然间大家“啊”了一声和拍着手，信不信由你电果然惠临了！我们屋里显得非常光亮，因为方才是太黑暗了。北碚是天真的，单纯的，非常有趣。

晚餐是丰盛的，在北碚和达—达—达机关枪手看来是太丰盛了。这是我们在北碚最好的晚餐，食间我们这批从外国回来的人忍不住发出一大串关于空袭的问题。一般的意见是：一个人必须事先预防；我们私下

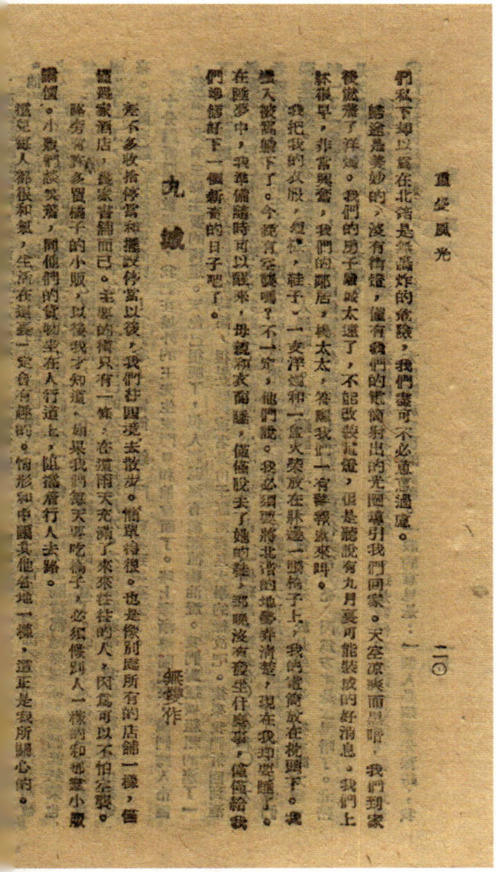
重慶風光　二〇

們私下却以爲在北碚是無轟炸的危險，我們盡可不必萬萬過慮。

歸途是美妙的，沒有街燈，僅有我們的電筒射出的光圈導引我們回家。天空涼爽而黑暗，我們到家後燃着了洋燭。我們的房子離城太遠了，不能改裝電燈，但是聽說有九月裏可能裝成的好消息。我們上床很早，非常興奮，我們的鄰居，楊太太，答應我們一有警報就來叫。

我把我的衣服，短襪，鞋子，一支洋燭和一盒火柴放在牀邊一張椅子上，我的電筒放在枕頭下。我鑽入被窩躺下了。今晚有空襲嗎？不一定，他們說。我必須要將北碚的地勢弄清楚，現在我却要睡了。在睡夢中，我準備隨時可以醒來，母親和衣而睡，僅僅脫去了她的鞋，那晚沒有發生什麼事，僅僅給我們準備好下一個新奇的日子吧了。

九城　[illegible]夢作

差不多收拾停當和擺設停當以後，我們往四境去散步。情景特很。也是像別處所有的店鋪一樣，僅僅幾家酒店，幾家書舖而已。主要的街只有一條，在這雨天充滿了來來往往的人，因爲可以不怕空襲。

路旁有許多賣橘子的小販，以後我才知道，如果我們每天要吃橘子，必須像別人一樣的和那些小販講價。小販們談笑着，同他們的貨物坐在人行道上，阻礙着行人去路。

這兒每人都很和氣，生活在這裏一定會有趣的。情形和中國其他各地一樣，這正是我所關心的。

却以为在北碚是无轰炸的危险，我们尽可不必葸葸过虑。

归途是美妙的，没有街灯，仅有我们的电筒射出的光圈导引我们回家。天空凉爽而黑暗，我们到家后燃着了洋烛。我们的房子离城太远了，不能改装电灯，但是听说有九月里可能装成的好消息。我们上床很早，非常兴奋，我们的邻居，杨太太，答应我们一有电报就来叫。

我把我的衣服、短袜、鞋子、一支洋烛和一盒火柴放在床边一张椅子上，我的电筒放在枕头下。我钻入被窝躺下了。今晚有空袭吗？不一定，他们说。我必须要将北碚的地势弄清楚，现在我却要睡了。在睡梦中，我准备随时可以醒来，母亲和衣而睡，仅仅脱去了她的鞋，那晚没有发生什么事，仅仅给我们准备好下一个新奇的日子吧了。

九、城

无双 作

差不多收拾停当和摆设停当以后，我们往四境去散步。简单得很。也是像别处所有的店铺一样，仅仅几家酒店，几家书铺而已。主要的街只有一条，在这雨天充满了来来往往的人，因为可以不怕空袭。

路旁有许多卖橘子的小贩，以后我才知道，如果我们每天要吃橘子，必须像别人一样的和那群小贩讲价。小贩们谈笑着，同他们的货物坐在人行道上，阻挡着行人去路。

这儿每人都很和气，生活在这里一定会有趣的。情形和中国其他各地一样，这正是我所关心的。

孩子们追随在我们身后，他们晓得我们刚从外国回来。有几个孩子还特别跑到前面频频回首看母亲的那副式样精美的眼镜，以致几天以后母亲想换一换它们了。一切都很平常，只有贴在街角的几张报□引起了我们的注意。

“□□□□□□！”

“好男去当兵！”

“有力出力，有钱出钱！”

这正是中国。女人们在街上喂着孩子，随意的张家长李家短的谈着。老人们整日坐在家门口，嘴里含着已经熄灭了的长烟管。我在此地才晓得中国人发明了衬衫穿在裤子外的新方法：奇怪的是每人都有一件衬衫。有些人穿着中国式的裤子和外国风的衬衫。

北碚从没有被炸过，这就是我们迁定住在这儿的主要原因，所以这儿看不到像重庆那样的废墟。

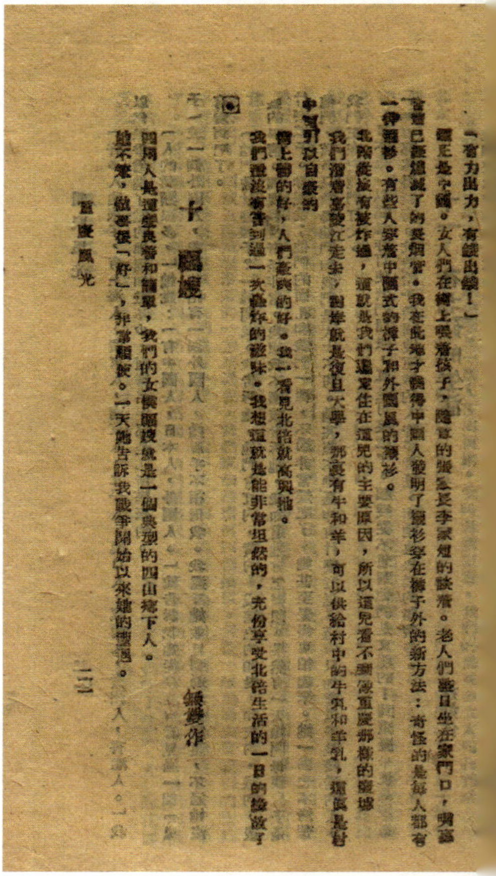

「有力出力，有錢出錢！」

這正是中國。女人們在街上喂着孩子，隨意的張家長李家短的談着。老人們整日坐在家門口，嘴裏含着已經熄滅了的長烟管。我在此地才曉得中國人發明了襯衫穿在褲子外的新方法：奇怪的是每人都有一件襯衫。有些人穿着中國式的褲子和外國風的襯衫。

北碚從沒有被炸過，這就是我們遷定住在這兒的主要原因，所以這兒看不到像重慶那樣的廢墟

我們沿着嘉陵江走去，對岸就是復旦大學，那裏有牛和羊，可以供給村中的牛乳和羊乳，還真是鄉中國引以自豪的

[illegible]的好，人們[illegible]的好。我一看見北碚就高興極。

我們還沒有嘗到過一次轟炸的滋味。我想這就是能非常坦然的，充份享受北碚生活的一日的緣故了

十、褓姆　　無雙 作

四川人是這樣典雅和簡單，我們的女傭褓姆就是一個典型的四川鄉下人。

她不笨，做事很「好」，非常細致。一天她告訴我戰爭開始以來她的遭遇。

重慶風光　　三三

我们沿着嘉陵江走去，对岸就是复旦

大学，那里有牛和羊，可以供给村中的牛乳和羊乳，这真是村中可引以自豪的。

街上静的好，人们豪爽的好。我一看见北碚就高兴它。

我们还没有尝到过一次轰炸的滋味。我想这就是能非常坦然的，充分享受北碚生活的一日的缘故了。

十一、在北碚的生活

妹妹　作

我们在北碚的房子不在城里，是靠乡间，但只要几分钟就可以走到城里了。我们周围有三幢房子和我们一样。

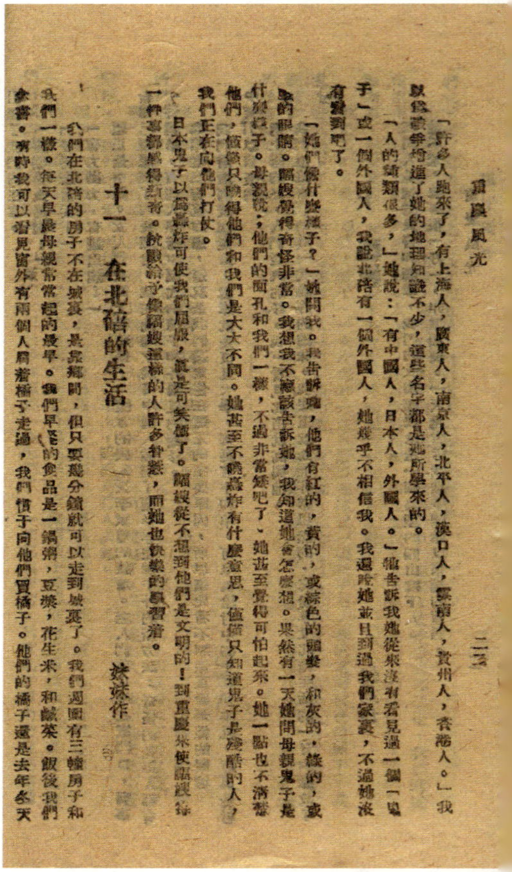

碚縣風光　二二

「許多人跑來了，有上海人，廣東人，南京人，北平人，漢口人，雲南人，貴州人，香港人。」我以爲戰爭增進了她的地理知識不少，這些名字都是她所學來的。

「人的種類很多，」她說：「有中國人，日本人，外國人。」她告訴我她從來沒有看見過一個「鬼子」或一個外國人，我說北碚有一個外國人，她幾乎不相信我。我還說她並且到過我們家裏，不過她沒有看到吧了。

「她們像什麼樣子？」她問我。我告訴她，他們有紅的，黃的，或棕色的頭髮，和灰的，綠的，或藍的眼睛。臨嫂覺得奇怪非常。我想我不應該告訴她，我知道她會怎麼想。果然有一天她問母親鬼子是什麼樣子。母親說：他們的面孔和我們一樣，不過非常矮吧了。她甚至覺得可怕起來。她一點也不清楚他們，僅僅只曉得他們和我們是大大不同。她甚至不曉得轟炸有什麼意思，僅僅只知道鬼子是殘酷的人，我們正在向他們打仗。

日本鬼子以爲轟炸可使我們屈服，眞是可笑極了。臨嫂從不想到他們是文明的！到重慶來使臨嫂添一種害怕與得新奇。就限給予像臨嫂這樣的人許多智慧，而她也很快的學習着。

十一　在北碚的生活

妹妹作

我們在北碚的房子不在城裏，是靠鄉間，但只要幾分鐘就可以走到城裏了。我們週圍有三幢房子和我們一樣。每天早晨母親常常起的最早。我們早餐的食品是一鍋粥，豆漿，花生米，和鹹菜。飯後我們念書。有時我可以看見窗外有兩個人肩着橘子走過，我們慣于向他們買橘子。他們的橘子還是去年冬天

每天早晨母亲常常起的最早。我们早餐的食品是一锅粥、豆浆、花生米和咸菜。饭后我们念书。有时我可以看见窗外有两个人肩着橘子走过，我们惯于向他们买橘子。他们的橘子还是去年冬天放在沙里保存下来的。我一看见他们，便喊着母亲问我们要不要橘子。母亲答应的时候，我便向他们说“嘿！我们要买橘子啦。”于是他们笑嘻嘻的来了。每个大橘子值 7 毛钱到 1 块钱一个，小的值 4 毛钱到 5 毛钱一个，母亲常常买一大堆。

当我们走进屋子时，我忽然瞧见一群人往乡间跑。我叫母亲来看。我们的房东杨太太向我们喊：“林太太，林太太，一面红旗了。”我们开始把面包和橘子放进小袋里去。无双跑到厨房去告诉厨子赶快把豌豆汤拿出来。我们匆忙的吞下了汤，拿着伞，带着我们的小袋子和装着贵重物品的精致的手提箱到防空洞去，我们在烈日下往山上辛苦的爬着，爬着，爬着。当我们到达宋先生房子的门口时，紧急警报已响了，我们还得再爬一段山路才能达到他们防空洞。H 太太和她的家庭早已在那里了，防空洞里比较凉爽。宋家防空洞有两间房子。不幸我们和 H 太太同在一间！啊，那种气味！一进到我便自言自语着：“难道没有听到警报响吗？我晓得她们会早到，但你们不相信我。我不是告诉过你们了吗。”我们坐在长凳上，电话铃开始响了，他们彼此喊叫着，弄得我耳鼓都生病了。

20分钟后飞机声模糊的听到，愈来愈近，好像一面鼓的声音。我闭着眼，张着嘴，蒙着耳朵，以便不听到这可怕的声浪。在世界上我顶恨这声浪了。四或五队飞机沿着同一方面过去，我们设法消遣这四个钟头。最后一队飞过去后我们的背几乎驼了，跑出来透新鲜空气。我们揣着小袋子，迫不及待的等候着解除警报。这是空袭中最愉快的一幕了。突然声音响了起来，每个人都含笑的站起。我们赶回家去，庆幸我们的房子没有被炸。我们的仆人青山从附近的井里舀了些水来。我们洗了脸和手，喝了一些水，几小时后我们吃了晚餐，大家到花园里闲谈一会，我望着天空，觉得明天一定会和今天一样的晴朗，以后我便去睡了。

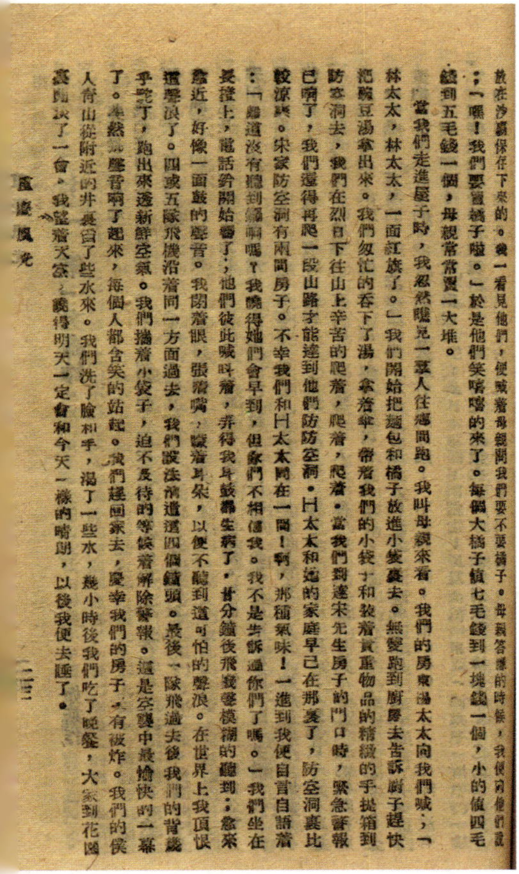

十二、第一次轰炸

如斯　作

北碚从没有炸过。

我们来到的第二天早晨，还没有解开行装，还在整理什物的时候，有一队飞机来了。我们第一次到防空洞去，既然这里没有被炸的危险，我们又有许多事要做，不久我们就出来了。杨太太也在家。北碚的人们只有四分之一逃警报，我们觉得他们太神经过敏了。

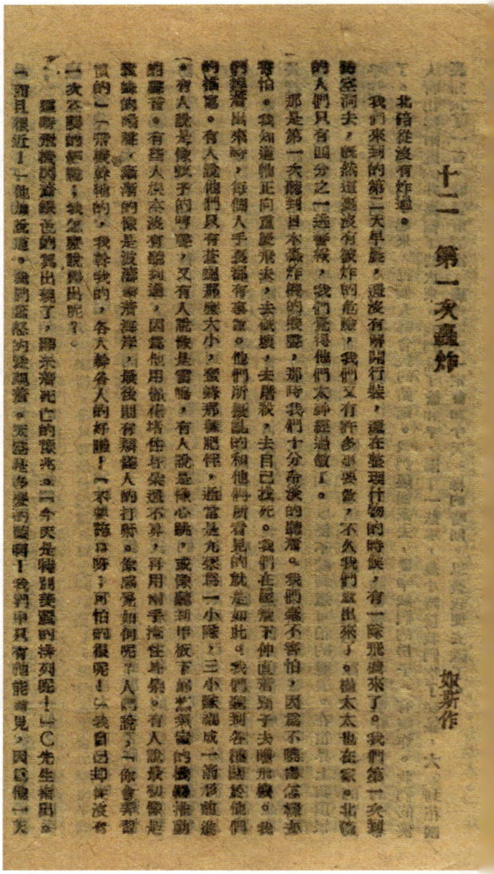
十二　第一次轟炸　如斯作

北碚從沒有炸過。

我們來到的第二天早晨，還沒有解開行裝，還在整理什物的時候，有一隊飛機來了。我們第一次到防空洞去，既然這裏沒有被炸的危險，我們又有許多事要做，不久我們就出來了。楊太太也在家。北碚的人們只有四分之一逃警報，我們覺得他們太神經過敏了。

那是第一次聽到日本轟炸機的機聲，那時我們十分冷淡的聽着。我們毫不害怕，因爲不曉得怎樣去害怕。我知道牠正向重慶飛去，去破壞，去屠殺，去自己找死。我們在屋簷下伸直着頸子去瞧飛機。我們趕着出來時，每個人手裏都有事做。他們所擾亂的和他們所看見的就是如此。我們聽到各種關於他們的描寫。有人說他們只有蒼蠅那麼大小，蜜蜂那樣肥胖，通常是九架爲一小隊，三小隊編成一箭形前進。有人說是像蚊子的哼聲，又有人說像是雷鳴，有人說是像心跳，或像聽到甲板下那蒸氣室的機器推動的聲音。有些人根本沒有聽到過，因爲他用棉花堵住耳朵還不算，再用兩手掩住耳朵。有人說最初像是蜜蜂的嗡聲，漸漸的像是波濤擊着海岸，最後則有類怪人的打鼾。你感覺如何呢？人們說，「你會弄習慣的。」「飛機幹牠的，我幹我的，各人幹各人的好啦！」「不要誇口呀；可怕的很呢！」我自己卻從沒有一次空襲的經驗，我怎麼說得出呢？

這時飛機閃着銀色的翼出現了，顯示着死亡的預兆。「今天是特別美麗的排列呢！」C先生指出。「而且很近！」他加說道。我們憤怒的……

那是第一次听到日本轰炸机的机声，那时我们十分冷淡的听着。我们毫不害怕，因为不晓得怎样去害怕。我知道它正向重庆飞去，去破坏，去屠杀，去自己找死。我们在屋檐下伸直着颈子去瞧飞机。我们赶着出来时，每个人手里都有事做。他们所扰乱的和他们所看见的就是如此。我们听到各种关于他们的描写。有人说他们只有苍蝇那么大小，蜜蜂那样肥胖，通常是九架为一小队，三小队编成一箭形前进。有人说是像蚊子的哼声，又有人说像是雷鸣，有人说是像心跳，或像听到甲板下那蒸气室的机器推动的声音。有些人根本没有听到过，因为他用棉花堵住耳朵还不算，再用两手掩住耳朵。有人说最初像是蜜蜂的嗡声，渐渐的像是波涛击着海岸，最后则有类怪人的打鼾。你感觉如何呢？人们说：“你会弄习惯的。”“飞机干它的，我干我的，各人干各人的好啦！”“不要夸口呀；可怕的很呢！”我自己却□没有一次空袭的经验，我怎么说得出呢？

这时飞机闪着银色的翼出现了，显示着死亡的预兆。“今天是特别美丽的排列呢！”C 先生指出。“而且很近！”他加说道。我们奋怒的注视着。天空是多么的蓝啊！我们中只有他能看见，因为他一天天的看熟了。我不咒飞机，天空会诅咒它们的。即使我要诅咒，我诅咒谁呢？驾驶者吗？不是。机器师吗？不是。工厂制造者吗？不是。谁呢？是日本军阀不消说啦！这就是所说东亚（新秩序）程序的一部分。应该多多诅咒他们！这是东亚的污辱！

飞机愈飞愈近了，这声音将永留在我记忆里牢不可拔。当它们刚飞过屋顶我们低下头松了一口气的时候，炸弹落了下来，震动了地面。不断的爆发，不断的震动，不断的轰炸，终于飞机声音渐远了。我发觉自己傍着父亲和无双匍匐在地上。G 先生和 G 太太同样的躺在另一个角落里。母亲和妹妹不见了。房子一点也没有损坏。“妈！妹！”我们在房子里跑着，遇见她们从厨房走出来。“炸啦！炸啦！”我紧咬着牙齿。外面人声嘈杂，我们赶快跑到山坡上去看。躲在洞里的几个人也跑出来看是谁的家被炸。烟从城市中心冒出来。糟了！糟了！糟了！炸弹炸中了我们的神经。第一次被命中了！炸弹离我们只有 100 码远。我们逃脱了，几片碎破片就是我们房子所受的惟一损伤了。

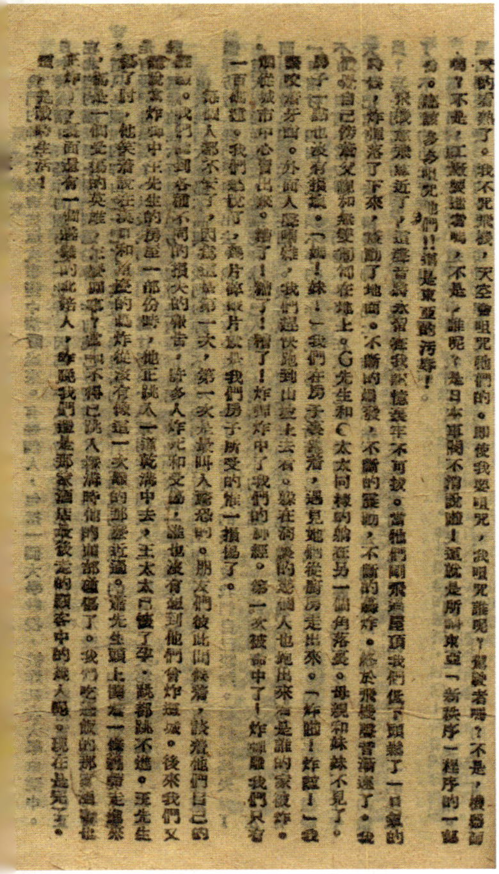

每个人都不安了，因为这是第一次，第一次是最叫人惊恐的。朋友们彼此问候着，谈着他们自己的经验。我们听到各种不同的损失的报告，许多人炸死和受伤，谁也没有想到他们会炸这城。后来我们又听说当炸弹中王先生的房屋一部分时，他正跳入一道干沟中去，王太太已怀了孕，跳都跳不进。王先生伤了肘，他笑着说在汉口和重庆的轰炸从没有像这一次离的那么近过。萧先生头上围着一条绷带走进来，像是一个受伤的英雄，怎么回事？当他不得已跳入壕沟时，他的头部碰伤了。我们吃过饭的那家酒店也被炸了。里面还有一个避难的北碚人，昨晚我们还是那家酒店最后走的顾客中的几人呢。现在是完了，现在是战时生活！

我们的神志还没有从这次事变中清醒过来。有几个人，包括一个大学教授，被炸死在大学庭院中。日本飞机借口来轰炸的理由之一也许是因为第十八军暂停在这儿吧（所以昨天有机关枪实习），他们正在北碚的运动场上开一个运动会。在前线已经习惯了轰炸，弟兄们毫不在乎飞机，依旧继续他们的比赛。这只是假想的理由之一吧了，其实是无依据的，为什么离运动场很远的江苏医院和大学也被炸呢？还是有碍的目标吗？（以后我们要问：为什么第十八军开往前线很久之后还有第二次第三次的轰炸？难道说，这离前线六百里的地方，还算是有碍的目标，要他们来扔一个炸弹吗？）

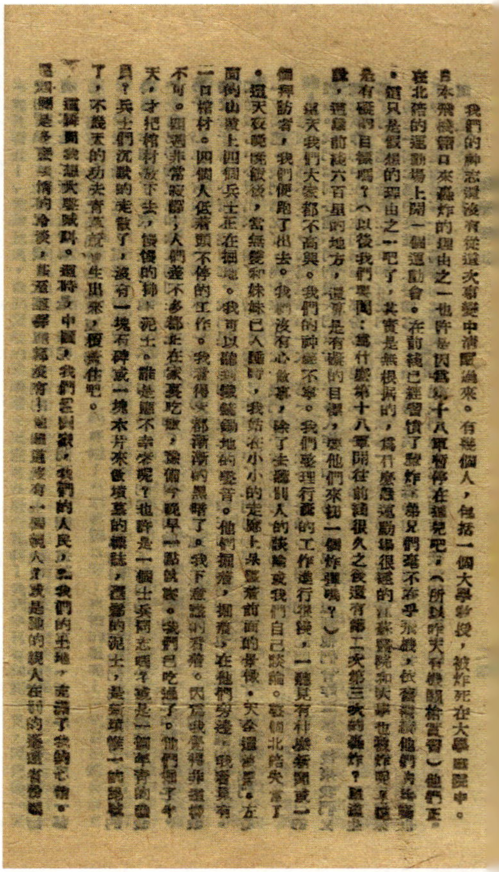

我們的神志還沒有從這次事變中清醒過來。有幾個人，包括一個大學教授，被炸死在大學庭院中。日本飛機借口來轟炸的理由之一也許是因為第十八軍暫停在這兒吧。（所以昨天有機關槍實習）他們正在北碚的運動場上開一個運動會。在前綫已經習慣了轟炸，弟兄們毫不在乎飛機，依舊繼續他們的比賽。這只是假想的理由之一吧了，其實是無根據的，為什麼離運動場很遠的江蘇醫院和大學也被炸呢？還是有礙的目標嗎？（以後我們要問：為什麼第十八軍開往前綫很久之後還有第二次第三次的轟炸？難道說，這離前綫六百里的地方，還算是有礙的目標，要他們來扔一個炸彈嗎？）

這天我們大家都不高興。我們的神經不寧。我們整理行囊的工作進行很慢，一聽見有什麼新聞或一個拜訪者，我們便跑了出去。我們沒有心做事，除了去聽別人的談論或我們自己談論。整個北碚失常了。這天夜晚晚飯後，當無雙和妹妹已入睡時，我站在小小的走廊上呆望着前面的景像。天全還沒黑。左面的山坡上四個兵士正在掘地。我可以聽到鐵鏟鋤地的聲音。他們掘着，掘着，在他們旁邊，我看見有一口棺材。四個人低着頭不停的工作。我看得天都漸漸的黑暗了。我下意識的看着。因為我覺得非這樣不可。四週非常寂靜，人們差不多都在在家裏吃飯，預備今晚早一點就寢。我們已吃過了。他們掘了半天，才把棺材放下去，慢慢的拂上泥土。誰是這不幸者呢？也許是一個士兵同志嗎？或是一個年青的職員？兵士們沉默的走散了，沒有一塊石碑或一塊木片來做墳墓的標誌，蓬鬆的泥土，是新墳惟一的記號了，不幾天的功夫青草就會生出來，覆蓋住吧。

這瞬間我想大聲喊叫。這時，中國，我們的國家，我們的人民，和我們的土地，充滿了我的心口。這四週是多麼無情的冷淡，甚至連葬禮

这天我们大家都不高兴。我们的神经不宁。我们整理行囊的工作进行很慢，一听见有什么新闻或一个拜访者，我们便跑了出去。我们没有心做事，除了去听别人的谈论或我们自己谈论。整个北碚失常了。这天夜晚晚饭后，当无双和妹妹已入睡时，我站在小小的走廊上呆望着前面的景象。天全还没黑，左面的山口上四个兵士正在掘地。我可以听到铁铲锄地的声音。他们掘着，掘着，在他们旁边，我看见有一口棺材。四个人低着头不停的工作。我看得天都渐渐的黑暗了。我下意识的看着。因为我觉得非这样不可。四周非常寂静，人们差不多都在家里吃饭，预备今晚早一点就寝。我们已吃过了。他们掘了半天，才把棺材放下去，慢慢的拂上泥土。谁是不幸者呢？也许是一个士兵同志吗？或是一个年青的职员？兵士们沉默的走散了，没有一块石碑或一块木片来做坟墓的标志，蓬松的泥土，是新坟惟一的记号了，不几天的功夫青草就会生出来，覆盖住吧。

这瞬间我想大声喊叫。这时，中国，我们的国家，我们的人民，和我们的土地，充满了我的心口。这四周是多么无情的冷淡，甚至连葬礼

都没有！他在这没有一个亲人？或是他的亲人在别的遥远省份吗？谁也不知道这一座坟和这一个士兵，除了这四个人以外，而他们也还是沉默的。

夜渐渐降落了，也许会有夜袭。这时我的爱国情绪高涨，并且更深切的知道战争是怎样一回事了。我惦念着这四个兵士，相信中国会从这一切忧愁和苦难中新生。我是这样的坚信，好像上帝会对我说过似的，也许（他）这样做了。

早一点去睡，把东西像昨夜一样摆在床边吧。我排除思虑的闭上眼睛，走进被摇晃的油灯所照亮的卧室。

十三、第一次轰炸

无双　作

北碚以前还没有被炸过。我们很佩服鬼子的聪明，想他们决不会浪费他们有限的炸弹来炸一个村落，连炸中的炸弹的一半价值也没有，而炸中的也不会有未炸中的一半多。但是明显地日本想法两样，所以来炸这小村子。

这是我们在北碚的第三天了，我们这批从外国回来的人，还没有熟悉周遭的生活。

“嘿！谁也不会这么笨来轰炸北碚！”每个人都说，所以我们和大多数人一样，不去躲防空洞。

我们和朋友们呆在家里。飞机来了，一种十分深长的怒号听到了，这是可怕的。怒号愈来愈近，声响也愈大。轰，轰，一直到轰声到我们耳朵里不能再高的时候。

我们跑出去看到它们了，共有 27 架，1 架轰炸机为 2 架战斗机陪伴着。

“嗨！今天的行列特别美丽。”我们的朋友说，一点也不害怕。这才是中国人，当轰炸机隆隆飞过我们时还有指出行列美丽的闲裕。

“他妈的！”他诅咒着。

人们关照母亲和父亲把眼镜摘下的，怕是它们的反光会引起机关枪扫射。

怒吼过去了，我们还呆着。

一群过去了，又是一群飞来，仍然是徘徊着，徘徊着，好像载重过多似的。这种恐怖的机声使得每一个人都怀着憎恨的兴奋起来了。它们仍在徘徊着，每一次从 27 架到 36 架。

“哈！”我们的朋友又叫着。“看，那一架旁边只有一架战斗机陪伴。那一架旁边没有轰炸机陪伴，看，看，我们的空军力量着实不坏呢。”

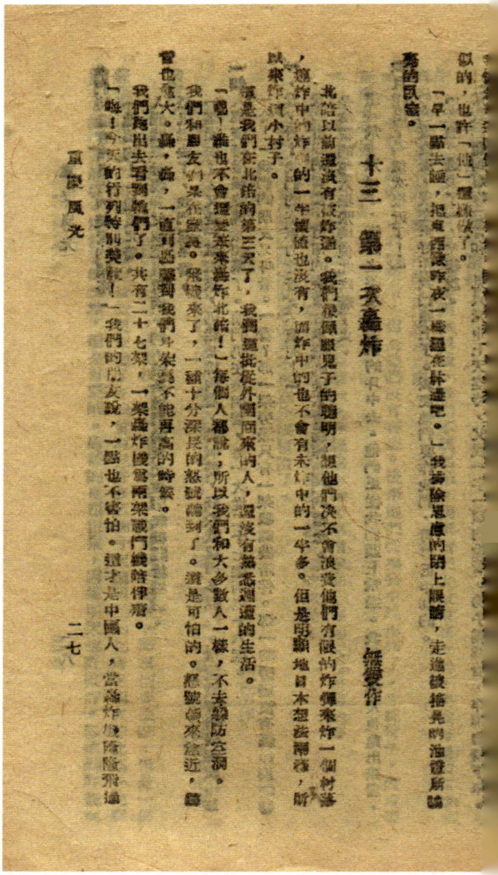
似的，也許「[illegible]」[illegible]了。

「早一點去睡，把電燈[illegible]昨夜一[illegible]吧。」我[illegible]的眼上眼睛，走進[illegible]油燈所[illegible]鳥的臥室。

十三　第一次轟炸　無雙作

北碚以前還沒有被炸過。我們很佩服鬼子的聰明，想他們決不會浪費他們有限的炸彈來炸一個村落，連炸中的炸彈的一半價值也沒有，而炸中的也不會有未炸中的一半多。但是明顯地日本想法兩樣，所以來炸這小村子。

這是我們在北碚的第三天了，我們這批從外國回來的人，還沒有熟悉周遭的生活。

「嘿！誰也不會這麼笨來轟炸北碚！」每個人都說；所以我們和大多數人一樣，不去躲防空洞。

我們和朋友們呆在家裏。飛機來了，一種十分深長的怒號聽到了。這是可怕的。怒號愈來愈近，聲音也愈大。轟，轟，一直到轟聲到我們耳朵裏不能再高的時候。

我們跑出去看到牠們了。共有二十七架，一架轟炸機為兩架戰鬥機陪伴着。

「嗨！今天的行列特別美麗！」我們的朋友說，一點也不害怕。這才是中國人，當轟炸機隆隆飛過

[illegible]風光　二七

我们耐心的看着，自信的怀着日本飞机决不会轰炸我们的信念。

是该杀的第六批飞机使北碚着了火。

这时飞机飞来了，隆隆之声进入我们的耳中去。他们正从我们头上飞过。我们的邻人也跑出来看，并且指出“这次很近了”。

他们盘旋着，现在正好在我们头上了。假使他们要炸我们，可以正中其的。

“危险已过去了。”父亲说。

当我们听到爆炸声音和看见火光冲上天空时，父亲一字一顿的说着。房子震憾着，炸弹继续下来。

我们全都跑进屋里，平平的躺在地板上。母亲和妹妹跑到另一个地方去，但我们都怕得无暇兼顾她们了。

我们张大了嘴，以便使耳中的空气压力减少。轰！轰！轰炸继续着，每一声都像是一个锤□在我们的心上。

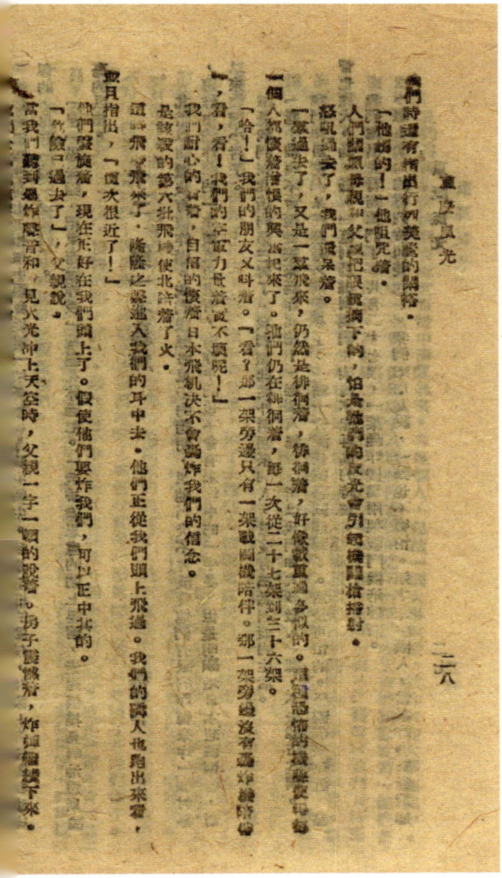

重慶風光

二六

我們時還有稱出行列美麗的[illegible]。

「他媽的！」他咀咒着。

人們[illegible]現在父親把眼鏡摘下的，怕是他們的反光會引起機關槍掃射。

怒吼過去了，我們還呆着。

「飛過去了，又是一羣飛來，仍然是徘徊着，徘徊着，好像歡喜過多似的。這種恐怖的機聲使得每一個人都懷着憎恨的興奮起來了。他們仍在徘徊着，每一次從二十七架到三十六架。

「哈！」我們的朋友叫着。「看？那一架旁邊只有一架戰鬥機陪伴。那一架旁邊沒有轟炸機陪伴，看，看！我們的空軍力量並不壞呢！」

我們耐心的看着，自信的懷着日本飛机決不會轟炸我們的信念。

是該殺的第六批飛機使北碚着了火。

這時飛機飛來了，隆隆之聲進入我們的耳中去。他們正從我們頭上飛過。我們的鄰人也跑出來看，並且指出，「這次很近了！」

他們盤旋着，現在正好在我們頭上了。假使他們要炸我們，可以正中其的。

「危險已過去了」，父親說。

當我們聽到爆炸聲音和看見火光沖上天空時，父親一字一頓的說着。房子震憾着，炸彈繼續下來。

于是他们完成任务，飞开了。

我们躺在地板上，直到声音消灭以后。我们不想起来。后来我们大家聚在一起，去找母亲和妹妹。我的感情中混合着愤怒、不安、憎恨和苦痛。

“母亲！妹妹！”我们喊着，但是她们没有答应。后来她们从地窖中爬出来了，手挽着手，因为怕而面孔苍白了。

“厨子叫我们到地窖里去，那里安全些。”母亲说：谁可以指示呢？炸弹没有眼睛的呀。

我们跑出房子来看。烟直冲云霄，黑色的烟雾使人发生一种灾祸的感觉。

从这时起，我们就到防空洞里去，不再在外面冒险了。

十四、城

如斯 作

我会爱过一个城市吗？假若我们爱过，那末就是北碚。啊，北碚，要我忍受离开它的烦恼真会使我发疯！

我们几乎每天清早或傍晚进城，因为没有别的地方可去，并且我们老有一点事情要去做。这是一座繁盛的城。我必得说经过轰炸后我更爱它了。我会看见许多店铺今天还骄傲的立着，明天却化为一堆废墟了。虽然是废墟，烧焦了的土地，还是可爱的。店铺的东西很贵，因为明天也许被炸。每次轰炸后北碚更光辉的存在着。炸弹把一切渣滓都淘汰了，所以每次都更显得纯洁些。现在剩下的只是精华，最好的部分了。

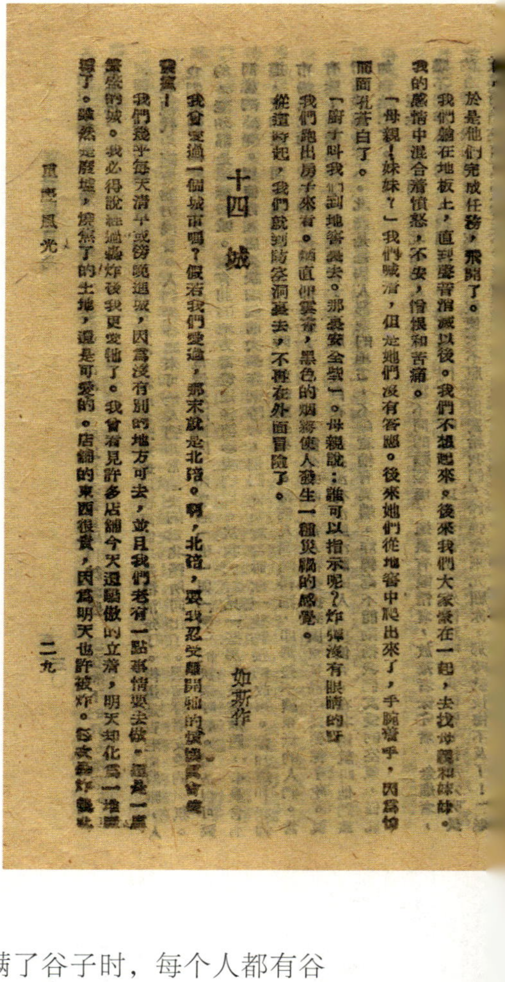

於是他們完成任務，飛開了。

我們躺在地板上，直到聲音消滅以後。我們不想起來。後來我們大家聚在一起，去找母親和妹妹。我的感情中混合着憤怒，不安，憎惧和苦痛。

「母親！妹妹？」我們喊着，但是她們沒有答應。後來她們從地窖中爬出來了，手腕攣手，因爲恐怖面孔蒼白了。

「厨子叫我們到地窖裏去。那裏安全些」。母親說：誰可以指示呢？炸彈沒有眼睛的呀

我們跑出房子來看。簡直彌漫着，黑色的烟霧使人發生一種災禍的感覺。

從這時起，我們就到防空洞裏去，不再在外面冒險了。

十四　城　　如斯作

我曾愛過一個城市嗎？假若我們愛過，那末就是北碚。啊，北碚，要我忍受離開牠的煩惱真會使我發瘋！

我們幾乎每天清早或傍晚進城，因爲沒有別的地方可去，並且我們老有一點事情要去做。這是一座繁盛的城。我必得說經過轟炸後我更愛牠了。我曾看見許多店舖今天還驕傲的立着，明天却化爲一堆廢墟了。雖然是廢墟，燒焦了的土地，還是可愛的。店舖的東西很貴，因爲明天也許被炸。每次轟炸後北

重慶風光　　二九

三条主要的街道我们早已非常熟悉。经过多的巡游以后每个角落都清楚了。街道是古老而典雅，人民是现代中国有趣的混合。人们从各处来，可是人们非常愉快的为北碚所同化了。周遭浮着友爱的气氛。我们全体有一些共通之点，举例说，当电灯总开关开了时普遍“哈”与“啊”的快乐呼声。这是很可笑的。老幼都是这样的喊。还有别的地方电灯这样被珍视的吗。当我们看见一些房子被烧着时，心里含有同样的感觉。假使你在店里谈论起前次轰炸的时候，他们会乐意告诉你一些夸张的故事。你知道和我知道，天知道，而当我们射落五架飞机时，就轰动全城了。每个人都晓得啦，即那些不读报纸的人们。当市场上充满了谷子时，每个人都有谷子了；当端午节来到时，每人都拥挤到广东食品店去要粽子吃，真有味！这像是穿了一双旧的鞋子，舒服并且自在。这里没有油腔滑调的人，假使有，在北碚就叫他们旅行者或临时客人。北碚是每个人都爱的地方，不愿意它有异端。炸弹毫不能动摇我们友爱的空气，仅能加强它吧了。

但是，你要问，在北碚的人们就没有几种不同的类型吗？这里有懒惰者、放荡者、保守者、急进者、瞧不起洋鬼子的人。我们自家一块说起厦门方言时别人还以为我们在说外国话哩。我们肩上扛着6呎长的甘蔗。我们讲着价，并且说：“假使你不照那价卖给我们，炸弹会来光顾你，那时就后悔不及了！”老板摇着头笑着：“不，不，炸弹不会炸中的。”

城市是这么小，每天在街上都碰见同样的人。我们只是识面，不晓得姓名，有时遇见次数太多，我们忍不住笑起来了。有一个女孩梳着很奇怪的发辫，老是穿着美国装来，我想她一定是属于某些剧团里的。她好像老是等候着什么人。她从来不笑，也没有见她说过话。还有一个男人有很长的袖子，头上一簇剪短的乱发。他在邮政局做事，每当我寄一封约值8元，去美国的航空信时，他老是怀疑的看着我。为什么这里竟有人寄信到美国去，花掉整整的八块钱呢？

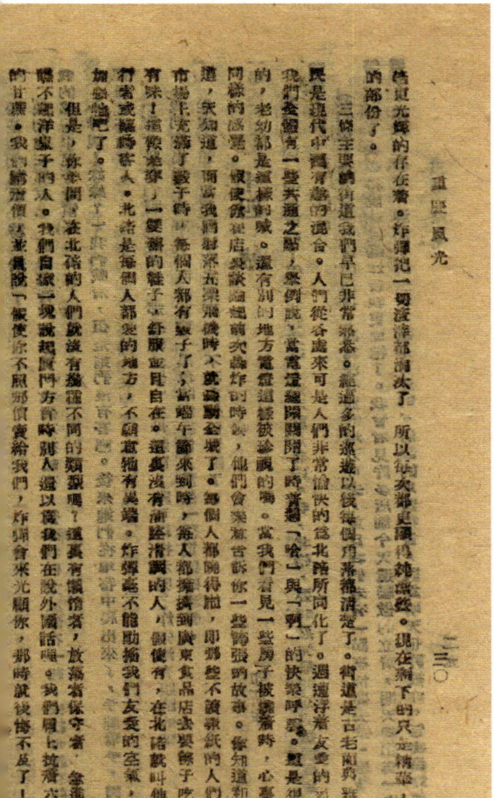
重慶風光　二三〇

着更光輝的存在着。炸彈把一切渣滓都淘汰了，所以街头都更顯得純潔些。現在剩下的只是精華，的部份了。

三條主要的街道我們早已非常熟悉。經過多的流遊以後每個角落都清楚了。街道是古老而與雅，人民是現代中國有趣的混合。人們從各處來可是人們非常愉快的給北碚所同化了。週遭浮着友愛的空氣。我們各個有一些共通之點，舉例說，當警報解除了時當着「哈」與「啊」的快樂呼聲。這是很奇異的，老幼都是這樣的喊。還有別的地方電燈這樣被珍視的嗎。當我們看見一些房子被燒着時，心裏會有同樣的感覺。假使你在店裏談論轟炸的時候，他們會樂於告訴你一些誇張的故事。你知道和我知道，我知道，[illegible]每個人都曉得的，即那些不讀報紙的人們。當市場上充滿了鞋子時，每個人都有鞋子了；當[illegible]來到時，每人都擠到廣東食品店去買餅子吃。真有味！這使我穿了一雙新的鞋子舒服並且自在。這裏沒有誰是滑稽的人，假使有，在北碚就叫他們旅行者或臨時客人。北碚是每個人都愛的地方，不願意抱有奚落。炸彈毫不能動搖我們友愛的空氣，[illegible]也吧了。[illegible]

但是，你要問在北碚的人們就沒有幾種不同的類型嗎？這裏有懶惰者，放蕩者保守者，急進者，瞧不起洋鬼子的人。我們自家一塊說起厦門方言時別人還以為我們在說外國話哩。我們肩上扛着六呎長的甘蔗。我們講着價並且說「假使你不照那價賣給我們，炸彈會來光顧你，那時就後悔不及了！」老

接着我们遇到面熟的人。每个人都在相同的钟点到城里来，所以我们不得不遇到他们，四周充满了哈啰，哈啰的道候！

市场靠近嘉陵江，几条主要的街市都在一个较高的坡度上，四周都是私人住宅。

没有比战争这件事再能把我们结合在一起了，我看出伟大而强烈的同胞爱怎样的消灭了微小的妒忌。

我们见过房子烧掉了，人们怎样惋惜它们。我们中的感情是相同的。我们注视着废墟，也注意着存在的屋子，我们既不嫉妒也不嘲笑人家，毁灭的机会是在我们约束能力以外的事。每个人尽量出力或招待朋友到他们家里去。当有些房子决议要拆掉开辟火巷时，房主们衷心的顺从了，他们搬了家，因为每个人都爱北碚，愿意把它从毁灭中可能的多救出一些，而当旧的房子烧毁时，我们随处建设起新的房子来。

我最爱北碚是在侵晨七点钟的时候，那时我听见在河岸上船夫们上下货物的“嘿啊！呵啊”的喊声，那时木匠店里凿子和斧头敲击着木头，

那时人们正从废墟里收集着砖头和玻璃，当我看见工人们在挑着水，面球在油中滚腾着，妇人们洗濯和槌擦时，我高兴我正是他们中的一个。当街市上拥挤着，每个人在做生意，在吵闹，在买卖，在讲价，在计算时，我也急急忙忙去做些事情，以便渗入他们一掏儿去。

这儿有工作和生活，斗争和收获，厌倦在这儿没有位置。每个人在劳动，不是用他的手，他的脚，就是用他的头脑。天气酷热，每个人流着汗，去卖力工作，去奉献，去生活。废墟让它去，没有人理会它们。一个人的职务是建设，不是去悲伤失去的东西，是要在一□短时间内做很多的事情，因为时间是极端可贵和有限的。这像是在夏天饮一杯热茶，宁可使身体顺着自然秩序发汗，比啜饮一杯冰水和□笨的躺着乘凉好。

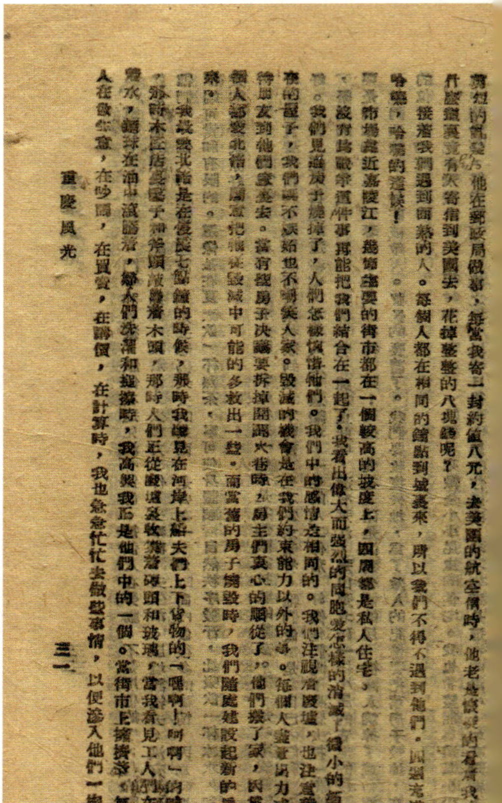
齊無的氣質[illegible]他在郵政局做事，每當我寄一封約值八元，去美國的航空信時，他老是懷疑的看着我。為什麼我竟有人寄信到美國去，花掉整整的八塊錢呢？[illegible]

[illegible]接着我們遇到兩箇的人。每個人都在相同的鐘點到城裏來，所以我們不得不遇到他們。四週充滿了哈囉，哈囉的道候！[illegible]

[illegible]市場靠近嘉陵江，幾個重要的街市都在一個較高的坡度上，四周都是私人住宅。[illegible]

[illegible]沒有比戰爭這件事再能把我們結合在一起了。我看出偉大而強烈的同胞愛怎樣的消滅了微小的猜忌。我們見過房子燒掉了，人們怎樣憐惜他們。我們中的感情是相同的。我們注視着廢墟，也注意着什麼的碎子，我們再不疾妬也不嫌厭人家。毀滅的機會是在我們約束能力以外的事。每個人盡着財力或招待朋友到他們家裏去。當有些房子決議要拆掉開闢大街時，房主們衷心的順從了。他們搬了家，因為每個人都愛北碚，願意把損失毀滅中可能的多救出一些。而當舊的房子摧毀時，我們隨處建設起新的房子來。[illegible]

[illegible]我最愛北碚是在清晨七點鐘的時候，那時我總是在河岸上縴夫們上下貨物的「嘿啊！呵啊」的喊聲，那時木匠店裏鋸子和斧頭流響着木頭，那時人們正從廢墟裏收集着磚頭和玻璃，當我看見工人們在挑着水，麵球在油中滾騰着，婦人們洗濯和槌擦時，我高興我正是他們中的一個。當街市上擁擠着，每個人在做生意，在吵鬧，在買賣，在講價，在計算時，我也急急忙忙去做些事情，以便滲入他們一夥兒

重慶風光　三一

当工作的色、味、声包围着我们时，我觉得这一切正是我们国家抗战的象征。这不是寻求妥协的和平，而且要不惜一切受难与痛苦来抗战到底。不夸言，也不要求荣誉。它们做事是为自己的好和国家的好。有些人是不自觉的这样做，有些人是下意识地，一切的人工作着，好像他们弯下身躯去抓一把泥土，紧紧的握着不放，决定不放弃它。啊，这不止此呢，还有那江，那山，那北碚一排小屋的古老的屋瓦！要是从他们把这些剥夺去了他们怎么得了呀！有些人在北碚是因为他们的房子被敌人烧掉了或占据了，他们的城市和村庄被敌人强暴的亵渎了。我们要收复失地，为了敌人的记忆要把旧房子毁掉，在它的位置上建设起新的来。

我记起从飞机上看见的乡村和城市来了。它们看来像是小小昆虫的住宅。我也希望能为这群小小昆虫中的一个，努力寻求着立锥之地，以便日后无困难的住进去。我不管这是这样的渺小，如在飞机上所见的似的。让我做一个昆虫吧，因为实在我也仅只是一个昆虫呀。让哲学家站

在一旁嘲我吧。让永生来嘲笑吧，如果它愿意。让历史去批评或说理吧，如果它愿意。但是让我为我的真理而活着，并且为它战斗。谁也不能说我错，因为这是我愿意做的。生命除了生存竞争以外还有什么意义呢？有些人为疾病而战斗着，有些人为待遇不平而战斗着。每个人战斗着求进步和自卫。所有的人乐意地生活着，因为前面有一个理想。没有理想，真理不是真实的。人努力去改革社会，去停止战争，虽然他不过是住在房子里。世上有变革和战争，革命和换朝，但没有一代失去了希望。当我观察在北碚的人们，他们的面孔，他们的眼睛，和透视到他们的欲望和理想的时候，我确信北碚和中华全工会永存下去的，这些面容向我保证，没有贪婪，没有兽性的表现，没有下贱的行为，没有醉生梦死的表现，不轻挑也不冒险。这是人类所有的最佳的面容类型了：这是自尊的面貌，这是人类的至性和值得有一个文化的面貌。有时我觉得人和野兽之间的差别十分微小，而我们所珍贵的就是这一点微小。有时我不能从那些发明的装饰和花粉之中看出。这是纯粹动物的生存状态吧了。虽然具有社交礼貌和知识，和做事的老谋深算，一个人都依然只能是一正畜生，从脸上可以辨认出来，谁有一张高贵和聪明的脸。纵使一个人不认识一个大字，他依然可以是一个有教养的人。还有什么比一个人知道了他的生存状态和畜生一样这回事更令人沮丧的呢？做人的骄傲和光荣那就要一起丢尽了。人需要一种过人的生活即是万物之灵的感想觉。一个畜生是一个畜生，而一个人，却是一个人。永远是有这种分别的。当然在北碚是无须乎说教的。用不着来噜苏，说出来。

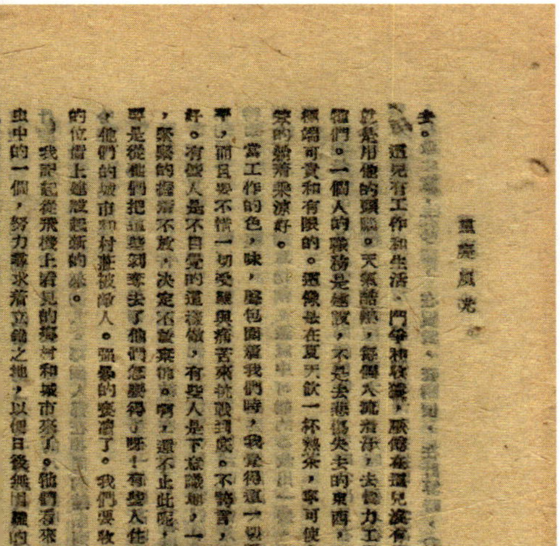
重慶風光
三二

啊，北碚！在我面前看到了我在外国所梦想的事是多么奇怪的啊，北碚可不在乎别人怎样批评她，她当自生活着，而这就够了。

在每隔三天一个市集的日子上，农夫们从四乡甚至20里外跑来了。

他们从黎明动身带着他们的青菜、泥瓶和藤篮，在这儿集会了，做着买卖，在城里跑来跑去，也许带回几样东西到乡下去。约摸六点钟，他们到了城里，把篮子摊开在街上，等候着买主。这像是一个乡村市场，农人们有着充裕的时间做着买卖，他们懂到了战时的各种变化，也懂得十足的抬高物价，因为现时是什么东西都贵了。他们看到满载军用品的车子滚过街上时，便摇着头，伸伸舌头，“是吵！嘿，现在是新中国啦。是吵！好家伙，嘿！你可以打赌我们可以拿它来打破日本人的脑袋！是吵！”

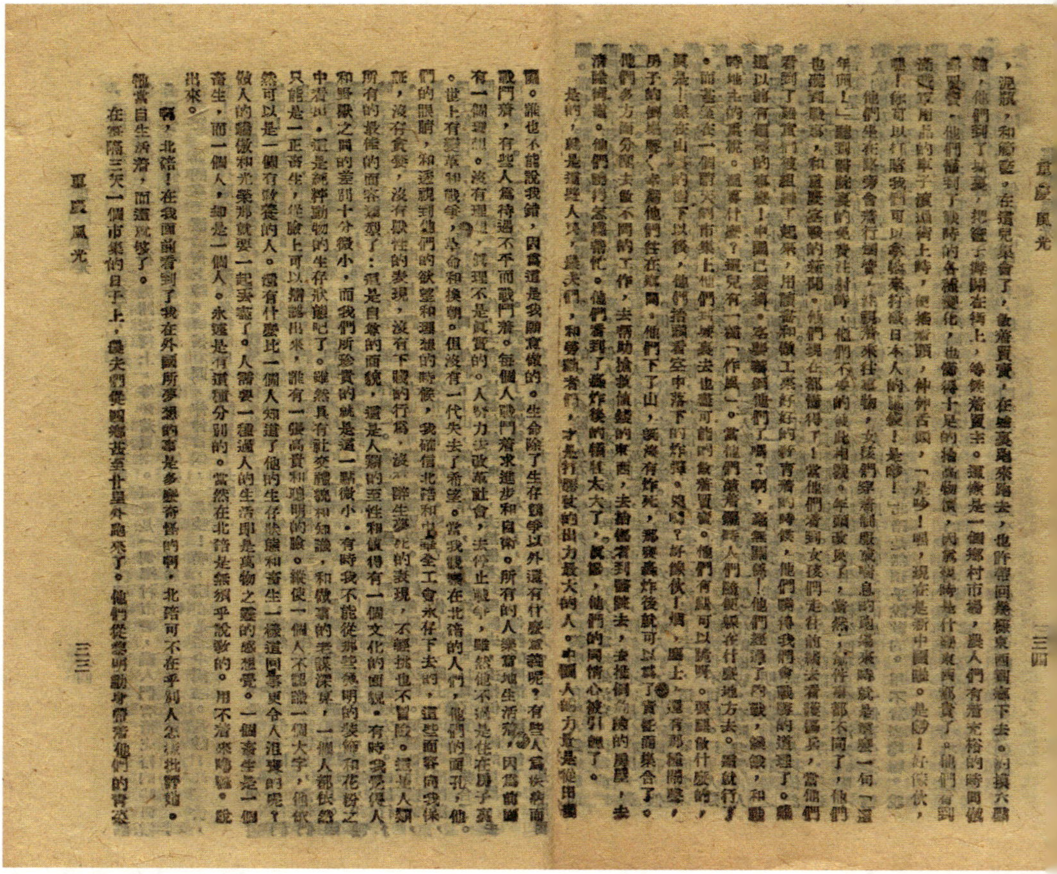
園。誰也不能說我錯，因爲這是我親眼看見的。生命除了生存鬭爭以外還有什麼意義呢？有些人爲抉擇而戰鬭着，有些人爲待遇不平而戰鬭着。每個人戰鬭着求進步和自衛。所有的人樂意地生活着，因爲前面有一個理想。沒有理想，真理不是真實的。人們努力去改革社會，去停止戰爭，雖然他不過是住在房子裏。世上有變革和戰爭，革命和換朝。但沒有一代失去了希望。當我觀察在北碚的人們，他們的面孔，他們的眼睛，和透視到他們的欲望和理想的時候，我確信北碚和中華全工會永存下去的，這些面容向我保證，沒有貪婪，沒有獸性的表現，沒有下賤的行爲，沒有[illegible]生活的表現，不輕視也不冒險。這是人類所有的最偉的面容透視了：這是自尊的面貌，這是人類的至性和值得有一個文化的面貌。有時我覺得人和野獸之間的差別十分微小，而我們所珍貴的就是這一點微小。有時我不能從那些聰明的裝飾和花粉之中看出，這是純粹動物的生存狀態罷了。雖然具有社交禮貌和知識，和做事的老謀深算，一個人都依然只能是一正畜生，從臉上可以辨認出來，雖有一個高貴和聰明的臉。縱使一個人不認識一個大字，他依然可以是一個有教養的人。還有什麼比一個人知道了他的生存狀態和畜生一樣這回事更令人沮喪的呢？做人的驕傲和光榮那就要一起丟盡了。人需要一種適人的生活即是萬物之靈的感想覺。一個畜生是一個畜生，而一個人，卻是一個人。永遠是有這種分別的。當然在北碚是無須乎說教的。用不着來嚕囌。說出來。

啊，北碚！在我面前看到了我在外國所夢想的事是多麼奇怪的啊。北碚可不在乎別人怎樣批評她。她嘗自生活着，而這就够了。

在每隔三天一個市集的日子上，農夫們從鄰鄉甚至廿里外跑來了。他們從黎明動身帶着他們的青菜

重慶風光　三三

重慶風光　三四

，泥瓶，和藤籃，在這兒集會了，做着買賣，在城裏跑來跑去，也許帶回幾樣東西到鄉下去。約摸六點鐘，他們到了城裏，把籃子攤開在街上，等候着買主。這像是一個鄉村市場，農人們有着充裕的時間做着買賣，他們懂到了戰時的各種變化，也懂得十足的抬高物價，因爲現時是什麼東西都貴了。他們看到滿載軍用品的車子滾過街上時，便搖着頭，伸伸舌頭，「是吵！嘿，現在是新中國啦。是吵！好傢伙，嘿！你可以打賭我們可以拿牠來打破日本人的腦袋！是吵！」

他們坐在路旁含着行烟管，注視着來往事物，女孩們穿着制服或喘息的跑過來時就是這麼一句「這年頭！」。聽到醫院裏的免費注射時，他們不安的彼此相觀。年頭改良了，當然，每件事都不同了，他們也聽到戰事和重慶空戰的新聞。他們現在都懂得了！當他們看到女孩們走往前線去看護傷兵，當他們看到了難童們被組織了起來，用讀書和做工來好好的教育着的時候，他們曉得我們會戰勝的道理了。難道以前有過這樣的事嗎！中國已變了。容易瞭解他們了嗎？啊，容易瞭解！他們經過了內戰，饑饉，和[illegible]時地去的蕭條。這算什麼？現兒有一種「作興」。當他們被着[illegible]時人們隨便躲在什麼地方去。要跑做什麼的，就行了。而甚至在一個[illegible]市集上，他們到城裏去也盡可能的做着買賣。他們有點可以跳呀。[illegible]綠在山上的樹下以後，他們抬頭看空中落下的炸彈。鬼嗎？好傢伙！嘿，[illegible]上，還有那種飛機[illegible]，男子的[illegible]，幸着他們住在鄉間。他們下了山，沒有炸死，那裏轟炸後就可以看到了青年們集合了。他們多方面分頭去做不同的工作，去帮助搶救值錢的東西，去抬傷者到醫院去，去挖倒塌的房屋，去清除街道。他們懂得怎樣幫忙。他們看到了轟炸後的犧牲太大了，民衆，他們的同情心被引起了。是的，就是這些人們，農夫們，和勞動者們，才是打勝仗的出力最大的人。中國人的力量是從田

他们坐在路旁含着行烟管，注视着来往事物，女孩们穿着制服或喘息的跑过来时就是这么一句“这年头！”。听到医院里的免费注射时，他们不安的彼此相观。年头改良了，当然，每件事都不同了，他们也听到战事和重庆空战的新闻。他们现在都懂得了！当他们看到女孩们走往前线去看护伤兵，当他们看到了难童被组织了起来，用读书和做工来好

好的教育着的时候，他们晓得我们会战胜的道理了。难道以前有这样的事么！中国已变换。空袭吓倒他们了吗？啊，毫无关系！他们经过了内战、饥饿和战时地主的重税。这算什么？这儿有一种“作风”。当他们敲着锣时人们随便躲在什么地方去。这就行了。而甚至在一个晴天的市集上他们到城里去也尽可能的做着买卖。他们有腿可以跪呀。要腿做什么的，真是！躲在山里的树下以后，他们抬头看空中落下的炸弹。凶吗？好家伙！烟，尘土，还有那种闹声，房子的倒塌声！幸亏他们住在乡间，他们下了山，既没有炸死，那么轰炸后就可以为了责任而集合了。他们多方面分配去做不同的工作，去帮助抢救值钱的东西，去抬伤者到医院去，去推倒危险的房屋，去清除街道。他们晓得怎样帮忙。他们看到了轰炸后的牺牲太大了，真惨，他们的同情心被引燃了。

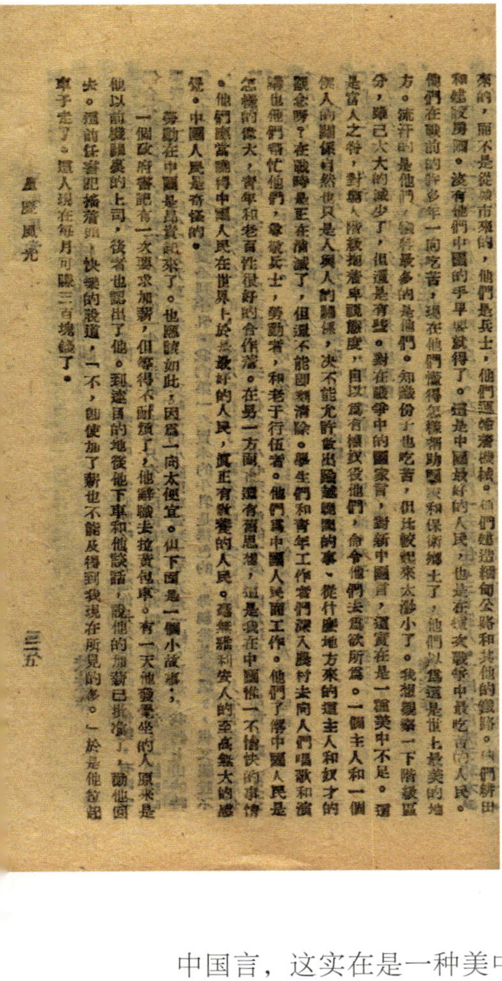
來的，而不是從城市來的，他們是兵士，他們運輸着機械。他們建造緬甸公路和其他的鐵路。他們耕田和建設房屋。沒有他們中國的手早要就得了。這是中國最好的人民，也是在這次戰爭中最吃苦的人民。他們在戰前的許多年一向吃苦，現在他們懂得怎樣幫助國家和保衛鄉土了，他們以為這是世上最美的地方。流汗的是他們，犧牲最多的是他們。知識份子也吃苦，但比較起來太渺小了。我想觀察一下階級區分，雖已大大的減少了，但還是有些。對在戰爭中的國家言，對新中國言，這實在是一種美中不足。這是富人之咎，對窮人階級抱着卑視態度，自以為有權奴役他們，命令他們去為所欲為。一個主人和一個僕人的關係自然也只是人與人的關係，決不能允許做出踰越範圍的事。從什麼地方來的這主人和奴才的觀念呀？在戰時是正在消滅了，但還不能即刻清除。學生們和青年工作者們深入農村去向人們唱歌和演講也幫忙他們，尊敬兵士，勞動者，和老于行伍者。他們為中國人民而工作。他們了解中國人民是怎樣的偉大，青年和老百姓很好的合作着。在另一方面，還有舊思想，這是我在中國惟一不愉快的事情。他們應當曉得中國人民在世界上於是最好的人民，真正有教養的人民。這無疑是利安人的至高無大的感覺。中國人民是奇怪的。

勞動在中國是昂貴起來了。也應該如此，因為一向太便宜。但下面是一個小故事：

一個政府書記有一次要求加薪，但等得不耐煩了，他辭職去拉黃包車。有一天他發覺坐的人原來是他以前機關裏的上司，後者也認出了他。到達目的地後他下車和他談話，說他的加薪已批准了，勸他回去。這前任書記搖着頭，快樂的說道，「不，即使加了薪也不能及得到我現在所見的多。」於是他拉起車子走了。這人現在每月可賺三百塊錢了。

重慶風光　三二五

是的，就是这些人民、农夫们和劳动者们，才是打胜仗的出力最大的人。中国人的力量是从田间来的，而不是从城市来的，他们是兵士，他们运输着机械，他们建造缅甸公路和其他的铁路。他们耕田和建设房□，没有他们中国的手早要就得了。这是中国最好的人民，也是在这次战争中最吃苦的人民。他们在战前的许多年一向吃苦，现在他们懂得怎样帮助国家和保卫乡土了，他们以为这是世上最美的地方。流汗的是他们，牺牲最多的是他们。知识分子也吃苦，但比较起来太渺小了。我想观察一下阶级区分，虽已大大的减少了，但还是有些。对在战争中的国家言，对新中国言，这实在是一种美中不足。这是富人之咎，对穷人阶级抱着卑视态度，自以为有权奴役他们，命令他们去为所欲为。一个主人和一个仆人的关系自然也只是人与人的关系，决不能允许做出逾越范围的事，从什么地方来的这主人和奴才的观念呀？在战时是正在消灭了，但还不能即刻清除。学生们和青年工作者们深入农村去向人们唱歌和演讲也帮忙他们，尊敬士兵、劳动者和老于行伍者。他们为中国人民而工作。他们了解中国人民是怎样的伟大，青年和老百姓很好的合作着。在另一方面也还有旧思想，这是我在中国唯一不愉快的事情。他们应当晓得中国人民在世界上于是最好的人民，真正有教养的人民。毫无雅利安人的至高无大的感觉。中国人民是奇怪的。

劳动在中国是昂贵起来了。也应该如此，因为一向太便宜。但下面是一个小故事：

一个政府书记有一次要求加薪，但等得不耐烦了，他辞职去拉黄包车。有一天他发觉坐的人原来是他以前机关里的上司，后者也认出了他。到达目的地后他下车和他谈话，说他的加薪已批准了，劝他回去。这前任书记摇着头，快乐的说道：“不，即使加了薪也不能及得到我现在所见得多。”于是他拉起车子走了。这人现在每月可赚三百块钱了。

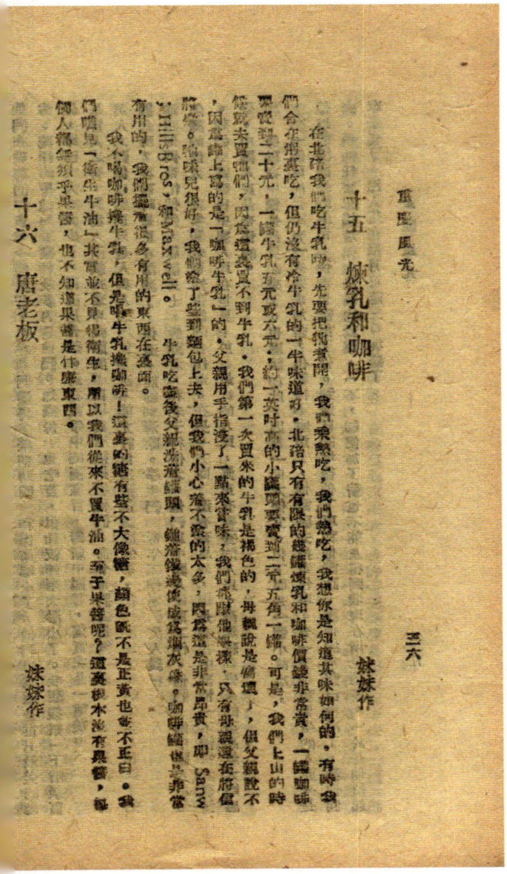

重慶風光　三六

十五　煉乳和咖啡　妹妹作

在北碚我們吃牛乳時，先要把它煮開，我們乘熱吃，我們熱吃，我想你是知道其味如何的。有時我們合在粥裏吃，但仍沒有冷牛乳的一半味道好。北碚只有有限的幾罐煉乳和咖啡價錢非常貴，一罐咖啡要賣到二十元，一罐牛乳五元或六元；約一英吋高的小罐頭要賣到二元五角一罐。可是，我們上山的時候就去買它們，因為這裏買不到牛乳。我們第一次買來的牛乳是褐色的，母親說是腐壞了，但父親說不是，因為罐上寫的是「咖啡牛乳」的。父親用手指浸了一點來嘗味，我們都跟他學樣，只有母親還在將信將疑。它味兒很好，我們塗了些到麵包上去，但我們小心着不塗的太多，因為這是非常昂貴，即 Sanw，Hills Bros，和maxwell。牛乳吃盡後父親洗着罐頭，捶着鐵邊使成為烟灰碟。咖啡罐也是非常有用的，我們擺着很多有用的東西在裏面。

我不喝咖啡摻牛乳，但是喝牛乳摻咖啡！這裏的糖有些不大像糖，顏色既不是正黃也並不正白。我們瞧見「衛生牛油」其實並不見得衛生，所以我們從來不買牛油。至於果醬呢？這裏根本沒有果醬，每個人都無須乎果醬，也不知道果醬是什麼東西。

十六　唐老板　妹妹作

十五、炼乳和咖啡

妹妹　作

在北碚我们吃牛乳时，先要把它煮开，我们乘热吃，我们热吃，我想你是知道其味如何的。有时我们合在粥里吃，但仍没有冷牛乳的一半味道好。北碚只有有限的几罐炼乳和咖啡价钱非常贵，一罐咖啡要卖到二十元，一罐牛乳五元或六元；约一英吋高的小罐头要卖到二元五角一罐。可是，我们上山的时候就去买它们，因为这里买不到牛乳。我们第一次买来的牛乳是褐色的，母亲说是腐坏了，但父亲说不是，因为罐上写的是“咖啡牛乳”的。父亲用手指浸了一点来尝味，我们都跟他学样，只有母亲还在将信将疑。它味儿很好，我们涂了些到面包上去，但我们小心着不涂的太多，因为这是非常昂贵，即 sanw、hills Bros 和 maxwell。牛乳吃尽后父亲洗着罐头，捶着铁边使成为烟灰碟。咖啡罐也是非常有用的，我们摆着很多有用的东西在里面。

我不喝咖啡搀牛乳，但是喝牛乳搀咖啡！这里的糖有些不大像糖，颜色既不是正黄也并不正白。我们瞧见“卫生牛油”其实并不见得卫生，所以我们从来不买牛油。至于果酱呢？这里根本没有果酱，每个人都无须乎果酱，也不知道果酱是什么东西。

十六、唐老板

妹妹　作

唐老板是一个木匠。他造我们的小房子。在他的草屋内一共约住了30个人。草屋是用席子和木棒支在地上的。男人住在楼上，女人住在楼下。他们住在我们的正对面。我们可以看见他们做什么事情，因为他们只有三面墙。

当我们初到北碚时，我们寻找一个女仆。唐老板和他的媳妇到我们家里来了。他的媳妇叫做：亭嫂。她恰在找事情做。于是我们雇用她了。一天晚上亭嫂和母亲谈话，无双和我听着。母亲问："你的丈夫现在在什么地方？"亭嫂答道："我丈夫又要和别个结婚了！"我们都不明白，问她是什么意思，她说："我的丈夫不晓得在什么地方已和一个女孩订了婚，当他来这里时，他却和我结婚了。"我们听完都笑了。

还有一个唐老板和他亲戚们的故事。一天我听到唐老板和他的妹妹争论什么事情，以后就天天听到他们吵闹，一直到她搬到别处去，而当她走在路上时，他们还是彼此大骂，弄得每个人都跑出来看热闹。

唐老板从来不躲防空洞，他的一家也如此。一天他们看见日本飞机散下许多传单。

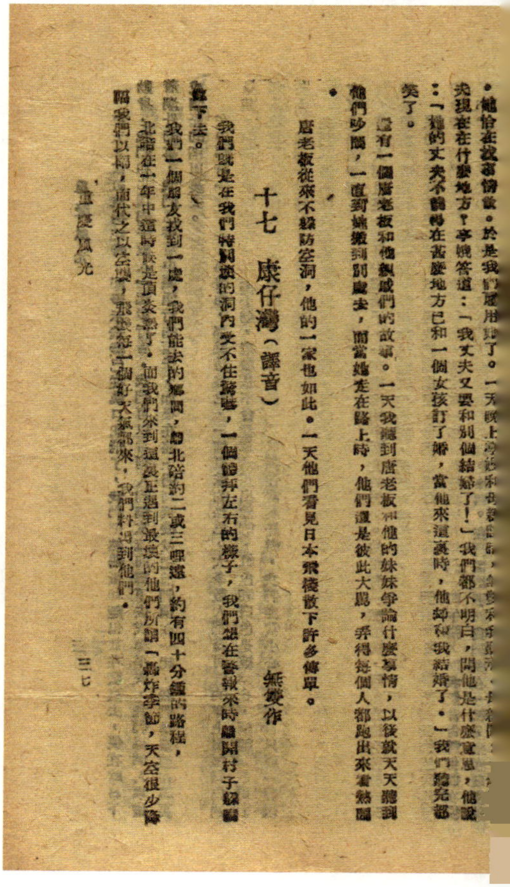
•她恰在找事情做。於是我們雇用她了。一天晚上亭嫂和母親談話，無雙和我聽着。母親問：「你的丈夫現在在什麼地方？」亭嫂答道：「我丈夫又要和別個結婚了！」我們都不明白，問他是什麼意思，他說：「我的丈夫不曉得在甚麼地方已和一個女孩訂了婚，當他來這裏時，他卻和我結婚了。」我們聽完都笑了。

還有一個唐老板和他親戚們的故事。一天我聽到唐老板和他的妹妹爭論什麼事情，以後就天天聽到他們吵鬧，一直到她搬到別處去，而當她走在路上時，他們還是彼此大駡，弄得每個人都跑出來看熱鬧。

唐老板從來不躲防空洞，他的一家也如此。一天他們看見日本飛機散下許多傳單。

十七　康仔灣（譯音）　無雙作

我們就是在我們[illegible]的洞內受不住轟炸，一個禮拜左右的樣子，我們想在警報來時離開村子躲避下去。

[illegible]我們一個朋友找到一處，我們能去的鄉間，離北碚約二或三哩遠，約有四十分鐘的路程，[illegible]北碚在一年中這時候是頂秀麗了。而我們來到這裏正遇到最壞的他們所謂「轟炸季節」，天空很少降臨我們以陽，而代之以雲霧，飛機每一個好天氣都來，我們料得到他們。

重慶風光　　三一七

十七、康仔湾（译音）

无双　作

我们既是在我们特别坏的洞内受不住惊吓，一个礼拜左右的样子，我们想在警报来时离开村子躲到乡下去。

我们一个朋友找到一处，我们能去的乡间，离北碚约二或三哩远，约有四十分钟的路程。

北碚在一年中这时候是顶炎热了，而我们来到这里正遇到最坏的他们所谓“轰炸季节”，天空很少降福我们以雨，而代之以空袭，飞机每一个好天气都来，我们料得到他们。

每天，当红旗挂起时，即表示飞机已从汉口起飞了，我们把热鸡蛋和面包放在篮里去，便在晴日下动身。我们和北碚的半数人一起步行着。我们可以看到人的潮水流向乡下去找寻平安，我们每个人准备着潮外的事，我们都带着中国通行的帽子，如果在路上遇到飞机就把它们顶在一起，我们准备躺在沟里或潮湿的稻田里去。

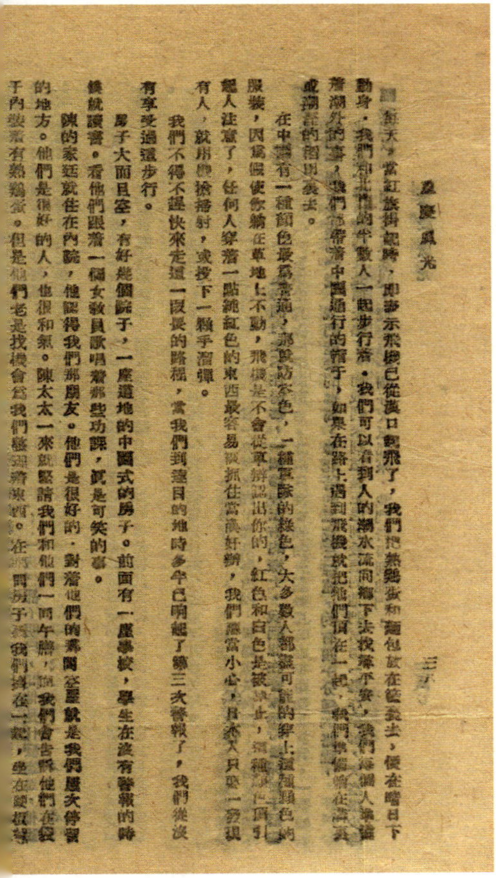

重慶風光

每天，當紅旗掛起時，即表示飛機已從漢口起飛了，我們把熱鷄蛋和麵包放在籃裏去，便在晴日下動身。我們和北碚的半數人一起步行着。我們可以看到人的潮水流向鄉下去找尋平安，我們每個人準備着潮外的事，我們都帶着中國通行的帽子，如果在路上遇到飛機就把牠們頂在一起，我們準備躺在溝裏或潮濕的稻田裏去。

在中國有一種顏色最爲普通，那就是防空色，一種軍隊的綠色，大多數人都儘可能的穿上這種顏色的服裝，因爲假使你躺在草地上不動，飛機是不會從草辨認出你的，紅色和白色是被禁止，這種顏色頂引起人注意了，任何人穿着一點純紅色的東西最容易被抓住當漢奸辦，我們應當小心，日本人只要一發現有人，就用機槍掃射，或投下一顆手溜彈。

我們不得不趕快來走這一段長的路程，當我們到達目的地時多半已響起了第三次警報了，我們從沒有享受過這步行。

房子大而且空，有好幾個院子，一座道地的中國式的房子。前面有一座學校，學生在沒有警報的時候就讀書。看他們跟着一個女教員歌唱着那些功課，眞是可笑的事。

陳的家庭就住在內院，他認得我們那朋友。他們是很好的，對着他們的[illegible]就是我們屢次停留的地方。他們是很好的人，也很和氣。陳太太一來就堅請我們和他們一同午膳，但我們會告訴他們在[illegible]子內裝着有熟鷄蛋。但是他們老是找機會給我們[illegible]。在那間房子裏我們擠在一起，坐在硬板凳

在中国有一种颜色最为普通，那就是防空色，一种军队的绿色，大多数人都尽可能的穿上这种颜色的服装，因为假使你躺在草地上不动，飞机是不会从草辨认出你的，红色和白色是被禁止，这种颜色顶引起人注意了，任何人穿着一点纯红色的东西，最容易被抓住当汉奸办，我们应当小心，日本人只要一发现有人，就用机枪扫射，或投下一颗手榴弹。

我们不得不赶快来走这一段长的路程，当我们达到目的地时多半已响起了第三次警报了，我们从没有享受过这步行。

房子大而且空，有好几个院子，一座道地的中国式的房子。前面有一座学校，学生在没有警报的时候就在读书。看他们跟着一个女教员歌唱着那些功课，真是可笑的事。

陈的家庭就住在内院，他认得我们那朋友。他们是很好的，对着他们的那间空屋就是我们屡次停留的地方。他们是很好的人，也很和气。陈太太一来就坚请我们和他们一同午膳，而我们会告诉他们在袋子内装着有熟鸡蛋。但是他们老是找机会为我们整理着东西。在那间房子里我们挤在一起，坐在硬板凳上。

我试在警报期间读书，但这有什么用？有时飞机飞近了，有时远了，我们被引到后面的竹林里去。假使他们需要炸那房子，那儿危险较小，而他们大约也不会轰炸竹林，如果他们没有看见有人走进，但我老是怀疑鬼子驾驶员的准确性，他们有时会炸不中房子而炸中树林的。

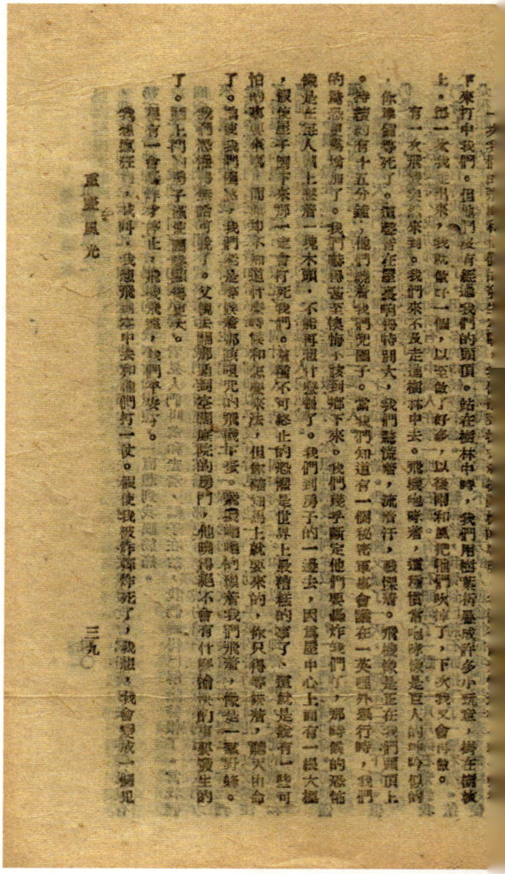
下來打中我們。但他們沒有經過我們的頭頂。站在樹林中時，我們用樹葉折疊成許多小玩意，掛在樹枝上，每一次我走出來，我就做好一個，以至做了好多，以後雨和風把牠們吹掉了，下次我又會再做。

有一次飛機突然來到。我們來不及走進樹林中去。飛機咆哮着，這種慣常咆哮像是巨人的呻吟似的，你準備等死了。這聲音在屋裏響得特別大，我們驚慌着，流着汗，戰慄着。飛機像是正在我們頭頂上。持續約有十五分鐘，他們繞着我們兜圈子。當我們知道有一個秘密軍事會議在一英哩外舉行時，我們的驚恐更為增加了。我們嚇得甚至懊悔不該到鄉下來。我們幾乎斷定他們要轟炸我們了，那時候的恐怖像是在每人頭上壓着一塊木頭，不能再想什麼事了。我們到房子的一邊去，因為屋中心上面有一根大樑，假使屋子倒下來那一定會打死我們。這種不可終止的恐懼是世界上最糟糕的事了。這就是說有一些可怕的事要來臨，而你卻不知道什麼時候和怎麼來法，但你卻知馬上就要來的，你只得等候着，聽天由命了。[illegible]我們[illegible]，我們老是等候着[illegible]飛機[illegible]。[illegible]咆哮[illegible]繞着我們飛着，像是一羣野蜂。我們恐懼得無話可說了。[illegible]他曉得絕不會有什麼愉快的事要發生的了。[illegible]

[illegible]有一會[illegible]才停止，飛機飛遠，我們平安了。[illegible]

我要瘋狂了，這時，我想飛到空中去和他們打一仗。假使我被炸彈炸死了，我想，我會變成一個[illegible]

重慶風光 三九

一次我们的飞机和他们的发生空战，我们听到枪弹和机关枪的响声。我们害怕着惟恐有一粒子弹掉下来打中我们。但他们没有经过我们的头顶。站在树林中时，我们用树叶折叠成许多小玩意，挂在树枝上，每一次我走出来，我就做好一个，以至做了好多，以后雨和风把它们吹掉了，下次我又会再做。

有一次飞机突然来到，我们来不及走进树林中去。飞机咆哮着，这种惯常咆哮像是巨人的呻吟似的，你准备等死了。这声音在屋里响得特别大，我们惊慌着，流着汗，战栗着。飞机像是正在我们头顶上。持续约有十五分钟，他们绕着我们兜圈子。当我们知道有一个秘密军事会议在一英哩外举行时，我们的惊恐更为增加了。我们吓得甚至懊悔不该到乡下来。我们几乎断定他们要轰炸我们了，那时候的恐怖像是在每人头上压着一块木头，不能再想什么事了。我们到房子的一边去，因为屋中心上面有一根大梁，假使屋子倒下来那一定会打死我们。这种不可终止的恐惧是世界上最糟糕的事了。这就是说有一些可怕的事要来临，而你却不知道什么时候和怎么来法，但你却知马上就要来的，你只得等候着，听天由命了。它使我们困惑，我们老是等候着那该诅咒的飞机下蛋。飞机嗡嗡的环着我们飞着，像是一群野蜂。

我们恐惧得无话可说了。父亲去关那通到空阔庭院的房门，他晓得绝不会有什么愉快的事要发生的了。关上门的房子仅使闹声显得更大。

很有一会轰炸才停止，飞机飞远，我们平安了。

我想疯狂的，喊叫，我想飞到空中去和他们打一仗。假使我被炸弹炸死了，我想，我会变成一个鬼，我会升到半空去扼死每个驾驶员，使扔炸弹的机器失去作用。那么飞机就会飞回汉口去，炸弹既没有扔下，着地的时候一定会爆发的。我不断的遐想，一直想到我脑筋痛。

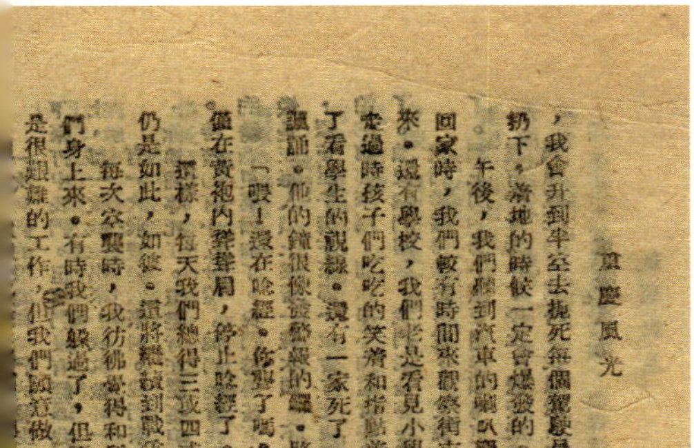
重慶風光　四〇

，我會升到半空去扼死每個駕駛員，使扔炸彈的機器失去作用。那麼飛機就會飛回漢口去，炸彈既沒有扔下，着地的時候一定會爆發的。我不斷的遐想，一直想到我腦筋痛。

午後，我們聽到汽車的喇叭響，看見人們叫着和走着，轎子在抬，我們曉得已解除警報了。當我們回家時，我們較有時間來觀察街市。我們必須經過天然橋。那兒有賣乾點的鋪子，在市集的日子人們才來。還有學校，我們老是看見小學生們端坐在座位上。一個很老的人當教師，眼鏡架在鼻樑上。當我們走過時孩子們吃吃的笑着和指點着，教師却似乎沒有看見。他一動不動，手裏的書貼近面孔，以致擋住了看學生的視線。還有一家死了一個什麼人，請了一個和尚念經。和尚似乎不理會空襲，安閒的敲鐘和諷誦。他的鐘很像發警報的鑼。路邊的人向他喊：

「喂！還在唸經。你聾了嗎？空襲警報了呀。你想叫飛機聽到你敲鐘嗎？」他們指着和尚，而他僅僅在黃袍內聳聳肩，停止唸經了。他是一個老人。

這樣，每天我們總得三或四或五點鐘才能回到北碚。我們感謝又過了一天，希望第二天會下雨。但仍是如此，如彼。這將繼續到戰爭終了吧……

每次空襲時，我彷彿覺得和所有的中國人在推一塊大石頭。有時石頭碎了一點，一片片碎石飛到我們身上來。有時我們躲過了，但更多的時候躲不過。每次警報後，我覺到已將石頭推下了一層石階。這是很艱難的工作，但我們願意做。因為我們曉得如果我們不推，對方的人就會推向我們這邊來。那時將使

午后，我们听到汽车的喇叭响，看见人们叫着和走着，轿子在抬，我们晓得已解除警报了。当我们回家时，我们较有时间来观察街市。我们必须经过天然桥，那儿有卖干点的铺子，在市集的日子人们才来。这有学校，我们老是看见小学生们端坐在座位上。一个很老的人当教师，眼镜架在鼻梁上。当我们走过时孩子们吃吃的笑着和指点着，教师却似乎没有看见。他一动不动，手里的书贴近面孔，以致挡住了看学生的视线。还有一家死了一个什么人，请了一个和尚念经，和尚似乎不理会空袭，安闲的敲钟和讽诵。他的钟很像发警报的锣。路过的人向他喊："喂！还在念经。你聋了吗？空袭警报了呀，你想叫飞机听到你敲钟吗？"他们指着和尚，而他仅仅在黄袍内耸耸肩，停止念经了。他是一个老人。

这样，每天我们总得三或四或五点钟才能回到北碚。我们感谢又过了一天，希望第二天会下雨。但仍是如此，如彼。这将继续到战争终了吧……

每次空袭时，我仿佛觉得和所有的中国人在推一块大石头。有时石

头碎了一点，一片片碎石飞到我们身上来。有时我们躲过了，但更多的时候躲不过。每次警报后，我觉到已将石头推下了一层石阶。这是很艰难的工作，但我们愿意做。因为我们晓得如果我们不推对方的人就会推向我们这边来，那时将使我们失去地盘，或甚至碾到我们脚上来了。

推呀！推呀！推呀！我们要忍受每次突袭，不想偷巧逃避。

十八、康仔湾

如斯　作

康仔湾是防空洞的代替物，有一时我们很高兴到那儿去。对我们，意即指离北碚六华里或两英哩的农庄。M 先生第一次带我们去那儿。第一次警报来时，我们看不到，城中升起红旗，但是我们也一样能知道，因为我们的房子是接近大路的，我们看到老幼的人群跑着，一看就知道是跑警报。当我唤住他们中的一人问：“是空袭么？”他点着头继续前进。空袭，我们日常生活的一部分！

于是带着几个袋子，背起我们的热水瓶，我们的帽子系于□下，加入人群里去。我们离开一个目标——一座有着三条街的城市。路上并不挤，但四处是徒步者。有些人肩上肩着行李，手里拿着包袱。有些人，常常是青年人，空手走着。老人或病人坐在轿子里，后面跟着家里的亲人。缠足妇女困难的时候到了。裁缝带着他的饭碗、熨斗。一个熨斗是很贵，要值二十五元哩。每个人戴着一个草帽。

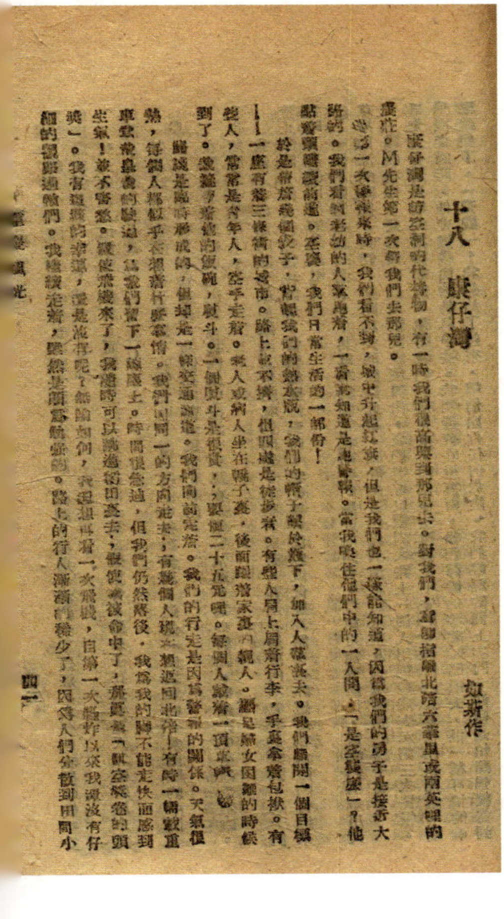

十八　康仔灣

如斯作

康仔灣是防空洞的代替物，有一時我們很高興到那兒去。對我們，意即指離北碚六華里或兩英哩的農莊。M先生第一次帶我們去那兒。第一次警報來時，我們看不到，城中升起紅旗，但是我們也一樣能知道，因為我們的房子是接近大路的，我們看到老幼的人羣跑着，一看就知道是跑警報。當我喚住他們中的一人問：「是空襲麼」？他點着頭繼續前進。空襲，我們日常生活的一部份！

於是帶着幾個袋子，背起我們的熱水瓶，我們的帽子繫於顎下，加入人羣裏去。我們離開一個目標——一座有着三條街的城市。路上並不擠，但四處是徒步者。有些人肩上肩着行李，手裏拿着包袱。有些人，常常是青年人，空手走着。老人或病人坐在轎子裏，後面跟着家裏的親人。纏足婦女困難的時候到了。裁縫帶着他的飯碗，熨斗。一個熨斗是很貴，要值二十五元哩。每個人戴着一頂草帽。

路綫是臨時形成的，但却是一條交通要道。我們向前走着。我們的行走是因為警報的關係。天氣很熱，每個人都似乎在想着什麼事情。我們向同一的方向走去；有幾個人現在想返回北碚！有時一輛載重車堂哉皇哉的駛過，為我們留下一陣塵土。時間很急迫，但我們仍然落後，我為我的腳不能走快而感到生氣！並不害愁。假使飛機來了，我隨時可以跳進稻田裏去；假使我被命中了，那真是「航空獎劵的頭獎」。我有這樣的幸運，還是沒有呢？無論如何，我還想再看一次飛機，自第一次轟炸以來我還沒有仔細的觀察過牠們。我繼續走着，雖然是頗為勉強的。路上的行人漸漸的稀少了，因為人們分散到田間小

重慶風光　四十

路线是临时形成的，但却是一条交通要道。我们向前走着。我们的行走是因为警报的关系。天气很热，每个人都似乎在想着什么事情。我们向同一的方向走去；有几个人现在想返回北碚！有时一辆载重车堂哉皇哉的驶过，为我们留下一阵尘土。时间很急迫，但我们仍然落后，我为我的脚不能走快而感到生气！并不害愁。假使飞机来了，我随时可以跳进稻田里去；假使我被命中了，那真是“航空奖券的头奖”。我有这样的幸运，还是没有呢？无论如何，我还想再看一次飞机，自第一次轰炸以来我还没有仔细的观察过它们。我继续走着，虽然是颇为勉强的。路上的行人渐渐的稀少了，因为人们分散到田间小路去。约摸半点钟以后，我们也离开大路转入小路。转弯，抹角，我们到了农庄，在那儿我们

等候平安的度过空袭。

M 先生为文化协会工作着，而这农庄的一部分也还是属于这协会。这房子在去年夏天北碚新屋未落成前当做办公室用过。

这农庄很好的掩护在一片树木的竹林中，所以从空中很难发现。这是一座道地的有着庭院的中国老式房子。左面一排是一列空屋，我们在空袭时就留在那儿。

在这里最初的经验是恐怖。我一生中还没有比现在这样害怕过，我必得说。既然是完全缺乏经验，我也无庸羞于说出了。

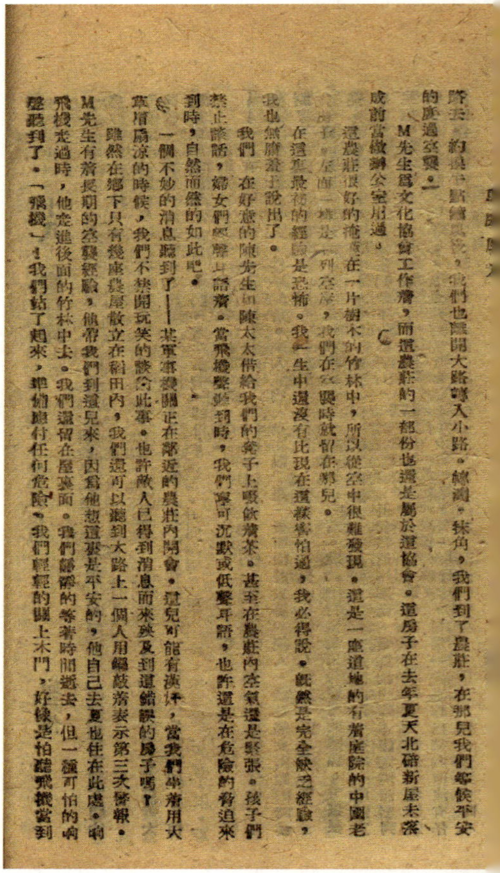

降落[illegible]約[illegible]鐘[illegible]後，我們也離開大路轉入小路。轉彎，抹角，我們到了農莊，在那兒我們等候平安的度過空襲。

M先生爲文化協會工作着，而這農莊的一部份也還是屬於這協會。這房子在去年夏天北碚新屋未落成前當做辦公室用過。

這農莊很好的掩護在一片樹木的竹林中，所以從空中很難發現。這是一座道地的有着庭院的中國老式房子。左面一排是一列空屋，我們在空襲時就留在那兒。

在這裏最初的經驗是恐怖。我一生中還沒有比現在這樣害怕過，我必得說。既然是完全缺乏經驗，我也無庸羞于說出了。

我們在好意的陳先生和陳太太借給我們的凳子上啜飲着茶。甚至在農莊內空氣還是緊張。孩子們禁止談話，婦女們輕聲耳語着。當飛機聲聽到時，我們寧可沉默或低聲耳語，也許這是在危險的脅迫來到時，自然而然的如此吧。

一個不妙的消息聽到了——某軍事機關正在鄰近的農莊內開會。這兒可能有漢奸，當我們坐着用大草帽扇涼的時候，我們不禁開玩笑的談論此事。也許敵人已得到消息而來殃及到這錯誤的房子嗎？

雖然在鄉下只有幾座農屋散立在稻田內，我們還可以聽到大路上一個人用鑼敲着表示第三次警報。M先生有着長期的空襲經驗，他帶我們到這兒來，因爲他想這裏是平安的，他自己去夏也住在此處。響飛機走過時，他走進後面的竹林中去。我們還留在屋裏面。我們靜靜的等着時間逝去，但一種可怕的響聲聽到了。「飛機」！我們站了起來，準備應付任何危險。我們輕輕的關上木門，好像是怕聽飛機當到

我们在好意的陈先生和陈太太借给我们的凳子上啜饮着茶。甚至在农庄内空气还是紧张。孩子们禁止谈话，妇女们轻声耳语着。当飞机声听到时，我们宁可沉默或低声耳语，也许这是在危险的胁迫来到时，自然而然的如此吧。

一个不妙的消息听到了——某军事机关正在邻近的农庄内开会。这儿可能有汉奸，当我们坐着用大草帽扇凉的时候，我们不禁开玩笑的谈论此事。也许敌人已得到消息而来殃及到这错误的房子吗?

虽然在乡下只有几座农屋散立在稻田内，我们还可以听到大路上一个人用锣敲着表示第三次警报。M 先生有着长期的空袭经验，他带我们到这儿来，因为他想这里是平安的，他自己去夏也住在此处。响飞机走过时，他走进后面的竹林中去。我们还留在屋里面。我们静静的等着时间逝去，但一种可怕的响声听到了。“飞机！”我们站了起来，准备应付任何危险。我们轻轻的关上木门，好像是怕听飞机当到到似的。

日本的飞机！这是中国最讨厌最可恨的声音了。每个小孩都晓得，甚至遥远的西方的苗人和猡猡人都领悟，明白憎恨它们了。当我听到时，我的血沸腾着，甚至我的指甲和我的毛孔都晓得如何去憎恨，如何去挑

战了。这种无言的但深刻的抗议使我们有一种普遍的要求，成为一只唤起每个中国人行动的号角。甚至我现在想起来，这难以遗忘的声音还在耳边。这是我自己的良心。用得着任何人说日本人是残酷的吗？用得着任何人说战争是可怕的吗？它增加我们的仇恨，作为中国人群中的一个中国人，我毫不惭愧的说出我的憎恨。但是我恨谁？不是个人。我恨日本这个国家，这一个野蛮的字眼，但却有许多解释。野心的日本，残酷的日本，野兽般的日本，我国侵略者的日本！假使我所提到的这些日本字样除去了，我才能不恨日本。但即使他们死了他们的记忆也会长存一个时期的。

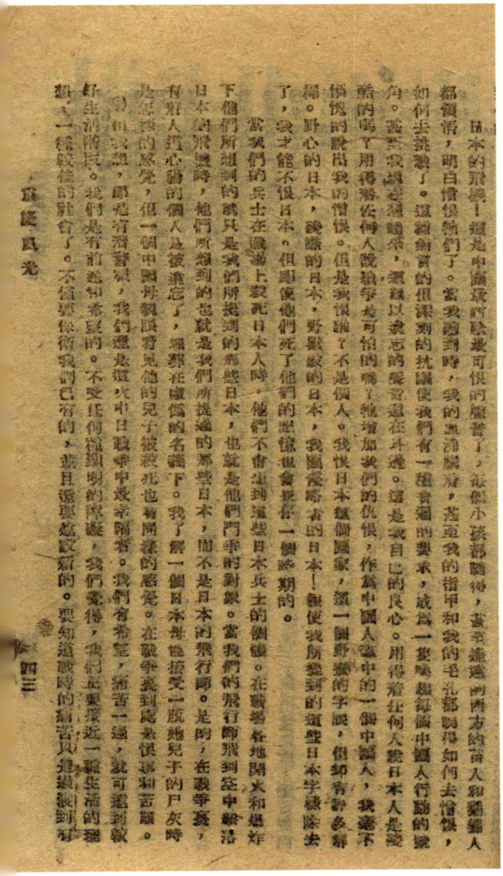
日本的飛機！這是中國最前線最可怕的聲音了，任何小孩都聽得，當平遠遠西南方的苗人和猓玀人都領悟，明白憎恨牠們了。當我聽到時，我的血沸騰着，甚至我的指甲和我的毛孔都覺得如何去憎恨，如何去抵禦了。這種無言的但深刻的抗議使我們有一種普遍的要求，成為一隻喚起每個中國人行動的號角。甚至我現在想起來，這難以遺忘的聲音還在耳邊。這是我自己的良心。用得着任何人說日本人是殘酷的嗎？用得着任何人說戰爭是可怕的嗎？牠增加我們的仇恨，作為中國人羣中的一個中國人，我毫不慚愧的說出我的憎恨。但是我恨誰？不是個人。我恨日本這個國家，這一個野蠻的字眼，但卻有許多解釋。野心的日本，殘酷的日本，野獸般的日本，我國侵略者的日本！假使我所提到的這些日本字樣除去了，我才能不恨日本。但即使他們死了他們的記憶也會長存一個時期的。

當我們的兵士在戰場上殺死日本人時，他們不會想到這些日本兵士的個體。在戰場各地開火和爆炸下他們所想到的就只是我們所提到的那些日本，也就是他們鬥爭的對象。當我們的飛行師飛到空中擊落日本的飛機時，他們所想到的也就是我們所提過的那些日本，而不是日本的飛行師。是的，在戰爭裏，有着人道心腸的個人是被遺忘了，埋葬在虛偽的名義下。我了解一個日本母性接受一瓶她兒子的尸灰時是怎樣的感覺，但一個中國母親眼看見他的兒子被殺死也有同樣的感覺。在戰爭裏到處是恨事和苦難。

但我想，即使有着警報，我們還是這次中日戰爭中最幸福者。我們有希望，痛苦一過，就可達到較好生活階段。我們是有前途和希望的。不受任何種顯明的障礙，我們覺得，我們正要接近一種生活的理想，一種較佳的社會了。不僅要保衛我們已有的，並且還要建設新的。要知道戰時的痛苦只是過渡到有

重慶風光　四三

当我们的兵士在战场上杀死日本人时，他们不会想到这些日本兵士的个体。在战场各地开火和爆炸下他们所想到的就只是我们所提到的那些日本，也就是他们斗争的对象。当我们的飞行师飞到空中击落日本的飞机时，他们所想到的也就是我们所提过的那些日本，而不是日本的飞行师。是的，在战争里，有着人道心肠的个人是被遗忘了，埋葬在虚伪的名义下。我了解一个日本母性接受一瓶她儿子的尸灰时是怎样的感觉，但一个中国母亲眼看见她的儿子被杀死也有同样的感觉。在战争里到处是恨事和苦难。

但我想，即使有着警报，我们还是这次中日战争中最幸福者。我们有希望，痛苦一过，就可达到较好生活阶段。我们是有前途和希望的。不受任何种显明的障碍，我们觉得，我们正要接近一种生活的理想，一种较佳的社会了。不仅要保卫我们已有的，并且还要建设新的。要知道战时的痛苦只是过渡到有较好生活的新国家的诞生的阶段吧了，痛苦他是无关重要的事。我们乐于忍受。日本人民更糟糕，被称为侵略者，被强迫去团结。还有一群人比日本人的情形更坏，那就是满州的居民，被迫打自家的同胞。“杀死你自己的同胞不然捏在你背后日本人手里的枪就要杀死你！”这是一个满州人向战场

这边中国人投降，叫他不要射击时所喊的话。中国人回答：“那末到这边来吧！”在那满州人能回答以前，一粒子弹从后面射杀了他。战争中有这样的残酷的事，轰炸当然，这不能算是最坏的事！

这是回到康仔湾的恐怖经验吧：当飞机飞得更近和俯冲声更大时，我们站了起来，背倚着壁，声音愈来愈大以致几乎不能忍耐了。我们五个人挤在一起，妹妹的脸紧贴住母亲的。飞机约摸有二十七架，像是在我们的屋顶上翱翔，不断的兜圈子。轰炸机的降落声像是一只野兽攫住很重的食物似的喘息着，几乎像是死刑前的鼓声。目标一定是军事机关的集会，他们立刻要扔下炸弹了。他们盘旋着，声音忽而小，忽而大。一个年老的妇人几乎晕厥过去，我们的情形也差不多。我们瞧着横跨天花板上的大梁，尽可能的紧贴着壁站着，生恐炸弹炸断了梁，倒下来压杀我们。这种期待至为可怕。我们不敢偷视，只能无救助的站着，好像仅在等候飞机把房子和我们一起炸毁似的。这情形大约持续了十分钟的模样。我们奇怪怎么能忍受过来的。不可能，不可能。我的面孔青白，血流凝住，我不能动弹了。当这一瞬过去，我们才开始奇怪他们为什么不扔炸弹。最后，真怪，他们飞远了，我颤抖的开了门，我们从极度疲惫中坐到椅子上，流着汗，三杯茶都蒸发了！奇迹呀！

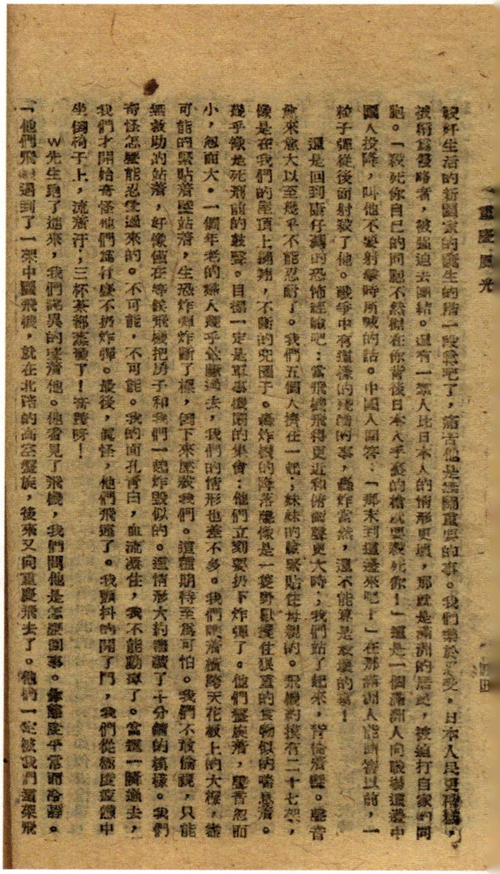

重慶風光

較好生活的新國家的誕生的唯一意義吧了，痛苦也是無關重要的事。我們樂於忍受，日本人民更犧牲，被當侵略者，被強迫去團結。還有一點人比日本人的情形更壞，那就是滿洲的居民，被逼打自家的同胞。「殺死你自己的同胞不然就在你背後日本人手裏的槍就要殺死你！」這是一個滿洲人向戰場這邊中國人投降，叫他不要射擊時所喊的話。中國人回答：「那末到這邊來吧！」在那滿洲人能回答以前，一粒子彈從後面射殺了他。戰爭中有這樣的殘酷的事，轟炸當然，還不能算是最壞的事！

這是回到康仔灣的恐怖經驗吧：當飛機飛得更近和俯衝聲更大時，我們站了起來，背倚着壁。聲音愈來愈大以至幾乎不能忍耐了。我們五個人擠在一起，妹妹的臉緊貼住母親的。飛機約摸有二十七架，像是在我們的屋頂上翱翔，不斷的兜圈子。轟炸機的降落聲像是一隻野獸攫住很重的食物似的喘息着。幾乎像是死刑前的鼓聲。目標一定是軍事機關的集會：他們立刻要扔下炸彈了。他們盤旋着，聲音忽而小，忽而大。一個年老的婦人幾乎昏厥過去，我們的情形也差不多。我們瞧着橫跨天花板上的大樑，盡可能的緊貼着壁站着，生恐炸彈炸斷了樑，倒下來壓殺我們。這種期待至爲可怕。我們不敢偷視，只能無救助的站着，好像僅在等候飛機把房子和我們一起炸毀似的。這情形大約繼續了十分鐘的模樣。我們奇怪怎麼能忍受過來的。不可能，不可能。我的面孔青白，血流凝住，我不能動彈了。當這一瞬過去，我們才開始奇怪他們爲什麼不扔炸彈。最後，眞怪，他們飛遠了。我顫抖的開了門，我們從極度疲憊中坐倒椅子上，流着汗，三杯茶都蒸發了！奇蹟呀！

W先生跑了進來，我們詫異的望着他。他看見了飛機，我們問他是怎麼回事。他態度平常而冷靜。「他們飛機遇到了一架中國飛機，就在北碚的高空盤旋，後來又向重慶飛去了。他們一定被我們這架飛

W 先生跑了进来，我们诧异的望着他。他看见了飞机，我们问他是怎么回事。他态度平常而冷静。“他们飞机遇到了一架中国飞机，就在北碚的高空盘旋，后来又向重庆飞去了。他们一定被我们这架飞机弄得狼狈不堪。哈！哈！”他还能笑！什么？他们不是离我们屋顶一百呎盘旋吗？我们告诉了他这念想，M 先生说这房子是空的，我们关了门后声浪一定因在屋内旋绕而增高了，以至我们对于距离的感觉和闹声的方向辨不清楚。此外，我们看不到飞机时，总较觉得可怖。我们是怎样的一群自忧的大傻瓜！这样无端惊慌，但我倒喜悦这是无端的呢。我们

笑了，但是不能衷心的笑，因为心中的恐怖还没有完全消失。

在这次经验后我们就到竹林里去了，那儿没有空屋那样可怕的恶果。那里是机关枪和手榴弹的较好的防御处，林子很密，竹子十分易于弯转。手榴弹掷中时，它的碎片不能飞的很远，所以危险的面积大大减小了。

于是在康仔湾午餐的几个紧张的钟头，我们派一个守卫的人专门去留心，一听到日本飞机近的声就来报告，以便我们在飞机来到头顶以前进入竹林里去，小心着不要摇动或响的太厉害。一种动的物件或轻微的动作叫日本人看见了就是一个中国人的记号。你晓得，日本人是要摧毁中国的呀！

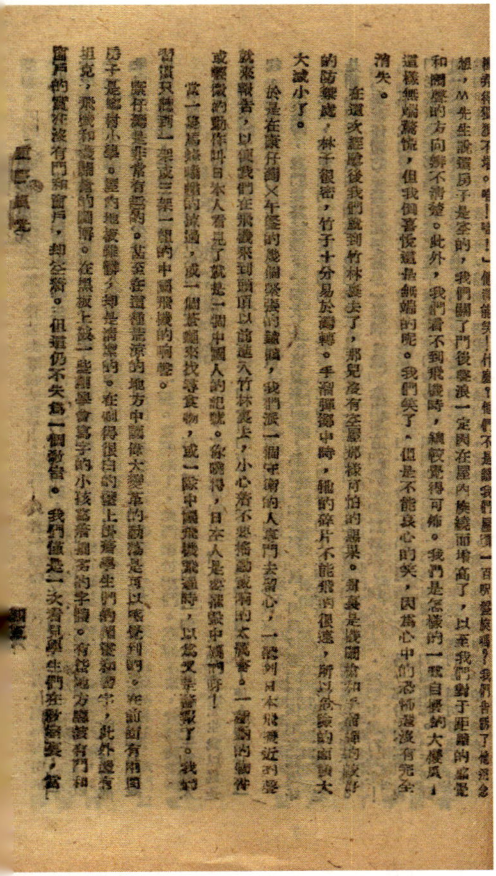
[illegible]不埸。唔！唔！」但[illegible]笑！什麼？他們不是[illegible]我們屋頂一百呎盤旋嗎？我們害怕了[illegible]
頭，M先生說這房子是空的，我們關了門後機聲一定因在屋內旋繞而增高了，以至我們對于距離的感覺
和聲響的方向辨不清楚。此外，我們看不到飛機時，總較覺得可怖。我們是怎樣的一種自擾的大傻瓜！
這樣無端驚慌，但我們喜悅這是無端的呢。我們笑了，但是不能衷心的笑，因為心中的恐怖還沒有完全
消失。
在這次經驗後我們就到竹林裏去了，那兒沒有空屋那樣可怕的惡果。那裏是機關槍和手溜彈的較好
的防禦處，林子很密，竹子十分易於彎轉。手溜彈擲中時，牠的碎片不能飛的很遠，所以危險的面積大
大減小了。
於是在康仔灣X午餐的幾個緊張的鐘頭，我們派一個守衛的人專門去留心，一聽到日本飛機近的聲
就來報告，以便我們在飛機來到頭頂以前進入竹林裏去，小心着不要搖動或響的太厲害。一種動的物件
或輕微的動作叫日本人看見了就是一個中國人的記號。你曉得，日本人是要摧毀中國的呀！
當一隻馬蜂嗡嗡的掠過，或一個蒼蠅來找尋食物，或一隊中國飛機飛過時，以為又是警報了。我們
習慣只聽到一架或三架一組的中國飛機的響聲。
康仔灣是非常有趣的。甚至在這種荒涼的地方中國偉大變革的動蕩是可以感覺到的。在前面有兩間
房子是鄉村小學。屋內地板雖髒，卻是清潔的。在刷得很白的壁上掛着學生們的圖畫和習字，此外還有
坦克，飛機和機關槍的圖解。在黑板上被一些剛學會寫字的小孩寫着拙劣的字體。有些地方應該有門和
窗戶的實在沒有門和窗戶，卻空着。但這仍不失為一個教室。我們僅是一次看見學生們在教室裏，當
重慶風光

当一只马蜂嗡嗡的掠过，或一个苍蝇来找寻食物，或一队中国飞机飞过时，以为又是警报了。我们习惯只听到一架或三架一组的中国飞机的响声。

康仔湾是非常有趣的。甚至在这个荒凉的地方中国伟大变革的动荡是可以感觉到的。在前面有两间房子是乡村小学。屋内地板虽脏，却是清洁的。在刷得很白的壁上挂着学生们的图画和习字，此外还有坦克、飞机和机关枪的图解。在黑板上被一些刚学会写字的小孩写着拙劣的字体。有些地方应该有门和窗户的实在没有门和窗户，却空着。但这仍不失为一个教室。我们仅是一次看见学生们在教室里。当警报响的时候，甚至这农屋的小学生也分散了。他们都是邻的人的乡下孩子，如果不是因为战争，他们决没有机会受教育的。学校可以任意入学，教师由津贴学校的教育部任用，这仅是战争爆发后教育部诸政之一吧了。教师们，同着别的人从敌人那里逃出，飘泊到中国西部来。他们成百的失业了，所以教育部发动识字运动。在这小小学校里共有四班，每间房子里设立一个机关使教师们能维持生活，同时展开群众识字运动，早晨有两班，午后有两班。

中间的房子被一个四川本地人的大家庭占据了，右边一排是安徽来

的另一个大家庭，陈先生和陈太太是从河北的西北部来，那儿近来也打过好几次仗。文化协会的另一个是从重庆来的，M 先生我以为是从广西来的，而我们是从福建来的。多么复杂和不同的方言！惟有战争能做到这样——使人们结合在一起。在这间小小的农屋内有多么不同的习惯、观念和生活方式！知道了多少故事呀！

午餐时，我们从路边棚下一个女人那里买来甜饼、熟鸡蛋和茶来充饥，因为位置的关系她生意极好。W 先生，那使我们能来康仔湾的人，最喜欢吃鸡蛋，父亲买了约十五个鸡蛋，W 先生觉得不大够，老是额外的再买六个八个来，我们的袋子只能容下父亲所买的，W 先生买来的只得挤进袋里和拿在手里。

在康仔湾的午餐约比平常早一点钟，我们拿出所有的鸡蛋和甜饼来，烧水冲茶。空袭中举行野宴！

不久我们发现了一座院子，并且很喜欢它。院子的一部分被凸出的屋檐挡着，另一部分裸露着，我们老喜欢坐在那里，因为那是午后最阴凉的地方了。四周老是很静。那里堆着很多的旧杂志。一天我翻开一本杂志，看到一篇非常动人的文章，是一个航空员的寡妇在他死后周年祭时写的。词句简单，可是她的回忆和对未来的希望可以感动一个铁石心肠的人。当我读着时，我仿佛听到中国的侦察机在天空中飞翔着，搜寻任何敌机的踪影。我放下杂志了，我们做过了什么呢？

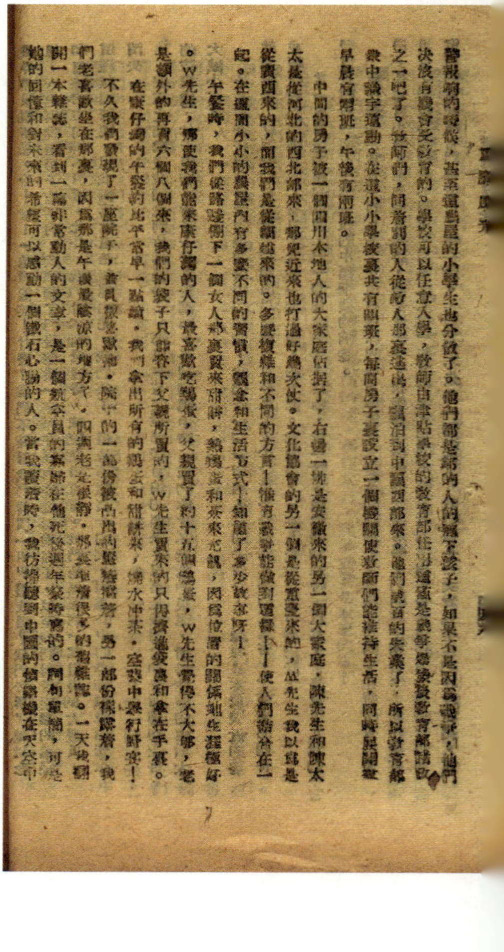
警報響的時候，甚至還馳屋的小學生也分散了。他們都是鄉的人的鄉下孩子，如果不是因為戰爭，他們決沒有機會受教育的。學校可以任意入學，教師由津貼學校的教育部任用這就是戰爭帶來教育部讀政之一吧了。教師們，同着別的人從淪陷區逃出，流泊到中國西部來。他們教育的失業了，所以教育部發中識字運動。在這小小農舍裏共有四班，每間房子裏設立一個機關使教師們能維持生活，同時展開普早晨有幾班，午後有兩班。

中間的房子被一個四川本地人的大家庭佔據了，右邊一排是安徽來的另一個大家庭，陳先生和陳太太是從河北的西北部來，那兒近來也打過好幾次仗。文化協會的另一個是從重慶來的，M先生我以為是從廣西來的，而我們是從福建來的。多麼複雜和不同的方言！惟有戰爭能做到這樣——使人們結合在一起。在這間小小的農屋內有多麼不同的習慣，觀念和生活方式！知道了多少故事呀！

午餐時，我們從路邊棚下一個女人那裏買來甜餅，熟鷄蛋和茶來充飢，因為位置的關係她生意極好。W先生，那使我們能來康仔灣的人，最喜歡吃鷄蛋，父親買了約十五個鷄蛋，W先生覺得不大夠，老是額外的再買六個八個來，我們的袋子只能容下父親所買的，W先生買來的只得擠進袋裏和拿在手裏。

在康仔灣的午餐約比平常早一點鐘，我們拿出所有的鷄蛋和甜餅來，燒水沖茶。空襲中舉行野宴！

不久我們發現了一座院子，並且很喜歡牠。院子的一部份被凸出的屋簷擋着，另一部份裸露着，我們老喜歡坐在那裏，因為那是午後最陰涼的地方了。四週老是很靜。那裏堆着很多的舊雜誌。一天我翻開一本雜誌，看到一篇非常動人的文章，是一個航空員的寡婦在他死後週年祭時寫的。詞句簡單，可是她的回憶和對未來的希望可以感動一個鐵石心腸的人。當我讀着時，我彷彿聽到中國的偵察機在天空中

乡下没有解除警报这回事，我们只有估计着这是该回家的时候了。康仔湾永远是有趣的。这里没有外国味。只有在这里我们完全忘记了所有外国的习惯。我在这里好像是家里一样。回家时，我们要跨过稻田到大路去。有一次我遇到一群乡下孩边走边愉快的谈着笑着，突然间学校老师来了，他们自动的停止了谈笑，他们又变成了安静的服从教师的学生。直到教师走过很远他们才敢谈笑，又变成乡下孩子了。

一路上，我看见许多人回北碚。此外，我们意识到已经解除警报，每个人都约在同样的时间回家了。此外，还有许多乡下人到城里去。每个人因为热和紧张都显得疲倦的样子。回去的时间总好像慢一点，因为已没有在路上遇到敌机的危险了。

十九、防空洞生活

无双　作

北碚的人和在自由中国任何地方的人们一样。空袭来了，我们应付它们。空袭不来，我们倒觉得意外。当一连三四个晴天他们不来时，这就是说他们在几天以前已大炸了一次，现在需要休息了，我们以为鬼子是变聪明了一点。他们又来时，人们无所谓的跑到防空洞里去。

没有金钱和财产生命里还遗留下什么呀；每个人都要活命，旁的什么都不管了。金钱流通着，人们依靠着它生活。假使运气好我们每礼拜买几个鸡吃，否则，没有也行。女人们也共患难。生活就是这么简单。人们工作着仅能混饱肚皮。贫富现在都平等了，每个人只有一条命。金钱、珠宝、房产和田地算什么呀？现在每件事情都是无意义的。每件事情都简单。我们的快乐是共同的，那就是当一天我们打了五六架飞机，我们高兴我的空军能力的那时候。我们的忧愁是空袭来的太频繁和来的太久，还有物价高涨。老年妇人进出防空洞的可怜的情形是有目共睹的事情。

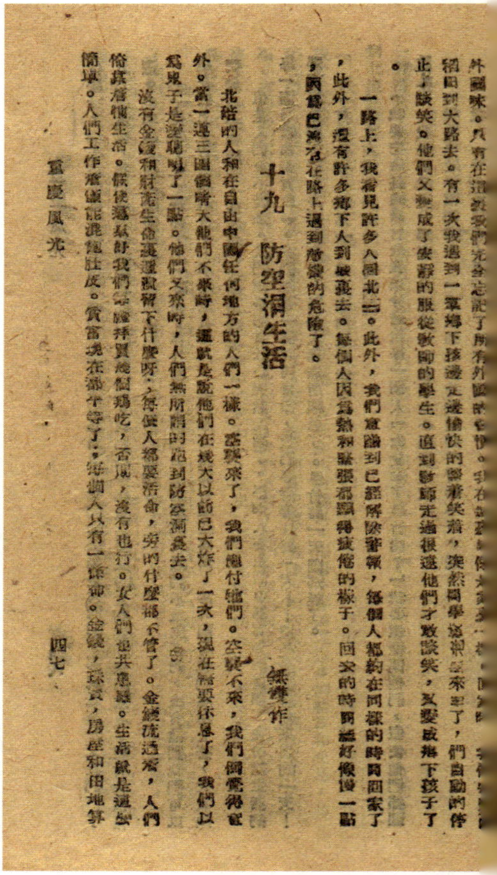
外國味。只有在[illegible]我們完全忘記了所有外國的事情。[illegible]
稻田到大路去。有一次我遇到一羣婦下孩邊走邊愉快的唱着笑着，突然同學說[illegible]來了，們自動的停
止了談笑。他們又變成了安靜的服從教師的學生。直到教師走遠很遠他們才敢談笑，又要成群下孩子了
。
一路上，我看見許多人回北碚。此外，我們意識到已經解除警報，每個人都約在同樣的時間回家了
，此外，還有許多鄉下人到城裏去。每個人因爲熱和緊張都顯得疲倦的樣子。回家的時間都好像慢一點
，因爲已經沒有在路上遇到轟炸的危險了。

十九　防空洞生活

無雙　作

北碚的人和在自由中國任何地方的人們一樣。空襲來了，我們應付牠們。空襲不來，我們倒覺得意外。當一連三四個晴天他們不來時，這就是說他們在幾天以前已大炸了一次，現在需要休息了，我們以爲鬼子是變聰明了一點。他們又來時，人們無所謂的跑到防空洞裏去。

沒有金錢和財產生命還遺留下什麼呀，每個人都要活命，旁的什麼都不管了。金錢流通着，人們倚靠着牠生活。假使運氣好我們每禮拜買幾個鷄吃，否則，沒有也行。女人們也共患難。生活就是這麼簡單。人們工作着僅能混飽肚皮。貧富現在都平等了，每個人只有一條命。金錢，珠寶，房產和田地算

重慶風光　　四七

一把椅子，一张桌子，一间屋子算什么呢？它们全是空虚的，它们不是生存的。没有它们，我们可以坐在板上；若是我们有了，不还是奢侈品，我们感谢还能有这些东西。当天雨时我们感谢上苍，大家跑到城里去兜圈子，高兴我们还能这样办。

但是人们并不忧愁。人们做事的责任心突然提高了。每个人在生活中都有他的目标，在所能生活的每一个点钟都尽责做事。我们也有一个共同目标，我们等待着什么一天——这是最后胜利来到的一天！那末汽笛机和鼓都要响起来了，每个人都无所顾忌了，爆竹将一天闹到晚了。

“打胜仗后，我要一路喝着酒到北平去！”

“我要在街上和每一个人跳舞！”

“我要把店里的爆竹全买来送给每一个人，‘你放过了爆竹吗？’，我要这样问他们，假使他们摇头说没有，我就要说：‘那末，拿这些一直放到你心满意足吧。’”

“我要买敲警报的锣来，一直敲到我的耳朵发聋手臂伸不直才罢！”

“我要一天大叫到晚，嗓子坏了我也不管！”

“我要满身穿红，烫头发，像上海女人那样动作，还要招摇过市！”

这样在我们热烈谈话中，警报响了起来，在每个中国人都觉得有一把刀子开始割切了。

我们具着新的勇气到防空洞。

“总有一天，总有一天……”

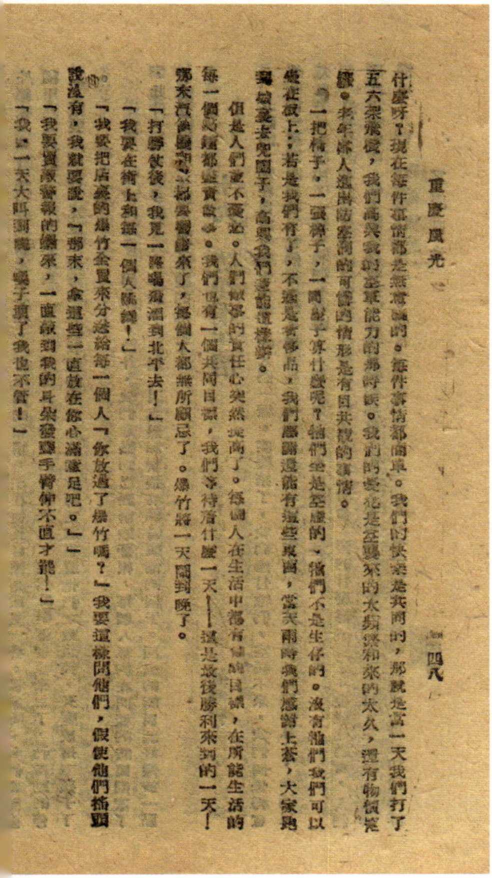

重慶風光　一四八

什麼呀？現在每件事情都是無常識的。每件事情都簡單。我們的快樂是共同的，那就是當一天我們打了五六架飛機，我們高興我們的空軍能力的那時候。我們的憂愁是空襲來的太頻繁和來的太久，還有物價高漲。老年底人進入防空洞的可憐的情形是有目共睹的事情。

一把椅子，一張凳子，一個墊子算什麼呢？牠們全是空虛的、牠們不是生存的。沒有牠們我們可以坐在地上。若是我們有了，不過是奢侈品，我們感謝還能有這些東西，當天雨時我們感謝上蒼，大家跑到安全地的圍子，高興我們還能這樣好。

但是人們並不憂愁。人們做事的責任心突然提高了。每個人在生活中都有他的目標，在所能生活的每一個小時都盡責做事。我們也有一個共同目標，我們等待着什麼一天——這是最後勝利來到的一天！那末汽笛會響起來了，鑼鼓會響起來了，每個人都無所顧忌了。爆竹將一天鬧到晚了。

「打勝仗後，我見一隊一隊[illegible]遊到北平去！」

「我要在街上和每一個人擁抱！」

「我要把店裏的爆竹全買來分送給每一個人『你放過了爆竹嗎？』我要這樣問他們，假使他們搖頭說沒有，我就要說，『那末，拿這些一直放在你心滿意足吧。』」

「我要買敵警報的鑼來，一直敲到我的耳朵發聾手臂伸不直才罷！」

「我要一天大叫到晚，嗓子壞了我也不管！」

二十、嘉陵江

如斯　作

是一个晴明的早晨，我们晓得敌机一定又会来。但是空袭能使我们一天到晚不出门吗？不，附近有一个温泉，就是说，许多有着乳石和石笋的天然洞穴。所以有一天我们在周末的心情下一大清早就动身到北温泉去了。

我们穿过城市来到江边。许多载重和未载重的船只老的非常忙碌，木头撞着木头的闹人声混合。有些驳船装满了蔬菜堆，有些装满了一笼笼的鸡，有些是木材器具。市场上存着这样多的船只和交易，北碚在这一点看来实在算是一座繁荣的城市了。这一带的河床很宽，激流打击着露出水面的圆而光滑的峭石。有时我们只能看到峭石的顶，今天，江水很低，我们看到了它们整个的显露。这就是北碚命名的由来了。“北”是指“方向”，“碚”是“水中的峭石”，意思就是“北面的峭石”，在英文中叫起来是很古怪和不自然的，但中文却不然。

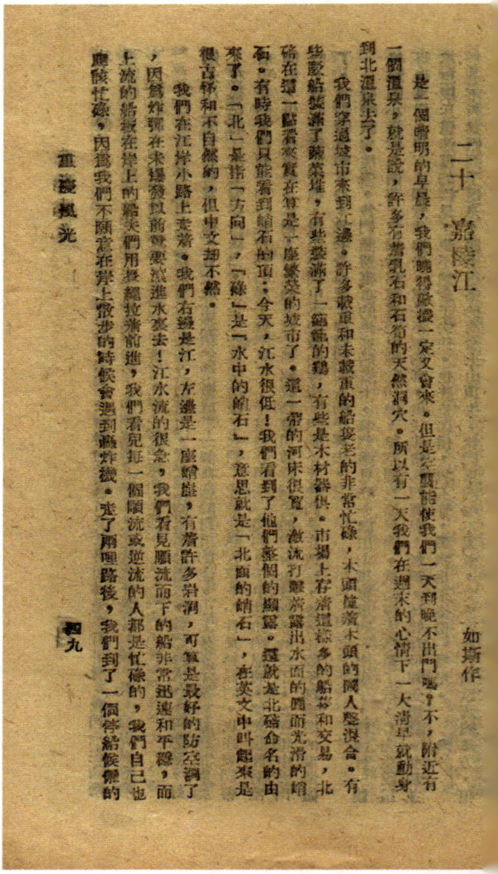

二十　嘉陵江　　如斯作

是一個晴明的早晨，我們曉得敵機一定又會來。但是空襲能使我們一天到晚不出門嗎？不，附近有一個溫泉，就是說，許多有着乳石和石筍的天然洞穴。所以有一天我們在週末的心情下一大清早就動身到北溫泉去了。

我們穿過城市來到江邊。許多載重和未載重的船隻老的非常忙碌，木頭撞着木頭的鬧人聲混合。有些駁船裝滿了蔬菜堆，有些裝滿了一籠籠的鷄，有些是木材器具。市場上存着這樣多的船隻和交易，北碚在這一點看來實在算是一座繁榮的城市了。這一帶的河床很寬，激流打擊着露出水面的圓而光滑的峭石。有時我們只能看到峭石的頂；今天，江水很低！我們看到了他們整個的顯露。這就是北碚命名的由來了。「北」是指「方向」，「碚」是「水中的峭石」，意思就是「北面的峭石」，在英文中叫起來是很古怪和不自然的，但中文却不然。

我們在江岸小路上走着。我們右邊是江，左邊是一座峭崖，有着許多岩洞，可算是最好的防空洞了，因爲炸彈在未爆發以前就要滾進水裏去！江水流的很急，我們看見順流而下的船非常迅速和平穩，而上流的船被在岸上的船夫們用長繩拉着前進，我們看見每一個順流或逆流的人都是忙碌的，我們自己也應該忙碌，因爲我們不願意在岸上散步的時候會遇到轟炸機。走了兩哩路後，我們到了一個停船候僱的

重慶風光　　四九

我们在江岸小路上走着。我们右边是江，左边是一座峭崖，有着许多岩洞，可算是最好的防空洞了，因为炸弹在未爆发以前就要滚进水里去！江水流的很急，我们看见顺流而下的船非常迅速和平稳，而上流的船板在岸上的船夫们用长绳拉着前进，我们看见每一个顺流或逆流的人都是忙碌的，我们自己也应该忙碌，因为我们不愿意在岸上散步的时候会遇到轰炸机。走了两哩路后，我们到了一个停船候雇的地方，就雇了其中的一只。这船很洁净而宽大；未油漆的船舷由于久用显得光亮而平滑。我们坐在船两边的舷，悬着两腿，驶往温泉去。微风很清凉，布棚遮住了阳光，太阳底下散步以后的此刻真是爽快极了，真快乐。我们开始享受着，忘记一切事情，每一件简单的事情！

我们缓缓的逆流而上。靠紧两岸都是矗立的高山。从低低的水面上看来，它们高大和不可思议，好像是江上的天然要塞一样。有一处江水和峭壁做成了一个典型的四川的峡。山上布满了矮丛林和常春藤，在褐色的江水上显得晤绿色。但是一些事情骚扰了我们，像是在热天穿上一件长衫似的。也许我们带着现在的东西回去的时候我们的房子会不见了——这是在这些空袭的日子中共通的思想。这儿也许有空袭吧，但泉边有许多岩洞，讨厌的东西是那个我们带向防空洞去的内有珍贵物品的袋子。在警报中走出时，我时常讨厌带它。这是空袭中必要做的事情。但是今天我们是在游历，没有比袋子再重要的事情做了。我们轮流的拿它，我老是高兴把它递到别人的手里去。

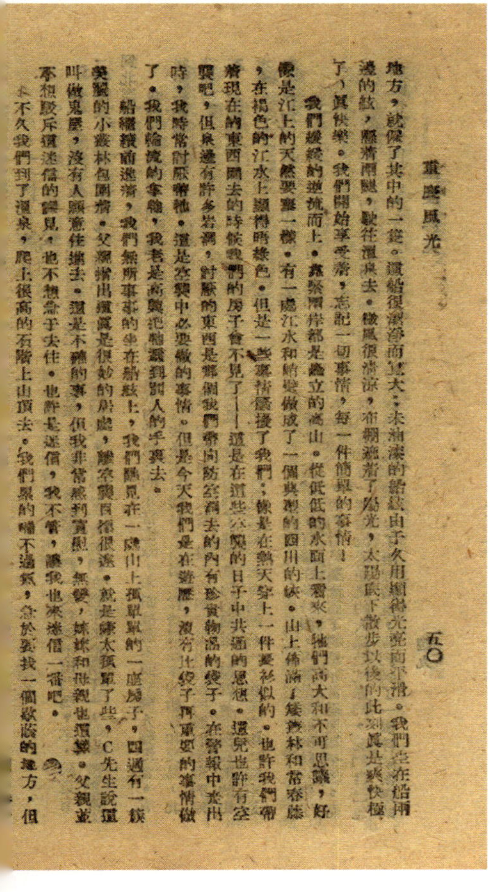
重慶風光　五〇

地方，就像了其中的一毬。這船很窄而且大：未油漆的船板由于久用顯得光亮而不滑。我們坐在船兩邊的板，懸着兩腿，駛往溫泉去。微風很清涼，布棚遮着了陽光，太陽底下散步以後的此刻眞是爽快極了，眞快樂。我們開始享受着，忘記一切事情，每一件簡單的事情！

我們緩緩的逆流而上。靠緊兩岸都是矗立的高山。從低低的水面上看來，牠們高大和不可思議，好像是江上的天然要塞一樣。有一處江水和峭壁做成了一個典型的四川的峽。山上佈滿了矮叢林和常春藤，在褐色的江水上顯得晤綠色。但是一些事情騷擾了我們，像是在熱天穿上一件長衫似的。也許我們帶着現在的東西回去的時候我們的房子會不見了——這是在這些空襲的日子中共通的思想。這兒也許有空襲吧，但泉邊有許多岩洞，討厭的東西是那個我們帶向防空洞去的內有珍貴物品的袋子。在警報中走出時，我時常討厭帶牠。這是空襲中必要做的事情。但是今天我們是在遊歷，沒有比袋子再重要的事情做了。我們輪流的拿牠，我老是高興把牠遞到別人的手裏去。

船繼續前進着，我們無所事事的坐在船舷上，我們瞧見在一處山上孤單單的一座房子，四週有一簇美麗的小叢林包圍着。父親指出這眞是很妙的居處，離空襲目標很遠，就是嫌太孤單了些，C先生說這叫做鬼屋，沒有人願意住進去。這是不確的事，但我非常感到寬慰，無雙，妹妹和母親也這樣。父親並不想駁斥這迷信的謬見，也不想急于去住。也許是迷信，我不管，讓我也來迷信一番吧。

不久我們到了溫泉，爬上很高的石階上山頂去。我們累的喘不過氣，急於要找一個歇蔭的地方，但

船继续前进着，我们无所事事的坐在船舷上，我们瞧见在一处山上孤单单的一座房子，四周有一簇美丽的小丛林包围着。父亲指出这真是很妙的居处，离空袭目标很远，就是嫌太孤单了些。C 先生说这叫做鬼屋，没有人愿意住进去。这是不确的事，但我非常感到宽慰，无双、妹妹和母亲也这样。父亲并不想驳斥这迷信的谬见，也不想急于去住。也许是迷信，我不管，让我也来迷信一番吧。

不久我们到了温泉，爬上很高的石阶上山顶去。我们累的喘不过气，急于要找一个歇荫的地方，但是却惊奇着温泉的风景原来是一座很整洁的公园。我们来来去去的走着。风景非常美丽。有一间招待室题名为“数帆塔”。

没有飞机和任何空袭的消息。午餐后，带着餐后懒散的样子散步到两座庄严的寺院建筑去。但是天呀，其中的一座已变为一间俱乐部，另一座变成了理发室。真使人昏倒了。这是什么年头，多么乱来！我真要抱怨现在的世界了。看见这些庙宇真要叫人划十字和喊出“这年头！”。一张乒乓桌子放观音菩萨的前面，乒乓球时常打到千手观音的身上。靠

近这桌子又有“掷子戏”和别种游戏在小桌上玩着。庙的右厢是一个图，有着流行画图的和别种的杂志。这很不□错。在另一个庙里，有着庄严的石阶走上去，在四大金刚的可怕的眼睛下一个理发师穿着白色制服，正在替一个舒服的闭着眼躺在一把彩饰的旋椅上的人剃头，毫不理会金刚的眼睛是这么可怕！但是这小理发师非常满足，□着眼睛，灵巧的抚摸着顾客的头。这庙有着又高又大的花板，宽广的门，温和的风自由的吹进，在这里剃头真是最舒服的事了。

我知道中国庙宇从不会变成一个避难所的，但我禁不住惊奇，当听到学生们用英语喊着“Twelve-all，Fifteen-Sixteen”时这样靠近香烟缭绕的三足架。

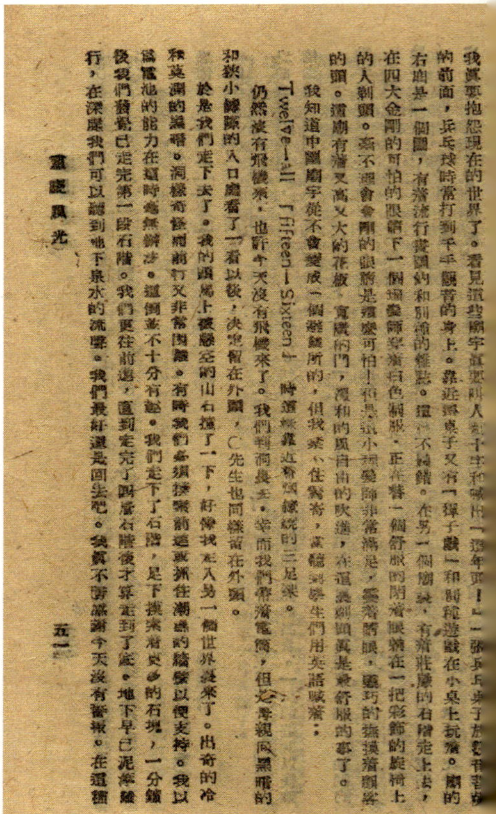
我眞要抱怨現在的世界了。看見這些廟宇眞要叫人[illegible]一張乒乓桌子放[illegible]的前面，乒乓球時常打到千手觀音的身上。靠近這桌子又有「擲子戲」和別種遊戲在小桌上玩着。廟的右廂是一個圖，有着流行畫圖的和別種的雜誌。這很不錯。在另一個廟裏，有着莊嚴的石階走上去，在四大金剛的可怕的眼睛下一個理髮師穿着白色制服，正在替一個舒服的閉着眼躺在一把彩飾的旋椅上的人剃頭。毫不理會金剛的眼睛是這麼可怕！但是這小理髮師非常滿足，瞇着眼睛，靈巧的撫摸着顧客的頭。這廟有着又高又大的花板，寬廣的門，溫和的風自由的吹進，在這裏剃頭眞是最舒服的事了。

我知道中國廟宇從不會變成一個避難所的，但我禁不住驚奇，當聽到學生們用英語喊着：Twelve—all「fifteen—Sixteen」時這樣靠近香煙繚繞的三足架。

仍然沒有飛機來，也許今天沒有飛機來了。我們到洞裏去。幸而我們帶着電筒，但是母親向黑暗的和狹小罅隙的入口處看了一看以後，決定留在外頭，C先生也同樣留在外頭。

於是我們走下去了。我的頭馬上被懸空的山石撞了一下，好像我走入另一個世界裏來了。出奇的冷和莫測的黑暗。洞樣奇怪而前行又非常困難。有時我們必須摸索前進或抓住潮濕的牆壁以便支持。我以為電池的能力在這時毫無辦法。這倒並不十分有趣。我們走下了石階，足下摸索着更多的石塊，一分鐘後我們發覺已走完第一段石階。我們更往前進，直到走完了四層石階後才算走到了底。地下早已泥濘難行，在深處我們可以聽到地下泉水的流聲。我們最好還是回去吧。我眞不勝感謝今天沒有警報。在這種

溫泉風光　五一

仍然没有飞机来，也许今天没有飞机来了。我们到洞里去。幸而我们带着电筒，但是母亲向黑暗的和狭小罅隙的入口处看了一看以后，决定留在外头，C 先生也同样留在外头。

于是我们走下去了，我的头马上被悬空的山石撞了一下，好像我走入另一个世界里来了，出奇的冷和莫测的黑暗。洞样奇怪而前行又非常困难。有时我们必须摸索前进或抓住潮湿的墙壁以便支持。我以为电池的能力在这时毫无办法。这倒并不十分有趣。我们走下了石阶，足下摸索着更多的石块，一分钟后我们发觉已走完第一段石阶。我们更往前进，直到走完了四层石阶后才算走到了底。地下早已泥泞难行，在深处我们可以听到地下泉水的流声。我们最好还是回去吧。我真不胜感谢今天没有警报。在这种地方躲警报真糟糕了，如果炸弹从上面的罅隙中透射进来，我们无疑的自投罗网。任何石钟乳掉下来就可以阻止我们出去。想一想我们的骨骼在这儿冷却吧！我感谢任何人，只要使日本空军首领不要决定在今天做此旅行吧。

父亲在一个危险的地点骗我们说我们的电池用光了。我们晓得他在开玩笑，但是这几秒钟的战栗和恐怖却毫不减少，因为这是十分可信的。

接着我们又在温暖的太阳下了。

约摸四点钟时，我们回到河岸，下了船，玩得很开心。我们坐着，让水流将船带下去。在未到北碚以前黄昏的暮霭里，江水平静，青山依然。恬静中风景含有一种深邃而天然的高贵。一天的游玩以后虽倦犹乐，我们尽情享受着周遭的事物。

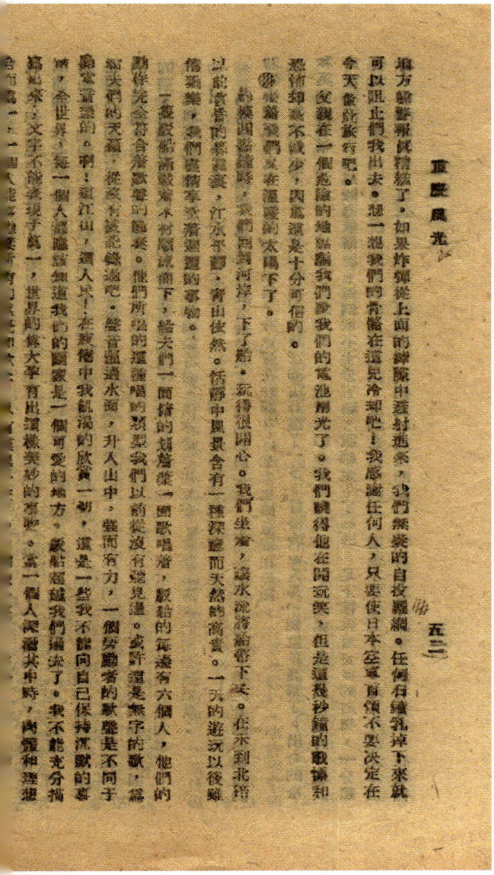

重慶風光　五二

地方經驗真其糟糕了。如果炸彈從上面的罅隙中透射進來，我們無委的自投羅網。任何石鐘乳掉下來就可以阻止們我出去。想一想我們的骨骼在這兒冷却吧！我感謝任何人，只要使日本空軍首領不要決定在今天像此旅行吧。

父親在一個危險的地點騙我們說我們的電池用光了。我們曉得他在開玩笑，但是這幾秒鐘的戰慄和恐怖却毫不減少，因為這是十分可信的。

接着我們又在溫暖的太陽下了。

約摸四點鐘時，我們回到河岸，下了船，玩得很開心。我們坐着，讓水流將船帶下去。在未到北碚以前黃昏的暮靄裏，江水平靜，青山依然。恬靜中風景含有一種深邃而天然的高貴。一天的遊玩以後雖倦猶樂，我們盡情享受着周遭的事物。

一隻駁船滿載着木材順流而下，船夫們一面俯的划着槳一面歌唱着，駁船的每邊有六個人，他們的動作完全符合着歌聲的節奏。他們所唱的這種唱的類型我們以前從沒有聽見過。或許這是無字的歌，為船夫們的天籟，從來不被記錄過吧。聲音飄過水面，升入山中，強而有力，一個勞動者的歌聲是不同于廳堂音樂的。啊！這江山，這人民！在疲倦中我飢渴的欣賞一切，這是一些我不能向自己保持沉默的事情，全世界，每一個人都應該知道我們的國家是一個可愛的地方。駁船超越我們過去了。我不能充分描寫出來，文字不能表現于萬一，世界的偉大孕育出這樣美妙的事物。當一個人深潛其中時，肉體和理想

一支驳船满载着木材顺流而下，船夫们一面俯的划着桨一面歌唱着，驳船的每边有六个人，他们的动作完全符合着歌声的节奏。他们所唱的这种唱的类型我们以前从没有听见过。或许这是无字的歌，为船夫们的天籁，从没有被记录过吧。声音飘过水面，升入山中，强而有力，一个劳动者的歌声是不同于厅堂音乐的。啊！这江山，这人民！在疲倦中我饥渴的欣赏一切，这是一些我不能向自己保持沉默的事情，全世界，每一个人都应该知道我们的国家是一个可爱的地方。驳船超越我们过去了。我不能充分描写出来，文字不能表现于万一，世界的伟大孕育出这样美妙的事物。当一个人深潜其中时，肉体和理想合而为一，一个人能够抛弃所有的感觉和欲念，只有灵魂存在，自由的像一只鸟，在无尽的天空翱翔。

战争，炸弹，榴霰弹，人民，山岳，河流，痛苦和慰藉，一切奇妙的混合成一个概念，一个感觉，而只有这感觉在这瞬间是为我存在的。这是精神的出舍。人们能尝试这种崇高的喜悦是何等的美妙啊！

二十一、榛林

妹妹　作

在北碚我们从来没有吃过任何外国食物，有些人却聪明的开了一家酒店，从那里得到外国食品，咖啡和冰淇淋，这酒店叫做“榛林”。M先生十分喜欢那里的食品，所以他每天都去。

榛林的主人是一个上海人。他花了一大笔钱从上海运来各种东西，但也从那酒店赚了大批的钱。他把酒店装潢得很美丽。壁上柯伯耳和嘉宝的图口都是他自己画的，她们都实在很像本人。店内共有两层楼，上面一层是中餐，下面一层是西餐。榛林在北碚很有名。这儿有咖啡和炼乳卖。我们去吃过两次。招待非常坏，我们要等到半点钟才能吃到一碟东西。

在北碚七点钟以前电灯不亮。当屋内突然亮了的时候，大家都要“啊”它一声。但不知怎么回事，这光线使我渴睡。真是天晓得第二次轰炸时榛林全部被毁了。他们想救出一点东西，结果所获很少。我们听到这消息都互相发问：“M先生到那儿去吃饭呀？”我们再看到它时只剩下一片瓦砾了。

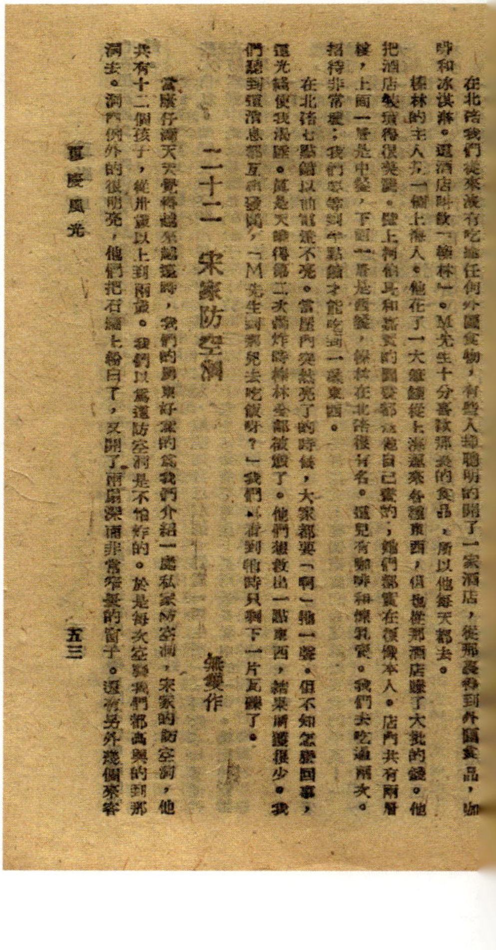
在北碚我們從來沒有吃過任何外國食物，有些人卻聰明的開了一家酒店，從那裏得到外國食品，咖啡和冰淇淋。這酒店叫做「榛林」。M先生十分喜歡那裏的食品，所以他每天都去。

榛林的主人是一個上海人。他花了一大筆錢從上海運來各種東西，但也從那酒店賺了大批的錢。他把酒店裝潢得很美麗。壁上柯伯耳和嘉寶的圖畫都是他自己畫的，她們都實在很像本人。店內共有兩層樓，上面一層是中餐，下面一層是西餐，榛林在北碚很有名。這兒有咖啡和煉乳賣。我們去吃過兩次。招待非常壞；我們要等到半點鐘才能吃到一碟東西。

在北碚七點鐘以前電燈不亮。當屋內突然亮了的時候，大家都要「啊」牠一聲。但不知怎麼回事，這光線使我渴睡。真是天曉得第二次轟炸時榛林全部被毀了。他們想救出一點東西，結果所獲很少。我們聽到這消息都互相發問，「M先生到那兒去吃飯呀？」我們再看到牠時只剩下一片瓦礫了。

二十二　宋家防空洞

無雙作

當隣仔滿天天覺得越來越遠時，我們的房東好意的為我們介紹一處私家防空洞，宋家的防空洞，他共有十二個孩子，從卅歲以上到兩歲。我們以為這防空洞是不怕炸的。於是每次空襲我們都高興的到那洞去。洞內例外的很明亮，他們把石牆上粉白了，又開了兩扇狹而非常窄要的窗子。還有另外幾個來客

二十二、宋家防空洞

无双 作

当康仔湾天天觉得越来越远时，我们的房东好意的为我们介绍一处私家防空洞，宋家的防空洞，他共有十二个孩子，从卅岁以上到两岁。我们以为这防空洞是不怕炸的，于是每次空袭我们都高兴的到那洞去。洞内例外的很明亮，他们把石墙上粉白了，又开了两扇深而非常窄长的窗子。还有另外几个来客也在这里，所以有时倒显得颇为拥挤。在北碚两三架电话中的一架就是装在这洞内，构成防空情报网的支部。

我们天天都去，变成很熟悉它了，同时也颇为爱它和这里的人。这些人有些很好，有些怪可怜，有些太自私。他们使防空洞内很有趣。还有 H 太太，她称她自己和孩子们为“卫生家”。啊，你不知道他们在防空洞中是怎样重要的分子呢！她和三个孩子老是占据着每间屋子里两张长凳中的一张，她肥胖肮脏，又有臭气。她俗气无礼，谈话如牛吼。但是她还是一个医生，某教会大学的毕业生呢。

“哼！”她夸口道，“你不知道我！从前，李太太有一次几乎死掉了，要不是我，唔，她现在早死啦，嘿，我的婆婆说：‘着什么忙！’假使我那时听了她，你现在怎么说！我吃完了那碗饭就跑去看她正在呻吟，要是去晚了一分钟呀！……还有她的那几个孙女！整个家庭的命运都捏在我的手里！”

她有三个女儿，一个正是她的一副小小缩影。一个很瘦和狡滑，还有一个男孩，不可教的小孩。最大的一个大多数时间留在学校里。

这样的妇人和这样的孩子们，一天，当飞机飞得很近了，她同她九岁的孩子，唱着“乔治亚进行曲”来吵我。H 太太是专门喜欢探听坏消息而当作好消息来散布的人。

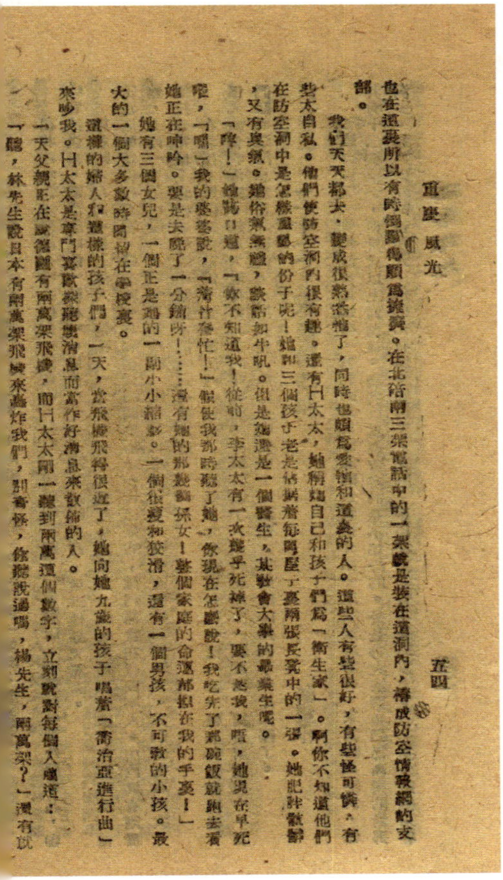
重慶風光　五四

也在這裏所以有時倒顯得頗爲擁擠。在北碚兩三架電話中的一架就是裝在這洞內，構成防空情報網的支部。

我們天天都去，變成很熟悉牠了，同時也頗爲愛牠和這裏的人。這些人有些很好，有些怪可憐，有些太自私。他們使防空洞內很有趣。還有H太太，她稱她自己和孩子們爲「衛生家」。啊你不知道他們在防空洞中是怎樣重要的份子呢！她和三個孩子老是佔據着每間屋子裏兩張長凳中的一張。她肥胖骯髒，又有臭氣。她俗氣無禮，談話如牛吼。但是她還是一個醫生，某教會大學的畢業生呢。

「哼！」她誇口道，「你不知道我！從前，李太太有一次幾乎死掉了，要不是我，唔，她現在早死啦，「嘿」我的婆婆說，「着什麼忙！」假使我那時聽了她，你現在怎麼說！我吃完了那碗飯就跑去看她正在呻吟。要是去晚了一分鐘呀！……還有她的那幾個孫女！整個家庭的命運都握在我的手裏！」

她有三個女兒，一個正是她的一副小小縮影。一個很瘦和狡滑，還有一個男孩，不可教的小孩。最大的一個大多數時間留在學校裏。

這樣的婦人和這樣的孩子們，一天，當飛機飛得很近了，她向她九歲的孩子唱着「喬治亞進行曲」來吵我。H太太是專門喜歡探聽壞消息而當作好消息來散佈的人。

一天父親正在說德國有兩萬架飛機，而H太太剛一聽到兩萬這個數字，立刻就對每個人嚷道：「聽，林先生說日本有兩萬架飛機來轟炸我們，你聽說過嗎，楊先生，兩萬架？」還有說一天父亲正在说德国有两万架飞机，而 H 太太刚一听到两万这个数字，立刻就对每个人嚷道：

“听，林先生说日本有两万架飞机来轰炸我们，别奇怪，你听说过吗，杨先生，两万架？”还有就是拾着接线生打电话时所说的片断来喊给每个人听。一天她听说父亲和别的几个人到县一个地方去了，立刻她跑回来，带来消息说是日本鬼子已炸中那地方了，直到接线生不得不来否认这消息。每一次还只是二次警报时，她总来说：“不，第三次了，我刚离开家便听到啦，呜呜呜呜呜呜呜呜呜。他们当然立刻就要来了！”于是她笑着，露出了满口的金牙。

因为是空袭情报网的支部，这里有两个人坐在电话机前讲话。他们必须要叫喊才能收到消息。

“喂喂喂！什么？合川吗？这是北碚。飞机过了合川？方向北碚？不，不是这儿？炸……声听到了？什么地方？向南？”于是这人停了一下，接着又拿起听筒，向重庆或别的地方喊：“北碚叫，飞机过了合川，方向北碚，北碚。”立刻我们听到飞机声飞过我们的头顶了。

“飞机过了北碚，北碚。喂，重庆，重庆，重庆吗？重庆？重庆电线断啦？炸啦？什么地方？谁……哦”这就是他们谈话的方式，有一次当他们接线时，我听见一个人喊：“你们午餐吃什么？什么都没有？我有谷子，谷子吵！”他愉快的笑了。

我们时常听见重庆的轰炸，那种深沉的爆炸声。

“喂，飞机正过北碚，方向重庆，共三十架，谁？不，没有炸弹，正向你们飞去。”

喊叫继续着，每天他们从警报的开始叫到终了，到没有什么消息来的时候，我们晓得飞机就快要离开了。

我们渐渐的不大害怕了，由于听音的多种经验，可以辨别出它们在什么地方飞，近还是远。我们可以辨出是重庆的轰炸还是别的地方的轰炸。我们可以辨别与它们

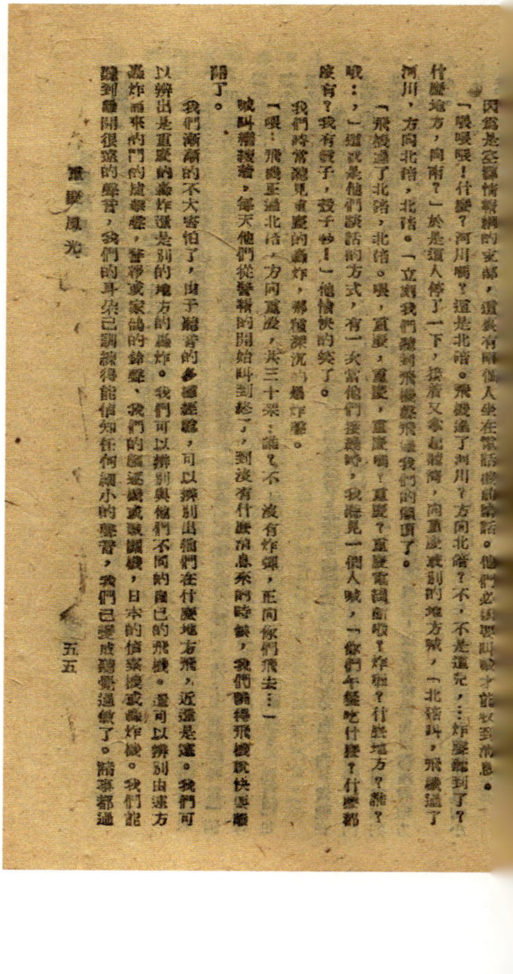
因爲是空襲情報網的支部，這裏有兩個人坐在電話機前講話。他們必須要叫喊才能收到消息。
「喂喂喂！什麼？河川嗎？這是北碚。飛機過了河川？方向北碚？不，不是這兒，…炸聲聽到了？什麼地方，向南？」於是這人停了一下，接着又拿起聽筒，向重慶或別的地方喊，「北碚叫，飛機過了河川，方向北碚，北碚。」立刻我們聽到飛機聲飛過我們的頭頂了。
「飛機過了北碚，北碚。喂，重慶，重慶，重慶嗎？重慶？重慶電線斷啦？炸啦？什麼地方？誰？哦…，」這就是他們談話的方式，有一次當他們接線時，我聽見一個人喊，「你們午餐吃什麼？什麼都沒有？我有穀子，穀子吵！」他愉快的笑了。
我們時常聽見重慶的轟炸，那種深沉的爆炸聲。
「喂，飛機正過北碚，方向重慶，共三十架，誰？不，沒有炸彈，正向你們飛去…」
喊叫繼續着，每天他們從警報的開始叫到終了，到沒有什麼消息來的時候，我們曉得飛機就快要離開了。
我們漸漸的不大害怕了，由于聽音的多種經驗，可以辨別出牠們在什麼地方飛，近還是遠。我們可以辨出是重慶的轟炸還是別的地方的轟炸。我們可以辨別與牠們不同的自己的飛機。還可以辨別由遠方轟炸而來的門的爆聲，警報或家鴿的鈴聲，我們的驅逐機或戰鬥機，日本的偵察機或轟炸機。我們能聽到離開很遠的聲音，我們的耳朵已訓練得能偵知任何細小的聲音，我們已變成聽覺過敏了。諸事都過
重慶風光 五五

不同的自己的飞机。还可以辨别由远方轰炸而来的门的撞击声，警报或家鸽的铃声，我们的驱逐机或战斗机，日本的侦察机或轰炸机。我们能听到离开很远的声音，我们的耳朵已训练得能侦知任何细小的声音，我们已变成听觉过敏了。诸事都过得顺利，一直到北碚第二次轰炸的时候。

二十三、H 太太和她的家庭

妹妹　作

H 太太是一个非常，非常肥胖的妇人。她有四个孩子和一个婆婆。她使防空洞内充满了难闻的气味。但是她的最坏之处还是她的孩子们，而她的孩子们中最坏的一个是那讨厌的男孩子，他同时要做一个老大哥和一个婴孩。牙齿痛时他便哭了，他把饼干浸在水里吃，好像味儿跟冰淇淋一样好，他吃着他母亲先嚼烂了的饼干。当他须要觉得像一个老大哥的时候，他便走去轻轻的拍着宋先生的孙子，他自已也还必须拍着才能入睡呢。

他们撒的防空洞内一地都是碎饼干、面包屑和鸡蛋壳。每个人都恨他们，连 H 先生也在内。当他在这儿的时候，她像耗子一样静。他责备她不该让孩子们吃生李子，他们两个都是医生，用英语谈话。H 先生在一个什么山上的医院工作，有时他回来一天或两天。当他走开的时候，婆婆真是可怜，她被她的孙女又拧又打，他们吃面包的时候什么也不给她。他们占了这么多的地方，以致有时宋先生都没有地方坐。

宋先生和宋太太是很好的人，他们从不抱怨什么事情。有时他们不去坐长凳，而去坐在角落里的小凳上。虽然他们是主人，可是他们让客人们享受最好的座位。

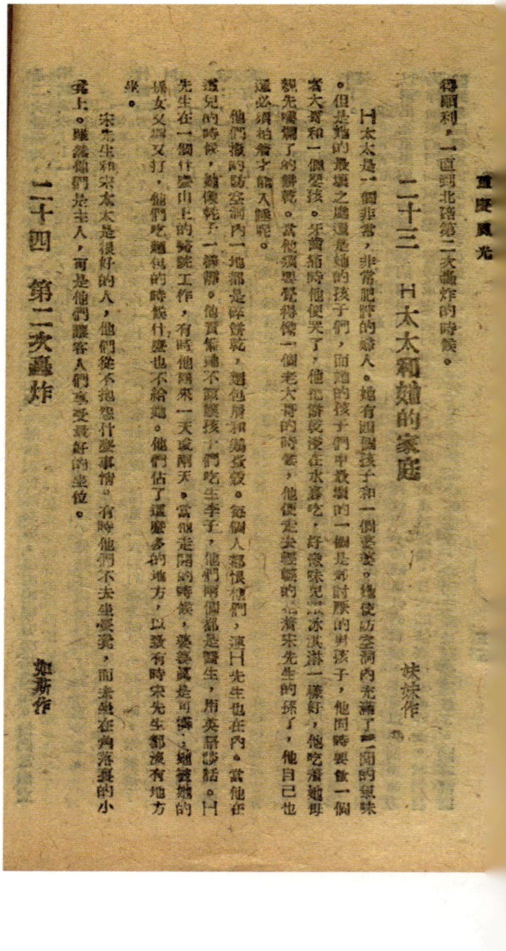

重慶風光

得順利。一直到北碚第二次轟炸的時候。

二十三　H太太和她的家庭　妹妹作

H太太是一個非常，非常肥胖的婦人。她有四個孩子和一個婆婆。她使防空洞內充滿了難聞的氣味。但是她的最壞之處還是她的孩子們，而她的孩子們中最壞的一個是那討厭的男孩子，他同時要做一個老大哥和一個嬰孩。牙齒痛時他便哭了，他把餅乾浸在水裏吃，好像味兒跟冰淇淋一樣好，他吃着她母親先嚼爛了的餅乾。當他須要覺得像一個老大哥的時候，他便走去輕輕的拍着宋先生的孫子，他自已也還必須拍着才能入睡呢。

他們撒的防空洞內一地都是碎餅乾，麵包屑和雞蛋殼。每個人都恨他們，連H先生也在內。當他在這兒的時候，她像耗子一樣靜。他責備她不該讓孩子們吃生李子，他們兩個都是醫生，用英語談話。H先生在一個什麼山上的醫院工作，有時他回來一天或兩天。當他走開的時候，婆婆眞是可憐，她被她的孫女又擰又打，他們吃麵包的時候什麼也不給她。他們佔了這麼多的地方，以致有時宋先生都沒有地方坐。

宋先生和宋太太是很好的人，他們從不抱怨什麼事情。有時他們不去坐長凳，而去坐在角落裏的小凳上。雖然他們是主人，可是他們讓客人們享受最好的座位。

二十四　第二次轟炸　如斯作

二十四、第二次轰炸

如斯　作

当我们听到爆炸声时，我们正在宋家防空洞里。炸弹落的太近了，太近了，这是不能喘气之几秒钟。洞里的人们很害怕。大家都急着跑出去看，但年纪比较大的警告大家等一等。好容易等声音渐远了，洞的门打了开来。谁的房子？火吗？什么地方？多大？有几处？我也急于一瞧。每个人都失去了镇静，心在空气中浮动着。洞会被厉害的摇撼过，但洞是无恙的。我也走出来了。是的，被炸了。我想打什么人。四周浮动着尘土。附近的一间农屋着了火。一股浓黑的烟柱从城内商业区冒了上来。我们的房子仍在那儿立着，蒙了一层尘土。杨太太的房子的附近中了一个炸弹！有的人赶下去看那损失；有的人站着。我皱着眉头观看。我们的房子安然无恙，但是……

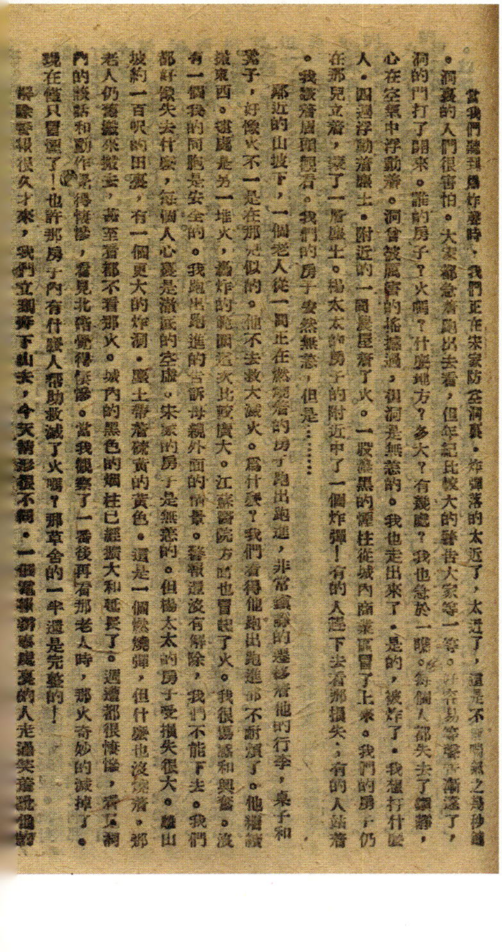
當我們聽到爆炸聲時，我們正在宋家防空洞裏。炸彈落的太近了，太近了，這是不能喘氣之幾秒鐘。洞裏的人們很害怕。大家都急着跑出去看，但年紀比較大的警告大家等一等。好容易等聲音漸遠了，洞的門打了開來。誰的房子？火嗎？什麼地方？多大？有幾處？我也急於一瞧。每個人都失去了鎮靜，心在空氣中浮動着。洞會被厲害的搖撼過，但洞是無恙的。我也走出來了。是的，被炸了。我想打什麼人。四週浮動着塵土。附近的一間農屋着了火。一股濃黑的煙柱從城內商業區冒了上來。我們的房子仍在那兒立着，蒙了一層塵土。楊太太的房子的附近中了一個炸彈！有的人趕下去看那損失；有的人站着。我皺着眉頭觀看。我們的房子安然無恙，但是……

鄰近的山坡下，一個老人從一間正在燃燒着的房子跑出跑進，非常鎮靜的遷移着他的行李，桌子和凳子，好像火不一是在那兒似的。他不去救火滅火。爲什麼？我們看得他跑出跑進都不耐煩了。他繼續搬東西。遠處是另一堆火，轟炸的範圍這次比較廣大。江蘇醫院方面也冒起了火。我很傷感和興奮。沒有一個我的同胞是安全的。我跑出跑進的告訴母親外面的情景。警報還沒有解除，我們不能下去。我們都好像失去什麼，每個人心裏是澈底的空虛。宋家的房子是無恙的。但楊太太的房子受損失很大。離山坡約一百呎的田裏，有一個更大的炸洞。塵土帶着硫黃的黃色。還是一個燃燒彈，但什麼也沒燒着。那老人仍舊搬來搬去，甚至看都不看那火。城內的黑色的煙柱已經擴大和延長了。週遭都很悽慘，看見洞內的談話和動作覺得悽慘，看見北碚覺得悽慘。當我觀察了一番後再看那老人時，那火奇妙的滅掉了。現在僅只冒煙了！也許那房子內有什麼人幫助救滅了火嗎？那草舍的一半還是完整的！

解除警報很久才來，我們立刻奔下山去，今天情形很不同。一個[illegible]的人走過笑着說他的

邻近的山坡下，一个老人从一间正在燃烧着的房子跑出跑进，非常镇静的迁移着他的行李、桌子和凳子，好像火不一是在那儿似的。他不去救火灭火。为什么？我们看得他跑出跑进都不耐烦了。他继续搬东西。远处是另一堆火，轰炸的范围这次比较广大。江苏医院方面也冒起了火。我很伤感和兴奋。没有一个我的同胞是安全的。我跑出跑进的告诉母亲外面的情景。警报还没有解除，我们不能下去。我们都好像失去什么，每个人心里是澈底的空虚。宋家的房子是无恙的。但杨太太的房子受损失很大。离山坡约一百呎的田里，有一个更大的炸洞。尘土带着硫黄的黄色。这是一个燃烧弹，但什么也没烧着。那老人仍旧搬来搬去，甚至看都不看那火。城内的黑色的烟柱已经扩大和延长了。周遭都很凄惨，看见洞内的谈话和动作觉得凄惨，看见北碚觉得凄惨。当我观察了一番后再看那老人时，那火奇妙的灭掉了。现在仅

只冒烟了！也许那房子内有什么人帮助救灭了火吗？那草舍的一半还是完整的！

解除警报很久才来，我们立刻奔下山去，今天情形很不同。一个电报办事处里的人走过笑着说他的被服因为想用来灭火而燃着了。一切都好，就是被服上烧了几个洞。

我们回家去。锁同扣钮都跌掉了。一扇门倒了下来。我们担心着因为头痛没有躲警报的福嫂。她对她的胆怯笑了又笑。危险的时候她躲在桌子底下，她觉得要出什么事了。到处都是灰尘，许多块玻璃都打碎了。我们的床覆盖着一层尘土。客厅里一部分天花板掉下了，屋顶的瓦都滑落下来。我们惊奇着锁竟会这样的脱去。

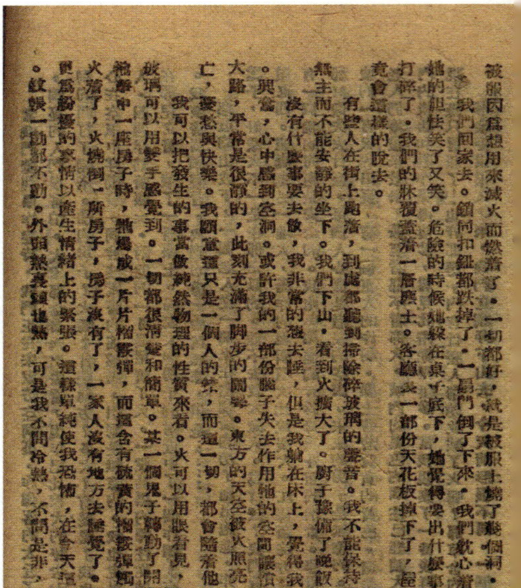
被服因為想用來滅火而燃着了。一切都好，就是被服上燒了幾個洞。

我們回家去。鎖同扣鈕都跌掉了。一扇門倒了下來。我們就心着因為頭痛沒有躲警報的福嫂。她對她的胆怯笑了又笑。危險的時候她躲在桌子底下，她覺得要出什麽事了。到處都是灰塵，許多塊玻璃都打碎了。我們的牀覆蓋着一層塵土。客廳裏一部份天花板掉下了，屋頂的瓦都滑落下來。我們驚奇着鎖竟會這樣的脫去。

有些人在街上跑着，到處都聽到掃除碎玻璃的聲音。我不能保持通常的鎮靜。沒有人能够。我惶惶無主而不能安靜的坐下。我們下山，看到火擴大了。廚子預備了晚飯，我們照例的吃了，很早就入睡。

沒有什麽事要去做，我非常的想去睡，但是我躺在床上，覺得我在此地純粹是偶然的；我不能睡着。興奮，心中感到空洞。或許我的一部份腦子失去作用，牠的空間讓憤怒的興奮佔據了。靠近我們屋子的大路，平常是很靜的，此刻充滿了脚步的鬧聲。東方的天空被火照亮，火，破壞！於是這兒有生命與死亡，憂愁與快樂。我願意這只是一個人的錯，而這一切，都會隨着他的生命埋葬了。

我可以把發生的事當做純然物理的性質來看。火可以用眼看見，脚步聲可以用耳朵聽到，塵土和碎玻璃可以用雙手感覺到。一切都很清楚和簡單。某一個鬼子轉動了開關，一個炸彈經過空中落下來，當牠擊中一座房子時，牠爆成一片片榴霰彈，而這含有硫黃的榴霰彈觸到什麽東西上什麽東西便燃燒了。火着了，火燒倒一所房子，房子沒有了，一家人沒有地方去睡覺了。這就是[illegible]變爲紛擾的事情以產生情緒上的緊張。這樣單純使我恐怖，在今天這夏天的夜晚，沒有風吹[illegible]。紋帳一動都不動。外頭熱裏頭也熱，可是我不問冷熱，不問是非，不分你我的睡着了。

有些人在街上跑着，到处都听到扫除碎玻璃的声音。我不能保持通常的镇静。没有人能够。我惶惶无主而不能安静的坐下。我们下山，看到火扩大了。厨子预备了晚饭，我们照例的吃了，很早就入睡。

没有什么事要去作，我非常的想去睡，但是我躺在床上，觉得我在此地纯粹是偶然；我不能睡着。兴奋，心中感到空洞。或许我的一部分脑子失去了作用，它的空间让愤怒的兴奋占据了。靠近我们屋子的大路，平常是很静的，此刻充满了脚步的闹声。东方的天空被火照亮，火，破坏！于是这儿有生命与死亡，忧愁与快乐。我愿意这只是一个人的错，而这一切，都会随着他的生命埋葬了。

我可以把发生的事当作纯然物理的性质来看。火可以用眼看见，脚步声可以用耳朵听到，尘土和碎玻璃可以用双手感觉到。一切都很清楚和简单。某一个鬼子转动了开关，一个炸弹经过空中落下来，当它击中一座房子时，它爆成一片片榴霰弹，而这含有硫黄的榴霰弹触到什么东西上什么东西便燃烧了。火着了，火烧倒一所房子，房子没有了，一家人没有地方去睡觉了。这就是这么简单的事情，但我愿意更为纷扰的事情以产生情绪上的紧张。这样单纯使我恐怖，在今天这夏天的夜晚，没有风吹过我的窗子。蚊帐一动都不动。外头热里头也热，可是我不问冷热，不问是非，不分你我的睡着了。

早晨醒来时我想起昨夜我曾经太兴奋了。我记起轰炸这事实，但那不像回忆，我曾喝过一杯水那样的简单。不过我仍不能照常读书。我需要忘记我的感情。

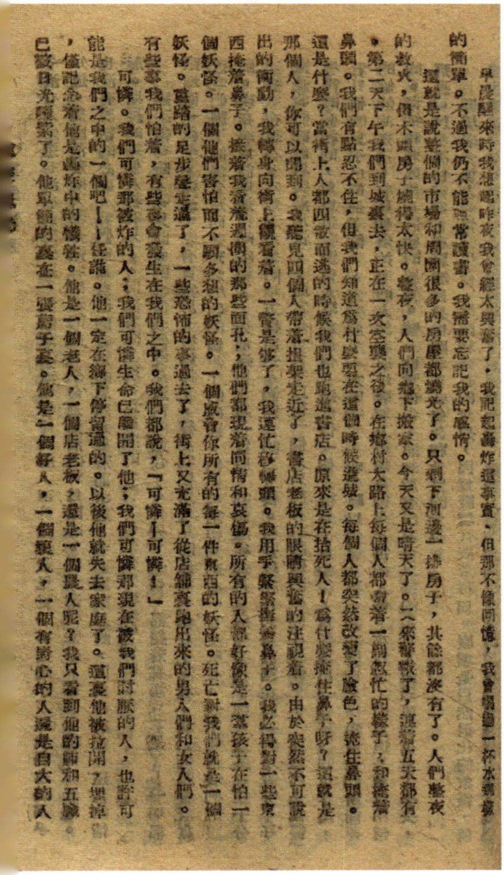
早晨醒來時我想起昨夜我曾經太興奮了。我記起轟炸這事實，但那不像回憶，我曾喝過一杯水那樣
的簡單。不過我仍不能照常讀書。我需要忘記我的感情。
這就是說整個的市場和周圍很多的房屋都燒光了。只剩下河邊一排房子，其餘都沒有了。人們整夜
的救火，但木頭房子燒得太快。整夜，人們向鄉下搬家。今天又是晴天了。又來警報了，連着五天都有
。第二天下午我們到城裏去，正在一次空襲之後。在鄉村大路上每個人都帶着一副怱忙的樣子，和掩着
鼻頭。我們有點忍不住，但我們知道為什麼要在這個時候進城。每個人都突然改變了臉色，掩住鼻頭。
這是什麼？當街上人都四散而逃的時候我們也跑進書店。原來是在抬死人！為什麼掩住鼻子呀？這就是
那個人，你可以聞到。我聽見四個人帶着担架走近了，書店老板的眼睛興奮的注視着。由於突然不可說
出的衝動，我轉身向街上觀看着。一瞥是够了，我連忙移轉頭。我用手緊緊撫着鼻子。我必得對一些東
西掩着鼻子。接着我看着周圍的那些面孔，他們都現着同情和哀傷。所有的人都好像是一羣孩子在怕一
個妖怪。一個他們害怕而不願多想的妖怪。一個威脅你所有的每一件東西的妖怪。死亡對我們就是一個
妖怪。重踏的足步聲走過了，一些恐怖的事過去了，街上又充滿了從店舖裏跑出來的男人們和女人們。
有些事我們怕着，有些事會發生在我們之中。我們都說，「可憐！可憐！」
可憐。我們可憐那被炸的人；我們可憐生命已離開了他；我們可憐那現在被我們討厭的人，也許可
能是我們之中的一個吧！——任識。他一定在鄉下停留過的。以後他就失去家庭了。這裏他被拉開，埋掉
，僅記念着他是轟炸中的犧牲。他是一個老人，一個店老板，還是一個農人呢？我只看到他的腳和五臟
已被日光曬紫了。他單個的裹在一張蓆子裏。他是一個好人，一個壞人，一個有野心的人還是自大的人

这就是说整个的市场和周围很多的房屋都烧光了。只剩下河边一排房子，其余都没有了。人们整夜的救火，但木头房子烧得太快。整夜，人们向乡下搬家。今天又是晴天了。又来警报了，连着五天都有。第二天下午我们到城里去，正在一次空袭之后。在乡村大路上每个人都带着一副匆忙的样子和掩着鼻头。我们有点忍不住，但我们知道为什么要在这个时候进城。每个人都突然改变了脸色，掩住鼻头。这是什么？当街上人都四散而逃的时候我们也跑进书店。原来是在抬死人！为什么掩住鼻子呀？这就是那个人，你可以闻到。我听见四个人带着担架走近了，书店老板的眼睛兴奋的注视着。由于突然不可说出的冲动，我转身向街上观看着。一瞥是够了，我连忙移转头。我用手紧紧抚着鼻子。我必得对一些东西掩着鼻子。接着我看着周围的那些面孔，他们都现着同情和哀伤，所有的人都好像是一群孩子在怕一个妖怪，一个他们害怕而不愿多想的妖怪，一个威胁你所有的每一件东西的妖怪。死亡对我们就是一个妖怪。重踏的足步声走过了，一些恐怖的事过去了，街上又充满了从店铺里跑出来的男人们和女人们。有些事我们怕着，有些事会发生在我们之中。我们都说："可怜！可怜！"

可怜。我们可怜那被炸的人；我们可怜生命已离开了他；我们可怜那现在被我们讨厌的人，也许可能是我们之中的一个吧——任谁。他一定在乡下停留过的。以后他就失去家庭了。这里他被拉开，埋掉，仅记念着他是轰炸中的牺牲。他是一个老人，一个店老板，还是一个农人呢？我只看到他的肺和五脏已被日光晒紫了。他简单的裹在一张席子里。他是一个好人，一个坏人，一个有野心的人，还是自大的人？没有人知道也没有人想知道，我们只知道他曾经活过，至于他的意见更不必提起了。我们也无须乎知道。周围活着的人都是像我这样的想。生命是热烈的和健康的。我们沿街走去，每个人都静默无声。也没有说话的必要，我们仅让自己的奇怪的思想奔放着而消游，我们应该忍耐，因为还有很多这样的情形。城里的每个人都看见了，向死者的呈现投以难过的一瞥，但是他们继续他们的工作。

达到街角时，看见前面的事情我们突然惊愕的站住了。什么，一切，都随着那场火不见了！一切都跟地面一样平。这里一定有百家房子被烧掉了，变成我们所看见的黑烟，化成了泥块。我们低头看着靠近我们脚下的混合着碎玻璃和废物的烧焦了的砖头，它们延绵排列约有一百英呎长。我不相信我们的眼睛。现在变成能够遥指的空场了，从前这儿有过一家店，我们还从那里买过几张凳子哩。这里曾经十分拥挤过，在现在上空飞着鸟雀的地方，从前是人们睡觉的二层楼，但是现在人们怎能睡在同一的地方呀。好像是我们的视界突然加快了，通常在一百年以后一个人只能看到墙壁的小碎片苏碎下来，而屋梁是极慢极慢的腐朽的，所以这变迁使人难于置信。这就像是一个人被禁了卅年后，重新跑出一个不同的世界里，看见他的儿子已经长了胡子。太突然了，太厉害了，我们难以领会。孩子们在废墟上探索着他

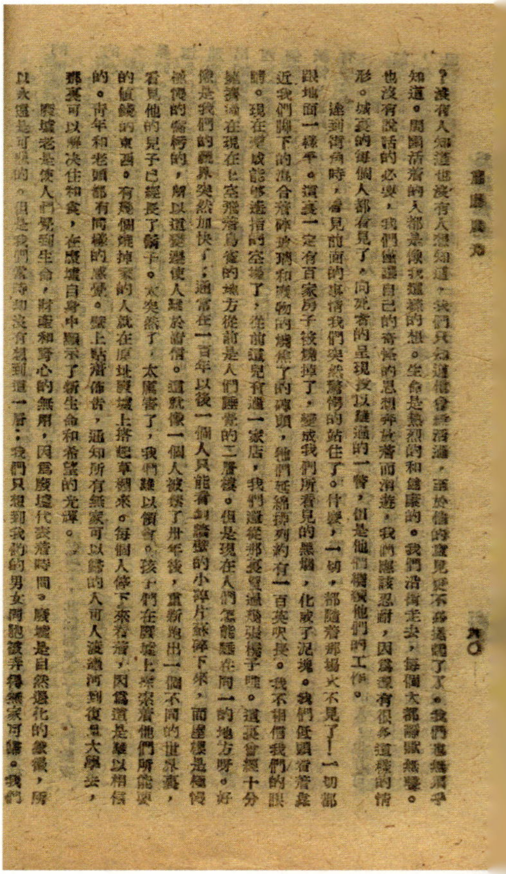
？沒有人知道也沒有人想知道，我們只知道他曾經活過，至於他的意見更不必提起了。我們也無須乎知道。周圍活着的人都是像我這樣的想。生命是熱烈的和健康的。我們沿街走去，每個人都靜默無聲。也沒有說話的必要，我們僅讓自己的奇怪的思想奔放着而消遊，我們應該忍耐，因爲還有很多這樣的情形。城裏的每個人都看見了，向死者的呈現投以難過的一瞥，但是他們繼續他們的工作。

達到街角時，看見前面的事情我們突然驚愕的站住了。什麼，一切，都隨着那場火不見了！一切都跟地面一樣平。這裏一定有百家房子被燒掉了，變成我們所看見的黑烟，化成了泥塊。我們低頭看着靠近我們脚下的混合着碎玻璃和廢物的燒焦了的磚頭，牠們延綿排列約有一百英呎長。我不相信我們的眼睛。現在變成能够遙指的空場了，從前這兒有過一家店，我們還從那裏買過幾張櫈子哩。這裏曾經十分擁擠過，在現在上空飛着鳥雀的地方從前是人們睡覺的二層樓。但是現在人們怎能睡在同一的地方呀。好像是我們的視界突然加快了；通常在一百年以後一個人只能看到牆壁的小碎片蘇碎下來，而屋樑是極慢極慢的腐朽的，所以這變遷使人難於置信。這就像一個人被禁了卅年後，重新跑出一個不同的世界裏，看見他的兒子已經長了鬍子。太突然了，太厲害了，我們難以領會。孩子們在廢墟上探索着他們所能要的值錢的東西。有幾個燒掉家的人就在原址廢墟上搭起草棚來。每個人停下來看着，因爲這是難以相信的。青年和老頭都有同樣的感覺。牆上貼着佈告，通知所有無家可歸的人可以渡過河到復旦大學去，那裏可以解決住和食，在廢墟自身中顯示了新生命和希望的光輝。

廢墟老是使人們覺到生命，財產和野心的無用，因爲廢墟代表着時間。廢墟是自然變化的象徵，所以永遠是可憐的。但是我們當時却沒有想到這一層：我們只想到我們的男女同胞被弄得無家可歸。我們

们所能要的值钱的东西。有几个烧掉家的人就在原址废墟上搭起草棚来。每个人停下来看着，因为这是难以相信的。青年和老头都有同样的感觉。壁上贴着布告，通知所有无家可以归的人可人渡过河到复旦大学去，那里可以解决住和食，在废墟自身中显示了新生命和希望的光辉。

废墟老是使人们觉到生命、财产和野心的无用，因为废墟代表着时间，废墟是自然退化的象征，所以永远是可悲的。但是我们当时却没有想到这一层，我们只想到我们的男女同胞被弄得无家可归。我们离开这里，漫步到北碚的完整地方去。我们遇到另一个牺牲者，我们赶快跑进一家店里去掩着鼻子躲过。但他是在一具棺材里。

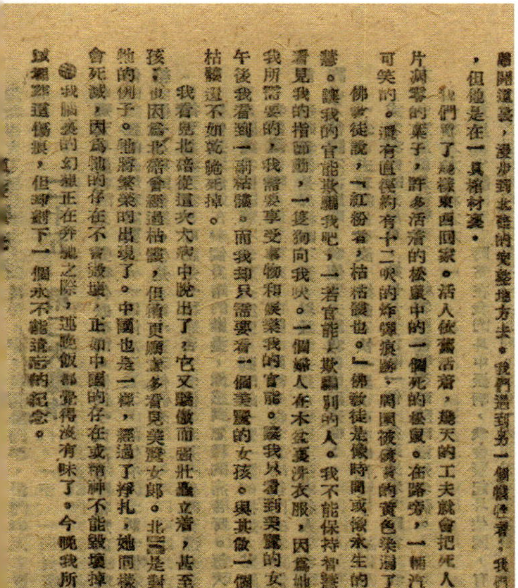
離開這裏，漫步到北碚的完整地方去。我們遇到另一個犧牲者，我們趕快跑進一家店裏去掩着鼻子躲過，但他是在一具棺材裏。

我們買了幾樣東西回家。活人依舊活着，幾天的工夫就會把死人忘記了。就像是許多片綠葉中的一片凋零的葉子，許多活着的松鼠中的一個死的松鼠。在路旁，一輛汽車被燒成一副半焦的骨骼。這甚至可笑的。還有直徑約有十二呎的炸彈痕跡，周圍被硫黃的黃色染遍了。

佛教徒說，「紅粉者，枯枯髏也。」佛教徒是像時間或像永生的上帝那樣有智慧，但我並不想有智慧。讓我的官能欺騙我吧，一若官能去欺騙別的人。我不能保持智慧，假使我要這樣就不能生活了。我看見我的指節動，一隻狗向我吠。一個婦人在木盆裏洗衣服，因為她的狗叫而抬頭看我。生活，這就是我所需要的，我需要享受事物和娛樂我的官能。讓我只看到美麗的女孩而不看到她的枯髏吧，因為這天午後我看到一副枯髏。而我却只需要看一個美麗的女孩。與其做一個智慧的人，能同時看出一個女孩和枯髏還不如乾脆死掉。

我看見北碚從這次大病中脫出了，它又驕傲而强壯矗立着，甚至更可愛，因為北碚只像那美麗的女孩；也因為北碚曾經過枯髏，但它更願意多看見美麗女郎。北碚是對的，它的觀念是正確的，我要追隨牠的例子。牠將繁榮的出現了。中國也是一樣，經過了掙扎，她同樣，也要繁榮的出現的，北碚永遠不會死滅，因為牠的存在不會毀壞，正如中國的存在或精神不能毀壞掉一樣。

我腦袋的幻想正在奔馳之際，連晚飯都覺得沒有味了。今晚我所看見的事物以後還會來的；時間可減輕這傷痕，但却留下一個永不能遺忘的紀念。

我们买了几样东西回家。活人依旧活着，几天的工夫就会把死人忘记了。就像是许多片绿叶中的一片凋零的叶子，许多活着的松鼠中的一个死的松鼠。在路旁，一辆汽车被烧成一副半焦的骨骼。这甚至可笑的。还有直径约有十二呎的炸弹痕迹，周围被硫黄的黄色染遍了。

佛教徒说："红粉者，枯枯髅也。"佛教徒是像时间或像永生的上帝那样有智慧，但我并不想有智慧。让我的官能欺骗我吧，一若官能去欺骗别的人。我不能保持智慧，假使我要这样就不能生活了。我看见我的指节动，一只狗向我吠。一个妇人在木盆里洗衣服，因为她的狗叫而抬头看我。生活，这就是我所需要的，我需要享受事物和娱乐我的官能。让我只看到美丽的女孩而不看到她的枯髅吧，因为这天午后我看到一副枯髅。而我却只需要看一个美丽的女孩。与其做一个智慧的人，能同时看出一个女孩和枯髅还不如干脆死掉。

我看见北碚从这次大病中脱出了，它又骄傲而强壮矗立着，甚至更可爱，因为北碚只像那美丽的女孩；也因为北碚也曾经过枯髅，但它更愿意多看见美丽女郎。北碚是对的，它的视觉是正确的，我要追随它的例子。它将繁荣的出现了。中国也是一样，经过了挣扎，她同样，也要繁荣的出现的，北碚永远不会死灭，因为它的存在不会毁坏，正如中国的存在或精神不能毁坏掉一样。

我脑里的幻想正在奔驰之际，连晚饭都觉得没有味了。今晚我所看见的事物以后还会来的。时间可以埋葬这伤痕，但却画下一个永不能遗忘的纪念。

二十五、第二次轰炸

无双　作

那天早晨我醒来，觉得什么事情。假使今天再有警报那就是第十三次空袭了。日本鬼子经过十天不停的疯狂的轰炸和空袭后，一连休息了五天，好像有人告诉我们在无线电广播内说日本鬼子借口宣称要给我们一星期的假期。但是在第十五天他们来了。

每天观察天空，可说是一种痛苦，我们要看是一个晴天还是阴天，但晴天老是居多数。假使强迫你站在一个尖峭的崖边，你感到怎样的痛苦呀。每天从九点到五点就是这种情形。

八点钟我们试着不去想到空袭，到时钟一点一点的接近九点钟时，我们便紧张和不安起来了。

我们读书时，便立刻来了中断，站起来从我们的后门去看，我们右面的山顶上是不是有人站在防空洞前。这时我们是那样的不安，以致我去坐在走廊上去看行人，我想我是人们中最胆小的了。即使我看见许多人往防空洞跑时，我便要去对我们的听差喊：

“去，去看红旗有没有挂起。快一点！”有时他去了，有时他却不。

或者我们的女房东，她也是害怕的一个，会跑去看。时常，我听见她的声音叫着，“林太太！林太太！”，意思就是警报来了。她答应警报来时随时通知我们。

“林太太！林太太！”

女房东尖锐的声音时常在我的耳中振响，我会竖起耳朵听，有时才晓得是错觉。

但是很例外的每天都有一次招呼。我们一知道就要有空袭，便着手准备，直到二次警报来时便动身，到防空洞去。

我们动身老是很费时间。不是忘手帕便是忘了锁门！只好再回去。也许我们有一种未意识到的感觉在吧，以为回去一次

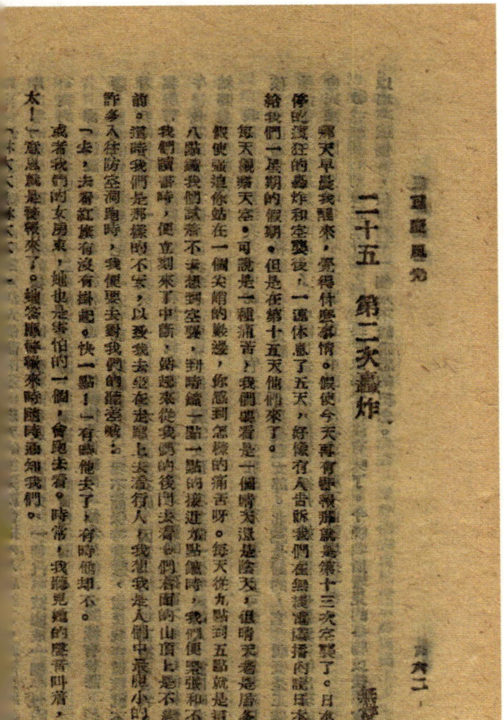

重慶風光

二十五　第二次轟炸　無雙作

那天早晨我醒來，覺得什麼事情。假使今天再有警報那就是第十三次空襲了。日本鬼子經過十天不停的瘋狂的轟炸和空襲後，一連休息了五天，好像有人告訴我們在無綫電廣播內說日本鬼子借口宣稱要給我們一星期的假期。但是在第十五天他們來了。

每天觀察天空，可說是一種痛苦，我們要看是一個晴天還是陰天，但晴天老是居多數。假使強迫你站在一個尖峭的巖邊，你感到怎樣的痛苦呀。每天從九點到五點就是這種情形。

八點鐘我們試着不去想到空襲，到時鐘一點一點的接近九點鐘時，我們便緊張和不安起來了。

我們讀書時，便立刻來了中斷，站起來從我們的後門去看我們右面的山頂上是不是有人站在防空洞前。這時我們是那樣的不安，以致我去坐在走廊上去看行人，我想我是人們中最膽小的了。假使我看見許多人往防空洞跑時，我便要去對我們的聽差喊：

「去，去看紅旗有沒有掛起。快一點！」有時他去了，有時他却不。

或者我們的女房東，她也是害怕的一個，會跑去看。時常，我聽見她的聲音叫着，「林太太！林太太！」意思就是警報來了。她答應警報來時隨時通知我們。

时恰好赶上警报解除了？我不清楚是否是这样。

在那特殊的一日，六月二十四日，日本鬼子又一次轰炸北碚。我们照常的到防空洞去。飞机往来盘旋，我们坐在那儿等着。急性的青年人时常跑出去观看，他们的太太和母亲则害怕的坐在洞里。

突然，他们一拥而进了！我听到呼啸和爆炸。所有的人挤在洞的一角，没有人发出一点声音。

呼啸继续着，我们晓得他们非常近。烟从狭窗中跑进来，硫黄味吹进，充满了洞内。

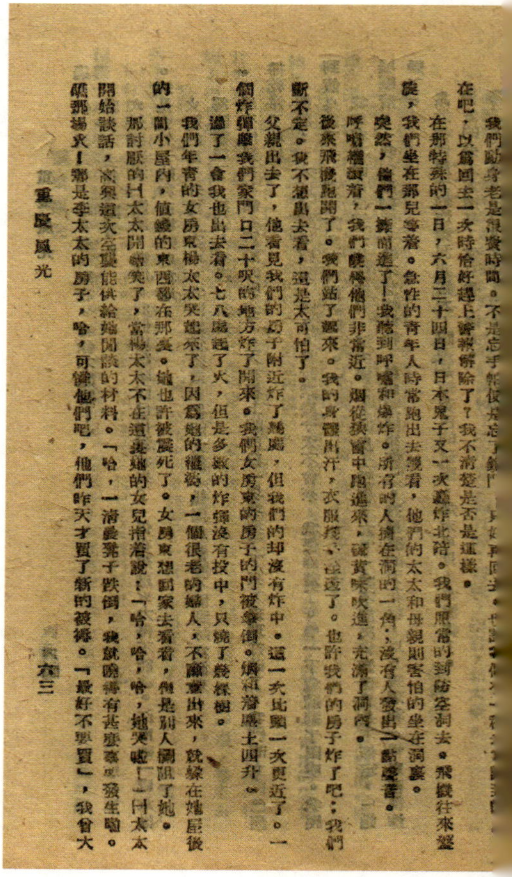

我們動身老是很費時間。不是忘手帕便是忘了鑰……

在吧，以爲回去一次時恰好趕上警報解除了？我不清楚是否是這樣。

在那特殊的一日，六月二十四日，日本鬼子又一次轟炸北碚。我們照常的到防空洞去。飛機往來盤旋，我們坐在那兒等着。急性的青年人時常跑出去觀看，他們的太太和母親則害怕的坐在洞裏。

突然，他們一擁而進了！我聽到呼嘯和爆炸。所有的人擠在洞的一角，沒有人發出一點聲音。

呼嘯繼續着，我們曉得他們非常近。烟從狹窗中跑進來，硫黃味吹進，充滿了洞內。

後來飛機跑開了。我們站了起來。我的身體出汗，衣服幾乎濕透了。也許我們的房子炸了吧，我們斷不定。我不想出去看，這是太可怕了。

父親出去了，他看見我們的房子附近炸了幾處，但我們的却沒有炸中。這一次比頭一次更近了。一個炸彈離我們家門口二十呎的地方炸了開來。我們女房東的房子的門被擊倒。烟和着塵土四升。

過了一會我也出去看。七八處起了火，但是多數的炸彈沒有投中，只燒了幾棵樹。

我們年青的女房東楊太太哭起來了，因爲她的繼婆，一個很老的婦人，不願意出來，就躲在她屋後的一間小屋內，值錢的東西都在那裏。她也許被震死了。女房東想回家去看看，但是別人攔阻了她。

那討厭的H太太開始笑了，當楊太太不在這裏她的女兒指着說：「哈，哈，哈，她哭啦！」H太太開始談話，高興這次空襲能供給她閒談的材料。「哈，一清早凳子跌倒，我就曉得有甚麼事要發生啦。瞧那場火！那是李太太的房子，哈，可憐他們吧，他們昨天才買了新的被褥。「最好不要買」，我曾大

重慶風光　　六三

后来飞机跑开了。我们站了起来。我的身体出汗，衣服几乎湿透了。也许我们的房子炸了吧，我们断不定。我不想出去看，这是太可怕了。

父亲出去了，他看见我们的房子附近炸了几处，但我们的却没有炸中。这一次比头一次更近了。一个炸弹离我们家门口二十呎的地方炸了开来。我们女房东的房子的门被击倒。烟和着尘土四升。

过了一会我也出去看。七八处起了火，但是多数的炸弹没有投中，只烧了几棵树。

我们年青的女房东杨太太哭起来了，因为她的继婆，一个很老的妇人，不愿意出来，就躲在她屋后的一间小屋内，值钱的东西都在那里。她也许被震死了。女房东想回家去看看，但是别人拦阻了她。

那讨厌的H太太开始笑了，当杨太太不在这里她的女儿指着说：“哈，哈，哈，她哭啦！”H太太开始谈话，高兴这次空袭能供给她闲谈的材料。“哈，一清早凳子跌倒，我就晓得有什么事要发生啦。瞧那场火！那是李太太的房子，哈，可怜他们吧，他们昨天才买了新的被褥。‘最好不要买’，我曾说过他们，但是嘿！谁要听？现在，看你不听话！”

谁也不去注意听她。

火焰继续着，燃烧，燃烧。我们的消防队已出发救火了，但在几处火大得不能救。江南的一处最大，那是卖竹子的和市场的所在地。

火烟的黑焰升腾于空中。我开始惦记着我们的女仆，她因为头痛，不愿到防空洞来。

解除警报了，每个人都赶回家去。

所有的纽扣和锁在震动时脱去了。天花板上的白粉一块块掉了下来，玻璃打破了，我们的女仆已经扫干净了地板。

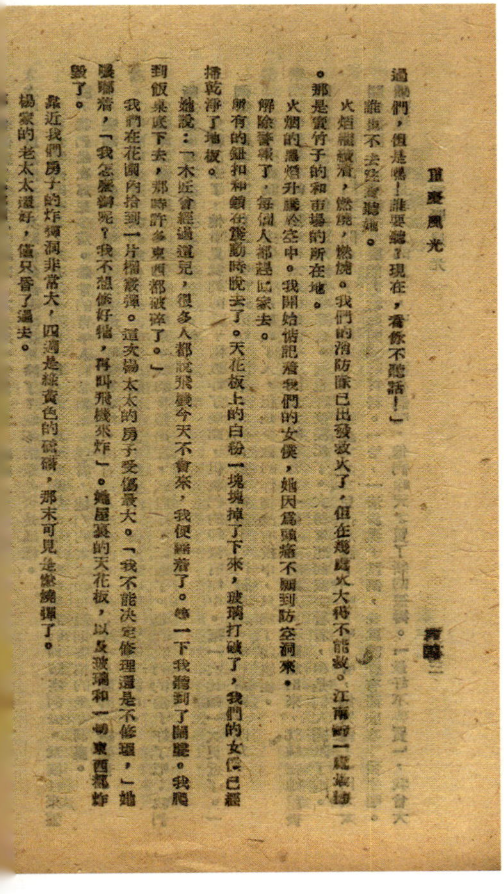
重慶風光

過她們，但是嚇！誰要聽？現在，看你不聽話！」

誰也不去注意聽她。

火焰繼續着，燃燒，燃燒。我們的消防隊已出發救火了，但在幾處火大得不能救。江南的一處最大。那是賣竹子的和市場的所在地。

火烟的黑焰升騰於空中。我開始惦記着我們的女僕，她因爲頭痛不願到防空洞來。

解除警報了，每個人都趕回家去。

所有的鈕扣和鎖在震動時脫去了。天花板上的白粉一塊塊掉了下來，玻璃打破了，我們的女僕已經掃乾淨了地板。

她說：「木匠曾經過這兒，很多人都說飛機今天不會來，我便睡着了。等一下我聽到了鬧聲。我爬到飯桌底下去，那時許多東西都破碎了。」

我們在花園內拾到一片榴霰彈。這次楊太太的房子受傷最大。「我不能決定修理還是不修理，」她嘮嘟着，「我怎麼辦呢？我不想修好牠，再叫飛機來炸」。她屋裏的天花板，以及玻璃和一切東西都炸毀了。

靠近我們房子的炸彈洞非常大，四週是綠黃色的硫礦，那末可見是燃燒彈了。

楊家的老太太還好，僅只昏了過去。

她说：“木匠曾经过这儿，很多人都说飞机今天不会来，我便睡着了。等一下我听到了闹声。我爬到饭桌底下去，那时许多东西都破碎了。”

我们在花园内拾到一片榴霰弹。这次杨太太的房子受伤最大。“我不能决定修理还是不修理。”她哝嘟着，“我怎么办呢？我不想修好它，再叫飞机来炸。”她屋里的天花板，以及玻璃和一切东西都炸毁了。

靠近我们房子的炸弹洞非常大，四周是绿黄色的硫黄，那末可见是燃烧弹了。

杨家的老太太还好，仅只昏了过去。

第二天，虽然我们想着市场已被烧光，食物或许不能买到了，但交易照常的在一处空场上进行着！

轰炸的那天夜里，我听到人们呼喊着和口喘着气，好像抬什么很重的东西。我不敢起来看，幸而我不曾，这会使我的心中难过。这是人们在夜里从被炸的医院里抬棺材出来，死人身上血淋淋的，火把在黑暗中必剥的燃烧着。

医院炸了，那就是轰炸机鹄目。我们晓得了北碚有三个目标：医院、银行和大学。

二十六、轰炸以后

无双　作

当我们觉得炸后的恐怖已平静时，我们到街上去看所受的创伤。

一路上，这么多人用手绢抚着鼻子，我们问他们是怎么一回事。他们没有回答，仅指着大街恶心的摇着头。我们往前走着。我看见四个人鼻子和嘴都包着。他们是抬棺材的。

我想现在去逛街恐怕没有什么意思，但我们继续往前走，当我们经过街上时，许多十分熟悉的店铺烧光了，还有许多家有着很多的弹穴。我觉得伤心。

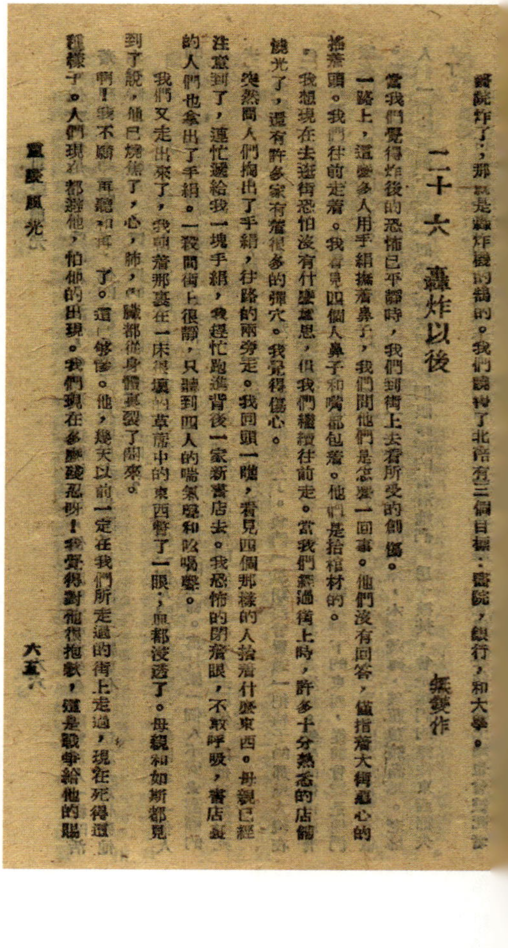
醫院炸了，那就是轟炸機的錯的。我們曉得了北碚有三個目標：醫院，銀行，和大學。

二十六　轟炸以後

無雙作

當我們覺得炸後的恐怖已平靜時，我們到街上去看所受的創傷。

一路上，這麼多人用手絹摀着鼻子，我們問他們是怎麼一回事。他們沒有回答，僅指着大街噁心的搖着頭。我們往前走着。我看見四個人鼻子和嘴都包着。他們是抬棺材的。

我想現在去逛街恐怕沒有什麼意思，但我們繼續往前走。當我們經過街上時，許多十分熟悉的店鋪燒光了，還有許多家有着很多的彈穴。我覺得傷心。

突然間人們掏出了手絹，往路的兩旁走。我回頭一瞧，看見四個那樣的人抬着什麼東西。母親已經注意到了，連忙遞給我一塊手絹，我趕忙跑進背後一家新書店去。我恐怖的閉着眼，不敢呼吸，書店裏的人們也拿出了手絹。一剎間街上很靜，只聽到四人的喘氣聲和吆喝聲。

我們又走出來了，我朝着那裹在一床很壞的草席中的東西瞥了一眼，血都浸透了。母親和如斯都見到了說，他已燒焦了，心，肺，內臟都從身體裏裂了開來。

啊！我不願再聽和再□了。這已夠慘。他，幾天以前一定在我們所走過的街上走過，現在死得這種樣子。人們現在都避他，怕他的出現。我們現在多麼殘忍呀！我覺得對他很抱歉，這是戰爭給他的賜

六五

突然间人们掏出了手绢，往路的两旁走。我回头一瞧，看见四个那样的人抬着什么东西。母亲已经注意到了，连忙递给我一块手绢，我赶忙跑进背后一家新书店去。我恐怖的闭着眼，不敢呼吸，书店里的人们也拿出了手绢儿。一刹间街上很静，只听到四人的喘气声和吆喝声。

我们又走出来了，我朝着那裹在一床很坏的草席中的东西瞥了一眼，血都浸透了，母亲和如斯都见到了说，他已烧焦了，心、肺、内脏都从身体里裂了开来。

啊！我不愿□再听和再□了，这已够惨。他，几天以前一定在我们所走过的街上走过，现在死得这种样子，人们现在都避他，怕他的出现。我们现在多么残忍呀！我觉得对他很抱歉，这是战争给他的赐予。他一定曾是一个可爱的人，没有人会像现在这样嫌恶他，他，应该享受着生命，应和别人一样的活着，现在生命却离开他了，他的身体分裂了。他的朋友们抛弃了他，谁也不需要他了，这就是为什么他在死时只有一张席，永远永远的——谁晓得到什么时候？

战争，炸弹，战争，炸弹！啊，为什么人们互相打仗？去消耗一个人的儿时在战争的氛围里，一个人的青春被强迫去和枪弹玩耍而早早地在战场上在家里结束了一个人的生命。为什么一个人不安安静静的生活着，与世隔绝呢？没有烦恼，没有负担，没有困难去烦扰他的生活，没有人去杀他，让他自然的死去不好吗？那末，为什么人们不能隔着一重海在平安的生活呢？

我穿过街沿着岸的街上走着，那里什么东西都烧光了。我们一星期前曾买过一把椅子的那地方现在已不见了。还好像是不可能的，但却是事实。在原地方只有灰堆和尘土，其余是空场。繁荣的街市没有了，在这儿玩耍的孩子不见了，河边空着。只有几个老妇人留着，探寻着剩下的东西，从前曾经是他们家里的。有些孩子拾着榴霰弹片，可以卖八毛钱一斤。鬼子却没有想到这一层。三天前的灰烬余热未散。整条河岸都烧遍了，扫过许多条街而停在某一家店旁，烧焦的木棒，木块残砖，破瓶狼藉满地。老妇人们一面眼泪滴下鼻头一面寻找着东西；她们眼睁睁的看着她们的房子被焚，曾是她们的每件东西都失去了。

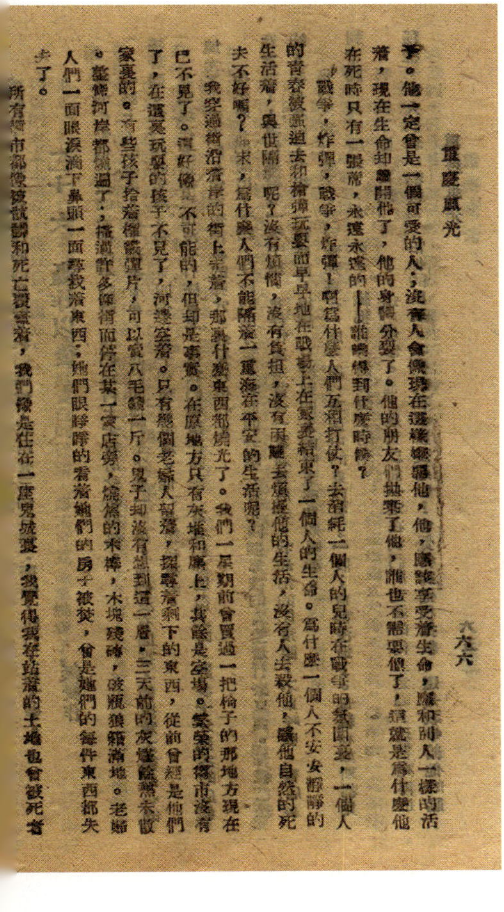
重慶風光　六六

爭。他一定會是一個可愛的人；況着人會像現在這樣嘲弄他，他，應該享受着生命，應和別人一樣的活着，現在生命卻離開他了，他的身體分裂了。他的朋友們拋棄了他，誰也不需要他了，這就是爲什麼他在死時只有一張蓆，永遠永遠的——誰曉得到什麼時候？

戰爭，炸彈，戰爭，炸彈！啊爲什麼人們互相打仗？去消耗一個人的兒時在戰爭的氛圍裏，一個人的青春被強迫去和槍彈玩耍而早早地在戰場上在家裏結束了一個人的生命。爲什麼一個人不安安靜靜的生活着，與世隔絕呢？沒有煩惱，沒有負担，沒有困難去煩擾他的生活，沒有人去殺他，讓他自然的死去不好嗎？那末，爲什麼人們不能隔着一重海在平安的生活呢？

我穿過街沿着岸的街上走着，那裏什麼東西都燒光了。我們一星期前曾買過一把椅子的那地方現在已不見了。還好像是不可能的，但卻是事實。在原地方只有灰堆和塵土，其餘是空場。繁榮的街市沒有了，在這兒玩耍的孩子不見了，河邊空着。只有幾個老婦人留着，探尋着剩下的東西，從前曾經是他們家裏的。有些孩子拾着榴霰彈片，可以賣八毛錢一斤。鬼子卻沒有想到這一層。三天前的灰燼餘熱未散。整條河岸都燒遍了，掃過許多條街而停在某一家店旁，燒焦的木棒，木塊殘磚，破瓶狼藉滿地。老婦人們一面眼淚滴下鼻頭一面尋找着東西；她們眼睁睁的看着她們的房子被焚，曾是她們的每件東西都失去了。

所有街市都像被骯髒和死亡覆蓋着，我們像是住在一座鬼城裏，我覺得我在站着的土地也會被死者

所有街市都像被肮脏和死亡覆盖着，我们像是住在一座鬼城里，我觉得我在站着的土地也会被死者站过，这地方就是为死人的。

北碚失去了它的恬静，它只剩下了一副强壮而消瘦的骨骼。人们全都兴奋起来，努力的做着事，不知将来还要发生什么。人们互相这样的客套，“恭喜此时此地无恙”或“托福，我还好！”。

但是人们已经在计划建造新房子了。我看见一个老妇人摊开一片蓝布在地上，已经在卖她的东西。肥皂、香烟和牙刷了。

轰炸后的一天，鬼子又来散下许多小传单，劝告我们不要再打仗了，

同时重庆却被炸得一塌糊涂。我们以为在炸后这是有效的，但是炸弹只能使我们痛恨他们厌恶他们，一张小纸片怎能打动我们的心呢？我们笑着把纸片抛开去。炸弹不能破坏我们长期抗战的决心。做着愚蠢诗句的小纸片能有什么用？鬼子绝望了，但我们却不然。

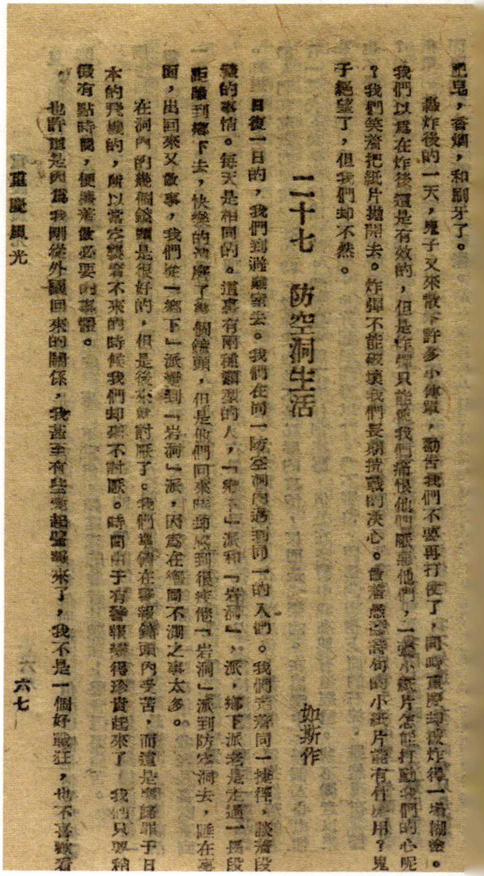

肥皂，香烟，和刷牙了。

轟炸後的一天，鬼子又來散下許多小傳單，勸告我們不要再打仗了，同時重慶卻被炸得一塌糊塗。我們以為在炸後這是有效的，但是炸彈只能使我們痛恨他們厭惡他們，一張小紙片怎能打動我們的心呢？我們笑着把紙片拋開去。炸彈不能破壞我們長期抗戰的決心。做着愚蠢詩句的小紙片能有什麼用？鬼子絕望了，但我們卻不然。

二十七 防空洞生活

如斯作

日復一日的，我們到避難室去。我們在同一防空洞內遇到同一的人們。我們齊齊同一排徑，談着段幾的事情。每天是相同的。這裏有兩種顯著的人，「鄉下」派和「岩洞」派，鄉下派老是老遠一長段距離到鄉下去，快樂的消磨了幾個鐘頭，但是他們回來時卻感到很疲倦「岩洞」派到防空洞去，睡在裏面，出回來又做事，我們從「鄉下」派變到「岩洞」派，因為在鄉間不測之事太多。

在洞內的幾個鐘頭是很好的，但是後來就討厭了。我們還得在幾個鐘頭內受苦，而這是應歸罪于日本的飛機的，所以常常盼着不來的時候我們卻不討厭。時間由于有警報變得珍貴起來了，我們只要稍微有點時間，便籌着做必要的事體。

也許這是因為我剛從外國回來的關係，我甚至有些吃起蠶豆來了，我不是一個好職狂，也不喜歡看

重慶風光　六七

二十七、防空洞生活

如斯　作

日复一日的，我们到避难室去。我们在同一防空洞内遇到同一的人们。我们走着同一捷径，谈着锻炼的事情。每天是相同的。这里有两种类型的人，“乡下”派和“岩洞”派，“乡下”派老是走过一长段距离到乡下去，快乐的消磨了几个钟头，但是他们回来时却感到很疲倦。“岩洞”派到防空洞去，睡在里面，出回来又做事，我们从“乡下”派变到“岩洞”派，因为在乡间不测之事太多了。

在洞里的几个钟头是很好的，但是后来就讨厌了。我们准备在警报钟头内受苦，而这是应归罪于日本的飞机的，所以当空袭者不来的时候，我们却毫不讨厌。时间由于有警报变得珍贵起来了，我们只要稍微有点儿时间，便挤着做必要的事体。

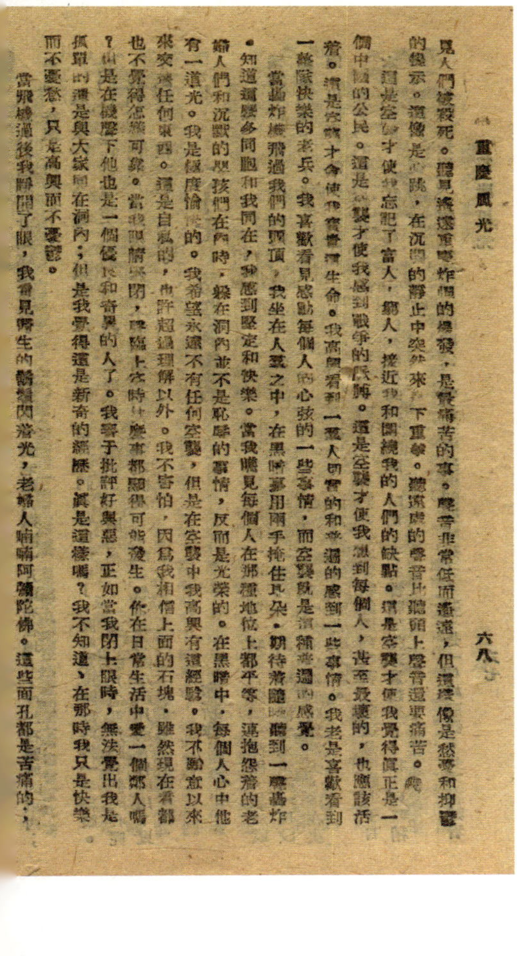
重慶風光　六八

見人們被殺死。聽見遙遠重慶炸彈的爆發，是最痛苦的事。聲音非常低而遙遠，但這樣像是愁憂和抑鬱的提示，這像是心跳，在沉悶的靜止中突然來幾下重擊。聽遠處的聲音比聽頭上聲音還要痛苦。

這是空襲才使我忘記了富人，窮人，接近我和圍繞我的人們的缺點。這是空襲才使我覺得真正是一個中國的公民。這是空襲才使我感到戰爭的脈搏。這是空襲才使我想到每個人，甚至最壞的，也應該活着。這是空襲才會使我寶貴這生命。我高興看到一羣人切實的和普遍的感到一些事情。我老是喜歡看到一整隊快樂的老兵。我喜歡看見感動每個人的心弦的一些事情，而空襲就是這種普遍的感覺。

當轟炸機飛過我們的頭頂，我坐在人羣之中，在黑暗裏用兩手掩住耳朵，期待着隨時聽到一聲轟炸。知道這麼多同胞和我同在，我感到堅定和快樂。當我聽見每個人在那種地位上都平等，連抱怨着的老婦人們和沉默的小孩們在內時，躲在洞內並不是恥辱的事情，反而是光榮的。在黑暗中，每個人心中他有一道光。我是極度愉快的。我希望永遠不有任何空襲，但是在空襲中我高興有這經驗。我不斷意以來來突然任何東西。這是自私的，也許超過理解以外。我不害怕，因為我相信上面的石塊，雖然現在看都也不覺得怎樣可靠。當我眼睛緊閉，睡臨上床時什麼事都顯得可能發生。你在日常生活中要一個鄰人嗎？但是在機聲下他也是一個優良和奇異的人了。我寧于批評好與惡，正如當我閉上眼時，無法覺出我是孤單的還是與大家同在洞內；但是我覺得這是新奇的經歷。真是這樣嗎？我不知道，在那時我只是快樂而不憂愁，只是高興而不憂鬱。

當飛機過後我睜開了眼，我看見蒼生的翳蒼閃着光，老婦人喃喃阿彌陀佛。這些面孔都是苦痛的；

也许这是因为我刚从外国回来的关系，我甚至有些爱起警报来了，我不是一个好战狂，也不喜欢看见人们被杀死。听见遥远重庆炸弹的爆发，是最痛苦的事。声音非常低而遥远，但这样像是愁忧和抑郁的提示，这像是心跳，在沉闷的静止中突然来几下重击。听远处的声音比听头上声音还要痛苦。

这是空袭才使我忘记了富人、穷人，接近我和围绕我的人们的缺点。这是空袭才是我觉得真正是一个中国的公民。这是空袭才是我感到战争的脉搏。这是空袭才使我想到每个人，甚至最坏的，也应该活着。这是空袭才会使我宝贵这生命。我高兴看到一群人切实的和普遍的感到一些事情。我老是喜欢看到一整队快乐的老兵。我喜欢看见感动每个人的心弦的一些事情，而空袭就是这种普遍的感觉。

当轰炸机飞过我们的头顶，我坐在人群之中，在黑暗里用两手掩住耳朵，期待着随时听到一声轰炸。知道这么多同胞和我同在，我感到坚定和快乐。当我瞧见每个人在那种地位上都平等，连抱怨着的老妇人们和沉默的婴孩们在内时，躲在洞内并不是耻辱的事情，反而是光荣的。在黑暗中，每个人心中他有一道光。我是极度愉快的。我希望永远不有任何空袭，但是在空袭中我高兴有这经验。我不愿意以未来交换任何东西，这是自私的，也许超过理解以外。我不害怕，因为我相信上面的石块，虽然现在看都也不觉得怎样可靠。当我眼睛紧闭，声临上空时什么事都显得可能发生。你在日常生活中爱一个邻人吗？但是在机声下他也是一个优良和奇异的人了。我奢于批评好与恶，正如当我闭上眼时，无法觉出我是孤单的还是与大家同在洞内，但是我觉得这是新奇的经历，真是这样吗？我不知道，在那时我只是快乐而不忧愁，只是高兴而不忧郁。

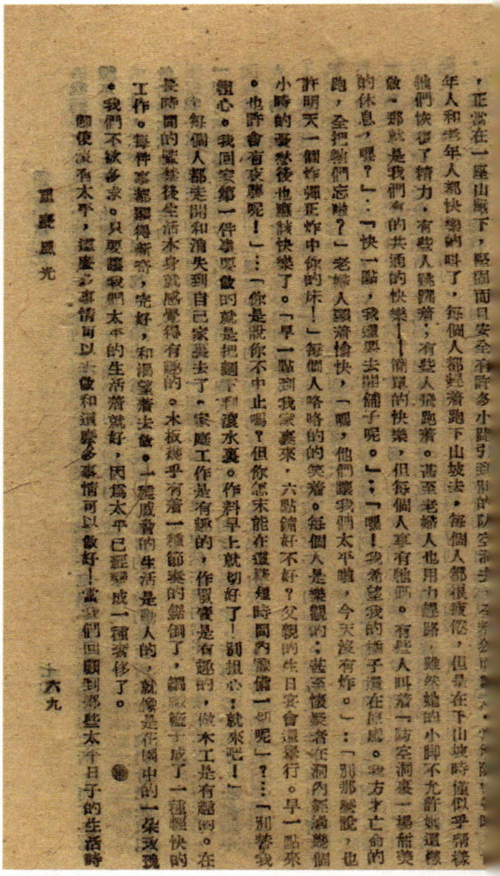
，正當在一座山巖下，堅固而且安全有許多小路引到別的防空洞去，……
年人和老年人都快樂的叫了，每個人都趕着跑下山坡去，每個人都很疲倦，但是在下山坡時僅似乎幫樣
牠們恢復了精力。有些人跳躍着；有些人飛跑着。甚至老婦人也用力趕路，雖然她的小脚不允許她還樣
做。那就是我們有的共通的快樂——簡單的快樂，但每個人享有牠們。有些人叫着「防空洞裏一場甜美
的休息，嘿？」：「快一點，我還要去開舖子呢。」：「嘿！我希望我的橘子還在原處。我方才亡命的
跑，全把牠們忘啦？」老婦人顯着愉快，「嗯，他們讓我們太平啦，今天沒有炸。」：「別那麼說，也
許明天一個炸彈正炸中你的床！」每個人咯咯的的笑着。每個人是樂觀的：甚至懷疑者在洞內經過幾個
小時的靜默後也應該快樂了。「早一點到我家裏來，六點鐘好不好？父親的生日宴會還要舉行。早一點來
。也許會有夜樂呢！」：「你是說你不中止嗎？但你怎末能在這樣短時間內預備一切呢」？：「別替我
擔心。我回家第一件事要做的就是把麵[illegible]浸水裏。作料早上就切好了！別担心：就來吧！」
每個人都走開和消失到自己家裏去了。家庭工作是有趣的，作買賣是有趣的，做木工是有趣的。在
長時間的監禁後生活本身就感覺得有趣的。木板幾乎有着一種節奏的翻倒了，籃子成了一種輕快的
工作。每件事都顯得新奇，完好，和渴望着去做。一種威脅的生活是動人的，就像是花園中的一朵玫瑰
。我們不欲多求。只要讓我們太平的生活着就好，因爲太平已經變成一種奢侈了。◎
即使沒有太平，這麼多事情可以去做和這麼多事情可以做好！當我們回顧到那些太平日子的生活時
重慶風光
一六九

当飞机过后我睁开了眼，我看见医生的胡须闪着光，老妇人喃喃阿弥陀佛。这些面孔都是苦痛的。多数的人是痛苦的，除了几个对发生的事无动于衷的青年人，他们像是憧憬着将来。我自己觉害着羞。但是，□□异□快乐每一次都临到我！不，我不痛苦。

我最快乐的瞬间之一，就是当我走出防空洞看见每个人都平安的走出的时候。洞建筑在一处山坡上，正当在一座山崖下，坚固而且安全，有许多小路引到别的防空洞去，全都狭而难走。当解除警报时，青年人和老年人都快乐的叫了，每个人都赶着跑下山坡去，每个人都很疲倦，但是在下山坡时仅似乎帮样它们恢复了精力。有些人跳跃着；有些人飞跑着。甚至老妇人也用力赶路，虽然她的小脚不允许她这样做。那就是我们有的共通的快乐——简单的快乐，但每个人享有它们。有些人叫着：“防空洞里一场甜美的休息，嘿？”“快一点，我还要去开铺子呢。”“嘿！我希望我的橘子还在原处，我方才亡命的跑，全把它们忘了？”老妇人

显着愉快：“嘿，他们让我们太平啦，今天没有炸。”“别那么说，也许明天一个炸弹正炸中你的床！”每个人咯咯的笑着。每个人是乐观的，甚至怀疑者在洞内经过几个小时的忧愁后也应该快乐了。“早一点到我家里来，六点钟好不好？父亲的生日宴会还举行。早一点来，也许会有夜袭呢！”“你是说你不终止吗？但是你怎末能在这样短时间内预备一切呢？”“别替我担心，我回家第一件事要做的就是把面下到滚水里。作料早上就切好了！别担心，就来吧！”

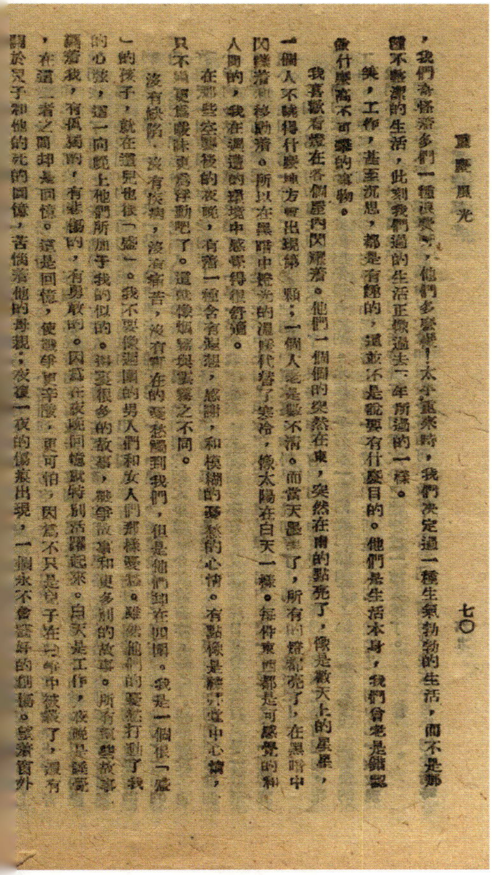
重慶風光 七〇

，我們奇怪着多麼一種浪費呀，他們多麼傻！太平重來時，我們決定過一種生氣勃勃的生活，而不是那種不整潔的生活，此刻我們過的生活正像過去一年所過的一樣。

笑，工作，甚至沉思，都是有趣的，這並不是說要有什麼目的。他們是生活本身，我們曾老是錯認做什麼高不可攀的事物。

我喜歡看燈在各個屋內閃耀着。他們一個個的突然在東，突然在南的點亮了，像是數天上的星星，一個人不曉得什麼地方會出現第一顆；一個人老是數不清。而當天墨黑了，所有的燈都亮了，在黑暗中閃耀着和移動着。所以在黑暗中燈光的溫暖代替了寒冷，像太陽在白天一樣。每件東西都是可感覺的和人間的，我在週遭的環境中感覺得很舒適。

在那些容易移的夜晚，有着一種含有幻想，感謝，和模糊的憂愁的心情。有點像是幹[illegible]中心情，只不過要更為曖昧更為浮動罷了。這就像憤懣與驚懼之不同。

沒有缺陷，沒有疾病，沒有痛苦，沒有實在的憂愁觸到我們，但是他們卻在四周。我是一個很「虛」的孩子，就在這兒也很「虛」。我不要像週圍的男人們和女人們那樣要強。雖然他們的憂愁打動了我的心弦，這一向就是他們所加予我的似的。我要很多的故事，戰爭故事和更多別的故事。所有這些故事觸着我，有孤獨的，有悲傷的，有勇敢的。因為在夜晚回憶就特別活躍起來。白天是工作，夜晚是謊言，在這二者之間卻是回憶。這是回憶，使戰爭更辛酸，更可怕，因為不只是兒子在戰爭中被殺了，還有關於兒子和他的死的回憶，苦惱着他的母親；夜復一夜的傷痕出現，一個永不會癒好的創傷。窗帘窗外

每个人都走开或消失到自己家里去了，家庭工作是有趣的，做买卖是有趣的，做木工是有趣的。在长时间的监禁后生活本身就感觉得有趣的。木板几乎有着一种节奏的锯倒了，编织篮子成了一种轻快的工作。每件事都显得新奇、完好和渴望着去做。一种威胁的生活是动人的，就像是在花园中的一朵玫瑰。我们不欲多求，只要让我们太平的生活着就好，因为太平已经变成一种奢侈了。

即使没有太平，这么多事情可以去做和这么多事情可以做好！当我们回顾到那些太平日子的生活时，我们奇怪着多么一种浪费呀，他们多么傻！太平重来时，我们决定过一种生气勃勃的生活，而不是那种不整洁的生活，此刻我们过的生活正像过去一年所过的一样。

笑，工作，甚至沉思都是有趣的，这并不是说要有什么目的。他们是生活本身，我们曾老是错认做什么高不可攀的事物。

我喜欢看灯在各个屋内闪耀着，他们一个个的突然在东，突然在南的点亮了，像是数天上的星星，一个人不晓得什么地方会出现第一颗，一个人老是数不清。而当天墨黑了，所有的灯都亮了，在黑暗中闪耀着和移动着。所以在黑暗中灯光的温暖代替了寒冷，像太阳在白天一样。每件东西都是可感觉的和人间的，我在周遭的环境中感觉得很舒适。

在那些空袭后的夜晚，有着一种含有遐想、感谢和模糊的忧愁的心情。有点像是礼拜堂中心情，只不过更为暧昧更为浮动吧了。这就像烟雾与云雾之不同。

没有缺陷，没有疾病，没有痛苦，没有实在的忧愁触到我们，但是他们却在四围。我是一个很“盛”的孩子，就在这儿也很“盛”。我不要像周围的男人们和女人们那样忧愁，虽然他们的忧愁打动了我的心弦，这一向晚上他们所加于我的似的。这里很多的故事，战争故事和更多别的故事。所有这些故事缠着我，有孤独的，有悲伤的，有勇敢的。因为在夜晚回忆就特别活跃起来。白天是工作，夜晚是睡觉，在这二者之间却是回忆。这是回忆，使战争更心酸，更可怕，因为不只是儿子在战争中被杀了，还有关于儿子和他的死的回忆，苦恼着他的母亲；夜复一夜的伤痕出现，一个永不会医好的创伤。望着窗外带着这样较平常更厉害的创伤，她吞下她的眼泪和紧闭着嘴唇。她在温习这事，然而那勇气是觉得可怜的，她羡慕着邻人们和孩子们共同进餐，一瞬间地对幸运和嫉妒充满了怨恨。但这并不持久，因为她知道她的忧愁多么崇高，而不愿意别人也有同样的事。

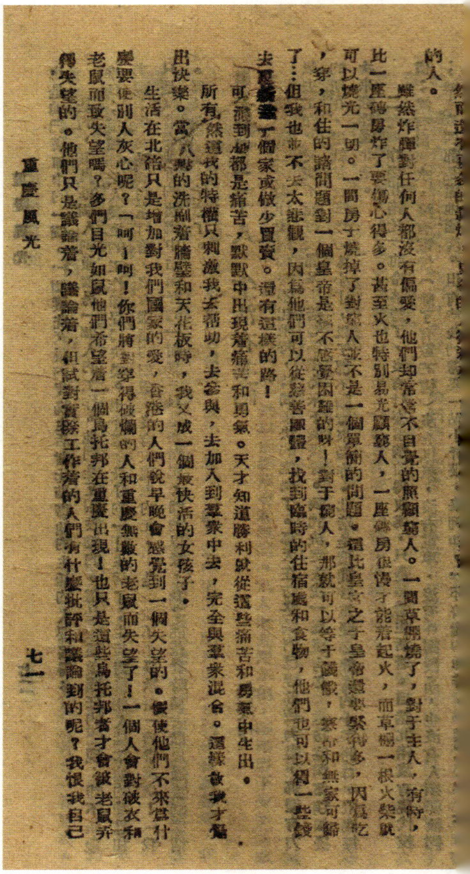
的人。
雖然炸彈對任何人都沒有偏愛，他們却常常不自覺的照顧窮人。一間草棚燒了，對于主人，有時，比一座磚房炸了要傷心得多。甚至火也特别易光顧窮人，一座磚房很慢才能着起火，而草棚一根火柴就可以燒光一切。一間房子燒掉了對窮人並不是一個單簡的問題。這比皇宮之于皇帝還要緊得多，因為吃，穿，和住的諸問題對一個皇帝是毫不感覺困難的呀！對于窮人，那就可以等于饑餓，寒冷和無家可歸了……但我也並不去太悲觀，因為他們可以從慈善團體，找到臨時的住宿處和食物，他們也可以得一些錢去[illegible]了個家或做少買賣。還有這樣的路！
可能到處都是痛苦，默默中出現着痛苦和勇氣。天才知道勝利就從這些痛苦和勇氣中生出。
所有，然這我的特權只刺激我去帮助，去參與，去加入到羣衆中去，完全與羣衆混合。這樣我才獲出快樂。當八月的洗刷着牆壁和天花板時，我又成一個被快活的女孩子。
生活在北碚只是增加對我們國家的愛，香港的人們我早晚會感覺到一個失望的。假使他們不來嘗什麼要使别人灰心呢？「呵！呵！你們將對穿得破爛的人和重慶無數的老鼠而失望了！一個人會對破衣和老鼠而致失望嗎？多們目光如鼠他們希望着一個烏托邦在重慶出現！也只是這些烏托邦者才會被老鼠弄得失望的。他們只是議論着，議論着，但試對實際工作着的人們有什麼批評和議論到的呢？我恨我自己
重慶風光　七一

然而还有更多的轰炸，更多的人被杀死，更多的回忆！每一次轰炸后，就要多出一个像她自己那样的人。

虽然炸弹对任何人都没有偏爱，他们却常常不自觉的照顾穷人。一间草棚烧了，对于主人，有时，比一座砖房炸了要伤心得多。甚至火也特别易光顾穷人，一座砖房很慢才能着起火，而草棚一根火柴就可以烧光一切。一间房子烧掉了对穷人并不是一个简单的问题。这比皇宫之于皇帝还要紧得多，因为吃、穿和住的诸问题对一个皇帝是毫不感觉困难的呀！对于穷人，那就可以等于饥饿、寒冷和无家可归了……但我也并不去太悲观，因为他们可以从慈善

团体，找到临时的住宿处和食物，他们也可以得一些钱去重新造一个家或做小买卖。还有这样的路！

可□到处都是痛苦，默默中出现着痛苦和勇气。天才知道胜利就从这些痛苦和勇气中生出。

所有然这我的特权只刺激我去帮助，去参与，去加入到群众中去，完全与群众混合。这样做我才觉出快乐。当八点的洗刷着墙壁和天花板时，我又成一个最快乐的女孩子。

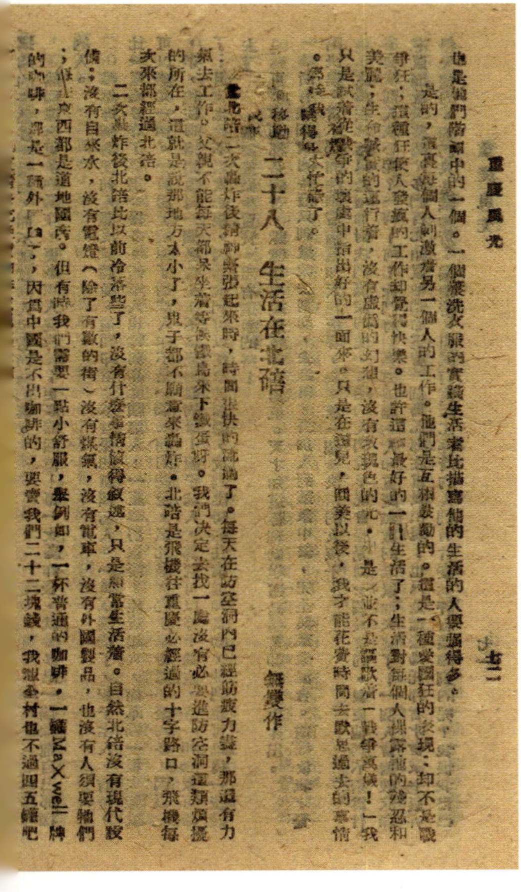
重慶風光　　七十二

也是他們階層中的一個。一個漿洗衣服的實踐生活者比描寫他的生活的人要强得多。

是的，這裏每個人刺激着另一個人的工作。他們是互相鼓勵的。這是一種愛國狂的表現；卻不是戰爭狂；這種狂使人發瘋的工作卻覺得快樂。也許這是最好的一種生活了；生活對每個人裸露它的殘忍和美麗；生命誠實的運行着，沒有虛偽的幻想，沒有玫瑰色的光。但是我並不是謳歌着「戰爭萬歲！」我只是試着從戰爭的壞處中指出好的一面來。只是在這兒，回美以後，我才能花費時間去默思過去的事情。那時我生活太忙碌了。

二十八　生活在北碚　　舒變作

當北碚一次轟炸後我們緊張起來時，時間非快的流過了。每天在防空洞內已經消耗力盡，那還有力氣去工作。父親不能每天都呆坐着等候轟炸機來下鐵蛋呀。我們決定去找一處沒有必要進防空洞這類煩擾的所在，這就是說那地方太小了，鬼子都不願意來轟炸。北碚是飛機往重慶必經過的十字路口，飛機每次來都經過北碚。

二次轟炸後北碚比以前冷落些了，沒有什麼事情做得叙述，只是照常生活着。自然北碚沒有現代設備；沒有自來水，沒有電燈（除了有數的街）沒有煤氣，沒有電車，沒有外國製品，也沒有人須要牠們；但土產西都是道地國貨。但有時我們需要一點小舒服，舉例如，一杯普通的咖啡，一罐Maxwell牌的咖啡，那是一種外國貨了，因為中國是不出咖啡的，要費我們二十二塊錢，我想全村也不過四五罐吧

生活在北碚只是增加对我们国家的爱，香港的人们说早晚会感觉到一个失望的。假使他们不来为什么要使别人灰心呢？“呵！呵！你们将对穿得破烂的人和重庆无数的老鼠而失望了！”一个人会对破衣和老鼠而致失望吗？多么目光如鼠，他们希望着一个乌托邦在重庆出现！也只是这些乌托邦者才会被老鼠弄得失望的。他们只是议论着，议论着，但是对实际工作着的人们有什么批评和议论到的呢？我恨我自己也是他们阶层中的一个。一个浆洗衣服的实践生活者比描写他的生活的人要强得多。

是的，这里每个人刺激着另一个人的工作。他们是互相鼓励的。这是一种爱国狂的表现，却不是战争狂，这种狂使人发疯的工作却觉得快乐。也许这是最好的一种生活了；生活对每个人裸露它的残忍和美丽；生命诚实的运行着，没有虚伪的幻想，没有玫瑰色的光，但是我并不是讴歌着“战争万岁！”，我只是试着从战争的坏处中指出好的一面来。只是在这儿，回美以后，我才能花费时间去默思过去的事情。那时我生活太忙碌了。

二十八、生活在北碚

无双 作

当北碚二次轰炸后精神紧张起来时，时间很快的流过了。每天在防空洞内已经筋疲力尽，那还有力气去工作。父亲不能每天都呆坐着等候铁鸟来下铁蛋呀。我们决定去找一处没有必要进防空洞这类烦扰的所在，这就是说那地方太小了，鬼子都不愿意来轰炸。北碚是飞机往重庆必经过的十字路口，飞机每次来都经过北碚。

二次轰炸后北碚比以前冷落些了，没有什么事情值得叙述，只是照常生活着。自然北碚没有现代设备，没有自来水，没有电灯（除了有数的街），没有煤气，没有电车，没有外国制品，也没有人需要它们，每件东西都是道地国产。但有时我们需要一点小舒服，举例如，一杯普通的咖啡。一罐 Maxwell 牌的咖啡，那是一种外国牌子，因为中国是不出咖啡的，要卖我们二十二块钱，我想全村也不过四五罐吧了。人们被请去吃晚饭，咖啡被视为任何人所能给最佳物品了。假使咖啡搀牛乳，那就被视为适合一个皇帝。实在我们很少尝味，虽则牛乳是仅是稀薄的东西。所以我们远离一切在西方认为当然的奢侈品，而饮食朴素。

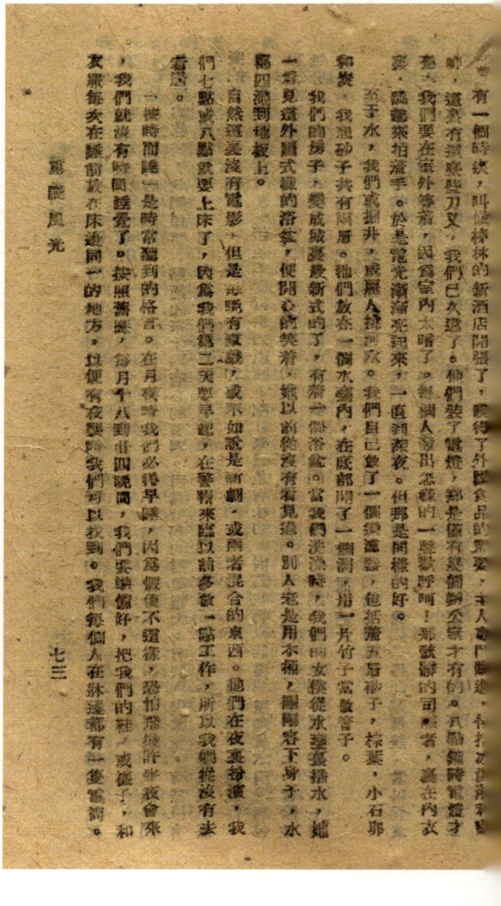

有一個時候，叫做榛林的新酒店開張了，曉得了外國食品的需要，主人專門購進，包括冰淇淋和咖

啡，這裏有這麼些刀叉，我們已久違了。他們裝了電燈，那是僅有幾個辦公室才有的。八點鐘時電燈才亮。我們要在室外等着，因爲室內太暗了。每個人發出怎樣的一聲歡呼啊！那骯髒的司賑者，裹在內衣裏，跳起來拍着手。於是電光漸漸亮起來，一直到深夜。但那是同樣的好。

至於水，我們或掘井，或雇人挑河水。我們自己做了一個過濾器，包括着五層沙子，棕葉，小石卵和炭，我想沙子共有兩層。牠們放在一個水缸內，在底部開了一個洞，用一片竹子當做管子。

我們的房子，變成最漂亮最新式的了，有着一個浴缸。當我們洗澡時，我們叫女僕從水塘裏挑水，她一看見這外國式樣的浴缸，便開心的笑着，她以前從沒有看見過。別人宅是用木桶，剛剛容下身子，水[illegible]濺到地板上。

自然這裏沒有電影，但是也曉有戲劇，或不如說是新劇，或兩者混合的東西。他們在夜裏扮演，我們七點或八點就要上床了，因爲我們每天要早起，在警報來臨以前多做一點工作，所以我們從沒有去看過。

「準時間睡」是時常聽到的格言。在月夜時我們必得早睡，因爲假使不這樣，恐怕飛機許半夜會來，我們就沒有時間睡覺了。按照習慣，每月十八到廿四號間，我們要準備好，把我們的鞋，或襪子，和衣服每夜在睡前放在床邊同一的地方，以便有夜襲時我們可以找到。我們每個人在牀邊都有一隻[illegible]。

霧陵風光　七三

有一个时期，叫做榛林的新酒店开张了，晓得了外国食品的需要，主人专门购进，包括冰淇淋和咖啡，这里有这么些刀叉，我们已久违了。他们装了电灯，那是仅有几个办公室才有的。八点钟时电灯才亮，我们要在室外等着，因为室内太暗了。每个人发出怎样的一声欢呼呵！那肮脏的司赈者，裹在内衣里，跳起来拍着手。于是电光渐渐亮起来，一直到深夜。但那是同样的好。

至于水，我们或掘井，或雇人挑河水。我们自己做了一个过滤器，包括着五层沙子、棕叶、小石卵和碳，我想沙子共有两层。它们放在一个水瓮里，在底部开了一个洞，用一片竹子当做管子。

我们的房子，变成城里最新式的了，有着一个浴盆。当我们洗澡时，我们的女仆从水瓮里舀水，她一看见这外国式样的浴盆，便开心的笑着，她以前从没有看见过。别人老是用木桶，刚刚容下身子，水都四溅到地板上。

自然这里没有电影，但是每晚有京戏，或不如说是新剧，或两者混合的东西。他们在夜里扮演，我们七点或八点就要上床了，因为我们第二天要早起，在警报来临以前多做一点工作，所以我们从没有去看过。

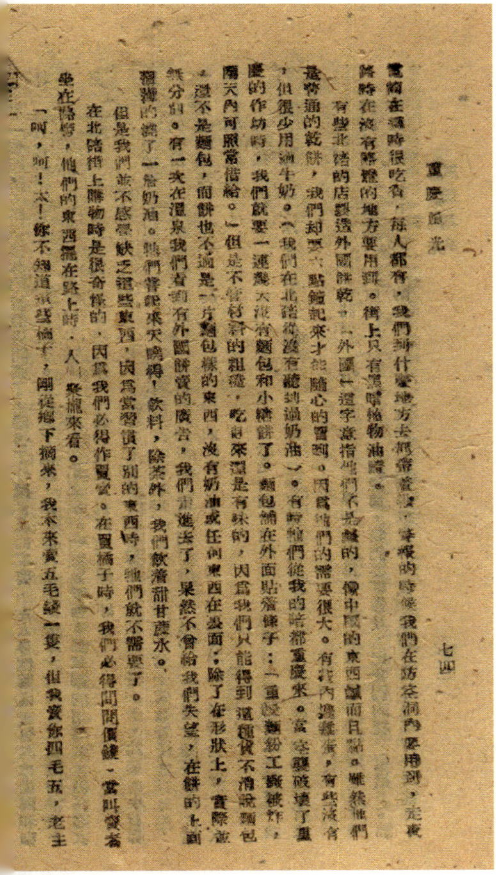
重慶風光　　七四

電筒在這時很吃香，每人都有，我們到什麼地方去都帶着它，警報的時候我們在防空洞內要用到，走夜路時在沒有路燈的地方要用到。街上只有黑暗植物油燈。

有些北碚的店製造外國餅乾，「外國」這字意指牠們不是鹹的，像中國的東西鹹而且黏。雖然牠們是普通的餅乾，我們却要六點鐘起來才能隨心的買到。因爲牠們的需要很大。有些內攙雞蛋，有些沒有，但很少用過牛奶。（我們在北碚從沒有聽到過奶油）。有時牠們從我的陪都重慶來。當空襲破壞了重慶的作坊時，我們就要一連幾天沒有麵包和小糖餅了。麵包舖在外面貼着條子：「重慶麵粉工廠被炸，兩天內可照常供給。」但是不管材料的粗糙，吃起來還是有味的，因爲我們只能得到這種貨不消說麵包，還不是麵包，而餅也不過是一片麵包樣的東西，沒有奶油或任何東西在裏面，除了在形狀上，實際並無分別。有一次在溫泉我們看到有外國餅賣的廣告，我們走進去了，果然不會給我們失望，在餅的上面濶薄的塗了一層奶油。牠們嘗起來眞曉得！飲料，除茶外，我們飲着甜甘蔗水。

但是我們並不感覺缺乏這些東西，因爲當習慣了別的東西時，牠們就不需要了。

在北碚街上購物時是很奇怪的，因爲我們必得作買賣。在買橘子時，我們必得問問價錢，當叫賣者坐在路旁，他們的東西擺在路上時，人人聚攏來看。

「呵，呵！太！你不知道這些橘子，剛從鄉下摘來，我本來賣五毛錢一隻，但我賣你四毛五，老主

“按时而睡”是时常听到的格言。在月夜时我们必得早睡，因为假使不这样，恐怕飞机许半夜会来，我们就没有时间睡觉了。按照旧历，每月十八到廿四晚间，我们要准备好，把我们的鞋子或袜子和衣服每次在睡前放在床边同一的地方，以便有夜警时我们可以找到。我们每个人在床边都有一支电筒。

电筒在这时很吃香，每人都有，我们到什么地方去都带着它，警报的时候我们在防空洞内要用到，走夜路时在没有路灯的地方要用到。街上只有黑暗植物油灯。

有些北碚的店制造外国饼干，“外国”这字意指它们不是咸的，像中国的东西咸而且黏。虽然它们是普通的饼干，我们却要六点钟起来才能随心的买到。因为它们的需要很大。有些内搀有鸡蛋，有些没有，但很少用过牛奶（我们在北碚从来没有听到过奶油）。有时它们从我的陪都重庆来。当空袭破坏了重庆的作坊时，我们就要一连几天没有面包和小糖饼了。面包铺在外面贴着条子：“重庆面粉工厂被炸，两天内可照常供给。”但是不管材料的粗糙，吃起来还是有味的，因为我们只能得到这种货，不消说面包，还不是面包，而饼也不过是一片面包样的东西，没有奶油或任何东西在里面，除了在形状上，实际并无分别。有一次在温泉我们

看到有外国饼卖的广告，我们走进去了，果然不曾给我们失望，在饼的上面，薄薄的浇了一层奶油。它们尝起来天晓得！饮料，除茶外，我们饮着甜甘蔗水。

但我们并不感觉缺乏这些东西，因为当习惯了别的东西时，它们就不需要了。

在北碚街上购物时是很奇怪的，因为我们必得作买卖。在买橘子时，我们必得问问价钱，当叫卖者坐在路旁，他们的东西摆在路上时，人们聚拢来看。

“呵，呵！太！你不知道这些橘子，刚从乡下摘来，我本来卖五毛钱一只，但我卖你四毛五，老主顾！”

“喔说！这样的小橘子，我还你三毛钱一只！”母亲这样回答。

“不卖，不卖，不卖！”

这样我们只好假装着走开，而每次我们都听到他们嚷：“好啦，三角五，这可不能再少一个！”旁观者却喊着：“呵，不要买他的！这样又小又烂的橘子要卖三毛五一只，你这瞎眼的卖东西的！你简直看见老主顾不认得啦！”橘子在夏天是昂贵的，因为他们是从去年起保留了整个冬天。于是每个人都笑了，我们以最初所提到的价格的一半买到手。父亲从不愿意还价，也不晓得怎样还法，他还觉得母亲对小贩太苛，而实在你一不小心，小贩就把当给你上的假。使他们索价十元，你五元就可以买到了。

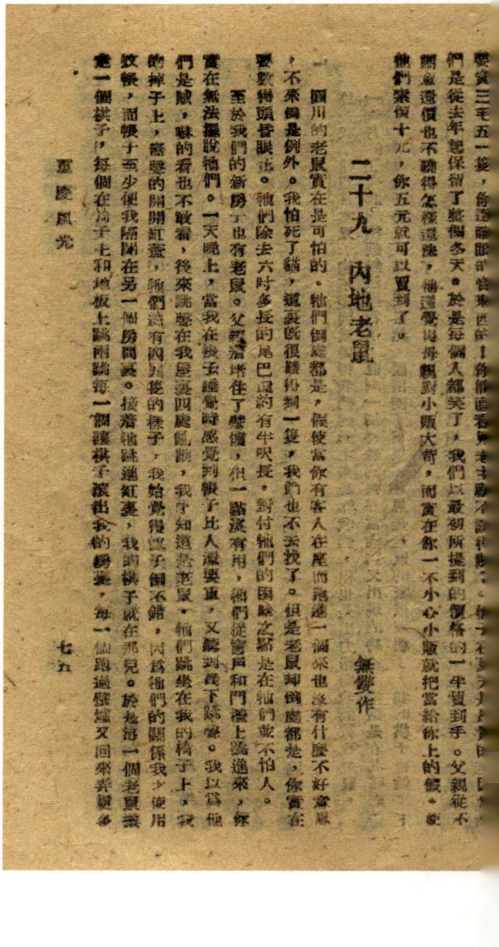
要賣三毛五一隻，你這瞎眼的賣東西的！你簡直看見老主顧不認得啦！」橘子在夏天是昂貴的，因為他們是從去年起保留了整個冬天。於是每個人都笑了，我們以最初所提到的價格的一半買到手。父親從不願意還價也不曉得怎樣還法，他還覺得母親對小販太苛，而實在你一不小心小販就把當給你上的假。使牠們索價十元，你五元就可以買到了。

二十九　內地老鼠

無夢作

四川的老鼠實在是可怕的。牠們倒處都是，假使當你有客人在座而跑進一個來也沒有什麼不好意思，不來倒是例外。我怕死了貓，這裏既很難得到一隻，我們也不去找了。但是老鼠卻倒處都是，你會在數數時頭昏眼花。牠們除去六吋多長的尾巴還約有半呎長，對付牠們的困難之點是在牠們並不怕人。

至於我們的新房子也有老鼠。父親[illegible]堵住了壁縫，但一點沒有用，牠們從窗戶和門檻上跑進來，你實在無法擺脫牠們。一天晚上，當我在帳子裏睡覺時感覺到帳子比人還要重，又聽到[illegible]下跳響。我以為牠們是賊，嚇的看也不敢看，後來跳聲在我屋裏四處亂跳，我才知道是老鼠。牠們跳坐在我的椅子上，我的箱子上，響響的揭開缸蓋，牠們沒有四隻腳的樣子，我始覺得[illegible]倒不錯，因為牠們的關係我才使用蚊帳，而帳子至少使我隔開在另一個房間裏。接着牠跳進缸裏，我的[illegible]就在那兒。於是每一個老鼠都竟一個箱子，每個在[illegible]上和地板上跳兩跳每一個讓箱子滾出我的房裏，每一個跑過壁爐又回來弄[illegible]

重慶風光　七五

二十九、内地老鼠

无双　作

四川的老鼠实在是可怕的。它们到处都是，假使当你有客人在座而跑进一个来也没有什么不好意思，不来倒是例外。我怕死了猫，这里既很难得到一只，我们也不去找了。但是老鼠却到处都是，你实在要数得头昏眼花。它们除去六吋多长的尾巴还约有半呎长。对付它们的困难之点是在它们并不怕人。

至于我们的新房子也有老鼠。父亲□堵住了壁炉，但一点儿没有用，它们从窗户和门槛上跳进来，你实在无法摆脱它们。一天晚上，当我在帐子睡觉时感觉到帐子比人还要重，又听到几下跳声。我以为他们是贼，吓得看也不敢看，后来跳声在我屋里四处乱动，我才知道是老鼠。它们跳坐在我的椅子上，我的桌子上，响声的开开缸盖，它们约有四五只的样子，我始觉得蚊子倒不错，因为它们的关系我才使用蚊帐，而帐子至少使我隔开在另一个房间里。接着它跳进缸里，我的棋子就在那儿。于是每一个老鼠搬走一个棋子，每个在椅子上和地板上跳两跳，每一个让棋子滚出我的房里，每一个跑过壁炉又回来弄更多的东西。它们是非常有秩序的，我可以数出十一只棋子拿出来了，老鼠，老鼠！但我并不十分怕它们。

“嘶——嘶——”我叫着。老鼠们对我丝毫不加注意，仍然继续着捣乱，接着我发觉我的电筒坏了，我没有东西可以吓唬它们，除了我自己以外，我又不敢起来去赶它们。

于是我只好让它们跑，整晚我可惜着我的棋子，第二天早晨我发觉十一只棋子不见了，我晓得它们在什么地方，如果小偷不是这般十分有礼的老鼠时，他们也没有这耐烦来打开我的缸盖了。

另一个晚上我发觉自己被一个巨声闹

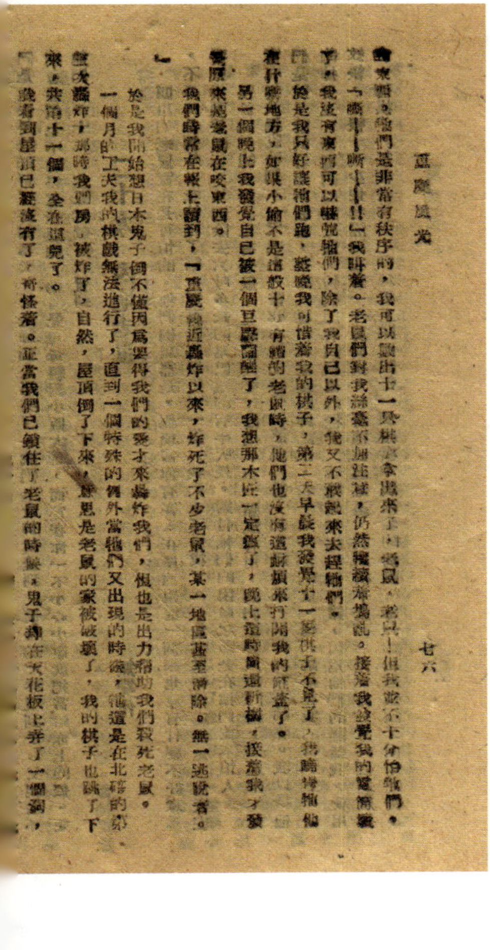

重慶風光　七六

東西。牠們是非常有秩序的，我可以數出十一隻棋子拿出來了，老鼠，老鼠！但我並不十分怕牠們。

「嘶——嘶——！」我叫着。老鼠們對我絲毫不加注意，仍然繼續着搗亂。接着我發覺我的電筒壞了，我沒有東西可以嚇唬牠們，除了我自己以外，我又不敢起來去趕牠們。

於是我只好讓牠們跑，整晚我可惜着我的棋子，第二天早晨我發覺十一隻棋子不見了，我曉得牠們在什麼地方，如果小偷不是這般十分有禮的老鼠時，牠們也沒有這耐煩來打開我的缸蓋了。

另一個晚上我發覺自己被一個巨聲鬧醒了，我想那木匠一定瘋了，晚上這時候還斬樹，接着我才發覺原來是老鼠在咬東西。

我們時常在報上讀到，「重慶附近轟炸以來，炸死了不少老鼠，某一地區甚至清除。無一逃脫者。」

於是我開始想日本鬼子倒不僅因為要得我們的愛才來轟炸我們，但也是出力幫助我們殺死老鼠。

一個月的工夫我的棋戲無法進行了，直到一個特殊的例外當牠們又出現的時候，牠還是在北碚的第一次轟炸，那時我們房子被炸了，自然，屋頂倒了下來，意思是老鼠的家被破壞了，我的棋子也跳了下來，共計十一個，全在這兒了。

我看到屋頂已經沒有了，奇怪着。正當我們已忘住了老鼠的時候，鬼子卻在天花板上弄了一個洞，醒了，我想那木匠一定疯了，晚上这时间还斫树，接着我才发觉原来是老鼠在咬东西。

我们时常在报上读到，“重庆□近轰炸以来，炸死了不少老鼠，某一地区甚至清除，无一逃脱者”。

一个月的工夫我的棋戏无法进行了，直到一个特殊的例外当它们又出现的时候，它这是在北碚的第三次轰炸，那时我们房子被炸了，自然，房顶倒了下来，意思是老鼠的家被破坏了，我的棋子也跳了下来，共有十一个，全在这儿了。

我看到屋顶已经没有了，奇怪着。正当我们已锁住了老鼠的时候，鬼子却在天花板上弄了一个洞，使老鼠又能跑下去；这时鬼子破坏了老鼠的巢穴了，我觉得鬼子好滑稽，但不晓得他们是为了老鼠还是为了人。

三十、缙云山

无双　作

我们在缙云山找到一处不值得轰炸的小地方。这是一座荒凉的山，上面有一个庙。从这个庙走半个钟点的路到达一所荒凉的寺宇，现在改开旅馆了。但是这地方太荒僻，人们仅在夏天来，冬天这里不见住，因为人太少，不大太平，有几个家庭从村里移住这里来逃避。我们叫它做庙。

作家王老向和他的太太也在这里，我们和他们变成很要好的朋友。

这里有三座建筑。我们住在最大的一座建筑内的两间房子里，这建筑包括一排房屋，左右都有走廊扶梯，在中央的楼上还有着带房屋的阳台，几个和尚整天祷告着“啊！我佛慈悲”。还有一间大厨房，足供几家人在里面烧饭，每家有座分开的炉灶。

我们搬到这里，觉得这地方合适。我们几乎完全回到开始的生活了，没有一件东西感到不缺乏，这里只有几把椅子，几张桌子，几张床和几座火炉，这几件必需的东西。我们穿着蓝色棉布衣服，在北碚也算最好的式样了，我们除非看见太脏才脱下来洗，因为无须乎把我们的衣服都换穿出来给大家瞧。

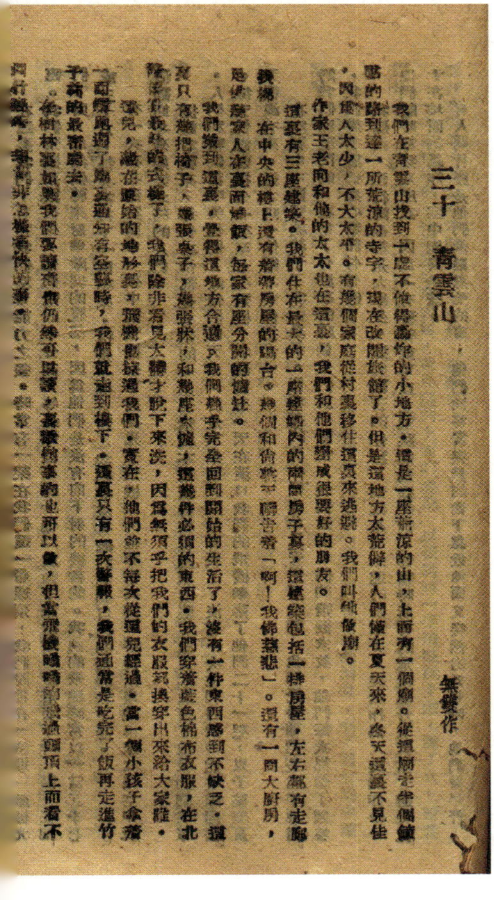

三十　青雲山　無雙作

我們在青雲山找到一處不值得轟炸的小地方。這是一座荒涼的山，上面有一個廟。從這廟走半個鐘點的路到達一所荒涼的寺宇，現在改開旅館了。但是這地方太荒僻，人們僅在夏天來，冬天這裏不見住，因為人太少，不大太平。有幾個家庭從村裏移住這裏來逃避。我們叫牠做廟。

作家王老向和他的太太也在這裏，我們和他們變成很要好的朋友。

這裏有三座建築。我們住在最大的一座建築內的兩間房子裏，這建築包括一排房屋，左右都有走廊扶梯，在中央的樓上還有帶房屋的陽台。幾個和尚整天禱告着「啊！我佛慈悲」。還有一間大廚房，足供幾家人在裏面燒飯，每家有座分開的爐灶。

我們搬到這裏，覺得這地方合適。我們幾乎完全回到開始的生活了，沒有一件東西感到不缺乏。這裏只有幾把椅子，幾張桌子，幾張牀，和幾座火爐，這幾件必須的東西。我們穿着藍色棉布衣服，在北碚也算最好的式樣了。我們除非看見太髒才脫下來洗，因為無須乎把我們的衣服都換穿出來給大家瞧。

這兒，藏在原始的地形裏，飛機也掠過我們。實在，牠們並不每次從這兒經過。當一個小孩子拿着一面鑼跑遍了廟裏通知有空襲時，我們就走到樓下。這裏只有一次警報，我們通常是吃完了飯再走進竹子林的最密處去。

在樹林裏如果我們要讀書也仍然可以讀，喜歡做事的也可以做，但當飛機嗡嗡的飛過頭頂上而看不

這儿，藏在原始的地形里，飞机也掠过我们。实在，他们并不每次从这儿经过。当一个小孩子拿着一面锣跑遍了庙里通知有空袭时，我们就走到楼下。这里只有一次警报，我们通常是吃完了饭再走近竹子林的最密处去。

在树林里如果我们要读书也仍然可以读，喜欢做事的也可以做，但当飞机嗡嗡的飞过头顶上而看不见什么时，却并非怎样痛快的事。

在这里我们才看到我们空军能力之强。时常有一架在我们这一带环飞，我们说他在“恭迎”敌机光临。我们飞机架数很少，他们飞的十分高，等轰炸机来时，他们就

冲下来射击，接着更下降一点，在他们下面，忽然倒转来射击敌机的腹部，因为他们是没有向下射的机枪的。我们的飞机时常以一当二十七或三十六，每次都打下一两架来，这是一个奇迹，我们从没有听到我们自己的飞机跌下过。

有一次在北碚空袭中一架中国飞机射下五只鬼子飞机来，他非常高兴，空袭以后他再来北碚空中表演翻筋斗来娱乐北碚的人们。

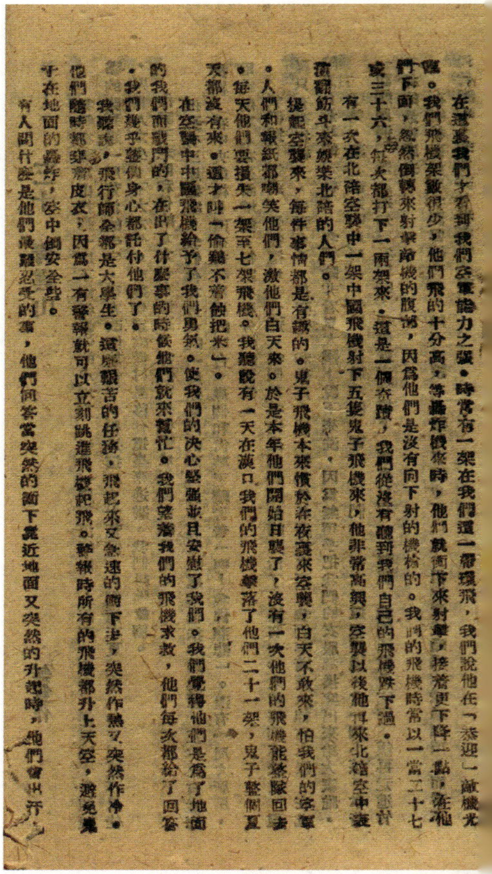
在這裏我們才看到我們空軍能力之强。時常有一架在我們這一帶環飛，我們說他在「恭迎」敵機光臨。我們飛機架數很少，他們飛的十分高，等轟炸機來時，他們就衝下來射擊，接着更下降一點，在他們下面，忽然倒轉來射擊敵機的腹部，因為他們是沒有向下射的機槍的。我們的飛機時常以一當二十七或三十六，每次都打下一兩架來。這是一個奇蹟，我們從沒有聽到我們自己的飛機跌下過。

有一次在北碚空襲中一架中國飛機射下五隻鬼子飛機來，他非常高興，空襲以後他再來北碚空中表演翻觔斗來娛樂北碚的人們。

提起空襲來，每件事情都是有趣的。鬼子飛機本來慣於在夜裏來空襲，白天不敢來，怕我們的空軍。人們和報紙都嘲笑他們，激他們白天來。於是本年他們開始日襲了，沒有一次他們的飛機能整隊回去。每天他們要損失一架至七架飛機。我聽說有一天在漢口我們的飛機擊落了他們二十一架，鬼子整個夏天都沒有來。這才叫「偷雞不着蝕把米」。

在空襲中中國飛機給予了我們勇氣。使我們的決心堅強並且安慰了我們。我們覺得他們是為了地面的我們而戰鬥的，在出了什麼事的時候他們就來幫忙。我們望着我們的飛機求救，他們每次都給了回答。我們幾乎整個身心都託付他們了。

我聽說，飛行師全都是大學生。這麼艱苦的任務，飛起來又急速的衝下去，突然作熱又突然作冷。他們隨時都穿着皮衣，因為一有警報就可以立刻跳進飛機起飛。警報時所有的飛機都升上天空，避免鬼子在地面的轟炸，空中倒安全些。

有人問什麼是他們最難忍受的事，他們回答當突然的衝下靠近地面又突然的升起時，他們會出汗，

提起空袭来，每件事情都是有趣的。鬼子飞机本来惯于在夜里来空袭，白天不敢来，怕我们的空军。人们和报纸都嘲笑他们，激他们白天来。于是本年他们开始日袭了，没有一次他们的飞机能整队回去。每天他们要损失一架至七架飞机。我听说有一天在汉口我们的飞机击落了他们二十一架，鬼子整个夏天都没有来。这才叫“偷鸡不着蚀把米”。

在空袭中中国飞机给予了我们勇气。使我们的决心坚强并且安慰了我们。我们觉得他们是为了地面的我们而战斗的，在出了什么事的时候他们就来帮忙。我们望着我们的飞机求救，他们每次都给了回答，我们几乎整个身心都托付他们了。

我听说，飞行师全都是大学生。这么艰苦的任务，飞起来又急速的冲下去，突然作热又突然作冷。他们随时都穿着皮衣，因为一有警报就可以立刻跳进飞机起飞。警报时所有的飞机都升上天空，避免鬼子在地面的轰炸，空中倒安全些。

有人问什么是他们最难忍受的事，他们回答当突然的冲下靠近地面又突然的升起时，他们会出汗，而汗水像虫子和蚂蚁似的在身上爬着，最难过了。

一次在竹林中，我们听见飞机声，并且听到上面的恶战，以后听到一架飞机跌下来，着了火。对我们是多么大的快乐呀！在空袭的日子里，惟一开心的就是听到或看到一架日本飞机被命中的跌落地下去。

在空袭的紧张中每个人都屏住气，老是高兴听到有些残暴的轰炸机被击落的消息，啊，勇敢的中国空军！我怎样用笔墨描写于万一呢？

搬来了这荒凉的山中后，从寂静的林中找到了安全，我们十分宁静下来了。当飞机飞过时，山中感到特别有趣，我觉得我们，藏在深密的竹林中的这几家，是非常幸运的。

豹群在夜里咆哮着，但豹群总比炸弹好一点。

他的太太希望有一个孩子的那个王先生，一周间每天都在北碚工作，而经常在周末回来。当他回来时，我们的仆人青山照例跟在他后头，带来许多鸭、鸡、米和吃的东西，供给我们一星期之用。有时和我们住在一起的厨子亲自在集日下山去买东西。

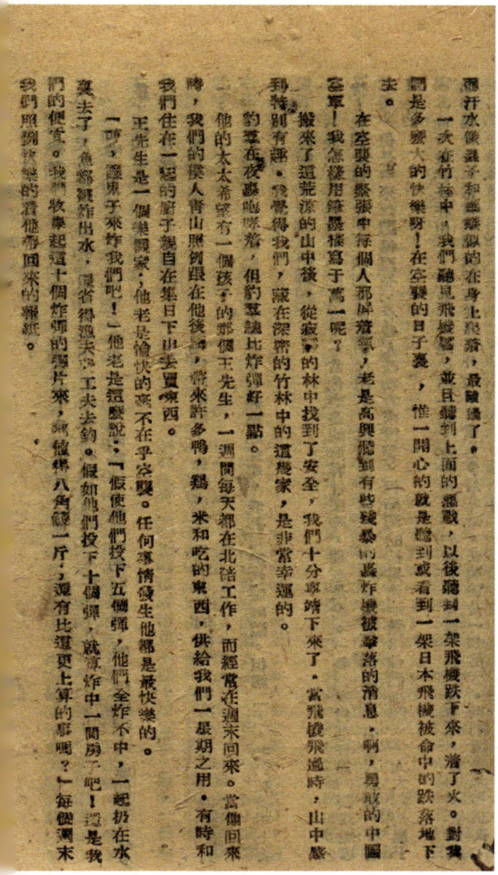

濺汗水像蟲子和蠕蟲似的在身上爬着，最難過了。

一次在竹林中，我們聽見飛機響，並且聽到上面的惡戰，以後聽到一架飛機跌下來，着了火。對我們是多麽大的快樂呀！在空襲的日子裏，惟一關心的就是聽到或看到一架日本飛機被命中的跌落地下去。

在空襲的緊張中每個人都屏着氣，老是高興聽到有些殘暴的轟炸機被擊落的消息，啊，勇敢的中國空軍！我怎樣用筆墨描寫于萬一呢？

搬來了這荒涼的山中後，從寂靜的林中找到了安全，我們十分寧靜下來了。當飛機飛過時，山中感到特別有趣。我覺得我們，藏在深密的竹林中的這幾家，是非常幸運的。

豹羣在夜裏咆哮着，但豹羣總比炸彈好一點。

他的太太希望有一個孩子的那個王先生，一週間每天都在北碚工作，而經常在週末回來。當他回來時，我們的僕人青山照例跟在他後頭，帶來許多鴨，雞，米和吃的東西，供給我們一星期之用。有時和我們住在一起的廚子親自在集日下山去買東西。

王先生是一個樂觀家，他老是愉快的毫不在乎空襲。任何事情發生他都是最快樂的。

「哼，讓鬼子來炸我們吧！」他老是這麽說，「假使他們投下五個彈，他們全炸不中，一起扔在水裏去了，魚都被炸出水，還省得漁夫費工夫去釣。假如他們投下十個彈，就算炸中一間房子吧！還是我們的便宜。我們收集起這十個炸彈的彈片來，都值得八角錢一斤，還有比這更上算的事嗎？」每個週末我們照例快樂的看他帶回來的報紙。

王先生是一个乐观家；他老是愉快的毫不在乎空袭。任何事情发生他都是最快乐的。

“哼，让鬼子来炸我们吧！”他老是这么说，“假使他们投下五个弹，他们全炸不中，一起扔在水里去了，鱼都被炸出水，还省得渔夫费工夫去钓。假如他们投下十个弹，就算炸中一间房子吧！还是我们的便宜。我们收集起这十个炸弹的弹片来，都值得八角钱一斤，还有比这更上算的事吗？”每个周末我们照例快乐的看他带回来的报纸。

“有什么新闻？”我们会问他。

“确实消息，我们昨天打下七架飞机！我们收复了一座城，还杀了许多鬼子！”

一天当警报的时候他走到山里来，当他看见我们和他的太太在竹林中时，他叫着。

“哙！别害怕，今天飞机不会来。我回来的时候，听到我们的飞机，呼呼的飞！不要问我有多少只，要问多少群！”

“有几百呢？”我问道。

“我也不晓得，太多了。只是呼呼呼的响，你从没有听见过这样的声音！我没有看到，但却听到。”

就算他形容过作一点或过火，那又有什么关系呢？我们这么快乐的听着。但第二天，我们在报纸上看见共射下五只支飞机！

他舞动着手杖和抬起黑边眼镜。

“我不是发狂的惟一的人呀！”当他过甚的形容什么时，他老是说。“整个乡村都狂热的谈论这事情！我们全都恨鬼子，我们彼此互相帮助！”这就是王先生。他的太太是一个护士，有些人最初一看并不美，但是越来越显得漂亮，有些人最初看来很美，但渐渐的结果使你觉得他们很丑。王太太则是属于前者。

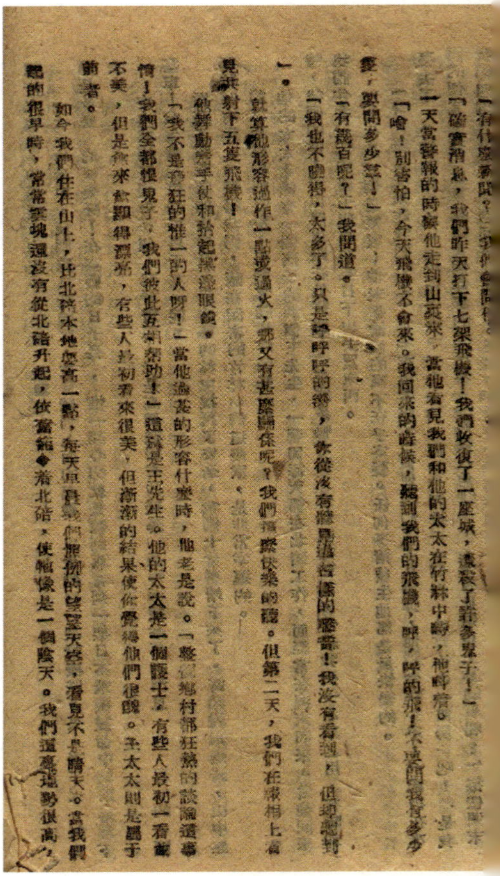

「有什麼新聞？」我們會問他。

「確實消息，我們昨天打下七架飛機！我們收復了一座城，還殺了許多鬼子！」

一天當警報的時候他走到山裏來，當他看見我們和他的太太在竹林中時，他呼喊。

「喂！別害怕，今天飛機不會來。我回來的時候，聽到我們的飛機，呼，呼，呼的飛！不要問我有多少隻，要問多少架！」

「有幾百呢？」我問道。

「我也不曉得，太多了。只是呼呼呼的響，你從沒有聽見過這樣的聲音！我沒有看到，但卻聽到。」

就算他形容過作一點或過火，那又有甚麼關係呢？我們這麼快樂的聽。但第二天，我們在報紙上看見共射下五隻飛機！

他舞動着手杖和抬起黑邊眼鏡。

「我不是發狂的惟一的人呀！」當他過甚的形容什麼時，他老是說。「整個鄉村都狂熱的談論這事情！我們全都恨鬼子，我們彼此互相幫助！」這就是王先生。他的太太是一個護士，有些人最初一看並不美，但是愈來愈顯得漂亮，有些人最初看來很美，但漸漸的結果使你覺得他們很醜。王太太則是屬于前者。

如今我們住在山上，比北碚本地要高一點，每天早晨我們照例的望望天空，看見不是晴天。當我們起的很早時，常常雲塊還沒有從北碚升起，依舊籠罩着北碚，使牠像是一個陰天。我們這裏地勢很高，

如今我们住在山上，比北碚本地要高一点，每天早晨我们照例的望望天空，看见不是晴天。当我们起得很早时，常常云块还没有从北碚升起，依旧笼□着北碚，使它像是一个阴天。我们这里地势很高，可以看到笼罩着北碚的云层只是一层稀薄的烟雾，马上就是一个晴天了。我知道在下面的人们希望着是一个阴天，但是他们的希望落空了，而他们还不知道。在这高山上我有一种奇妙的感觉。我仿佛觉得我对北碚和它的居民负有责任。我觉得，既然我能知道等一下是什么样的天气，我就应该下山去到北碚的街上喊：“走呀！走呀！到什么地方去躲藏吧，离开，因为今天等一下就有警报来的！”

北碚只是一个非常小的村子，虽然它有成为一个文化中心之称。北碚有着很简单的居民，这些人甚至不晓得什么叫做做错事，为什么他们要被迫受苦和忍受警报的烦扰呢？他们为什么在这儿？我，不知为什么缘故，只觉得对他们有责任，真有些傻。这不是因为鬼子，或是炸弹，只是一种很呆憨的感情。或许因为这是我

们的生死关头吧。

我希望我能把北碚的人们都叫到山里来，躲避轰炸。但是假使他们全来了敌人也要轰炸这儿了。住在这儿逃避轰炸是一种特权，而我不应该比别人有这权利。我应该参加到群众里，去与每个中国人忍受同样的事情。但即使住在内地也正是一种特权，住在中国，一个正在战争的国土，又是一个极少数的怀有国家观念的人中的一个。我觉得生活太好。有着一副重担在我的肩头上，我不知是什么，或为什么，在那里，反正总一样，是应该有这感觉就是了。我既没有权利抛开这感情也不能不注意它。这是一些我不知其所以然的很重要的事情。

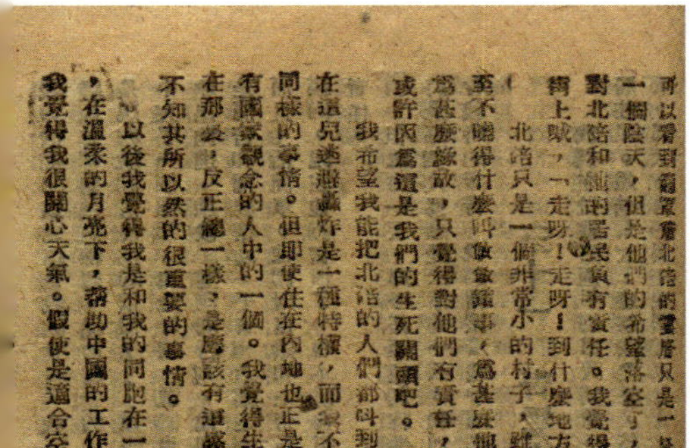
可以看到霸窗靠北碚的雲層只是一層稀薄的煙霧，馬上就是一個晴天了。我彷彿[illegible]
一個陰天，但是他們的希望落空了，而他們還不知道。在這高山上我有一種奇妙的感覺。我彷彿覺得要
對北碚和街的居民負有責任。我覺得，既然我能知道等一下是什麼樣的天氣，我就應該下山去到北碚的
街上喊，「走呀！走呀！到什麼地方去躲避吧，離開，因為今天等一下子就有警報來的！」
北碚只是一個非常小的村子，雖然也有成為一個文化中心之稱。北碚有着很簡單的居民，這些人甚
至不曉得什麼時候會發生事，為甚麼他們要被迫受苦和忍受轟炸的煩擾呢？他們為什麼在這兒？我，不知
為甚麼緣故，只覺得對他們有責任，實有些傻。這不是因為鬼子，或是炸彈，只是一種很慚愧的感情。
或許因為這是我們的生死關頭吧。
我希望我能把北碚的人們都叫到山裏來，躲避轟炸。但是假使他們全來了敵人也要轟炸這兒了。住
在這兒逃避轟炸是一種特權，而我不應該比別人有這權利。我應該參加到羣衆裏，去與每個中國人忍受
同樣的事情。但即使住在內地也正是一種特權，住在中國，一個正在戰爭的國土，又是一個極少數的懷
有國家觀念的人中的一個。我覺得生活太好。有着一副重担在我的肩頭上，我不知是什麼，或為什麼，
在那裏，反正總一樣，是應該有這感覺就是了。我既沒有權利拋開這感情也不能不注意牠。這是一些我
不知其所以然的很重要的事情。
以後我覺得我是和我的同胞在一起，在戰爭中，我知道我正協助着將鬼子趕去國門的工作。在晚上
，在溫柔的月亮下，幫助中國的工作就是向山下望，希望第二天是一個雨天，可以讓北碚平安的過去，
我覺得我很關心天氣。假使是適合空襲的天氣，我感到失望不會有雨下了。出太陽並不是我的過錯，但

以后我觉得我是和我的同胞在一起，在战争中，我知道我正协助着将鬼子赶去国门的工作。在晚上，在温柔的月亮下，帮助中国的工作就是向山下望，希望第二天是一个雨天，可以让北碚平安的过去，我觉得我很关心天气。假使是适合空袭的天气，我感到失望不会有雨下了。出太阳并不是我的过错，但我却呆痴的以为这是我的责任，我不能管理和控制天气呀。这给一天的生活加了一点忧郁，但在中国却随你怎样想就怎样想。从前所住的地方是平安的时候，每天都可以做很多的事，我们并不加以重视。但是现在我们懂得它的价值了……重视每一瞬间的平安并且为此感谢。纵使在连着几个晴天有警报的日子中来了一个雨天，也是好的，我们也需要。瞧着北碚动员到防空洞去，老年的女人们和年幼的婴孩们，跑出跑进，造成防空洞的行列，他们不会，不，他们会平安的活着的！我常想到那街上的老年女人，永是痛苦和需要帮助，平安和幸福是例外的事情，不能忍受这情形。啊，这些人们是这样的谦逊和良善，而且生活简单。他们对自然和上帝绝不怀疑。这些人们，以为生活的痛苦只是他们的命，是应该给予幸福

的。现在他们习惯了，也不晓得这就是愁苦了，他们忍受着而不问为什么。我于是突然对他们感到了责任。

但总有一天，那时甚至他们将享受幸福和太平，那时爆竹尽量雷鸣，锣响时人们也不害怕了，那时将是每个人都感觉快活的一天。我知道，我们全都团结一致，北碚、重庆和中国其余的地方。我们不理会战时的痛苦，我们瞻望着战争的终结，我们决定会胜利的，我们努力着！努力着！

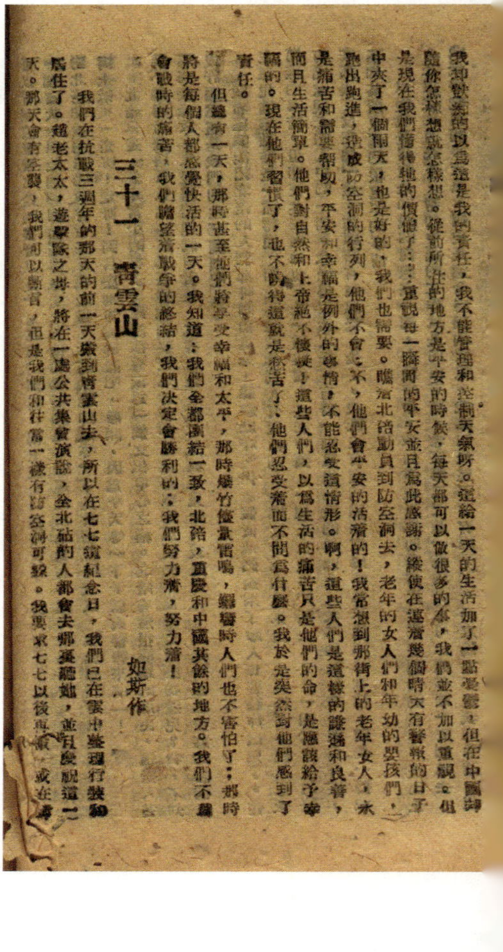

我却覺着的以爲這是我們的責任，我不能管理和控制天氣呀。這給一天的生活加了一點憂鬱，但在中國與隨你怎樣想就怎樣想。從前所住的地方是平安的時候，每天都可以做很多的事，我們並不加以重視。但是現在我們懂得牠的價值了……重視每一瞬間的平安並且爲此感謝。縱使在這着幾個晴天有警報的日子中夾了一個陰天，也是好的，我們也需要。隨着北碚動員到防空洞去，老年的女人們和年幼的嬰孩們，跑出跑進，造成防空洞的行列，他們不會：不，他們會平安的活着的！我常想到那街上的老年女人，永是痛苦和需要幫助，平安和幸福是例外的事情，不能忍受這情形。啊，這些人們是這樣的謙遜和良善，而且生活簡單。他們對自然和上帝絕不懷疑！這些人們，以爲生活的痛苦只是他們的命，是應該給予幸福的。現在他們習慣了，也不曉得這就是愁苦了，他們忍受着而不問爲什麼。我於是突然對他們感到了責任。

但總有一天，那時甚至他們將享受幸福和太平，那時爆竹儘量雷鳴，鑼響時人們也不害怕了；那時將是每個人都感覺快活的一天。我知道：我們全都團結一致，北碚，重慶和中國其餘的地方。我們不理會戰時的痛苦，我們瞻望着戰爭的終結，我們決定會勝利的；我們努力着，努力着！

三十一 縉雲山

如斯作

我們在抗戰三週年的那天的前一天搬到縉雲山去，所以在七七紀念日，我們已在雲中整理行裝和居住了。趙老太太，遊擊隊之母，將在一處公共集會演說，全北碚的人都會去那裏聽她，並且慶祝這一天。那天會有空襲，我們可以[illegible]，但是我們和往常一樣有防空洞可躲。我要求七七以後再搬，或在[illegible]

三十一、缙云山

如斯　作

我们在抗战三周年的那天的前一天搬到缙云山去，所以在七七这纪念日，我们已在云中整理行装和居住了。赵老太太，游击队之母，将在一处公共集会演说，全北碚的人都会去那里听她，并且庆祝这一天，那天会有空袭，我们可以断言，但是我们和往常一样有防空洞可躲。我要求七七以后再搬，或在哪天午后或次晨。赵老太太的集会在早晨七点钟，无论如何在警报以前，我不愿失去这机会。但我们先已决定在六号搬了，而且准备也完成了。

我非常失望，住在缙云山是无可避免了，但是我想我们还可以去瞧七七在北碚的庆祝，那晚，当我们在烛光中整理行装时，来了一场暴风雨。一面窗子碰坏了，玻璃碎了，我们必得清除，一张席子和栅栏也吹倒了。烛光老是吹灭，我们很费事的挡住屋外的雨。解开行李是容易的。我已熟练了，但我厌烦这工作。我整理妹妹们的衣服，帮忙整理厨房器皿。我整晚对自己发脾气。我对时常熄灭的烛光发脾气，拿出手电筒来用。我需要浪费。十一点钟我才去睡觉。雷电、雨整继续了一通夜，我的桌子已经空了，我的屋子也是空洞的。我可以听见雨声在房外离我这么近。我不睬暴风雨，我不睬任何事情，拼命想睡觉。

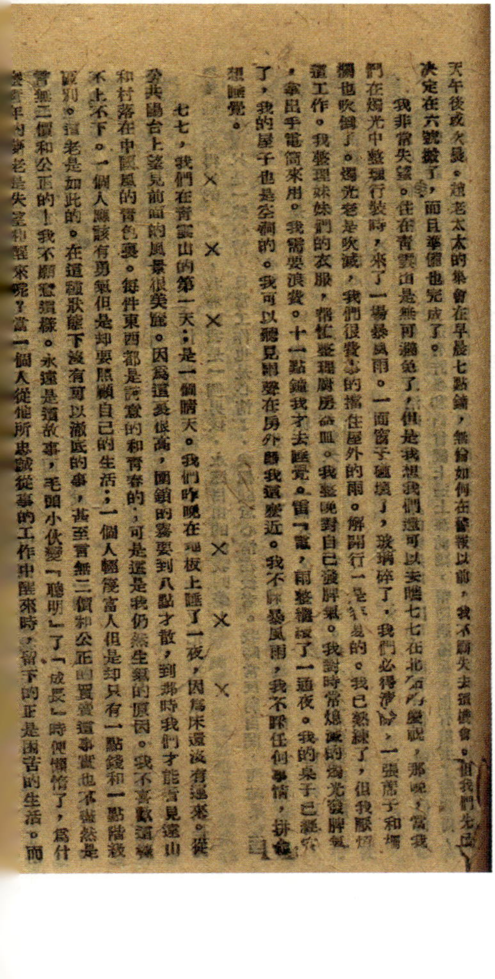
天午後或次晨。趙老太太的集會在早晨七點鐘，無論如何在警報以前，我不願失去這機會。但我們先已決定在六號搬了，而且準備也完成了。

我非常失望。住在青雲山是無可避免了，但是我想我們還可以去瞧七七在北碚的慶祝，那晚，當我們在燭光中整理行裝時，來了一場暴風雨。一面窗子碰壞了，玻璃碎了，我們必得清除，一張席子和柵欄也吹倒了。燭光老是吹滅，我們很費事的擋住屋外的雨。解開行李是容易的。我已熟練了，但我厭煩這工作。我整理妹妹們的衣服，幫忙整理廚房器皿。我整晚對自己發脾氣。我對時常熄滅的燭光發脾氣，拿出手電筒來用。我需要浪費。十一點鐘我才去睡覺。雷電，雨整繼續了一通夜。我的桌子已經空了，我的屋子也是空洞的。我可以聽見雨聲在房外離我這麼近。我不睬暴風雨，我不睬任何事情，拼命想睡覺。

× × × × ×

七七，我們在青雲山的第一天，是一個晴天。我們昨晚在地板上睡了一夜，因為床還沒有運來。從公共陽台上望見前面的風景很美麗。因為這裏很高，圍鎖的霧要到八點才散，到那時我們才能看見遠山和村落在中國風的青色裏。每件東西都是詩意的和青春的，可是這是我仍然生氣的原因。我不喜歡這樣不上不下。一個人應該有勇氣但是卻要照顧自己的生活；一個人輕蔑富人但是卻只有一點錢和一點階級區別。這老是如此的。在這種狀態下沒有可以澈底的事，甚至言無二價和公正的買賣這事實也不當然是言無二價和公正的！我不願這樣。永遠是這故事，毛頭小伙變「聰明」了「成長」時便懶惰了，為什麼青年時最是失望和醒來呢？當一個人從他所忠誠從事的工作中醒來時，留下的正是痛苦的生活。而

七七，我们在缙云山的第一天，是一个晴天。我们昨晚在地板上睡了一夜，因为床还没有运来。从公共阳台上望见前面的风景很美丽。因为这里很高，围锁的雾要到八点才散，到那时我们才能看见远山和村落在中国风的青色里。每件东西都是诗意的和青春的，可是这是我仍然生气的原因。我不喜欢这样不上不下。一个人应该有勇气但是却要照顾自己的生活。一个人轻蔑富人但是却只有一点钱和一点阶级

区别。这老是如此的。在这种状态下没有可以澈底的事，甚至言无二价和公正的买卖这事实也不尽然言无二价和公正的！我不愿意这样。永远是这故事，毛头小伙变（聪明）了（成长）时便懒惰了，为什么青年的梦老是失望和醒来呢？当一个人从他所忠诚从事的工作中醒来时，留下的正是困苦的生活。而这是痛心的，学会了生活不过是生活，想我不能了解这醒来的原因，因为我还年青。我希望我永不了解它。我也不须乎。或者少想一点也好，太想多了反而不好。

也许集合已经散了，每个人都在讨论赵老太太的演说（正是一个普通的庆祝集会。几句演说和其他等等）。让它(正是普通)的吧，但我却要听。

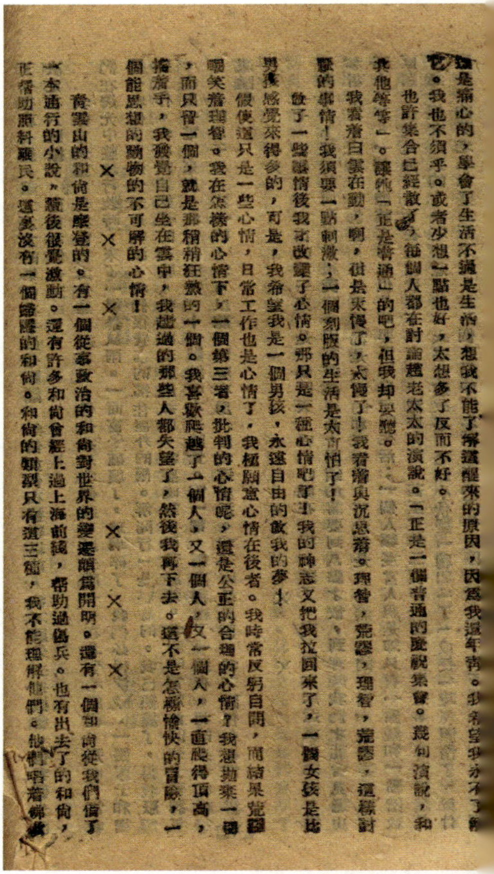

我看着白云在动，啊，但是太慢了，太慢了！我看着与沉思着。理智，荒谬，理智，荒谬，这样时厌的事情！我需要一点刺激，一个刻板的生活是太可怕了！

做了一些事情后我才改变了心情。那只是一种心情吧了！我的神志又把我拉回来了，一个女孩是比男孩感觉来得多的，可是，我希望我是一个男孩，永远自由的做我的梦！

假使这只是一些心情，日常工作也是心情了，我极愿意心情在后者。我时常反躬自问，而结果荒谬嘲笑着理智。我在怎样的心情下，一个第三者，批判的心情呢，这是公正的合理的心情？我想抛弃一切，而只留一个，就是那稍稍狂热的一个。我喜欢爬越了一个人，又一个人，又一个人，一直爬得顶高，摇着手，我发觉自己坐在云中，我越过的那些人都失望了，然后我再下去。这不是怎样愉快的冒险，一个能思想的动物的不可解的心情！

缙云山的和尚是摩登的。有一个从事政治的和尚对世界的变迁颇为开明。还有一个和尚从我们借了一本通行的小说，读后很觉激动。还有许多和尚曾经上过上海前线，帮助过伤兵。也有出去了的和尚，正帮助照料难民。这里没有一个归隐的和尚。和尚的类型只有这三种，我不能理解他们。他们唱着佛经去□古典音乐，念着祈祷词，计算着飞过头上的轰炸机。他们的课程在警报时解散了，人们分在树林。一个和尚这时该怎样想？他注意空袭吗？他拥护中国的佛教，使它再成一个盛行的宗教，还是恐怕□它灭亡而毫不在乎行它自己的主义呢？我不能了解他们。或许如果佛教成为一个“会社”会要明朗一些。现在我不能断定他们是活跃还是懒惰。在这个时候是很难判断是非的。有一个和尚从西藏旅行回来，穿着一件喇嘛传统的明亮的黄袍，像一件印度长衫。他穿过粉红色玻璃质的衣服。他面孔红而强壮，任何时候都是愉快。他不像一个和尚，和尚理论上□是苍白的、瘦弱的和恬静的，此外，他还有一个十分好的声音。

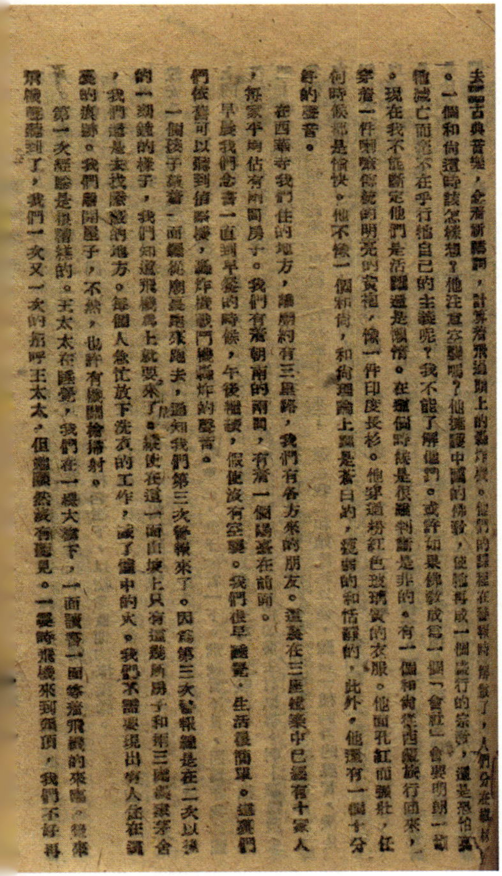
去□古典音樂，念着新禱詞，計算着飛過頭上的轟炸機。他們的課程在警報時解散了，人們分在樹林。一個和尚這時該怎樣想？他注意空襲嗎？他擁護中國的佛教，使牠再成一個盛行的宗教，還是恐怕□牠滅亡而毫不在乎行牠自己的主義呢？我不能了解他們。或許如果佛教成爲一個「會社」會要明朗一些。現在我不能斷定他們是活躍還是懶惰。在這個時候是很難判斷是非的。有一個和尚從西藏旅行回來，穿着一件喇嘛傳統的明亮的黃袍，像一件印度長衫。他穿過粉紅色玻璃質的衣服。他面孔紅而强壯，任何時候都是愉快。他不像一個和尚，和尚理論上□是蒼白的，瘦弱的和恬靜的，此外，他還有一個十分好的聲音。

在西華寺我們住的地方，離廟約有三里路，我們有各方來的朋友。這裏在三座建築中已經有十家人，每家平均佔有兩間房子。我們有着朝南的兩間，有着一個陽臺在前面。

早晨我們念書一直到早餐的時候，午後繼續，假使沒有空襲。我們很早睡覺，生活很簡單。這裏我們依舊可以聽到偵察機，轟炸機戰鬥機轟炸的聲音。

一個孩子敲着一面鑼從廟裏跑來跑去，通知我們第三次警報來了。因爲第三次警報總是在二次以後的一刻鐘的樣子，我們知道飛機馬上就要來了。縱使在這一面山坡上只有這幾所房子和兩三處農家茅舍，我們還是去找隱蔽的地方。每個人急忙放下洗衣的工作，滅了爐中的火。我們不需要現出有人住在這裏的痕跡。我們離開屋子，不然，也許有機關槍掃射。

第一次經驗是很糟糕的。王太太在睡覺，我們在一棵大樹下，一面讀書一面等着飛機的來臨。後來飛機聲聽到了，我們一次又一次的招呼王太太，但她顯然沒有聽見。一霎時飛機來到頭頂，我們不好再

在西华寺我们住的地方，离庙约有三里路，我们有各方来的朋友。这里在三座建筑中已经有十家人，每家平均占有两间房子。我们有着朝南的两间，有一个阳台在前面。

早晨我们念书一直到早餐的时候，午后继续，假使没有空袭。我们很早睡觉，生活很简单。这里我们依旧可以听到侦察机、轰炸机、战斗机轰炸的声音。

一个孩子敲着一面锣从庙里跑来跑去，通知我们第三次警报来了。因为第三次警报总是在第二次以后的一刻钟的样子，我们知道飞机马上就要来了。纵使在这一面山坡上只有这几所房子和两三处农家茅舍，我们还是去找隐蔽的地方。每个人急忙放下洗衣的工作，灭了炉中的火。我们不需要现出有人住在这里的痕迹。我们离开屋子，不然，也许有机关枪扫射。

第一次经验是很糟糕的。王太太在睡觉，我们在一棵大树下，一面读书一面等着飞机的来临。后来飞机声听到了，我们一次又一次的招呼王太太，但她显然没有听见。一霎时飞机来到头顶，我们不好再叫。已

经走不及去到母亲和妹妹所在的竹林了，因为我们还要经过一段无掩蔽的路。轰炸机的响声非常大，这里有一个小石龛，约二呎半高和二呎宽，土地菩萨的像坐在中间。无双和我把头挤进去，为了避免机枪和手榴弹，假使他们往这方面来。父亲站在一株老树下，以树身做他的掩护物。

我老早就说一个人决不要相信日本人。没有人能断定日本人什么时候会突然临时决定扔几个手榴弹，到田舍上去。我信任石块还比鬼子好些。我是宁愿一有警报随时预备进洞的同志。这时我的一半是比较安全一半则比较危险，这小土地是被两个闯入者所骚扰了。飞机并未离开，响声亦未停止或减低一点。我因为兴奋和着急汗都湿透了。我希冀着听见任何东西，急于偷看了一下。飞机看不见，因为在我们头上的树叶子挡住了天空。只听见而不看见是可怕的。但是立刻我们听见一架中国战斗机来了。它的响声很轻很急。一场空战！我们听到单翼机的机声，轰炸机的吼声。我不晓得要发生什么事。啊！让它发生吧！我在这小洞内松了一口气。这不是开玩笑的。接着单翼机声、机关枪声和轰炸机声渐行渐远了。我们慰藉的站了起来，母亲从竹林丛中出来了，还在我们和她谈论以前，听到一种刺耳的声音，像是在传音乐器中传来的丝绸的撕扯声。有人喊着日本飞机跌下来了，跌下来了！我们听到一声巨响，好像一个巨大的炸弹的爆炸声一样。是的，跌下，炸开，坏了，一架日本飞机跌下来了！明天我们在报纸上可以读到纪事。其中的一架为我们亲自听见在附近跌下！这里每个人感觉兴奋。一架日本飞机毁啦！这就是这些可恨的下蛋者们之一的末路。你想吧，我们并不去问是一架中国飞机还是日本飞机。无疑的是日本飞机啦。我们的惊慌是不足一道的。只是我们，由于对外面的世界没有经验，大惊小怪吧了。我们站在天井内，听一个人讲空袭的故事和冒险。站在阴荫的地方是很凉爽的，我们听到勇敢、爱国心和

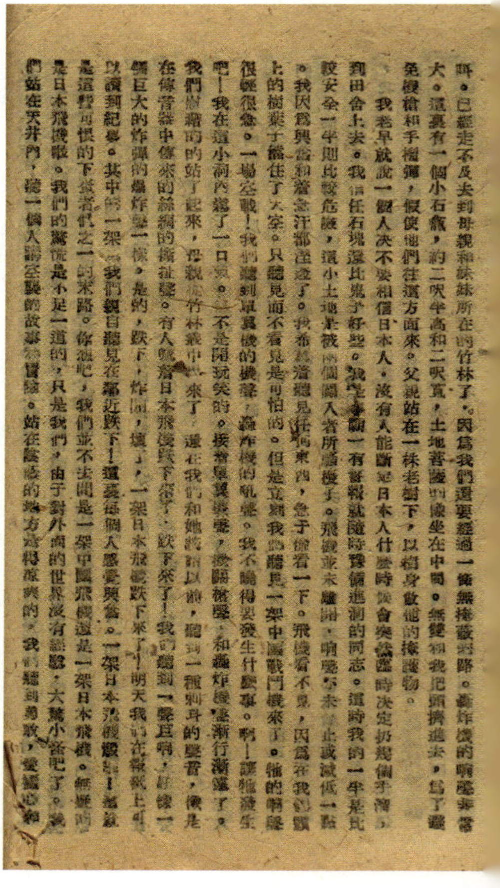
許。已經走不及去到母親和妹妹所在的竹林了。因為我們還要經過一條無掩蔽的路。轟炸機的響聲非常大。這裏有一個小石龕，約二呎半高和二呎寬，土地菩薩的像坐在中間。無雙和我把頭擠進去，為了避免機槍和手榴彈，假使他們往這方面來。父親站在一株老樹下，以樹身做他的掩護物。

我老早就說一個人決不要相信日本人。沒有人能斷定日本人什麼時候會突然臨時決定扔幾個手榴彈到田舍上去。我信任石塊還比鬼子好些。我是寧願一有警報就隨時預備進洞的同志。這時我的一半是比較安全一半則比較危險，這小土地是被兩個闖入者所騷擾了。飛機並未離開，響聲亦未停止或減低一點。我因為興奮和着急汗都溼透了。我希冀着聽見任何東西，急于偷看一下。飛機看不見，因為在我們頭上的樹葉子擋住了天空。只聽見而不看見是可怕的。但是立刻我們聽見一架中國戰鬥機來了。牠的響聲很輕很急。一場空戰！我們聽到單翼機的機聲，轟炸機的吼聲。我不曉得要發生什麼事。啊！讓牠發生吧！我在這小洞內鬆了一口氣。這不是開玩笑的。接着單翼機聲，機關槍聲，和轟炸機聲漸行漸遠了。我們慰藉的的站了起來，母親從竹林叢中出來了，還在我們和她談論以前，聽到一種刺耳的聲音，像是在傳音器中傳來的絲綢的撕扯聲。有人喊着日本飛機跌下來了，跌下來了！我們聽到一聲巨響，好像一個巨大的炸彈的爆炸聲一樣，是的，跌下，炸開，壞了，一架日本飛機跌下來了！明天我們在報紙上可以讀到紀事。其中的一架為我們親自聽見在鄰近跌下！這裏每個人感覺興奮。一架日本飛機毀啦！這就是這些可恨的下蛋者們之一的末路。你想吧，我們並不去問是一架中國飛機還是一架日本飛機。無疑的是日本飛機啦。我們的驚慌是不足一道的，只是我們，由于對外面的世界沒有經驗，大驚小怪吧了。我們站在天井內，聽一個人講空襲的故事和冒險。站在陰涼的地方覺得涼爽的，我們聽到勇敢，愛國心和

牺牲的故事。突然我们听到了熟悉的机声，轻快而迅捷的回来了。这是战后的胜利者，他将才战胜了，现在他在这一带的天空迎候着别的飞机，我们静静的站着，向天空的英雄感到敬意。我们想要向他敬礼，只是他不会看见。这是我们亲自看到和听见的一件事，一件勇敢的表现！

敌机一定已经在燃烧了。飞行师死的还是活的？我一点也不见得难过，因为我已听到够多的炸弹爆发和死亡的数字。

那人讲完故事了，没有其他队的飞机到这边来，又恢复乡间里安静的午后了。蝉在飞机去后继续的鸣叫着。

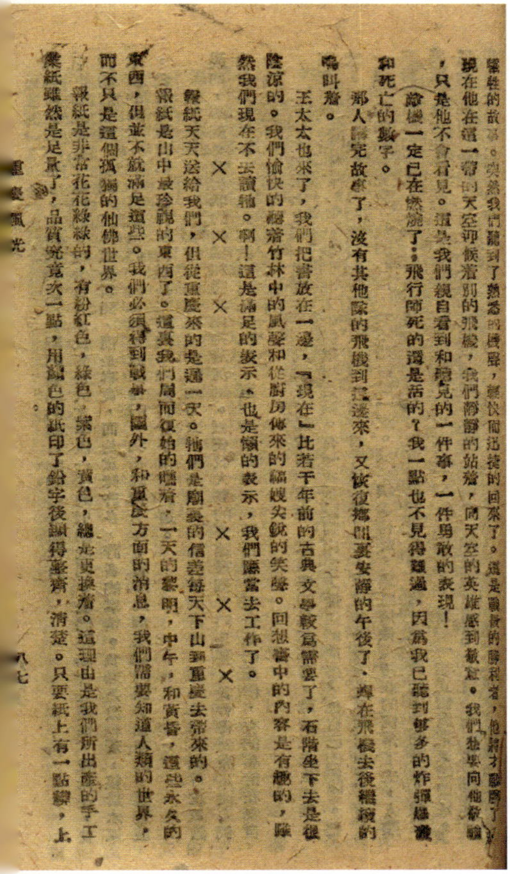

犧牲的故事。突然我們聽到了熟悉的機聲，輕快而迅捷的回來了。這是戰後的勝利者，他將才戰勝了，現在他在這一帶的天空迎候着別的飛機，我們靜靜的站着，向天空的英雄感到敬意。我們想要向他敬禮，只是他不會看見。這是我們親自看到和聽見的一件事，一件勇敢的表現！

敵機一定已在燃燒了。飛行師死的還是活的？我一點也不見得難過，因為我已聽到够多的炸彈爆發和死亡的數字。

那人講完故事了，沒有其他隊的飛機到這邊來，又恢復鄉間裏安靜的午後了。蟬在飛機去後繼續的鳴叫着。

王太太也來了，我們把書放在一邊，「現在」比若干年前的古典文學較為需要了，石階坐下去是很陰涼的。我們愉快的聽着竹林中的風聲和從廚房傳來的福嫂尖銳的笑聲。回想書中的內容是有趣的，雖然我們現在不去讀牠。啊！這是滿足的表示，也是懶的表示，我們應當去工作了。

× × × × × ×

報紙天天送給我們，但從重慶來的是遲一天。牠們是廟裏的信差每天下山到重慶去帶來的。

報紙是山中最珍視的東西了。這裏我們周而復始的瞧着，一天的黎明，中午，和黃昏，這些永久的東西，但並不就滿足這些。我們必須得到戰爭，國外，和重慶方面的消息，我們需要知道人類的世界，而不只是這個孤獨的仙佛世界。

報紙是非常花花綠綠的，有粉紅色，綠色，紫色，黃色，總是更換着。這理由是我們所出產的手工業紙雖然是足量了，品質究竟次一點，用顏色的紙印了鉛字後顯得整齊，清楚。只要紙上有一點髒，上

重慶風光　八七

王太太也来了，我们把书放在一边，“现在”比若干年前的古典文学较为需要了，石阶坐下去是很阴凉的。我们愉快的听着竹林中的风声和从厨房传来的福嫂尖锐的笑声。回想书中的内容是有趣的，虽然我们现在不去读它。啊！这是满足的表示，也是懒的表示，我们应当去工作了。

报纸天天送给我们，但从重庆来的是迟一天。它们是庙里的信差每天下山到重庆去带来的。

报纸是山中最珍视的东西了。这里我们周而复始的瞧着，一天的黎明、中午和黄昏，这些永久的东西，但并不就满足这些。我们必须得到战争、国外和重庆方面的消息，我们需要知道人类的世界，而不只是这个孤独的仙佛世界。

报纸是非常花花绿绿的，有粉红色、绿色、紫色、黄色，总是更换着。这理由是我们所出产的手工业纸虽然是足量了，品质究竟次一点，用颜色的纸印了铅字后显得整齐、清楚。只要纸上有一点脏，上颜色时就看不清了，有时我们读着重庆的新闻的细目时的确有点吃力。

新闻老是受欢迎的。它像日月星辰对于天文学家一样的引动我们。我们在阳台上读罢了报纸后，就讨论着新闻。新闻，这不仅是新闻，而是事实，而是意味许多许多的事情。我老是激动着，望着永远不变的山岳。

我不喜欢它们，因为那是无生命的。我在阳台上往下看着几个家庭的孩子在院子里游戏，我又看着自己。每件事情老是不变的，老是正合乎中庸之道。

当秋天来了时，我要下山到北碚或别的地方去，做着我一向高兴做的事情。有一件事在我可说是错误的，那就是我对我的愿望和需要保持着沉默。假使我大声的传进每个人的耳里，我会得到满足而人们也会为此破钞。我老是喜欢自己保持沉默，直到时候来临。我甚至宝贵这奇怪的感情，有的事情在我自身内是绝对秘密的。但我是愚蠢的。

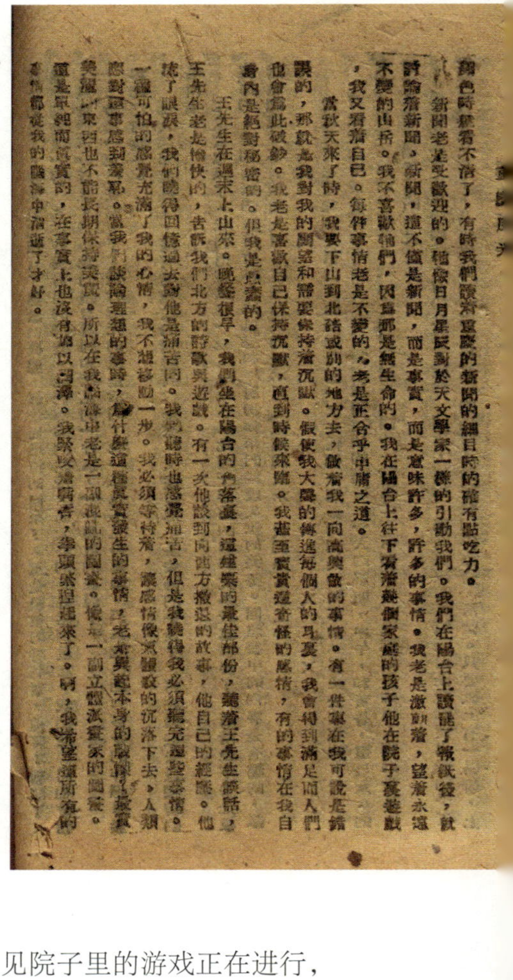
顏色時稍看不清了，有時我們讀着宣讀的新聞的細目時的確有點吃力。
新聞老是受歡迎的。猶像日月星辰對於天文學家一樣的引動我們。我們在陽台上讀罷了報紙後，就評論着新聞，新聞，這不僅是新聞，而是事實，而是意味許多，許多的事情。我老是激動着，望着永遠不變的山搖。我不喜歡牠們，因為那是無生命的。我在陽台上往下看着幾個家庭的孩子他在院子裏遊戲，我又看着自己。每件事情老是不變的，老是正合乎中庸之道。
當秋天來了時，我要下山到北碚或別的地方去，做着我一向高興做的事情。有一件事在我可說是錯誤的，那就是我對我的願望和需要保持着沉默。假使我大聲的傳進每個人的耳裏，我會得到滿足而人們也會為此破鈔。我老是喜歡自己保持沉默，直到時候來臨。我甚至寶貴這奇怪的感情，有的事情在我自身內是絕對秘密的。但我是愚蠢的。
王先生在週末上山來。晚餐很早，我們坐在陽台的角落裏，這建築的最佳部份，聽着王先生談話，王先生老是愉快的，告訴我們北方的詩歌與遊戲。有一次他談到向西方撤退的故事，他自己的經歷。他流了眼淚，我們曉得回憶過去對他是痛苦的。我們聽時也感覺痛苦，但是我曉得我必須聽完這些事情。一種可怕的感覺充滿了我的心情，我不想移動一步。我必須等待着，讓感情像氣體般的沉落下去，人類應對這事感到羞恥。當我們談論理想的事時，為什麼這種真實發生的事情，老是興起本身的戰慄？其實美麗的東西也不能長期保持美麗。所以在我腦海中老是一幅混亂的圖畫。像是一幅立體派畫家的圖畫。這是單純而真實的，在事實上也沒有加以潤澤。我緊咬着嘴唇，拳頭緊捏起來了。啊，我希望這所有的事情都從我的腦海中消逝了才好。

王先生在周末上山来。晚餐很早，我们坐在阳台的角落里，这建筑的最佳部分，听着王先生谈话，王先生老是愉快的，告诉我们北方的诗歌与游戏。有一次他谈到向西方撤退的故事，他自己的经历。他流了眼泪，我们晓得回忆过去对他是痛苦的。我们听时也感觉痛苦，但是我晓得我必须听完这些事情。一种可怕的感觉充满了我的心情，我不想移动一步。我必须等待着，让感情像气体般的沉落下去，人类应对这事感到羞耻。当我们谈论理想的事时，为什么这种真实发生的事情，老是兴起本身的战栗？其实美丽的东西也不能长期保持美丽。所以在我脑海中老是一幅混乱的图画，像是一幅立体派画家的图画。这是单纯而真实的，在事实上也没有加以润泽。我紧咬着嘴唇，拳头紧捏起来了。啊，我希望这所有的事情都从我的脑海中消逝了才好。

我们在阳台的一角谈着，那里我们可以看见院子里的游戏正在进行，也可以直接享受着夜间的微风。王先生饭后喝了酒，他的脸很红，谈锋很健。当他笑时他的眼睛眯成一缝。他用着北平风度讲着话，快乐时他便抖着膝。在阳台的栏杆旁有着一排狭狭的坐位。但是我们不敢任意坐下，因为柱支不大结实，并且有跌到院子去的危险。这正当日落的时候，在夜幕降下以前，每个人都跑来听着黄昏的故事。

王太太怀着“看看”（这婴孩的名字）的孕，她坐在光滑而舒适的藤椅上听着。王太太有着一双光亮和智慧的眼睛。她大约有三十岁，头发剪的很短。她是四川本省人。但她也是从东海岸迁移到故乡来的。她是一个产科医生，在红十字会里与跛行的老兵共同工作，在撤退时，她跟医院一起行动，直到汉口才遇到她的丈夫。她是一个有着前进思想的热情的女人。

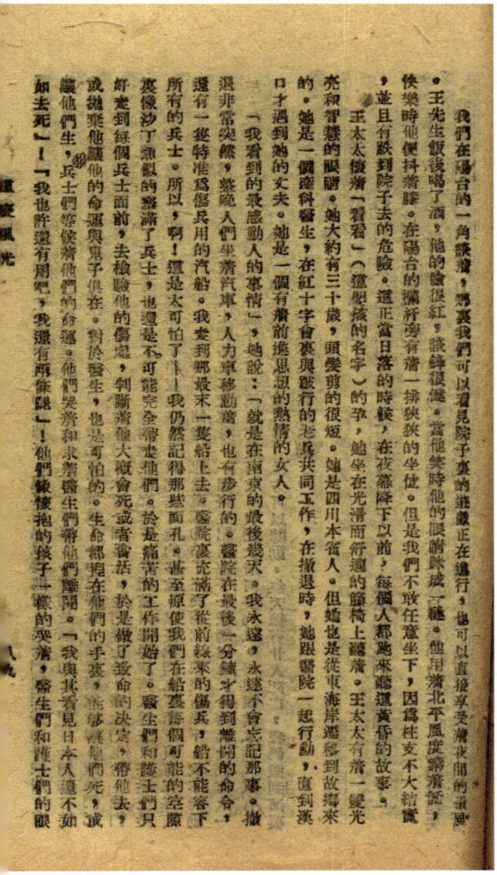
我們在陽台的一角談着，那裏我們可以看見院子裏的遊戲正在進行，也可以直接享受着夜間的涼風。王先生飯後喝了酒，他的臉很紅，談鋒很健。當他笑時他的眼睛眯成了縫。他用着北平風度講着話，快樂時他便抖着膝。在陽台的欄杆旁有着一排狹狹的坐位。但是我們不敢任意坐下，因爲柱支不大結實，並且有跌到院子去的危險。這正當日落的時候，在夜幕降下以前，每個人都跑來聽這黃昏的故事。

王太太懷着「看看」（這嬰孩的名字）的孕，她坐在光滑而舒適的籐椅上聽着。王太太有着一雙光亮和智慧的眼睛。她大約有三十歲，頭髮剪的很短。她是四川本省人。但她也是從東海岸遷移到故鄉來的。她是一個產科醫生，在紅十字會裏與跛行的老兵共同工作，在撤退時，她跟醫院一起行動，直到漢口才遇到她的丈夫。她是一個有着前進思想的熱情的女人。

「我看到的最感動人的事情」，她說：「就是在南京的最後幾天。我永遠，永遠不會忘記那事。撤退非常突然，整晚人們坐着汽車，人力車移動着，也有步行的。醫院在最後一分鐘才得到離開的命令，還有一隻特准爲傷兵用的汽船。我走到那最末一隻船上去。醫院裏充滿了從前線來的傷兵，船不能容下所有的兵士。所以，啊！這是太可怕了——我仍然記得那些面孔。甚至原使我們在船裏每個可能的空隙裏像沙丁魚似的塞滿了兵士，也還是不可能完全帶走他們。於是痛苦的工作開始了。醫生們和護士們只好走到每個兵士面前，去檢驗他的傷處，判斷着他大概會死或者會活，於是做了致命的決定，帶他去，或拋棄他讓他的命運與鬼子俱在。對於醫生，也是可怕的。生命都捏在他們的手裏，能够讓他們死，或讓他們生，兵士們等候着他們的命運。他們哭着和求着醫生們帶他們離開。「我與其看見日本人還不如如去死」！「我也許還有用吧，我還有兩條腿」！他們像懷抱的孩子一樣的哭着，醫生們和護士們的眼

重慶風光　八九

“我看到的最感动人的事情。”她说，“就是在南京的最后几天。我永远，永远不会忘记那事。撤退非常突然，整晚人们坐着汽车、人力车移动着，也有步行的。医院在最后一分钟才得到离开的命令，还有一只特准为伤兵用的汽船。我走到那最末一只船上去。医院里充满了从前线来的伤兵，船不能容下所有的兵士。所以，啊！这是太可怕了——我仍然记得那些面孔。甚至原使我们在船里每个可能的空隙里像沙丁鱼似的塞满了兵士，也还是不可能完全带走他们。于是痛苦的工作开始了。医生们和护士们只好走到每一个兵士面前去检验他的伤处，判断着他大概会死或者会活，于是做了致命的决定，带他去，或抛弃他让他的命运与鬼子俱在。对于医生，也是可怕的。生命都捏在他们的手里，能够让他们死，或让他们生，兵士们等候着他们的命运。他们哭着和求着医生们带他们离开。‘我与其看见日本人还不如去死！’‘我也许还有用吧，我还有两条腿！’他们像怀抱的孩子一样的哭着，医生们和护士们的眼睛湿润了。因为在日本‘法律’下过活远不如死掉好。但事情也只得进行。兵士们战栗着和叫喊着，有些人哭声的嚎：‘杀了我吧，不要让我看见日本人吧，行行好事！’他们是疯狂的，一个挨一个的等候着他的命运：‘给我来沙而！矮子会来活埋我，他们会火烧我！’‘只要给一点毒药就行了！让我们

死！’于是我们动手搬着兵士们到船里去，四个看护用舁床抬一个兵士。我们护士抬，医生们也抬。我们日夜在码头上来往着，共约有一百个工作者。我们的腿都麻痹了，我们仅只晓得回来又前去，在船上是遇空即补。统舱里满了；房舱里满了；甲板上满了。我们尽可能的多救。以后我们上了船，只有五百人的容量却装了二千人。我们在甲板上倚着栏杆站着，我就这样的站了三晚两夜。我没有坐下。我不能动，简单的因为周围没有空隙。兵士们甚至不能转身。一个医生记起带了一袋面包来，分给兵士们每人一块。我们自己除了在芜湖吃了一餐外一直到汉口都没有吃。我们饮着河里的水，用罐头当水桶。只有一种麻痹的感觉，我们也没有办法照料兵士，这里没有地方可以转动。每天总有廿人死亡，我们搬到河里去。当我们达汉口时，有些护士简直不能走路或者转动了。”

有些邻人也跑来听了。

“留在南京的兵士们结果如何呢？”

“在汉口我们听到南京失陷后跑出来的人说他们被活埋了。……我还记得他们中几个面孔……”

这不是快乐的故事。但是真实的。

这里，我只是变得自私和愚蠢。有时我却逃避几个钟头。王先生说自从战争以来他每次喝酒就痛哭。我们需要从这些事中松一口气，因为日复一日的我们忍着和等待着，永远在兴奋的紧张中，这里只有乐观主义者，像王先生，解释着每一项的新闻为走向胜利的进一步，决心不会松弛的，虽然身体和脑筋或者疲倦。这里有两条路，一条投入这高贵工作的中心去，另一条逃避在一个人的幻想里。我读着秘鲁乌托邦的发现。我希望永远不要发现才好。

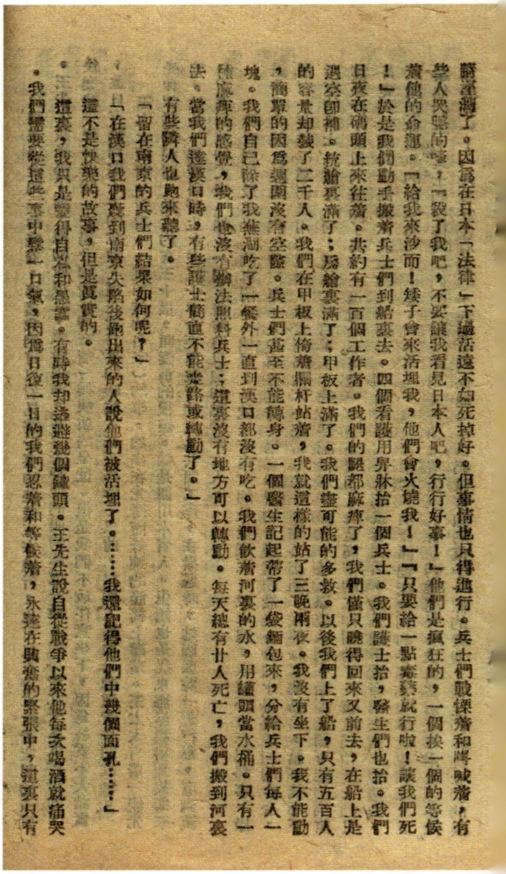
艙裡滿了。因爲在日本「法律」下過活還不如死掉好。但事情也只得進行。兵士們戰慄着和呻吟着，有些人哭泣着：「殺了我吧，不要讓我看見日本人吧，行行好事！」他們是瘋狂的，一個挨一個的等候着他的命運。「給我來沙而！矮子會來活埋我，他們會火燒我！」「只要給一點毒藥就行啦！讓我們死！」於是我們動手搬着兵士們到船裏去。四個看護用舁牀抬一個兵士。我們護士抬，醫生們也抬。我們日夜在碼頭上來往着。共約有一百個工作者。我們的腿都麻痺了，我們僅只曉得回來又前去，在船上是遇空即補。統艙裏滿了；房艙裏滿了；甲板上滿了。我們盡可能的多救。以後我們上了船，只有五百人的容量卻裝了二千人。我們在甲板上倚着欄杆站着，我就這樣的站了三晚兩夜。我沒有坐下。我不能動，簡單的因爲週圍沒有空隙。兵士們甚至不能轉身。一個醫生記起帶了一袋麵包來，分給兵士們每人一塊。我們自己除了在蕪湖吃了一餐外一直到漢口都沒有吃。我們飲着河裏的水，用罐頭當水桶。只有一種麻痺的感覺，我們也沒有辦法照料兵士；這裏沒有地方可以轉動。每天總有廿人死亡，我們搬到河裏去。當我們達漢口時，有些護士簡直不能走路或轉動了。」

有些隣人也跑來聽了。

「留在南京的兵士們結果如何呢？」

「在漢口我們聽到南京失陷後跑出來的人說他們被活埋了。……我還記得他們中幾個面孔……」

這不是快樂的故事，但是真實的。

這裏，我只是變得自私和愚蠢。有時我卻逃避幾個鐘頭。王先生說自從戰爭以來他每次喝酒就痛哭。我們需要從這些事中鬆一口氣，因爲日復一日的我們忍着和等候着，永遠在興奮的緊張中，這裏只有

也许我会想过，我们在山上会忘记了战争的，但是我们不能，我也高兴不能，然而我渴望回到北碚加入群众里去，不住在这山上。我询问着每一个下山住在北碚的机会。我觉得在这儿好像是一个逃亡者。我准备

着为国家去做任何工作。我可以抛弃我们过的这种生活，所有这些正规的生活，我准备自己接触死者和受伤者，我只能做的很少，但是这一点事却对我很有意义。

有一次我们讨论着到贵阳去工作的事。我想去，想去工作。我从不曾接触过一个死者，但我会使自己习惯的。只要对国家和同胞有帮助！没有不幸的事光顾过我，但我觉得应该帮助更多的人。我仅是在战争中这儿的一个寄生虫，我是如何的自恨呀！我最恨的就是不冷不热！让炸弹落下吧，假使他们必须，我们的人会忍受它的。我爱我的人民，他们一千年都一成不变，他们永远，永远不会死亡的。我需要看见我自己消失到群众中去，但我现在却客居在冷清的山上的一间屋子里。

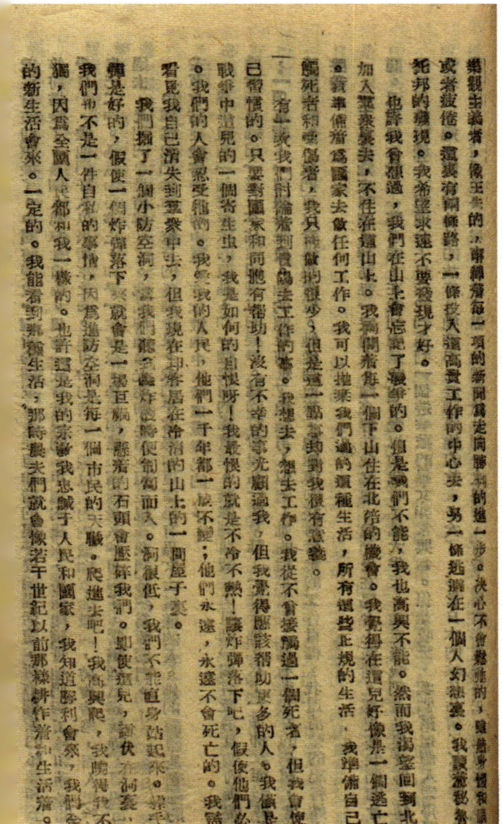

我们掘了一个小防空洞，当我们听到轰炸机时便匍匐而入。洞很低，我们不能直身站起来。躲手榴弹是好的，假使一个炸弹落下来就会是一场巨祸，悬着的石头会压碎我们。即使这儿，蹲伏在洞里，对我们也不是一件自私的事情，因为进防空洞是每一个市民的天职。爬进去吧！我高兴爬，我晓得我不孤独，因为全国人民都和我一样的。也许这是我的宗教我忠诚于人民和国家，我知道胜利会来，我们全体的新生活会来。一定的。我能看到那种生活，那时农夫们就会像若干世纪以前那样耕作着和生活着。那就没有这些烦忧了。中国将变成一个新的国家，人民将和谐的与平安的过活着，所有国家的耻辱和不平等将扫除了，每个人都享受自由。总有一天会实现的。中国的农人，将能继续着他们的工作和满足的太平日子，像他们好久以来所享受的。这可怕的战争，像以前的内战和革命似的，将会告终，而人民将为自己工作。暴风雨要停止，和平一定会来。暴风雨已经这样长久和可怕了，当牺牲已造成时，雨和雷会过去，光明的早晨将黎明了。我高兴过这光明的生活。但是现在我们必须为它奋斗。

中国为我们供给了惊奇的无穷源泉。我们平常哪知道这儿有孙女士这样的人。她的团体是恐怖的，甚至有点使我害怕。啊中国！在你怀抱中有着这样杰出的人才！

孙小姐是一个游击队的领袖，和一个虔信的佛教徒。她想到西藏去，组织一个有政治意义的团体。她曾领导过向一座日本占领的城市的突击。她的打扮包括一双草鞋，一件长袍，衣下一条佛教徒的裤子，一顶草帽，一副银框眼镜。她的头发剪短了像个男人似的；她的指甲很长；她有着很好的牙齿，当她谈话的时候，我们可以看得很清楚。她从湖南来，她极慢的谈讲着她的工作目标，我还清楚的记得她的声音。

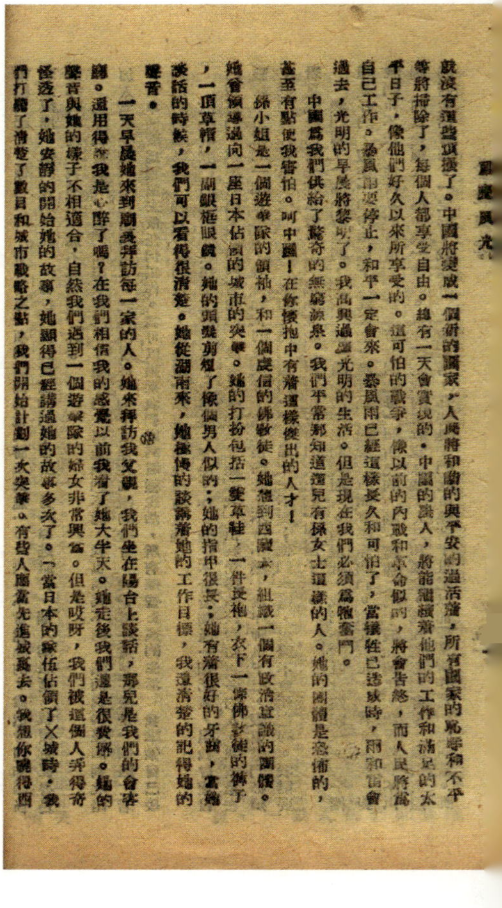

就沒有這些頂撞了。中國將變成一個新的國家，人民將和諧的與平安的過活着，所有國家的恥辱和不平等將掃除了，每個人都享受自由。總有一天會實現的。中國的農人，將能繼續着他們的工作和滿足的太平日子，像他們好久以來所享受的。這可怕的戰爭，像以前的內戰和革命似的，將會告終，而人民將為自己工作。暴風雨要停止，和平一定會來。暴風雨已經這樣長久和可怕了，當犧牲已過去時，和平當會過去，光明的早晨將黎明了。我高興過着光明的生活。但是現在我們必須為牠奮鬥。

中國為我們供給了驚奇的無窮源泉。我們平常那知道這兒有孫女士這樣的人。她的團體是恐怖的，甚至有點使我害怕。呵中國！在你懷抱中有着這樣傑出的人才！

孫小姐是一個遊擊隊的領袖，和一個虔信的佛教徒。她想到西藏去，組織一個有政治意識的團體。她曾領導過向一座日本佔領的城市的突擊。她的打扮包括一雙草鞋，一件長袍，衣下一條佛教徒的褲子，一頂草帽，一副銀框眼鏡。她的頭髮剪短了像個男人似的；她的指甲很長；她有着很好的牙齒，當她談話的時候，我們可以看得很清楚。她從湖南來，她極慢的談論着她的工作目標，我還清楚的記得她的聲音。

一天早晨她來到廟裏拜訪每一家的人。她來拜訪我父親，我們坐在陽台上談話，那兒是我們的會客廳。還用得說我是心醉了嗎？在我們相信我的感覺以前我看了她大半天。她走後我們還是很費解。她的聲音與她的樣子不相適合，自然我們遇到一個遊擊隊的婦女非常興奮。但是哎呀，我們被這個人弄得奇怪透了，她安靜的開始她的故事，她顯得已經講過她的故事多次了。「當日本的隊伍佔領了×城時，我們打聽了清楚了數目和城市戰略之點，我們開始計劃一次突擊。有些人應當先進城裏去。我想你曉得西

一天早晨她来到庙里拜访每一家的人。她来拜访我父亲，我们坐在阳台上谈话，那儿是我们的会客厅。还用得说我是心醉了吗？在我们相信我的感觉以前我看了她大半天。她走后我们还是很费解，她的声音与她的样子不相适合，自然我们遇到一个游击队的妇女非常兴奋。但是哎呀，我们被这个人弄得奇怪透了，她安静的开始她的故事，她显得已经讲过她的故事多次了。“当日本的队伍占领了 × 城时，我们打听了清楚了数目和城市战略之点，我们开始计划一次突击。有些人应当先进城里去。我想你晓得西瓜吧？我们在田里把西瓜割开了缝，每一个放进一把连发手枪，过了几天伤痕又长好了。于是我们化装成农民进城卖西瓜去。几篮子就这么毫无问题的运进去。”

有些人天真的问她化装成一个男人还是一个女人。“我化妆自己为一个农家妇人，头发上围着头巾。日本的卫兵开始奇怪这几天滑进城的西瓜这么多。我已经在城里了，我晓得假使再不动手就会太迟。于是我走进一间屋子里放了一枪，这是一个信号，接着同志们都出来了，开始打开西瓜，射击每个看到的日本卫兵，同时城外的同志也开始突击。这

里的居民皆大欢喜。日本司令部大感惊慌，高级长官们从第一层楼跑到第二层，又从第二层跑到第三层，但是他们无法逃脱了。我们中有些人进去，同时有些人防着前门、窗户和后门，他们呼救是太晚了，所有的卫兵就逃跑了。我们射死他们，占了城，你看看那些百姓吧！我们中只死了一个，几个受伤的，但百姓没有一个受伤。我们占领了两天的城，但是我们知道必须退出，因为他们的援兵就要来临，数目远超过我们。于是我们放弃了城，把这次战争解释给人们听，他们中有一群跟随我们来了。”

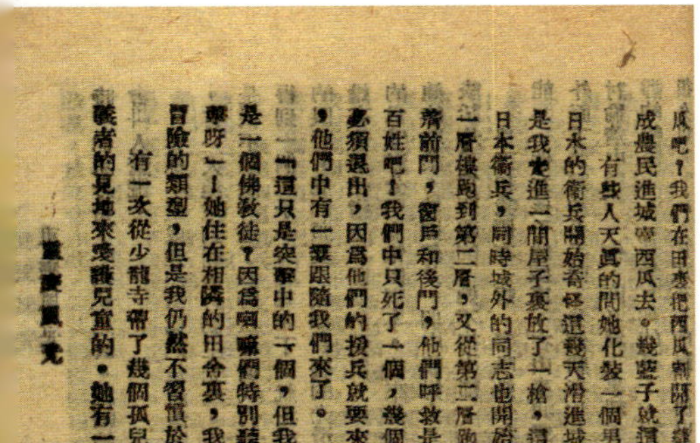
瓜吧？我們在田裏把西瓜割開了縫，每一個放進一把連發手槍，過了幾天傷痕又長好了。於是我們化裝成農民進城賣西瓜去。幾籃子就這麼毫無問題的運進去。

有些人天真的問她化裝一個男人還是一個女人。「我化裝自己爲一個農家婦人頭髮上圍着頭巾。於日本的衛兵開始奇怪這幾天滑進城的西瓜這麼多。我已經在城裏了，我曉得假使再不動手就會太遲。於是我走進一間屋子裏放了一槍，這是一個信號，接着同志們都出來了，開始打開西瓜，射擊每個看到的日本衛兵，同時城外的同志也開始突擊。這裏的居民皆大歡喜。日本司令部大感驚慌，高級長官們從第一層樓跑到第二層，又從第二層跑到第三層。但是他們無法逃脫了。我們中有些人進去，同時有些人防着前門，窗戶和後門，他們呼救是太晚了，所有的衛兵就逃跑了。我們射死他們，佔了城，你看看那些百姓吧！我們中只死了一個，幾個受傷的，但百姓沒有一個受傷。我們佔領了兩天的城，但是我們知道必須退出，因爲他們的援兵就要來臨，數目遠超過我們。於是我們放棄了城，把這次戰爭解釋給人們聽，他們中有一羣跟隨我們來了。

「這只是突擊中的一個，但我告訴你不過因爲西瓜吧了。哈！哈！」她能領導一場突擊，但爲甚麼是一個佛教徒？因爲喇嘛們特別聽他的話嗎？她的舉動遲緩，但我幻想着她跑上一座山上大叫着，「突擊呀」！她住在相隣的田舍裏，我相信她在教書。她說只要她的方言能懂她就立刻動身到西藏去。她是冒險的類型，但是我仍然不習慣於她的聲音。

有一次從少龍寺帶了幾個孤兒來。她對孤兒們很親愛，叫他們唱歌給我們聽。但自然她是從國家主義者的見地來愛護兒童的。她有一雙目光銳利的眼睛，也許這就是爲什麼她要去西藏的原因。當她出發

重慶風光

“这只是突击中的一个，但我告诉你不过因为西瓜吧了。哈！哈！”她能领导一场突击，但为什么是一个佛教徒？因为喇嘛们特别听她的话吗？她的举动迟缓，但我幻想着她跑上一座山上大叫着，“突击呀”！她住在相邻的田舍里，我相信她在教书。她说只要她的方言能懂她就立刻动身到西藏去。她是冒险的类型，但是我仍然不习惯于她的声音。

有一次从少龙寺带了几个孤儿来。她对孤儿们很亲爱，叫他们唱歌给我们听。但自然她是从国家主义者的见地来爱护儿童的。她有一双目光锐利的眼睛，也许这就是为什么她要去西藏的原因。当她出发时，她随身带了一个孤儿去。祝福她吧，愿她永远健康，一路平安到达西藏，虽然她给人第一瞥的时候会叫人惊慌。

与孙小姐成强烈对比是赵清阁小姐，是一个十分年青的现代戏剧家。她和王先生和王太太都认识，有一天她来到庙里拜访王先生。那天雾非常浓厚，阳台上很冷，但不管这些我们仍旧坐在那里。她也是很不顺眼，过了些时候才使我们习惯她的面貌。她老是穿着外国大衣和衬衫，因为她的父亲失望没有得到一个儿子，自从她生下后就把她打扮成一个男孩。她有一张典雅的面孔，在她的眼镜后藏着一双美丽的眼睛。她的头发黑漆如丝织的光滑，后面剪得很短，她的声音非常柔和，

说着非常纯粹的国语，但是她有着用手指抚摸头发的习惯，并且起坐怪样。这是因为她被当作一个男孩子养大了的缘故吧。她经常的为电影公司写电影脚本，后来觉得电影有许多限制而改写舞台剧了。不管她的西方知识，她的服装，她的职业，她显然是一个中国妇女。她常常一动也不动，而且能够不讲话的安静的坐着。观察她和同她谈话是非常有趣的，她不拘小节。

那天和我们在一起，那晚她也和我们睡在一起。她摘下眼镜后，显出一双十分美丽的眼，我希望她能穿一件女孩子的装束。在山里我们全睡得很早，我发现她躺在那儿很久才入睡。

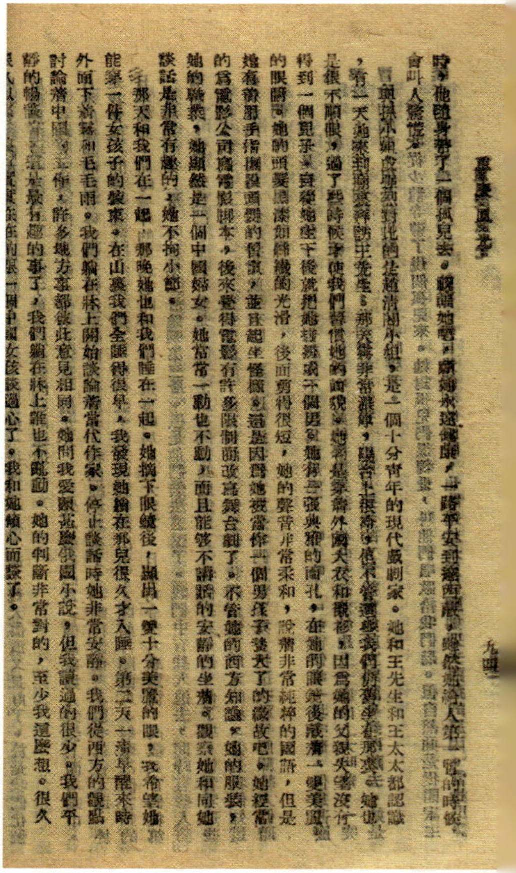

九四

時，他隨身帶了一個孤兒去。[illegible]一路平安到達[illegible]時候

會叫人驚慌。[illegible]

[illegible]

，有一天遍來到縉雲寺訪王先生。那天穿非常漂亮，[illegible]

是很不順眼，過了些時候才使我們習慣她的面貌。她穿着是[illegible]外國大衣和襯衫，因爲她的父親失望沒有得到一個兒子，自從她生下後就把她打扮成一個男孩。她有着一張典雅的面孔，在她的眼鏡後藏着一雙美麗的眼睛。她的頭髮像漆一般地織細光滑，後面剪得很短，她的聲音非常柔和，說着非常純粹的國語，但是她有着用手指撫摸頭髮的習慣，並且起坐怪樣。這是因爲她被當作一個男孩子養大了的緣故吧。她經常的爲電影公司寫電影脚本，後來覺得電影有許多限制而改寫舞台劇了。不管她的西方知識，她的服裝，她的職業，她顯然是一個中國婦女。她常常一動也不動，而且能够不講話的安靜的坐着。觀察她和同她談話是非常有趣的，她不拘小節。

那天和我們在一起，那晚她也和我們睡在一起。她摘下眼鏡後，顯出一雙十分美麗的眼，我希望她能穿一件女孩子的裝束。在山裏我們全睡得很早，我發現她躺在那兒很久才入睡。第二天一清早醒來時外面下着霧和毛毛雨。我們躺在牀上開始談論着當代作家。停止談話時她非常安靜。我們從西方的觀點討論着中國的工作，許多地方事都彼此意見相同。她問我愛讀甚麼俄國小說，但我讀過的很少。我們平靜的暢談着，這是最有趣的事了，我們躺在牀上誰也不亂動。她的判斷非常對的，至少我這麼想。很久很久以來我沒有實實在在的跟一個中國女孩談過心了。我和她傾心而談了。

第二天一清早醒来时外面下着雾和毛毛雨。我们躺在床上开始谈论着当代作家。停止谈话时她非常安静。我们从西方的观点讨论着中国的工作，许多地方事都彼此意见相同。她问我爱读什么俄国小说，但我读过的很少。我们平静的畅谈着，这是最有趣的事了，我们躺在床上谁也不乱动，她的判断非常对的，至少我这么想。很久很久以来我没有实实在在的跟一个中国女孩谈过心了。我和她倾心而谈了。

我不喜欢谈论缙云山。我们听到的故事和新闻毫无趣味。我们生活退化了，因为我们生活在这里像是山旁的屋子，与北碚相离，孤立与袖手旁观。我成天的读着故事和小说，因为我们在缙云山的生活觉得乏味。也许这是因为山中的寂寞之故；我听了故事后，就能很远的和自由自在的跑着，也许听了故事，我才觉得做了些什么事了。我让别的英雄和英雌冒着危险和成就什么事情。听了这些故事后，我生活在他们经验的恐怖和忧愁中。这是无聊的事，但现在我既然不能做什么工作，只好追怀着故事了。他们引起了我的同情和尊敬，使我显得自卑和渺小。于是在路上静静的散步中，在听到和尚们开怀大笑中，这些故事都日夜缠绕着我。在夜里我梦着同样的事情，相信着我自己被机关枪射杀了，或被命中枪弹而流血了。梦里非常痛苦，因为梦里我确以为流着血。但是一切皆空，纯属于虚，我幻觉经验而于人无助！我厌倦读书了，甚至有点懒，因为我在等候有允许我去帮助，去为受苦的人们做些什么事情的机会。我对周围的痛苦并非无感觉的。假使我熟视无睹，我的良心会责备我这样做，我觉得欠缺他们什么，我仅是需要着还债吧了。

我想知道伤兵之友怎样的工作，他怎样开始的。他很有钱，他把他的钱都花在伤兵身上了。他觉得他老是太富了，他能出钱来，直到他觉得生活得良心过得去为止。他买来整筐的橘子送给伤兵，询问着他们的伤痕，绞着脑汁找寻帮助他们的办法。当他瞧见他所住的房子无须那么大时，他自己搬到一间小房子里去，省下房钱给伤兵用。他有一个职业，他把薪水几乎全用在伤兵身上。当他请求成立的“伤兵之友社”的组织得到批准时，他非常高兴，而为他的组织奔忙了。这是一个照顾老兵的组织，为他们找职业，成立合作社，使他们能够自立。盲者可以编篮子，缺腿的可以做手工，无臂的可以用他的脚踏着机器，使受伤者能够尽量的有用。当他们能工作时，他们意识到自尊心和自立心，不会再满处乱跑了。他们不再觉得是虚弱的人，永远依靠别人为生。

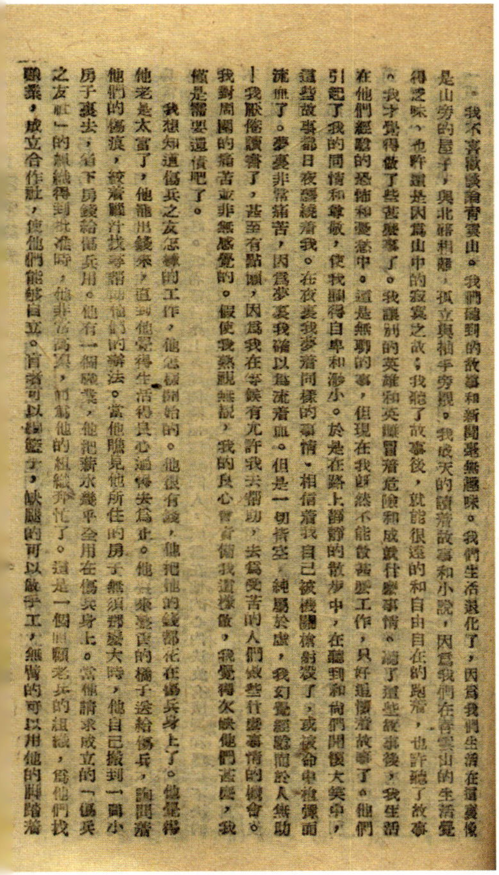

……我不喜歡談論青雲山。我們聽到的故事和新聞毫無趣味。我們生活退化了，因爲我們生活在這裏像是山旁的屋子，與北碚相離，孤立與袖手旁觀。我成天的讀着故事和小說，因爲我們在青雲山的生活覺得乏味，也許還是因爲山中的寂寞之故；我聽了故事後，就能很遠的和自由自在的跑着，也許聽了故事，我才覺得做了些甚麼事了。我讀別的英雄和英雌冒着危險和成就什麼事情。讀了這些故事後，我生活在他們經驗的恐怖和憂慮中。這是無聊的事，但現在我既然不能做甚麼工作，只好追懷着故事了。他們引起了我的同情和尊敬，使我顯得自卑和渺小。於是在路上靜靜的散步中，在聽到和尚們開懷大笑中，這些故事都日夜纏繞着我。在夜裏我夢着同樣的事情，相信着我自己被機關槍射殺了，或被命中槍彈而流血了。夢裏非常痛苦，因爲夢裏我確以爲流着血。但是一切皆空，純屬於虛，我幻覺經驗而於人無助！我厭倦讀書了，甚至有點懶，因爲我在等候有允許我去幫助，去爲受苦的人們做些什麼事情的機會。我對周圍的痛苦並非無感覺的。假使我熟視無睹，我的良心會責備我這樣做，我覺得欠缺他們甚麼，我僅是需要還債吧了。

我想知道傷兵之友怎樣的工作，他怎樣開始的。他很有錢，他把他的錢都花在傷兵身上了。他覺得他老是太富了，他能出錢來，直到他覺得生活得良心過得去爲止。他買來整筐的橘子送給傷兵，詢問着他們的傷痕，絞着腦汁找尋幫助他們的辦法。當他瞧見他所住的房子無須那麼大時，他自己搬到一間小房子裏去，省下房錢給傷兵用。他有一個職業，他把薪水幾乎全用在傷兵身上。當他請求成立的「傷兵之友社」的組織得到批准時，他非常高興，而爲他的組織奔忙了。這是一個照顧老兵的組織，爲他們找職業，成立合作社，使他們能夠自立。盲者可以編籃子，缺腿的可以做手工，無臂的可以用他的脚踏着

这位伤兵的伟大的朋友开始了这件义举，现在正在积极进行之中。他替伤兵们干着大大小小的差使而感到极端喜悦。因为这是信仰占有了他，不是他占有了信仰。他只能在发挥他的信仰到了极致才找到快乐，他的时间，他的整个生命，属于这信仰，如果不这样他就会像一个失去灵魂的人了。他不想比伤兵富有，也不想比伤兵们较为舒服。他疯了吗？不，他是世界上精神最健全的，最快乐的人，因为他不理会丑恶而只感觉美好。我希望世界上多几个像他这样的人，因为在他的心内绝没有怀疑和迟疑不决的事。这种典型的人做事才最有成绩，并且也没有受过高度教育，普通人吧了。他从来不会失败，因为他不允许自己失败。他没有什么外表

的特色，因为他和信仰是合而为一的。多数的人忙着很多的事情；没有一个人像他，只有一种信仰，工作的目标也只有一个。世界是混乱和悖理的，只有这种类型的人才能给我们忠诚和希望。我希望多出几个这样的人。你随便叫他做什么吧，但是他总是他自己，伤兵之友。

邻近，离我们这里约有六里路的地方，是另外一个庙，叫做少龙寺，改变成一座孤儿院了。这是利用一座庙宇的最佳途径。庙位置在小山谷中，有着高大的松树和竹林。它的屋顶仍然是红色和金色的，顶上精心的描画着飞舞的龙，只有一条山路通到这孤儿院，房屋从空中很难辨认出来。这儿共有口百个孤儿，一个和气的太太做他们的管理人。

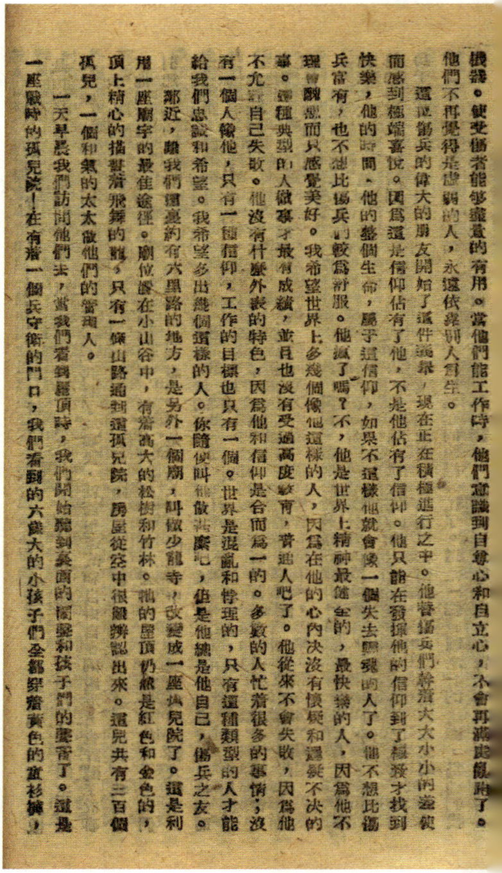
機器。使受傷者能夠盡量的有用。當他們能工作時，他們意識到自尊心和自立心，不會再滿足依賴了。他們不再覺得是虛弱的人，永遠依靠別人營生。

這位傷兵的偉大的朋友開始了這件工作，現在正在積極進行之中。他替傷兵們幹着大大小小的差使而感到極端喜悅。因爲還是信仰佔有了他，不是他佔有了信仰。他只能在發揮他的信仰到了極致才找到快樂，他的時間、他的整個生命，屬于這信仰，如果不這樣他就會像一個失去靈魂的人了。他不想比傷兵富有，也不想比傷兵們較爲舒服。他瘋了嗎？不，他是世界上精神最健全的，最快樂的人，因爲他不理會醜惡而只感覺美好。我希望世界上多幾個像他這樣的人，因爲在他的心內決沒有懷疑和遲疑不決的事。這種典型的人做事才最有成績，並且也沒有受過高度教育，普通人吧了。他從來不會失敗，因爲他不允許自己失敗。他沒有什麼外表的特色，因爲他和信仰是合而爲一的。多數的人忙着很多的事情；沒有一個人像他，只有一種信仰，工作的目標也只有一個。世界是混亂和悖理的，只有這種類型的人才能給我們忠誠和希望。我希望多出幾個這樣的人。你隨便叫他做甚麼吧，但是他總是他自己，傷兵之友。

鄰近，離我們這裏約有六里路的地方，是另外一個廟，叫做少龍寺，改變成一座孤兒院了。這是利用一座廟宇的最佳途徑。廟位置在小山谷中，有着高大的松樹和竹林。牠的屋頂仍然是紅色和金色的，頂上精心的描畫着飛舞的龍，只有一條山路通到這孤兒院，房屋從空中很難辨認出來。這兒共有三百個孤兒，一個和氣的太太做他們的管理人。

一天早晨我們訪問他們去，當我們看到屋頂時，我們開始聽到裏面的鬧聲和孩子們的聲音了。這是一座戰時的孤兒院！在有着一個兵守衛的門口，我們看到的六歲大的小孩子們全都穿着黃色的童衫褲，

一天早晨我们访问他们去，当我们看到屋顶时，我们开始听到里面的闹声和孩子们的声音了。这是一座战时的孤儿院！在有着一个兵守卫的门口，我们看到的六岁大的小孩子们全都穿着黄色的童衫裤、白衬衫，有的还拿着他们的大草帽。当他们瞧见我们时他们停下了。就是这些战争的孤儿会遇到一个残酷的命运吗？他们是清洁的，快乐的和美丽的。我没有想到他们会像这个样子。我以为他们只被好好的照料着和舒适吧了。不以为他们快乐和美丽！有些女孩子是很害羞的，当我们去问她们到那儿去时，“警报来啦！”“我们要到山里去！”。即使这儿他们也不是平安的，因为这儿有一座房屋，因为这是一座孤院！等一会一个教师出来了，他们快乐的向山路走去。我们进去会到女院长朱女士，一个哥伦比亚大学的毕业生。有些较大的孩子还在那里吃早饭；有些在抹桌子。这就像在任何学校里吃饭的时间一样的充满了闹声。年岁大小不一，最大的要十四岁。有些人在院子里玩着，整个的地方充塞着儿童，但是阳光与空气充足。我们参观了两间主要的卧室，以前是这庙的两间大殿。它们是出色的清洁和整齐。在两层的床架上整洁的叠着

绒毯；在每张床后挂着一个袋子，装着每个小孩子的衣服。孩子们好奇的望了我们一会，又去玩去了。他们穿得非常考究，而且出色的健康；他们的颊玫瑰红，很少有害坏血病的。爱护着他们的朱女士说有些儿童能吃五碗饭，普通小的也能吃三碗。代替牛乳的是豆浆，装在很多的大瓶子里，谁口渴就可以来吃。有些年纪小的孤儿紧缠住教师们，但是男孩子们则太忙了。他们在领队的面前排着队，准备上山去。在报数时，每个孩子做着军事训练的姿势，尽着肺量高喊。他们灵敏的向左报着数，“一，二，三，四”，有一个孩子用长而高的声浪叫着“十六”，高抬着头和闭着眼。有些是粗声的，有些是如京戏般的，非常有趣。当有一个漫不经心的孩子正在七十九以后报着“七十”时，突然引起了一场纷乱，每个人喊出他和纠正他后，报数再继续着。接着他们动身上山去，多数带着他们细微的财产，包括几只美好的珐琅杯子。他们全都忙着忘却自己了。饭厅像是一个美国的仓库，但是有着很多的窗子和门。也有礼堂，有讲台，壁上悬着中国国旗和孙逸仙的肖像。

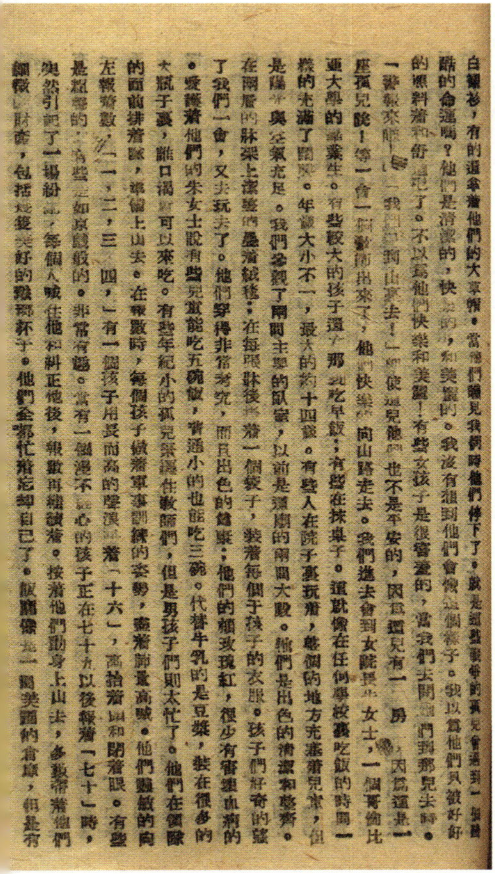
白襯衫，有的還拿着他們的大草帽。當他們聽見我們時他們停下了。就是這些[illegible]的孤兒會遇到一[illegible]院的命運嗎？他們是清潔的，快樂的，和美麗的。我沒有想到他們會像這個樣子。我以爲他們只被好好的照料着和餵飽了。不以爲他們快樂和美麗！有些女孩子是很害羞的，當我們去問她們到那兒去時。一聲不吭—[illegible]「我們到山裏去！」假使這兒他們也不是平安的，因爲這兒有一男[illegible]，因爲這是一座孤兒院！等一會一個教師出來了，他們快樂的向山路走去。我們進去會到女院長[illegible]女士，一個哥倫比亞大學的畢業生。有些較大的孩子還在那兒吃早飯，有些在抹桌子。這就像在任何學校裏吃飯的時間一樣的充滿了鬧聲。年齡大小不一，最大的約十四歲。有些人在院子裏玩着，整個的地方充塞着兒童，但是陽光與空氣充足。我們參觀了兩間主要的臥室，以前是廟宇的兩間大殿。牠們是出色的清潔和整齊。在兩層的牀架上[illegible]疊着絨毯；在每張牀後掛着一個袋子，裝着每個小孩子的衣服。孩子們好奇的望了我們一會，又去玩去了。他們穿得非常考究，而且出色的健康；他們的頰玫瑰紅，很少有害壞血病的。愛護着他們的朱女士說有些兒童能吃五碗飯，普通小的也能吃三碗。代替牛乳的是豆漿，裝在很多的大瓶子裏，誰口渴就可以來吃。有些年紀小的孤兒緊纏住教師們，但是男孩子們則太忙了。他們在領隊的面前排着隊，準備上山去。在報數時，每個孩子做着軍事訓練的姿勢，盡着肺量高喊。他們靈敏的向左報着數，「一，二，三，四，」有一個孩子用長而高的聲浪叫着「十六」，高抬着頭和閉着眼。有些是粗聲的，有些是如京戲般的。非常有趣。當有一個漫不經心的孩子正在七十九以後報着「七十」時，突然引起了一場紛亂，每個人喊住他和糾正他後，報數再繼續着。接着他們動身上山去，多數帶着他們細微的財產，包括幾隻美好的琺瑯杯子。他們全都忙着忘卻自己了。飯廳像是一個美國的倉庫，但是有

多数的孩子们已走了，剩下一两班马上也要走。我们参观了厨房，那儿有一个烧饭的大锅。厨房里有两个人在工作着，他们显然愿意为孤儿们工作。我们在一间小屋子中吃了中饭。菜单包括两样青菜，一碟豆子和一样菜汤。这就是孩子们和教师们吃的。他们一星期吃两次肉。后院儿还有几个大一点的孩子洗衣服。他们有一个自来水的桶子，得山上的泉水连接一根管子。他们正在严肃的工作着。在大院子里有几个大孩子做着各种各样的事。从警报来时他们并不“退”到山里去，因为他们被指定轮流做救护队，假使孤儿院着了火，他们帮助抢救东西和救灭火，职务使他们觉得有用。

这儿没有人有思乡病或显得痛苦，除了刚来的和年纪小的几个。午

饭后我们被允许去偷看一些他们的笔记簿和图画。他们极端的意识到战争。图画包括着轰炸，房屋燃烧，前线，中国的兵士打击日本矮子，农夫和红十字会护士帮助抬伤兵。有几张很好，在他们小小的作文中，十分严肃的说明放在每个市民肩上的责任，他们长大时要帮助去做建国的工作，以为今日国家给予他们教育和好生活的感谢。他们为人民的利益而工作，战后也没有日本帝国主义存在了。许多儿童表达着希望去做机关枪手、炮兵、飞行师或工程师。他们全都希望去打日本。这是可惊异的，也是自然的。

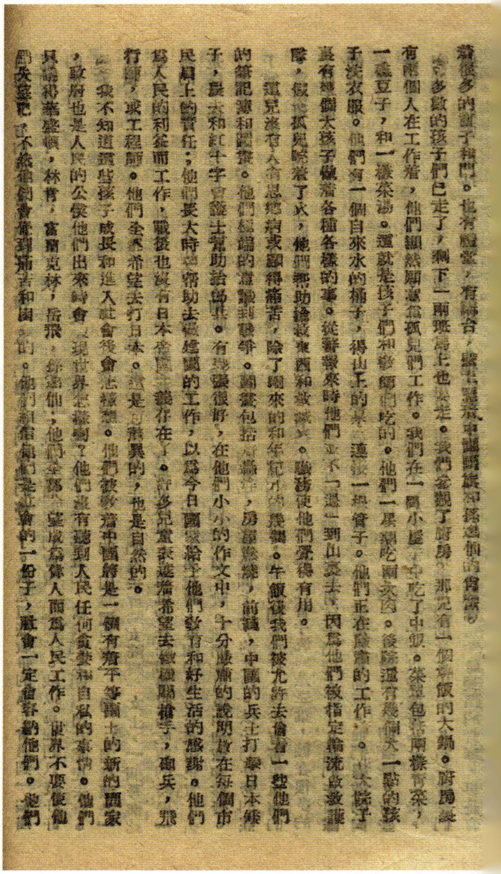
着很多的罐子和門。也有禮堂，有講台，墻上懸掛着中國國旗和孫逸仙的肖像。
大多數的孩子們已走了，剩下一兩班將上也要走。我們參觀了廚房，那兒有一個煮飯的大鍋。廚房裏
有兩個人在工作着，他們顯然屬意爲孤兒們工作。我們在一個小屋子中吃了中飯。菜里包括兩樣青菜，
一盤豆子，和一樣茶湯。這就是孩子們和教師們吃的。他們一星期吃兩次肉。後院還有幾個大一點的孩
子洗衣服。他們有一個自來水的桶子，得山上的[illegible]，遠[illegible]一個管子。他們正在做[illegible]的工作。[illegible]大孩子
裏有幾個大孩子做着各種各樣的事。從警報來時他們並不「逃」到山裏去，因爲他們被指定輪流做救護
隊，[illegible]孤兒院救了火，他們幫助搶救東西和救[illegible]。臨場使他們覺得有用。
孤兒沒有人有恐怖病或顯得痛苦，除了剛來的和年紀小的幾個。午飯後我們被允許去偷看一些他們
的筆記簿和圖畫。他們極端的意識到戰爭。圖畫包括着轟炸，房屋燃燒，前線，中國的兵士打擊日本矮
子，農夫和紅十字會護士幫助抬傷兵。有幾張很好，在他們小小的作文中，十分嚴肅的說明放在每個市
民肩上的責任，他們長大時要幫助去做建國的工作，以爲今日國家給予他們教育和好生活的感謝。他們
爲人民的利益而工作，戰後也沒有日本帝國主義存在了。許多兒童表達着希望去做機關槍手，砲兵，飛
行師，或工程師。他們全都希望去打日本。這是可驚異的，也是自然的。
我不知道這些孩子成長和進入社會後會怎樣想。他們被教着中國將是一個有着平等國土的新的國家
，政府也是人民的公僕他們出來時會發現世界怎樣啊？他們沒有聽到人民任何貪婪和自私的事情。他們
只曉得華盛頓，林肯，富蘭克林，岳飛，孫逸仙，他們全都希望成爲偉人而爲人民工作。世界不要使他
們失望吧，不然他們會感到痛苦和困難的。他們相信他們是社會的一份子，社會一定會容納他們。他們

我不知道这些孩子成长和进入社会后会怎样想。他们被教着中国将是一个有着平等国土的新的国家，政府也是人民的公仆，他们出来时会发现世界怎样啊？他们没有听到人民任何贪婪和自私的事情。他们只晓得华盛顿、林肯、富兰克林、岳飞、孙逸仙，他们全都希望成为伟人而为人民工作。世界不要使他们失望吧，不然他们会感到痛苦和困难的。他们相信他们是社会的一份子，社会一定会容纳他们。他们在这孤儿院内所接触到的一些大社会的事情，只是他们所念到的。这里是有秩序、平等、正确和友爱。他们能找到一个世界正如这个小小的孤儿院一样吗？

周女士开始告诉我们一些孩子们的故事，他们中约有半数双亲是活着的，这委员会到战区去带了儿童到这儿来，那时他们的双亲还拒绝迁往内地。孩子们必须救的，父母在战后可以领回他们。有许多是在路旁拾到的，他们的房子毁了，父母被杀了，有些孩子父母叫他们回去都不愿回去。在自己家里还没有吃得像这么好，并且还读书，还有这么多的孩子做伴侣。

有一个女人，她的丈夫在重庆的第一次轰炸中炸死了，她和她的两个小孩子到孤儿院来。孩子们收留下了，母亲也住在这儿，帮着孤儿院做着各种事情。她拿到很少的薪水，但她高兴有一个地方睡觉，三顿不

用忧愁的饭食，她的孩子们这么近，学着读书和写字，她是心甘意足的来帮忙的。在我们坐着的教室里，有一个四岁的孩子站着。他是新来的，正在哭泣；他的面孔很瘦，皮肤不健康。护士带他到办公室给他上药，他哭泣着和痛苦着。他在这孤儿院里太小了，不愿和别的小孩子们玩，只是悲苦的彷徨。

有一个病人住的病房，他们食物较佳。周女士告诉我们一个瘦弱生病的孩子的事情，当问他是什么病时，他说他只想吃鸡，他告诉周女士说鸡可以医好他的毛病。于是周女士特别拿出钱来叫厨房预备鸡，吃光了三只鸡、鸡汤和一切的东西后，他病好了，而且又快乐了。

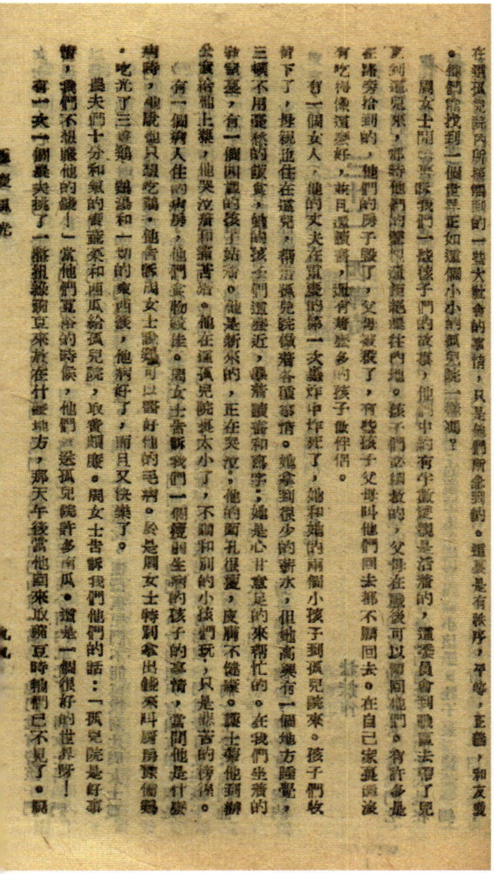
在這孤兒院內所看得到的一些大社會的事情，只是我們所念到的。這裏是有秩序，平等，正義，和友愛。我們能找到一個世界正如這個小小的孤兒院一樣嗎？

周女士開始告訴我們一些孩子們的故事，他們中約有半數雙親是活着的，這委員會到戰區去帶了兒童到這兒來，那時他們的雙親還拒絕遷往內地。孩子們也有被救的，父母在戰後可以領回他們。有許多是在路旁拾到的，他們的房子毀了，父母被殺了，有些孩子父母叫他們回去都不願回去。在自己家裏並沒有吃得像這麼好，並且還讀書，還有着這麼多的孩子做伴侶。

有一個女人，她的丈夫在宜昌的第一次轟炸中炸死了，她和她的兩個小孩子到孤兒院來。孩子們收留下了，母親也住在這兒，帮着孤兒院做着各種事情。她拿到很少的薪水，但她高興有一個地方睡覺，三頓不用憂愁的飯食，她的孩子們這麼近，學着讀書和寫字，她是心甘意足的來帮忙的。在我們坐着的教室裏，有一個四歲的孩子站着。他是新來的，正在哭泣，他的面孔很瘦，皮膚不健康。護士帶他到辦公室給他上藥，他哭泣着和痛苦着。他在這孤兒院裏太小了，不願和別的小孩們玩，只是悲苦的徬徨。

有一個病人住的病房，他們食物較佳。周女士告訴我們一個瘦弱生病的孩子的事情，當問他是什麼病時，他說他只想吃鷄。他告訴周女士說鷄可以醫好他的毛病。於是周女士特別拿出錢來叫廚房預備鷄。吃光了三隻鷄、鷄湯和一切的東西後，他病好了，而且又快樂了。

農夫們十分和氣的賣蔬菜和西瓜給孤兒院，取費頗廉。周女士告訴我們他們的話：「孤兒院是好事情，我們不想賺他的錢！」當他們寬裕的時候，他們就送孤兒院許多南瓜。這是一個很好的世界呀！

有一次一個農夫挑了一擔綠豌豆來放在什麼地方，那天午後當他回來取豌豆時牠們已不見了。周

重慶風光 九九

农夫们十分和气的卖蔬菜和西瓜给孤儿院，取费颇廉。周女士告诉我们他们的话："孤儿院是好事情，我们不愿赚他的钱！"当他们宽裕的时候，他们就送孤儿院许多南瓜，这是一个很好的世界呀！

有一次一个农夫挑了一整担绿豌豆来放在什么地方，那天午后当他回来取豌豆时它们已不见了。周女士一半疑心到小孩们。全体集合了，她询问他们。他们多数回答他们知道一点儿，他们说有些孩子们发现豌豆新鲜的好吃，于是他们开始去吃了。自然，每个人吃一点，整担在几分钟内就光了。周女士叫他们以后不要再犯这样的事情，他们全体还很懊悔。

"他们吃了就算了，幸好他们都这样的诚实。"周女士笑着说。这些孤儿们不能再找到比周女士更好的保姆了。她实在爱孩子们。

我们在三点钟离开了寺院，在山路上我们遇见了孩子们回来了。他们之中有的还只有四五岁，但是他们能在烈日下每天走这么长的一段路。他们长大了以后会变成怎样呢？没有能像他们这样自立的孩子，现在充满了热情的爱国主义，他们的头脑不会被不紧要的事分心和染上坏习惯

了。周女士告诉我们他们中有些个的确在各种部门有着真正的天才。假使不是战争，他们也许永远在田地上耕作。

还有一处“特别技能学校”在邻近。创办人是一个热情的教育者，到各地孤儿院去，选择有才能的儿童，在这学校的每个学生给予物质和时间来发展他们的特殊技能。

三十二、西华寺

妹妹　作

当我们在西华寺的期间，我们遇到从中国各地来的各种各样的人。有一个害肺病的妇女，当我们吃饭的时候，她喜欢摇动我们的桌子。她自称是一个艺术家，但我们从没有看过她的图画，她的丈夫是在银行工作，每一次他回来的时候都带回来一些关于战争的坏消息。她有四个小孩子，肚子里还怀着一个。但是我们只瞧见两个，因为其他的两个跟他们的祖母在别的什么地方住。我们的对面是另一个家庭，我想他们大概是有六个儿子和两个女儿的样子，但只有三个在这儿。大的一个戴着眼镜，第二的是一个书呆子，第三个是一个傻子。他们每天早晨做着练习。他们十分用功，有时已经日落了，他们还在工作。

我们定了一份《生活》杂志，每次它来到时，我们抢着读，我们非常开心的看到巧克力饼、牛排、香肠夹面包、蛋饼和每件东西的画图。我想吃这些饼和咬这些厚的牛排。

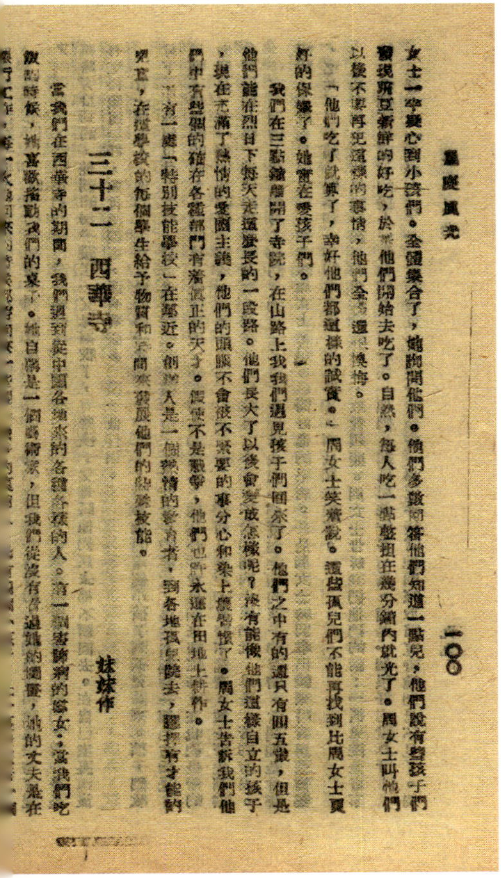

重慶風光　　100

女士一字愛心到小孩們。全體集合了，她詢問他們。他們多數回答他們知道一點兒，他們說有些孩子們還幾天豆新鮮的好吃，於是他們開始去吃了。自然，每人吃一些些祖在幾分鐘內就光了。周女士叫他們以後不要再見這樣的事情，他們全都還是懊悔。

「他們吃了就算了，幸好他們都還樣的試食。」周女士笑着說。還做孤兒們不能再找到比周女士更好的保姆了。她實在愛孩子們。

我們在三點鐘離開了寺院，在山路上我們遇見孩子們回來了。他們之中有的還只有四五歲，但是他們能在烈日下每天走這麼長的一段路。他們長大了以後會變成怎樣呢？沒有能像他們這樣自立的孩子，現在充滿了熱情的愛國主義，他們的頭腦不會很不緊要的事分心和染上壞習慣了。周女士告訴我們他們中有些個的確在各種部門有着真正的天才。假使不是戰爭，他們也許永遠在田地上耕作。

[illegible]有一處「特別技能學校」在那近。創辦人是一個熱情的教育者，到各地孤兒院去，選擇有才能的兒童，在這學校的每個學生給予物質和[illegible]間來發展他們的特殊技能。

三十二　西華寺　　妹妹作

當我們在西華寺的期間，我們遇到從中國各地來的各種各樣的人。有一個害肺病的婦女，當我們吃飯的時候，她喜歡搖動我們的桌子。她自稱是一個藝術家，但我們從沒有看過她的圖畫，她的丈夫是在[illegible]

三十三、狮子峰

无双　作

一天，我们被和尚们请去吃饭。我们吃了素鸡、素鸭、素火腿、素肝，所有都是豆子做的，味道很古怪，这既是一个很好的阴天，我们想到不如到狮子峰去玩玩。

“如果你没有瞧见过狮子峰，你等于没有来过缙云山一样。”一个很胖的和尚说，我想他长期吃素决没有这么肥。我还会以为他是一个银行家，假使他不穿着在西藏时穿的仅只裹着身体的黄袍的话。他的两臂和两肩都裸露着，他的肥胖的身体显露着。但无论如何他是非常高兴和良善的。我们和他还有另一个和尚动身到狮子峰去。另一个小和尚带了一壶茶。因为和尚说我们在山顶上会口渴，喝着茶也会增加欣赏风景的兴趣。这是很奇怪的，这些和尚喜欢欣赏风景。另一件令我惊奇的，是那一个向我们借书的和尚，他完全忘了他自己是一个和尚的说：“我等这本书出版等得好久了！”于是他很快乐的借去。

我们上了山，坐在位置在一处很险峻的地方的长凳上，那儿假如一个人跌下去，就会跌到很深的下层，而你一个不留神就会跌下去。当我望下看的时候，我们可以看到北碚，河那边是一座非常险峻的山，山上有一个四川惟一的铁路。有几个人曾坐过，这时车子正在走着。

突然我们瞧见了一架日本侦察机飞来，我晓得这不是好现象。等一会锣响了，我们听到了二次警报。我们赶紧跑到树林里去，又找住在附近的卖糖的借了几张长凳。于是我们坐在树林里，不知道什么回事，飞机却几乎立刻来了。我们的飞机也出了，有很多。这时我们夹在中国的和日本的飞机群中，十分惊慌。他们彼此相遇，鬼子要到重庆去，我们的飞机拦住去路。他们越来越近，立刻遇到了。他们在我们的头上。

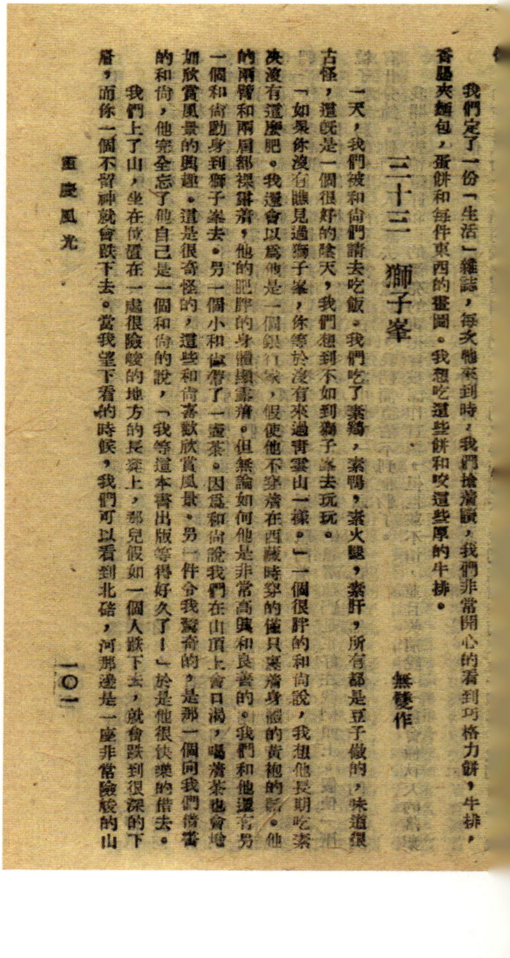

我們定了一份「生活」雜誌，每次牠來到時，我們搶着讀，我們非常開心的看到巧格力餅，牛排，香腸夾麵包，蛋餅和每件東西的畫圖。我想吃這些餅和咬這些厚的牛排。

三十三　獅子峯　無雙作

一天，我們被和尚們請去吃飯。我們吃了素鷄，素鴨，素火腿，素肝，所有都是豆子做的，味道很古怪，這既是一個很好的陰天，我們想到不如到獅子峯去玩玩。

「如果你沒有瞧見過獅子峯，你等於沒有來過縉雲山一樣。」一個很胖的和尚說，我想他長期吃素決沒有這麼肥。我還會以爲他是一個銀行家，假使他不穿着在西藏時穿的僅只裹着身體的黃袍的話。他的兩臂和兩肩都裸露着，他的肥胖的身體顯露着。但無論如何他是非常高興和良善的。我們和他還有另一個和尚動身到獅子峯去。另一個小和尚帶了一壺茶。因爲和尚說我們在山頂上會口渴，喝着茶也會增加欣賞風景的興趣。這是很奇怪的，這些和尚喜歡欣賞風景。另一件令我驚奇的，是那一個向我們借書的和尚，他完全忘了他自己是一個和尚的說，「我等這本書出版等得好久了！」於是他很快樂的借去。

我們上了山，坐在位置在一處很險峻的地方的長凳上，那兒假如一個人跌下去，就會跌到很深的下層，而你一個不留神就會跌下去。當我望下看的時候，我們可以看到北碚，河那邊是一座非常險峻的山

重慶風光　一〇一

上面有一些云，所以我们不能看到他们，但我们很清楚的听到。这时他们开始空战起来，而我们正好在下面。我们听到机关枪开火了。我觉得战争正在头顶上进行着，并不十分觉得是好事情，他们恰恰在我们头上，我们听到他们打着，打着，兜着圈子还是战斗着。

我蜷伏作一团，很害怕。他们实在在我们的头上，我好笑的想着他们是正好在我们头上。假使一两粒子弹或别的什么东西从飞机上落在我们之中任何一个的头上，那我真不知怎么说是好了。他们打了约有廿分钟。他们潜入云里去，这更坏，我们简直看不到他们了。

我开始害怕这胖和尚的漂亮的黄袍会被认作目标，但他并不怕，并且笑着说：“就会像秋天的落叶似的过去吗！”

于是两个和尚彼此开着玩笑，背靠着背的坐着，直到我不能忍受为止。

如往常似的，我们的飞机赶回他们了，他们必得回转去。我们感谢幸而没有子弹落到我们身上。我常常不知如何选择：一架日本飞机被击落打在我的头上好，还是让他飞开好。一架轰炸机值十五万美金，我不能决定我是否能值价这么多。可是我还想活，我从不敢决定，也从不需决定。假使我被一架日本飞机压倒了，那真是等于中了航空奖券的头彩一样，而头彩是难得到的。仍然我想知道那一种于人民更有益。

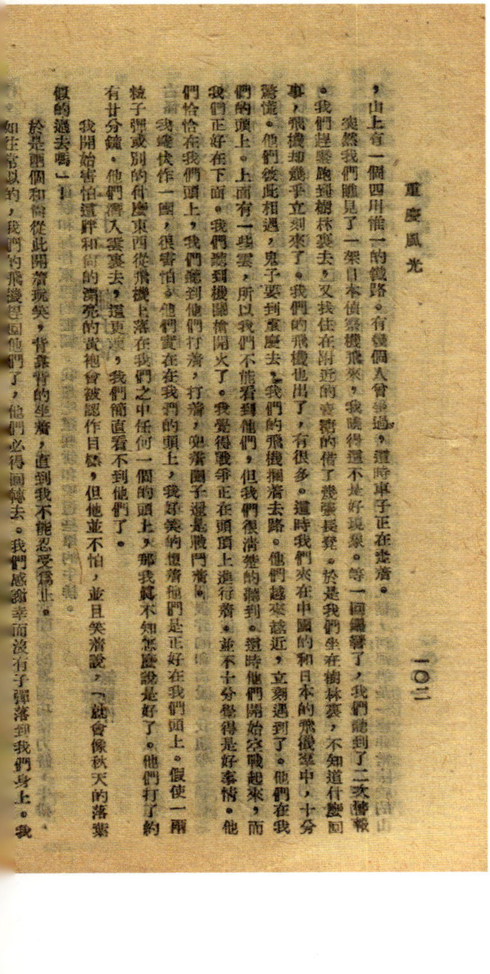

重慶風光　一〇二

，山上有一個四川惟一的鐵路。有幾個人曾爭過，這時車子正在走着。

突然我們瞧見了一架日本偵察機飛來，我曉得還不是好現象。等一回警報響了，我們聽到了二次警報。我們趕緊跑到樹林裏去，又找住在附近的喜的借了幾張長凳。於是我們坐在樹林裏，不知道什麼回事，飛機却幾乎立刻來了。我們的飛機也出了，有很多。這時我們夾在中國的和日本的飛機當中，十分驚慌。他們彼此相遇，鬼子要到重慶去，我們的飛機攔着去路。他們越來越近，立刻遇到了。他們在我們的頂上。上面有一些雲，所以我們不能看到他們，但我們很清楚的聽到。這時他們開始空戰起來，而我們正好在下面。我們聽到機關槍開火了。我覺得戰爭正在頭頂上進行着，並不十分覺得是好事情。他們恰恰在我們頭上，我們聽到他們打着，打着，兜着圈子還是戰鬥着。

我蜷伏作一團，很害怕。他們實在在我們的頭上，我好笑的想着他們是正好在我們頭上。假使一兩粒子彈或別的什麼東西從飛機上落在我們之中任何一個的頭上，那我眞不知怎麼說是好了。他們打了約有廿分鐘。他們潛入雲裏去，這更壞，我們簡直看不到他們了。

我開始害怕這胖和尙的漂亮的黃袍會被認作目標，但他並不怕，並且笑着說，「就會像秋天的落葉似的過去嗎」！

於是兩個和尙從此開着玩笑，背靠背的坐着，直到我不能忍受爲止。

如往常似的，我們的飛機趕回他們了，他們必得回轉去。我們感謝幸而沒有子彈落到我們身上。我

三十四、山中

如斯　作

在傍晚太阳落山时，没有什么事要做，我们访问山的同一边的几家田舍。在山路的两旁既没有被竹林深密的遮蔽，也没有险峻和难走的石阶。当我们静静的站了一会时，每件事情显得非常静和永久。这里没有动的痕迹，除非听到黄叶偶然的落地。我们在这里会忘记每件事情。山中仅有树，树叶子和竹子久用而光滑的石级没有标记，没有路的痕迹，没有东西给予计算世纪的记号。从细的竹林无法看出人类历史的年代，因为在每个世纪老的竹子死去，新的发了芽。光滑的石板也很少透露出人类历史的消息。仅剩下一种回忆，在若干年以前人们工作着，搬着石级砌成一条路。它是很粗糙的。树林很静，只有当一个男人或一个孩子经过的时候发出回音。路遥远而且令人疲倦，豹在夜里叫着，蛇沙沙的行着。让它们留着吧！树林没有它们会更寂寞了。这里生长着树木和路旁的杂草，甚至在石缝里也有。或者树木并不理会这种太寂寞的生活吧。我却不。是的，我高兴听到人们在石级上坚定的足步声，穿过树林的人声，因为我怕我自己会消失或融化在死样的寂静中。我不需要我的头脑分散，我们精神消失在广大空洞的空间。我需要把它集在一个地方，尽可能紧紧的握在手里。

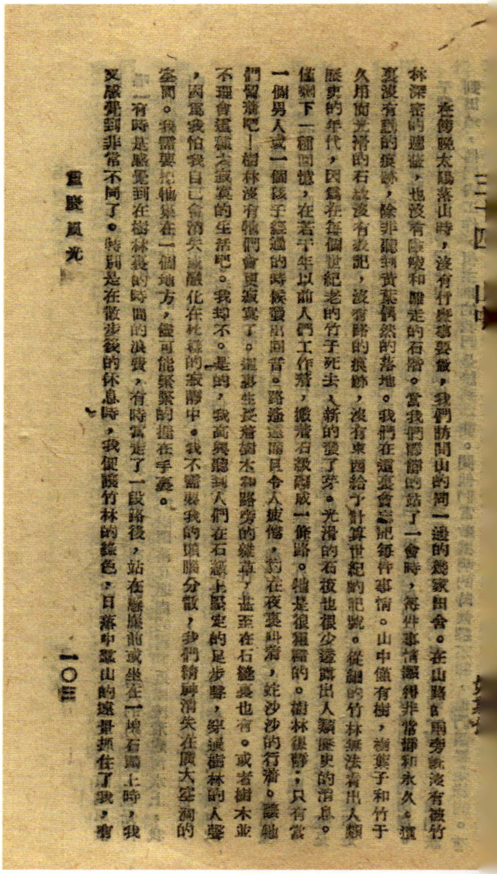

三十四　山中

在傍晚太陽落山時，沒有什麼事要做，我們訪問山的同一邊的幾家田舍。在山路的兩旁旣沒有被竹林深密的遮蔽，也沒有險峻和難走的石階。當我們靜靜的站了一會時，每件事情顯得非常靜和永久。這裏沒有動的痕跡，除非聽到黃葉偶然的落地。我們在這裏會忘記每件事情。山中僅有樹，樹葉子和竹子久用而光滑的石級沒有標記，沒有路的痕跡，沒有東西給予計算世紀的記號。從細的竹林無法看出人類歷史的年代，因爲在每個世紀老的竹子死去，新的發了芽。光滑的石板也很少透露出人類歷史的消息。僅剩下一種回憶，在若干年以前人們工作着，搬着石級砌成一條路。牠是很粗糙的。樹林很靜，只有當一個男人或一個孩子經過的時候發出回音。路遙遠而且令人疲倦，豹在夜裏叫着，蛇沙沙的行着。讓牠們留着吧！樹林沒有牠們會更寂寞了。這裏生長着樹木和路旁的雜草，甚至在石縫裏也有。或者樹木並不理會這種太寂寞的生活吧。我却不。是的，我高興聽到人們在石級上堅定的足步聲，穿過樹林的人聲，因爲我怕我自己會消失或融化在死樣的寂靜中。我不需要我的頭腦分散，我們精神消失在廣大空洞的空間。我需要把牠集在一個地方，儘可能緊緊的握在手裏。

有時是感覺到在樹林裏的時間的浪費，有時當走了一段路後，站在懸崖前或坐在一塊石頭上時，我又感覺到非常不同了。特別是在散步後的休息時，我便讓竹林的綠色，日落中羣山的遠景抓住了我，有

北碚風光　一〇三

有时是感觉到在树林里的时间的浪费，有时当走了一段路后，站在悬崖前或坐在一块石头上时，我又感觉到非常不同了。特别是在散步后的休息时，我便让竹林的绿色，日落中群山的远景抓住了我，有时天空比较晴朗时我便看着山顶上面的山顶，几乎像是海浪无穷尽的波动着。于是我感觉我应该为风景唱一首赞美歌或做一支短歌，或做一些相当它的壮丽和有价值的事。沉浸在它的动人里力

量里，我觉得我能做它出来，能够做出可爱的作品像面前风景一样。我的眼睛落在远处的雾和近处流着的河水上，我的两手觉得可以在欣赏中创作出什么作品，而我忘怀了一切事情——战争，痛苦，陷入混乱中的世界，过份的浪费和痛苦的需求。这正是大地之美占据了我，我感觉无限的快乐。分析着竹林的茎或石头中的神秘花纹，好像是美丽与和平充满了全世界，没有一点忧愁和责任。

那就是美丽的大地怎样的欺骗了它自己和我自己！为什么这样的美丽，竟使我忘了抗战呢！是这种和平和我们忘记斗争吗？哈！是错了，住在很远的乡下，过着一种外国人的生活，我今不忠实国家了。我可以为富的炫耀，舒服的引诱和太多奢侈的物品所昏乱。但是为什么大地自己可以欺骗我呢？这是太不合理，太可笑了。不，这风景，那末，决不会这样令人心醉。真的，住在这里这么寂寞，假使不是每天有敌机来，我几乎忘记了战争了。他们帮助我们记起这斗争。

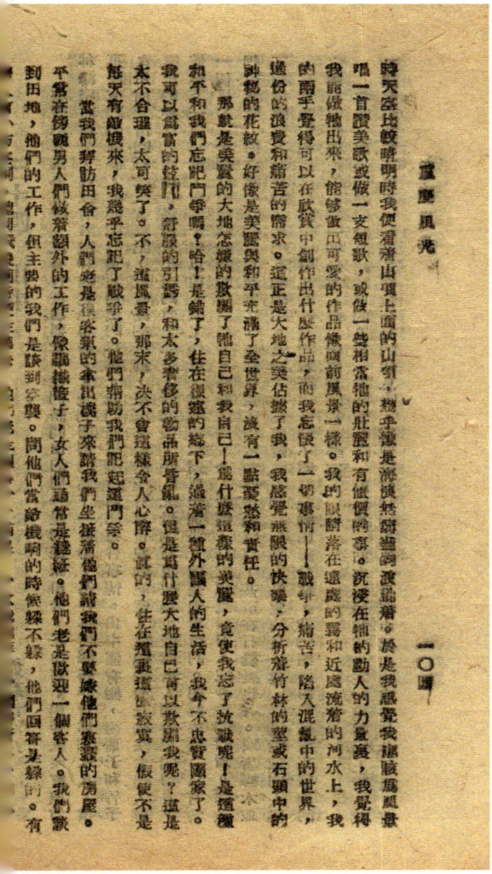
重慶風光　一〇四

時天氣比較晴明時我便看着山頂上面的山嶺，幾乎像是瀰漫然霧靄瀰漫着。於是我感覺我擁護爲風景唱一首讚美歌或做一支頌歌，或做一些相當牠的壯麗和有價值的事。沉浸在牠的動人的力量裏，我覺得我能做牠出來，能够做出可愛的作品像面前風景一樣。我的眼睛落在遠處的霧和近處流着的河水上，我的兩手覺得可以在欣賞中創作出什麼作品，而我忘懷了一切事情——戰爭，痛苦，陷入混亂中的世界，過份的浪費和痛苦的需求。這正是大地之美佔據了我，我感覺無限的快樂，分析着竹林的莖或石頭中的神秘的花紋。好像是美麗與和平充滿了全世界，沒有一點憂愁和責任。

那就是美麗的大地怎樣的欺騙了牠自己和我自己！爲什麼這樣的美麗，竟使我忘了抗戰呢！是這種和平和我們忘記鬥爭嗎？哈！是錯了，住在很遠的鄉下，過着一種外國人的生活，我今不忠實國家了。我可以爲富的炫耀，舒服的引誘，和太多奢侈的物品所昏亂。但是爲什麼大地自己可以欺騙我呢？這是太不合理，太可笑了。不，這風景，那末，決不會這樣令人心醉。真的，住在這裏這麼寂寞，假使不是每天有敵機來，我幾乎忘記了戰爭了。他們幫助我們記起這鬥爭。

當我們拜訪田舍，人們老是很客氣的拿出凳子來請我們坐，接着他們請我們不要嫌他們寒蠢的房屋。平常在傍晚男人們做着額外的工作，像編織籃子，女人們通常是縫紉。他們老是歡迎一個客人。我們談到田地，他們的工作，但主要的我們是談到空襲。問他們當敵機響的時候躲不躲，他們回答是躲的。有

当我们拜访田舍，人们老是很客气的拿出凳子来请我们坐，接着他们请我们不要嫌他们寒蠢的房屋。平常在傍晚男人们做着额外的工作，像编织篮子，女人们通常是缝纫。他们老是欢迎一个客人。我们谈到田地，他们的工作，但主要的我们是谈到空袭。问他们当敌机响的时候躲不躲，他们回答是躲的。有些人有小防空洞，听到飞机响时便走进去。他们老是显得十分满足。一次我们拜访一个磨着麦子的老妇人，我们有了一次奇怪的经验去试着推磨。他们笑着我们，我们也笑着自己，这么笨拙的做着这种事情。以后我们便打着友爱的招呼告别，并且答应下次再来，当花园内开花时他们让我们摘几朵去。

女人们比较容易和我们谈话，男人们通常和父亲谈话。他们想知道我们是从什么地方来的，而听到我们看过飞机时，一个女孩子嘻嘻的笑着，

一个女人认真的问道：“你们不害怕吗？”他们曾看过日本飞机和听到轰炸，但是他们不知道一个也可以驾上一架飞机为了安全的目的到一个地方去。我想在我们谈了我们的飞机后，一定已使他们觉得我们不平常了。

农夫们是这样可爱的，他们十分有理性的工作着。他们毫不粗鲁，我想他们在不得已时才求助于拳头。中国的人民分布在各省，很难互通音信，实际上都同样方式的生活着。有着从祖先的承继来的道德和传统的主张的他们，才是中国的真正力量。

回家时几乎天黑了，这里有一种不同类型的生活，许多从中国各地来的人，操着不同的方言，有着十分不同的经验。但是庙里很和谐，我们在阳台上看到各个不同家庭的孩子们在院子里一同玩着时，家长们则在一边注视着和微笑着。

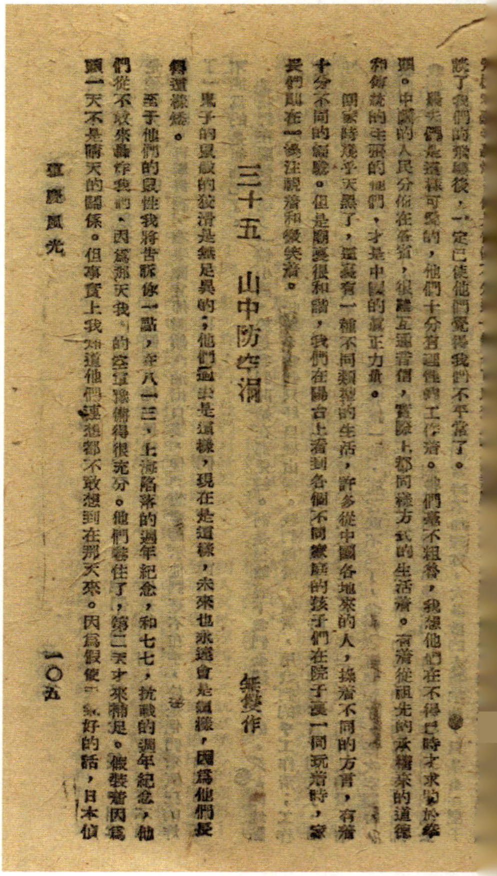
談了我們的飛機後，一定已使他們覺得我們不平常了。

農夫們是這樣可愛的，他們十分有理性的工作着。他們毫不粗魯，我想他們在不得已時才求助於拳頭。中國的人民分佈在各省，很難互通音信，實際上都同樣方式的生活着。有着從祖先的承繼來的道德和傳統的主張的他們，才是中國的眞正力量。

回家時幾乎天黑了，這裏有一種不同類型的生活，許多從中國各地來的人，操着不同的方言，有着十分不同的經驗。但是廟裏很和諧，我們在陽台上看到各個不同家庭的孩子們在院子裏一同玩着時，家長們則在一邊注視着和微笑着。

三十五　山中防空洞　無雙作

鬼子的狠毒的狡猾是無足異的；他們過去是這樣，現在是這樣，未來也永遠會是這樣，因為他們長得這樣矮。

至于他們的狠性我將告訴你一點，在八一三，上海陷落的週年紀念，和七七，抗戰的週年紀念，他們從不敢來轟炸我們，因為那天我們的空軍豫備得很充分。他們嚇住了，第二天才來補足。假裝着因為頭一天不是晴天的關係。但事實上我知道他們連想都不敢想到在那天來。因為假使天氣好的話，日本偵

重慶風光　一〇五

三十五、山中防空洞

无双　作

鬼子的鼠般的狡猾是无足异的，他们过去是这样，现在是这样。未来也永远会是这样，因为他们长得这样矮。

至于他们的鼠性我将告诉你一点，在八一三上海陷落的周年纪念，和七七，抗战的周年纪念，他们从不敢来轰炸我们。因为那天我们的空军预备得很充分。他们吓住了，第二天才会来补足。假装着因为头一天不是晴天的关系。但事实上我知道他们连想都不敢想到在那天来。因为假使天气很好的话，日本侦察飞机就没有不来之理。

于是他们就需要鼠般的蠢动了，他们老是过量的贪吃，做事大过他们的能率。举例说，侵略中国就是他们力所不逮的事情，而偏想使人们发生他们长得并不矮的印象。但是每一个人都知道矮子是打不过个儿高的。再举例说，在美国宣布封锁汽油出口后，他们想夸示他们毫不在乎，于是他们来疯狂的炸了一天，可是由于他们的鼠性，不再继续轰炸了，他们找了一个可怜的借口整停止了五天。我们晓得这不过为的是省油吧了。

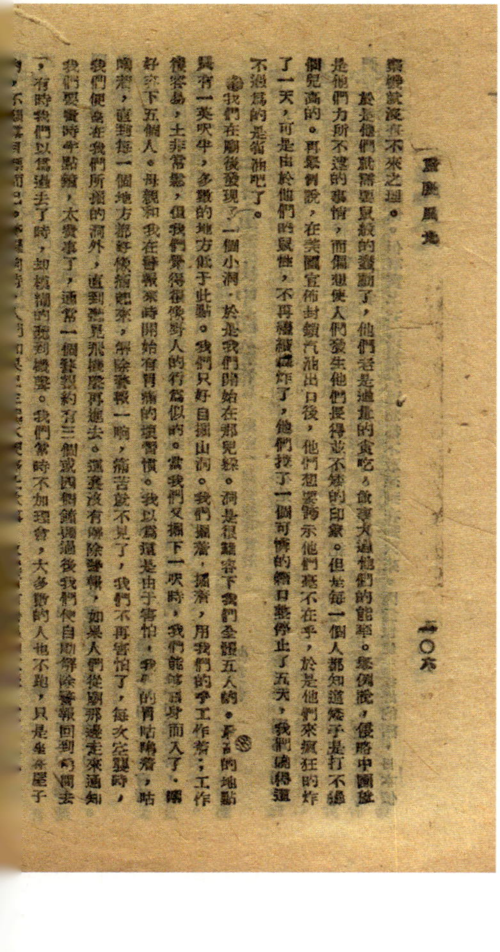

重慶風光　一〇六

假使就沒有不來之理。

於是他們就需要鼠般的蠢動了，他們老是過量的貪吃，做事大過他們的能率。舉例說，侵略中國就是他們力所不逮的事情，而偏想使人們發生他們長得並不矮的印象。但是每一個人都知道矮子是打不過個兒高的。再舉例說，在美國宣佈封鎖汽油出口後，他們想誇示他們毫不在乎，於是他們來瘋狂的炸了一天，可是由於他們的鼠性，不再繼續轟炸了，他們找了一個可憐的借口整停止了五天，我們曉得這不過為的是省油吧了。

我們在廟後發現了一個小洞，於是我們開始在那兒躲。洞是很難容下我們全體五人的。最高的地點祇有一英呎半，多數的地方低于此點。我們只好自掘山洞。我們掘着，掘着，用我們的手工作着；工作很容易，土非常鬆，但我們覺得很像野人的行為似的。當我們又掘下一呎時，我們能夠屈身而入了，剛好容下五個人。母親和我在警報來時開始有胃痛的壞習慣。我以為這是由于害怕，我們的胃咕嚕着，咕嚕着，直到每一個地方都好像痛起來，解除警報一響，痛苦就不見了，我們不再害怕了，每次空襲時，我們便坐在我們所掘的洞外，直到聽見飛機聲再進去。這裏沒有解除警報，如果人們從廟那邊走來通知我們要費時半點鐘，太費事了，通常一個警報約有三個或四個鐘頭過後我們便自動解除警報回到廟裏去了，有時我們以為過去了時，卻模糊的聽到機聲。我們當時不加理會，大多數的人也不跑，只是坐在屋子

我们在庙后发现了一个小洞，于是我们开始在那躲。洞是很难容下我们全体五人的。最高的地点只有一英呎半，多数的地方低于此点。我们只好自掘山洞。我们掘着，掘着，用我们的手工作着。工作很容易，土非常松，但我们觉得很像野人的行为似的。当我们有掘下一呎时，我们能够屈身而入了，刚好容下五个人。母亲和我在警报来时开始有胃疼的坏习惯。我以为这是由于害怕，我们的胃咕噜着，咕噜着，直到每一个地方都好像痛起来，解除警报一响，痛苦就不见了，我们不再害怕了，每次空袭时，我们便坐在我们所掘的洞外，直到听到飞机声再进去。这里没有解除警

报，如果人们从庙那边走来通知我们要费时半点钟，太费事了，通常一个警报约有三个或四个钟头过后我们便自动解除警报回到房间去，有时我们以为过去了时，却模糊的听到机声。我们当时不加理会，大多数的人也不跑，只是坐在屋子内，不显露目标而已。警报响时，人们如果已生起火便停止炊事，收起所有挂出的衣服。这些是规矩如此。不显露目标是最重要的事情。

还有一种良好的制度，自由中国的各处，无论那里只要一有警报，警察便出来在人们进入防空洞的期间维持治安，假使一个盗贼抓住了就处以极刑。所以每个人能开着门离开家，实在也没有人有心去偷，为一两件东西冒着生命的危险。但这有什么分别？整个的房子即使不被劫也许被炸了呢。

三十六、空袭的故事一束

无双　作

人们几乎每天都到空袭掩护处去，所以有许多谈论到他们的故事，而人们在防空洞内所说的事情一本书也说不完。我从这里和那里的朋友听到许多关于轰炸的故事。

有许多关于一个炸弹的故事，使一把椅子从这家飞上邻人的屋顶，十分端正的放在那里，使人们在棺材堆躲着，而免于死。有一个留学生有一位法国太太。他的房子烧掉了，于是他买了一把牙刷和一瓶牙膏到朋友家里去住，朋友的家也被炸了，他又买了一把牙刷和一瓶牙膏，这样的继续一直等他买了四组牙刷和牙膏，后来他无论到什么地方去都带着他那最后一次买来的牙刷和牙膏了。

有一家有三层楼的房子。当第三层楼炸了时。他们搬到第二层楼去住，第二层楼炸了时，又搬到底下的一层去住，最后连底下的一层也炸了时，他们只好搬家了，一个人真能连得三次航空奖券的头彩！

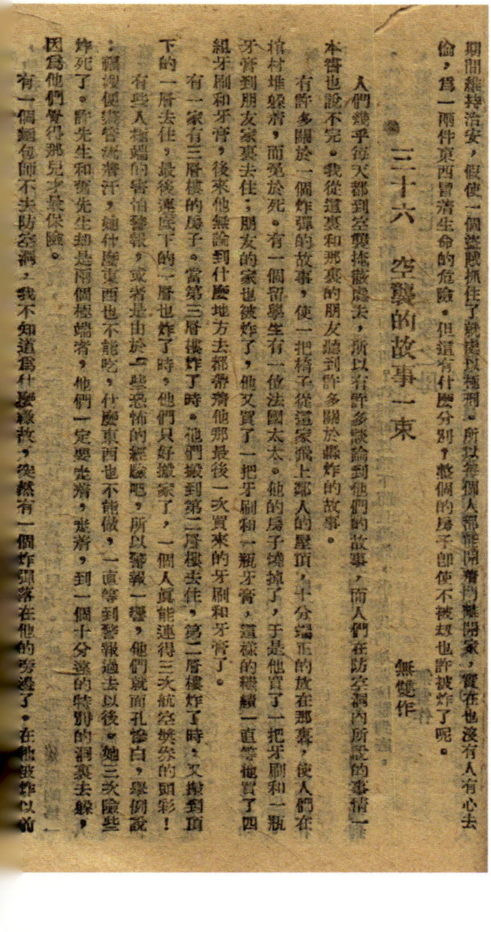
期間維持治安，假使一個盜賊抓住了就處以極刑。所以每個人都能閉着門離開家，實在也沒有人有心去偷，爲一兩件東西冒着生命的危險。但這有什麼分別？整個的房子即使不被劫也許被炸了呢。

三十六　空襲的故事一束

無雙作

人們幾乎每天都到空襲掩蔽處去，所以有許多談論到他們的故事，而人們在防空洞內所說的事情一本書也說不完。我從這裏和那裏的朋友聽到許多關於轟炸的故事。

有許多關於一個炸彈的故事，使一把椅子從這家飛上鄰人的屋頂，十分端正的放在那裏，使人們在棺材堆躲着，而免於死。有一個留學生有一位法國太太。他的房子燒掉了，于是他買了一把牙刷和一瓶牙膏到朋友家裏去住；朋友的家也被炸了，他又買了一把牙刷和一瓶牙膏，這樣的繼續一直等他買了四組牙刷和牙膏，後來他無論到什麼地方去都帶着他那最後一次買來的牙刷和牙膏了。

有一家有三層樓的房子。當第三層樓炸了時。他們搬到第二層樓去住，第二層樓炸了時，又搬到頂下的一層去住，最後連底下的一層也炸了時，他們只好搬家了，一個人眞能連得三次航空獎券的頭彩！

有些人極端的害怕警報，或者是由於一些恐怖的經驗吧，所以警報一響，他們就面孔慘白，舉例說：福嫂便儘管流着汗，她什麼東西也不能吃，什麼東西也不能做，一直等到警報過去以後。她三次險些炸死了。許先生和蕭先生却是兩個極端者，他們一定要走着，走着，到一個十分遠的特別的洞裏去躲，因爲他們覺得那兒才最保險。

有一個麵包師不去防空洞，我不知道爲什麼緣故，突然有一個炸彈落在他的旁邊了。在他被炸以前

有些人极端的害怕警报，或者是由于一些恐怖的经验吧，所以警报一响，他们就面孔惨白，举例说：福嫂便尽管流着汗，她什么东西也不能吃，什么东西也不能做，一直等到警报过去以后。她三次险些炸死了。许先生和萧先生却是两个极端者，他们一定要走着，走着，到一个十分远的特别的洞里去躲，因为他们觉得那儿才最保险。

有一个面包师不去防空洞，我不知道为什么缘故，突然有一个炸弹落在他的旁边了。在他被炸以前，他捏了一块生面团把它揉在一起，窒息了它，使它不至轰炸。他为这件事从政府得到了廿块钱。

有一个家庭包括着一个父亲，一妻，一妾和四个月大的宝贵的儿子。突然间（那

是在北碚的第一次，还没有人躲防空洞）炸弹开始落下了。那个妾很灵敏的把最宝贵的那个孩子放在地板上；丈夫是其次的重要的，躺在孩子的身上，这妾，觉得比妻重要些，躺在丈夫身上，妻子被指示着用她的身子覆盖着妾。于是这四个堆在一起，结果妻子受了一点伤，她的一片肉炸掉了。因为她是在最上的一层，但妾、丈夫和孩子全都平安，孩子也没有闷死或压死。

还一个人，但他看见炸弹落下时，像一个鸵鸟似的，把他们的头插在一处沟渠里，自以为十分安全，但是他的后臀炸掉了。

奇怪的是当战争拖下去时，中国的士气越来越高了。当收复了一座城池，在空袭后就有提灯会和游行来庆祝，在即日并且还有成千的人观看龙船比赛。我们依然举行我们的庆祝，可是也照常生活着。孩子们在警报后立刻拿起书包到学校去。夜袭以后人们又在第二天六点钟或七点钟起身工作。母亲们在防空洞里生产孩子。

空袭不能破坏我们的幸福。炸弹怎能摧残我们的士气，它仅为我们自己感觉着，不能看到或接触到？炸弹怎能破坏我们心里的非物质的东西？炸弹可以飞下而且轰炸，但是我们却要抗战到底。

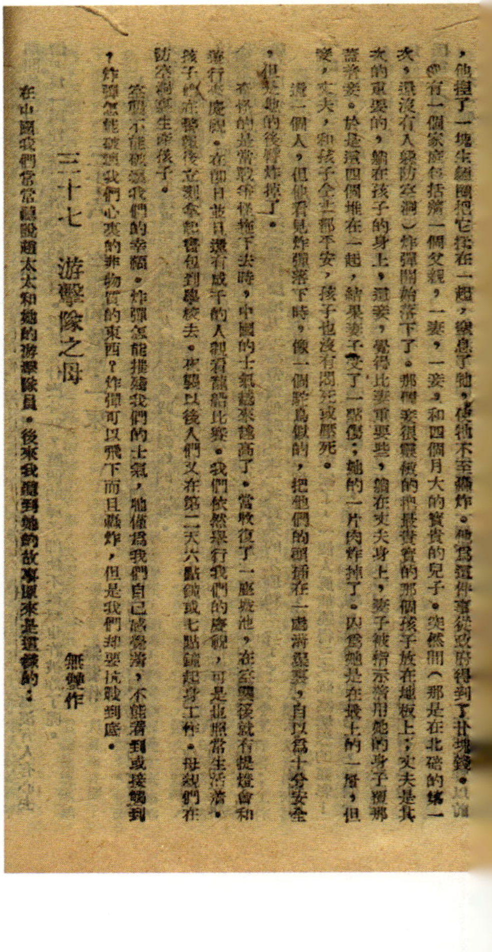

，他掘了一塊生鐵圈把它捲在一起，穩息了牠，使牠不至轟炸。他為這件事從政府得到了廿塊錢。[illegible]

有一個家庭包括着一個父親，一妻，一妾，和四個月大的寶貴的兒子。突然間（那是在北碚的第一次，還沒有人躲防空洞）炸彈開始落下了。那個妾很靈敏的把最寶貴的那個孩子放在地板上；丈夫是其次的重要的，躺在孩子的身上，這妾，覺得比妻重要些，躺在丈夫身上，妻子被指示着用她的身子覆那蓋着妾。於是這四個堆在一起，結果妻子受了一點傷；她的一片肉炸掉了。因為她是在最上的一層，但妾，丈夫，和孩子全都平安，孩子也沒有悶死或壓死。

還一個人，但他看見炸彈落下時，像一個鴕鳥似的，把他們的頭插在一處溝渠裏，自以為十分安全，但是他的後臀炸掉了。

奇怪的是當戰爭拖下去時，中國的士氣越來越高了。當收復了一座城池，在空襲後就有提燈會和遊行來慶祝。在即日並且還有成千的人觀看龍船比賽。我們依然舉行我們的慶祝，可是也照常生活着。孩子們在警報後立刻拿起書包到學校去。夜襲以後人們又在第二天六點鐘或七點鐘起身工作。母親們在防空洞裏生產孩子。

空襲不能破壞我們的幸福。炸彈怎能摧殘我們的士氣，牠僅為我們自己感覺着，不能看到或接觸到？炸彈怎能破壞我們心裏的非物質的東西？炸彈可以飛下而且轟炸，但是我們卻要抗戰到底。

三十七　游擊隊之母

無雙作

在中國我們常常聽說趙太太和她的游擊隊員。後來我聽到她的故事原來是這樣的：

三十八、我们的房子被炸了

无双　作

一天，在我们庙里没有发出警报，我们突然的听到了飞机声。我们吓坏了，因为他们来的很近。我们下楼藏在房屋的角落，那儿是最安全的地方。我们用手掩着耳朵，大张着嘴，飞机飞过去又飞回来，突然我们听到了轰炸。

“北碚！”人们齐声喊。“他们炸了北碚啦！”

我们在这儿瞧不见北碚，但人们却断定了在那儿。“是北碚，我能断定，再也没有第二个地方炸弹听到那么逼真了。”现在一定炸成废墟了，区区的一个三条街的村落那能忍得住三次轰炸？

或许我们的房子被炸了，但我们不这样想，因为那是很难得中航空奖券的（我们老这样说，在内地说“我被炸了”是犯忌讳的）。也许，也许我们想着，但我们不以为会是真的，因为炸弹四散而落，他们不会集中于一间特别的房子。

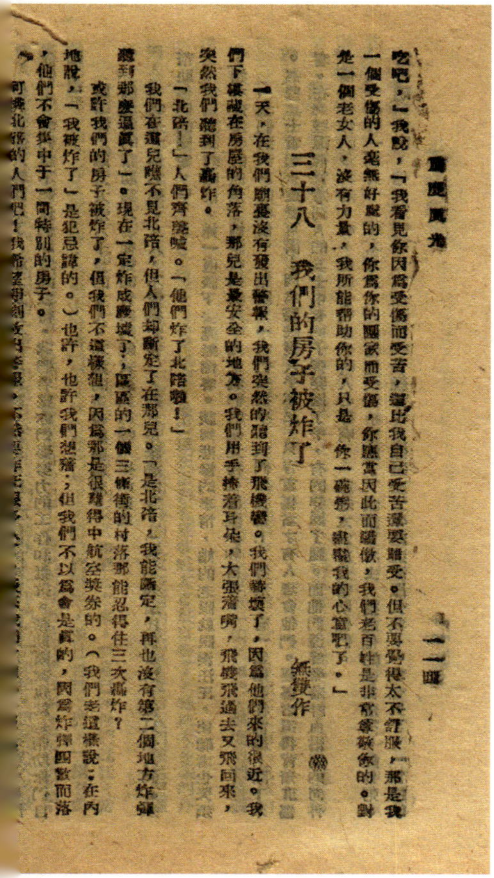

重慶風光　一一四

吃吧，」我說，「我看見你因爲受傷而受苦，還比我自己受苦還要難受。但不要覺得太不舒服，「那是我一個受傷的人毫無好處的，你爲你的國家而受傷，你應當因此而驕傲，我們老百姓是非常尊敬你的。對是一個老女人，沒有力量，我所能幫助你的，只是給你一碗粥，藉藉我的心意罷了。」

三十八　我們的房子被炸了　無雙作

一天，在我們廟裏沒有發出警報，我們突然的聽到了飛機聲。我們嚇壞了，因爲他們來的很近。我們下樓藏在房屋的角落，那兒是最安全的地方。我們用手捧着耳朵，大張着嘴，飛機飛過去又飛回來，突然我們聽到了轟炸。

「北碚！」人們齊聲喊。「他們炸了北碚啦！」

我們在這兒瞧不見北碚，但人們却斷定了在那兒。「是北碚，我能斷定，再也沒有第二個地方炸彈聽到那麼逼真了」。現在一定炸成廢墟了，區區的一個三條街的村落那能忍得住三次轟炸？

或許我們的房子被炸了，但我們不這樣想，因爲那是很難得中航空獎券的。（我們老這樣說：在內地說，「我被炸了」是犯忌諱的。）也許，也許我們想着，但我們不以爲會是真的，因爲炸彈四散而落，他們不會集中于一間特別的房子。

可憐北碚的人們吧！我希望即刻放出警報，

可怜北碚的人们吧！我希望即刻放出警报。不然要炸死很多人了。后来我们才晓得警报是原来有，但在庙里的孩子来得及出来敲锣以前，飞机就来了。

假使我们的仆人青山今天或明天上山，意思就是说我们的房子中了头彩了，因为他是一个十分负责的人。第二天当母亲坐在阳台上，怀疑着青山来还不来时，他果然来了，面孔十分苍白。

“我们的房子炸了吗？”

“是的。”青山点着头，不再说什么，因为他是一个十分沉静的人。他仅只温和的微笑着，这是他的常态。

我们笑了。我们想着这是很有趣的。我们笑了又笑，一直笑到几乎发疯。

“什么事发生了！”我们问道，仍然笑着。

“飞机和我们的飞机打仗，他们没有办法时，只好跑啦，所以他们扔下炸弹就是了。”我们又笑起来。青山躲在一块石头背后，看到我们的房子被炸，他看见火焰和黑烟从北碚升起，他全看见了，一半的房子消失，因为这是一次直接的命中。我们的花园也炸了一点，但幸而，虽然是一个燃烧弹，我们的房子仅被毁，并未被烧。

“哈哈！”我们笑着，仍然觉得有趣。“我们的房子被炸啦！我们中了头彩啦！”接着慢慢的，意义潜入我们的头脑了，我们的房子被炸了，这不再是什么可笑的事。我们以后年复一年的都会忆起日本这回暴行。青山是沉默的，我们也沉默无言了。

青山又告诉我们另一个大炸弹落在我们房子一百码的地方，炸起了许多尘土，并且飞到我们的天井里，在洋灰地上炸了一个洞。他们也炸了乡村，几个人被炸死了。所以，我们以为乡下平安，其实并意。他们来轰炸乡间草屋和田舍了。事实上，他们只是随时掷下炸弹，像是无教的孩子一样的撒野。倒不都是一样的。只有在石块下，藏在洞内，是平安的，我们不能再在地面上住了。

我们想去看那创伤，但我们不敢立刻就去，因为我们不愿意在北碚遇到一次警报。但是我们决定必去。于是一天早晨我们在五点半钟时动身去了，这样我们在警报可能来临以前赶回山里。

我们雇了轿子，在黎明中下了山。

我们的房子和每件东西都看到了。在北碚全村现在找不出一片玻璃。我们的房子一边被炸，一面墙完全倒了。他们正在修理。

所有的门都坏了。从我的卧室我可以瞧见那间屋还在我的脚下，因为它的天花板整个跌落了。可说是一塌糊涂。天花板、地板、门、窗子，没有一件东西像样。但这还不是不可修复的，所以实际上还可以说是毫无损伤，修理后我们又可以住进去了。我们瞧见许多炸弹片，和约一呎半直

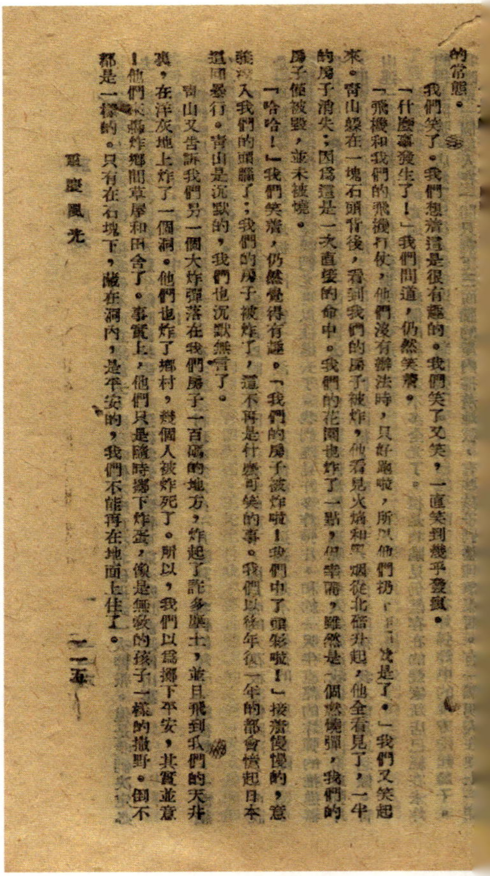

的常態。

我們笑了。我們想着這是很有趣的。我們笑了又笑，一直笑到幾乎發瘋。

「什麼事發生了！」我們問道，仍然笑着。

「飛機和我們的飛機打仗，他們沒有辦法時，只好跑啦，所以他們扔下炸彈就是了。」我們又笑起來。青山躲在一塊石頭背後，看到我們的房子被炸，他看見火焰和黑烟從北碚升起，他全看見了，一半的房子消失；因爲這是一次直接的命中。我們的花園也炸了一點，但幸而，雖然是一個燃燒彈，我們的房子僅被毀，並未被燒。

「哈哈！」我們笑着，仍然覺得有趣。「我們的房子被炸啦！我們中了頭彩啦！」接着慢慢的，意義浸入我們的頭腦了；我們的房子被炸了，這不再是什麼可笑的事。我們以後年復一年的都會憶起日本這回暴行。青山是沉默的，我們也沉默無言了。

青山又告訴我們另一個大炸彈落在我們房子一百碼的地方，炸起了許多塵土，並且飛到我們的天井裏，在洋灰地上炸了一個洞。他們也炸了鄉村，幾個人被炸死了。所以，我們以爲鄉下平安，其實並意！他們來轟炸鄉間草屋和田舍了。事實上，他們只是隨時擲下炸彈，像是無教的孩子一樣的撒野。倒不都是一樣的。只有在石塊下，藏在洞內，是平安的，我們不能再在地面上住了。

重慶風光 一一五

径的炸弹的推进器也在这儿。我们收集了一些，一起带回去。青山告诉我们轰炸的那晚有些人要走进我们花园内拾取弹片，但青山告诉他们不要走进，否则便恐吓他们要开枪了。哟，上天，青山要开枪！我不能加以想象。青山连一只手枪都没有，但人们也就没有进来了。

接着我们匆匆的走过了街。整个的村子差不多全光了，但是我瞧见仍然存在的几家新店已经在未炸的街上开张。店炸了以后人们搬开又重新开张了。人们已经平静下来，就在炸弹炸中的地方造起房子。我瞧见一个妇人在一间只剩下三面墙的屋内扫着地板，有些孩子们整理着东西。有一个男人在楼上一间屋子里刷牙齿，这屋也只有三面墙，靠街一面炸掉了，人们飞快的做着事情。我瞧见两家店中间的墙毁掉了；人们糊起了新闻纸当作墙，于是就有一家新店开张了。我发觉了几家新酒店，同时也有三家在三次空袭中已经炸掉了，所以他们有着十分好的营业。此刻正有一千学生正在应复旦大学的学试。

我不必为中国担忧。她正在应着炸弹的学试。

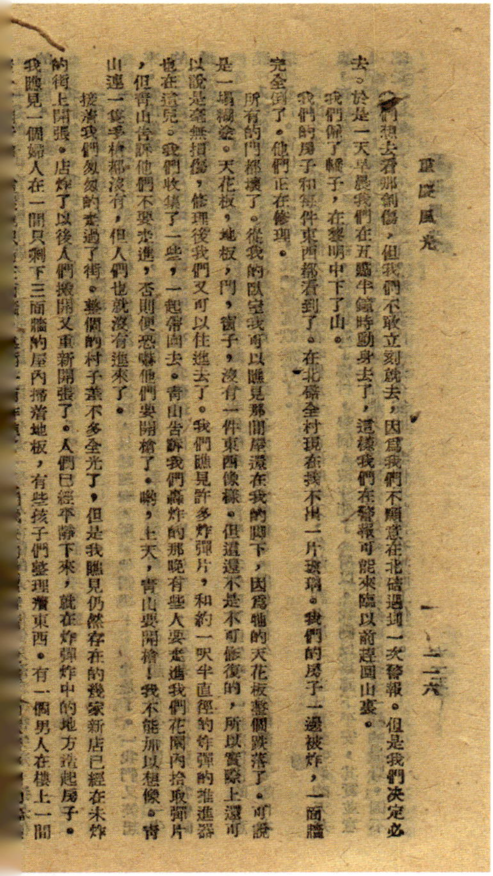

重慶風光　一二六

們想去看那創傷，但我們不敢立刻就去，因爲我們不願意在北碚遇到一次警報。但是我們決定必去。於是一天早晨我們在五點半鐘時動身去了，這樣我們在警報可能來臨以前趕回山裏。

我們僱了轎子，在黎明中下了山。

我們的房子和每件東西都看到了。在北碚全村現在找不出一片玻璃。我們的房子一邊被炸，一面牆完全倒了。他們正在修理。

所有的門都壞了。從我的臥室我可以瞧見那間屋還在我的腳下，因爲牠的天花板整個跌落了。可說是一場糊塗。天花板，地板，門，窗子，沒有一件東西像樣。但這還不是不可修復的，所以實際上還可以說是毫無損傷，修理後我們又可以住進去了。我們瞧見許多炸彈片，和約一呎半直徑的炸彈的推進器也在這兒。我們收集了一些，一起帶回去。青山告訴我們轟炸的那晚有些人要走進我們花園內拾取彈片，但青山告訴他們不要走進，否則便恐嚇他們要開槍了。喲，上天，青山要開槍！我不能加以想像。青山連一隻手槍都沒有，但人們也就沒有進來了。

接着我們匆匆的走過了街。整個的村子差不多全光了，但是我瞧見仍然存在的幾家新店已經在未炸的街上開張。店炸了以後人們搬開又重新開張了。人們已經平靜下來，就在炸彈炸中的地方造起房子。我瞧見一個婦人在一間只剩下三面牆的屋內掃着地板，有些孩子們整理着東西。有一個男人在樓上一間

三十九、北碚空袭后

当我们在我们的小洞里听到一声巨响时，我们知道一定是在北碚。消息传来时果然被炸了。或许是我们的房子吧，谁晓得？但这只是五十分之一的机会。第二天早晨青山来了。母亲问：“我们的房子炸了吗？”

“是的，炸了。”青山冷静的回答，他的嘴唇裂开像是一个微笑。我们跑出了我们的屋子，邻人们都聚拢了来。

青山无精打采的用他的温柔的声音说道：“我正坐在一处悬崖下并且谛听着，晓得一定出了事。后来我瞧见烟和灰尘从我们的房子跑了出来，我几乎急死了，我跑下去一看已经被炸，弹片烧了一块草地，但没有烧着屋子。”

“它落在什么地方？”我们追问他。

他的眼睛瞧着地板，说道：“离太太的房子四呎远。王先生叫我不要说毁坏的太凶。太太房间的一面墙倒了，其余几间的天花板也倒了。”我不能相信这事，不能相信这事出于青山之口。他不是过甚其词的人。

炸弹估计约有五十磅，房子却没有烧着，显然因为砖墙压熄了火。我们全部兴奋着。我的手因兴奋而战抖起来，这是事实，这是事实！这像是中了奖券的头彩，我们并不可惜这房子，但是被炸这念头却不能从我们的头脑里拂去。它使我们坐卧不安，我们不能再继续我们的工作了。第一次离我们的房子一百码，第二次离我们的房子廿码，第三次，一码半。我不敢想象到第四次。

我们必须下山来瞧，立刻就去！这是无谓的，他们说。既然已经炸了，就算了。但是我必须去瞧。今天是很大的阳光。我必须去瞧。还是什么比这更重要的事情，我们自己的房子不知不觉的被一个日本炸弹炸毁了？“为什么对一间被毁的房子这

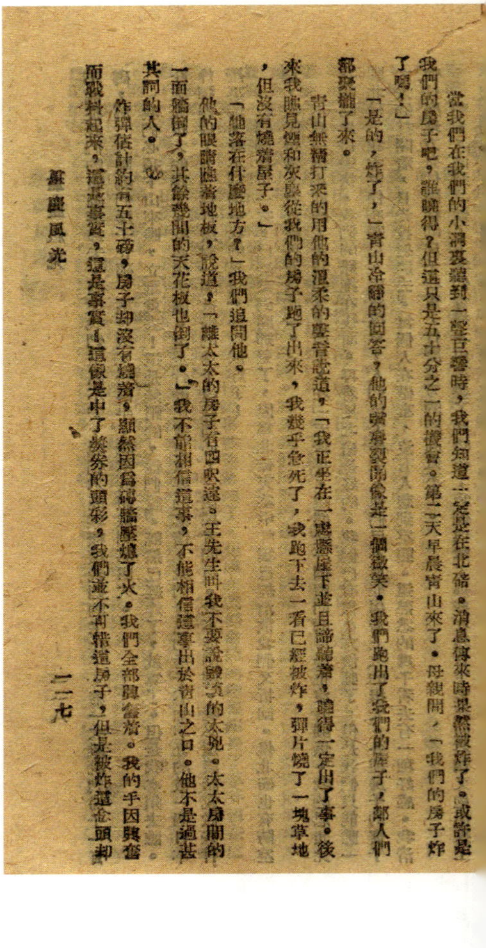
當我們在我們的小洞裏聽到一聲巨響時，我們知道一定是在北碚。消息傳來時果然被炸了。或許是我們的房子吧，誰曉得？但這只是五十分之一的機會。第二天早晨青山來了。母親問，「我們的房子炸了嗎？」

「是的，炸了，」青山冷靜的回答，他的嘴唇裂開像是一個微笑。我們跑出了我們的房子，鄰人們都聚攏了來。

青山無精打采的用他的溫柔的聲音說道，「我正坐在一處懸崖下並且諦聽着，曉得一定出了事。後來我瞧見煙和灰塵從我們的房子跑了出來，我幾乎急死了，我跑下去一看已經被炸，彈片燒了一塊草地，但沒有燒着屋子。」

「牠落在什麼地方？」我們追問他。

他的眼睛瞧着地板，說道，「離太太的房子有四呎遠。王先生叫我不要說毀壞的太兇。太太房間的一面牆倒了，其餘幾間的天花板也倒了。」我不能相信這事，不能相信這事出於青山之口。他不是過甚其詞的人。

炸彈估計約有五十磅，房子却沒有燒着，顯然因爲磚牆壓熄了火。我們全部興奮着。我的手因興奮而戰抖起來，這是事實，這是事實！這像是中了獎券的頭彩，我們並不可惜這房子，但是被炸這念頭却

[illegible]風光　　一二七

么痛心？”怀疑者问道。我不能解释。我必须谈话或做些什么事情，我不能集中我的思想。那竟被炸了！

我们动身了一次，已经走到庙那儿了，因为北碚天空中的云已经消散，我们又折回。但北碚也有防空洞，我坚持着。我渴望再看见北碚。

不到一个星期的工夫我们又下山了，在一天清早。虽然是一个晴朗的早晨也没有关系。我的思想比我的腿跑得还快，我们的腿拖在后面。再看见北碚是好的。我们已有很久忘怀它了。但是我们只能瞧一瞧北碚！我希望住在那儿。天气还早，人们已工作了。他们已不再悲伤着上次的损失。各种房子的窗子大大的打开着，日光投射进去。每个人在做事，没有人想到空袭。这熟悉的房子看去有一种好感。我清楚什么地方有什么样的房子在着，什么地方的路高低不平。

啊，又回到北碚了！我们曾经在山里躲了些时候，我们远离了那些在烈日下走进防空洞又跑出来工作的人们，在山中我们能够过着一种正常的生活，正常的生活在这儿不是正常的，只有不正常的生活在这儿才是正常的。正常的生活意思就是说我们逃避到一处平安的地方；我们抛弃群众生活而寻求一种私人的离群索居的生活。日本人所希望扰乱的无疑的是我们国家重要的地方，与战争有关的地方，日本人不会理会到一个在战争中荒凉而无关紧要的地方。让我们和人们一齐走进防空洞吧，虽然这是傻事！我们在一座山上住着；我们在战时寻求着孤独和正常的生活。但北碚不关心什么事情，它只需要生活而已。

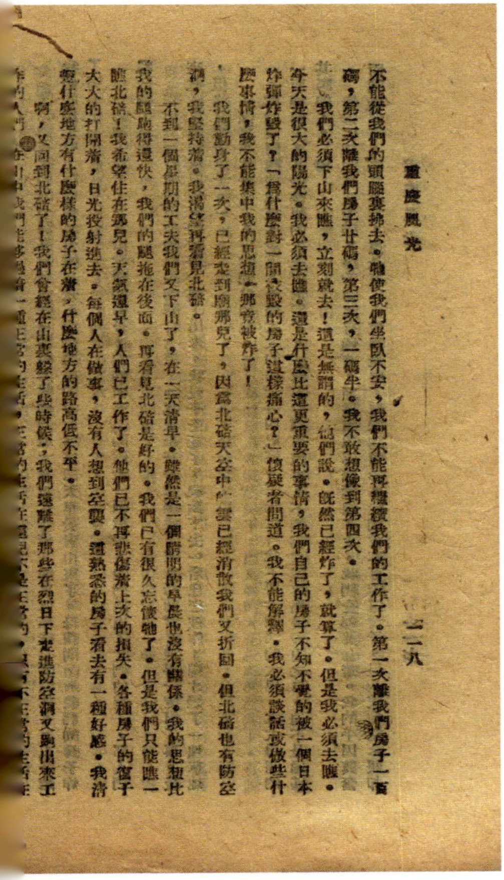
重慶風光 一一八

不能從我們的頭腦裏拂去。縱使我們坐臥不安，我們不能再繼續我們的工作了。第一次離我們房子一百碼，第二次離我們房子廿碼，第三次，一碼半。我不敢想像到第四次。

我們必須下山來瞧，立刻就去！這是無謂的，他們說。既然已經炸了，就算了。但是我必須去瞧。今天是很大的陽光。我必須去瞧。還是什麼比這更重要的事情，我們自己的房子不知不覺的被一個日本炸彈炸毀了？「爲什麼對一間被毀的房子這樣痛心？」懷疑者問道。我不能解釋。我必須談話或做些什麼事情，我不能集中我的思想。那竟被炸了！

我們動身了一次，已經走到廟那兒了，因爲北碚天空中的雲已經消散我們又折回。但北碚也有防空洞，我堅持着。我渴望再看見北碚。

不到一個星期的工夫我們又下山了，在一天清早。雖然是一個晴朗的早晨也沒有關係。我的思想比我的腿跑得還快，我們的腿拖在後面。再看見北碚是好的。我們已有很久忘懷牠了。但是我們只能瞧一瞧北碚！我希望住在那兒。天氣還早，人們已工作了。他們已不再悲傷着上次的損失。各種房子的窗子大大的打開着，日光投射進去。每個人在做事，沒有人想到空襲。這熟悉的房子看去有一種好感。我清楚什麼地方有什麼樣的房子在着，什麼地方的路高低不平。

啊，又回到北碚了！我們曾經在山裏躲了些時候，我們遠離了那些在烈日下走進防空洞又跑出來工作的人們[illegible]

王先生在我们走近他的家门口时看见了我们。时间约在早晨七点钟。“你们房子炸了，但幸而你们是在山里！”毁处在什么地方？从这一巴我们看不到。我们的房子！我们走进花园后，看见了。母亲的房子只剩了三面墙。木匠正在开始修理。震倒的一部分天花板被几根支柱支着。“这是读书的理想的光线，母亲的房子里现在有这么多阳光了！”“与户外一样亮！”

书房的天花板落下来了，甚至老鼠的家也毁坏了，它们，它和我们一样，不能再□居了。在另一方向我的屋子损伤很小。屋上的瓦都震落了，损失出乎意外的小。我们巡视了屋子一遭，惊奇着青山收集了这么多炸弹片，它们暂时都放在妹妹的床下。有几片十分难看，还有一个扭断了的推进器。我随身带着照相机，马上拍了几张颇为难看的镜头。于是我们所受的损失一路拍入镜头了。我倒处好笑的走着。难看，难看！我把一卷胶片都用光了。

现在我们已经看了它，照了像，没有什么事再要做的了。花园在我们离开的时候刚长了草芽，现在已经长成了。我们所种的辣椒树现在已经避挂着红辮椒。时间流过很多，我们在山中简直不知不觉的。我们带了一些东西到山里去，恐怕他们再来炸，现在从我们的家到城里去了。我记得我们怎样惯于到城里去，而现在，在同样的路上，我们离开了我们的空的家，去瞧城里，回头再□日出中的安乐的家去。

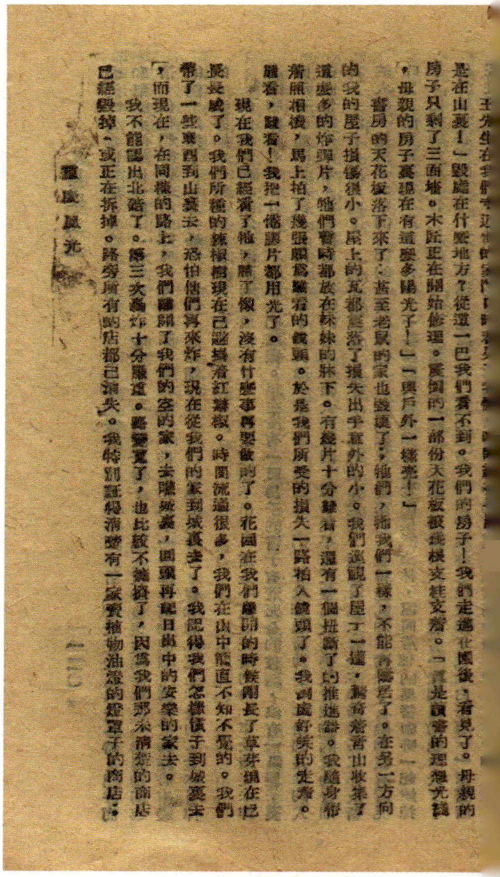

是在山裏！」毀處在什麼地方？從這一巴我們看不到。我們的房子！我們走進花園後，看見了。母親的房子只剩了三面墻。木匠正在開始修理。震倒的一部份天花板被幾根支柱支撐。「真是讀書的理想光線，母親的房子裏現在有這麼多陽光了！」「與戶外一樣亮！」

書房的天花板落下來了，甚至老鼠的家也毀壞了，牠們，牠我們一樣，不能再居住了。在另一方向的我的屋子損傷很小。屋上的瓦都震落了損失出乎意外的小。我們巡視了屋子一遭，驚奇着青山收集了這麼多的炸彈片，牠們暫時都放在妹妹的牀下。有幾片十分難看，還有一個扭斷了的推進器。我隨身帶着照相機，馬上拍了幾張頗爲難看的鏡頭。於是我們所受的損失一路拍入鏡頭了。我到處好笑的走着。難看，難看！我把一卷膠片都用光了。

現在我們已經看了牠，照了像，沒有什麼事再要做的了。花園在我們離開的時候剛長了草芽現在已經長成了。我們所種的辣椒樹現在已經掛着紅辣椒。時間流過很多，我們在山中簡直不知不覺的。我們帶了一些東西到山裏去，恐怕他們再來炸，現在從我們的家到城裏去了。我記得我們怎樣慣于到城裏去，而現在，在同樣的路上，我們離開了我們的空的家，去瞧城裏，回頭再從日出中的安樂的家去。

我不能認出北碚了。第三次轟炸十分嚴重。路變寬了，也比較不擁擠了，因爲我們那未清楚的商店已經毀掉，或正在拆掉。路旁所有的店都已消失。我特別記得清楚有一家賣植物油燈的燈罩子的商店。

重慶風光 一二〇

我不能认出北碚了。第三次轰炸十分严重。路变宽了，也比较不拥挤了，因为我们那未清楚的商店已经毁掉，或正在拆掉。路旁所有的店都已消失。我特别记得清楚有一家卖植物油灯的灯罩子的商店，我们时常参观那店，灯罩非常容易碎，只要火稍微大一点或小一点。所以当我们走进那店里时，肥胖而和气的老板娘便会问：“灯罩吗？”我们说：“还有什么？”自然在这时候卖玻璃器皿是一桩冒险的事情，但他们的储藏所是乡间，每天一点一点输送着供给，只拿一小部分货物陈列。第一次轰炸时右边的铺子炸掉了，第二次轰炸时左边的面包铺炸掉了。现在这店又炸掉了。但我听说这是拆去的，并不是炸掉的。这胖妇人一定又到别处笑迎着主顾了吧。

两个多月来北碚怎样渐渐的变成荒凉了呀！简直辨认不出了。这是一座成长着的城，享受着从未炸过的物权和名气。日本人不愿让他们这样。现在没有一间房子的窗子有着完全的玻璃，没有一间屋子里面没有破坏的天花板。北碚在苦难中生长过，学习过。现在工人们一早就修理着房子，北碚的其余的人还照常的生活着。没有被命令拆毁的店家仍旧大开着门，似乎比平常双倍的大开，仍然有陈列的货物，虽则看上去没有什么东西了。人们在街上为了重要而忙碌的使命走着，甚至看都不看一下那修理的工作或新的火场。这就是北碚的人们的可贵的特性。只是我们从山里来的人觉得迷乱和兴奋吧了。我们没有看见昨天和前天他们在城里做些什么。一整排的大书店和有摩登家具的榛林，连同着他的果酱咖啡一起烧掉了。出奇的空旷，我们在碎砖中可以看到灰堆和烧焦的木头。榛林消失了，还有一家园艺局也消失了，但我晓得在别的地方，或许离这座荒凉的城很远的地方，一家新榛林已经拉起了他的白帐幕，一家书店正在整理架上的书了。火没有蔓延开去，因为这条街的这一处很宽。但当帮助着榛林抢救刀子和叉子以及罐头水果时，多数的北碚人暗暗高兴着这一带房子的烧去，因为主人为他们所不喜。北碚！

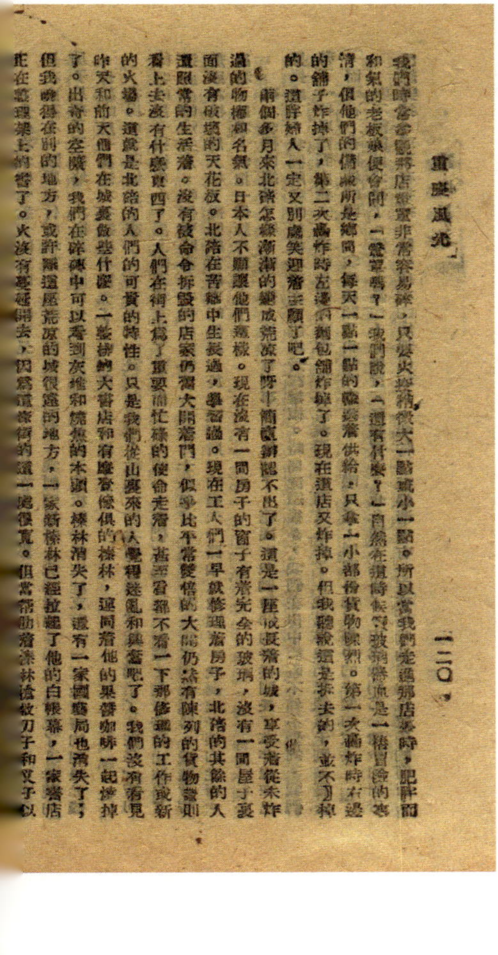
重慶風光　一二〇

我們時常希望那店變置非常容易碎，只要火焰稍微大一點或小一點。所以當我們走過那店鋪時，記許留和氣的老板便會問，「要買嗎？」我們說，「還有什麼？」自然在這時候打破玻璃器皿是一樁冒險的事情，但他們的倉庫所是鄉間，每天一點一點的繼續着供給，只拿一小部份貨物陳列。第一次轟炸時右邊的鋪子炸掉了，第二次轟炸時左邊的麵包鋪炸碎了。現在這店又炸掉。但我聽說還是搬去的，並不沒有的。這許婦人一定又別處笑迎着主顧了吧。

兩個多月來北碚怎樣漸漸的變成荒涼了呀！簡直辨認不出了。這是一座從長着的城，享受着從未炸過的物權和名氣。日本人不願讓他們這樣。現在沒有一間房子的窗子有着完全的玻璃，沒有一間屋子裏面沒有破壞的天花板。北碚在苦難中生長過，學習過。現在工人們一早就修理着房子，北碚的其餘的人還照常的生活着。沒有被命令拆毀的店家仍舊大開着門，似乎比平常雙倍的大開仍然有陳列的貨物，雖則看上去沒有什麼東西了。人們在街上為了重要而忙碌的使命走着，甚至看都不看一下那修理的工作或新的火場。這就是北碚的人們的可貴的特性。只是我們從山裏來的人覺得迷亂和興奮吧了。我們沒有看見昨天和前天他們在城裏做些什麼。一整排的大書店和有摩登傢俱的榛林，連同着他的果醬咖啡一起燒掉了。出奇的空曠，我們在碎磚中可以看到灰堆和燒焦的木頭。榛林消失了，還有一家園藝局也消失了；但我曉得在別的地方，或許離這座荒涼的城很遠的地方，一家新榛林已經拉起了他的白帳幕，一家書店正在整理架上的書了。火沒有蔓延開去，因為這條街的這一處很寬。但當帮助着榛林搶救刀子和叉子以

我错了。街上依旧拥挤着，不管增加了多少空场。人们依旧蠕动着，带着他们的篮子穿来穿去。从市场回家。市场也破坏了，但食物仍然出售。一个人在路旁嗽着嘴。一个母亲整理她女儿的头发。北碚由于它的废墟显得神圣了。它的精神是永久的。有着那粗糙的、烧焦的石壁做背景，那嗽嗽的男人和梳着头的女孩像是英雄似的，甚至在路旁陈列着的布鞋都是值得赞美的。炸弹炸光了北碚一切装饰，只有它的骨骼裸露和显现的立着。而在这废墟里，有一种力量的象征。北碚，经过了流血，显现得是一处纯洁和更光荣的地方了，十字架上的耶稣本来比别的场合更显得神圣呀。北碚连同它的废墟呼吸着，为了生活，面对着废墟显得更可爱和更引人了。北碚现在精神焕发了。

穿过了街我们来到江边，那儿有许多木

船载着各种不同的货物。人们在肩头上扛着木材到邻近的棚屋去。他们“唉呵，哈呵！”的用脚步的节奏唱着。他们的背弯着，流着汗。女人们和儿童们坐在二三十条船上，忙着他们的小工作，在岸上的人们等着过江。时光还早，工作已经积极进行了。从工厂的烟窗里黑烟冒出，作坊里锯木和斫木的声音响着。作为这背景的老的市场，二次轰炸时就烧掉了；这儿是一连串烧焦的土地。河水流着，更多的木船来了，但是我们得背向北边了，那“唉呵，哈呵！”的叫声和木材的落地声愈来离我们的耳鼓愈远。

北碚在每次的轰炸后愈显得英俊了。废墟仅只增加它的气概。这就像某一种典型的妇人穿素还比盛装来得美。她穿着素朴，美也愈增加。北碚不仅是美的，还是勇敢的、强健的和不可克服。我必须报告着同那些人生活在一起是很好的。努力生活不管一切事情，拿生活当做目的和整个的意义。对我，北碚在每次轰炸后，一次比一次可爱了，因为只有在空野里神魂才会出现，平时是藏在身体内的。我从不想离开北碚。想着这些事情是很蠢笨的。但是我晓得这不过是暂时的吧了，等到夏天过去，那是我们会下山，经历每次的轰炸，与大家生活在一起。我高兴永久住在这儿。当你看见我们在每晚电灯来到都欢快的叫着时，随便你叫它一座小城或粗俗的地方吧，都可以。北碚代表着一整个人群的生活，它们工作最勤，笑声最大。我们一面想着北碚，一面已经在稻田里走着了。北碚，我必定要再回来！

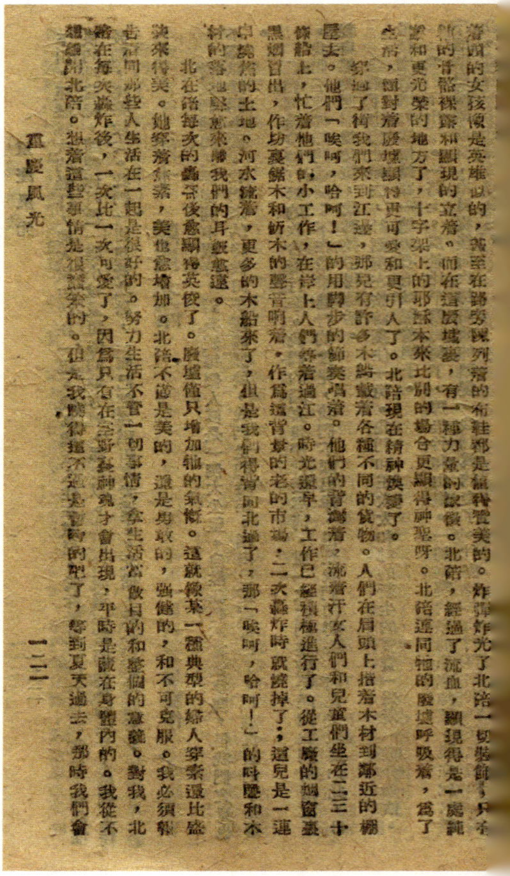
着頭的女孩像是英雄似的，我甚至在路旁陳列着的布鞋都是很种實美的。炸彈炸光了北碚一切裝飾，只有
她的骨骼裸露和顯現的立着。而在這廢墟裏，有一種力量向說微。北碚，經過了流血，顯現得是一處純
潔和更光榮的地方了，十字架上的耶穌本來比別的場合更顯得神聖呀。北碚連同牠的廢墟呼吸着，爲了
生活，面對着廢墟顯得更可愛和更引人了。北碚現在精神換變了。
經過了街我們來到江邊，那兒有許多木船載着各種不同的貨物。人們在肩頭上揹着木材到鄰近的棚
屋去。他們「唉呵，哈呵！」的用脚步的節奏唱着。他們的背彎着，流着汗女人們和兒童們坐在二三十
條船上，忙着他們的小工作，在岸上人們等着過江。時光還早，工作已經積極進行了。從工廠的烟窗裏
黑烟冒出，作坊裏鋸木和斫木的聲音响着。作爲這背景的老的市場，二次轟炸時就燒掉了；這兒是一連
串燒焦的土地。河水流着，更多的木船來了，但是我們得背向北邊了，那「唉呵，哈呵！」的叫聲和木
材的落地聲愈來愈離我們的耳鼓愈遠。
北碚在每次的轟炸後愈顯得英俊了。廢墟僅只增加牠的氣概。這就像某一種典型的婦人穿素還比盛
裝來得美。她穿着素朴，美也愈增加。北碚不僅是美的，還是勇敢的，强健的，和不可克服。我必須報
告着同那些人生活在一起是很好的。努力生活不管一切事情，拿生活當做目的和整個的意義。對我，北
碚在每次轟炸後，一次比一次可愛了，因爲只有在空野裏神魂才會出現，平時是藏在身體內的。我從不
想離開北碚。想着這些事情是很蠢笨的。但是我曉得這不過是暫時的罷了，等到夏天過去，那時我們會

重慶風光 一二二

四十、离开北碚

无双　作

当我晓得又要离开中国时，对我们每个人真是一个大失望。自然我们不喜欢空袭，但我们究竟也不喜欢离开中国。我们来的时候田里刚刚插秧，我们走的时候，稻田已变成黄色了，稻穗沉重的下垂着。

我们开始没精打采的收拾着行李。我们的脑里想着什么事情。这一次我们整装要离开我们的国家了。我们不愿再离开祖国；不在战争进行的当儿，我们不愿出洋。但是我们却要去，因为父亲要如此，母亲自然要照顾着父亲，我们孩子得听话。

我们下山到北碚区，计划着在旅馆里住一晚。我们和王太太和她的新生的宝宝（看看）难分难舍。最后庙里的知客僧站在一块岩石上喊雇着轿子。

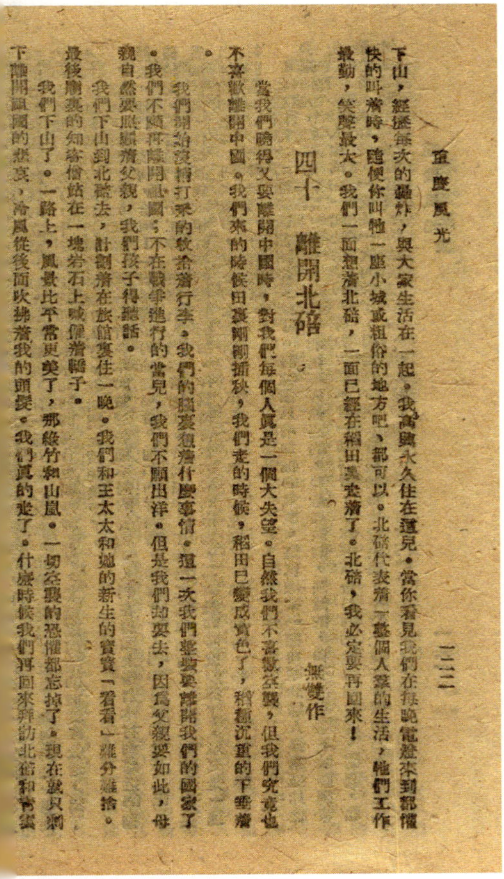
重慶風光　一三二

下山，經過每次的轟炸，與大家生活在一起。我高興永久住在這兒。當你看見我們在每晚電燈來到都備快的時候，隨便你叫牠一座小城或粗俗的地方吧，都可以。北碚代表着一整個人羣的生活，牠們工作最勤，笑聲最大。我們一面想着北碚，一面已經在稻田裏走着了。北碚，我必定要再回來！

四十　離開北碚

無雙作

當我們曉得又要離開中國時，對我們每個人眞是一個大失望。自然我們不喜歡空襲，但我們究竟也不喜歡離開中國。我們來的時候田裏剛剛插秧，我們走的時候，稻田已變成黃色了，稻穗沉重的下垂着。

我們開始沒精打采的收拾着行李。我們的腦裏想着什麽事情。這一次我們整裝要離開我們的國家了。我們不願再離開祖國；不在戰爭進行的當兒，我們不願出洋。但是我們却要去，因爲父親要如此，母親自然要照顧着父親，我們孩子得聽話。

我們下山到北碚去，計劃着在旅館裏住一晚。我們和王太太和她的新生的寶寶「看看」難分難捨。最後廟裏的知客僧站在一塊岩石上喊僱着轎子。

我們下山了。一路上，風景比平常更美了，那綠竹和山嵐。一切空襲的恐懼都忘掉了。現在就只剩下離開祖國的悲哀，冷風從後面吹拂着我的頭髮。我們眞的走了。什麽時候我們再回來拜訪北碚和縉雲

我们下山了。一路上，风景比平常更美了，那绿竹和山岚。一切空袭的恐惧都忘掉了。现在就只剩下离开祖国的悲哀，冷风从后面吹拂着我的头发。我们真的走了。什么时候我们再回来拜访北碚和缙云山，并且回忆起这时的事呢？

我们到了北碚。防空洞依然，警报来时人们就爬着上这山上的洞。我们也曾是他们中的一群，我们将为此骄傲。几十年以后这些个洞会变成什么样子呀，那时我将骄傲的站在它们旁边，说我也曾在洞内躲藏过疯狂的轰炸。我将骄傲的微笑着，因为我也曾受苦过，过着每一个中国人都应当受过的日子，因为我们是中国人。我骄傲着我曾有过空袭的经验，更骄傲着我们的房子炸了。我们分尝了这伟大的战争的一部分，我们应该如此。有一天鬼子总会躺下来的，我知道那一天就要来了，我知道。

那晚北碚十分可爱。它的废墟和残余

物都是可爱的，他们都历尽风霜了，我们表示着经验与忍耐。月亮又用它的银白而又宁静的光照着街市，每件东西都有着阴影。我们要离开了。呵，那同样有着美丽阴影的月亮。它抛掷着阴影在大路上。每件事都在说，我们要离开了，我们要离开了，可是我们不愿意。三四年以前，中国人惯于赞美月亮，而且举杯迎之，但现在不行了，月光仅指示铁鸟的驾驶者扔炸弹吧了，这有被人疑心为汉奸的危险，月亮不是现今的中国人应该享受的。

我们在新开酒店内吃了饭，他们为我们遥远的旅途祝福。那地方和在北碚完全不同。那儿一点也没有这里的景像，虽然属于同一世界。黑云集合了，立刻下了雨。我的每条神经都异样了，每条神经要各自行动，我像是各个人的混合物。雨淋在我的脸上，我不在乎。我们要走啦，让它下，让它淋着我吧，我现在要尽量多得一点。这些防空壕洞，什么时候我能再走进去！甚至一场空袭现在都是甜美的回忆了，我们不能再有好多了。

我们走回旅馆。黑色的山直触着天空。远在山顶，一处小小的山尖，是缙云山，我们在上面的两个小房子里住了一个多月了。我希望我能把握住中国，感觉它，看到中国的每一部分。我需要收复整个中国的版图。为什么我不能留下呢，留下的房子的每个角落都是美妙的。我们想出国，那意思就是西方人，不再是中国人了。北碚呵，北碚！我不愿离开你。

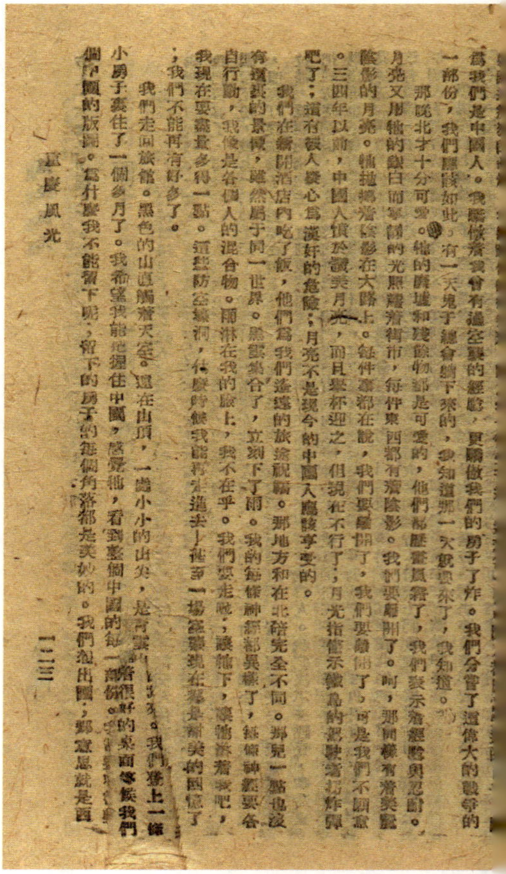
爲我們是中國人。我[illegible]有過[illegible]的經驗，更願做我們的房子了炸。我們分嘗了這偉大的戰爭的一部份，我們願意如此。有一天兇手總會鑽下來的，我知道那一天就要來了，我知道。

那既北才十分可愛。牠的廢墟和殘餘物都是可愛的，他們都歷盡風霜了，我們表示着經驗與忍耐。月亮又用牠的銀白而寧靜的光照耀着街市，每件東西都有着陰影。我們要離開了。呵，那同樣有着美麗陰影的月亮。牠拋擲着陰影在大路上。每件事都在說，我們要離開了，我們要離開了，可是我們不願意。三四年以前，中國人慣於讚美月亮，而且舉杯迎之，但現在不行了；月光指使示鐵鳥的駕駛者扔炸彈吧了；這有被人疑心爲漢奸的危險；月亮不是現今的中國人應該享受的。

我們在新開酒店內吃了飯，他們爲我們遙遠的旅途祝福。那地方和在北碚完全不同。那兒一點也沒有這裏的景像，雖然屬于同一世界。黑雲集合了，立刻下了雨。我的每條神經都異樣了，每條神經要各自行動，我像是各個人的混合物。雨淋在我的臉上，我不在乎。我們要走啦，讓牠下，讓牠淋着我吧，我現在要盡量多得一點。這些防空壕洞，什麼時候我能再走進去！甚至一場空襲現在都是甜美的回憶了；我們不能再有好多了。

我們走回旅館。黑色的山直觸着天空。遠在山頂，一處小小的山尖，是縉雲[illegible]。我們登上一條小房子裏住了一個多月了。我希望我能把握住中國，感覺牠，看到整個中國的每一部份。[illegible]很好的東西等候我們個中國的版圖。爲什麼我不能留下呢，留下的房子的每個角落都是美妙的。我們想出國，那意思就是西

重慶風光　一三三

四十一、最后一夜在北碚

如斯　作

北碚，北碚，我们要离开他了吗？我不能相信。我曾计划着和梦想着我自己和每个人住在北碚一直到我们胜利的那一天，一直到每个单位的日本军队都永远退出中国，一直到新国家诞生的那一天为止。我们苦够了，那时我们要走到街上去叫着、跳着和欢呼着。那是最伟大的一日了！我们要涂上所有的胭脂花粉，戴上一切的首饰——冲着叫我们疯女孩的人们笑。我们要拿出所有的锣来打，还要放鞭炮，还要打几个碟子，还要在街上跳舞，还要舞着国旗，还要跳进一辆汽车，还要到重庆去，还要遇见谁拉谁，还要跑来跑去，直到疲倦得要死，还要坐在马路旁看来来往往的行人。我们决不去睡觉，拿着火把到防空洞去，尽量高声的叫喊，我们要把白色的衣服和白色的被单铺在院子里，点着所有的灯，因为以后再也不会有警报，再也没有目标，再也没有射击机和榴霰弹，再也没有屠杀，再也没有伤亡了，奇异生活的开始！我要喝醉酒和害病，我不会再有胃痛，因为我太快乐了。每个在北碚的人都会这样。再没有苦痛，不分老幼只是一个民族的狂欢。我们要为这次胜利游行，向战士们敬礼，感谢每个人和庆祝每个人。这将日以继夜的干着，一直到我们全部都疲倦了，即使在梦里也会有欢乐和笑声。

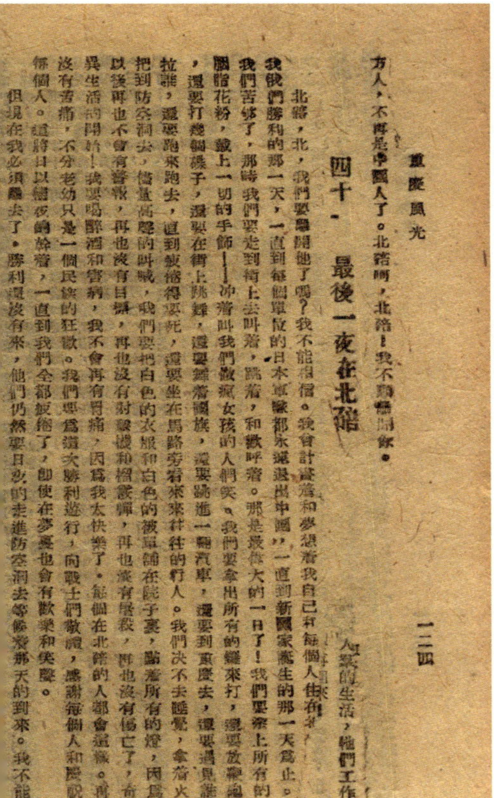

重慶風光　一二四

方人，不再是中國人了。北碚啊，北碚！我不願離開你。

人類的生活，他們工作

四十、最後一夜在北碚

北碚，北，我們要離開他了嗎？我不能相信。我曾計畫着和夢想着我自己和每個人住在我們勝利的那一天，一直到每個單位的日本軍隊都永遠退出中國，一直到新國家產生的那一天為止。我們苦够了，那時我們要走到街上去叫着，跳着，和歡呼着。那是最偉大的一日了！我們要塗上所有的胭脂花粉，戴上一切的手飾——冲着叫我們做瘋女孩的人們笑。我們要拿出所有的鑼來打，還要放鞭炮，還要打幾個碟子，還要在街上跳舞，還要舞着國旗，還要跳進一輛汽車，還要到重慶去，還要遇見誰拉誰，還要跑來跑去，直到疲倦得要死，還要坐在馬路旁看來來往往的行人。我們決不去睡覺，拿着火把到防空洞去，儘量高聲的叫喊，我們要把白色的衣服和白色的被單鋪在院子裏，點着所有的燈，因為以後再也不會有警報，再也沒有目標，再也沒有射擊機和榴霰彈，再也沒有屠殺，再也沒有傷亡了，奇異生活的開始！我要喝醉酒和害病，我不會再有胃痛，因為我太快樂了。每個在北碚的人都會這樣。再沒有苦痛，不分老幼只是一個民族的狂歡。我們要為這次勝利遊行，向戰士們敬禮，感謝每個人和慶祝每個人。這將日以繼夜的幹着，一直到我們全部疲倦了，即使在夢裏也會有歡樂和笑聲。

但現在我必須離去了。勝利還沒有來，他們仍然要日夜的走進防空洞去等候着那天的到來。我不能

但现在我必须离去了，胜利还没有来，他们仍然要日夜的走进防空洞去等候着那天的到来。我不能与他们一起等待了。我要走了，不能和北碚呆在一起来看那天的来到了。这像是刑罚。像是我不能够等，不耐心如他们那样的等待那天来到似的。但我还是愿意等，即使日子也许离那天十分遥远。这是值得人们花费时间的。我清楚北碚，清楚它怎样等待那天的来临。这儿会有

更多的轰炸，更多的被杀，更多的房子被焚。但是木匠得低着头，做一张椅子，店老板得低着头，整理货物，劳动者得低着头，掮负重载，事务员们得低着头，在写字台上工作，一切都等待着那天来临，他们才抬得起头来。

我们到旅馆去放下来行李。我们循旧路到仍然留着轰炸的痕迹的我们的家里去，天渐渐的黑暗和看不清东西了，山也变黑色了，我们走进了屋子，屋子显得空洞。李木匠仍然在装钉墙壁，为什么我看见这屋子有一种分离的感情呢？我走进了我的屋子。除了一张竹桌，什么都没有了，玻窗上仍然缺少几片玻璃。父亲书房的天花板还没有装好，青山说在我们回来以前一切都会弄好的，他不知道我们要离此远去。浴盆里狼藉着破碎的颜料泥块，我们问青山我们在花园里找到的炸弹推进机哪儿去了，他不好意思的嚅嗫着说他以两块八角钱的代价把它卖了。一斤一毛五，这东西有十八斤即十四磅重。这是第一次我们不高兴青山，因为我们想叫王先生给我们保管着一直到我们回来。我们告诉了青山，但他没有十分听明白。但是，他也上当了，他本来可以得到更多的赏钱的。

我们走了出来，给予房屋最后一瞥。这不是一间可爱的房子，但这却有关于我们在北碚的生活，离开它即等于离开每件东西。我们走了一遍又回城里来。王先生，已经在北碚几天了，给我们在一家三次轰炸后才开张的酒店饯行。我们带着电筒走过炸毁了的街市，到一排未炸的房子前面来。我们登上一条活动的楼梯，来到一间挤满了人和桌子的屋里。我们进了一间雅座。那儿有预备着很好的桌面等候我们了。

N 先生和 M 先生也在座，萧先生和许先生也在这儿，赵小姐来晚一点。很多人知道我们要走了，但不知道到那儿去。电灯还没有来。这屋子靠江的一面没有墙，我们可以望远景和吹着和风。黑云轻轻的走来了，凉爽而振作精神的风吹过了。我

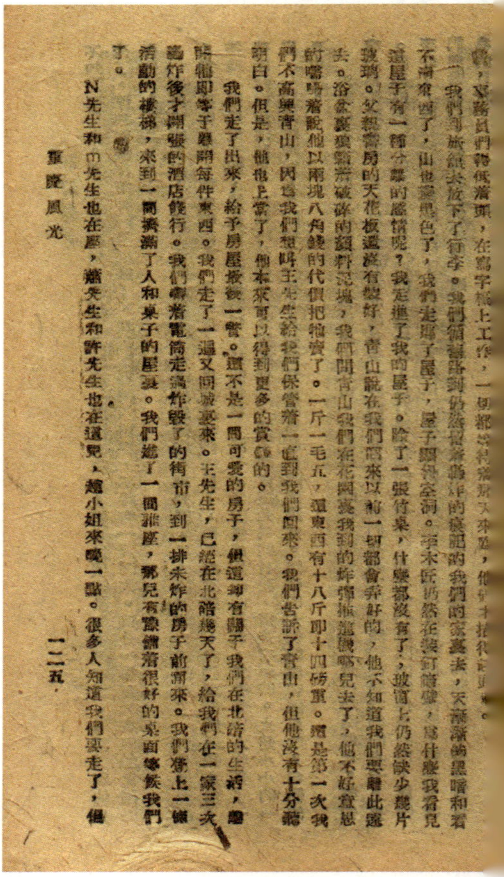
頭，事務員們得低着頭，在寫字檯上工作，一切都等待着那天來臨，他們才抬得起頭來。

我們到旅館去放下了行李。我們循舊路到仍然留着轟炸的痕跡的我們的家裏去，天漸漸的黑暗和看不清東西了，山也變黑色了，我們走進了屋子，屋子顯得空洞。李木匠仍然在裝釘牆壁，爲什麽我看見這屋子有一種分離的感情呢？我走進了我的屋子。除了一張竹桌，什麽都沒有了，玻窗上仍然缺少幾片玻璃。父親書房的天花板還沒有裝好，青山說在我們回來以前一切都會弄好的，他不知道我們要離此遠去。浴盆裏狼藉着破碎的顏料泥塊，我們問青山我們在花園裏找到的炸彈推進機哪兒去了，他不好意思的嚅囁着說他以兩塊八角錢的代價把牠賣了。一斤一毛五，這東西有十八斤即十四磅重。這是第一次我們不高興青山，因爲我們想叫王先生給我們保管着一直到我們回來。我們告訴了青山，但他沒有十分瞭明白。但是，他也上當了，他本來可以得到更多的賞錢的。

我們走了出來，給予房屋最後一瞥。這不是一間可愛的房子，但這却有關于我們在北碚的生活，離開牠即等于離開每件東西。我們走了一遍又回城裏來。王先生，已經在北碚幾天了，給我們在一家三次轟炸後才開張的酒店餞行。我們帶着電筒走過炸毀了的街市，到一排未炸的房子前面來。我們登上一條活動的樓梯，來到一間擠滿了人和桌子的屋裏。我們進了一間雅座，那兒有預備着很好的桌面等候我們了。

N先生和M先生也在座，蕭先生和許先生也在這兒，趙小姐來晚一點。很多人知道我們要走了，但

重慶風光　一二五

们隐隐听到雷声，不时有一次闪电。这是一场夏天夜晚暴风雨的杰作，今天是八月十六。

在河边的石岸上火把静静的燃烧着，成堆的纸钱在各地飞飘。风吹过与着火旺起来了。为什么烧纸！为什么点火把！雷声继续着，来的近了，风掠过我们的房子，几乎有点寒意。我们听说烧纸钱是为了游魂，那些淹死的、饿死的或其他不得好死的游魂，没有活着的亲戚烧纸的游魂，于是每个人收集了一些纸钱送给这些鬼，以便叫他们不要来烦扰他们，我不理会这是为的什么，这是有趣的。火焰小小的一座，一些灭熄时别人又开始了一些。火焰因为风势发狂似的跳跃着。烧钱的人们的声音随风吹入我们的耳中了。

河对面大学村中有许多灯光，后面远方是山，由于黑暗显得更神秘了。雷声总是由那边传来。整个事物都是奇妙的，而这就是我们在北碚最后一晚的眼前风景！我们希冀大雨点随时溅到我们的桌子上来。让雨进来吧！这是我们在北碚的最后一夜！为什么大地的一切怒吼都在我们离开的时候来到呢？让它来好了，因为我们要离开北碚了。这是上天的威怒还是人间最好的丝线织成眼前这幅景像呢？这是使我们兴奋起来，忘却我们的分离，还是仅只增大和加强那分离的思想呢？这是迷人的和美丽的，像是对游魂的贡献。

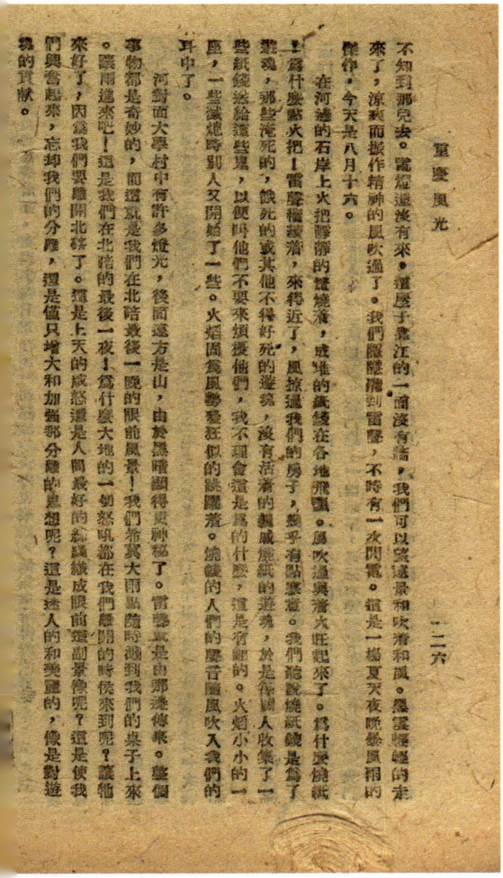
重慶風光　一二六

不知到那兒去。警報還沒有來。嘉陵江的一面沒有結，我們可以望遠景和吹着和風。烏雲慢慢的走來了，涼爽而振作精神的風吹過了。我們隱隱聽到雷聲，不時有一次閃電。這是一場夏天夜晚暴風雨的傑作。今天是八月十六。

在河邊的石岸上火把靜靜的燃燒着，成堆的紙錢在各地飛飄。風吹過與着火旺起來了。為什麼燒紙！為什麼點火把！雷聲繼續着，來得近了，風掠過我們的房子，幾乎有點寒意。我們聽說燒紙錢是為了遊魂，那些淹死的，餓死的或其他不得好死的遊魂，沒有活着的親戚燒紙的遊魂，於是每個人收集了一些紙錢送給這些鬼，以便叫他們不要來煩擾他們，我不理會這是為的什麼，這是有趣的。火焰小小的一座，一些滅熄時別人又開始了一些。火焰因為風勢發狂似的跳躍着。燒錢的人們的聲音隨風吹入我們的耳中了。

河對面大學村中有許多燈光，後面遠方是山，由於黑暗顯得更神秘了。雷聲總是由那邊傳來。整個事物都是奇妙的，而這就是我們在北碚最後一晚的眼前風景！我們希冀大雨點隨時濺到我們的桌子上來。讓雨進來吧！這是我們在北碚的最後一夜！為什麼大地的一切怒吼都在我們離開的時候來到呢？讓牠來好了，因為我們要離開北碚了。這是上天的威怒還是人間最好的絲線織成眼前這副景像呢？這是使我們興奮起來，忘卻我們的分離，還是僅只增大和加強那分離的思想呢？這是迷人的和美麗的，像是對遊魂的貢獻。

桌上充满了有趣的语音和流利的谈话，还有笑声的潮浪。有酒。王先生不断的斟满小酒杯，我们等着电灯来了，蜡烛和洋灯在风中无力向抖动着，后来电灯来了，屋内突然光亮起来，几乎耀眼，外面的景物更黑暗了，好像浸在中国的墨水里。河边的火现在已渐暗和熄灭下去，雷声继续着。电闪之后声浪更响了；我们挤坐在一张桌子旁。晚餐是丰厚的，甚至过分了。酒后每个人都多话了。甚至父亲喝了酒，我也喝了酒。全体为战争的胜利干杯，为桌上的各人干杯，也为不能下山的王太太

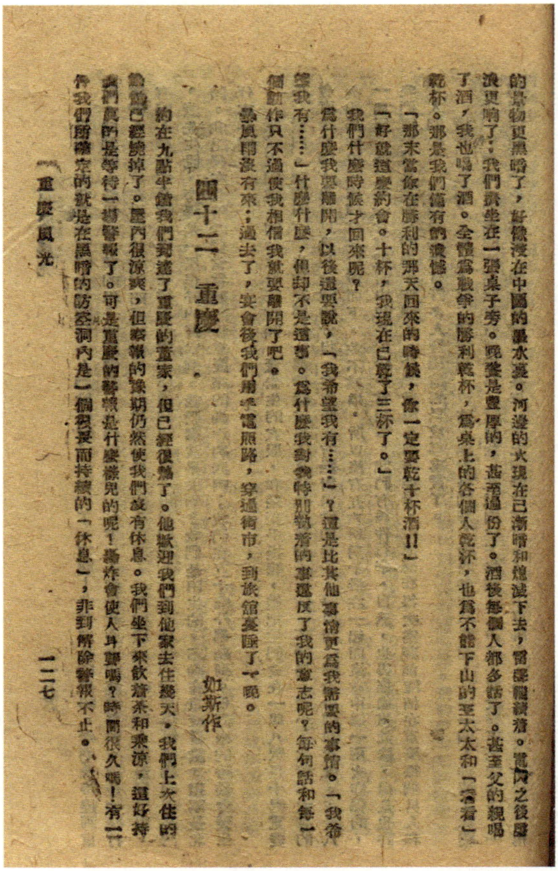

的景物更黑暗了，好像浸在中國的墨水裏。河邊的火現在已漸暗和熄滅下去，雷還繼續着。雷鳴之後雨浪更响了。我們靠坐在一張桌子旁。晚餐是豐厚的，甚至過份了。酒後每個人都多話了。甚至父的親喝了酒，我也喝了酒。全體爲戰爭的勝利乾杯，爲桌上的各個人乾杯，也爲不能下山的王太太和「看看」乾杯。那是我們僅有的遺憾。

「那末當你在勝利的那天回來的時候，你一定要乾十杯酒!!」

「好就這麼約會。十杯，我現在已乾了三杯了。」

我們什麼時候才回來呢？

爲什麼我要離開，以後還要說，「我希望我有……」？這是比其他事情更爲我需要的事情。「我希望我有……」什麼什麼，但卻不是這事。爲什麼我對我特別執着的事違反了我的意志呢？每句話和每一個動作只不過使我相信我就要離開了吧。

暴風雨沒有來，過去了，宴會後我們用手電照路，穿過街市，到旅館裏睡了一晚。

四十二 重慶

如斯作

約在九點半鐘我們到達了重慶的董家，但已經很熱了。他歡迎我們到他家去住幾天，我們上次住的地方已經燒掉了。屋內很涼爽，但警報的預期仍然使我們沒有休息。我們坐下來飲酒茶和乘涼，還好持我們最的是等待一場警報了。可是重慶的警報是什麼樣兒的呢！轟炸會使人耳聾嗎？時間很久嗎！有一件我們所確定的就是在黑暗的防空洞內是一個很長而持續的「休息」，非到解除警報不止。

重慶風光 一二七

和“看看”干杯。那是我们仅有的遗憾。

“那末当你在胜利的那天回来的时候，你一定要干十杯酒！！”

“好就这么约会。十杯，我现在已干了三杯了。”

我们什么时候才回来呢？

为什么我要离开，以后还要说，“我希望我又有……”？这是比其他事情更为我需要的事情。“我希望我有……”什么什么，但却不是这事。为什么我对我特别执着的事违反了我的意志呢？每句话和每一个动作只不过使我相信我就要离开了吧。

暴风雨没有来，过去了，宴会后我们用手电照路，穿过街市，到旅馆里睡了一晚。

北碚记忆

1928

1928 年的北碚场全景

1930s

30 年代的北碚码头

1936

1936 年北碚全景

1940s

40 年代的北碚街景

1940s

40 年代的北碚街景

1940s

40 年代的北碚街景

1930s

1940s

抗战时期的北碚中山路

1950s

50 年代北碚城街

1950s

50 年代的北碚

1960s

60 年代的北碚

1946

1946 年始建的民众会堂

1930

北碚街道之梧桐树

1930年春卢作孚出川考察，在上海法租界看到了梧桐树，觉得作行道树很美，于是买了一捆树苗运回北碚。如今遍及北碚各条街道的梧桐树，都是由这一捆树苗繁衍而来的。